Sadismo e masochismo
È stato pubblicato nel 1925 da
Wilhelm Stekel
Titolo originale : Sadismus und Masochismus
La copertina è adattata da
Estasi di spine
Un dipinto del 2026 di
Vellum Ichor
Traduzione di Horatio Valentae

Sommario

Un classico sconvolgente della psicoanalisi, ancora oggi tra i più audaci e controversi sull'argomento.

In quest'opera in unico volume, Stekel esplora senza censure sadismo e masochismo come forze pulsionali universali, intrecciate all'odio, al senso di colpa, all'angoscia di castrazione e ai conflitti infantili più profondi.

Attraverso 64 casi clinici crudi e dettagliatissimi – flagellazioni, umiliazioni estreme, fantasie di mutilazione, crocifissione, vampirismo e necrofilia – l'autore dimostra che queste due tendenze non sono perversioni isolate, ma due facce della stessa medaglia sadomasochistica, presenti in misura diversa in ogni psiche umana.

Un viaggio disturbante e illuminante negli abissi della sessualità, dell'aggressività e della crudeltà, indispensabile per chi vuole comprendere davvero le radici oscure del desiderio e del comportamento umano.

«L'opera più completa e spregiudicata mai scritta sul sadomasochismo»

Perfetta per psicoanalisti, criminologi, studiosi del profondo e lettori coraggiosi.

WILHELM STEKEL

Wilhelm Stekel

SADISMO E MASOCHISMO

64 casi clinici

Prefazione

LA PSICOLOGIA DELL'ODIO E DELLA CRUDELTÀ

"Chi va sotto la superficie lo fa a proprio rischio e pericolo."

OSCAR WILDE

Che cosa dobbiamo intendere per sadismo e masochismo, le due «parapatìe dell'odio», la cui presentazione costituisce il contenuto di questo libro?

In ogni caso di parapatìa sono riuscito a dimostrare la componente sadica, ossia l'odio, come movente propulsore, così come la trasformazione di questo odio in un sentimento di colpa, con la sofferenza come autopunizione. Cito, a titolo di esempio, la parapatìa di Cristo, in cui si è mostrato che la sofferenza della parapatìa rappresentava una sovracompensazione di un atteggiamento sadico originario. (Quale forte odio deve aver provato all'inizio un profeta per giungere infine a fondare una religione dell'amore per l'umanità!) Esiste tuttavia una differenza tra la presenza di tratti sadomasochistici nel quadro clinico e il dominio di questi tratti da parte del complesso in questione. Nella misura in cui le parapatìe rappresentano regressioni all'infantile, esse devono naturalmente possedere anche le tendenze sadiche che in generale sono caratteristiche dell'infanzia.

Sadismo e masochismo non sono parafilie peculiari: sono soltanto una forma determinata di infantilismo psicosessuale. Hanno moltissimo in comune con quelle particolari finzioni che ho descritto come feticismo, e conducono logicamente alla parapatìa ossessiva, che rappresenta il tipo squisito di parapatìa dell'odio. È vero che nella parapatìa ossessiva il sadismo originario e anche la sua formazione reattiva, il masochismo, sono così ricoperti da sintomi parapatìci che solo attraverso l'analisi si può dimostrare l'azione dell'odio e della coscienza morale dietro le strane manifestazioni.

Per questo motivo difficilmente troveremo un caso semplice e non complicato di sadismo o masochismo. Dobbiamo essere pronti a scoprire varie parti dell'infantilismo psicosessuale, a volte quasi l'intero programma: omosessualità, sessualità anale e urinaria, narcisismo, zoofilia e così via.

L'esperienza analitica mostra che i veri casi di sadomasochismo sono simili al feticismo in quanto il risultato finale rappresenta una fuga dal rapporto sessuale normale.

Se alla fine della procedura sadomasochistica avviene un rapporto sessuale completo, si tratta effettivamente di un'eccezione. Esistono stadi intermedi e stati di transizione, come abbiamo potuto constatare anche nel feticismo. Ma in tutti i casi si è potuta dimostrare una netta tendenza ascetica, che ammetteva come unica eccezione il rapporto con prostitute, ma escludeva dal sistema della realtà la donna rispettabile, mentre la fantasia poteva giocare liberamente su di lei.

Io intendo quindi per sadismo una parafilia in cui la volontà di potenza viene accentuata sessualmente. Il masochismo è la parafilia in cui la volontà di sottomissione viene accentuata sessualmente. Entrambe le parafilie sono espressione di un infantilismo sessuale e servono alla fuga dai rapporti sessuali normali e alla mascheratura di tendenze ascetiche.

Analizzando i vari casi si torna sempre alla constatazione che l'essenziale nella fantasia è il superamento di una resistenza interna. Il sadico si rappresenta ciò che accade nella mente del suo oggetto, la cui resistenza egli provoca e infrange. Solo questo immedesimarsi nella vita affettiva dell'oggetto gli procura il piacere atteso. Ma quest'oggetto è soltanto il riflesso delle sue diverse componenti psichiche e sessuali, e la scena rappresenta un gioco con se stesso. Qualcosa di analogo avviene nel masochista, che proietta all'esterno una costellazione interna, subisce una scissione della personalità ed è in grado di provare simultaneamente sentimenti sadici e masochistici.

Una concezione erronea del complesso sadomasochistico fa del dolore il fattore centrale di considerazione e si occupa del fenomeno del piacere tratto dal dolore. L'espressione algolagnia, coniata da Schrenck-Notzing, corrisponde a questa idea. Noi però abbiamo constatato che l'elemento decisivo nel fenomeno sadomasochistico è l'affetto, che si alimenta da due fonti: nel sadico, dal senso di potenza nel superare la resistenza altrui e dall'immedesimazione nell'umiliazione del partner; nel masochista, dal superamento delle proprie resistenze (potere su se stesso!) e dall'immedesimazione nel partner che lo umilia, dimostrando che non abbiamo a che fare con eventi separati, bensì con espressioni polari di un unico complesso.

Molti autori vedono nel sadomasochismo soltanto un innalzamento quantitativo dell'impulso sessuale normale, per cui il sadismo corrisponderebbe alla componente maschile e il masochismo a quella femminile dell'istinto sessuale. Ma non si può semplicemente mettere a confronto le idee maschile-sadico e femminile-masochistico, sebbene questo punto di vista sembri trovare sostegno in molte manifestazioni della vita sessuale.

Il problema dovrà essere risolto attraverso un gran numero di indagini analitiche su casi pertinenti. Si mostrerà così che il problema della bisessualità ha una parte importante nella psicogenesi del sadomasochismo, non però nel senso semplice in cui lo credevano gli autori più antichi. Se «maschile» fosse identico ad «aggressivo», tutti gli individui con una forte componente M, per usare l'espressione di Weininger, dovrebbero necessariamente essere orientati sadicamente, mentre la prevalenza di F condurrebbe al masochismo. Questo non corrisponde affatto ai fatti. La disposizione sadica si trova sia nelle donne che negli uomini e non è in alcun modo legata all'accentuazione di una componente dell'impulso sessuale.

È caratteristico che sadici e masochisti siano molto sensibili al dolore quando questo si presenta senza affetto, ossia quando si trova al di fuori della zona della loro vita sessuale. Tutti i sadomasochisti sono individui affamati di affetto. Hanno costantemente bisogno di uno spettacolo affettivo. Resta solo da dimostrare come e perché siano giunti precisamente a quell'affetto specifico. Vedremo da molti esempi che si tratta di un determinato affetto represso, di un atteggiamento specifico di odio verso una persona dell'ambiente. L'odio poi si rivolge contro oggetti sostitutivi o contro la propria persona. Esso, tuttavia, è stato sottratto al suo oggetto originario. Per questo motivo la descrizione descrittiva dei sadomasochisti, come la conosciamo da innumerevoli storie cliniche, non condurrà mai all'indagine del problema.

SADISMO E MASOCHISMO

I: LA DEFINIZIONE DI SADISMO E MASOCHISMO

Caso numero 1

Figlio di genitori ben avviati negli affari, di alto livello intellettuale, esattamente trentatré anni, avvocato. Costituzione degli antenati: tendenza a malattie nervose e metaboliche, ma niente tubercolosi, alcolismo né malattie sessuali.

Mio caro Dottore,

Durante il mio recente soggiorno a Vienna, Le promisi di inviarLe un breve resoconto della mia vita, di cui i seguenti contributi riguardanti il decorso della mia vita sessuale potrebbero forse avere qualche valore per i Suoi studi specifici sul sadismo e sul masochismo.

La mia vita sessuale fino ad oggi rivela maggiori anormalità rispetto a quella delle persone normali medie.

La principale peculiarità di tutta la mia disposizione e del mio carattere si può vedere nel fatto che sono molto più un uomo di riflessione che di azione. Di conseguenza ho una relativamente grande tendenza all'attività mentale, alla meditazione filosofica, alla musica e simili; d'altra parte, nonostante il buon successo finora ottenuto nel mio corso di studi e nella professione legale, che devo ammettere mi attrae ben poco interiormente, credo di possedere poco talento per il conseguimento pratico nella vita (sociale o professionale) e per rendere efficace in modo utile e abile qualunque talento e inclinazione di natura scientifica e artistica che possano essere presenti in me.

Questa intera condizione, che in parte può essere dovuta a una certa tradizionale pigrizia e passività nella mia famiglia, ha segnato la mia vita sessuale fino a questo punto. Per aprire la strada a un decorso erotico prospero della vita, che fino ad oggi non è stato raggiunto, avevo bisogno di una donna certamente per il matrimonio o almeno per una relazione duratura, una che dovesse essere non solo erotica, ma anche mia guida in altri campi; la mia costituzione è permeata da molti tratti femminili e passivi.

Grande interesse per l'erotismo e occupazione teorica con le donne (letture di questo tipo, teatro, istinto di raccogliere notizie erotiche del giorno, e simili) da un lato era associato dall'altro a una marcata mancanza di abilità nel corteggiare, timidezza e persino una certa riservatezza, freddezza e indifferenza, ogni volta che eventi pratici, ad esempio relazioni sociali con le donne, ora da qualche tempo condotte con maggior successo, mi costringevano a prendere una posizione erotica.

Un medico diagnosticerebbe forse l'intera mia disposizione come un tipico complesso sintomatico di natura costituzionalmente depressiva, neuropatica con tratti ipocondriaci e in parte isterici. Ho sofferto molto spesso, specialmente nei primi tempi, di depressione dell'umore a causa del mio disadattamento sessuale. La considerevole debolezza nervosa ereditaria – in particolare anche disturbi dei nervi vasomotori – presumibilmente in associazione con disturbi della secrezione interna e del metabolismo generale, resistenze nel sistema vascolare (leggero grado di debolezza del muscolo cardiaco?), causavano rapida stanchezza con qualsiasi grande sforzo fisico o mentale, attacchi di vertigini con cambiamenti di pressione atmosferica (con vento umido), e stati dolorosi esaustivi spesso anche con un singolo atto onanistico.

Ero figlio unico, educato con cura ma non viziato; sono cresciuto sempre con la famiglia, vivo ancora oggi con i miei genitori; e, cosa che rimpiango molto, nei miei giorni giovanili non ho avuto alcun contatto sociale con alcuna donna in cui potesse entrare l'erotico, per non parlare di una relazione erotica intima. Anche più tardi (quando studente) i rapporti con le donne si sono mossi in vari modi ma solo su percorsi interamente sociali (balli di società poco interessanti, e simili).

Sono dell'opinione che gli individui che hanno una tendenza psicopatica incredibilmente ostinata alla solitudine, al ritiro, alla timidezza con le donne, e così via, da una certa età in poi dovrebbero essere spinti direttamente verso le donne, in modo che almeno in una certa misura quella sfortunata disposizione da eremita venga contrastata.

Quanto segue merita di essere menzionato riguardo allo sviluppo delle idee e degli impulsi sessuali nella mia persona: I primi precursori delle idee sessuali, per quanto io ricordi, apparvero nei primi anni della scuola elementare (dai sei agli otto anni) quando i compagni di scuola venivano colpiti dal maestro sulle natiche con un bastone di rattan.

Le preparazioni per la punizione, i volti del maestro e del ragazzo in questione, il sedere paffuto di quest'ultimo, il fischio e lo schiocco del bastone, e le grida del ragazzo castigato, lasciarono nella mente sensibile di un bambino testimone di ciò – presupponendo naturalmente una disposizione psichica adatta – un'impressione duratura, ancora inspiegabile nella sua soddisfazione. Ricordo chiaramente ancora oggi che una volta, quando una maestra prese il posto come assistente, aspettai con una certa curiosa e quasi impazientemente piacevole tensione di sapere se anche lei avrebbe frustato il ragazzo con il bastone, cosa che tuttavia non accadde.

È anche ancora chiaro nella mia memoria come eseguissi la masturbazione direttamente davanti agli occhi dell'insospettabile professore di religione premendo silenziosamente le cosce insieme, per ottenere nuova forza per il lavoro e il riposo attraverso il rilascio della tensione nervosa. L'occasione era all'esame per il passaggio dalla scuola elementare al ginnasio (dieci anni), quando l'argomento era il ben noto dal Nuovo Testamento, la calma della tempesta; in questa lezione di istruzione religiosa, le difficoltà che un ragazzo avrebbe nell'esporre l'argomento con stile e bellezza appropriati e la paura di non essere pronto con il lavoro quando i compiti venivano raccolti occasionarono un sentimento compulsivo momentaneo, che portò alla masturbazione. Continuai la stessa pratica per alcuni anni durante la preparazione dei compiti scolastici (scrittura di esami). L'abitudine di un professore di matematica di richiamare l'attenzione degli alunni sull'avvicinarsi della fine del tempo per il lavoro facendo tintinnare le chiavi poco prima di raccogliere i fogli, aveva su di me l'effetto, non appena temevo di non essere pronto, di un regolare rilascio della tensione attraverso l'autostimolazione.

Le sensazioni coscienti di piacere cominciarono intorno all'undicesimo anno; da questo momento in poi fu praticata anche la masturbazione in modo relativamente vigoroso. Veniva eseguita con idee di flagellazione della punizione di ragazzi, in cui la fantasia si occupava solo di bambini belli di buone famiglie, che dovevano assolutamente indossare abiti da marinaio o calzoncini al ginocchio di lino con strisce blu navy e essere puniti con un bastone. Con l'ingresso della pubertà normale (quindicesimo anno) apparve per un periodo – forse un anno – un interesse naturale per idee di erotismo normale tra uomo e donna, per cedere subito di nuovo il posto a un mondo di idee interamente di tipo flagellatorio riguardanti le relazioni erotiche tra uomo e donna. Da ciò derivò che mi tuffai avidamente e del tutto istintivamente nella lettura della corrispondente letteratura algolagnica.

L'impulso eterosessuale normale, legato alla forma orientata algolagnicamente, è rimasto del tutto lo stesso dal mio diciassettesimo anno fino ad oggi; quest'ultima si è solo consolidata maggiormente ed è diventata più cosciente. Solo queste "idee" a tonalità masochistica o sadistica (per l'effetto degli atti reali di flagellazione sulla produzione della gratificazione vedi sotto) possono liberare sensazioni di piacere sessualmente coscienti.

Queste idee si muovono principalmente in due direzioni, come segue:

I miei desideri erotici culminano ancora oggi nel desiderio per una donna molto grande, formosa, o almeno piuttosto alta, intelligente, forte – preferibilmente bionda (tipo Brünnhilde) – che mi metta di traverso sulle sue ginocchia come un'insegnante o mi stringa tra le sue cosce e mi colpisca sulle natiche con un bastone di rattan o una frusta da equitazione; che allo stesso tempo mi sottometta psichicamente, e mi ordini dopo la fustigazione di praticare il cunnilingus o l'anilingus, in cui devo obbedire senza resistenza, altrimenti sarò minacciato di nuovi colpi. Non avrei in effetti obiezioni ad aggiungere anche il coito con la "signora dominante", ma sempre con una certa indifferenza e forse paura di impotenza. In ogni caso, posso eseguire il coito solo con una donna che mi aiuti a superare le difficoltà tecniche con l'aiuto delle dita.

L'idea diventa molto più piacevole se invento una situazione in cui ragazze giovani prosperose o giovani donne o bei ragazzi vengono castigati sulle natiche da una donna energica e robusta con un bastone di rattan il più lungo possibile. Probabilmente alla base c'è un sadismo voyeuristico. Una caratteristica speciale di tutte le persone disposte alla flagellazione è il loro desiderio di natiche il più possibile grandi, bianche, ben formate nella donna pensata come partner. Questa preferenza è molto particolarmente marcata in me.

Il comportamento pratico della mia vita sessuale può essere delineato come segue:

Sotto le idee sopra menzionate, pratico la masturbazione – in assenza di altre soddisfazioni adeguate disponibili e a causa della passività endogena di cui ho parlato – fino ad oggi; ora, certo, relativamente con grande moderazione, perché voglio risparmiare la mia costituzione nervosa e conservarla per altri scopi. Nutro il sincero desiderio di arrivare effettivamente a una vera relazione erotica duratura con una donna, per la quale, è vero, avrei bisogno di una partner che possieda la necessaria comprensione della mia individualità nel modo in cui l'ho descritta.

Il semplice coito "senza riflessione" della relazione normale tra uomo e donna mi attrae molto poco. Solo una volta nella mia vita (all'età di ventun anni) ho avuto un rapporto sessuale (un solo atto) con una cantante a Berlino, quando la donna ha dovuto aiutarmi con il dito a trovare l'ingresso della vagina. Non vidi nulla di particolare nell'atto in quel momento; era quasi comico e ridicolo. Inoltre, l'attività insolita, che presuppone una certa abilità tecnica, mi procurò più sforzo che soddisfazione.

In altre occasioni successive (molto rare in sé), a causa dell'indifferenza, forse anche dell'impotenza, non ci fu coito. In contrasto con ciò è stato stabilito medicalmente, Dottore, che possiedo organi genitali straordinariamente potenti (testicoli grandi) che quasi mi qualificano come superuomo.

Inoltre, posso osservare che per anni mi sono lamentato dell'assenza di erezione e della debolezza sessuale, specialmente durante il periodo della guerra. Recentemente le erezioni sono migliorate in modo un po' notevole. Alcuni anni fa ho mantenuto una relazione passivo-flagellatoria con una pianista, una donna di quattordici anni più vecchia di me. All'inizio ricevevo spesso forse venticinque o cinquanta colpi di bastone sulle natiche, che non mi erano affatto sgradevoli ma tuttavia non potevano soddisfarmi, poiché la donna era di intelligenza ordinaria e aveva modi rozzi, rappresentava qualcosa che stava già diventando stantio, e in generale mancava delle necessarie raffinatezze erotiche. Più tardi interruppi di nuovo questa relazione, che a causa delle mie difficoltà era durata per diversi anni, sebbene presto ci fosse stata completa indifferenza da entrambe le parti.

Durante la guerra conobbi una gentile impiegata, ma con pochissimi vantaggi mentali o fisici, che a volte mi permetteva di frustarla. Anche qui le relazioni cessarono.

Tutte queste pratiche avevano la stessa caratteristica, che avvenivano non tanto per bisogno erotico quanto piuttosto per lo sforzo di imitare la procedura degli altri come un obbligo vincolante per motivi razionali rozzi, e così in certo grado dimostrare la normalità della mia stessa personalità. Erano quindi fin dall'inizio più o meno destinate a essere sterili. Devo naturalmente osservare che le diverse donne menzionate non erano assolutamente il tipo verso cui sono eroticamente incline.

Posso aggiungere qui che ottengo vera soddisfazione erotica solo con donne colte, donne di società con intelligenza adeguata. Il "tirare verso l'alto" è particolarmente desiderabile per me in amore; voglio in certo modo essere dominato e preso da una donna che senta più di me. Per questo motivo, le mie scarse relazioni con le donne finora non erano del tipo da portare soddisfazione. Scivolavano piuttosto, dopo breve gioco pseudo-erotico, in un canale che dava spazio a ogni altra relazione personale eccetto quella erotica; e dopo un po' gli ultimi residui di reciproca interazione si perdevano per mancanza di stimolo e per l'assenza di sentimenti e interessi reciproci. Da ciò è evidente che nelle nature passive, eroticamente complicate, l'erotizzazione riesce con grande difficoltà e solo quando si trova il complemento eterosessuale ideale. Un ostacolo principale è naturalmente anche la timidezza di un uomo passivamente disposto nel creare un legame.

Quanto alle mie effettive esperienze erotiche ad Amburgo, entrano in questione solo casi isolati.

Così una volta incontrai in un negozio una donna alta dai capelli neri che eroticamente non mi dispiaceva, sebbene in generale preferisca le bionde o le brune chiare. La seguii per strada, le parlai – cosa che di solito non mi piace fare. Acconsentì. Andai con lei in un ristorante e le descrissi superficialmente le mie specialità erotiche. Non è difficile portare la conversazione un po' sulla flagellazione, se prima si pone l'accento sul punto che si apprezza particolarmente l'energia nelle donne, cosa che ne lusinga molte. Suggerii la mia disponibilità per il cunnilingus, che la interessò ancora di più.

La signora era la moglie di un filologo, con il quale evidentemente, secondo il suo racconto, viveva in una relazione matrimoniale piuttosto indifferente. Fu persuasa ad andare con me a casa mia. A tè mi disse che ero costituito esattamente come uno psichiatra che aveva conosciuto una volta. Poi si spogliò, e io la baciai e la leccai a lungo liberamente sulla vagina, che era tenuta molto pulita. Cercai il clitoride ma non mi concessi molto tempo per esso, perché pensavo che la donna, eccitata dal cunnilingus, sarebbe diventata impaziente se avessi smesso. La procedura non liberò esattamente per me in quel momento la tensione fisiologica, eppure in certo modo mi soddisfece psichicamente, forse a causa dell'elemento masochistico nella scena. Non ebbi erezione del membro; l'eccitazione erotica era prevalentemente quella dell'avventura spontanea e non conteneva alcun tipo di stimolazione flagellatoria su cui – idea e minaccia forse più che l'esecuzione reale – dipende la mia erotizzazione. Le esperienze erotiche sono prodotte volontariamente in modo sensazionale, puramente attraverso l'intelletto; una forte erotizzazione potrebbe avvenire solo se per fortunata coincidenza la donna in questione entrasse con lo stesso sentimento nel mio erotismo ideativo. Nel cunnilingus preferivo una posizione in ginocchio davanti alla donna. Non posso fare alcun confronto con il sentimento di soddisfazione dopo il coito, in cui forse la donna sta sopra, perché mi manca l'esperienza pratica.

Dopo ripetuti atti di cunnilingus la mia amica prese congedo – tardi nella notte – per andare a casa sua. Mi sembrò che fosse in uno stato d'animo un po' depresso, sebbene mi permettesse baci con la lingua al momento del commiato. Non so se le diedi davvero soddisfazione – l'affare sembrò comunque averle fatto piacere in certa misura. Forse si aspettava il coito, il cui compimento sarebbe stato inopportuno per me e probabilmente non sarebbe riuscito, poiché scene così improvvise producono sempre una certa inquietudine, e per avere un coito riuscito con una donna devo stare a lungo e comodamente a letto con lei e portarmi all'eccitazione erotica attraverso una conversazione eroticamente stimolante. La signora in questione mi scrisse una lettera amichevole di commiato, motivandola con disgusto morale, la correttezza della quale avevo più ragione di dubitare poiché alcune settimane dopo – continuò a visitarmi dopo che le avevo assicurato che in quei momenti non poteva eccitarmi a nessuna prestazione erotica – mi informò che non ero il tipo da stimolarla sessualmente; forse anche lei, come me, era di natura schizotimica. La incontrai ancora una volta più tardi per strada, quando mi salutò in modo amichevole e parlò con me per un po'. Da allora l'ho persa di vista.

Inoltre, conobbi Lola, una grande bionda prosperosa che aveva dato il suo indirizzo in un annuncio su giornale, che in generale faceva una buona impressione sugli uomini e che produsse su di me un forte effetto sensuale a causa della sua figura grande e piena, dei suoi occhi azzurro-grigi felini, dei suoi ricchi capelli biondo chiaro e delle sue natiche ben rotonde. Manifestava però – come sua madre, da cui era descritta come un "carattere difficile" – tratti isterici marcati e quindi non era la donna per conquistarmi. Era abituata a giocare con gli uomini. La portai occasionalmente con me a Monaco in vacanza per presentarla ai miei genitori, non in realtà come mia fidanzata, ma in certo modo come il prototipo della mia futura moglie. I miei genitori si sentirono gravati dall'intrusione di questa strana persona femminile nella loro accogliente casa. Inoltre, Lola era incinta in quel momento, non di me, ma o di un direttore d'orchestra a Amburgo con cui aveva avuto relazioni o di un uomo d'affari ebreo di quarantaquattro anni, che, secondo la sua dichiarazione, era quasi impotente.

Quest'ultimo aveva intanto, per la sua stessa schiavitù sessuale, sposato la ragazza di venticinque anni per aiutare i genitori di lei a mascherare ufficialmente la nascita di un bambino altrimenti illegittimo. Lo stesso amante aveva precedentemente offerto denaro per provocare un aborto da uno specialista, ma la ragazza aveva paura dell'operazione. La donna isterica stava già cercando, pronta di nuovo con i suoi sorrisi e i suoi incanti per gli uomini, un nuovo motivo di separazione per liberarsi dal marito non amato. Durante il suo soggiorno a Monaco, Lola passò il tempo a conoscere gli uomini tra i miei amici in quel luogo. Quando la cercai su sua richiesta prima che tornasse ad Amburgo – era apparentemente sempre in difficoltà finanziarie, sebbene fosse mantenuta dal suo amante – nella sua pensione in una località di piacere nella valle dello Zar vicino a Monaco, giaceva per l'ora concordata – a letto – e mi fu permesso di entrare nella sua stanza senza ritegno. Prima era lacrimosa – credevo a metà e diffidavo a metà della sua posa – poi presto rideva e voleva tirarmi nel letto con le sue forti braccia carnose, ma menzionò tuttavia che aveva una secrezione. Se temesse davvero un'infezione gonococcica o stesse semplicemente recitando per torturarmi riguardo allo stato della sua salute non posso decidere. Come sentii più tardi, era probabilmente una secrezione innocua legata alla sua gravidanza. Sebbene la giovane donna mi stimolasse, il pensiero di eseguire il coito era lontano da me. Ho spesso baciato Lola con la lingua e accarezzato le sue natiche paffute. La relazione non portò a nulla a causa del suo successivo matrimonio, i legami del quale probabilmente getterà via presto di nuovo. Sembrava non avere alcuna particolare inclinazione per l'erotismo flagellante. Una volta cercai anche una bella massaggiatrice di Amburgo per eccitarmi eroticamente solo scoprendo se e come mi avrebbe battuto – cosa a cui acconsentì. Avrei lasciato che mi flagellasse, se la situazione altrimenti non fosse stata sgradevole (posizione della casa, incertezza personale, essere osservato). Volevo allo stesso modo essere frustato da una massaggiatrice alta e bionda ad Amburgo, che però, dopo essere stata inizialmente disposta, rifiutò, perché aveva chiesto informazioni su di me ad altre sue colleghe di professione.

Baci con la lingua, cunnilingus e erotismo delle natiche (da cui in parte nasce l'interesse per la flagellazione erotica) sono i miei principali obiettivi erotici, che mi attraggono molto più del coito normale, anche se si tiene conto della quantità di sensazione masochistica che deriva dalla posizione della donna sull'uomo, che in ogni caso è in grado di erotizzarmi psichicamente.

SOGNI

Si può osservare un certo stereotipo nei sogni dei miei primi anni. Ho sofferto molto di sogni d'ansia e di terrore. Ricordo ancora, per esempio, un sogno che ebbi quando avevo forse undici anni. Un giorno venni a sapere della morte violenta della madre di uno dei miei compagni di scuola, una persona molto depressa, che si era gettata in strada dalla finestra del quarto piano della loro abitazione. Per diverse notti dopo aver sentito questa notizia ebbi sogni così spaventosi di terrore che al risveglio al mattino giacevo a letto fradicio di sudore, con le estremità rannicchiate e le dita serrate. Verso i dodici anni, credo, ci furono alcuni sogni sporadici che ruotavano intorno alla fustigazione di ragazzi, ma non ho più un ricordo chiaro dei fatti e dei dettagli più precisi. Ebbi un sogno quando avevo forse quattordici anni che è ancora chiaro nella mia memoria oggi, il cui contenuto era che mia madre e una vecchia cuoca, che era con noi da anni, mi mettevano in una bara di stoffa verde in una stanza della casa in cui abitavamo allora; la bara veniva chiusa e io venivo portato fuori dall'abitazione. Questi particolari sogni terrificanti, occupati da scene di morte, funerali, sepoltura da vivo e simili, ebbero nel complesso una parte sgradevole nella mia giovinezza. I sogni erotici erano relativamente rari; qualche tempo fa, forse un anno o due, ebbi un sogno in cui mi apparve una donna alta dal volto sorridente, che teneva in mano un bastone. Recentemente ho sognato, e come sempre si trattava del mattino quando stavo per riaddormentarmi, che mia madre mi abbracciava scherzosamente da dietro, mi premeva contro il muro e posava la mano sulla mia laringe; inoltre, che soppesavo con la mano le natiche piene di una donna robusta di mezza età che conosco e accarezzavo la loro carne. Inoltre, ho sognato di recente che una giovane ragazza che mi passava accanto correndo per la strada ad Amburgo sulla riva dell'Outer Alster, con la parte posteriore nuda, mi guardava mezzo spaventata e mezzo maliziosamente, al che io toccavo la ragazza sui suoi genitali umidi. Qui, dunque, non posso riferire nulla di importante.

Caso numero 2

Storia clinica, riprodotta con le parole del paziente, che presenta un quadro chiaro della strana commistione che troviamo in ogni caso di masochismo, di motivi di feticismo, omosessualità e tutte le manifestazioni di impulsi parafilici. La fuga dalla donna e il suo avvilimento sono caratteristici.

Cercherò di dare la descrizione più accurata possibile di tutta la mia vita sessuale e di ogni altro evento che mi sembri importante. Ho diciannove anni e non ho alcuna fede religiosa.

Diversi episodi della mia primissima infanzia mi sono rimasti ancora nella memoria. Per esempio: mia zia mi portava fuori come al solito nella carrozzina. Improvvisamente in una stradina stretta arrivò un'automobile a folle velocità. Mia zia fece una ritirata frettolosa e mi portò sul marciapiede, dove si fermò con me sotto un'impalcatura. Si appoggiò con il braccio e all'improvviso una trave si staccò e mi cadde sulla testa. Dopo l'incidente fui portato in una casa vicino a un pozzo, dove mi lavarono la testa e mi fasciarono la ferita. Questo incidente me lo ricordo ancora molto chiaramente. Ricordo benissimo la scena seguente. Doveva essere quando avevo cinque anni, sicuramente non più tardi, ma piuttosto prima. Una delle mie due cugine, una ragazza di quattro o cinque anni più grande di me, era sdraiata su un prato vicino a una cantina di vino. Ero solo con lei e giocavamo e ci azzuffavamo. Dopo un po' cominciai ad alzarle la gonna e infilai la testa sotto. Mia cugina me lo permise, ma presto vide arrivare la zia e mi promise che la prossima volta avrei potuto continuare. Dopo pochi giorni avemmo di nuovo l'occasione di essere soli. Questa volta cercai di spingere più avanti la testa e in effetti volevo mettermi tra i suoi piedi. Non ci riuscii, però, perché un odore disgustoso che mi veniva incontro me lo impedì.

Un episodio che non riesco a ricordare minimamente fu il seguente: a casa ero ben sorvegliato. Eppure spesso, da bambino di tre anni, riuscivo a scappare. Andavo in giro per il mio paese natale finché i miei genitori non si accorgevano della mia assenza e mi trovavano il più presto possibile. Una volta mi trovarono solo dopo ore di ricerca. Ero in piedi quasi in cima a una scala alta. Mio padre non mi chiamò, per paura di spaventarmi, e così salì lentamente dietro di me e mi riportò giù. Me lo raccontò mia zia. Oggi non potrei assolutamente salire su una scala; mi verrebbe subito il capogiro.

Una volta a M. salii sul campanile della chiesa dell'orfanotrofio. Ero salito appena otto o nove pioli quando non riuscii più ad andare avanti. Guardai attraverso la grande finestra aperta della torre, molto in basso verso il cortile della chiesa. Mi prese una paura terribile. Non riuscivo né a salire né a scendere, ma mi aggrappai con forza sovrumana alla scala di ferro. Dopo alcuni minuti riuscii a scendere, con gli occhi chiusi e tastando lentamente la via. Mi trovai abbastanza spesso in situazioni simili. Se guardo giù da un edificio alto, provo immediatamente una sensazione di vertigine. Avevo paura che la torre potesse crollare; su una montagna ho paura di precipitare; sulla ruota panoramica del Prater ho paura che il vagone in cui sono seduto possa cedere. Mi costò una lotta tremenda decidermi a salire sulla grande ruota. Avevo paura prima di salire, e tuttavia non ebbi pace finché non raggiunsi il punto più alto. Mi aggrappai convulsamente al sedile e fui contento di vedere il vagone scendere di nuovo.

A sei anni arrivai a M. all'orfanotrofio, perché mio padre partì per l'America. Mia madre entrò nel manicomio tre anni dopo, dove morì nel 1915. Ora comincerò la vera descrizione della mia vita sessuale.

All'età di sette o otto anni salii una volta su un letto nell'istituto e mi sedetti come un cavaliere. Provai così una sensazione piacevole. Ripetei questa scena diverse volte, ma non riuscii più a produrre la sensazione piacevole. A otto o nove anni cominciai a masturbarmi. Come ci arrivai non lo ricordo. Lo praticai molto spesso per anni, spesso più volte al giorno. Ne parlerò più avanti. A dieci anni fui una volta castigato con una verga da una suora a causa di insufficienze nel lavoro. (L'istituto era sotto la chiesa.) Pensarono male di me perché non piansi e dissero che non ero dispiaciuto; in realtà non mi causò particolare sofferenza.

La verga non giocava ancora un ruolo nella mia fantasia. Non riesco più a ricordare le mie fantasie di quel periodo con la masturbazione.

A tredici anni mi innamorai violentemente di un compagno due anni più giovane di me. Questo amore era puramente platonico e durò mezzo anno. Durante quel periodo sentivo spesso il desiderio di colpire il mio amico. Riuscii, con ogni possibile pretesto, a farlo acconsentire. Gradualmente ottenni il piacere di eseguire questa procedura anche su altri allievi. Riuscii inoltre a convincerne altri. Quando entrai nella terza classe della scuola cittadina, provai piacere a essere picchiato io stesso. Scoprii un compagno nella mia classe che mi frustava quanto volevo. Avevo tre o quattro ragazzi sempre a mia disposizione che mi picchiavano quando lo desideravo.

A quattordici anni cominciai a frequentare il conservatorio. A quindici anni, come la maggior parte degli studenti, feci la mia prima conoscenza femminile. Era una compagna di classe nelle tre classi della scuola cittadina. Da quel momento il mio interesse per i ragazzi diminuì rapidamente. Ci fu solo un compagno con cui per un po' fui follemente infatuato. Spesso giacevo a letto con lui e toccavo tutto il suo corpo, specialmente la schiena. Spesso gli chiedevo in prestito le mutande con il pretesto che preferivo le mutande corte e le indossavo. Anche quell'interesse per lui però svanì. Nell'anno 1916 entrai nella marina. La mia vita sessuale da quel momento è chiara nella mia memoria. Una volta, mentre suonavo il pianoforte a un ballo nel casino della marina, un cameriere mi si strinse contro nelle pause e cominciò a toccarmi i genitali. All'inizio lo respinsi. Fu però più insistente e riuscì a convincermi ad andare con lui dopo il ballo in un gabinetto, come disse, per giocare con me. (A quel tempo non avevo alcun sospetto di omosessualità.) Mi mise prima dieci corone nella giacca. Poi andai con lui in un gabinetto completamente buio. Disse che dovevo abbassarmi i pantaloni. Protestai contro il suo desiderio e volevo scappare. Ma riuscì di nuovo a farmi fare quello che voleva. Mi abbassò i pantaloni, mise il suo membro dietro e compì l'atto fino all'eiaculazione.

Mi ammonì di mantenere il segreto più assoluto e mi disse quali sarebbero state le conseguenze altrimenti. Ho sempre tenuto per me questa scena.

Nella banda della marina c'era un maestro di musica di nome R. Era un ottimo violinista, maestro di concerto e ancora di più un compositore serio. Dava lezioni a tutti i giovani musicisti di talento fino al grado più alto. Scoprì il mio grande talento per la musica e mi diede ulteriori lezioni di pianoforte. Era gentile in ogni senso, ma poteva anche torturare i suoi allievi con crudeltà sadica. Imparai molto con lui cose interessanti e capitai su due libri: Il problema sessuale di Forel e La vita sessuale del nostro tempo di Bloch. Cominciai allora a interessarmi a libri di questo genere. Vi trovai confermata la mia disposizione masochistica e capitai sul capitolo sull'omosessualità. Il signor R. cominciò a parlarmi di omosessuali. Procurai da Max Spohr a Lipsia tutte le opere di Hirschfeld e molte altre e divenni membro della W.-H.-K. Avevo una vera mania per collezionare libri sulle questioni sessuali. Più tardi conobbi meglio un collega attraverso la conversazione e arrivai alla posizione in cui potevo impegnarmi intimamente con lui. Riuscii a portarlo al punto che mi colpisse quanto volevo con una verga. Provò una volta, quando ero solo con lui nel bosco vicino a P., mentre ero svestito e sdraiato sulla pancia, a penetrarmi con il membro. Ne ebbi paura e lo tenni lontano.

Il grande impulso a essere picchiato da una donna ebbe inizio in quel periodo. Dopo lunga lotta decisi di visitare una prostituta. Non riuscii però la prima volta a trovare il coraggio di soddisfare i miei desideri e me ne andai abbattuto.

Mentre me ne andavo mi dissi: Sii coraggioso altrimenti ti becchi la verga che pende lì! Queste parole mi diedero il coraggio di esprimere il mio desiderio la volta successiva. Dopo poco tempo cercai di nuovo la prostituta. Ora la lasciai picchiarmi, il che mi fu molto piacevole ma non mi diede lo stimolo atteso. Non avrei eseguito il coito in ogni caso, perché ho una paura terribile delle infezioni. (Credo che dopo un'infezione non potrei più avere una relazione con una donna.) Me ne andai insoddisfatto, poiché non riuscii a raggiungere l'eiaculazione.

Questa prostituta non mi diede pace, perché era una donna notevolmente bella. Così la visitai di nuovo e la pregai di sdraiarsi nuda sul letto. Poi cominciai a baciarle tutto il corpo, perché aveva una forma fisica incantevole. Poiché non volevo continuare ad andarmene insoddisfatto, strofinai il mio organo sul suo piede finché provocai l'eiaculazione.

Mi piaceva di più vedere la prostituta in mutande.

Ora la mia fantasia era occupata tutto il giorno. Pensavo per ore a scene che non potevano essere realizzate. Mi rappresentavo la mia conoscente, con cui corrispondevo attivamente, come una regina. Pensavo a una stanza in cui era allestito un trono, in cui lei e le sue amiche, che mi rappresentavo come sue suddite, formavano una corte di giustizia. Lei presiedeva come regina; le sue amiche eseguivano le punizioni. Venivo condotto davanti al suo trono per tradimento contro la maestà. Dopo un breve processo pronunciava la sentenza. Venivo picchiato con verghe e ogni possibile strumento di flagellazione. Pensavo che gli ultimi colpi fossero sempre somministrati da lei stessa. Tali fantasie e altre simili mi passavano per la testa spesso per giorni interi.

Conobbi per caso una ragazza affascinante che si innamorò di me. Quando venni a Vienna in vacanza, passai tutti gli otto giorni con lei a casa sua. Questo mi diede l'opportunità di indossare le sue mutande. Quando tornai a Vienna dopo la rivoluzione, andai subito da lei e vissi in una piccola stanza. Ora avevo l'opportunità di soddisfare la mia brama. Sua madre usciva di casa e lei stessa andava in ufficio. Ero solo in casa e cominciai a vestirmi con la sua biancheria. Prima mettevo le mutande bianche corte. Nel indossarle e specialmente nel sentirle sul corpo tremavo di piacere ed eccitazione. Poi mettevo calze, camicia, corsetto, scarpe, gonna e camicetta, e mi dava un piacere straordinario, proprio come mi piace quando indosso un paio di pantaloni che calzano bene e stretti, con i quali ho quasi sempre un'erezione. Avevo tutto tranne la cosa più importante, la donna che doveva picchiarmi. Ero quindi costretto a frustarmi da solo. Presi un righello, alzai la gonna, mi sdraiai sul divano e mi flagellai. Quando mi ero picchiato abbastanza, mi masturbavo, e dopo tutto mi sembrava ridicolo e stupido. Ripetei questo molte volte. Col tempo riuscii a iniziare la mia amata ai miei piaceri; solo che non doveva sapere delle mie tendenze masochistiche. Mi permise di usare i suoi vestiti. Un giorno presi le sue mutande, la camicia e una calza e cercai una prostituta. Con lei mi cambiai i vestiti, la lasciai picchiarmi e me ne andai di nuovo insoddisfatto.

Non fui mai felice con la mia amata. Dopo ore del più grande amore, per un motivo insignificante scoppiavano litigi, discussioni e odio. Non riusciva a capire il mio interesse così smodato per la politica, l'arte e simili, e io non riuscivo a comprendere come lei potesse interessarsi a operette da quattro soldi e romanze di Mahler. Non c'era la minima compatibilità nelle cose intellettuali, che per me è molto importante.

Col tempo arrivai al punto di potermi sdraiare con lei a letto e stringerla forte, il che mi gettava in estasi. Provavo un grande stimolo quando vedevo il suo seno scoperto. Ero tormentato da una gelosia terribile. Ero geloso in ogni occasione. Se arrivava una cartolina per lei; se tornava a casa più tardi del solito; se parlava con qualcuno; ero sempre pronto a credere che lì si nascondesse un ammiratore segreto. Mi tormentava vederla prepararsi per uscire. Pensavo: ora è svestita e si lava. Volevo che si lavasse e si vestisse nel modo più affascinante possibile. Ma mi sembrava sempre che si vestisse per gli altri, e non sopportavo il pensiero. La gelosia non smetteva mai di torturarmi, una passione terribile, che però non nasceva da un grande amore. La vita diventava per me sempre più insopportabile e cupa. Tuttavia non riuscivo a staccarmi dalla mia conoscente; volevo sempre averla intorno e baciarla, nonostante tutta la miseria e la sofferenza. Spesso mi rimproverava perché non baciavo la mano dei suoi parenti e amici (donne) o perché non mi rivolgevo a loro correttamente. Con la migliore volontà non ci riuscivo. Posso baciare la mano di una donna solo quando sono solo con lei, e allora mi piace farlo. Mi è impossibile baciare la mano di una donna davanti ad altri, perché mi sembrerebbe che la mia umiliazione si leggesse sul mio viso. Posso essere cortese con una donna quando nessuno mi guarda. Prendo sempre in giro chiunque baci la mano di una donna, ma io stesso sarei felice di poter baciare le loro mani in ogni momento. È lo stesso per altre cose. Se qualcuno viene picchiato, un cavallo, un bambino o qualcun altro, mi indigno per l'azione rozza, ma io stesso voglio essere picchiato.

Se viene causato dolore a una donna, spesso provo una gioia segreta.

Mi sembra che in me abitino sentimenti sia sadici che masochistici. Ho sempre avuto un forte desiderio sadico e infatti con il mio primo amore volevo spogliarla completamente, legarla nuda con cinghie al divano e frustarla senza pietà, per poter godere delle sue grida e della sua impotenza. Questo desiderio apparve, credo, dopo la separazione. Volevo torturarla come non avevo mai fatto, ma solo per amore. La vita era per me più insopportabile che mai, ma conobbi un'altra ragazza, con cui fui visto una volta, e quindi non mi rimase altra scelta. Dovetti rompere e andarmene. Dopo diversi giorni di tormento lo feci. La nuova conoscente non significava nulla per me, perché in pochi giorni tutto finì. Il periodo in cui fui solo fu il più spaventoso per me. Soffrivo di uno stato d'ansia, che ora è completamente passato ma allora appariva in forma violenta quando non avevo nessuna conoscenza. Avevo paura quando tornavo a casa la sera che un ladro o un rapinatore potesse essere nascosto sotto il letto o nell'armadio. Non riuscivo a dormire finché non avevo controllato.

Anche allora spesso non trovavo pace. Questa azione compulsiva è di nuovo scomparsa dalla mia più recente conoscenza. Ora mi sdraio ogni giorno senza pensarci minimamente. Ci penso ogni tanto, ma di solito sono già a letto e ci rido sopra e penso che lui (il ladro o il rapinatore) dovrà rimanere lì sotto il letto finché vuole. Ci sono alcune altre ossessioni da cui soffro ancora. Per esempio, non riesco a camminare se un uomo cammina dietro di me. Devo o lasciarlo passare avanti o attraversare dall'altro lato della strada, perché mi prende la paura che possa pugnalarmi o intercettarmi.

Da quando ho letto qualcosa su questo nel libro del Dottore Masturbazione e Sessualità è un po' migliorato, perché riesco a spiegarmi la mia paura. Spesso prima non riuscivo a stare solo in nessun posto. Un'altra azione compulsiva è la seguente: sono costretto a eseguire molti atti e manipolazioni quattro volte. Non riesco a spiegarmi il motivo di questa ossessione. Se assaggio un certo cibo, devo assaggiarlo quattro volte. Se volessi continuare ad assaggiarlo, arriverei a sette, poi a undici, ma non oltre, perché allora ricomincerei da capo. Eseguo e ho eseguito un buon numero di azioni quattro volte. Se ora spesso mi sorprendo a ricadere nella vecchia abitudine, eseguo l'atto come protesta invece di quattro, tre o cinque volte. Ho una tremenda paura di arrivare in ritardo. Arrivo quasi sempre esattamente al minuto. Da bambino avevo sempre l'idea ossessiva, quando pregavo, che Gesù urinasse dalla croce; anche con Maria avevo questo pensiero. Il mio atteggiamento verso la donna è del tutto particolare. Non riesco a capire, anche se sono un appassionato sostenitore delle idee socialiste, come i teorici socialisti possano voler dare alla donna gli stessi diritti dell'uomo. Non vedo come una donna potrebbe essere ammessa all'ufficio di giudice. Una donna è troppo sotto il dominio delle passioni per essere un giudice imparziale. Mi dà molto fastidio leggere di delegate donne e medici donne. Non sopporto il pensiero che una donna sia sopra di me. Potrei, è vero, avere una donna sopra di me, ma in una stanza, una donna con una verga; nessun'altra voglio averla così. Quando l'anno scorso entrai nel Nuovo Conservatorio di Vienna la mia unica preoccupazione fu di non finire sotto l'insegnamento di una donna, perché non avrei potuto sopportarlo e avrei dovuto andarmene. Volevano assegnarmi una donna insegnante di pianoforte, ma poiché avevo fatto notevoli progressi, andai da un professore. Ho un entusiastico rispetto per gli uomini di scienza, arte, politica, musica; per i campioni della libertà e altri grandi, specialmente per Beethoven e Richard Wagner; per i socialisti, come Adler, Liebknecht, Trotsky, Haase, Ledebour e altri. Proprio come prima avevo la mania di collezionare libri, avevo anche il desiderio di procurarmi immagini di uomini famosi. Volevo anche entrare in molte società, ma oltre alla W.-H.-K. mi unii solo alla società per la riforma delle leggi sul matrimonio. Tre mesi fa feci un'altra nuova conoscenza, con cui me la sono passata molto meglio. Ho molto in comune con lei nelle relazioni sessuali, il che per me è un prerequisito per un amore felice. Dovetti scoprire tutta la sua vita precedente e fui particolarmente interessato a sapere se fosse vergine o no. Mi raccontò tutto. Fui felice di apprendere che era già stata deflorata dal suo primo amante. Niente mi sarebbe più sgradevole che dover togliere la verginità a una ragazza.

Alla fine ebbi l'occasione di andare in un hotel con lei per chiarire la mia condizione, poiché fino ad allora non avevo mai avuto rapporti sessuali. Ci volle un bel po' di tempo prima che decidessi di fare il tentativo. Indossai un preservativo ma non riuscii a introdurre il membro, perché ero così goffo, e nel frattempo l'erezione era passata. Questo accadde tre o quattro volte. Ero spaventosamente stanco, perché ero arrivato all'hotel solo dopo il concerto, verso le undici. Mi addormentai nella speranza che al mattino sarei riuscito con il coito. Rimanevano solo poche ore, poiché erano già quasi le quattro. La mattina presto l'atto riuscì, dopo un altro incidente, con una sensazione di piacere enorme. Non so se riesco a eseguire il coito solo al mattino presto, o se fu colpa della mia cattiva posizione. Credo che fosse quest'ultima, perché avevo un'erezione ogni volta, ma non riuscivo a entrare bene e inoltre facevo movimenti maldestri. Il piacere fu comunque maggiore che con la masturbazione.

Nei giorni seguenti provai una leggera avversione per il rapporto. Questo sentimento mi ha poi lasciato di nuovo. Eppure la gelosia gioca il ruolo più grande con me, alcuni giorni meno, quasi nessuna, altri giorni aumentata quasi fino a un punto insopportabile. Devo assicurarmi continuamente dell'assoluta fedeltà della mia amata. Desidero la fedeltà ma sono stato infedele io stesso in ogni occasione. Non mi piace la società, sono sempre di cattivo umore in compagnia senza sapere perché. Soffro torture tremende a un ballo, quando vedo così tante donne belle e non posso averne nessuna per i miei scopi. Sono pienamente sensualmente disposto e sarei volentieri al servizio di ogni donna affascinante.

Sono disposto a eseguire tutti i suoi comandi e a farmi picchiare in ogni occasione con la verga. L'urgente bisogno di trovare il mio ideale è aumentato nelle ultime settimane fino a un grado terribile. Ho guardato tra gli annunci del giornale quotidiano, nel giornale dei matrimoni e nel cronista, ma non ho trovato nulla di adatto. Alcune settimane fa sono stato di nuovo con la prostituta già menzionata, mi sono lasciato picchiare e ho raggiunto l'eiaculazione. Non ero del tutto soddisfatto, perché il mio ideale non è una prostituta ma una donna un po' sadicamente incline. Ma sarà difficile trovarla, perché la donna stessa vorrà essere dominata.

Ultimamente soffro di una profonda depressione psichica, perché mi rendo conto dell'irrealizzabilità dei miei desideri. Sono totalmente incapace di studiare e non riesco a esercitarmi tranquillamente per dieci minuti. Spesso non provo alcun piacere nel mangiare. Penso sempre alla donna che non riesco a trovare. Quando mi sveglio presto, il mio primo pensiero è: la troverò oggi o no?

Ogni giorno mi mostra di nuovo quanto sia difficile soddisfare tali desideri. È spaventoso quello che devo sopportare in una sola giornata. Spesso prendo una verga e mi colpisco. Se mi masturbo, sono in pace per due o tre ore al massimo, per essere poi di nuovo spinto dalle mie fantasie.

SADISMO E MASOCHISMO

Mi sono masturbato molto frequentemente fino alla fine dell'anno precedente, ma posso solo dire che con la masturbazione mi sento fresco come se fossi appena nato.

La masturbazione mi rende questo servizio: vedo almeno nella mente i miei desideri insoddisfatti appagati, così posso avere un po' di tregua da essi. Quasi sempre ho solo fantasie masochistiche durante la masturbazione, mentre raramente riesco a rappresentarmi il coito. Potrei probabilmente ancora convincere la mia amata a frustarmi, come ha fatto intendere con il suo fiore quando ne ho parlato. Cioè, è pronta a fare concessioni molto ampie. Ma non posso dirle i miei desideri, perché il castigo da parte sua non sarebbe così piacevole quanto da una donna estranea. Ho provato una volta a conquistare una donna ai miei scopi, ma invano. Ma non riesco a trovare pace se vengo infiammato da ogni bella donna per strada e voglio subito andare con lei. Vorrei sapere se, raggiungendo il mio scopo, sarei davvero felice come penso. Non ho più ricorso alla masturbazione dall'inizio di quest'anno, perché sto cercando con tutte le mie forze di trovare soddisfazione solo nel coito. Molte volte la mia condizione diventa insopportabile, ed è impossibile tenere i pensieri sui miei studi.

Menzionerò ancora alcune abitudini: se butto via qualcosa, per esempio vecchi pezzi di carta, devo guardare più volte per assicurarmi di non aver buttato via anche banconote con essi. Poi gli oggetti che stanno a sinistra devo spostarli a destra. Se premo un campanello posso farlo solo con la mano destra, e devo sempre appendere il mantello al terzo gancio.

Devo infine menzionare la mia quasi morbosa paura dei cani. Ho il più grande orrore dei cani neri. Mi sembrano i criminali più insidiosi. Quando un cane senza museruola mi abbaia contro, non riesco a muovermi dal posto, perché penso che stia per mordermi. Sono allora costretto a essere gentile con lui o a dargli un pezzo di pane. Mi appare come un criminale che non farebbe del male a nessuno, se gli si dà liberamente qualcosa.

Ma se vedo che un cane è amichevole, la mia paura si trasforma in simpatia per il cane, e allora posso occuparmi di lui per ore.

Domenica scorsa ho visto un piccolo cane investito da un'automobile. La gente insultava tutti il conducente, e io fui l'unico a difenderlo, sostenendo che non poteva fermarsi in tre metri. Mi osservai molto attentamente e potei constatare che non avevo bisogno di difendere il conducente, ma che traevo soddisfazione dall'uccisione del cane e dall'angoscia della donna, il che è sicuramente molto strettamente collegato al mio sadismo.

SOGNI

Vi riferirò alcuni sogni che ricordo ancora: una volta sognai di correre dietro a un tram elettrico senza riuscire a raggiungerlo. Un'altra volta stavo aspettando a un angolo per prenderne uno e balzai su rapidamente perché non mi sfuggisse. Nota qui che provo una sensazione scomoda quando perdo un tram, perché penso che con il successivo arriverò troppo tardi all'appuntamento. Ho un enorme interesse per le ferrovie e i tram urbani. Conosco così bene il lavoro di un conducente che potrei guidare un tram senza alcun problema. Ricordo un sogno in cui dovevo salire una scala alta e stretta per raggiungere un certo luogo. Ero già a metà strada quando pensai di precipitare giù, e dovetti arrivare al posto facendo un lungo giro. In due sogni fui picchiato da uomini; il secondo di questi sogni riguardava il mio direttore d'orchestra con cui suono, che è un vero e proprio Don Giovanni. Un sogno mi mostrò la mia attuale amata con la richiesta di avere un rapporto sessuale con lei. Un altro mi rivelò la mia stessa persona che apriva un ombrello sotto la pioggia, cosa che mi sembrò un gesto audace. L'ultimo sogno che mi è rimasto in memoria è il seguente: la mia prima ragazza mi chiese, in presenza delle sue amiche, di avere un rapporto sessuale con lei. Risposi, felice della sua richiesta, che avevo i piedi sporchi e dovevo prima lavarli. Andai a cercare un bagno, ma non ne trovai, e dopo una lunga ricerca entrai in un caffè. In quel caffè c'era un pianoforte, al quale mi diressi subito e cominciai a provarlo. Improvvisamente vidi molto in fondo una vasca da bagno e una doccia. Mi diressi verso di esse, non appena ebbi spostato una scrivania che ostacolava il passaggio, ma vidi che la vasca non era in un box ma era esposta all'aperto. Il capocameriere, quando lo interrogai, disse che la vasca era sì in un box, al che avanzai e potei convincermi di ciò che aveva detto. Davanti al box l'acqua scorreva a torrenti. Entrai nel box, salii nella vasca e mi svegliai senza aver raggiunto il coito nel sogno.

Nelle tre notti successive a quando portai al medico la storia della mia malattia, ebbi dei sogni, di cui ne ricordo solo uno che dimenticai di riferire nell'ultima ora di consultazione. Il sogno fu il seguente: arrivai dal medico all'ora della seduta e trovai la casa completamente cambiata. Un giovane mi aprì la porta della sala di consultazione, le cui pareti erano di legno. Nella stanza c'erano scrivanie lungo le pareti, disposte fitte come in un ufficio postale. A ogni scrivania sedeva (o stava in piedi) una persona; credo fossero solo uomini. Il medico era seduto a una scrivania, occupato con un uomo più giovane, e sembrava molto agitato. Vicino a ogni scrivania pendeva un filo a cui era fissato un ricevitore come quelli del telefono. Chiesi al cameriere a cosa servissero quelle cose. Rispose che ogni paziente doveva mettere il ricevitore all'orecchio e avrebbe sentito dall'apparecchio un ticchettio simile a quello di un orologio a pendolo. Ogni paziente doveva prestare attenzione a quante volte si produceva il ticchettio e riferire al medico il numero esatto di tic, dopodiché il medico avrebbe potuto determinare se il paziente era eterosessuale o omosessuale. Risi a metà di questa risposta e a metà ci credetti. Questo era tutto il sogno.

Dall'ultima ora di consultazione mi sono sforzato di riprodurre ogni sogno nel modo più fedele possibile. La notte immediatamente successiva all'ultima seduta sognai di nuovo del medico, ma non riuscii a annotare il sogno. Nella notte dall'8 al 9 sognai che il capocameriere del caffè in cui suono era morto. In realtà ero a casa sua, poiché do lezioni di pianoforte alla sua figlia di otto anni. La moglie e la bambina non sembravano particolarmente turbate dalla morte del marito e padre, perché la piccola chiese alla madre quanto costasse una libbra di manzo sotto sale, e entrambe parlarono con me senza il minimo pensiero della morte. Il sogno successivo avvenne nella notte dal 9 al 10. Sognai di dormire in una stalla vicino a un bue che un tempo era stato un uomo e poi era tornato a essere un bue, cosa che accadde diverse volte durante la notte. Giacevo con questo mostro sotto una coperta, e mi minacciava di mordermi se avessi cercato di scappare. Questo bue-uomo mi fece poi notare che aveva con sé 12.000 marchi. Mucche e buoi stavano nella stalla in fila, uno vicino all'altro. La terza mucca cadeva continuamente e doveva essere rialzata. Al mattino presto cercai di andarmene, ma il bue-uomo mi afferrò per i vestiti. Più tardi mi lasciò uscire. Ma mi corse dietro nella stalla e mi disse che gli mancava un "Fahnl". Gli chiesi cosa fosse, e lui rispose che gli mancava una banconota da 100 marchi. Quando gli dissi di ricontare, mi lasciò in pace. Andai in un gabinetto e tornai indietro, ma invece della stalla era il caffè in cui lavoro. Lì ricevetti una lettera da una donna ungherese, che il maestro di banda mi strappò mezzo scherzando e gettò in una cassetta dei soldi, da cui la recuperai.

Poi sognai di nuovo che un uomo di mia conoscenza mi toccava con la mano i capelli o i genitali, il che produceva una sensazione piacevole. La notte successiva sognai di aver ricevuto un invito dalla mia prima conoscente. Oltre a me era presente un altro signore. Dopo poco tempo tentai di rubare alla ragazza delle mutande bianche da donna, cosa in cui, con mio fastidio, non riuscii.

Ho ancora un sogno da menzionare, che si svolse di nuovo nel caffè. Nel caffè stavano cercando un topo. Il topo si fermò vicino a un sedile e nessuno ebbe il coraggio di ucciderlo. Chiamai un signore dicendogli che doveva salirgli sopra con decisione, cosa che fece. Ma il topo non era ancora del tutto morto; una donna ne ebbe pietà e lo sollevò, al che, mentre la donna stava per prenderlo in braccio, si trasformò in un canarino e fuggì. Posso riferire ancora un breve sogno, in cui stavo lucidando le scarpe vicino a una finestra aperta in una piccola stanza, e mi fu chiesto di suonare la "Piccola Nonna" (solo per violino).

Poi il sogno di ieri notte, in cui fui occupato tutto il tempo con cavalli. Avevo paura di ogni cavallo che superavo, che potesse mordermi, e ognuno in effetti mi mordicchiava, e solo me.

In un sogno precedente andai con due colleghi a Laxenburg per remare sul laghetto, che è la mia occupazione preferita. Ma trovai il laghetto molto cambiato. Arrivammo a un grande cancello di ferro, che era sbarrato. L'unica persona visibile era un uomo che raccoglieva fiori (o forse era il giardiniere). Alla mia domanda spiegò che il cancello era stato appena chiuso e non sarebbe stato riaperto prima delle nove del giorno dopo. Allora ricordai di aver visto il custode del cancello allontanarsi.

Provai ad aprire il cancello, riuscendoci con la cosiddetta "chiave da un kreuzer", al che l'anta sinistra del cancello si spalancò così tanto da poter passare dritti. Ora vedemmo il laghetto davanti a noi. Il cielo era nuvoloso e iniziò a levarsi una tempesta, accompagnata da un ruggito selvaggio. Si fece semibuio e cominciò a piovere leggermente. Regnava un'atmosfera misteriosamente inquietante e solenne. Avevo la sensazione che un potere invisibile ci costringesse, in qualsiasi pericolo, a salire sul laghetto. Una donna che vidi improvvisamente in nostra compagnia (credo fosse la prostituta con cui una notte fui a letto) si diresse verso il deposito delle barche per tirare fuori le imbarcazioni di cui avevamo bisogno. Questa donna era vestita solo con un grande mantello che arrivava a terra.

Teneva in mano destra un grande bastone, i capelli le pendevano, tanto che mi sembrava la morte. Spinse fuori la prima barca, nella quale dovevo salire. Ma questa barca era fatta di intrecci di canne blu scuro-viola, in cui entrava l'acqua.

Spinse fuori una seconda barca, che di nuovo non potei usare, perché era di legno marcio. Stava per tirarne fuori una terza, quando il sogno si interruppe.

In via Wipplinger c'era una grande processione di massa, da cui rimasi indietro da solo e andai su un ponte, da cui speravo di vedere l'intera processione. (Quando portarono le reliquie di Clemens Hofbauer capitai per caso in via Wipplinger, dove si svolgeva la processione. Dovetti fermarmi involontariamente e guardarla, ma me ne andai prima che arrivassero i preti con l'urna. Provai un sentimento di ribellione, e in occasioni simili potrei facilmente essere scatenato contro chi mi circonda.)

Fui esaminato in religione e non sapevo nulla di nulla.

Arrivai a un prato che aveva una piccola gola, dove mi fermai. A circa cento metri vidi un iceberg a forma di torre di guardia. In cima c'era una figura maschile in piedi su un punto e che girava in cerchio verso destra come una trottola.

Ricevetti una lettera da mio padre in America, in cui mi chiedeva che farina volessi nel pacchetto da un dollaro.

(Ho scritto a mio padre in America, avendo ottenuto il suo indirizzo da un'agenzia investigativa. Ma finora non ho ricevuto risposta, perché sono solo cinque settimane che ho scritto.) Ero con la mia ragazza in una chiesa, in cui un medico teneva una conferenza scientifica sul sesso. Il medico (credo fosse il mio dottore) stava a destra dell'altare e parlava a un grande gruppo di persone. Il pubblico aveva con sé dei libri, da cui leggeva contemporaneamente la conferenza. Questi libri però non erano stati scritti dal medico che teneva la conferenza, sebbene lui dicesse che ciò che raccontava proveniva dalle sue indagini personali. Il medico continuava a sbagliare con le parole straniere, tanto che a ogni errore gli ascoltatori gli gridavano la parola corretta.

Ero con il mio direttore d'orchestra in un hotel. Lui si mise il costume da bagno, e io lo guardavo mentre lo faceva. Provai un grande piacere nel vedere la sua bella forma fisica.

Dopo che si fu rivestito, salimmo insieme all'ultimo piano dell'hotel, dove pranzai, dovendo sedermi a un tavolo separato.

Passai con mia zia accanto a un cimitero, in cui c'era una chiesa. Mia zia andò a una tomba e disse: «Questa è la tomba dei miei genitori». Poi rimproverò il giardiniere, che aveva lasciato la tomba completamente spoglia. Poi pregò per un po'. Una statua alta quanto una persona di media statura, che stava vicino alla tomba, non era nella posizione che le piaceva e la girò verso destra. Poi volle che pregassi anch'io, ma risposi che non sarebbe servito a nulla. Lei se ne andò e io mi tolsi il cappello e finsi di pregare.

Promisi al violinista solista, che suona con me e con cui ho spesso parlato del dottore, di indicarglielo alla prossima occasione. Mentre camminavo con il violinista, vidi il medico in piedi a una fermata del tram. Indossava un cappuccio, cosa che mi stupì. Dimenticai così di richiamare l'attenzione del mio collega sul medico.

Ero all'orfanotrofio di Modlinger. Un giorno furono rubati due alberi. Iniziarono a cercare il ladro, e tutti gli ospiti dovettero essere mandati dal sarto, dove dovevano aprire i pantaloni e farsi esaminare i genitali.

Ero su una diligenza e sedevo davanti con il cocchiere. Mi guardai intorno, sbirciai nella carrozza e vidi con stupore una botte di ferro di petrolio americano. Ne comprai un quarto di litro per venti corone e lo bevvi, perché aveva un sapore eccellente. Poi scesi e proseguii con il tram, perché dovevo fare qualcosa all'opera e era già molto tardi. Lì raccontai dell'olio – mi svegliai e notai una sensazione di disgusto e nausea. Il mio stomaco era in disordine; la zona dell'intestino inferiore, lo stomaco, il lato sinistro, tutto era sottosopra.

Camminavo nel cortile della chiesa dell'orfanotrofio di Modlinger e incontrai una suora, a cui raccontai della felice guarigione della mia malattia. Lei mi disse: «Hai una storia grave»; al che risposi che era solo la gelosia a tormentarmi ancora molto. Poi mi chiese di suonarle all'organo il mio nuovo Canto del Cuore di Gesù, che eseguii subito, mentre lei si inginocchiava e svolgeva le sue devozioni.

Ero solo con un signore in una grande camera da letto. Improvvisamente un toro selvaggio irruppe dalla porta, al che entrambi fuggimmo e corremmo attraverso un meraviglioso prato verde. Alla fine del prato c'era una grande inondazione. Attraversammo l'acqua il più velocemente possibile e arrivammo di nuovo a un prato, dove il toro, impedito dall'acqua, non poté seguirci. Questo ci accadde due volte.

Andai nel secondo distretto con il tram, stando sulla piattaforma anteriore. All'improvviso tutto divenne giallastro e subito dopo calò un'oscurità totale. Dopo poco tempo tornò la luce. Scesi, entrai nel vagone e mi sedetti con i piedi rivolti all'indietro sul lungo sedile libero. Dopo alcuni minuti si sedette vicino a me una signora, che si strinse violentemente contro di me e mi diede un libretto, dopodiché scese.

Mostrai il libretto a un collega a casa e gli dissi che di certo mi aveva dato un appuntamento. Lui rise e disse: «Era infatti una prostituta che ti ha dato il suo libretto di polizia». Cercai di negarlo e dissi che era un libro scientifico. (C'erano dentro, cioè, misure di sicurezza e indicazioni sulle malattie infettive.) Venni all'orfanotrofio di M. in visita e chiesi a un educatore se la fustigazione dei bambini fosse stata abolita. Non ricordo la sua risposta; so solo che non c'erano più frustate. Poi mi venne improvvisamente in mente che una ragazza mi aveva promesso di frustarmi. Cercavo questa ragazza in compagnia di una donna che portava un bambino.

Sognai di un collega, da cui avevo preso in prestito un volume di poesie di Heine, che mi aveva richiesto con una lettera furiosa la restituzione del volume, altrimenti mi minacciava di scandalo. (Nota qui che in realtà presi in prestito da un amico un volume di poesie di Heine, solo che non apparteneva a lui ma a un suo amico. Ricevetti davvero una richiesta da quest'ultimo amico di restituirgli il libro.)

Ero in una grande sala di un teatro in cui si era radunata un'enorme folla. Non sapendo cosa si stesse rappresentando, chiesi al mio vicino, che mi spiegò che dodici donne si sarebbero sdraiate sul grande pavimento del palcoscenico. Queste dodici donne avrebbero scelto dal pubblico i loro partner sessuali, che avrebbero poi dovuto eseguire apertamente l'atto sessuale con loro. Questo però non accadde.

Ero nella sacrestia della chiesa dell'orfanotrofio, perché come organista dovevo chiedere al prete quali inni dovessero essere suonati alla messa. Dopo aver ricevuto le istruzioni, il prete mi chiese di non passare dal cortile per andare al coro ma attraverso l'interno della chiesa. In quel momento si stava celebrando una messa e dovetti passare davanti ai fedeli e all'altare, cosa che mi costò una lotta, perché fui osservato da tutti i presenti senza eccezione.

Caso numero 3

Fritz K., giurista ventiquattrenne di costituzione debole, si lamenta di una completa impotenza, che dura da due anni.

La sua capacità di erezione è totalmente perduta. Il suo membro rimane flaccido anche durante la masturbazione. Indica come cause la masturbazione precoce e un'eccessiva sovrastimolazione. Fin dai sedici anni ha avuto relazioni con numerose ragazze, in cui l'eiaculazione avveniva attraverso varie forme di gioco preliminare. Il coito riuscì temporaneamente nel suo ventesimo anno, perché in quel periodo era innamorato di una ragazza di nome Grete, che divenne l'infelicità della sua vita. Concepì per lei una grande passione. Quando le era vicino era tormentato da erezioni quasi dolorose, ma il rapporto sessuale non ebbe mai luogo. Lei lo baciava e lo accarezzava fino a fargli eiaculare. Alla fine Grete acconsentì a darsi a lui. Era nel bosco, in un posto del tutto isolato, ma lui fallì completamente: l'eiaculazione avvenne quando toccò la sua coscia. Quando si alzò, vide passare un uomo alto con cappello di paglia e occhiali, che in seguito si rivelò un'allucinazione. Non riuscì mai a riprendersi da questa umiliazione.

Grete gli fu infedele e ora è fidanzata con uno dei suoi amici. Da due anni non è più in grado di studiare. Rimugina continuamente sul problema di come punire l'infedele Grete e vendicarsi di lei. Tutto il suo giorno è consumato in parte da fantasie su Grete, in parte da nuove avventure amorose. È caratteristico, a questo riguardo, che vada sempre con due ragazze e alla fine tenti l'approccio – che fallisce regolarmente – proprio con quella delle due che gli piace meno.

A malincuore ammette di avere un atteggiamento sadico verso la donna, e gran parte delle sue fantasie è occupata dalla punizione e dall'umiliazione delle donne infedeli. Se cedesse al suo impulso, dovrebbe torturare le donne senza ritegno, trascinarle per i capelli per la stanza, picchiarle e costringerle ai servizi più degradanti nei suoi confronti. Dovrebbero leccargli i piedi e pulirgli l'ano con la lingua, e lui lancerebbe loro in faccia gli insulti più volgari e grossolani mentre lo fanno.

L'analisi mostra che nei suoi primi anni fu circondato esclusivamente da donne, che lo coccolavano in ogni modo possibile. Suo padre era un uomo debole che non aveva voce in capitolo in casa, e la cui voce si perdeva completamente nel coro delle voci delle quattro donne. C'era una madre isterica che si lamentava continuamente di ogni sorta di malattie, si agitava ininterrottamente e con la sua ansietà lo rese sistematicamente ipocondriaco. (È il tipo del "piagnucolone" e riconosce subito di essersi identificato con la madre in questo aspetto.) C'era inoltre una nonna severa, bigotta cattolica, che da un lato era la guardiana morale della casa e dall'altro viziasse eccessivamente il ragazzo. Poi c'era una zia isterica e sensuale, che riversava sul bel ragazzo la sua insaziabile brama d'amore, si prese completamente cura di lui durante gravi malattie e dormì nello stesso letto con lui durante la scarlattina. Aveva anche una sorella maggiore di sei anni, che lo coccolava da bambino. Fino al settimo anno dormì alternativamente nel letto di uno o dell'altro dei membri della famiglia menzionati, ma in seguito dovette provocare attacchi di paura per raggiungere questo scopo. Sorprese lo stesso paziente, nel corso dell'analisi, il fatto di non avere ricordi d'infanzia. Il suo primo ricordo riguardava il fidanzamento della sorella, quando lei aveva diciotto anni. In quell'occasione fu cattivo e venne punito (aveva undici anni).

L'analisi rivelò un forte legame verso la sorella e il fatto significativo che dopo il suo matrimonio soffrì una profonda depressione e tendenze suicide. Il fidanzamento della sorella fu per lui un grave trauma. In tutte le sue relazioni preferisce ragazze tra i sedici e i diciassette anni, che poi perde quando compiono diciotto anni. Ricrea così il ritorno della stessa situazione. Da numerosi sogni riconobbi che qualcosa doveva essere accaduto tra lui e la sorella, cosa che all'inizio negò ostinatamente. Alla fine la nebbia che avvolgeva il passato si diradò. Ricordò che nei suoi undicesimo e dodicesimo anno andava nel letto della sorella e continuò a farlo finché una mattina sua madre lo trovò nel letto e lo bandì in un'altra stanza (prima dormiva nella stessa camera della sorella). Alla fine emerge il ricordo che la sorella, la cui purezza e rigida moralità egli aveva strenuamente difeso, gli aveva permesso di soddisfarla con il cunnilingus. Allora percepì il suo fidanzamento come un mostruoso tradimento e si occupò straordinariamente, nella fantasia, della sua vita sessuale. Una traslazione omosessuale sul cognato rese possibile un rapporto semi-buono, ma divenne la fonte di una nuova parafilia: voleva essere presente al coito di una coppia di amanti, e lui stesso doveva essere osservato durante un gioco amoroso (si veda l'allucinazione al tempo dell'esperienza con Grete, con cui in quell'occasione praticò il cunnilingus; è come se il cognato, che indossa cappello di paglia e occhiali, lo osservasse nel suo gioco con la sorella). Il suo odio più forte verso le donne data dal matrimonio della sorella, che concepì come un vergognoso tradimento. La componente d'odio si staccò dalla sorella e fu trasferita ad altre donne.

Tuttavia, la perdita della sorella fu solo la ripetizione di una delusione amorosa molto più lontana. Era stato il "ragazzo del piacere" della zia, che aveva approfittato in particolare del lungo periodo di malattia, durante il quale era isolato dal resto della famiglia, per conquistare interamente il ragazzo per sé.

Oltre ad altre forme di carezze, gli aveva praticato il fellatio, ricordo ancora chiaro. Tanto più grande fu il suo dolore quando, poco dopo la scarlattina, un uomo estraneo entrò in casa, sulle cui ginocchia si sedette la zia e che gli chiese di chiamarlo zio, cosa che rifiutò assolutamente. Il matrimonio della zia, che seguì poco dopo, fu il primo grave trauma della sua vita; in realtà da quel momento odiò tutte le donne. Dobbiamo cercare la prima radice del suo sadismo in questa esperienza.

Inoltre, la madre lo frustava frequentemente ed egli disprezzava il debole padre perché non lo aveva protetto a sufficienza. Non sarebbe mai stato lo schiavo di una donna come suo padre.

Caso numero 4

Otto X., industriale, cinquantatré anni, mi fu inviato dal suo medico di famiglia per la cura dell'impotenza. L'impotenza durava da due anni. Erezione mattutina temporaneamente debole. L'esame obiettivo rivelò sintomi di una malattia spinale incipiente. Poiché erano presenti anche insonnia, depressione e mancanza di interesse per il lavoro, fu intrapresa l'analisi. Riporto qui solo alcuni dei fatti più importanti di questa interessante analisi.

L'istinto sessuale di Otto si risvegliò molto precocemente. Non fu cresciuto in casa dei genitori, ma presso una zia che amava appassionatamente. Già a cinque anni era consapevole di sentimenti sessuali nei confronti della zia. Dormiva spesso nel suo letto. Si stringeva a lei e aveva allora erezioni violente. In età successiva vi furono timide aggressioni verso la sorella...

A tredici anni tornò in casa dei genitori. Suo padre era un uomo serio, cupo, laborioso, che si era faticosamente fatto strada. Non fu mai cordiale con Otto, non gli rivolse mai una parola amichevole e provava piacere in un metodo educativo severo, che tradiva un marcato sadismo.

Se Otto aveva commesso qualche mancanza – e un'occasione del genere si trovava presto – la punizione doveva seguire un cerimoniale preciso. Il padre gli ordinava innanzitutto di andare a prendere il bastone.

Poi doveva togliersi i pantaloni e le mutande. Iniziava allora un'inseguimento selvaggio attraverso tre stanze, durante il quale Otto veniva sempre colpito sulle natiche nude. Alla fine doveva cadere in ginocchio davanti al padre, implorare il perdono e ringraziarlo con la massima deferenza per la punizione, senza omettere un bacio sulla mano. L'intervento timido della madre era impotente contro la volontà ferrea del tiranno domestico. Più tardi il padre chiudeva a chiave la porta, in modo che la madre non potesse entrare, e lei restava tremante davanti alla porta. Era una donna debole e mite, che, come i figli, tremava davanti al marito.

A quattordici anni Otto decise di fuggire da casa dei genitori. Forzò un cassetto in cui la madre teneva i suoi soldi e il libretto di risparmio di

Otto. Lasciò i soldi della madre e prese solo il proprio libretto, prelevò il denaro e fuggì direttamente in Svizzera. A Zurigo, già alla stazione, cadde nelle mani di un truffatore. Questi si presentò come un onesto svizzero desideroso di aiutarlo, lo portò in un albergo dove il ragazzo fu persuaso a bere. Alla fine fu condotto da una prostituta, che gli prese tutti i soldi e per di più gli trasmise la gonorrea e un'ulcera genitale. Si trovava in condizioni disperate. Dovette telegrafare al padre per avere denaro, che ricevette immediatamente. Tornò subito a casa, fu accolto dal padre alla stazione e, arrivato a casa, fu picchiato selvaggiamente. Anche il resto del trattamento fu pessimo. Lui, figlio di un ricco commerciante, dovette svolgere i lavori più duri e faticare come uno schiavo fino a tarda notte per guadagnarsi il pane.

Il suo lavoro era di natura umiliante. Aveva il compito di selezionare i vari pezzi di lana. Una lavoratrice più anziana, una donna avvizzita e per il resto poco attraente, condivideva con lui questo lavoro. Provò pena per lui e si diede a lui. Dovevano procedere con la massima fretta. Eseguì il coito in piedi in un angolo della stanza in cui lavoravano, tremando sempre per paura di essere scoperti. Tuttavia imparò allora a conoscere la gioia del rapporto sessuale regolare e rivolse la sua attenzione a ragazze più belle. Aveva diciassette anni, era giovane, appassionato ed energico. Si innamorò di una compagna di lavoro straordinariamente bella, che lo portò a casa sua, dove avrebbe potuto avere rapporti sessuali in pace e tranquillità. Ma con sua vergogna fu completamente impotente (come mostrò l'analisi, perché lei somigliava in modo impressionante alla sorella).

La sua mortificazione fu accresciuta dal comportamento della ragazza. Lei gridò: «Chi è così stupido lasci le ragazze in pace!». La vergogna continuò a tormentarlo; passò molto tempo prima che riuscisse a superarla. Salì lentamente nella fabbrica, divenne impiegato, ebbe un buon stipendio, ma non spendeva i suoi soldi, evitava la compagnia delle ragazze; temeva la sua impotenza. Conobbe una ragazza la cui sorte era simile alla sua. Era stata maltrattata in modo analogo da una madre sadica e dura, come lui dal padre. Decisero di sposarsi per sfuggire alla tirannia dei genitori.

Ma lui aveva paura di coprirsi di ridicolo e confessò alla fidanzata di non essere un eroe sessuale. Se lei fosse stata molto appassionata, avrebbe potuto rimanere molto delusa. Lei rispose che era una "natura fredda", si sarebbe accontentata di tutto ciò che lui poteva offrirle. Nonostante le sue paure, fu interamente potente e felice nel matrimonio. Un giorno era solo in casa. La moglie era partita per alcuni giorni. Gli venne l'idea di aprire la sua scrivania. Qui trovò un fascio di lettere che non lasciavano dubbi sul fatto che lei "lo aveva ingannato già prima del matrimonio". Fece questa scoperta dopo otto anni di matrimonio felice! Nacque in lui il sospetto che la moglie potesse essere infedele anche ora.

Cominciò a farla sorvegliare e raccolse prove che effettivamente aveva un amante. Quando lei tornò dal viaggio, la affrontò con la sua infedeltà. Lei gli disse freddamente in faccia: «Non sei mai riuscito a soddisfarmi! Non ho mai saputo cosa fosse l'amore finché non è arrivato il mio attuale amante...». Seguì l'inevitabile: costrinse la moglie a lasciare la casa e a tornare dalla madre, e avviò le pratiche di divorzio.

Non poté rimanere nella sua città natale. Fu costretto a partire finché la faccenda del divorzio non fu conclusa. Venne a Vienna e si sentì abbandonato. Voleva tornare a casa e perdonare la moglie. Poi un telegramma lo sorprese annunciando l'arrivo della moglie a Vienna. L'amante l'aveva abbandonata in modo vergognoso. Voleva riconquistare il marito. Lui non volle sentir parlare di riconciliazione. Allora la moglie si ammalò e andò in un sanatorio. I suoi giorni erano contati. La sua malattia era incurabile. Dovette rimanere a Vienna e visitarla due volte al giorno.

In quel periodo incontrò per strada una bella ragazza. Le parlò, si incontrarono spesso e lei si diede a lui, dopo che le ebbe promesso di sposarla. La moglie morì poco dopo e lui sposò la ragazza, con la quale fu straordinariamente potente. Poteva eseguire il coito più volte al giorno. Tutto sembrava andare benissimo. Aveva un figlio dal primo matrimonio, che la moglie trattava eccezionalmente bene. Ma presto cominciò a rimuginare sulla questione se lei fosse stata vergine la notte di nozze. Una gelosia torturante per il passato si impadronì di lui. La tormentò così a lungo per farle dire la verità che alla fine lei ammise di aver vissuto, prima del matrimonio, la vita di una prostituta e di essersi data a più di quaranta uomini. Affermò che non l'aveva fatto per denaro, ma per soddisfare la sua "insaziabile lussuria". Questa dichiarazione lo gettò in un'eccitazione indicibile. Cosa fare? Il primo pensiero fu di nuovo il divorzio.

Ma doveva compiere lo stesso passo una seconda volta? La morte della prima moglie – si parlava di avvelenamento; cioè suicidio – gli aveva lasciato un peso morale. Inoltre fece una scoperta spiacevole. Scoprì che la storia della moglie lo metteva in uno stato di grandissima eccitazione sessuale e gli procurava una gratificazione dolorosa, ma al tempo stesso deliziosa. Faceva raccontare alla moglie, fin nei minimi dettagli, tutte le sue avventure e raggiungeva così un orgasmo. Doveva descrivere le singole fasi, le variazioni, le caratteristiche dei diversi uomini, tutto nel modo più preciso possibile. Si sentiva nella situazione della moglie. Viveva con lei tutto il passato e provava sempre quel piacere doloroso e dolce, che evidentemente per lui significava più del coito; infatti la sua potenza era finita.

(Il pensiero delle dimensioni del fallo di un altro, della potenza degli altri uomini, rafforzava il suo sentimento di inferiorità e lo rendeva impotente.) Per soddisfare la moglie, gli vennero in mente le idee più bizzarre. Eseguiva il cunnilingus due o tre volte al giorno. Le permise di andare a Vienna per procurarsi un dildo. Lei doveva soddisfarsi davanti ai suoi occhi, oppure lui assumeva questa funzione. Tremava al pensiero che lei potesse essergli infedele e darsi a un altro uomo.

Un giorno le propose di frustarlo. Lei lo fece e ebbe un orgasmo, che lo riempì di una beatitudine immensa. Alla fine arrivò alla strana combinazione di farsi frustare durante il cunnilingus. Lei lo faceva nel modo più brutale. Masturbandosi contemporaneamente, raggiungeva l'orgasmo. Ma continuava a tormentare la moglie con la domanda se desiderasse un pene grande.

Gli dava soddisfazione porre questa domanda nel modo più volgare (coprolalia). Alla fine la moglie ammise che il dildo non poteva sostituire la carne viva. La sua componente omosessuale era ora potentemente eccitata. L'idea di una terza persona si fissò nel suo cervello. Giunsero alla conclusione che avrebbero cercato una terza persona. Lui pose una sola condizione: doveva essere presente e assistere a tutto ciò che i due avrebbero fatto insieme. Era compito di lei trovare l'uomo che accettasse questa condizione.

Vennero a Vienna e la donna sfruttò le sue esperienze passate per trovare la terza persona, e presto ci riuscì.

È facile comprendere la motivazione psichica della richiesta di Otto. Voleva rivivere il passato e ora esserne testimone; voleva anche rivivere l'infedeltà della prima moglie e convincersi con i propri occhi se lo avesse tradito. Si mescolavano anche motivi infantili da livelli più profondi. Ma torniamo alla scena.

La moglie presentò la terza persona a Otto. Affittarono due stanze in un albergo. Poi si riunirono in una stanza e si spogliarono. Otto eseguì il cunnilingus sulla moglie secondo il programma senza farsi frustare.

Poi la terza persona doveva entrare in azione. La donna si sdraiò sul letto. Otto la guardò con cupidigia. Lei aveva un'espressione terribile. Mostrava i denti come una belva e emetteva rumori inarticolati. Otto fu grandemente spaventato e sopraffatto dall'orrore e dal disgusto. La terza persona si gettò sulla donna. Ben presto però spiegò che non riusciva ad adattarsi alla situazione. Il marito doveva lasciare la stanza. Otto si vestì e andò in un caffè vicino. Lì sentì l'orrore, l'umiliazione e la vergogna della faccenda e soffrì torture spaventose e terribili di gelosia. Alla fine tornò in albergo e trovò la moglie sola. Le chiese immediatamente una descrizione di ciò che era accaduto. Lei pensò che «non ci fosse niente di speciale».

«Perché proprio quest'uomo? Cosa ti ha attratto in lui?»

«Il fatto che fosse rasato. Sono pazza per gli uomini senza barba.»

La mattina dopo Otto entrò nella stanza della moglie completamente cambiato, avendo sacrificato barba e baffi. Lei fu rapita da questa prova d'amore del marito, lo abbracciò appassionatamente e fu più affettuosa di quanto fosse mai stata prima. Lui ebbe un'erezione forte e l'impotenza fu superata. Ebbe le tre settimane più felici della sua vita.

Era potente e soddisfaceva la moglie; vivevano come tortorelle e entrambi volevano dimenticare la brutta avventura. In quel periodo la moglie rimase incinta.

Purtroppo la felicità non durò. L'omosessualità latente riemerse. Era tormentato dall'idea che la moglie desiderasse altri uomini. Non gli serviva una moglie fedele. Voleva possedere una prostituta.

Desiderava il tormento dell'umiliazione e della gelosia. Alla fine le permise di andare a Vienna a cercare uomini. Una sola condizione: assoluta onestà. La moglie doveva giurarlo. Lei trovò diversi uomini per strada e alla fine trovò il suo ideale, un uomo con un pene enorme. Per due giorni ebbe incontri con quell'uomo, poi raccontò al marito quanto fosse meravigliosa la sensazione di sentirsi completamente riempita, sebbene non raggiungesse l'orgasmo. Al terzo appuntamento l'uomo fu impotente e dichiarò alla donna che era una «semplice vampira di sperma». Questa espressione ora lo perseguitava come un'idea ossessiva fastidiosa: «tua moglie è una semplice vampira di sperma!»

Tralascio numerosi racconti osceni che mostrerebbero quanto in basso possa sprofondare un uomo altrimenti eticamente rispettabile e colto. Ma la reazione grave doveva arrivare presto. Era a Berlino. La moglie uscì in vestaglia per andare in bagno. Nel corridoio c'era casualmente un giovane. Lei gli lanciò uno sguardo civettuolo, al che lui si avvicinò, la baciò e le chiese di entrare nella sua stanza.

Lei tornò dal marito e chiese il suo permesso. Era desiderosa della nuova esperienza e lui diede il consenso.

Quando tornò, trovò il marito in lacrime.

Non poteva più sopportare questa vita da cani. Lei si difese dicendo che l'aveva fatto per compiacere lui. In breve, decisero infine di rinunciare a queste avventure.

La pace non poteva durare a lungo. Trovava scuse per sé per gustare di nuovo la dolce tortura della gelosia mista a idee sessuali. Razionalizzava dicendo che la moglie soffriva; lui era impotente; non aveva il diritto di limitare la sua libertà; e così via.

Presto si presentò di nuovo un'occasione. Andava con lei ai balli e le permetteva di ballare con altri uomini.

Lei ballò anche con uno dei suoi nipoti e confessò al marito che durante tutto il tempo di uno "shimmy" aveva sentito il pene eretto del partner ed era stata molto eccitata. Questo fatto gettò Otto in un alto grado di stimolazione. Tormentò la moglie con la domanda: «Lo vuoi? Lo vuoi?». Alla fine lei disse di sì, e lui le chiese di invitare il nipote per il pomeriggio successivo.

Tutto fu preparato perché Otto potesse assistere alla scena d'amore. Era nascosto dietro un paravento; la moglie aspettava in negligé seducente l'uomo desiderato. Lui arrivò un'ora dopo e lei gli chiese scherzando:

«Perché così tardi? Forse vieni dalla tua amata?»

«Hai indovinato. Ho parlato con lei e mi sta aspettando di sotto. Sono venuto solo per chiederti di scusarmi.»

Otto era sprofondato così in basso da sentire il rifiuto della moglie come un'offesa. E poi aveva perso la gratificazione attesa. Ma aveva trovato un nuovo sport. Portava la moglie a tutti gli intrattenimenti da ballo possibili e cercava di sapere se gli uomini avessero erezioni ed eiaculazioni durante il ballo.

In uno di questi balli "popolari", la moglie trovò un uomo semplice che aveva erezioni per tutto il tempo in cui ballavano. Organizzarono di essere presenti a un altro ballo. Questo gioco continuò per alcune settimane; poi, con il consenso di Otto, lei divenne la sua amante. Raccontò meraviglie sulla potenza di questo nuovo amante. Otto cadde in depressione e disperazione; le sue condizioni peggiorarono; divenne insonne, prese veronal e adalin, e in questo stato venne a Vienna per essere curato da me.

Qui prese coscienza della natura patologica della sua esperienza. La moglie fu convocata a Vienna. Dichiarò che avrebbe abbandonato volentieri il nuovo amante e avrebbe vissuto interamente per Otto se lui avesse smesso di eccitare la sua fantasia e di interrogarla continuamente. La sua potenza tornò normale, salvo una deviazione dell'erezione verso sinistra, che era evidentemente di causa puramente fisica e non lo ostacolava durante il coito.

II: RELAZIONE TRA SADOMASOCHISMO E OMOSESSUALITÀ

Caso numero 5

Masochismo come surrogato dell'omosessualità.

Lo stesso caso esaminato da Krafft-Ebing, Psychopathia Sexualis, Caso 51: Un uomo di ventisei anni, psicicamente impotente perché tutto il suo sforzo è rivolto a essere sottomesso e umiliato da una «padrona».

Una delle sue fantasie è: «Sarò usato da lei in servizi degradanti, dovrò servirla quando si alza, durante il bagno, durante la minzione. In quest'ultimo caso userà la mia bocca come orinatoio e mi farà bere l'urina».

Un amico lo esorta a provare il coito. Il tentativo finisce, come in tutti questi casi, in un fiasco, perché la parafilia serve a screditare la donna per il coito attraverso una sopravvalutazione, a nascondere la disposizione omosessuale e a mascherare la meta sessuale. Già durante il tragitto verso il bordello comparvero una paura inquietante e un senso di repulsione, eccitazione, tremore alle gambe e poi un'esplosione di sudore nel bordello, tanto che non vi fu erezione.

L'impulso normale verso la donna era completamente assente in questo paziente. Krafft-Ebing rilevò un pene piccolo, discesa incompleta del testicolo destro; cioè, un'inferiorità degli organi genitali. Le prime tendenze masochistiche riguardavano sia ragazzi che ragazze; la prima eccitazione sessuale (a parte la stimolazione autoerotica) comparve alla vista di ragazzi che si frustavano, quando un ragazzo sedeva come un cavaliere su un altro. La scelta di un ideale femminile delicato è anch'essa una maschera trasparente dell'omosessualità.

Caso numero 6

Dal caso clinico di Merzbach; il complesso di castrazione come espressione simbolica della femminilizzazione.

Alcuni anni fa un giovane frequentava di notte i caffè del quartiere latino di Berlino e accompagnava a casa una delle ragazze che vi lavoravano. Lì manifestava un comportamento estremamente eccitato, poi improvvisamente estraeva un rasoio a lama dritta e pretendeva che la ragazza gli tagliasse lo scroto e i testicoli. Prometteva una grossa somma di denaro a qualunque donna avesse avuto il coraggio di eseguire senza paura questa mutilazione.

Sebbene abbia ripetuto questa strana proposta a un gran numero di ragazze, e per questo fosse diventato ben noto nei loro ambienti, nessuna di loro osò guadagnarsi la grossa somma, non certo per pietà, ma per il terrore delle gravi conseguenze che ne sarebbero potute derivare.

Caso numero 7

Un caso da Kind; masochista lesbica femminile.

La signora Y. si trovò fin dai primi anni in un ambiente che, a causa di un'educazione e di una sorveglianza carenti, tendeva alla licenza erotica. Le prestazioni sessualmente stimolanti iniziarono all'età di otto anni con ragazzi e ragazze della stessa età, nonché con adulti. Se fosse stata presente una disposizione all'eterosessualità, questa avrebbe dovuto manifestarsi proprio qui. Ma al contrario: a dieci anni spiava segretamente dalla finestra quando le cameriere della locanda di suo padre venivano usate in coito dagli ospiti e poi si masturbava con l'idea di essere l'uomo in questione. Già allora raggiungeva l'orgasmo quando soddisfaceva altre ragazze con la mano e con la lingua, senza in alcun modo toccarsi da sé. Seguì la famiglia come cavallerizza da un varietà all'altro e spesso dovette subire gli uomini che si imponevano su di lei, le cui azioni lasciava passare freddamente senza parteciparvi.

Le donne, al contrario, la portavano immediatamente in uno stato di eccitazione. Già il solo piacere di guardare le sue colleghe dietro le quinte, vestite con le calzamaglie, aveva un effetto tale che raggiungeva un orgasmo completo mentre cavalcava la ruota davanti al pubblico. Le bastava (e le basta ancora) sedersi in tram di fronte a una donna attraente per «perdersi» improvvisamente.

Nel frattempo, la tonalità masochistica della sua libido è pienamente sviluppata. In Y. è presente l'impulso di procurare all'altra l'orgasmo a qualunque prezzo, e proprio in modo tale da essere uno strumento ciecamente sottomesso della sua soddisfazione; si lascia usare nel modo più sfrenato per questo scopo e è disposta a essere la schiava che deve soddisfare ogni umore brutale e ogni capriccio ripugnante che dia piacere alla sua padrona.

Negli anni ha trovato un gran numero di partner, quasi esclusivamente donne eterosessuali, che in parte su sua richiesta, in parte di propria iniziativa, hanno assunto il ruolo complementare corrispondente. Le prestazioni piacevoli che avvengono tra le due partner si muovono in un cerchio familiare. Y. viene coperta di insulti verbali del tipo più volgare, picchiata, calpestata, graffiata, punta, lecca i piedi, la vulva, l'ano dell'amica, offre la bocca per la minzione, e così via, e poi è presente e assiste quando viene eseguito il coito. Scene di quest'ultimo tipo hanno portato, inoltre, attraverso un fraintendimento del fondamento soggettivo di queste azioni, a un giudizio molto severo su Y. in base al paragrafo 180 del codice penale. Va aggiunto che il marito di Y., che l'aveva sposata tre anni prima, svolge in questo sistema erotico solo il ruolo secondario di surrogato. Y. rimane completamente frigida nel rapporto coniugale se non viene contemporaneamente trattata rudemente, punta, insultata o sputata addosso.

Allora immagina rapidamente una donna come istigatrice di tale attività algolagnica e raggiunge l'orgasmo desiderato, sebbene in misura minore.

La tendenza masochistica di Y., la sua insensibilità al dolore, la trasformazione della sensazione di dolore in piacere, è diretta assolutamente solo al rapporto sessuale. Se si colpisce inaspettatamente, per esempio contro lo spigolo del tavolo, grida. Insulti o colpi da parte di un uomo la fanno andare su tutte le furie. Al contrario, li riceve da una donna – anche quando viene picchiata fino a far scorrere il sangue – con una quieta estasi.

Caso numero 8

Il signor Z.R. riferisce la seguente forma di parafilia. Trova la sua soddisfazione esclusivamente quando la sua partner si umilia davanti a lui. Quanto più umiliante è l'azione di lei, tanto maggiore è il suo piacere. Fino ad ora non ha mai avuto il coraggio di coinvolgere altre donne che non fossero prostitute, le quali poteva comprare e costringere a partecipare a queste prestazioni degradanti. Fa loro portare via i vasi che ha riempito con i suoi escrementi, le fa usarli, e ordina loro di inginocchiarsi davanti a lui e baciare i suoi piedi.

La scena che preferisce mettere in atto si svolge nel modo seguente. Entra nella stanza e tutte le prostitute presenti si gettano a terra gridando: «Ti salutiamo, o Signore! Baciando l'orlo della tua veste! Baciando i tuoi piedi!». Lui si limita a fare un cenno regale e si occupa della favorita prescelta, che verrà pagata meglio delle altre, in una stanza separata. Qui lei deve baciargli umilmente e sottomessamente la mano, mentre lui le assesta leggeri colpi sulla schiena – in realtà non veri colpi, ma semplici movimenti che corrisponderebbero a colpi. Poi si lascia completamente spogliare dalla donna. Le fa togliere non solo le scarpe, ma tutti gli indumenti finché non rimane completamente nudo. Segue quindi la defecazione, durante la quale la partner deve assisterlo. Deve pulirlo e portare via gli escrementi. L'idea che lei lecchi la sua saliva, che lo baci sull'ano, provoca un fortissimo aumento della libido.

Qui vediamo chiaramente una fissazione su una determinata scena infantile. Il paziente sta evidentemente rivivendo il periodo in cui dominava la casa dei genitori, la beata infanzia in cui la madre svolgeva per lui tutti questi servizi. Era eccessivamente coccolato, essendo il primo maschio dopo cinque sorelle e l'erede di un nome prestigioso. La madre ne aveva fatto un piccolo dio che regnava in casa come un tiranno. Morì quando lui aveva solo otto anni.

A quel punto arrivò una matrigna, che lo trattava con molta gentilezza ma allo stesso tempo era molto energica e non tollerava nessuna monelleria. Lui avrebbe voluto farne la sua schiava come era abituato a fare fino ad allora, ma incontrò una resistenza insormontabile.

La sua fuga nella malattia data proprio da quel momento. Ricorreva sempre al mal di testa ogni volta che i suoi desideri non venivano soddisfatti. All'inizio era una finzione, un gioco per sottrarsi allo studio e a tutti gli altri doveri sgradevoli; poi cominciò a credere egli stesso ai suoi mal di testa. Diventarono così violenti che doveva rimanere solo in una stanza buia, isolandosi dal mondo intero. Fu portato da molti famosi medici, nessuno dei quali seppe dargli un consiglio utile. Subì persino la trapanazione del cranio; gli vennero praticate punture del midollo spinale... tutto senza risultato. Cominciò ad assumere antipirina e fenacetina.

Queste sostanze furono sostituite dall'aspirina, di cui prende da due a tre grammi al giorno da non so quanto tempo. Afferma che dopo una compressa ottiene un'ora o due di sollievo.

Il paziente ammette apertamente la propria omosessualità. Da bambino intratteneva rapporti con coetanei. Più tardi, al ginnasio, ebbe una relazione con un compagno di scuola.

Anche adesso si sente attratto dagli uomini ed è più capace di ammirare un bell'uomo che una donna. Le tendenze sadiche che abbiamo descritto scompaiono nei suoi rapporti con gli uomini. Si vergognerebbe di farsi servire da un uomo in quel modo. D'altra parte, ha spesso fantasticato di poterlo fare lui stesso per un uomo. Se si trattasse di un uomo importante, questo non sarebbe affatto una vergogna.

Le fantasie di essere un salvatore occupano un posto molto importante. Lui è il Salvatore, il Redentore, può salvare l'umanità grazie ai suoi mal di testa. Sa che sono solo fantasie infantili, eppure ama aggrapparsi a questi pensieri.

Nel bordello mette in scena scene bibliche. È Cristo che lascia baciare i piedi a Maddalena. Si interessa alle prostitute e vorrebbe liberarle dalla loro vita peccaminosa. Ha pensato di sposare una prostituta che, per gratitudine verso di lui che l'avrebbe salvata dal fango del peccato, gli si sottometterebbe completamente. Sogna spesso di risollevare ragazze cadute.

La scena sadica gli serve per dare un po' di realtà alle sue fantasie. Perché a casa ha da tempo smesso di essere il padrone. Non valendo nulla e vivendo solo dei soldi del padre, si sente umiliato e disprezzato.

È molto sensibile e va facilmente in collera se qualcuno non crede ai suoi mal di testa. Allo stesso tempo il suo desiderio sessuale aumenta di giorno in giorno. Deve andare ogni giorno dalla sua prostituta; i pensieri sessuali sommergono i suoi deboli tentativi di lavorare e studiare. Comincia a mostrare quella costrizione irresistibile verso le prostitute che possiamo riconoscere come omosessualità mascherata. Il fatto che il finale della "commedia" sia l'inserzione del membro nell'ano indica chiaramente questa origine della sua parafilia. Sembra quasi che la scena sia anche l'inversione di un'esperienza mai vissuta: lui vuole servire il padre; vuole essere la sua prostituta, compiere per lui il servizio più degradante. Voleva sostituirsi alla prima madre e offrire al padre tutto l'amore di cui aveva bisogno.

Si comprende allora perché odii la matrigna e giochi ripetutamente con l'idea di avvelenarla per liberarsi da quella scomoda rivale.

Caso numero 9

Presentato dal Dr. Stoltenhoff, questo caso ci conduce nelle profondità dell'esistenza umana.

Paziente P.: L'esame obiettivo fisico ha mostrato: esoftalmo di grado medio; ingrandimento bilaterale della tiroide; cuore di dimensioni normali, toni puri; polso a riposo 100-120, irregolare; riflessi cutanei e tendinei molto vivaci; lieve adiposità; tremore marcato delle mani; gli altri organi non presentano nulla di notevole. Trattamenti precedenti: iodio, preparati tiroidei, galvanizzazione, bagni (agli aghi di pino, corrente alternata, acido carbonico), digitale, morfina; tutti senza risultato. I principali disturbi lamentati dal paziente riguardavano gli «attacchi cardiaci», che comparivano a intervalli irregolari ma piuttosto frequenti, e con intensità variabile; di solito iniziavano con stati d'ansia così gravi da rendere la vita del paziente un supplizio.

Su mia richiesta, P. ha scritto la storia della sua vita e, dopo il trattamento, vi ha aggiunto un ampio supplemento:

Sono nato in Svizzera. Poiché sono stato concepito illegittimamente e mia madre si recò nella casa dei genitori per il parto, è naturale che i suoi genitori la rimproverassero severamente e che lei cercasse poi, stringendosi il corsetto, di nascondere la sua condizione al mondo esterno fino all'ultimo momento. La concezione in sé rappresentò un atto di seduzione compiuto da mio padre; mia madre all'epoca aveva sedici anni, mio padre al momento della procreazione ne aveva quarantaquattro, quindi tra i miei genitori c'era una differenza di quasi ventotto anni. Devo essere stato un bambino tranquillo e mite. Sono stato nutrito artificialmente; non ho quindi avuto la soddisfazione del latte materno. Mio padre sposò più tardi mia madre ed ella andò a vivere con lui, mentre io rimasi nella casa dei nonni. Appena uscito dalle fasce, fui portato da mio nonno, che mi amava immensamente, a dormire con lui nel suo letto.

Purtroppo non riesco più a determinare fino a che età ho dormito con mio nonno, ma ricordo ancora vividamente quel periodo. Il mio amore infantile si rivolse interamente ai miei nonni, che consideravo i miei genitori, e solo molto più tardi assunsi ufficialmente il cognome P. Ricordo, sebbene molto vagamente, di aver dormito anche nel letto con mia zia, quando lei mi cantava una canzone che mi sembrava molto triste; finiva con un cacciatore che pugnalava la sua amata, dopodiché di solito mi addormentavo.

Secondo quanto dicono i miei parenti, all'età di un anno e mezzo caddi dalla seggiola alta e mi ruppi alcuni denti. A due anni, mentre facevo i miei bisogni, un vaso da notte marrone di terracotta si ruppe sotto di me, procurandomi una grave ferita alla schiena, di cui si vede ancora una lunga cicatrice. A tre anni (non a sei, come indicato nella mia prima storia) fui circonciso da due medici sotto narcosi secondo il rito ebraico, cosa che ricordo ancora debolmente.

A cinque anni andai all'asilo comunale presso il convento, poi alla scuola elementare; ricordo che imparavo apposta molto male. Avevo istitutori privati e istitutrici, e nonostante le numerose frustate che ricevevo, soprattutto da mia nonna, rimasi un bambino pigro, bugiardo, incapace di stare fermo e che faceva sempre il contrario di ciò che avrebbe dovuto fare. Mia nonna, donna straordinariamente dispotica, mi educò all'ostilità verso mio padre, verso i miei fratelli e sorelle, che fino ad allora conoscevo appena. Tra gemiti e lamenti passavo da una classe all'altra, finché dopo un anno, durante le prime vacanze, andai con mia nonna a R. Qui conobbi meglio i fratelli e le sorelle altrimenti tanto odiati da me, che erano molto più grandi, ma senza cambiare in alcun modo la mia opinione su di loro. Già allora sapevo che mia nonna non era mia madre, eppure mia madre era così indifferente nei miei confronti che una volta, in mia presenza, le due donne litigarono su chi avesse l'autorità materna. Sapevo sfruttare queste divergenze di opinione e ottenevo presto da mia madre ciò che la nonna mi aveva negato e viceversa. Mio nonno rimase sempre lo stesso uomo buono, teneramente affettuoso nei miei confronti, ma si preoccupò pochissimo della mia educazione.

A cinque anni feci un sogno particolare. Vicino a casa nostra viveva una vecchia brutta che noi bambini prendevamo sempre terribilmente in giro. Ne eravamo terrorizzati, e lei spesso ci rincorreva con un bastone quando esageravamo nelle nostre birichinate. Sognai questa vecchia, che mi faceva prigioniero e mi maltrattava. Si sedeva sul mio petto e, schernendomi e picchiandomi, mi nutriva con escrementi umani e animali. Imploravo invano di essere liberato. Non sono mai riuscito a dimenticare questo sogno in tutta la mia vita.

Ricordo un altro segno della mia sessualità: avevamo una domestica sotto i cui vestiti mi infilavo istintivamente e inalavo un odore penetrante di carne e stoffa. Quell'odore mi dava un senso di conforto; lo sento ancora oggi, ma non l'ho mai più provato con nessuna altra donna. Ricordo anche che a sei anni ero innamorato di una bambina che mi faceva gli occhi dolci e aveva un bel sedere rotondo. Volevo sempre baciarle quel sedere. Strano! Questa ragazza vive ora come donna sposata a T. e vederla mi provoca sempre un senso di disgusto.

Vidi per la prima volta i genitali a cinque anni su un'amichetta, una bambina forse anche lei di cinque anni, mentre era accovacciata con le ginocchia piegate sul buco del gabinetto e mi mostrava la linea rosso fuoco tra le gambe.

Non provai desiderio di toccarlo o annusarlo, ma rimasi grandemente stupito dalla vista e mi comportai in modo misterioso al riguardo.

La relazione con il mio amico F. deve aver avuto luogo più o meno in quel periodo. Andavamo insieme nel gabinetto, ci mettevamo in bocca i genitali l'uno dell'altro, urinavamo in bocca o ci leccavamo l'ano. Ricordo un altro episodio interessante del mio quinto anno. Una zia, sorella di mia madre, tornò da un sanatorio per malattie polmonari e dormiva su un divano; mi infilai sotto le coperte e le leccai i piedi piuttosto maleodoranti. Quando mi chiese cosa facessi, risposi che volevo giocare a fare il cane. Cominciai gradualmente a capire le cose; divenni consapevole della distinzione tra i sessi e fui incredibilmente pudico. La relazione con F. iniziò a indebolirsi, ma il desiderio rimase vivo, tanto che litigavo con ragazzi più deboli di me nel prato e poi mi lasciavo vincere affinché il vincitore potesse sedersi sul mio petto.

Poi andai a casa dei miei genitori poco prima del matrimonio della sorella maggiore, dove seguii un impulso non riconosciuto, osservai l'urina di mia sorella, forse la bevvi anche; annusavo nel letto della nostra cuoca; cercavo sempre qualcosa che non sapevo cosa fosse. Mi innamorai di una mia cugina; la ragazza, della mia età, era però molto più educata di me. Era paffuta e solo una volta ebbi l'opportunità di mettere la mano sul suo sedere rotondo, coperto dai vestiti, il che fu un vero piacere per me. Dopo questo andai a C. al collegio, dove studiai con zelo.

Feci amicizia con un compagno di classe di nome B. Nonostante avessi un amico in una classe superiore che mi aveva descritto gli orrori della masturbazione, con atassia motoria, paralisi generale ecc., fu proprio il mio amico B. a iniziarmi ai suoi segreti. Stranamente, non ebbi subito successo, ma ottenni un orgasmo, sebbene senza eiaculazione, solo dopo aver superato grandi sentimenti d'ansia dentro di me e dopo che B. si era masturbato più volte davanti a me. Per molto tempo non mi masturbai, ma più tardi, spinto dall'associazione con i miei compagni di collegio, mi lasciai masturbare, masturbai i miei amici e arrivai infine al coito orale.

Tuttavia, qui cercavo sempre di impedire l'eiaculazione, perché ne avevo paura per un motivo che ancora non so spiegare; il mio amico invece eiaculava direttamente nella mia bocca, il che mi provocava grande nausea.

All'inizio ero così indignato per la condizione morale del collegio che scrissi ai miei genitori; ma essi non avevano idea di come fosse, e poiché dovevo rimanere in quel fango giovanile, ne divenni vittima. Mi sono sempre difeso dal coito anale, sebbene un compagno una volta avesse tentato di provarlo su di me. Ricordo che un compagno adulto mi fece notare le dimensioni dei glutei della figlia della direttrice del collegio e commentò che donne del genere godevano moltissimo del coito. Era una ragazza bella e ben formata, e quando con grande difficoltà fui promosso alle classi superiori, entrai nella stanza dei ragazzi più grandi, dove il mio letto era posto direttamente contro la porta che comunicava con il soggiorno della famiglia. Di notte, quando tutti erano a letto, ascoltavo alla porta; ogni movimento della ragazza, ogni parola, mi eccitava a tal punto che mi masturbavo manualmente al pensiero di lei. Quando ricevetti un telegramma della morte di mio padre, mi accompagnò alla stazione e mi diede il primo e l'ultimo bacio.

In realtà godetti il viaggio a W., sebbene la morte di mio padre fosse abbastanza tragica, perché in primo luogo mi sentivo sfuggito agli orrori di C., e in secondo luogo mi sembrava di enorme importanza, essendo l'unico figlio maschio e l'erede di mio padre. Oltre al fatto che ammiravo tutto ciò che vedevo, la morte di mio padre non mi aveva toccato, perché lo avevo conosciuto appena. Il pianto della gente mi era doloroso e ancora più doloroso era il fatto che, con la migliore volontà, non riuscivo a piangere, e solo dopo il funerale fui colto da un violento accesso di pianto, del tutto ingiustificato. Tornai a C., la vecchia musica ricominciò, gli studi divennero un peso, così come la relazione con gli amici, tanto che fui molto felice quando mia madre mi richiamò a casa. Devo confessare qui che non provavo assolutamente amore per mia madre, cosa che sia lei che io ammettemmo con dolore. Sospettavo segretamente che avesse relazioni amorose con uomini in casa e all'estero, e spesso ero ostile nei suoi confronti.

La pubertà arrivò ora con piena forza. Ebbi il coito per la prima volta, sebbene in forma e maniera originale. In un bordello conobbi Annie, che fu direttamente eccitata dalla mia innocenza. Fui così eccitato dal contatto con lei che ebbi paura e mi comportai molto goffamente. Alla fine si sedette su di me e guidò il mio membro nella sua vagina, e in questo modo mi soddisfece. Il solo rapporto sessuale non mi bastava; con l'idea di avere un coito con qualche bella donna, mi buttavo nella masturbazione, alla quale aggiungevo mille variazioni. Comunque, a quel tempo mi masturbavo molto più di quanto facessi coito, arrivando a circa 200 masturbazioni per un coito. È interessante che continuassi ad annusare intorno al letto della nostra cuoca e che l'odore di pezzetti di feci secche nella sua biancheria o il sapore di macchie gialle nella coperta mi eccitassero terribilmente.

Facevo sempre salire per prima la cameriera delle cucine e così avvicinavo il naso ai suoi glutei tanto da poter percepire l'odore fecale. Il mio desiderio di baciare e annusare il sedere della ragazza era così intenso che lo sognavo di notte, ma senza arrivare all'eiaculazione. In tutta la mia vita, fino a oggi, non ho mai avuto un'eiaculazione completa – al massimo un orgasmo.

Ero accessibile alle mie sorelle solo con difficoltà, a causa del mio odio verso di loro, per il quale in realtà non avevo motivo; ma quando mia sorella sposata tornò a B., fui improvvisamente colto da un selvaggio desiderio sensuale per lei. Dovevo spesso accompagnarla a casa durante la gravidanza e così avevo occasione di venire a contatto con il suo corpo colossale, che mi eccitava moltissimo. Se trovavo un'opportunità che lei permetteva, lo annusavo – il meraviglioso odore naturale mi faceva impazzire e mi masturbavo. Devo menzionare anche una sottoveste che mia sorella indossava in casa e che aveva delle macchie. Spesso avvolgevo questa gonna intorno al mio pene e vi eiaculavo dentro, anche con il pericolo di essere scoperto, prendendo contemporaneamente in bocca la parte della gonna che pensavo fosse stata più vicina all'addome di mia sorella. Ero un po' più ostile verso mia sorella che all'epoca era ancora nubile. Ero così assorbito in questo periodo dalla mia sensualità che ero molto dimentico, distratto e sconsiderato.

Dopo il matrimonio della sorella minore, il mio nuovo cognato mi portò a G., dove frequentai una scuola per arti industriali. I miei risultati artistici furono minimi; ma mi abbandonai completamente alla libertà, essendo uno studente zelante di un «corpo» e secondo sottufficiale. Nonostante ciò, continuavo a masturbarmi e, raramente, andavo in un bordello. Pagavo bene la ragazza affinché il coito non sembrasse meccanico. A quel tempo coltivavo un'enorme delirio di grandezza, immaginandomi presidente di un tribunale militare, ma ne parlavo solo alle ragazze con cui avevo rapporti di tanto in tanto. Anna, la figlia di un orafo, era il mio ideale, eppure non tentai mai di avere un coito con lei, ma parlavo molto di moralità e buona condotta. Anche Rosa, una signorina di trent'anni, amavo per il suo bel sedere, ma il massimo che facevo era toccarlo; non arrivammo mai al coito. Durante le vacanze visitai per breve tempo mia zia a B., dove un giovane mi portò in K. street, all'epoca un nido di bordelli. Fui improvvisamente disgustato dalla professionista che non si spogliava nemmeno per denaro, ma aveva fretta. Ricordai però più tardi che vidi una frusta nella sua stanza, di cui allora non conoscevo il significato.

Tornai a casa alcuni anni dopo ed entrai nell'azienda come socio, ma il mio lavoro consisteva solo nel non fare nulla e sprecare il mio tempo.

Avevo un certo numero di appuntamenti con diverse ragazze in un giorno, ma quasi ogni notte ero con una prostituta; spendevo somme enormi. Una donna che vorrei menzionare in particolare ebbe un ruolo molto grande nella mia vita sessuale.

Conobbi Irene in occasione di una incursione nel quartiere della prostituzione. Era una gitana pittorescamente bella, adulta, con occhi neri penetranti, che esprimevano sensualità e umiltà allo stesso tempo.

Andai da lei e, obbedendo a un impulso che ancora oggi non so spiegare, le chiesi di spogliarsi e di passare i glutei sul mio pene, cosa che fece in modo affaristico. Ebbi subito un orgasmo non appena presi la donna in grembo con la schiena verso di me, e dopo che si fu mossa avanti e indietro alcune volte, un'eiaculazione.

Pagai la ragazza una somma principesca; e quando tornai da lei la seconda volta, circa otto giorni dopo, chiesi di poter praticare il cunnilingus su di lei. Con mia sorpresa, spinse con il piede uno sgabello sotto il letto, sul quale mi sedetti; lei si sedette sul bordo del letto con le gambe divaricate, e io iniziai nonostante un orribile disgusto e nausea continua la procedura con questa prostituta. Visitai questa donna molto spesso; tuttavia solo molto raramente, quando lo chiedeva lei, praticavo il cunnilingus, ma al contrario mi soddisfacevo sempre facendole mettere i glutei sul mio viso, cosa che mi eccitava moltissimo; e intanto lei mi masturbava.

Nonostante tutto ciò, continuavo a masturbarmi, poiché avevo una soddisfazione completa solo nella masturbazione interrotta.

Non ebbi con nessuna altra ragazza all'epoca una relazione come con Irene; praticavo il coito con relativa facilità, ma avevo un'erezione solo quando la donna giocava con le mie parti sessuali. Entrai in guerra per puro idealismo, nutrendo la seria speranza di liberarmi dalle mie passioni, e dopo lunga attesa arrivai al mio reggimento, dopo che un altro amico di quel luogo aveva tentato senza successo un attacco omosessuale su di me. Trascorsi il periodo più piacevole con l'esercito al reggimento. Una donna che amavo moltissimo, una mia cugina, mi visitò e ebbi con lei forse per l'ultima volta un completo rapporto sessuale normale con un tremendo orgasmo e una forte eiaculazione – solo una volta, però, e mai più nonostante ripetuti tentativi. Nel 1915 fui ferito e fatto prigioniero. Bandito in un'esistenza orribilmente tediosa, ricominciai a masturbarmi pensando alle scene vissute con Irene. L'inizio della mia malattia fu senza dubbio settembre 1916, una notte nell'ospedale in Siberia. Devo notare che poco tempo prima un compagno era morto di polmonite. Non riuscivo ad addormentarmi e avevo preso l'abitudine di indurre il sonno attraverso la masturbazione.

Poco prima della soddisfazione o subito dopo rilevai palpitazioni cardiache e spaventai il mio medico, che mi diede bromuro. Ora iniziarono sofferenze orribili! Palpitazioni notturne, praticamente nessun sonno e stati d'ansia che non si possono descrivere a parole. Così continuò fino al mio soggiorno in Danimarca, dove fui mandato dalla prigione in scambio.

Qui guarii splendidamente, mi masturbai poco, e poi fui trasferito a W. come sem invalido non idoneo al servizio militare.

Non appena ottenni la libertà, visitai un bordello, dove ebbi rapporti con due ragazze, una che mi leccava il pene e l'altra che mi sfiorava il corpo con la lingua. Ero però già praticamente impotente, in quanto tutti i tentativi di avere un coito normale fallirono improvvisamente. Quando visitai il bordello la seconda volta, entrarono di nuovo due ragazze nella stanza, e mentre una prendeva di nuovo il pene in bocca, l'altra mi disse che ero il suo schiavo; mi saltò addosso, portò le sue parti sessuali alla mia bocca e mi costrinse a baciarle.

Una sera dell'estate 1918 incontrai Anastasia, abbordandola per strada. Anastasia era una di quelle donne che occasionalmente, forse più per sport, si davano alla prostituzione. Andai con lei a casa sua. Ci spogliammo, e poiché c'erano due letti, mi sdraiai in uno, Anastasia nell'altro. Gradualmente ci avvicinammo, e sebbene la baciassi molte volte sul seno, sulla bocca, sulle braccia rotonde, dichiarò che il mio organo non si induriva, sebbene tremassi dall'eccitazione. Non ricordo più cosa dicemmo allora, ma so che Anastasia mi raccontò tra l'altro di un maggiore che aveva rapporti con lei e che doveva frustare fino al sangue per portarlo alla soddisfazione sessuale, e alla fine mi chiese se non volessi essere picchiato da lei. Non ricordo più se accettai subito la sua offerta, ma ricordo chiaramente che quando prese una piccola verga da un cassetto ero terribilmente eccitato. Mi girai; si sedette a cavalcioni sulla mia schiena in modo che presto mi mancò il respiro e iniziò a flagellarmi, cosa che mi causò grande dolore. I miei tentativi di difendermi non servirono a nulla, perché aumentò subito la pressione sulla mia schiena e si fermò solo quando cominciai a gemere, poiché il dolore era diventato insopportabile. Mentre Anastasia ora cambiava procedura, schiaffeggiandomi senza alcuna resistenza da parte mia, mi masturbavo con la mano per ottenere con tutte le mie forze una soddisfazione riuscita.

Devo ammettere francamente che la flagellazione non esercitò su di me alcuno stimolo sessuale; la violenza che mi veniva fatta, d'altra parte, cioè il sedersi sulla mia schiena, lo schiaffeggiarmi, con cui mi tirava anche i capelli, mi eccitava moltissimo, ma non sessualmente. L'eccitazione era interna, un'esperienza psichica profonda, qualcosa di misterioso e tuttavia affascinante, e nei miei ulteriori rapporti con Anastasia perseguivo in realtà nient'altro che questo obiettivo: degradarmi, ridurmi al di sotto del livello della bestia. Ricordando le descrizioni di Krafft-Ebing, scrissi ad Anastasia pregandola di aumentare la misura di queste umiliazioni. Il solo scrivere queste lettere pornografiche suscitava in me un desiderio folle di degradazione; tremavo mentre le scrivevo e non leggevo mai ciò che avevo scritto, perché non volevo rifletterci con calma e ragione. Anastasia fece di me ciò che desideravo; aveva infatti una meravigliosa comprensione di tutta la faccenda. Mi riceveva con varie lamentele e scene di gelosia, dopo le quali mi schiaffeggiava. Dovevo spogliarla, sdraiarmi sotto il letto in modo che la mia testa fosse fuori, e poi lei poneva il suo piede nudo sulla mia bocca con la richiesta di leccarle le dita dei piedi. I suoi piedi non avevano odore di sudore ed erano sempre mantenuti abbastanza puliti. Alla fine infilava metà del piede nella mia bocca. Poi dovevo leccarle pulita la vagina, cosa che le piaceva molto, e durante la quale avvicinava le sue parti sessuali alla mia bocca, seduta sopra di me in posizione accovacciata.

Poi dovevo farla cavalcare a quattro zampe per la stanza, mentre mi frustava sui glutei. Di solito crollavo sotto il suo peso, cosa che non le impediva di spronarmi con i colpi. Poi urinava nella mia bocca, e io bevevo l'urina finché diventavo nauseato, dopodiché tentava sempre di defecare nella mia bocca, senza mai riuscirci. Dovevo masturbarmi anche durante l'urina, ma solo quando voleva defecare compariva l'eiaculazione. Subito dopo l'eiaculazione seguiva disgusto; con vergogna riconoscevo le mie azioni come follia, ma ciò non mi impediva di indulgere nella stessa procedura più volte durante la notte.

Non visitavo Anastasia molto spesso, perché mi vergognavo terribilmente di me stesso; eppure era sufficiente; andavo da lei, e molte volte voleva portare un'amica o un altro uomo pervertito alle nostre performance, ma io non acconsentii. Una volta, quando mi incontrò per strada e mi rimproverò per non essere andato da lei, disse: «Vieni con me nel portone della casa vicina così che ti possa dare qualche schiaffo, altrimenti te li do qui», al che la pregai di desistere o l'avrei pugnalata se mi avesse messo le mani addosso in strada aperta.

Questa è la donna a cui devo la mia disposizione perversa, perché da quel momento il mio desiderio di umiliazione da parte della donna divenne sempre più attivo; eppure posso dire che non ero allora un masochista pronunciato, poiché ad esempio non mi permettevo assolutamente di essere legato, avevo rapporti abbastanza normali con altre ragazze o attraverso il cunnilingus, e non avevo sospetto in quale abisso mi avrebbero condotto questi desideri continui.

Non devo tacere che durante questo periodo soffrivo di un delirio di grandezza diretto.

Ci fu un crollo e fuggii a O. Non rimasi a lungo a O. e tornai a R., fermandomi dove mia madre viveva con la sorella maggiore a C. La cosa peggiore era che non lavoravo, ma continuavo a perdere tempo. Mia sorella, che si assumeva tutto affinché la mia vita potesse essere organizzata nel modo più piacevole possibile, mi era molto cara, ma non c'era più traccia di inclinazione sessuale verso di lei. Mia madre come me continuavamo in una salute così precaria che, su consiglio di medici di ogni tipo, decidemmo di andare all'estero, cosa che facemmo nel maggio dello stesso anno. Andai in un bordello a T. e lì fui maltrattato da una ragazza dopo molte suppliche.

Conobbi Hermine durante il mio soggiorno a M. Era così abbagliantemente bella che mi innamorai perdutamente di questa povera orfana figlia adottiva di un pittore; anche lei mi confessò il suo amore con le lacrime agli occhi. La cosa buffa era che la amavo solo mentalmente e non pensavo mai al rapporto sessuale, normale o anormale, nonostante le opportunità favorevoli, che attribuivo all'impotenza.

SADISMO E MASOCHISMO

All'inizio cercai di convincermi che non toccavo Hermine solo per riguardo alla sua ingenuità; ma in realtà cercavo rapporti con prostitute, che non avvenivano mai senza qualche performance masochistica, e sapevo bene di essere semplicemente diventato impotente. Quando alla fine non potei più evitarlo, fui disonorato, perché si dimostrò che ero completamente impotente.

Questo disastro portò inevitabilmente a una rottura tra Hermine e me, che fu completa quando un'altra donna entrò nella mia vita.

Spinto da una sensualità frenetica, scorrazzai per tutta l'Europa centrale, apparendo ovunque come gran signore, visitando industriosamente bordelli, iniziando avventure amorose qua e là. Arrivai anche a O., dove una prostituta per la prima volta defecò nella mia bocca, al che provai un disgusto tale che decisi di non permettere mai più nulla del genere. Scoprii per caso la strada dei bordelli, e una ragazza mi disse che lì c'era una camera delle torture. Tutti i miei tentativi di rapporto normale fallirono, così decisi di visitare quel luogo. La procedura era la stessa già descritta, tranne che l'ambiente nella camera delle torture, dove tutti gli oggetti erano progettati per il trattamento dei pervertiti, mi fece una grande e misteriosa impressione. Poiché poco prima non avevo resistito alla defecazione in bocca, posi un pezzo di carta sul mio viso. La vita divenne insopportabile e proprio a Capodanno, completamente senza soldi, volli porre fine a questa vita incasinata con un salto dalla finestra, ma all'ultimo momento il coraggio mi mancò; la passione vinse di nuovo sulla ragione.

Una volta conobbi a B. una prostituta alla quale avevo descritto le mie perversioni per lettera. Avevamo concordato un appuntamento alle otto di sera. Arrivò un quarto d'ora in ritardo e portò con sé in un pacchetto fruste, bastoni, corde e simili. Quando fummo insieme in una piccola stanza con un letto, disse: «Non riesco a credere che tu sia davvero così perverso. Ma questa stanza è anche troppo piccola. Se fossi venuto a casa mia ti avrei legato, picchiato, cavalcato, e poi ho anche un cane; se avessi tentato di difenderti, glielo avrei aizzato contro. Ti avrei castrato così che avresti urlato, e con me puoi urlare quanto vuoi; nessuno ti sentirà», e così via. Queste minacce della donna mi terrorizzarono a tal punto che persi ogni desiderio, e tranne che mi frustò sui glutei, per cui il suo strumento, una lunga frusta da cocchiere, era troppo grande e ingombrante, non accadde nient'altro tra noi.

In occasione di una passeggiata a S. conobbi Mary. Mi visitò, e il primo tentativo di rapporto normale fallì, perché il suo organo sessuale aveva un odore molto forte; era molto eccitata e sebbene la calmassi con il cunnilingus, ne fui completamente disgustato. Venne da me diverse volte, ma la faccenda finì sempre in nulla. Poi andai a vivere con lei, poiché i miei mezzi erano finiti, e ci volevamo molto bene; e per miracolo ricominciai ad avere rapporti normali, sebbene dovessi invocare le mie fantasie masochistiche in aiuto. Più tardi praticai il cunnilingus su di lei, e lei prese il mio pene in bocca senza disgusto. Più durava la nostra relazione, più ci volevamo bene; fece i più grandi sacrifici fisici e finanziari per me e si rovinò completamente per me. Tutte le altre donne erano oggetti di indifferenza per me durante questo periodo, che durò un anno e mezzo, sebbene di tanto in tanto mi masturbassi. Purtroppo le circostanze resero necessario che me ne andassi, poiché mi fu offerto un posto a F.

Erna era grande, forte, muscolosa. Si vantava della sua forza: «Se qualcuno giacesse sotto le mie ossa, sentirebbe qualcosa». Questo bastò a decidermi. Andai con lei nella sua stanza. Prese una lunga corda da un cassetto, che legò come una verga; si spogliò completamente e mi ordinò di baciarle i glutei, cosa che feci sottomessamente.

Poi mi schiaffeggiò e iniziò a picchiarmi in modo che ebbi subito strisce rosse sulla schiena. Mi masturbò e quando volli gratificarmi una seconda volta, in cui anche lei voleva partecipare, non riuscì; allora saltò con le scarpe sul mio corpo in modo che i tacchi mi si conficcassero nella carne. Il dolore fu così intenso che persi ogni desiderio di continuare questo rituale.

Trovai una ragazza in un'altra casa di malaffare, l'unica che mi trattò correttamente. Mi frustò senza pietà, mi schiaffeggiò fino a farmi vedere le stelle, mi cavalcò e infine mi punse con una forcina durante l'erezione e l'eiaculazione provocata dalla masturbazione manuale.

A F. ebbi di nuovo occasione di avere un coito masochistico, fui trattato da numerose ragazze allo stesso modo, solo che non c'era flagellazione, e al suo posto comparivano graffi e pizzicotti ai testicoli.

Le palpitazioni cardiache ricominciarono, ma ora con questa differenza, che il cuore si fermava; funzionava irregolarmente. Cercavo di vivere una vita regolare, non mi masturbavo, eppure le palpitazioni c'erano. Soffrivo terribilmente; il medico mi diede digipuratum per via endovenosa e infine morfina, che però non dava sollievo. Man mano che le anomalie cardiache progredivano, comparvero attacchi d'ansia del peggior tipo; ero distrutto mentalmente e fisicamente. Da un lato la pressione verso le perversioni, dall'altro gli attacchi cardiaci e l'ammonimento della coscienza, il problema della mia esistenza e il fallimento di ogni forma di energia, e come ciliegina sulla torta, la mia paura della morte.

Intrapresi quindi il viaggio a S., dove rimasi sei settimane.

Il risultato del trattamento psicoanalitico fu molto significativo, perché improvvisamente gli fastidiosi attacchi cardiaci cessarono del tutto, la condizione generale migliorò considerevolmente e soprattutto la mia vita sessuale iniziò a entrare in uno stato diverso, meglio controllato dalla ragione, sebbene nel complesso non sia apparsa alcuna modifica nelle mie idee masochistiche. Sotto l'effetto di una riflessione calma e reale ho riconosciuto come risultato finale del mio trattamento che potevo osservare i miei pensieri sulla mia vita sessuale con tutta calma, cosa che prima non era possibile. In questo modo compare un rapido disincanto sia direttamente prima che dopo il rapporto masochistico, che mi impedisce di attribuire un significato mistico alla mia situazione. Posso inoltre affermare con coscienza serena che il desiderio di dolore durante il coito è praticamente scomparso, sebbene il desiderio di umiliazioni di ogni genere per mano della donna esista ancora.

Caso numero 10

Il signor Heinrich G., trentun anni, si lamenta di ossessioni e stati d'ansia, che sono collegati all'omosessualità.

Non ha mai provato alcun sentimento per le donne. Il suo ideale è un uomo virile di alta posizione, che sa combinare amore e severità nell'atto sessuale. Il suo pensiero è intriso dalla fantasia di essere una donna alla quale l'uomo procura dolore durante il coito. Nelle sue relazioni omosessuali, l'uomo deve sdraiarsi su di lui, compiere movimenti di coito e causargli il maggior dolore possibile. Gli uomini con gli stivali lo stimolano moltissimo. Spesso ha la fantasia di essere seduto in una stanza a lavorare. Poi entra l'uomo grande con gli stivali.

Heinrich diventa allora sottomesso, gli toglie gli stivali, lo spoglia, lo lava, gli bacia le mani e lo aiuta a mettersi a letto.

Non vuole avere la sensazione di essere costretto a farlo. Lo affascina il fatto che, di sua libera volontà, svolge i compiti di un subordinato. Un uomo che ha generato un figlio, specialmente un maschio o dei gemelli, gli fa una grande impressione. È un uomo completo. Lui stesso sarebbe felice se potesse rimanere incinto da un uomo. Quello sarebbe il suo ideale: avere un figlio da un uomo. I suoi primi ricordi sono le seguenti immagini: una mucca con grandi mammelle (cinque anni). Correva da sua madre e chiedeva di vedere il suo seno (cinque anni e mezzo). Si innamorò presto di un giovane amico di famiglia ed espresse il desiderio di vederlo nudo (sei anni).

Più tardi (sedici anni) si infatuò di un insegnante che aveva una barba assira. All'epoca era entusiasta delle Mille e una notte. Immaginava l'insegnante come califfo e se stesso come servo e amato.

Ancora oggi dipinge spesso per sé scene romantiche. Si trova sulla Puszta negli Alpi ungheresi. Solo tutto il giorno. La sera arriva il pastore. Gli dà la cena, lo lava, lo aiuta a spogliarsi e il pastore è molto affettuoso con lui.

Se ha amici, non è mai geloso delle loro amiche o amate, solo della donna che può dire: «Io sono sua moglie, ho un figlio da lui».

Ha sogni stereotipati in cui trova grandi tesori, gioielli o denaro. Ora in chiesa, ora sulla strada maestra, ora in altri luoghi.

Suo padre era un uomo di genio, un artista; la madre eccentrica, eccessivamente affettuosa e nel matrimonio la più forte.

Era gelosa e c'erano molte scene.

Rivela il fenomeno del dolore preliminare. Pensa in anticipo e anticipa disillusione e disastro, che non sopporterebbe. I suoi capezzoli sono ipersensibili. La camicia spesso lo infastidisce; ha dolore. I capezzoli si erigono durante l'eccitazione sessuale.

Vari eventi mostrano che la sua attitudine omosessuale non risale molto indietro nell'infanzia. Al settimo anno, un garzone di negozio gli mostrò il suo membro rosso ed eretto. Fu inorridito e disgustato. Corse da sua madre e le raccontò cosa era successo: il ragazzo aveva un orribile bastone rosso tra le gambe. Il ragazzo fu poi licenziato. A sedici anni, a un ballo vide un omosessuale truccato, di cui provò disgusto. Pregò di notte: «Caro Dio, non farmi diventare come quell'uomo ridicolo».

A ventidue anni un inglese tentò di sedurlo durante un viaggio. Cadde in ginocchio davanti all'uomo e implorò pietà. Non voleva che la deliziosa impressione della giornata fosse rovinata. Non amava quell'uomo e quindi non poteva darsi a lui. Si sente attratto dalle donne solo psichicamente. Non potrebbe vivere senza una donna. L'amore materno di sua sorella gli è indispensabile. Solo quando si accorge della sessualità della donna, specialmente se ha un odore sessuale, prova disgusto e ripugnanza, a volte ansia.

Il suo amico omosessuale B. ha una moglie. Ha pietà di questa moglie perché le ruba l'amore del marito. Lei è la fonte del suo senso di colpa.

Il seguente sogno mostra la sua attitudine sadica: Sono con la signora B. in una stanza. Ci sono leoni nella stanza. Ho paura e corro in una cantina, dove c'è il signor N. Temo che i leoni mi inseguano.

Il signor B. è il suo amato. Ha paura che possa innamorarsi della signora N., o che possa farle qualcosa per gelosia.

Sognò di un uomo con belle mani grandi, che era così affettuoso con lui da voler baciargli le mani.

Le mani sono le sue zone erogene. Le sue mani sudano e questo interferisce con le sue relazioni. A ogni eccitazione comincia a sudare. Teme le riunioni sociali, perché si deve stringere la mano a tante persone.

A sedici anni vide un uomo con mani pesanti, ossute, pelose. Ne fu affascinato. Potrebbe baciare tali mani. Ci sono mani che potrebbero costringerlo.

Prova sensazioni di piacere con i clisteri. Fu malato per un periodo e giacque in ospedale. Un'infermiera gli fece lavaggi intestinali. Cadeva in tale eccitazione da avere erezioni con orgasmo e si vergognava davanti alla suora, tanto da interrompere i lavaggi. Da bambino combatteva spesso contro i clisteri, che venivano usati molto, e spesso era costretto a farli.

Ha da anni un orrore invincibile dei ragni, in particolare del ragno crociato. Scappa se vede un ragno (ragno simbolo della falsa donna?). È molto sospettoso. Vive in costante paura che qualcuno possa tradirlo, denunciarlo, estorcergli una confessione. Questo terrore dell'ignoto oscura tutta la sua vita. È di cuore buono, ma capace di forti affetti. Una volta sua sorella pensò che sarebbe sembrato strano se il suo amico avesse passato la notte con lui. Diventò furioso e strappò la trapunta in mille pezzi.

Ha spesso indossato abiti da donna e cantato chansons in società. A volte girava per strada vestito da donna.

Da bambino manifestò chiari desideri di castrazione. Chiese a sua madre se quella cosina lì sotto non potesse essere tagliata via. La madre nascose il membro in una piega e disse che il medico poteva cucirlo (sette-otto anni). Fu contento di poter essere trasformato in una bambina.

La sua balia lo baciava sul pene. Ricordo piacevole (sei-sette anni).

A sette anni giocò alla sposa. Suo cugino Max sposò Mizzi e partì per il viaggio di nozze. Lui giocò al viaggio di nozze con la sua cuginetta e prese sempre la parte di Mizzi.

Il pensiero di perdere la persona più cara attraversava tutte le sue poesie e i suoi pensieri come un filo rosso di paura. Il matrimonio della sorella sembra aver avuto un effetto determinante.

Ieri sera si sentiva solo. Era eccitato a causa di un amico e andò a letto con brividi. Mandò la cameriera da sua sorella per il validol. Lei scese subito tremando e portando il validol. Come disse lui, tremava più di lui stesso. Lo accarezzò e lo calmò.

Il significato del gioco fratello-sorella si comprende facilmente quando il paziente ora afferma che non avrebbe potuto addormentarsi se non si fosse masturbato.

La sua fantasia durante la masturbazione è quella di essere una donna incinta, che fa a meno del marito e quindi deve masturbarsi.

L'indagine rivela che pratica la masturbazione dal diciassettesimo anno con l'idea di una donna incinta. Sua sorella era incinta in quel periodo, e poté osservare a casa i segni della gravidanza. La fantasia di gravidanza è quindi un'identificazione con la sorella.

È religioso e superstizioso. Ogni sera va al letto dove morì sua madre e conversa con lei. Si rivolge a lei nelle domande difficili e riceve una risposta attraverso una sorta di oracolo che organizza apposta.

Due anni prima passò attraverso una grave malattia. Chiamò un prete e desiderò gli ultimi sacramenti: confessò e ricevette l'assicurazione che la sua omosessualità gli sarebbe stata perdonata. Dopo la guarigione intraprese di vivere asceticamente e rinunciare al suo amico. Questo amico sposato B. aveva anche un'amante. Voleva persuaderla a rinunciare con lui all'amico B., perché era peccato sottrarlo a sua moglie. Ma tutte le sue più belle risoluzioni si sciolsero davanti alla potenza dell'impulso. B. gli assicurò che la moglie non perdeva nulla, e tutto continuò come prima. Ora fece un nuovo voto alla Vergine Maria. Voleva in ogni circostanza rimanere fedele al suo amico. Se fosse diventato infedele, il suo amico sarebbe morto. Non riuscì a mantenere questo voto e soffrì torture indicibili.

Il suo tormento aumentò quando, in occasione di una confessione, un prete gli dipinse l'omosessualità come peccato malvagio e gli chiese severamente di abbandonare la sua vita malvagia, altrimenti la sua anima sarebbe stata perduta per sempre. Decise di non andare più a confessarsi. Ma era attratto dalla chiesa. Non può vivere senza religione e fede.

Uscì dalla sua riserva e mi raccontò del suo voto con più dettagli. Il suo amico era al fronte. Ora promise davanti alla Vergine di rimanere fedele al suo amico; e per questo il suo amico doveva conservarsi per lui, e sua moglie non doveva avere figli. Quest'ultima cosa era però la sua più grande ansia. In caso di infedeltà, poteva perdere il suo amico come oggetto d'amore. Il pensiero che la moglie potesse avere un figlio lo tormentava ancora di più. Ma mostrò di aver avuto terribilmente paura che sua sorella potesse avere un secondo figlio, tanto che tutto il conflitto sembrava spostato. I rimorsi di coscienza per poter sottrarre qualcosa alla moglie del suo amico si fecero più forti. Sospettai una radice infantile. Avevo ragione! Ricorda che sua madre lanciava tirate contro le amanti e le amiche degli uomini sposati. Il padre era spesso infedele, e c'erano scene di grande gelosia in casa. La madre inveiva contro i mascalzoni che le avevano rubato l'amore di suo marito.

Avrebbe dovuto andarsene, ma non riusciva a decidersi. È consumato dalla nostalgia di casa in un luogo estraneo.

Immagina di essere una donna incinta. Poi mette in scena il parto. Le eiaculazioni, più raramente le defecazioni, rappresentano per lui l'atto del parto. Ci rendiamo conto che questo atto del parto risale all'identificazione con la sorella.

Da giovane era un grande odiatore. C'era una vicina, la signora S. Aveva tre maschi. La madre spesso lo minacciava, quando era cattivo, di darlo via e prendere uno dei ragazzi della signora S. Erano così buoni. Odiava la donna e i suoi ragazzi. Una volta era con un amico. Arrivò un uomo che era in relazione intima con l'amico. Voleva afferrare l'uomo per la gola. Un'altra volta schiacciò un cappello rigido perché un uomo non faceva ciò che voleva.

Non sapeva fino a sedici anni che le donne fossero costruite diversamente. Credeva che i bambini nascessero attraverso il retto.

All'epoca in campagna giocava alle Mille e una notte. Era il pascià e le molte ragazze erano le sue schiave e favorite. Accadde che le ragazze si accovacciassero per urinare. Allora poteva vedere la loro regione pubica.

Le donne non gli provocano disgusto tranne d'estate quando, come dice, «puzzano». Era con un amico in presenza di una prostituta. Giocò con lei. Il suo amico eseguì il coito. Voleva farlo anche lui, ma non ebbe erezione.

Ora ammette di avere anche sogni eterosessuali. Ma solo al mattino quando la vescica è piena. Giace su una donna ben formata e vuole completare il coito.

Qualcosa glielo impedisce. È molto depresso dopo un tale sogno e ha un sentimento inspiegabile di disgusto e malinconia, come se avesse commesso un grande peccato.

SOGNI

Vidi il mio amico Alfred. Era stanco e consumato. Profondi cerchi sotto gli occhi. Gli chiedo la causa. Dice: «Non hai idea di cosa ho dovuto fare ieri sera. Le donne mi hanno tolto così tanto». Gli chiesi se potevo baciarlo, e poi baciai la sua mano con grande fervore.

Sono in un bosco fitto con Emil. È misterioso. È buio. Sento voci dietro gli alberi e sospetto pericolo. Corriamo sugli sci. Emil dice che dobbiamo arrivare alla stazione successiva. Scendiamo, scendiamo; perdo di vista lui e mi sveglio con ansia, palpitazioni cardiache e profonda depressione.

Andai a S. Tutto era così solitario e vuoto e pensavo alla nostra bella casa.

Sono con i miei cari in una bella villa. È tranquillo e pacifico. Improvvisamente c'è un'inondazione. Fuggiamo al primo piano. L'acqua sale. Tengo stretta mia nipote e mi sveglio con paura.

Vado in automobile con qualcuno che non conosco. Andiamo velocissimi. Arriviamo in un vicolo cieco.

Appare un cervo selvatico che ci si avventa contro con le corna. Quando il pericolo è massimo, arriva un cacciatore che calma il cervo. Ci porta dalla sua famiglia. Persone antipatiche. Devo pagare una tassa e mi sveglio con un sentimento insoddisfatto.

Trovo per strada alcune monete d'oro. Mi colpisce la testa splendente del re. Do all'amico B. una moneta e tengo il resto per me.

Sono in un bagno di mare. Il sole splende e mi rallegro dei bei corpi. Poi me ne vado e sono in pericolo di cadere in una fossa profonda, profonda. Mi sveglio con paura e battito cardiaco.

Vado con l'amica di B. attraverso una strada stretta e buia. Credo sia nella città vecchia. Improvvisamente vedo una cartella per terra davanti a me, e non lontano una seconda.

Un po' più avanti, una borsetta da signora. E la signora si china e trova una bellissima borsetta da signora. Giriamo velocemente in una stradina laterale per osservare meglio questi oggetti. Ci chiediamo stupiti cosa ci sia dentro. Non le abbiamo aperte.

Attraverso una città sconosciuta. Immagino che sia Parigi. Un uomo sconosciuto mi viene incontro e gli faccio una domanda.

L'uomo è abbastanza elegante, ma non il mio tipo. Con mia sorpresa mi risponde in ceco. Gli chiedo cosa vede in me perché dovrei capire il ceco. Più tardi mi invita la sera in una casa da lui indicata. È piuttosto modesta. Una donna apre la porta, mi guida attraverso un antico passaggio in una nobile sala, dove siedono varie persone. Luce attenuata. Tutto mi sembra così silenzioso e misterioso che mi sento strano e desidero ardentemente uscire. Vengo condotto su una meravigliosa larga scala di marmo e fatto uscire da un vecchio portiere.

Sento una nostalgia per B. Vado a casa sua. Incontro casualmente il suo giovane figlio. Dov'è suo padre? Indica la direzione con la mano. Non voglio andarci da solo; viene con me. Arriviamo in un posto dove il mio amico sta vicino a un grande fascio di peli animali e umani, coperto da una rete fine. Al mio stupito domanda dice che necessariamente ha bisogno di tutto quello. Tolgo la rete e tiro fuori una ciocca di capelli. Pensando a un'infezione da antrace.

Improvvisamente mi sembra di stare davanti a un cavallo che non avevo visto prima. Sto dietro il cavallo molto vicino e richiamo l'attenzione del mio amico sul fatto che può essere molto pericoloso stare vicino a un cavallo sconosciuto.

(Tre sogni che lo eccitarono sessualmente tanto da dover masturbarsi dopo ognuno:

Una donna mi fa un lavaggio intestinale.

La moglie di B. mi dice che è stata impregnata da suo marito.

Vedo l'addome grigiastro e i genitali di un uomo anziano.)

Mi trovo in qualche posto, credo sul Danubio. È un luogo tetro, ostile con case stipate l'una sull'altra. Il tempo è minaccioso, nuvole frastagliate corrono nel cielo. Mi accingo a girare il posto. Diventa più buio e più oscuro. Il fiume giace davanti a me strano e gorgogliante. Tutto mi fa un'impressione terribilmente malinconica. Vedo un uomo camminare vicino a me che mi fa capire di essere anche lui del mio tipo. Arriviamo a una diga sopra la quale passa una trave o una ringhiera. Esito a passare, ho paura. Quando sono dall'altra parte, precipito sotto; un terrore mortale mi afferra e sto per annegare nelle onde. Mi salvo. Tremando in tutto il corpo; proseguiamo. Mi parla di un oste molto affascinante. Arriviamo all'osteria che ha menzionato. L'oste è abbastanza bello. Vado con lui attraverso un cortile, dove vuole essere intimo con me. Mi difendo. Poi entriamo in una rimessa aperta su entrambi i lati, dove improvvisamente un lupo si avventa su di me. Rotoliamo lottando per terra.

All'improvviso sento di avere un coltello in mano e taglio la bestia alla gola, dopodiché cade senza che io sia ferito. Vicino a me giace una ragazza, che non avevo visto prima.

Senza pensare, le infilo il coltello nelle costole. Rimorso terribile e rimorsi di coscienza mi assalgono mentre mi guarda con occhi morenti. Quando mi guardo intorno, compagno e oste sono scomparsi.

Proseguiamo... Una donna che conosco (la madre di una ragazza mia conoscente) mi parla di una pia signora che abita in una casa al pianterreno in un luogo di pellegrinaggio e possiede un costoso orologio sveglia. Mi fa l'impressione di una devota, per quanto posso giudicare dalla descrizione. (Durante tutto il sogno ho un sentimento di inquietudine.) Improvvisamente riceviamo la notizia che la donna è caduta nell'acqua presso la diga ed è annegata. Mi viene commissionato di sorvegliare la sua casa. È una piccola stanza al pianterreno e fa l'impressione di un negozio. È molto strano. Trovo due fili di perle nere false e le metto, insieme all'orologio sveglia, in tasca. Più tardi arrivano persone armate di lance, che controllano e annusano ovunque (per me una banda antipatica!). All'improvviso vicino a me sta un medico che conosco e dice che non ho diritto ad appropriarmi di nessuna di queste cose. Va con me.

Attraversiamo velocemente la diga. Abbiamo appena passato quando arrivano grandi masse d'acqua. Il mio amico sconosciuto è di nuovo con me. Non riesco però a sentirmi caldo verso di lui.

Mi trovo in un teatro. Una donna osserva ad alta voce che magnifico anello con pietra nera ha il signore in prima fila al dito. «Ecco chi ha soldi! Una perla nera!» dice. Credo che la pietra sia un diamante nero. L'uomo in questione ha un viso spugnoso di tipo mongolo. Guardo più da vicino l'anello. Due rose sono incise nella pietra nera, una nera e una bianca...

Sono in una stanza simpatica per me, vecchi Gobelins in colori attenuati, un vecchio lampadario di cristallo... c'è un grande desiderio in me per qualche persona... un distinto vecchio signore, simpatico per me (un po' troppo decrepito per i miei gusti) con occhi luminosi e acuti compare improvvisamente vicino a me... Mi interroga amichevolmente: «Hai fatto il bilancio della tua vita?» Chiedo stupito: «Cosa intendi?». «Beh», dice, «ogni giorno che sei stato felice lo segni con una stella; ogni giorno di tortura con una croce». Rispondo che comunque tengo una sorta di diario calendario nella forma da lui indicata. Cerco questi registri e trovo mezzo anno scritto su verde chiaro, il mezzo anno rovinato su bianco. Gli mostro le pagine del calendario – pensa con pietà: «Povero bambino, quasi tutte croci; sembra davvero un cimitero; deve migliorare!». Ho un tale senso di benessere, mi sento così protetto vicino a questo vecchio gentile. Noto un anello sigillo sul suo dito, un campo con strisce, un campo con tre fiamme. Ho una ferma fiducia che attraverso di lui raggiungerò la felicità.

In una cappella di un vecchio castello, crepuscolo mistico, la luce entra attraverso vetrate gotiche colorate; la mia famiglia sta davanti a una volta aperta, mia sorella e mia nipote in profondo lutto; sono vicino a loro, ma credo sia il mio proprio funerale. Dei gradini portano nella tomba; alcune bare di pietra sono già lì. Tutti singhiozzano forte. Penso tra me: godrò comunque il sonno eterno con la persona che era tutto al mondo per me. E la ricchezza di rose rosse ardenti che desideravo manca! Un profondo dolore e il pensiero: cosa faranno i miei cari senza di me, potrei ancora essere utile a loro, mi tormenta. Una lastra di pietra, l'antico segno della nostra casa che rappresenta un orso, è rotta a pezzi sopra l'apertura della volta, e i pezzi cadono in profondità.

Io stesso sto lì, sebbene sappia che è la mia sepoltura. Sono colto da orrore e sofferenza – mi sveglio.

Ero in un bagno o in un bordello. C'erano un gran numero di uomini belli e forti che avevano rapporti con donne. Poi venne da me una donna.

Era ossuta, aveva seni molto piccoli e un corpo potente maschile. Si pose su di me, in modo che avvenne il rapporto. Ebbi grande soddisfazione e mi svegliai con orgasmo.

Sono con il mio amico in chiesa. L'altare era nascosto come nella Chiesa greco-orientale, in modo da non essere visto. Non sembrava proprio una chiesa. Davanti a me al banco di preghiera erano incastonati gioielli nel panno giallo. Mi colpisce un grande rubino a losanga. Voglio tagliarlo via. Prendo il coltello e faccio una piccola incisione. Sangue esce dal panno. Sento una voce: «Quello che fai è un crimine». Corro fuori dalla chiesa. Il mio amico va con me e promette di proteggermi.

Mi trovo solo in una serie di stanze; mi appoggio a un magnifico camino di marmo bianco opaco; mi sento molto fortunato; ho la certezza che gli arredi nobili delle stanze, come della villa (perché tale sembra), appartengano a me. Tutti gli oggetti sono così massicci e di qualità sterling. Attraverso le camere; una mi piace più dell'altra; finalmente arrivo a una porta bianca che porta a una terrazza sostenuta da colonne, gradini di marmo bianco portano giù; gli ultimi gradini sono lambiti dalle onde blu-verdi chiare di un lago. (È un lago molto lontano, velato dalla nebbia, le sue rive delineate da alti pioppi.) Scendo i gradini; poi la superficie dell'acqua comincia a muoversi selvaggiamente, alte onde colpiscono il marmo e inondazioni rotolano dentro, minacciando di trascinarmi con loro. Mi ritiro il più velocemente possibile e un po' spaventato.

È notte; mi trovo in una camera da letto pannellata; un ampio letto di quercia intagliato (per due persone) mi ha accolto (alle pareti incisioni su legno, cinghiali e cani). Mi sento inquieto; una grossa candela dà una luce fioca in un candelabro di ferro a tre bracci; mi viene il pensiero: «Quali gioie e dolori, quali idilli e tragedie possono essere stati vissuti in queste stanze!». Improvvisamente, circondati da un'aura di luce, entrano persone che si tengono per mano e sfilano davanti a me (so che hanno vissuto prima e vengono da un altro mondo). Ho notato le seguenti figure: un uomo elegante nei suoi migliori anni, robusto; i suoi occhi luminosi e i bei baffi mi colpiscono particolarmente (mi ricorda un fabbro che conoscevo una volta!); conduce per mano una donna con una cuffia bianca come quelle delle donne olandesi; i suoi riccioli biondi sfuggono; è altrimenti vestita di seta (mi ricorda una compagna di giochi dell'infanzia, una ragazza della Moravia). Segue un signore distinto, ben vestito, con baffi bianchi ben curati e un sorriso gentile; altre forme seguono, che non ricordo. Tutte queste persone avevano un certo sorriso sul viso tipico di chi sa, persone che sono oltre il confine del bene e del male e sanno più di noi vivi. Brividi mi attraversano il corpo. Mi sveglio. Le figure scompaiono attraverso una larga porta ad ali di quercia.

Una sala da ballo, una folla variopinta. Sono in smoking; mi appoggio al muro come spettatore. Un bell'uomo in abito da caccia con baffi vivaci e occhi azzurro acciaio attira molto la mia attenzione. Anche lui mi passa accanto non senza interesse. È il mio partner in una quadriglia; ballo come non ho mai ballato prima; applaude e sono felice. Ballare con lui, stringendomi a lui, mi fa girare la testa. Scopro che «ballare può essere delizioso...». Più tardi mi trovo in una carrozza (a quattro posti). Sono in abiti da donna in una sorta di costume spagnolo. La rosa nei capelli da un lato, la tipica sciarpa di seta su una spalla, un caldo mantello sopra tutto, perché è inverno e fa freddo; vicino a me siede il giovane cacciatore; mi stringo a lui; di fronte a noi siedono due signori, ma non ricordo come fossero. Passiamo su una piazza aperta, sullo sfondo un edificio come il nostro municipio. Tengo il piede fuori dalla carrozza, quando improvvisamente ci sono quattro guardie che mi ispezionano in modo particolare. Ritraggo la gamba. Le guardie, che all'inizio erano a piedi, ora ci inseguono a cavallo. Arriviamo a una locanda pubblica (ristorante e sala da ballo); mi siedo come braccato su una sedia al tavolo; le mani del cacciatore, così forti e belle, mi inebriano. Le bacio caldamente e senza sosta... entrano le quattro guardie, mi guardano ma non fanno più caso a me... di fronte a me sta un piccolo gobbo con viso astuto ma cinico – continua a scrivere numeri; mi avvicino a lui; mi sussurra, indicando le guardie, «...dobbiamo ringraziare te per loro». Gli chiedo: «Cosa stai scrivendo lì?». Risponde: «Anche su di te». «Come mai?» chiedo; «sono solo serie di numeri». Poi solleva il foglio: vedo lì segni e tratti, linee spesse e sottili, tutto espresso in cifre; tengo il foglio orizzontale e vedo solo cifre scritte di dimensioni uguali.

SADISMO E MASOCHISMO

Ero in un cimitero e camminavo con un uomo simpatico per me. C'era qualcosa di terribile. L'ora spettrale. Avevo paura che arrivassero spiriti e mi aggrappai all'uomo.

Ero in un negozio e volevo caffè di fichi. Il commesso mi mostrò come si faceva il caffè. Portò i fichi, ma anche datteri e noci, li tagliò a pezzetti e li avvolse tutti in un panno. Fui inorridito. Dovevo mangiare i fichi tagliati.

Una chiesa con torre a cipolla bianca, circondata da un muro bianco; un uomo in costume magiaro sta vicino a me; è bello; il collo peloso e le mani forti e belle mi colpiscono particolarmente; un grande baffo setoso copre le labbra; sorride spesso e diventa ancora più attraente; ha bei denti bianchi, come quelli di una bestia da preda. Sono in uno stato di soddisfazione e felicemente allegro (e mi viene in mente: non ho bevuto vino).

Cosa succede là per strada? Grande confusione; un gregge di pollame; galline fagiano grigie opache; volatili domestici, rossi, neri e grigi; faraone; e di tanto in tanto galli orgogliosi. (Qui mi viene involontariamente in mente l'Incantatore di topi di Hamelin, anche se qui sono volatili.) L'uomo vicino a me sorride di nuovo nel suo modo affascinante. Poi mi lancio nella confusione e afferro una gallina grigia; è facile da catturare; le torco il collo e scompare di lato nel mio cappotto (penso tra me: ora sono monopetto) e catturo anche un bel gallo rosso, che uccido allo stesso modo torcendogli il collo (è molto facile); lo metto dall'altro lato del cappotto, così ora sembro simmetrico. Il mio vicino sta ora vicino a me in abiti alpini; una fattoria idilliaca giace davanti a noi... una finestra aperta di un fienile... il mio compagno mi legge piano e impressionante... La vita all'improvviso ha una possibilità per me... Mi sento così felice che potrei gridare di gioia... e il fieno è così fragrante che mi fa girare la testa.

Un teatro all'aperto; mia sorella e mia nipote siedono con me in prima fila. Prima vengono portati due orsi bruni. La cosa notevole è che vengono messi in un serbatoio cilindrico di vetro (gli orsi vivono per lo più sott'acqua?); i cilindri diventano più piccoli, così che alla fine gli orsi hanno solo le dimensioni di cani giovani (tutto avviene nei cilindri di vetro, che diventano anch'essi più piccoli!). Tutto questo mi riempie di stupore. Secondo numero, pantere addestrate; camminano liberamente sul palco; nessuna recinzione le tiene lontane dal pubblico. Infine il ruggito agghiacciante dei leoni; immagino che uno di loro si sia liberato e lascio il teatro in fuga; sono estremamente spaventato... Guarda!... fuori, in un elegante soprabito grigio, sta «il mio dottore mentale» – mi sembra grande. Volo da lui. Calmo, sereno e gentile è lui... le sue mani sono così morbide... divento completamente calmo.

Vedo mia madre morire. Penso che debba soffrire. Il suo respiro è difficile e rantolante... Dolore e pietà indicibili mi possiedono. Arrivano uomini della società di pompe funebri; portano via la morente. Un orrore terribile sale in me che la seppelliranno viva. Mi affretto dietro di loro; gli uomini pensano che debba essere messa nella bara morta o viva. Passo ore terribili. Seguo la bara... il pensiero orribile che si sveglierà nella tomba quasi mi fa impazzire. Grido, urlo, singhiozzo... Poi mi viene in mente che comunque le hanno pugnalato il cuore, quindi deve essere sicuramente morta.

Sono in una splendida camera arredata in stile orientale. Una forma velata di donna mi si avvicina; vedo esattamente i contorni del suo corpo. Dispiega davanti a me con cura un tessuto velato estremamente delicato in un rettangolo. Vedo che le sue unghie sono tinte di rosso. Il tessuto rappresenta una vecchia scena di balletto francese, fatta con colori pastello molto fini.

Penso che questo tessuto sia io – o piuttosto il riflesso del mio carattere... Lo vedo giacere davanti a me, esteso armonioso, bello, come è in realtà. Se però un'altra persona lo afferra da entrambe le estremità il rettangolo si deforma, e l'immagine e i piccoli volti delle figure si distorcono e diventano smorfie... Penso che dipenda da chi finisce nelle mani... Gli estranei non sanno nulla; non conoscono il tuo intimo; ti giudicano falsamente.

Ho un terrore della vita; sono stanco di aspettare. Non voglio esistere. Una ragazza mi consiglia di prendere un liquido blu, che mi farà dormire. Ne bevo e, oh, il terrore terribile... i miei denti, un tempo così bianchi e regolari, diventano giallastri e corrosi e si curvano verso l'esterno come trucioli, si arrotolano e stanno obliqui. La disperazione mi afferra; non sono morto ma sfigurato; è la bocca di un mostro quella che possiedo. La donna ride ironicamente.

Ho un bicchiere davanti a me; non ho sete, ma ho un impulso irresistibile a bere. Bevo... il bicchiere non si svuota. Sento che annegherò, il respiro mi manca; continuo a bere. È così orribile, sudore freddo mi imperla la fronte. Sono una bestia da preda e ho una sete inestinguibile di sangue.

Caso numero 11

Il paziente riferisce:

La crudeltà è un tratto caratteristico della mia natura. Si manifestò già quando ero un lattante. Mia madre soffriva di dolorosissime ragadi ai capezzoli. Allattarmi era per lei un supplizio. Tremava in tutto il corpo, gridava di dolore ogni volta che mi veniva messo al seno. Io esprimevo in modo inequivocabile il mio piacere in quel tormento stringendo sempre più forte con le mascelle, tanto che spesso il sangue sgorgava dalle ragadi. Quanto più la madre urlava, tanto più vigorosamente io succhiavo e stringevo il capezzolo. Per questo motivo l'allattamento dovette essere abbandonato dopo poche settimane.

Fin da quando ho memoria, ho sempre avuto una particolare predilezione per gli animali, che preferivo a tutti i miei giocattoli.

Quando ero un piccolo di due anni, provavo la massima soddisfazione quando la balia mi portava con sé al mercato dei maiali, dove trascinavo i maialini per la coda e per le orecchie. Pizzicare gli animali mi procurava il più grande diletto. Afferravo per la coda ogni cane che incontravo per strada o gli tiravo le orecchie. Quando passeggiavo in campagna, mi divertivo a strappare le ali alle mosche e le zampe agli insetti.

Se venivo punto da un tafano, cadevo in una vera passione. L'animale veniva punito nel modo più raffinato, torturato a morte molto lentamente.

Ho sempre desiderato un animale con cui giocare. A cinque anni entrai in possesso di un coniglio bianco. Decisi di farlo morire di fame gradualmente. Gettavo di nascosto il cibo che avrei dovuto dargli. Se veniva uccisa una gallina, ero felice di essere presente. Volevo tenere io stesso la vittima tra le mani. Era un piacere per me osservare la sua agonia. Cercavo di strappare le penne della coda a tutte le galline che riuscivo ad afferrare. Se riuscivo a prendere un gatto, lo afferravo per la coda e lo scaraventavo sulle spalle come un sacco. La vittima allora spesso mi graffiava il viso. Questo mi portava a uno stato di tale eccitazione che lo sbattevo contro il muro e cercavo di ucciderlo. Ho spesso annegato gatti o li ho strangolati con una corda.

Anche da studente ventenne, una volta, insieme a due compagni, scuoiammo vivi dei gattini; è vero, erano storditi con l'etere, ma non completamente. Verso i dieci anni si sviluppò in me una predilezione per gli anfibi, in particolare per salamandre e lucertole. Una volta «operai» circa venti lucertole: a una fu tagliata la coda, a un'altra amputata una zampa, ad altre ancora venne aperto il ventre con le forbici. Ogni «paziente» veniva poi messo in una scatola di fiammiferi, che era il suo letto di malato, e tutto l'ospedale era conservato in una scatola di cartone finché gli animali non morivano.

Cercavo di far piangere i bambini piccoli pizzicandoli e picchiandoli. Appena piangevano, cadevo in una furia e volevo zittirli di nuovo a colpi. Se dovevo difendermi dai miei compagni, potevano contare di andarsene con il viso graffiato e sanguinante. Ricordo che quando avevo circa dieci anni, in un attacco di vera furia, graffiai così gravemente in faccia un cugino della mia stessa età che cadde a terra coperto di sangue e urlò dal dolore. Continuai a colpirlo con le scarpe e gli diedi colpi in testa con una spazzola per tappeti. Se avessi avuto un'ascia in mano, lo avrei certamente ucciso.

E ora mi sono trasformato in quella che si dice una persona civile. Non torturo più animali né uomini con le dita. Ma forse la mia lingua ha causato più danni e più dolore dell'attività manuale dei miei impulsi sadici. Già da bambino era il mio diletto aizzare i miei genitori l'uno contro l'altro attraverso ogni sorta di scherzi e provocazioni deliberate.

Questa passione mi condusse sempre più, negli anni successivi, a evocare sofferenza psichica ovunque considerassi le persone o le situazioni pacifiche e felici. Un'invidia diabolica è l'impulso motore (l'istigatore) e un senso estatico di potere è la ricompensa illusoria.

III: SADOMASOCHISMO E INFANTILISMO

Caso numero 12

Il paziente prova piacere nell'osservare le frustate a scuola

Il signor K. H., un uomo vigoroso di ventisette anni, soffre di una parafilia masochistica che lo rende disgustato della vita. Ha deciso di togliersi la vita se io non riuscirò a liberarlo dalla sua malattia. Egli descrive il suo disturbo nel modo seguente:

«Sono costretto di tanto in tanto – circa ogni quattordici giorni – a rivolgermi a una prostituta. A tale scopo porto con me un telo di lino e delle cinghie molto resistenti. La donna viene istruita ad avvolgermi strettamente nel telo di lino e quindi a legarmi con le cinghie. Dopo ciò deve lasciarmi solo per un certo tempo in una stanza illuminata. Una ritenzione piuttosto prolungata delle feci fa parte della preparazione di questo atto. Non appena resto solo, avviene immediatamente la defecazione, che è associata a un orgasmo di tipo attivo – talvolta, ma non sempre, con eiaculazione. La minzione che accompagna la defecazione produce un orgasmo molto più intenso. Rimango quindi per circa mezz'ora in uno stato di calore piacevole, che percepisco in modo continuo come piacere.

Dopo questo periodo la donna ritorna, deve sciogliermi e punirmi lievemente perché mi ha trovato sporco. Voglio anche che mi rimproveri severamente e mi cacci via. Provo paura, vergogna e disgusto e cerco di cancellare le tracce del mio comportamento scioccante. Getto il telo di lino nel Danubio, porto con me biancheria pulita da casa e mi reco ai bagni. Tuttavia ho notato che, contro la mia volontà, sono costretto a urinare e defecare anche nei bagni. Ogni tentativo di raggiungere un orgasmo in modo normale fallisce completamente.

Questa procedura singolare non è difficile da comprendere. Si tratta della messa in scena di una situazione infantile, quella in cui, da neonato avvolto nelle fasce, egli veniva accudito dalle persone che lo circondavano. La prostituta rappresenta la madre o la nutrice; egli assume il ruolo del lattante. L'orgasmo durante la minzione è la forma infantile di ottenere piacere da questa zona erogena (uretra).

Possiamo quindi stabilire che l'intera libido è stata ritirata e ricondotta al bambino. Ma che ne è allora dell'uomo e della donna?

Nell'ultimo anno egli ha presentato uno stato di eccitazione sessuale, accanto alla parafilia appena descritta, del quale fino ad allora era rimasto completamente inconsapevole. Era incapace di svolgere qualsiasi lavoro, poiché il desiderio di recarsi da una prostituta si presentava costantemente. Se vi si recava e tentava il rapporto normale, tutto terminava immediatamente. L'impulso era estremamente forte, e tuttavia il coito raramente si realizzava. Egli non vuole pensare alla sua parafilia. Solo ogni quattordici giorni l'irresistibile desiderio lo coglie di tornare a essere un bambino.

Egli compie anche altre azioni che simboleggiano la sottomissione alla donna. Pratica il cunnilingus e prova piacere nell'essere leggermente frustato.

Riconosce di essere stato molto crudele durante l'infanzia. Ancora oggi gli accade di fantasticare una donna bellissima consegnata a lui per la vita o per la morte, sulla quale può fare ciò che vuole. Tortura animali e un tempo si compiaceva di situazioni in cui era padrone della vita e della morte di migliaia di persone. Ebbe molte donne che lo eccitavano intensamente mentre, allo stesso tempo, i loro mariti erano costretti ad assistere. Intorno al suo decimo anno di età divenne molto religioso.

Ogni mattina, prima di andare a scuola, si recava in chiesa e pregava Dio di ascoltarlo e di renderlo un uomo buono. Non voleva diventare un assassino di donne. Aveva sentito parlare di Jack lo Squartatore e comprese con orrore che anche lui sarebbe stato capace di simili azioni. Fu allora preso dal terrore e divenne religioso. Dopo questo cambiamento le sue fantasie mutarono completamente ed egli divenne lo schiavo delle donne.

All'inizio non ammette affatto impulsi omosessuali. Elude la questione, affermando di non poter comprendere tali "cose innaturali". Io richiamo la sua attenzione sulla sua parafilia, che difficilmente può essere definita naturale, e lo invito a parlare con franchezza anche degli altri impulsi della sua vita sessuale. Alla fine comprende e mi confessa fatti importanti. È opportuno sottolineare quante volte si venga ingannati dai pazienti riguardo agli impulsi omosessuali. Essi sono estremamente riluttanti ad ammettere tali tendenze verso il proprio sesso; ne provano imbarazzo, come se avessero rivelato qualcosa di particolarmente parafilico. Confessano fatti del tutto insignificanti e tacciono quelli più importanti. Per questo motivo l'anamnesi abituale non è affidabile.

Quanto spesso leggiamo in Hirschfeld o in Krafft-Ebing, a proposito di un paziente, che egli non avrebbe mai avvertito impulsi sessuali verso il proprio sesso e che, al contrario, anche il solo pensiero di tali cose gli provocherebbe una sensazione sgradevole. Se però si intrattiene una conversazione più prolungata con questi individui, emergono gli atteggiamenti originari, e solo allora si vengono a conoscere le esperienze, le fantasie e gli obiettivi sessuali più rilevanti. Si dovrebbe pertanto stabilire come regola che le prime affermazioni del paziente riguardo alla sua vita sessuale debbano essere considerate soltanto come informazioni preliminari e provvisorie.

In questo caso, tuttavia, riuscii a vincere la resistenza e a scoprire i seguenti fatti: egli era sessualmente eccitabile già in età molto precoce ed era particolarmente attratto dall'esibizione. Lo affascinava in egual misura vedere nudi sia il padre sia la madre. Iniziò a masturbarsi molto presto e smise soltanto per un brevissimo periodo durante la fase di massima devozione religiosa. Nel suo quattordicesimo anno si innamorò di un ragazzo, che ricambiò il suo amore; fu il periodo più felice della sua vita. In seguito il ragazzo si trasferì in un'altra città e per lungo tempo egli non riuscì a trovare un altro amico.

All'età di diciannove anni visse con una donna che aveva un ragazzo molto grazioso di dieci anni. Iniziò una relazione con lui. Temendo di essere scoperto, lasciò la città e cercò un impiego altrove. Anche in questo luogo trovò un ragazzo che si mostrava disponibile ai suoi desideri. Successivamente lesse sul giornale di un processo contro un uomo di buona reputazione che aveva sedotto dei ragazzi. Decise allora di lottare energicamente contro questi impulsi e riuscì a dominarli. Al loro posto, tuttavia, comparve un desiderio insaziabile di avere rapporti con le donne. Eppure, di fatto, egli era impotente con le donne. Provava un orgasmo intenso soltanto quando veniva messa in atto la procedura precedentemente descritta.

Possiamo osservare qui come le tre componenti — uomo, donna e bambino — siano in conflitto tra loro, e come la repressione della donna faccia emergere antichi impulsi infantili, rendendoli attivi.

Caso numero 13

Ecco la traduzione in italiano del testo, mantenendo il registro clinico e lo stile originale:

Il signor N. J., tecnico di ventinove anni, soffre di ogni sorta di ossessioni. La sua vita sessuale è interamente dominata dal masochismo. È totalmente impotente con le donne e le ragazze perbene. Tutti i suoi tentativi finora sono falliti, tanto che ora cerca soddisfazione esclusivamente presso una donna pubblica. Da anni si rivolge sempre alla stessa prostituta. Lei ha già più di quarant'anni. Egli preferisce le prostitute più anziane, perché con quelle più giovani non trova comprensione per le sue tendenze. La donna possiede una verga, che deve utilizzare quando lui si è spogliato. Egli si stende sulle sue ginocchia ed ella lo colpisce molto delicatamente sulle natiche, mentre deve dire: «Ecco, piccolo, ora ti pulisco bene il sederino!». Molto spesso l'orgasmo e l'eiaculazione avvengono già durante la fustigazione, specialmente se i colpi sono così leggeri da assomigliare più a carezze che a vere percosse. Talvolta però tenta anche la penetrazione, anche se questa non sempre riesce.

L'erezione spesso scompare durante il coito. È come se una voce interiore gli gridasse: «Non farlo! È un peccato!». Dopo un coito riuscito prova forti sentimenti di rimorso, che invece sono del tutto assenti quando l'orgasmo è stato raggiunto solo attraverso la flagellazione. Si sente sporco e impuro e deve fare un bagno per purificarsi.

Ogni volta si ripromette di non ripetere mai più quella scena vergognosa, e ogni volta cede nuovamente alla tentazione.

L'analisi dimostra che da bambino veniva picchiato dalla madre proprio nel modo descritto. Era il suo preferito e lei voleva piuttosto spaventarlo che fargli veramente male. Si tratta di un'esperienza che è stata confermata da Freud. Il masochismo sorge con maggiore probabilità quando la punizione non è stata molto severa, in modo che l'associazione tra punizione e piacere possa formarsi più facilmente.

Anche le parole: «Ecco, piccolo, ora ti pulisco bene il sederino!» sono una ripetizione delle parole che la madre usava nella stessa situazione.

La cosa singolare in questo caso è che il paziente non aveva mai considerato che fosse stata la madre a pronunciare quelle parole quando lo puniva. Egli credeva che fossero una sua personale invenzione. Vediamo dunque che la rimozione riguarda effettivamente la madre. Ora comprendiamo anche perché i sentimenti di rimorso compaiono solo dopo il coito, mentre sono assenti quando avviene solo la flagellazione. È chiaramente la pericolosa fantasia incestuosa – che permette alla scena della punizione di trasformarsi in una scena di riconciliazione e ricompensa – a essere rifiutata dalla coscienza come innaturale e peccaminosa. La sua impotenza con le donne e le ragazze perbene è altrettanto comprensibile: è la forma abituale in cui le fantasie incestuose riescono a esprimersi. La donna rispettabile viene apertamente associata alla madre, mentre con la prostituta questa associazione è permessa solo nell'inconscio; nella coscienza la prostituta è considerata l'opposto dell'immagine sacra della madre.

È molto interessante che questo masochismo si sia sviluppato sul terreno di un sadismo ipertrofico. N. J. manifestava nell'infanzia ogni sorta di impulso sadico possibile. Tormentava gli animali e fantasticava continuamente di omicidi, soprattutto di avvelenamenti. (Si può considerare come una forma di contrappasso, punizione per l'avvelenamento, il fatto che egli abbia sviluppato una paura patologica dei veleni e vi abbia collegato molte delle sue azioni ossessive. Come in generale la parapatia ossessiva rappresenta la parapatia del criminale represso.) Era patologicamente geloso e da bambino non permetteva ai fratelli di giocare con i suoi giocattoli. Voler tutto per sé – l'amore dei genitori, persino quello della servitù –, voler tutto solo a proprio vantaggio, tutto al proprio servizio, non essere capace di comprendere il punto di vista altrui, assenza di sentimento etico verso gli altri: questi sono tutti segni caratteristici del parapatico, che egli condivide con il criminale. Anche lui voleva tutto solo per sé. Era geloso quando la madre parlava a lungo con il padre. Voleva avere il padre tutto per sé e in quei momenti poteva desiderare la morte della madre, e viceversa. I fratelli, specialmente da bambino, erano una spina nel fianco. Quando andavano a passeggio da soli, il suo primo pensiero era: «Oh, se non tornassero più!». Una volta rimasero fuori piuttosto a lungo, tanto che la madre era molto preoccupata. Lui era a letto malato con il morbillo. Allora pensò: «Adesso saranno sicuramente caduti nel ruscello», e pregò che non tornassero mai più... Aveva allora cinque anni!

In seguito compensò eccessivamente questa invidia verso i fratelli con un grande affetto e soffriva di angoscia quando i fratelli rimanevano fuori più a lungo del previsto. Poi divenne religioso e così tutti i suoi impulsi sadici e tutti i suoi pensieri criminali svanirono.

È qui che dobbiamo cercare l'origine del masochismo, che diventa più comprensibile quando sappiamo che egli veniva punito proprio per il suo atteggiamento ostile verso i fratelli. È come se la scena masochistica volesse conservare gelosamente questo ricordo e significasse contemporaneamente piacere e punizione. Si tratta di una forma del ben noto compromesso parapatico... Ma questo sadismo fondamentale è davvero scomparso del tutto? Si potrebbe concepire il masochismo semplicemente come una ridipintura sopra il ritratto sadico sottostante. Un'affermazione del genere sarebbe mostruosa, se non potesse essere dimostrata.

I sogni del nostro paziente contengono un'infinità di fantasie sadiche. Le scene masochistiche compaiono molto più raramente. E anche queste scene masochistiche sono piene di elementi sadici.

Passiamo ora all'analisi di una scena notevole che egli visse dopo essere stato in trattamento con me per qualche tempo. Cercava con discreto successo di superare la sua tendenza masochistica e tentava di raggiungere l'orgasmo attraverso un rapporto normale. A questo scopo fece una serie di conoscenze tramite annunci sui giornali, intraprese una vivace corrispondenza con ragazze sconosciute e infine conobbe una donna francese che gli piacque molto. Dopo alcune gite insieme, lei lo invitò a casa sua e gli fece capire che non era una prude come le altre ragazze e che avrebbe gradito un amante appassionato che potesse considerare tutto suo. Lui fu felicissimo di raggiungere finalmente la meta dei suoi desideri e di avere una sua amata.

Nella stanza con lei fu assalito da una terribile angoscia. Gli sembrava di sentire delle voci; ascoltava rumori che parevano provenire da sotto il letto e alla fine credette che un uomo sconosciuto si fosse nascosto nella stanza e che lo avrebbe pugnalato o, forse per gelosia, avrebbe ucciso entrambi.

Questa angoscia dimostra allo psicologo che egli associava l'omicidio al rendez-vous e, in forma negativa, nella paura di essere lui stesso ucciso. Lo psichiatra che si occupa approfonditamente di questi casi sa già che tali idee sorgono facilmente per inversione. Forse dal pensiero: «Potrei uccidere qualcuno!».

Sarebbe la più grande sciocchezza fare un'affermazione del genere al paziente senza avere altri punti di partenza oltre alla semplice esperienza vissuta. Ma l'indagine dimostra che numerosi fatti sostengono questa ipotesi. Il giorno prima il giovane aveva fatto affilare il suo grande coltello a serramanico, che normalmente non portava mai con sé, perché aveva scoperto che non temperava abbastanza bene le matite per disegnare. Tale razionalizzazione di preparativi criminali si osserva con straordinaria frequenza e gioca un ruolo importante nella difesa di queste persone quando soccombono al loro impulso criminale – cosa che, specialmente nei parapatici la cui eredità non è particolarmente cattiva e che non sono degenerati, avviene molto raramente. Rimuginava su cosa avrebbe dovuto dire al fratello se questi gli avesse chiesto dove fosse stato. Gli sarebbe stato molto sgradevole se il fratello glielo avesse domandato. Razionalizzazione: non è necessario che gli altri sappiano delle faccende amorose. (Quanto suonerebbe misera una simile giustificazione davanti a un giudice istruttore! Il parapatico, però, si lascia molto facilmente autoingannare. Recita sempre commedie davanti a se stesso!). Stava dunque cercando un alibi... Infatti acquistò un biglietto del tram nella direzione opposta, come se stesse andando a Schönbrunn (questo voleva dire al fratello), poi scese e tornò indietro verso il Prater dalla sua amica. Per un momento, nella stanza dell'amica, ebbe davanti agli occhi un velo rosso e il pensiero: «Se mi aggredisce, ho il mio coltello affilato e posso difendermi e pugnalarla».

La paura aumentò e lui fuggì in un momento in cui lei lasciò la stanza, e non si fece più vedere. Aveva paura di se stesso e scappò per non commettere un delitto.

Quando gli feci notare questi fatti, fu come se gli cadessero le squame dagli occhi. Pochi giorni prima aveva letto un brano di Wedekind in cui compariva l'omicidio di Lulu per mano di Jack lo Squartatore. Non era un caso che all'improvviso, in uno strano stato d'animo, avesse sentito il desiderio di leggere proprio quel libro. Jack lo Squartatore lo aveva sempre interessato. Ora comprende perché ha sempre provato un così vivo rimpianto di non essere diventato ginecologo. Anche i suoi sogni rivelano che in fondo egli è un sadico sfrenato. Sognò così: Vado con una ragazza rosea nella sua stanza. Sento di avere sempre il coltello in tasca. La ragazza mi dice: «Non è vero? Non mi faresti mica del male?». Io rido imbarazzato.

Questo paziente manifesta anche la forte componente omosessuale senza la quale, evidentemente, l'atteggiamento masochistico non potrebbe svilupparsi. È sempre imbarazzato in compagnia di uomini, mentre con le donne se la cava molto bene. Può capitare che arrossisca e cominci a balbettare, senza sapere il perché.

Ha praticato ogni sorta di giochi omosessuali con i fratelli, tracce mnestiche che esercitano ancora la loro influenza sul suo atteggiamento attuale.

In questo caso è stato di particolare importanza dimostrare la posizione infantile verso la madre e il passaggio dal sadismo al masochismo.

Caso numero 14

Un caso simile al 13., che mostra lo stesso meccanismo psichico, si trova in Krafft-Ebing.

Il signor X., uomo di ventotto anni, riferisce di aver avuto già all'età di sei o sette anni fantasie di carattere sadico. Immaginava di tenere prigioniere delle belle ragazzine e di frustarle ogni giorno sulle natiche. Presto trovò bambini e bambine con gli stessi interessi e organizzò le cose in modo che, durante i giochi di ladri e soldati, i ladri venissero portati in soffitta e frustati sul sedere nudo.

Provarva un grande piacere a colpire le bambine. Tra i dieci e i dodici anni il suo sadismo si trasformò in masochismo. Allora provava un grande diletto all'idea di essere un leone e di essere frustato da una domatrice. (Il leone è simbolo delle passioni selvagge. Questa scena rappresenta la punizione per i suoi istinti animaleschi e permette di domare l'animale attraverso la donna in un'immagine simbolica.) A quindici anni iniziò a masturbarsi e già a sedici ebbe una relazione con una cameriera. Lei non voleva frustarlo, ma gli ordinava di leccarle le natiche e di mettere pezzetti di zucchero tra le natiche. Lui doveva mangiarli. Ma questa parafilia mostra già un allontanamento dalla donna. La vagina diventa simbolo dell'inferno e del male. Non si lascia sedurre al coito, ma prova disgusto per l'atto naturale...

Un anno dopo visitò una casa di prostituzione, dove fece mettere in scena il seguente rituale. La prostituta doveva stenderlo sulla sua coscia nuda e colpirlo sulle natiche nude. Contemporaneamente doveva rimproverarlo per la sua cattiveria, mentre lui continuava a protestare che non l'avrebbe fatto più; lei poteva perdonarlo.

Doveva inoltre prendere la sua testa tra le cosce e castigarlo come un bambino piccolo.

Bisogna essere ciechi per non accorgersi che egli riproduce le scene in cui sua madre lo frustava. Con qualche lieve variazione, certo, che tradisce un evidente appagamento di desiderio di natura incestuosa. Intendo la coscia nuda della prostituta...

Alla fine trovò una governante che accettò volentieri le sue idee masochistiche e visse con lui nella stessa casa, dove poteva mettere in scena tutte le sue scene preferite.

Un'altra performance erotica che gli piaceva farsi praticare su se stesso mostra la relazione con l'omosessualità.

Infilava sale, pepe, sapone, paprika e oggetti taglienti nel suo ano; come se volesse punire l'ano per la sua erogenicità. Ancora una volta trasformava il piacere in un'azione dolorosa, in modo che gratificazione e punizione diventassero, attraverso il compromesso, una sola e medesima sensazione.

Caso numero 15

Il signor G. K., trentaduenne, si lamenta di una parafilia che lo riempie di tristezza. È diventato ripugnante a se stesso e ha deciso di lasciare questo mondo se non gli verrà data alcuna aiuto. (Questa affermazione è comune a tutti i pazienti.

Il suicidio è naturalmente l'ultima punizione per il piacere proibito e serve come ultima e più grande espiazione. Il vero perverso nel senso di Freud, cioè il paziente con una perversione innata, non dovrebbe conoscere i morsi della coscienza. In effetti, i degenerati e i veri psicopatici non manifestano rimorso e l'inclinazione al suicidio è assente.

Il suicidio in sé è una prova della persona morale.) G. K. chiede alle donne di pungerlo con aghi nelle natiche fino a far uscire il sangue. Prega le prostitute di avvisarlo immediatamente quando inizia la loro mestruazione. Allora lecca il sangue mestruale, che gli procura l'orgasmo più intenso.

Dopo prova un sentimento di disgusto. Deve lasciare rapidamente il bordello altrimenti potrebbe uccidere la prostituta, «il vaso peccaminoso». Ci vogliono alcuni giorni prima che riesca a calmarsi.

In questo periodo è così pieno di disgusto che non riesce a mangiare nulla e rabbrividisce in tutto il corpo quando deve passare davanti a una macelleria.

Nega di aver manifestato tratti sadici da bambino. Da piccolo era già masochista e si perdeva in fantasie in cui veniva torturato, impalato e così via.

Tuttavia, dopo tre settimane, ricordò cose del tutto diverse. Da bambino era stato molto crudele, aveva tormentato gli animali con malizia. Traeva grande soddisfazione nello strappare le ali alle mosche, arrostire insetti. Una volta, da ragazzo, aveva versato petrolio su un topo e poi gli aveva dato fuoco. Gli piaceva infilare spilli in un cane, tormentava i gatti e si beava in fantasie su come avrebbe legato le persone e poi le avrebbe torturate. Era particolarmente eccitato dall'idea di essere un cannibale e divorare carne umana. Amava la storia del vampiro e desiderava poter andare di notte come un vampiro a succhiare il sangue delle persone.

Tutto questo lo aveva apparentemente dimenticato. Mi confessò però che questi ricordi erano sempre presenti, ma non voleva parlarne, non voleva pensarci. Credeva di averli superati.

Il sangue mestruale si rivela essere sangue umano, e nell'azione descritta possiamo discernere il rudimento del suo vampirismo. Il vampirismo come parafilia non è così raro come si potrebbe credere. Certo, si nasconde dietro il vegetarianismo, l'avversione alla carne sanguinolenta, l'ascetismo e il masochismo.

Il desiderio di essere pugnalato apparve per la prima volta in questo paziente all'undicesimo anno di età. In quel periodo aveva una fase religiosa e si perdeva nel pensiero di essere un martire. San Sebastiano era il suo prototipo. È molto caratteristico che abbia una copia di un classico San Sebastiano, crivellato di frecce, appesa sopra la sua scrivania.

Nemmeno questo paziente tocca realmente le donne. Non compie mai il coito, che considera brutto, inutile e disgustoso. Ha la paura del coito che incontriamo così spesso quando abbiamo a che fare con aberrazioni morbose della vita sessuale. Rivela un odio verso la chiesa che ricorda molto le celebri discussioni del Marchese de Sade. Naturalmente, dietro questo odio si nasconde un amore appassionato. Ha solo apparentemente superato la sua pietà, e nel suo masochismo c'è una grande quantità di religiosità segreta.

Caso numero 16

Si tratta di un uomo di trent'anni, Victor X., che mi ha consultato per masturbazione, impotenza psichica e fantasie masochistiche. Si fa frustare da prostitute e pratica il cunnilingus su di loro. Mi riferisce che le fantasie masochistiche sono sorte in seguito al rifiuto da parte di una certa donna. Ha corteggiato una ragazza ed è stato respinto. Inizialmente prevalevano solo fantasie sadiche: voleva vendicarsi su di lei. Solo più tardi è comparso il desiderio di flagellazione e umiliazione. I suoi atti onanistici sono ora sempre accompagnati da idee sadico-masochistiche. Lasciamo che sia lui stesso a raccontarci l'origine delle fantasie sadiche e l'inizio dei suoi atti onanistici. Il suo linguaggio è curiosamente formale e preciso. Ci si aspetterebbe da un accademico una dizione migliore. Non cambierò nulla di essenziale in ciò che ha riferito, perché lo stile stesso tradisce l'uomo. Né la scelta delle espressioni è indifferente. Le forme di linguaggio rivelano facilmente un complesso definito. Ho messo in corsivo i passaggi più significativi.

Devo aver cominciato a masturbarmi molto presto. I miei ricordi non sono tutti chiari e netti. Molto dell'infanzia è diventato vago e indistinto. Di una cosa sono certo: cominciai a commettere questo errore nella quarta classe elementare. Come ci arrivai non lo so più, ma dirò che non fui indotto da altri. All'inizio la masturbazione era per me qualcosa di nuovo che sembrava piacevole; ma in seguito mio padre notò che rimanevo in bagno più a lungo del solito. Una volta ero così assorto che mio padre mi sorprese. Provai una vergogna terribile; mio padre mi parlò della malvagità e immoralità del mio atto e promisi di non farlo più. A quel tempo non avevo ancora idee definite con l'atto! Ahimè, presto ricaddi in questo peccato, ma non accadde più di una volta alla settimana. Non mi sentivo affatto male come era stato predetto durante la mia confessione. Così continuò fino alla sesta classe del ginnasio; spesso avevo attacchi di astensione dal male, e ricordo chiaramente quando morì mio zio – era al tempo in cui ero nella quarta classe del ginnasio – non mi masturbai per tre mesi.

Ma nella sesta, i miei compagni di scuola mi prendevano in giro perché non avevo nessuna "fiamma" in città. Quando vidi che gli altri giravano felici con le giovani donne, decisi di fare altrettanto. Scelsi una donna (ha circa un anno meno di me) che mi impressionò molto, perché aveva una figura notevole e occhi il cui sguardo non riesco a sostenere nemmeno oggi; devo abbassare lo sguardo non appena mi incontra. La signora era però circondata da ammiratori e non mi degnava di attenzione; al massimo mi derideva apertamente davanti agli altri e mi considerava un pazzo; in breve, capii che non ero nulla per lei, ma non potevo lasciarla, e questo è il mio dramma!

Da quel momento in poi, mentre mi masturbavo, immaginavo di colpire la donna e di farle sentire il mio potere. Dopo l'atto non provavo grande piacere e cacciavo dalla testa tutti i pensieri sulle donne. I miei genitori e anche mia sorella, sei anni più piccola di me, vennero a sapere dei miei vani tentativi di corteggiare la signorina N., e ne fecero oggetto di scherno senza sospettare che mi sentivo profondamente ferito e ora mi sforzavo ancora di più di realizzare la mia volontà. Mi sentivo infelice quando non vedevo la ragazza (abitava di fronte a me, separata solo da un grande giardino, i binari della ferrovia e la strada), e potevo osservare per ore con il cannocchiale la porta d'ingresso o la finestra della sua stanza, quando ero solo nella mia camera. Non appena la vedevo ero dapprima molto felice di vedere la mia piccola fiamma; poi mi ricordavo di come mi aveva trattato e desideravo essere un capo della polizia russa e lei una nichilista o qualunque altra cosa che mi permettesse di farle sentire crudelmente la frusta in prigione. Non mi venne mai il pensiero di avere rapporti sessuali con lei, ma solo di passeggiare o poterle parlare durante la passeggiata; questo era il mio unico scopo. I miei desideri rimasero insoddisfatti, nonostante il fatto che per lei imparai a pattinare nella settima classe solo per poter osservare con quale persona fortunata avrebbe parlato. Non guardavo nessuna altra donna, o al massimo una che avesse anch'essa una figura pienamente sviluppata.

Così presi la laurea, e negli anni successivi feci un passo avanti nella sventura. Non avendo nulla da fare durante le vacanze, mi occupai più intensamente che mai di pensieri sulla signorina N., perché dovevo andare al college a Vienna.

Lessi in quel periodo degli orrori dell'Inquisizione. Devo confessare con vergogna che invece di essere scoraggiato da questi tristi errori, mi soffermavo con diletto sui processi alle streghe e provavo grande soddisfazione all'idea che la signorina N. fosse accusata di stregoneria e che io fossi incaricato di torturarla o farla torturare, specialmente di frustarla; mentre immaginavo questo mi masturbavo, e di notte queste fantasie mi causavano eiaculazioni violente.

A Vienna, aspettai un'occasione adatta per acquistare un romanzo sulla flagellazione e il sadismo. Divorai questa roba sciocca, ma poi provai un tale disgusto per il libro che lo bruciai. In seguito ne comprai molti altri (le illustrazioni mi attiravano particolarmente). Potrei dire che non potevo permettermelo, ma non potevo farne a meno; dovevo avere queste cose non per il contenuto, al quale ero indifferente, ma provavo diletto al pensiero di torturare la signorina N. allo stesso modo. Lessi anche altre opere sui tormenti e sulle aberrazioni sessuali e durante la lettura cadevo in un'intossicazione frenetica di gioia. Sono astemio dall'alcol e non fumo e potevo quindi spendere liberamente il denaro non usato per concerti, teatro e musica per violino. Scrissi due volte alla signorina N., senza ricevere risposta, il che era naturale, perché non le avevo mai parlato, poiché avevo paura di farlo. Due anni fa a Natale decisi di rivolgerle la parola! La aspettai ogni giorno sulla strada per la scuola finché non la incontrai. Fu abbastanza gentile ma visibilmente fredda, mentre usava vari pretesti per liberarsi di me. All'inizio non ci feci caso finché non capii di essere stato ricevuto solo "per pietà", e la mia furia crebbe di nuovo dentro di me. Non potevo insultarla; questo mi sembrava volgare, così non restava altro che dare libero sfogo alla mia fantasia. Appresi dalle lettere, dopo essere tornato a Vienna, che altre donne deridevano il mio corteggiamento della signorina N., e da quel momento trovai soddisfazione nel pensiero di eliminare una qualunque di quel gruppo così come un'altra! Mi masturbavo in media una volta al giorno, immaginando sempre cose orribili; il pensiero della gratificazione naturale mi lasciava freddo. La mia irritabilità temporanea aumentava; di tanto in tanto ero molto depresso e incapace di scacciare questi pensieri disgustosi nonostante tutti gli sforzi della mia volontà.

SADISMO E MASOCHISMO

Recentemente, cioè da un mese, sto comprando anche letteratura francese sulla flagellazione, sebbene non capisca una parola (solo le immagini mi eccitano); al posto delle persone raffigurate immagino quelle che si adattano alla mia fantasia, oppure disegno liberamente immagini immaginarie sul modello di quelle date.

Con questo mi masturbo e poi, risolvendo di non farlo più, mi occupo di qualcos'altro. Mi masturbo particolarmente a letto prima di addormentarmi e al mattino prima di alzarmi. L'unica cosa singolare è che so che ciò che faccio è sbagliato ma non riesco a trattenermi; inoltre i pensieri orribili mi vengono meno spesso a B., la mia città natale, dove ho l'opportunità di vedere la signorina N. ogni giorno o di incontrare una delle sue amiche, rispetto a qui a Vienna. Ho letto vari scritti sulla masturbazione, ma non trovo una via d'uscita. La mia fantasia mi porta effettivamente in Russia, forse perché ho letto molto sulle abitudini e i costumi di quel paese.

Per quanto ricordo, ero molto debole e malaticcio da bambino. Ero sempre in compagnia dei miei genitori o parenti e non mi era permesso scorrazzare con gli altri bambini, nemmeno con mio cugino che abitava nella stessa casa; suppongo a causa della scarlattina, difterite, influenza ripetute e un lieve difetto cardiaco; inoltre prendevo freddo molto facilmente e dovevo stare attento allo stomaco.

Non riesco più a ricordare le idee oniriche di quel tempo; ricordo solo le terrificanti fantasie febbrili durante la malattia (acqua che schiumava spaventosamente, mulini ruggenti che giravano, luce abbagliante).

Non appena seppi leggere bene, le storie criminali, specialmente i racconti polizieschi furono, e lo sono ancora oggi, la mia letteratura preferita! Inoltre leggevo naturalmente racconti di viaggio, di mare e di indiani. Purtroppo cominciai anche a leggere le edizioni economiche da dieci centesimi di Nat Pinkerton e simili, ma presto passai a buoni romanzi. Nelle mie fantasie e sogni giocavo sempre il detective che trionfava sul crimine in ogni caso nonostante tutti i pericoli. Questo accade ancora di tanto in tanto, specialmente quando ho visto un dramma criminale al cinema.

Ma vado al cinema solo per distrarmi e dimentico il "dramma sensazionale" non appena sono di nuovo a casa. Cominciai ad avere idee sessuali solo quando volli fare la conoscenza della signorina N. e subii un fallimento.

L'odio verso il sesso femminile aumentò quando frequentai la scuola di ballo e a causa della mia goffaggine rimanevo di solito la quinta ruota del carro. I miei compagni di scuola mi battezzarono "il misogino", perché in quel periodo avevo sempre un atteggiamento ostile verso le ragazze.

Dall'infanzia: ricordo soprattutto che da piccolo avevo una terribile paura del buio; non andavo mai da solo in bagno o in una stanza buia. Avevo più paura di andare a prendere la tavola da stiro che veniva messa contro il mio letto per impedirmi di cadere, e che dovevo prendere ogni sera dalla scala buia del solaio, illuminata debolmente da un lucernario.

Ricordo un'altra occupazione peculiare: mi davo da fare per incollare piccole casette modello di carta e le accendevo per poi spegnerle, oppure posavo pezzi di carta sulla stufa e aspettavo che prendessero fuoco.

Avevo con me a letto fino a tardi nel ginnasio un pezzo di pelliccia o un berretto di pelliccia nera morbida, e mi piacciono ancora i gatti neri o gli orsi.

Ebbi molte seccature anche a causa di mia sorella. Non sopporto i bambini piccoli, proprio come provo il bacio come qualcosa di disgustoso, e una volta la soffocai in un accesso di rabbia.

Spesso nella furia pronunciavo minacce che l'avrei eliminata e distrutta.

Nella seconda classe del ginnasio spesi tutti i miei soldi tascabili per sigarette e soldatini di carta e ne nacque un grande scandalo, perché non volevo dire dove fosse andato a finire il denaro. Non fui frustato, ma mio padre sembrò denunciarmi. Non so più esattamente cosa accadde dopo. Ma penso sempre a quella sera con una rabbia terribile.

Quando ero nella seconda classe del ginnasio, una menagerie e un panopticon visitarono la nostra città; le immagini sulle pareti erano l'omicidio di Luigi Napoleone da parte dei Cafri, l'operazione alla laringe di Guglielmo I, l'attentato con bomba contro Alessandro II e una camera di tortura, che mi interessarono enormemente, soprattutto la camera di tortura, e avrei potuto stare lì per ore a guardare, se era raffigurata una donna torturata. In seguito vidi al cinema la famosa immagine Il furto-omicidio e la sua punizione (l'esecuzione in tutti i dettagli). In una fiera più tardi vidi la morte di McKinley e l'esecuzione sulla sedia elettrica.

Nella quarta classe ottenni un'immagine di una donna aristocratica (molto lascivamente raffigurata) in Russia che veniva stesa su una sedia e frustata con nodi a causa delle sue attività politiche. L'immagine mi fu tolta; chiesi in tutti i negozi e non ebbi pace finché non ordinai di nuovo quel numero.

Ero spesso presente quando annegavano cuccioli o gattini. All'inizio odiavo i loro carnefici, ma poi dovetti imparare a riconoscere la "necessità" di ciò.

Alcuni anni fa mia sorella doveva essere frustata e si nascose dietro di me. Presi il bastone da mia madre e lo ruppi, e non so cosa sarebbe successo se mio padre non avesse posto fine alla scena.

UN SOGNIO AD OCCHI APERTI

Non sempre, ma due o tre volte alla settimana, specialmente se ho avuto in mano uno di questi libri miserabili, mi abbandono alla fantasia di poter condannare la signorina N. a una spaventosa flagellazione in una prigione sotterranea, specialmente in Russia; di rado eseguo io stesso la punizione, ma la faccio eseguire. Anche altre ragazze che conosco compaiono in queste tremende fantasie insieme alla signorina N., la quale tuttavia interpreta sempre il ruolo di caporione, e per questo motivo deve essere punita più severamente delle altre.

Se ciò accade in un sogno notturno, ho un'eiaculazione e mi sveglio con un sentimento di disgusto verso me stesso, nella misura in cui so che, se mi venisse realmente data l'opportunità di farlo, certamente mi asterrei! Se l'impulso è presente nello stato di veglia, durante la lettura, mi masturbo solo con il pensiero dell'immagine plastica; dopo esco rapidamente o suono il violino per dimenticare le mie fantasie.

Posso aggiungere qui che perdo ogni traccia di autocontrollo se vedo la signorina N. nella mia città natale; il respiro mi si ferma e divento rosso fuoco. Sono sempre stato terribilmente timido e ancora oggi dico a tutto sì e amen. Non scrivo questo per giustificarmi; vorrei solo che si pensasse che non sono del tutto corrotto e un reietto dalla società morale.

SOGNI

La sera precedente avevo riflettuto molto sulla mia condizione e andai a letto senza averne una conoscenza molto soddisfacente.

Prima sognai un attacco di briganti alla nostra casa a X. Procedevo lungo la valle fluviale con un corteo militare; la valle era molto più ricca di vegetazione del solito. Lungo il cammino giacevano i cadaveri insanguinati degli uomini; arrivammo a case distrutte dal fuoco – poi giunsi a una bella montagna nuda in cima. Mi accovacciai da solo dietro una roccia e, mentre soldati e volontari combattevano con i briganti ai piedi della montagna, osservavo tutto ciò che accadeva con febbrile intensità. Quando un brigante, che aveva l'aspetto di un ex compagno, mi voltò le spalle, gli sparai con un revolver. Vidi chiaramente come il proiettile gli avesse attraversato la schiena e lui tremò e cadde. Devo aver attirato l'attenzione degli altri, perché i proiettili fischiavano intorno a me, e il cuore mi si fermò per la paura di essere colpito. Sparai ancora una volta a uno di loro, che si precipitava con gli altri verso la roccia, ma la pistola fece cilecca e mi svegliai.

Dopo aver bevuto un sorso d'acqua e aver risistemato la coperta del letto, che era stata spinta via, mi riaddormentai. Sognai qualcosa di completamente diverso.

Mi sembrava che la Russia avesse condotto una guerra contro la Triplice Alleanza e fosse stata sconfitta. Io mi ero particolarmente distinto e fui convocato dallo zar per la repressione della rivoluzione (nei miei sogni sono molto spesso un detective che ha reso servizi allo zar e gli è legato da un'eterna amicizia). In tale veste vengo a sapere che donne del mio paese natale sono collegate al comitato rivoluzionario e stanno pianificando un attentato con la dinamite contro di me. Vengono scoperte vaste preparazioni. Invio lettere di avvertimento alla signorina N. e ad altre signore. Appaio travestito da rivoluzionario e scopro tutto. Alla fine coloro che stanno perpetrando l'attentato si dirigono a Pietroburgo per l'assalto (oppure sogno anche di andare a X. e che il treno venga fatto deragliare), e al momento dello sbarco gli anarchici vengono arrestati. All'ultimo istante la signorina N., o una delle altre su sua istigazione, lancia la bomba; esplode, sento una fitta lancinante nella regione del cuore, e mi sembra di non riuscire a respirare. Tutto diventa rosso e poi grigio e mi sveglio con il cuscino sul naso.

Devo aver sistemato tutto in uno stato di semiveglia, perché continuai a sognare tranquillamente: ero guarito e riflettevo su come attuare una terribile vendetta. Il mio sentimento verso la mia conoscente di X. diventa sempre più mite in sogni di questo tipo, e solo il dovere, l'incitamento del comitato rivoluzionario, oltre all'arroganza, all'insolenza e alla disobbedienza delle prigioniere, mi spingono a punizioni crudeli... Di solito presto attenzione a ogni minimo dettaglio per costruire scene di questo genere... Sono seduto nel mio ufficio ed esamino la signorina N. e le altre... Sono tutte insolenti e mi costringono a seguire i miei crudeli desideri... Una pressione e il pavimento crolla, oppure una parete della stanza si apre con un botto e ci troviamo in una stanza sotterranea allagata d'acqua; pareti nude, un pilastro al centro, una panca agganciata di lato... Le donne rimangono ostinate; faccio portare verghe e fruste e le condanno a un certo numero di colpi... Questi non vengono mai dati sul corpo nudo, ma sui vestiti; oppure faccio indossare alle donne un costume da bagno aderente (non in mia presenza), oppure faccio sollevare la gonna; non le colpisco mai sulla schiena! Le preparazioni, il pianto, le suppliche, la resistenza opposta mi procurano già di per sé una soddisfazione spaventosa. Il culmine della mia eccitazione si raggiunge quando vedo la signorina N. sdraiata in una posizione agonizzante, il volto distorto dal dolore, le altre donne intorno in terribile paura, e inizia la fustigazione. Che io abbia raggiunto o meno il mio scopo non conta... Dopo la flagellazione, la vittima, se ha resistito, viene fissata a una sedia e viene fatta passare la corrente elettrica sulla parte percossa, con l'idea che in questo modo il dolore aumenti molto. Altrimenti, le persone frustate vengono messe in una cella, dove vengono legate mani e piedi o incatenate al muro... Di solito il sogno si conclude con il trasporto in Siberia, con la visita ai prigionieri nelle segrete di Kara o Nerczinsk, dove muoiono miseramente sotto la frusta delle guardie, per pianificare di nuovo nei sogni successivi attacchi contro di me.

Oppure le lascio libere; tornano a X. (talvolta fuggono anche e io le inseguo, cado nelle mani dei nichilisti e vengo spaventosamente torturato, cosa che sopporto con stoicismo, raggiungo le fuggiasche e mi vendico su di loro), e poi torno dai miei genitori, incontro la signorina N. e le altre, e sono lieto che mi guardino con orrore e paura.

Tutte le suppliche e le confessioni durante la punizione cadono nel vuoto, e provo una soddisfazione straordinaria nel constatare che la precedente resistenza delle donne si è trasformata in terrore della flagellazione.

Ragazze che non conosco affatto, ma sempre di età compresa tra i diciassette e i ventiquattro anni, soprattutto russe o polacche, compaiono anch'esse nell'azione. Ma l'attenzione si concentra particolarmente sulla signorina N. e forse su diciotto donne mie conoscenti, amiche della signorina N. o che hanno cospirato con lei contro di me.

La cosa buffa è che la prima ragazza di cui feci la conoscenza si chiamava Franziska; è anche il nome della signorina N., la mia ballerina preferita ha una sorella che si chiama così, e la fidanzata di mio cugino a Vienna ha quel nome. Questo nome, insieme ad altri due, gioca in generale un ruolo significativo nei miei sogni e nelle mie fantasie – deve sempre esserci una Franziska che viene consegnata in mio potere.

Ma non sono sempre io a frustare e punire la signorina N. e il suo gruppo. Sogno anche situazioni in cui libero la signorina N. dal potere altrui e divento il suo salvatore. Un sogno del genere si verificò immediatamente tra i sogni della notte successiva. Ho trascritto questo sogno, perché vi interesserà:

Ero a casa nostra a Vienna. I miei genitori erano venuti a trovarmi, e venni a sapere che tutte le mie conoscenze se n'erano andate da X. perché trafficanti di ragazze mettevano in pericolo la loro incolumità. La signorina N. insieme ad altre sventurate era caduta nelle mani di quei demoni e si trovava da qualche parte in custodia a Vienna. Mi misi in cammino per liberare le infelici e mi trovai nella valle del Wien, che era enormemente ampia e aveva un ponte sospeso sopra di essa, spaventosamente instabile. C'erano gradini ripidi e bagnati, tanto che avevo continuamente paura di cadere; inoltre la luce era grigio-giallastra e tutta la zona strana e inquietante! Come arrivai alla prigione non lo ricordo più; ma mi trovavo sdraiato dietro un baule da dove potevo osservare da vicino tutto ciò che accadeva. La signorina N. doveva essere sacrificata, lottava, veniva ripetutamente percossa, e così anche le altre donne. Rimasi lì inattivo e come incantato... Quando le povere donne, in condizioni spaventose, furono finalmente pronte a cedere, balzai in piedi e, sebbene i trafficanti e le donne fossero indifesi, li uccisi tutti a colpi di pistola, per poi fuggire con le salvate sui tetti e su sporgenze vertiginose... Dietro di me c'erano gli inseguitori, e sentivo di essere irrimediabilmente perduto; scivolai e caddi in un torrente schiumante. Poi mi svegliai!

Ebbi un altro sogno che non capisco del tutto: avevo la signorina N. in mio potere e volevo emettere una sentenza su di lei. Poi si trasformò in un uomo e mi si avventò contro. Eravamo completamente soli e lottammo accanitamente. Poi mi afferrò i genitali e sentii di essere totalmente indifeso...

Mi svegliai con un'eiaculazione. Ho avuto spesso sogni del genere. Ma non so descrivere come apparisse il volto dell'uomo, perché era per lo più buio, mentre vedo chiaramente davanti a me la figura massiccia.

Un altro sogno: sognai per la prima volta di essere spaventosamente frustato con una verga da una donna del tutto sconosciuta. Fui sopraffatto da una rabbia impotente e giurai vendetta.

Dovetti andare a scuola, anche se nel sogno facevo la parte di uno studente universitario, in cui si insegnava solo musica per violino. Lì incontrai la signorina N. tra altri compagni del passato, e la invitai molto cortesemente a suonare il violino con me (in realtà la signorina N. non ha orecchio musicale!). Fu eccezionalmente gentile e mi cinse il collo con le sue braccia rotonde senza sospetto. Quando sentii il suo respiro caldo, la afferrai bruscamente e la pizzicai violentemente sulle braccia e sul seno. La sentii singhiozzare forte e per un momento mi sentii male, ma poi sentii arrivare il direttore della scuola. Ebbi paura e cominciai a picchiare la signorina N. finché non mi sfuggì. Nella mia folle paura ruppi tutte le finestre e urlai mentre lo facevo. Improvvisamente un uomo accigliato si parò davanti a me, prese la signorina N. sotto la sua protezione e assomigliava moltissimo al dottor Stekel. Mi parlò e poi mi conficcò un pugnale nella regione del cuore! Sentii il dolore, e gli occhi della signorina N., gonfi di pianto, mi fissarono spalancati come quelli di una moribonda; volevo chiederle perdono, ma l'odio e il disprezzo di diventare debole davanti a una donna non mi permisero di dire una sola parola.

Quando notai che il sangue continuava a scorrere, non apparvero altro che brutti ricordi; e non riuscii né a spaventarla né a renderla ridicola con le parole:

«Non c'è Dio e non c'è un altro mondo!» Allora ebbi una paura frenetica della morte e le lacrime mi salirono agli occhi. Mi svegliai singhiozzando.

Passò molto tempo prima che potessi calmarmi. Alla fine mi riaddormentai.

Ero a letto a casa malato e mio padre sedeva accanto al letto e mi diceva che i miei studi non sarebbero serviti a nulla, perché l'Austria aveva dichiarato guerra alla Romania e sarei stato chiamato alle armi. Mi sentivo orribilmente infelice e non volevo alzarmi. Poi tutto divenne confuso e mi svegliai.

IV: UN CASO DI SODOMIA E SADISMO

Caso numero 17

Circa due anni fa, uno studente di medicina di ventitré anni si rivolse a me soffrendo di idee di persecuzione e lamentando l'incapacità di studiare. Il paziente – lo chiameremo Xaver – si lamentava inoltre, oltre a queste difficoltà, di ruminazioni ossessive, impotenza, poliuria e disturbi nell'alimentazione. Fu analizzato per primi due mesi dal mio allievo dottor Dishoeck, si sentì meglio, tornò a casa, poi venne nuovamente a Vienna, dove Herbert Silberer lo analizzò (per tre mesi) sotto la mia direzione. Il suicidio di Silberer interruppe bruscamente l'analisi, che era stata molto riuscita e interessante. Presi in carico io il paziente e mi sforzai di sintetizzare il quadro clinico, cosa che riuscii a fare in breve tempo. Per molto tempo non ebbi più notizie del paziente, finché non riapparve improvvisamente a Vienna. Non intendo esporre l'intera analisi, che riempirebbe un libro, poiché è stata conservata da Silberer con l'esattezza che lo caratterizzava. Riporterò solo i dettagli più importanti, per quanto necessari alla comprensione del caso. Il primo resoconto della sua vita fu scritto dal paziente dopo il suicidio di Silberer:

Nonni

I miei nonni paterni provenivano dal Tirolo. I loro antenati erano contadini ben radicati e stanziali. Ebbero ventidue figli, otto dei quali sono ancora in vita oggi. Mio nonno era commerciante, ma la sua vera passione era la vita del contadino. Il tempo libero lo dedicava alla terra e al bestiame.

L'amore per l'agricoltura era nel sangue di tutti noi. Mio nonno era un uomo molto dotato. Nel nostro piccolo paese esercitava l'attività di muratore, falegname maestro, calzolaio e fornaio. Mia nonna, da parte sua, era una donna energica ed efficiente. Fondò tre attività commerciali, tutte fiorenti e ancora esistenti oggi. Grazie alla sua laboriosità e alle capacità della moglie, il nonno divenne ricco e godeva di grande reputazione. Il loro matrimonio era però molto infelice. La moglie era fredda, di cattivo umore verso il marito e i figli. C'erano sempre litigi e battibecchi, che forse ebbero una grande influenza su mio padre. Egli portò la stessa discordia nel suo matrimonio. I nonni erano atei convinti.

Non riuscii mai a instaurare con loro un rapporto veramente buono. Mio padre ereditò da loro l'ateismo e volle inculcarlo anche a me.

I nonni materni, al contrario, erano contadini molto devoti, per i quali la preghiera veniva prima del lavoro. I loro affari versavano in condizioni pessime e stavano per fallire quando mio padre entrò in casa e assunse la gestione della situazione ingarbugliata. Ricordo solo vagamente questo nonno, mentre la nonna ebbe un ruolo importante nella mia vita. Ella prese il posto di mia madre per me.

Dai sei agli undici anni dormivo nella sua stanza, spesso addirittura nel suo letto.

Avevo paura e gridavo di notte, tanto che lei doveva prendermi nel letto per calmarmi. Allora mi rannicchiavo con grande piacere vicino al suo corpo caldo. Questa è senza dubbio la radice della mia marcata gerontofilia.

Mi instillò un profondo sentimento religioso. Era suo ardente desiderio che io diventassi prete. Mi dipingeva con colori vividi i vantaggi e le benedizioni di questa vocazione. Dovetti prometterle ripetutamente che mi sarei dedicato alla Chiesa.

Credo che si rivolterebbe nella tomba se sapesse che non lo farò.

Ero molto intimo con lei e le confidavo tutti i miei dolori e segreti. Mio padre non andava d'accordo con i suoceri. Rivolgeva a malapena una parola a mia nonna, se non per fare qualche osservazione malevola sulla sua pietà e sulle sue usanze. Ma io le ero molto affezionato e ancora oggi sogno che sia viva e che le racconti tutto. Talvolta appare persino nelle mie fantasie masturbatorie. Una volta in sogno la smembrai e la divorai.

Ciò può significare che l'ho incorporata in me stesso e che non supererò mai la pietà interiore, di cui il dottor Stekel mi ha insegnato.

Genitori

Mio padre è di corporatura imponente, un uomo simpatico ma poco comunicativo, silenzioso e taciturno nelle questioni serie. Se gli piace una persona, farebbe qualunque cosa al mondo per lei; verso chi lo invidia rimane un nemico amaro e mortale. Pesa ogni parola che pronuncia; la valuta attentamente. Provenendo da un matrimonio infelice, non riuscì a rendere felice il proprio. Era sospettoso e geloso.

Fin dall'infanzia ho riflettuto sulla sua natura. Le contraddizioni in lui mi sono sempre sembrate un enigma oscuro; la sua personalità aveva per me qualcosa di strano e inquietante. Lavorava dall'alba fino a tarda notte. I contadini lo chiamavano, per via del suo rimuginare pensieri, il "Ragno". Pensavano che si sarebbe ammazzato di lavoro insieme al bestiame. Eppure, mentre gli altri – quelli che lo invidiavano e quelli che lo deridevano – fallivano, si rovinavano e morivano di fame, lui riusciva, grazie alla sua riflessione e ponderazione, a ricavare dal suolo cinque volte tanto rispetto ai suoi predecessori. Introduceva ogni nuova innovazione, ideava miglioramenti saggi, aumentava il bestiame di quattro volte grazie a una gestione razionale. I contadini lo ammiravano e faticavano a comprenderlo. Il lavoro era il suo motto e il progresso il suo ideale. Moglie e figli erano semplicemente mezzi per raggiungere i suoi scopi.

Ci voleva bene, cosa non comune tra i contadini, i cui figli servono solo come manodopera a basso costo, ma raramente lo dimostrava. Ho trascorso molto tempo con lui e lo amavo e ammiravo moltissimo, nonostante i suoi lati sgradevoli. Era l'ideale della mia giovinezza.

Come ho già detto, era ateo convinto e spesso derideva la religione di mia madre e di mia nonna. Aveva rispetto solo per la scuola e la cultura. La scuola era la sua chiesa, gli insegnanti e i professori i suoi idoli. Un "gentiluomo colto" era il suo segreto ideale. Anche in fatto di conoscenze era un autodidatta. Ai suoi tempi non c'erano buone scuole. Aveva acquisito da solo tutto ciò che sapeva.

I miei primi brillanti voti furono il suo orgoglio più grande. Per questo i miei studi scientifici sono la sua gioia più grande: in tutto il circondario esiste una certa ostilità verso gli studi intellettuali e nessuno oltre a me è studente, il che lusinga particolarmente il suo orgoglio e la sua ambizione.

In passato i suoi pensieri e le sue attenzioni erano rivolti al denaro. Voleva liberarsi dalla povertà, e ci riuscì. Ora il suo desiderio è la conoscenza e la posizione sociale.

Da un anno e mezzo dorme separato da mia madre e da circa un anno è vittima di un delirio paranoico di gelosia.

Mia madre, al contrario di mio padre, è molto piccola e di aspetto insignificante, una donna gentile, sempre al lavoro. La conosco come sempre piena di preoccupazioni, lacrime e affanni, e sempre incinta. È molto religiosa. Ha avuto in totale undici figli, dei quali sette sono ancora in vita, tutti sani nel corpo e nella mente. Non ho potuto osservare in lei alcun segno degenerativo tranne la sua statura minuta; del resto, a parte me e mio fratello maggiore, i figli sono tutti persone di taglia normale. Non ricordo che sia mai stata particolarmente affettuosa con me. Ha sempre dato molto aiuto alle sue sorelle, il che mi rendeva geloso e forniva costante motivo di litigio a mio padre, poiché, come ho detto, lui voleva risparmiare denaro e liberarsi dalla sua difficile situazione. D'altro canto, io riuscii molto presto a conquistare la benevolenza di mio padre, sia attraverso il lavoro, piccoli servizi, buoni voti o parole gentili.

Furono i continui litigi tra i miei genitori a spingermi alla malinconia già prima della scuola elementare.

Ancora oggi litigano ogni giorno. Irritabilità generale. Mio padre si ubriaca di rado; solo quando ci sono dispute beve fino all'ubriachezza. Poiché ha quasi un'intolleranza all'alcol, questo ha effetti terribili. Torna a casa di notte, sbatte le porte, urla e insulta mia madre a voce alta. Le scene erano terribili quando ero bambino; ora sono un po' più mitigate.

Così appariva furioso sulla soglia. Sapevamo che aveva bevuto! Tutti, anche mia madre, fuggivano davanti a lui.

La cercava dappertutto, persino sotto il letto, da cui la trascinava urlando. (In seguito ebbi una coazione a guardare sotto il letto, che potrebbe risalire a questa impressione infantile.) Spesso non la trovava e allora chiedeva ai figli: «Dov'è vostra madre?». Tremavamo tutti e restavamo zitti; nessuno osava rispondere. Mia madre spesso fuggiva nel fienile, dove alla fine lui la trovava rannicchiata in un angolo. Spesso portava con sé una delle mie sorelle come protezione, ma non serviva a nulla. Quando mio padre la scopriva, la malediceva e la rimproverava di infedeltà. Aveva la ferma convinzione che mio fratello maggiore non fosse suo figlio e nelle sue scenate la accusava di questo.

Sembra che lei non lo amasse; lui deve averlo sentito e saputo. Ricordo con orrore alcuni dei suoi insulti. Mi fece una profonda impressione quando le gridò: «Mi dai solo la tua pelle nuda, solo il buco mi dai. Oh sì – vorresti l'uomo con la sciabola lunga [un gendarme di cui era geloso], puttana, sgualdrina! Ti taglierò fino a far uscire il sangue dal cranio... Porca schifosa, bestia, drago – madre di Dio, ipocrita! Aspetta, ti darò quello che ti meriti! Finirò con te; ti pugnalerò, ti sparerò, ti strangolerò!». Il suo viso assumeva un'espressione strana e distorta, i suoi movimenti erano quelli di un clown; pestava i piedi sul pavimento finché la casa tremava. (Nonostante il mio terrore, ammiravo in quelle occasioni la sua forza e potenza.) Usava spesso un linguaggio sessuale volgare, orribile da ascoltare. Mio fratello maggiore e le sorelle fuggivano con la madre; io di solito rimanevo a letto (a me non ha mai fatto nulla!), raramente correvo da mia nonna e mi nascondevo con lei.

Ascoltavo sempre attentamente per capire se l'avrebbe trovata. Immaginavo scene sanguinose e lo vedevo nella mia mente ucciderla con l'ascia. Continuava a cercare e la sua rabbia tuonava per la casa. Un pianto e un lamento indescrivibili, suppliche e pianti, mostravano che alla fine aveva trovato la madre.

Tutto diventava rosso davanti ai miei occhi; tutto nuotava in un mare di sangue. Non sapevo se pregare per l'aiuto a mia madre o a mio padre! Sapevo che ora le avrebbe fatto violenza. Tutto cominciava a girarmi intorno (la ucciderà!). Ero eccitato al punto di perdere conoscenza e...

mi masturbavo. La masturbazione iniziò nel quarto anno e fu sempre collegata a questa scena. Dopo il coito scendeva dal fienile, insultava i nonni che non avevano osato muoversi, distruggeva tutto ciò che gli capitava a tiro.

La madre spesso veniva e cercava di calmarlo. Gli gridava spesso: «Dovresti vergognarti davanti ai tuoi figli!». Queste scene si ripetevano. Talvolta chiamava mia madre porca, cosa che era destinata a influenzare la mia vita sessuale.

Mio padre mi ispirò presto odio verso mia madre. Non riuscivo a capire che lei si curasse più delle sue sorelle che del marito e dei figli. Era una persona rassegnata. La sua vista mi offendeva. Non potevo guardarla negli occhi. Mio padre aveva una grande passione per i cani, che accarezzava e che erano i suoi amici. Mia madre diceva spesso: «Se solo fossi un cane, oh sarebbe così bello per me!» (la radice della mia zoofilia).

Altre impressioni ebbero un'influenza determinante sulla mia vita sessuale. Mio padre aiuta al parto di tutti gli animali del vicinato. Macella anche il bestiame ed è il veterinario. Dopo la scuola elementare mi iniziò a tutte queste conoscenze e mi insegnò come castrare le bestie.

La macellazione degli animali mi era orribile, specialmente quella dei maiali, in cui tutti in casa partecipavano.

Prime Esperienze Sessuali

La mia prima esperienza avvenne tra i tre e i quattro anni. La figlia del vicino, Fanny, di qualche anno più grande di me, mi sedusse. Giocava con i miei genitali e mi tentava al cunnilingus. Da questo passai alla masturbazione solitaria, sia manuale che sdraiato sul ventre. Infilavo il pene e lo scroto tra le cosce e facevo movimenti oscillanti. Non immaginavo mai la vagina. In quel periodo pensavo solo a sdraiarmi sull'addome o sulle gambe. La mia prima esperienza omosessuale, colorata di sadismo, accadde più o meno nello stesso periodo. All'epoca interpretavo il ruolo dell'uomo. Era un'imitazione esatta del coito, di solito sull'addome, più raramente tra le cosce, mai nell'ano. Lo sfregamento dello scroto sulla pelle del partner esercitava un grande stimolo. (Una mia fantasia preferita: i testicoli nella vagina.) I testicoli sono la mia zona erogena più sensibile. Durante il rapporto, afferravo convulsamente le spalle del ragazzo con le mani.

La mia prima cotta ideale (a cinque anni) fu Mimi, la figlioletta dell'oste. Suo padre era un ubriacone e provavo per lei una grandissima pietà. Per me era l'ideale di tutto ciò che era nobile e puro e lo è rimasta fino ad oggi. Era ricca e molto bella. Esercitava su di me un'influenza enorme e non l'ho mai dimenticata fino ad oggi. Per colpa sua, mi ruppi il piede sinistro il giorno del Corpus Domini. Accettai volentieri il dolore su di me. Soffrii infatti per lei. Ma dovetti stare a letto per quattro mesi. Trovavo noioso e praticavo industriosamente la masturbazione. In quel periodo iniziarono i giochi zoofili con i gatti; infilavo il pene tra le loro zampe e li tormentavo crudelmente, cosa che mi divertiva moltissimo. Non mi è chiaro se non fu l'osservazione degli animali (pollame, cani, lepri), così come il gioco con i gatti, a condurmi per primo alla masturbazione. Anche la mungitura mi eccitava già in epoca precoce, portando a fantasie masturbatorie. Le mammelle, alle quali succhiavo spesso nella stalla, rappresentavano per me il fallo. Le mammelle di una mucca mi eccitano ancora oggi. Mi eccito molto quando vedo un bambino che allatta al seno della madre (io non fui allattato). Spesso osservavo (tra i sei e i sette anni) quando il toro veniva portato dalla mucca. Notavo il rossore del suo organo e la dimensione dei suoi testicoli. Il mio sentimento era puramente sadico. Immaginavo che il toro dovesse essere così forte da far crollare la mucca sotto i suoi colpi. (Nelle mie fantasie ho testicoli giganteschi. Il pene del toro è per me una forma ideale. I movimenti degli esseri umani durante il coito mi sembrano ridicoli, quelli degli animali meravigliosi e naturali.) Una zia vide una volta la mucca che veniva coperta e arrossì, cosa che mi diede il massimo piacere.

Quando ero malato ricevevo molta simpatia e affetto, tanto che mi rimase una tendenza alla malattia.

Pensavo spesso: «Com'è bello essere malati!». Tra i periodi di gioco con i gatti mi occupavo di Mimi, il mio amore ideale. Dirò in anticipo che lei voleva spingermi al coito nel mio undicesimo anno.

Quindi non era una santa. Ma avevo bisogno di un ideale e perciò mi ritrassi da un atto sessuale con Mimi. Mi sarebbe sembrato una profanazione. Ero in quel periodo sotto l'influenza della religione. Ora torno alle mie prime esperienze. Giocavo ripetutamente con Fanny. Scivolavamo insieme natica contro natica e urinavamo insieme nella ciotola del gatto, e credevamo che in quel modo potessimo procreare un bambino. Lei era amica di mia sorella e le raccontava tutto, per cui mia sorella mi derideva. Questo mi offese moltissimo e da quel momento lasciai stare Fanny.

Mi piaceva particolarmente quando mio padre mi prendeva sulle ginocchia e potevo mangiare qualcosa in più con lui. Spesso mi prendeva le gambe tra le sue cosce per tagliarmi i capelli. Dovevo pensare allora al suo grande pene, che avevo visto ripetutamente mentre urinava (tra i quattro e i sei anni).

Ero un ostinato bagnatore del letto – fino all'undicesimo anno – e per questo venivo spesso preso in giro e deriso. Questo mi feriva profondamente, perché volevo sempre essere onorato, e divenne la radice del mio sentimento di inferiorità.

Osservai un ragazzo più grande che si masturbava quando avevo tra i sette e gli otto anni e per la prima volta vidi l'eiaculazione, che invidiavo al grande. Ero il migliore alla scuola elementare e venivo lodato spesso. Venivo facilmente gettato in un cattivo umore e diventavo ribelle se non riuscivo o non ero sufficientemente riconosciuto.

Un ricordo chiaro (tra i quattro e i cinque anni): corro dietro a mia zia nel letto e provo un enorme piacere nel succhiare i suoi capezzoli, che mi sembrano grandi come le mammelle di una mucca. Lei mi spinge via.

Fui sorpreso da un fratello del mio partner mentre mi masturbavo con altri bambini (tra le gambe), e lui lo raccontò a mia sorella, che mi derise di nuovo.

Forse la mia idea ossessiva durante il coito, che qualcuno entri e mi sorprenda sul fatto, ha origine qui. Io stesso ho il desiderio di sorprendere una coppia durante il coito.

Una volta, fu la prima volta, sorpresi i miei genitori durante il coito; il padre era seduto e mia madre a cavalcioni su di lui. Capii subito che si trattava di un atto sessuale, ma pensavo che una cosa così proibita e brutta non sarebbe accaduta con i miei genitori.

Era qualcosa di anormale, come i miei giochi omosessuali.

Dopo che la nostra casa bruciò, dovemmo dormire tutti in una stanza. Ora vedevo e sentivo i miei genitori durante il coito quasi ogni notte. Colsi le seguenti parole: «Il flusso di saliva [forse anche il flusso seminale] è così piacevole». Ho sempre un flusso di saliva durante il coito, così come in ogni eccitazione, che forse è dovuto a queste parole. Invidiai la madre più del padre. Volevo essere sua moglie. Preferirei in ogni coito sdraiarmi sulla schiena e interpretare il ruolo della donna.

Questi, ahimè, non furono gli unici traumi ai quali fui sottoposto! Ce ne furono moltissimi!

Mio fratello maggiore giocava spesso con il suo pene, che mi mostrava dicendo che era un pesciolino (nel bagno). Si masturbava anche apertamente davanti a me, cosa che mi fece una grande impressione. Non mancavano altrimenti suggerimenti per la mia omosessualità.

Un mio compagno, che mi diede molte spiegazioni sessuali, disse scherzando che la mia bocca quando fischiavo era come l'ano di una scimmia quando defecava (tra i dieci e gli undici anni). Molto spiacevole. Così rinunciai a fischiare.

Osservavo spesso mio padre durante la defecazione. Rimasi deluso. Consideravo i miei genitori, per così dire, come angeli.

Mi interessavo già presto ai pantaloni degli uomini, specialmente nella zona del sedere, se erano ben piegati lì o erano sporchi. Mio padre usava l'espressione: i pantaloni si tirano su dietro il culo. Gli piaceva altrimenti parlare in termini scatologici, specialmente della defecazione, e si divertiva per il "vento" di mia nonna.

Immaginavo allora, e lo faccio ancora, tutti durante la defecazione. La funzione è per me connotata di piacere e talvolta accompagnata da erezione. Annuso tutti, fiuto se tale o talaltro non ha odore di feci.

Provai molto presto a infilare il dito nell'ano (tra i sette e gli otto anni), ma smisi perché lo consideravo un grande peccato. Con una donna penso spesso al suo ano, che mi repelle e diminuisce la mia potenza. Tuttavia, gioco con la fantasia di praticare l'anilingus sulle donne e credo di aver fatto qualcosa del genere nell'infanzia.

Presto apparvero sentimenti di angoscia. Li usavo – come ho detto – per entrare nel letto di mia nonna. Chiamavo in grande angoscia aiuto, se ero solo. Avevo paura di essere assassinato. Questa paura rimase con me fino al diciassettesimo anno.

Soggiornare nel letto di mia nonna mi divenne disgustoso per via dei suoi continui passaggi di gas. Mio padre la chiamava un "contrabbasso". Strano! Se passava gas, me ne facevo un rimprovero. Volevo anche rimproverarla, ma non osavo. Con chiunque accada ora, arrossisco colpevolmente, il che forse dimostra che il passaggio di gas mi eccita sessualmente. A me non accade più. Mi sono completamente curato. Forse per paura di essere deriso. Divento rosso quando se ne parla. Devo confessare però che nell'infanzia precoce era per me un grande piacere (specialmente a letto) passare gas e annusare il mio cattivo odore. Ma venni rimproverato per questo e dovetti rinunciare a quella soddisfazione.

Sperimentai la mia prima ingiustizia alla scuola elementare. Venivo trattato molto bene, solo il direttore mi picchiava perché ero il figlio del suo nemico. Mio padre e mio zio erano i suoi nemici mortali. Una volta, mentre venivo frustato, ebbi la sfortuna di passare gas e divenni lo zimbello della classe, cosa che mi ferì profondamente.

Ora riguardo a questo zio!

Mio zio Jacob, un ricco commerciante, voleva adottarmi quando avevo cinque anni, ma non volevo diventare commerciante. Oggi rimpiango moltissimo di non essere rimasto con lui; ha una grande attività e nessun figlio. In seguito adottò una mia cugina. Sono il suo preferito e il suo orgoglio, eppure ora lo disprezzo per le sue anormalità sessuali.

Quando avevo venti anni, uscimmo insieme con delle ragazze. Mia zia, sua moglie, mi è un abominio.

Mia sorella mi iniziò a tutti i segreti sessuali; potevo osservare quando i visitatori la portavano con sé nel fienile per il coito. Le aggressioni sessuali da parte mia le respingeva indignata all'epoca. Sarebbe peccato. In seguito divenni amico del suo amante, che discuteva con me della natura della masturbazione, dello sperma, della gravidanza e così via.

Questa sorella era il mio ideale sessuale. Provai ripetutamente a farle fare coito, cosa in cui riuscii solo più tardi. Tutte le nostre conversazioni ruotavano intorno a cose sessuali, nelle quali non usava mezzi termini.

Quando avevo undici anni fui messo in un monastero religioso. Piansi per tre settimane, non mangiavo, apparivo del tutto stupido, per andarmene. Eppure avevo paura di mio padre, che diceva che era meglio studiare che trasportare letame o portare pane; mi sarei trovato molto bene. Riuscii a rimanere solo per lui. Gradualmente divenni iper-religioso attraverso l'addestramento costante. La mia riverenza speciale era rivolta alla Vergine Celeste e al sacramento dell'altare. Non studiavo, ma riflettevo su ciò che era accaduto "a casa"; le mie esperienze sessuali venivano sempre alla coscienza.

Avevo un pesante senso di colpa e andavo ogni giorno a confessarmi. Credevo che le mie confessioni non fossero chiare; il mio rimorso non era autentico, e avevo una paura morbosa di aver dimenticato qualche peccato. Guardavo sempre intorno come se avessi perso qualcosa.

C'era troppa bontà. Si riceveva la comunione ogni giorno. C'erano molte ore di preghiera e messe quotidiane in chiesa. Venivamo svegliati, per esempio, nell'oscurità della notte e rimanevamo in chiesa dalle cinque del mattino fino alle nove meno un quarto. Pregavo spesso San Luigi

Gonzaga, perché aborriva le donne. La sua castità ci veniva raccomandata con parole ispirate. Aveva un altare tutto suo in chiesa, davanti al quale spesso mi inginocchiavo per ore implorando la liberazione dai miei pensieri peccaminosi.

Mi perdevo in fantasie su Cristo e volevo diventare un martire. Pregavo per la forza per la castità e per il piacere nel lavoro.

Ma non serviva a nulla. Così verso la fine del primo anno divenni malinconico; tutto mi sembrava buio.

Quando interrogato dai superiori, dicevo di essere un grande peccatore. Loro gioivano per la mia intuizione. Cominciai ad avere mal di testa, che durarono fino alla pubertà. (Mi davano olio di fegato di merluzzo per questo.) Non provavo piacere in nulla se non nella musica; ero sempre in conflitto con i miei professori, che mi dicevano ogni giorno che ero spaventosamente pigro; potevo fare lavori brillanti, se volevo. Eppure, oltre alla scuola, mi interessava poco. Mi piaceva il mio insegnante di musica e gli raccontavo tutto. Si costituì mio direttore, mi istruì nel canto e nel violino.

Non avevo nulla in comune con i miei compagni; li disprezzavo. Mi sembravano molto stupidi, perché dovevano studiare tanto. Io capivo tutto durante la lezione; perdevo molto perché non prestavo attenzione, e a scuola mi dedicavo alla masturbazione. Non avevo paura di essere sorpreso.

Gradualmente mi masturbavo sempre di più a scuola, e per avere più tempo dicevo di avere mal di testa. Così per mezzo anno non feci nulla a scuola e ebbi tempo per rimuginare e per la masturbazione. Avevo davvero mal di testa furiosi e correvo in giro come un posseduto. I miei compagni di scuola dicevano che ero pazzo.

La musica mi piaceva e le dedicavo molto tempo, cosa che mi portò di nuovo in conflitto con i miei insegnanti, che dicevano che se non avevo mal di testa con la musica potevo anche studiare.

Scrissi lettere d'amore ardenti a studenti più grandi, cosa che era severamente proibita. (Gli studenti dovevano darsi del lei.) Alla fine dell'anno l'arcivescovo sovrano mi lodò per le mie conoscenze musicali. Ne fui molto contento, poiché tutti i professori insieme all'arcivescovo mi avevano considerato un pazzo. Volevo solo tornare a casa e diventare contadino, e a questo scopo misi in scena la mia grande commedia. Durante le vacanze lavorai con mio padre nei lavori agricoli e nel forno, e inoltre studiavo per recuperare gli esami.

Tornai all'istituto stanco morto; l'esame, con mia grande sorpresa, andò molto bene. Mi lasciai convincere da mio padre a entrare di nuovo nell'istituto. Quando vidi di nuovo questa "prigione", mi prese un terribile ribrezzo, anche paura; pensavo che se la baracca fosse data alle fiamme, allora le mie sofferenze sarebbero finite. Non osavo più eseguire il mio proposito. Cosa dovevo fare a scuola quando ero attaccato con ogni fibra al mio paese natale? Perché studiare, quando era così bello essere contadino? Interiormente lottavo con il desiderio di mia nonna che io diventassi un "signore spirituale".

Mi avvicinavo alla pubertà. Cercavo di preservare la mia castità, mentre pensavo al mio ideale, Mimi. Lessi in quel periodo Heimat di Paul Keller, nascosto durante la messa in un libro di preghiere. Identificavo Lore con la sacra Mimi, che per me era assolutamente la Santa Vergine. (Se la vedo oggi, fuggo da lei. Non voglio che l'immagine ideale dell'amore a distanza venga distrutta.)

Eppure dovevo sporcare anche questo ideale. Nulla poteva rimanere puro e sacro con me. A quattordici anni non riuscii più a resistere alla tentazione e iniziai una masturbazione eccessiva. La praticavo senza interruzione fino alle due o tre del mattino, sempre sdraiato sul ventre e imitando il coito. Pensavo intanto a Mimi. Non c'era più nulla di sacro per me. Ma non bastava. Mi masturbavo anche di giorno nel gabinetto. Andavo a confessarmi, è vero, e mi rimproveravo. Ma questi rimproveri svanivano. Provai un grande sollievo quando finalmente arrivò la tanto desiderata eiaculazione. Il grande evento ebbe luogo nel gabinetto, e il mio primo seme fecondò la tazza del water. Mi sentii salvato e sollevato. Ora solo un pensiero offuscava la mia gioia: finalmente essere un uomo. Il "padre spirituale" ci aveva insegnato che il seme proveniva dal midollo spinale e che ogni scarica significava una perdita di forza vitale. (Purtroppo credetti a questo fino al mio ventunesimo anno, quando lessi Masturbazione e Sessualità. Credetti in seguito che tutti i miei problemi fossero il risultato della mia masturbazione.

Dopo le prime eiaculazioni cessò la masturbazione eccessiva. Ebbi riposo per un po'. Il periodo più terribile della mia vita, quello dell'astinenza sessuale e del grave conflitto, era finito. Avevo, è vero, lotte religiose, ma affermavo persino in confessione di essere riuscito attraverso la masturbazione a liberarmi delle mie forze sessuali.

Ora seguirono varie forme di buoni consigli e avvertimenti. Il mio confessore profetizzava l'idiozia; un collega, del quale ero infatuato, credeva di aver dimostrato che il mio midollo spinale fosse avvizzito; la spiegazione del medico era che avevo una crescita ossea spuria nel cranio (degenerazione).

Non sapevo da che parte voltarmi. Pensai seriamente di farmi castrare. Provai di nuovo con la religione. Giurai davanti all'Altissimo, davanti alla Vergine Maria, la castità eterna dopo ogni confessione, e il giorno dopo dovevo masturbarmi di nuovo.

Lottai con pensieri suicidari. Volevo impiccarmi e cercavo qualcuno che mi aiutasse. Ma non riuscii a trovare l'energia per farlo. Mi vedevo appeso e il dolore di mio padre, mentre prometteva solennemente al mio cadavere di essere un devoto cristiano. Volevo a tutti i costi convertire mio padre per salvarlo dalle pene dell'inferno.

Alla fine arrivarono le vacanze. Avevo paura di tornare a casa.

Fuggivo l'immagine di mia sorella, per la quale nutrivo un desiderio peccaminoso e che appariva nelle mie fantasie masturbatorie travestita da Mimi, come appresi in seguito attraverso l'analisi.

Fuggivo soprattutto dai cani di mio padre. Ora arriva il mio più grande peccato. Prima di prendere la fuga – forse perché ero stato ricevuto freddamente? – ebbi due volte rapporti con una delle cagne di mio padre. Eiaculai nella sua vagina. Avrei avuto davvero più soddisfazione con i maiali. Non arrivai a questo, perché il porcile era troppo esposto. Provai rimorso, disgusto di me stesso, dopo l'atto di sodomia. Avevo un opprimente senso di colpa. Mi sembravo lo scarto dell'umanità.

Ora apparve una fobia. Dovevo guardare sempre la fessura dei pantaloni. Avevo paura che lì ci fossero peli di cane e qualcuno scoprisse il mio misfatto. Ogni cinque minuti dovevo guardare la fessura dei pantaloni. Questa terribile tortura durò mezzo anno!

Credo di aver avuto il desiderio di ingravidare la cagna e generare uomini-cani. La cagna fu in seguito uccisa da mio fratello F., perché dal parto frequente aveva la pancia troppo grande. Immaginavo che i miei rapporti con l'animale fossero noti.

Di nuovo depressione per questo e un terribile senso di inferiorità. Non volevo più tornare al convento. Non potevo più essere prete. Ero un reietto. Decisi di lasciare la scuola religiosa.

Ho dimenticato di dire che ero tormentato da una grave difficoltà nella deglutizione.

La prima difficoltà nella deglutizione apparve nel mio dodicesimo anno. Andai con mia madre da uno specialista. Spiegò la mia sofferenza come una stupida idea. Poi mi diede una lettera per un primario in cui tra l'altro c'era la nota: «Ragazzo ricco». Dissi a mia madre che era solo uno scherzo e tornai a casa senza stare meglio. La difficoltà non mi lasciò mai. Ancora oggi faccio fatica a mangiare carne; se ingoio, la rigetto. Penso spesso di essere come un ruminante. Poi continuai i miei rapporti con i cani.

In seguito mi provai con altri animali. La mungitura era sempre connotata di piacere per me. Bevevo anche direttamente dalle mammelle, come se fossi un vitello.

Fin da piccolo, guardavo la fessura delle persone; pensavo a loro che defecavano; valutavo i miei insegnanti dai pantaloni. Solo con i preti non si vede il sedere, cosa che mi rendeva felice, perché mi liberava dalla mia ossessione quando ero con loro.

Mi innamorai di mia cugina nel quarto anno di ginnasio e l'attaccai; ma poiché mi permise il coito, le dissi che sarebbe stato meglio e più bello rimanere puri.

Pensavo di poterla infettare in qualche modo con il mio pene abusato, o che lei potesse avere cuccioli. Ho sempre paura durante il coito di ingravidare la donna; e tuttavia questo mi sembra allo stesso tempo il massimo piacere! Parlo sempre di impregnazione durante il coito.

Ero in costante paura durante la mia assenza da casa che mia madre potesse morire, mio padre uccidesse tutti, la casa bruciasse e tutti fossero distrutti. Mi piaceva il pensiero di essere l'unico possessore. Una volta, quando mia madre era in punto di morte, disse a mio padre nella febbre:

«Se arrivano i russi, sarebbe meglio che tu avessi sparato ai tuoi figli». Lui voleva allora fuggire in America. Questo aumentò la mia paura; arrivai a odiare mio padre; volevo ucciderlo. Da allora non so davvero se debba amarlo o odiarlo.

Non avevo più nessuno da amare! Non dimenticherò mai il viaggio dal medico nella notte buia e tempestosa. Un cane mi accompagnò; ci vollero due ore; maledissi la mia vita peccaminosa e pregai Dio ferventemente per la vita di mia madre a costo della mia sessualità.

La guerra era già scoppiata (1914). Non ascoltavo più mio padre; volevo diventare cadetto o istruttore, ma mia madre mi convinse ad andare all'istituto.

Odiavo tutto; venivo rimproverato ogni giorno persino dal mio insegnante di musica; sfidavo la religione, la denigravo e la trovavo ridicola.

Lasciai la scuola ecclesiastica nel secondo semestre contro la volontà di mio padre. Volevo non avere più nulla a che fare con i miei e condussi una vita miserabile come studente mendicante. Ora avevo la mia libertà ma la pagavo con privazioni e malinconia. Ero sempre triste. Questo svegliò la pietà della mia padrona di casa. Mi fece raccontare la mia storia miserabile. Le confessai tutto, persino i miei atti zoofili con i cani.

Mi compatì per la mia malinconia.

Mi permise allora – suo marito era al fronte – di venire nel suo letto. La prima impressione del coito fu di disgusto. Sensazione come se fossi reso impuro dal muco vaginale, e talvolta da una massa fecale.

La mia potenza era molto scarsa, spesso eiaculazione prima della penetrazione; tuttavia tentavo il coito cinque o sei volte al giorno, sempre con eiaculazioni premature.

Gradualmente passai alla sua figlia quattordicenne, che mi attirava molto; ma era più il mio vantaggio sugli altri studenti a spingermi verso di lei. Spesso ero con la madre prima di mezzanotte e con la figlia dopo.

Poi al mattino avevo la strana sensazione che nella mia testa non ci fosse altro che pasta. La donna aveva quarant'anni ed era una donna brutta; mi permettevo ogni sorta di perversioni.

Sua figlia una volta dovette abortire, cosa che mi gettò in uno stato di angoscia per tutto il tempo futuro; mio fratello aveva già un figlio a diciotto anni. Mio padre lo picchiò a sangue e lo insultò nel modo più volgare. Questo mi riempì di paura.

Tremavo che mio padre scoprisse questa faccenda. Eppure la portai oltre ogni limite.

Nelle vacanze, coito con la sorella minore di mio padre (qualche volta). Potenza molto scarsa (diciassette anni e mezzo).

Da questo, grande senso di colpa; andai dalla figlia della padrona di casa e le raccontai di questo e chiesi perdono per la mia infedeltà. Mi sentivo il suo fidanzato e come se le avessi mancato di fede. Ebbi ancora rapporti con lei dopo l'aborto.

La misura dei miei peccati non era ancora colma.

Tornai a casa e allora raggiunsi il mio obiettivo tanto desiderato. Ebbi coito con mia sorella, una volta in modo normale, una volta da dietro. Non so se ho raccontato che ero spesso presente quando lei andava con i ragazzi nel fienile. Era molto presto, quando era ancora poco più di una bambina. All'epoca respingeva i miei tentativi, ma ora acconsentì volentieri ai miei desideri.

Ma la mia reazione fu terribile. Volevo cancellare tutto, dare fuoco alla casa, distruggere me stesso e tutta la famiglia. Ero torturato da un rimorso indicibile.

Solo una cosa era possibile. Mi sarei arruolato nell'esercito e sarei morto sul campo o sarei tornato purificato e come eroe.

Servizio Militare

Andò diversamente da come avevo sperato. Mi masturbavo più che a casa. Avevo una grandissima paura del fronte e tornai pentito alla religione. Decisi di condurre una vita pura e aborrivo tutte le donne. Non durò a lungo. Come al solito, divenni un recidivo. Soprattutto l'esercito! Presto divenni familiare lì con ogni volgarità. Gli ufficiali non erano migliori dei soldati e parlavano solo di depravazione sessuale. Le latrine comuni mi erano molto dolorose. Avevo la sensazione che gli altri mi guardassero e sentissero i miei rumori. La mia poliuria aumentò (eccitazione omosessuale!); me ne accorsi perché spesso venivo impedito di uscire. Un insegnante ucraino voleva indurmi all'omosessualità. Rifiutai. L'unica cosa che mi tratteneva, però, era il pensiero che gli altri potessero venirlo a sapere.

Razionalizzai la visita a un bordello su basi igieniche. Consideravo il coito importante per la salute quanto il lavarsi. Dovevo avere fantasie sadiche. Perché all'eiaculazione stringevo i denti e serravo i pugni. Tendevo i muscoli delle cosce come in una convulsione. Una volta durante un coito da dietro, le fantasie sadiche irruppero nella coscienza. Volevo pugnalare la prostituta con la baionetta.

Mi spaventai e tornai alla masturbazione.

Avrei avuto molte opportunità di avere rapporti con ragazze perbene. Avevo però l'aspetto di un uomo inesperto e virtuoso. Non volevo sembrare cattivo. Tornai eccessivamente alla masturbazione.

Mi vergognavo di andare a passeggio con le ragazze. Sarebbe indegno di un uomo e la gente potrebbe pensare che avessi rapporti con loro.

Giacevo in una situazione critica sul campo in una buca di granata. Le granate colpivano a destra e a sinistra di me. Improvvisamente vidi la mia vita passarmi davanti come in un film.

Dovevo avanzare con i miei uomini verso una trincea. Sapevo che sarebbe stata la mia morte. Mi pentii dei miei peccati e pregai la Vergine Maria di salvarmi.

Giurai di andare in pellegrinaggio e promisi solennemente di diventare prete e sacrificare la mia sessualità.

Raggiunsi la trincea e fui gravemente ferito. Una scheggia inglese mi squarciò la coscia sinistra.

Andai in ospedale e dovetti rimanere a letto per circa sei mesi.

Mi astenni da ogni forma di sessualità. Finalmente arrivò la licenza. Rabbrividivo al pensiero dello studio, sebbene dovessi studiare per gli esami finali.

Attraverso mia cugina conobbi sua zia, una donna fiorente e giovane, il cui marito era al fronte. Tutti i miei buoni propositi furono dimenticati in un attimo! Dormii con lei quella stessa sera e per la prima volta ebbi una gratificazione regolare nel coito. (Ancora oggi la idolatro!) Molte volte avevo paura di notte che suo marito potesse arrivare, e allora non riuscivo a compiere il coito. Dopo una notte folle (coito sei volte!), soffrii di infiammazione del pene.

La suora in ospedale disse che mi ero preso la sifilide con il mio comportamento e mi mostrò un paziente con un tumore al midollo spinale. Il medico disse che ero un porco e che avrei fatto una fine miserabile. Da allora fui totalmente impotente, e ogni riferimento alla sessualità mi riempiva di terrore per il tumore al midollo spinale. I miei autorimproveri aumentarono quando una ragazza mi scrisse che era incinta di me. Fece eseguire un aborto quando non le risposi. Un motivo in più per considerarmi un miserabile peccatore.

Presi la laurea e divenni ufficiale di reggimento, dove fui promosso immediatamente. Le impressioni della guerra furono orribili. Fui testimone di omicidi bestiali che i reduci commisero in una notte. (Sogno spesso di queste bestialità.) Alcuni giorni dopo, contrassi una grave gonorrea in un bordello. L'ufficiale superiore mi denunciò come un porco schifoso e mi mandò in ospedale. Soffrii di infiammazione dei testicoli, cistite, prostatite. Il massaggio della prostata mi era molto gradevole; ne avevo una violenta erezione. L'erezione avveniva in quel periodo con la defecazione. Poi fui prostrato per un po' dalla dissenteria.

Il trattamento delle malattie sessuali avveniva in gruppo, in modo da poter osservare ovunque. Sentivo dagli ufficiali le cose più vili e volgari sulla vita sessuale.

Poi dovetti tornare al fronte prima di essere guarito, ma la mia sessualità era completamente scomparsa. (La gonorrea non fu guarita fino a un anno dopo!)

Università

Subito dopo la rivoluzione, andai all'università per studiare medicina. Mi piaceva stare vicino ai cadaveri, sebbene le fantasie interferissero con il mio lavoro.

Nel secondo semestre il professore esaminava l'imene di una donna morta; era ancora vergine. A quel punto fuggii da tutte le lezioni; non potei più studiare. Fallii all'esame di istologia, nonostante fossi ben preparato. Il professore mi guardò a lungo, tanto che tutti i miei pensieri si bloccarono e divenni rosso – rosso fuoco; non riuscii a pronunciare un'altra parola. Non sopporto che qualcuno mi guardi in faccia.

Ebbi varie avventure, ma poiché la potenza peggiorava progressivamente, mi astenevo sempre e mi accontentavo della masturbazione.

Fantasie in proposito: immaginavo in successione tutte le donne che conoscevo e sempre da dietro, mentre si toglievano le mutande. Fantasticavo anche su ogni sorta di avvenimenti reali. Di giorno andavo da un caffè all'altro, leggevo i giornali, fumavo, annotavo ogni sorta di idiozie nel mio quaderno. Ne ho una pila di quei libri.

In ogni caffè avevo improvvisamente un attacco d'ansia, sudorazione, vertigini, tanto da dovermi alzare e fuggire. Poi vagavo tutto il giorno tra caffè e il luogo in cui abitavo. Non mi capivo più. Volevo moltissimo acquisire conoscenze scientifiche, ma non trovavo pace per studiare. Non riuscivo a stare seduto cinque minuti. Nello studio dovevo dissezionare ogni parola; trovavo tutto ridicolmente impreciso; volevo sempre sapere di più. E così ero amareggiato nel lavoro. Il pensiero ossessivo rendeva impossibile ogni sforzo. Nel mezzo dello studio pensavo al mio paese natale, ai miei colleghi; la mente si volgeva a ogni sorta di cose spiacevoli; poi irrompevano desideri sessuali, specialmente quando la mia padrona di casa si muoveva in giro. L'attenzione all'ano aumentava. Guardavo tutti per strada sui glutei; mi confrontavo con ognuno di loro, se più grande o più piccolo di me. Non mangiavo più; giorno e notte erano sprecati. Mio cugino mi ridusse a una disperazione ancora maggiore. Era un ipocondriaco.

Ero cosciente solo di una cosa: che ero completamente pazzo e il suicidio era l'unica via d'uscita. Non parlavo più con nessuno tranne mio cugino.

Mi venne l'idea più strana. Pensavo di poter commettere ogni crimine. Volevo diventare ricco a ogni costo e ero pronto persino a scassinare una cassa. Volevo avvelenare Parigi attraverso l'acquedotto. Aspettavo un telegramma da casa con le notizie più terribili. Tutti bruciati, assassinati, annegati in un'alluvione.

Ogni giorno pensavo al suicidio, ma non avevo il coraggio.

Avevo la mania di comprare e vendere libri; li sfogliavo solo al caffè. In questo modo incappai nei libri del dottor Stekel, che lessi per curiosità; poi per la prima volta vidi quanto profondamente fossi caduto nella follia. Ero all'inizio della paranoia. Tentai di analizzarmi; non avevo più la forza mentale; ero stanco morto tutto il giorno e mi sdraiavo a ogni occasione, una debolezza che ancora permane. Iniziai a concentrare i miei desideri sessuali sulla brutta padrona di casa. Immaginavo il coito con il suo barboncino. Il tempo passava con una rapidità spaventosa; ero costantemente in bisogno urgente di denaro, perché compravo libri senza motivo, e il resto lo regalavo o lo prestavo.

In quel periodo ebbi una relazione con una ragazza contadina, Gisela.

La mia potenza era molto scarsa; mi eccitavo rapidamente, ma il fuoco si spegneva altrettanto in fretta. Rimase incinta, ma abortì a Vienna. Fu la fine della relazione.

Intrapresi varie altre relazioni e ero sempre geloso. A poco a poco mi resi conto di essere deriso ovunque, preso in giro.

Presi nota del mio comportamento infantile, della mia mancanza di energia. Questo giocare con gli studi era pericoloso, perché il tempo passava.

Iniziai ad avere dolori nella regione sacrale. La mia nervosismo aumentava costantemente; cominciai a tremare; non mi fidavo più di andare all'università e mi vergognavo dei miei poveri esami (non motivati!).

Quando uscivo con qualcuno, ascoltavo con un orecchio solo; rispondevo sì o no, lo lasciavo parlare e spesso non sapevo cosa avesse detto, anche se parlava per ore.

Molte volte mi passava per la testa: Non hai fatto il pellegrinaggio né sei diventato prete. Fui astinente forse quattro mesi in ospedale; non resistetti di più. Con la masturbazione immaginavo il rapporto con la mia ex padrona di casa e sua figlia (imago di madre e sorella).

Tornai dalla padrona di casa. Ma tutto mi ripugnava, e lasciai la casa.

Pensai a come liberarmi dai miei voti. Parlai con un prete. Non potevano essere annullati. Mi rifugiai nell'ateismo di mio padre.

Dormivo fino alle dieci del mattino; diventavo sempre più depresso. Lessi Weininger; questo mi fece deviare ancora di più. Avevo paura delle persone.

Mi sembravo del tutto piccolo, e per questo da qualche tempo avevo l'abitudine di guardarmi intorno per vedere se qualcuno era molto più grande di me. Non avevo appetito, bevevo molto caffè nero e fumavo eccessivamente. I miei pensieri divennero gradualmente più confusi; inciampavo su ogni seconda parola; non riuscivo più a scrivere.

Mio cugino Franz, lui stesso melanconico, mi portava a passeggiate solitarie, dove di solito non dicevamo nulla o parlavamo solo di cose di casa.

Niente mi interessava più col passare del tempo. La mia fantasia era estremamente attiva. Sessualmente mi accontentavo della masturbazione, con la quale indulgevo in idee apertamente perverse – sebbene fossi in favore con due ragazze ricche e belle e non ci fossero ostacoli.

Le fantasie con la masturbazione: la donna solleva il piede molto in alto (storie di mio fratello Max) oppure faccio coito da dietro; notevole cambiamento di persone nelle fantasie masturbatorie! Principalmente donne più anziane, una volta persino mia madre. Chiunque mi abbia piaciuto entra nei miei pensieri e pratico cunnilingus o anilingus. O faccio coito e succhio latte dal seno. La fantasia preferita è che la donna sia molto lusinghiera e carezzevole. O che due uomini facciano coito con una donna. In quel periodo mi capitarono tra le mani sette libri che contenevano tutte le perversioni – sotto forma di romanzi. Attraverso di essi divenni "polimorfo perverso".

La mia condizione peggiorava di giorno in giorno. Gli attacchi di vertigini in camera erano sempre più gravi; non mi fidavo più a uscire per strada. Mi sentivo perseguitato, deriso, ridicolizzato; la gente faceva commenti su di me. Riferivo tutto a me stesso. Correvo indietro nella mia stanza e lì era ancora peggio. Venivo spinto fuori di nuovo, preferibilmente nella solitudine, nelle strade buie. Ero incapace di afferrare un'idea razionale. Mi sembrava che la follia allungasse le sue grinfie verso di me.

In questa angoscia scrissi al dottor Stekel, che mi indirizzò a un medico che conosceva. Quest'ultimo mi consigliò di abbandonare gli studi di medicina e diventare commerciante. Capii l'assurdità di questo consiglio e mi sentii peggio di prima. Cosa dovevo fare? Suicidarmi? Ero troppo codardo. Il mio amore per la vita era troppo forte.

Un giorno decisi frettolosamente di andare dal dottor Stekel. Era molto occupato e non avevo preso appuntamento.

Ma mi affidò a un allievo abile, il dottor Dishoeck, che mi analizzò per due mesi. La diagnosi era incerta.

Ma la mia storia clinica si dispiegò lentamente e la terribile conoscenza della mia natura interiore si aprì alla mia vista. Presi coscienza della mia componente omosessuale, inoltre delle mie fantasie incestuose, che riguardavano mia madre. La scrofa era un'immagine materna e il disgusto che provavo per essa era il bruciante desiderio di possederla. Ciò che era accaduto con la sorella avrebbe dovuto accadere anche con la madre! Inoltre odiavo mio cognato, avevo fantasie di uccidere tutti e vivere solo con la sorella, anche di uccidere la madre e prendere il posto della madre con il padre. C'era un caos spaventoso di idee criminali che infuriava nel mio cervello. Infine vennero alla luce tendenze necrofile.

Il riflesso di fuga era presente per tutto il tempo. Volevo stare bene, ma allo stesso tempo temevo le rivelazioni dell'analisi. Un incidente mi venne in aiuto. Avevo ricevuto lo sfratto dal mio alloggio. Mi consideravo molto migliorato e lasciai Vienna con la speranza di poter riprendere gli studi. Il dottor Stekel mi aveva consigliato il matrimonio o l'astinenza e mi aveva messo in guardia contro nuovi conflitti. Se solo avessi seguito il suo consiglio!

Intendevo studiare diligentemente, diventare presto medico, essere un uomo migliore e curare con l'analisi coloro che erano stati sfortunati come me. Volevo diventare un prete medico.

Ma scoprii presto di aver lasciato troppo presto. Ero senza dubbio salvato dalla demenza totale, ma una grande nervosismo persisteva. Le cose rivelate dall'analisi galleggiavano ancora in superficie e ostacolavano i miei processi di pensiero. Il pensiero ossessivo era ancora presente.

In quel periodo fui infettato di nuovo. Avevo la gonorrea. Era spiacevole. Quando la gonorrea fu guarita, divenni molto depresso, perché sapevo che non potevo fare nulla con il mio pene.

Una relazione con la sorella di mio cognato divenne più intima e regolare. Mi facevo mantenere in parte da lei. Ma è molto poco attraente – eccezionalmente, stupida e isterica.

So che la relazione significa per me un rapporto con il cognato stesso, che è un bel ragazzo.

Tuttavia ebbi coito con lei, la facevo venire da me a M. O facevo coito da dietro o cunnilingus, succhiavo ai suoi seni. La detestavo. Le ho dato speranze di matrimonio, ma non le ho detto nulla della mia situazione.

La allontanerò spaventandola dicendole che sono stato infedele, che mi sono infettato gravemente a Vienna. Questo darà occasione di rompere con lei.

Ma presto cado in un nuovo conflitto. Sono troppo debole! Soffrirò sempre ricadute.

Andai da una padrona di casa, la cui figlia ammiravo. I rapporti familiari erano come quelli in casa mia. Questo aumentò la mia esasperazione interiore. Provavo pietà per la donna; volsi la mia simpatia e il mio interesse verso di lei. Aveva cinquantacinque anni e due figlie graziose.

Ci trovammo; ebbi coito con lei – disgusto, potenza debole; consapevolezza che era del tutto assurdo.

All'inizio mi vergognavo di tornare dal dottor Stekel; il mio orgoglio si difendeva. Ma non sapevo cosa fare, da dove cominciare.

Il pensiero ossessivo non cessava. Pensavo che sarebbe stato meglio se fossi diventato omosessuale in generale. Eppure questo pensiero mi rendeva male e vertigini. Arrivai gradualmente all'opinione che non ci fosse salvezza per me; le idee suicide vennero fortemente in primo piano. Mi dissi: se l'analisi non riesce, allora sarò costretto a togliermi la vita.

La sola presenza di quella vecchia mi portava a uno stato di eccitazione.

L'intelletto è sempre in opposizione al sentimento. Mi dicevo: Mia madre è fissata sulle sue sorelle, è diventata neuropatica, non si preoccupa particolarmente di me.

Mio padre vive nel passato; non ha rapporto con noi figli, al massimo solo di avversione.

Il rapporto tra i genitori è peggiorato. Ora dormono separati.

I miei fratelli e sorelle non pensano a me; è loro diritto; ognuno deve badare a se stesso. Ecco che sono isolato, eppure penso sempre a casa. Questo è ciò che è così terribile.

Il tempo passa; invecchio e rimango lo stesso parapatico che è sempre in dubbio e disperazione, sempre preoccupato e miserabile, sempre infelice.

Sogno però di grande energia e vorrei applicare la mia forza a qualcosa di grande. Sogno di una ragazza bella, ricca, frivola.

Ma non ho volontà, almeno solo una volontà divisa.

Da quando sono stato analizzato vedo i miei difetti e la mia situazione più chiaramente per come sono; so che sto davanti al punto di svolta della mia vita, ma non tocca le mie emozioni; mi lascia freddo; non mi scuote.

C'è stato un tempo in cui avrei considerato come il massimo trionfo giacere su un catafalco come suicida, pianto dai parenti, guardato dalla gente in generale.

Ora vorrei non sapere più nulla del passato, poter abbandonare senza difficoltà la mia famiglia e le conoscenze, diventare medico, poter lavorare, conquistare un essere amato e andarmene dove nessuno mi conosce e dove potrei iniziare una nuova vita. Tutto il mio desiderio è verso l'amore e la soddisfazione dell'amore; la brama insoddisfatta mi spinge alla disperazione.

E inoltre creo sempre nuovi conflitti per me stesso. L'ultima relazione con la padrona di casa è stata particolarmente sfortunata. Avevo già acquisito conoscenze attraverso l'analisi. Vedevo che la donna era un'immagine materna (anche nonna); le sue figlie erano le mie sorelle; il ubriacone rappresentava mio padre. Tutto come a casa. La fuga dalla sua casa aiutò solo per poco tempo. Posso studiare. Ma con quanta fatica. E meglio al caffè (compromesso parapatico, secondo il dottor Stekel). Ma la mia sessualità anale cresce più forte. Un inglese e un olandese mi propongono relazioni omosessuali.

Rifiuto. Le difficoltà nella deglutizione aumentano. Non riesco a mangiare. Studiare è ora impossibile. Essere guardato in aula mi è doloroso. Non posso più andare a lezione.

Nella mia disperazione vado dal vecchio psichiatra di scuola, il professor N. Mi proibisce di fumare, prescrive prima acqua debole di ferro e arsenico e bromuro. Buono per il gatto! Scrivo al dottor Stekel.

Deciso: se rifiuta il trattamento, mi toglierò subito la vita. Li costringerò a darmi una nuova analisi.

Accetta. Ma solo dopo le sue vacanze. Non resisto a casa durante le vacanze; vado per qualche giorno da parenti e amici. Ora rimando la partenza da un giorno all'altro. Finalmente vado a Vienna e alla fine di novembre inizio l'analisi con il signor Silberer sotto la direzione del dottor Stekel.

Seconda Analisi

All'inizio assumo un atteggiamento ostile e negativo. Identifico Silberer con il Professor N. Poco a poco acquisto fiducia. Prime nuove rivelazioni riguardanti la zoofilia. Vorrei essere una donna con una vagina animale. L'accoppiamento con una scrofa rappresenta l'uccisione della madre. Con l'aiuto di Stekel scopriamo la religiosità interiore. Leggo *Heimat* di Paul Keller e ritrovo il sogno della giovinezza. Identificazione dell'insegnante con mio padre. Dopo quattordici giorni di analisi, potrei schiaffeggiare le donne in faccia. Atteggiamento sadico verso le donne. Il primo cunnilingus con la vicina Mizzi fu determinante per la mia vita sessuale. Poi passano dieci giorni durante i quali ci limitiamo a raccogliere materiale. Resistenze. Silberer improvvisamente mi lascia condurre l'analisi. Spostamento dei pensieri compulsivi sull'analisi; pensieri temporanei di suicidio; sfiducia; l'analisi è bloccata; tentativo con associazioni. Sogni di necrofilia; scene di massacro; che non possono essere interpretate. Discussione del fenomeno di transfert; denigro sua moglie. Discussione del complesso di castrazione. Suicidio di Silberer. Impressione paurosa da questo suicidio. Mi sento colpevole perché ho parlato con disprezzo di sua moglie. Arrivo infine al dottor Stekel.

Sintomi che permanevano ancora: poliuria; paura dei cadaveri; idee incendiarie (fumare); pensieri compulsivi mentre studio a casa; paura di essere osservato dagli altri; difficoltà a deglutire; atteggiamento ostile verso le donne; dolori ai lombi e al collo. Se parlo con una persona, devo pensare al suo ano (che è il sintomo più angosciante). Non riesco a studiare a casa. Perdita di appetito; non posso sedermi vicino a una persona. Odio verso la mia famiglia; irritabilità.

Sono fortemente attratto dalla casa; è facile capire che trasferite sugli altri, le fantasie non vengono facilmente realizzate; la barriera culturale e religiosa si fa avanti poiché, dall'undicesimo al sedicesimo anno, mi sono formato per diventare sacerdote. Se potessi vivere la mia vita da sadico, sarei più sano. Quando entrai nell'istituto, avvenne un'inversione del sadismo, a cui prima ero riuscito a dare espressione, e questa inversione fece di me un melanconico; fino alla fine del primo anno di ginnasio ero un completo melanconico. Tornai a casa completamente cambiato.

Supplemento

Sono fortemente attratto dalla casa; è facile capire che, trasferite sugli altri, le fantasie non vengono facilmente realizzate; la barriera culturale e religiosa si fa sentire, poiché dall'undicesimo al sedicesimo anno mi sono preparato per diventare sacerdote. Se potessi vivere la mia vita come sadico, sarei più sano. Quando entrai nell'istituto, avvenne un'inversione del sadismo, che in precedenza ero riuscito a esprimere, e questa inversione fece di me un melanconico; fino alla fine del primo anno di ginnasio ero completamente melanconico. Tornai a casa totalmente cambiato.

Qualcosa dalla scuola dei sadici: nel mio quattordicesimo anno (pubertà) cominciai improvvisamente a controllare compulsivamente tutti i letti, le sedie, le panche, i divani (forse cercavo la madre, che comunque era nella stanza; identificazione con il padre?).

L'uccisione del maiale: mio padre stesso macellava tutti gli animali; nell'uccidere i maiali, il verro riceveva prima un colpo di mazza sulla fronte, fino a far scricchiolare le ossa; a quel punto mi balenava il pensiero: e se mio padre colpisse mia madre invece del maiale? (angoscia). Mia madre stava vicino per raccogliere il sangue.

Capelli e coito: i capelli mi infastidiscono durante il coito; tutti i capelli, quelli della testa, quelli della vagina, ecc.

Sogno: vedo un cadavere nudo disteso sul pavimento; una figura piccola (mia madre è minuta), sesso non riconoscibile, senza capelli, come si vedono i corpi in anatomia. Passo la mano attraverso l'orecchio fino al cervello.

Alcune azioni sadiche: strappavo il biberon dalla bocca dei bambini, lo rimettevo finché non cominciavano a piangere, poi scappavo via.

Una volta colpii un ragazzo sulla testa con un elmo da pompiere.

Volevo che mia sorella mi permettesse un rapporto sessuale quando giocavamo nel fienile, ma lei rifiutò; la colpii alle gambe e ai glutei; provai una tale soddisfazione che mi veniva la schiuma alle labbra.

In passato, durante il coito, premevo con forza sull'addome della mia partner, cosa di cui tutte si lamentavano. Avrei potuto soffocarla. Durante il coito tenevo le mani libere, non la abbracciavo (avevo sempre paura di abbracciarla). Di solito stringevo i pugni. Circa un anno fa ho notato che durante il coito imitavo tutto ciò che faceva mio padre, le stesse parole, le stesse azioni e così via; mentre faccio l'amore mi vengono sempre in mente i rapporti sessuali dei miei genitori. Ogni notte vedevo e sentivo i miei genitori. Solletico la mia partner, ma so che il solletico è molto fastidioso.

Comportamento personale: prima dell'analisi, arrossivo, balbettavo; non riuscivo più a pensare a cosa dire; quindi mi sono completamente ritirato dalla vita pubblica.

Se parlo con un uomo, fisso lo sguardo su di lui e ripeto rapidamente a me stesso ciò che devo dire: prima gli morderò il naso, poi gli romperò i denti, poi gli darò una spinta sul petto; penso al suo pene, poi al suo ano - quando ho elaborato tutto questo nella mia mente, emetto un piccolo sospiro e riesco a dire qualsiasi cosa.

Non molto tempo fa un collega mi ha detto che quando lo incontro mi contraggo sempre la palpebra. Cioè, prima di parlargli, li abbasso tutti (nella mia mente). Forse questo "abbassamento della palpebra" è un segno fisico di ciò. Mi sono abituato a compiere consapevolmente nella mente tutto ciò che non riesco a reprimere; se prima non lo colpissi, dovrei balbettare quando parlo con lui.

Espressione mentale del sadismo nei confronti delle donne: grazie all'analisi riesco a sopportare la presenza delle donne; certo, dopo il coito devo affrettarmi ad andarmene. Se uno sta con la sua ragazza, le racconta storie, la rallegra e cose del genere; io la tormento con domande, continuo a interrogarla, non ho nulla da dirle.

Infanzia: i rapporti di mio padre con mia madre si limitavano a rivolgersi a lei in modo irritante, ridicolizzandola, umiliandola. Se lei gli rivolgeva una parola affettuosa, lui le rispondeva con qualche volgarità oscena. Ha instillato in noi figli un odio e un disgusto terribili nei suoi confronti.

A sedici anni: relazione con una donna di quarant'anni. La facevo spogliare (completamente nuda), le facevo assumere posizioni perverse, facevo sesso con lei, finché non mi accorgevo che era sul punto di raggiungere l'orgasmo, allora la prendevo in giro e la lasciavo andare con il desiderio insoddisfatto. Era la mia cavia; se mi fosse venuta in mente qualcosa di veramente odioso, l'avrei costretta a farlo.

Satana, Salvatore, il Golgota dell'Uomo.

Io e i miei fratelli e sorelle abbiamo chiamato, e continuiamo a chiamare, il matrimonio dei nostri genitori una guerra eterna. È notevole: quando sogno cose a casa, le sogno come guerra; metto mitragliatrici contro il mio luogo natale; la cavalleria è lì; c'è fuoco; ci sono cadaveri; urla strazianti.

Mia madre ci spaventava con la guerra reale. Diceva: "Se non siete buoni, arriverà la guerra" (se tutte le madri avessero fatto così, non ci sarebbe stata alcuna guerra!).

Sfortunatamente, arrivò davvero.

Prima di andare al fronte, paura orribile. Poi, avanzando verso le undici di sera – pensavo molto a casa, specialmente a mio padre; all'improvviso, bombe e mitragliatrici sparano da tutte le parti. Mi butto in una buca di bomba; lì succede qualcosa di straordinario: tutta la mia vita si svolge come in un film; emergono sentimenti religiosi: completa scomparsa del conflitto isterico, senso di benessere spirituale (realizzazione della paura, repressione del conflitto).

Poi avanti nella zona di battaglia (era sul Carso); nella zona un grido terribile dei feriti; in mezzo una trincea affollata; in una caverna dove giacciono i feriti, un incendio, e esplodono munizioni; tutti fuggono; uomini morti e bestie; odore di corpi in decomposizione. Ora qualcosa d'altro degno di nota. Sono seduto al bordo della zona; le bombe cadono intorno a me; sono molto calmo; vedo e sento tutto – senza pietà, come si guarda un film al cinema (assorbimento del sadismo). Ero così presente di spirito che ancora oggi ricordo ogni parola, ogni urlo dei feriti; potrei descrivere ogni dettaglio (si dimenticano solo le cose spiacevoli, perciò questa osservazione era piacevole per me). Guardavo la scena come un

Satana. Dopo un po', avanzo, dove mi stanno cercando; avrei dovuto andare avanti più velocemente, dato che ero comandante della colonna.

Nella trincea, salgo sui cadaveri; è piena di essi. L'odore della carne in decomposizione non mi è sgradevole (necrofilia – di questo più avanti); do ordini; mentre tutti perdono la testa, io sono calmo e raccolto come mai prima e come non lo sono mai ora. Anche se sono appena arrivato, vado con gli uomini al punto più avanzato; un italiano, che vedo con il faro, punta la sua mitragliatrice verso la mia testa; lo guardo un po' più a lungo. Racconto questo a un fante e gli dico di girare il binocolo qua e là; la mattina seguente, giace morto nella trincea, colpito alla testa.

È notevole che non riesca a ricordare cosa ho fatto fino al mattino, sebbene per il resto ricordi ogni minimo dettaglio della guerra. Ho dormito via la mia ebbrezza sadica, per questo evidentemente nessun ricordo della notte.

Trasferimenti: (Chi amo, torturo.)

Sono seduto con due ottimi amici al caffè. Non riesco a pensare a nulla da raccontare. Guardo uno di loro; la vista di un corpo umano mi eccita, mi infastidisce (rendendo consce le fantasie dall'analisi – prima arrossimenti, azioni sostitutive ossessive, spezzare fiammiferi, rovesciare bicchieri d'acqua, far cadere cucchiai, guardare l'orologio, armeggiare col mio corpo, curiosare in giro); vedo il naso della persona di fronte a me, lo staccherei, gli strapperei le orecchie; mentre sto a tavola, digrigno i denti (meglio se nessuno si siede vicino a me; di solito sto a un tavolo da solo). Non riesco a seguire la conversazione (devo tenere libero il tempo per il transfert). Spesso riesco – come succede non lo so – a comprimere il cervello, così da provocare una pressione alla testa; uno stato di assenza di pensiero; per distrarre l'attenzione fisso il giornale. Prendo i giornali dagli ospiti (li leggo tutti), disturbandoli nella loro devozione al caffè – guardo l'orologio – mi viene in mente un motivo per andarmene: grande ansia (prima dell'analisi, vertigini e sudore, desiderio di gettarmi addosso alla gente); sposto l'ansia sul capo cameriere perché impiega troppo a portare il conto; ogni volta che mi infastidisco per questo, gli do una grossa mancia, poi mi arrabbio con me stesso per avergli dato tanto ("Il proprietario dovrebbe pagarlo."). Esco in fretta; mi irrita che la gente mi guardi mentre me ne vado; sbatto la porta arrabbiato dietro di me. Sento come se avessi dimenticato qualcosa sul tavolo. Fisso la gente in strada per infastidirla. Mi contorco in modo che la gente non possa evitarmi; "gestisco" le persone.

Miseria e auto-tortura si susseguono continuamente, così che pensieri ossessivi e azioni ossessive mi prendono fino a quando il sonno non mi libera dalla coscienza.

Prima di addormentarmi arriva la vera fantasia (ipnagogica) che non si può scacciare: vedo mio padre a casa che insulta mia madre; vedo mia madre piangere; non potrei immaginare nulla di più esasperante di questo pianto di mia madre. Non sono stato a casa per sei mesi e non ci tornerò più. (Il pianto di mia madre mi eccita sadicamente; potrei colpire chiunque stia piangendo. Alcune settimane fa una ragazza con cui avevo "rotto" senza alcun motivo [mi piace fare così] mi si gettò al collo, pianse e mi implorò di tornare con lei. Questo provocò un'erezione!!).

Prima di dormire rivivo ancora l'intero "turbine" a casa; poiché so che necessariamente non finirà senza questo, lo accelero consciamente mentre lo immagino cerimonialmente.

Questo non mi provoca grande disagio; mi addormento più rapidamente. Salto su ancora una volta; ho dimenticato di guardare sotto il letto. Anche questo lo faccio due volte come cerimonia; mi sono abituato alla compulsione; senza compiere questa azione non riuscirei ad addormentarmi per due o tre ore. (Ho provato a fare diversamente; una volta non mi addormentai fino alle quattro; allora subentrò il desiderio di masturbarmi.) Vedi la scuola sadica (il padre cerca la madre sotto il letto). La cerimonia si riferisce a questo? Poi guardo due volte se la porta è chiusa a chiave e vado due volte cerimonialmente a urinare; allora posso dormire rapidamente.

Masochismo: riesco a studiare solo con grande difficoltà, se ho poco tempo o dieci ore di seguito; sono disturbato da cento avvenimenti insignificanti; fumo, corro come un posseduto qua e là, declamo le mie battute, scrivo tutto, ascolto se qualcuno mi disturba, accumulo pile di libri, spargo tutto in giro (naturalmente, le cose si complicano così). Vedo la quantità da imparare; questo mi opprime; penso: cosa potresti essere (medico, rispettato, ricco, con una bella moglie), cosa sono io, un scribacchino, un tuttofare (insegnante di ginnastica, farmacista, istruttore di musica), devo correre dalle sette del mattino alle sette di sera, stancarmi, sentire ciò che ogni sciocco ha da dirmi, anche se è solo un membro registrato; poi devo rubare ore di studio al sonno; non ho neppure una domenica libera per me.

Non si sarebbe così pronti ad ammettere che questo è masochismo, ma ho osservato mio padre per anni; o tormenta qualcuno o è tormentato da idee torturanti, sempre scontento, lavora quattordici ore, anche se non necessario.

Sono diventato così. Ho cercato una simile posizione per me stesso – ahimè, mi sono sottomesso alla compulsione, all'impulso sadomasochistico interiore.

Potrei avere una vita gloriosa e felice – l'impulso interiore all'auto-tortura e all'auto-umiliazione mi ha condotto al luogo dove ora appartengo.

A luglio saranno sei anni che sono all'università invano. Il mio interesse per la psichiatria è stato a tutti gli effetti così patologicamente forte fin dall'inizio che si potrebbe pensare che sia andato all'università solo per la psichiatria. Ora improvvisamente sento un grande desiderio di vedere mio padre, di averlo qui da solo; di fare pace con lui. C'è un grande motivo per questo: mia madre è stata malata nervosamente per sei anni e durante questo periodo era incinta di me. Di chi è la colpa? Naturalmente, di mio padre! Ora aderisco al vangelo del tuo insegnamento e penso: sei anni di vendetta; sei anni ho preso su di me le sofferenze di mia madre; mio padre ha ricevuto un duro colpo; prima mio padre non pagava alcun medico per lei, ora deve spendere molto per me. Mi prometto molto a beneficio della cura da questa visita! Se solo non menziono nulla della mia malattia, non gli faccio rimproveri! Sfortunatamente, gli impulsi parlano diversamente dall'intelletto. Se solo allora ci sarà fine!

Chiudo qui le osservazioni del paziente, che ci ha tracciato un quadro terribile delle condizioni in patria. Si potrebbe condannarlo per le sue malefatte se si considerano le impressioni terrificanti della sua infanzia? Come devono aver agito sulle mente infantile quelle scene terribili!

Atteggiamenti.

SADISMO E MASOCHISMO

Fin dall'infanzia ho pensato a cosa avrei potuto fare a mio padre per gli eccessi descritti nella "scuola sadica". Ma la mia posizione in questa materia è sempre stata quella del piacere senza colpa; per esempio: come potrei tormentarlo meglio che informandolo che ero malato parapatico e non potevo studiare? Nel mio quattordicesimo anno avevo intenzione di impiccarmi affinché vedesse cosa aveva provocato. Così, negli anni successivi, continuai a elaborare nuovi piani, finché all'improvviso emerse nella mia coscienza una cosa orribile; precisamente – posso raccontarla a voi – la seguente fantasia: mio padre legato a una panca, io lo viviseziono e mentre lo faccio pronuncio davanti a lui le parole con cui egli rimproverava mia madre (vedi scuola sadica).

Assurda e macabra com'è, questa fantasia a un certo momento mi occupava molto, sebbene fosse del tutto fuori questione che una cosa simile potesse accadere.

Ma una persona può essere uccisa mentalmente dal preoccupazioni! A questo aggiungo ciò che mi viene in mente:

Sogno prima dell'analisi: Un uomo giace sul pavimento; la muscolatura e i nervi sono scoperti; l'uomo trema tutto; lo sento urlare (risveglio – sudorazione – grande ansia – palpitazioni).

Al tavolo di dissezione prima dell'analisi – avevo paura; mi sembrò per un momento, guardando il volto del morto, che la bocca si aprisse per mordere. (I morti in Anatomia mostrano sempre i denti.)

Verso mia madre: ginocchia tremanti quando sono solo con lei; non la guardo, sento solo la sua voce, mentre guardo altrove. Ho sempre sentito, quando ero vicino a lei, come se dovessi scagliarmi su di lei.

Verso le donne: Una donna bella non ha per me alcun valore sessuale. Una donna bruttina mi si addice meglio in ogni modo; anche per il sadismo: per esempio, cammino con una ragazza rotondetta per la città; la gente la guarda per la sua figura grassa, e lei si accorge di essere derisa; ne traggo piacere.

Ogni volta che studio (e più studio, peggio diventa) un'indescrivibile paura mi assale (prima della fine) – è come se dovessi ancora svolgere un compito difficile nel futuro; con cupa apprensione, che io stesso creo e aumento, mi alzo presto. La grande inibizione ad andare dal medico, prepararmi, esiste ancora e i brividi di freddo scorrono sempre lungo la schiena – se penso al giorno della promozione. Perché non riesco a esprimere le cose con precisione? Voglio dire che questo sarebbe il momento della mia lotta con mio padre, il momento della decisione, come lo hanno fatto i due che ho nominato, l'uno per diventare subito medico, l'altro ingegnere.

Non so cosa fare per superare questa eccessiva inibizione; non vorrei, come fanno i credenti, rimandare il conflitto al Giorno del Giudizio. Infine, senza una laurea la mia vita non avrebbe più alcun senso, perché la laurea è la fine simbolica del mio atteggiamento attuale verso mio padre e ne implica anche la dichiarazione di indipendenza. Che ora io sia esteriormente indipendente ha, è vero, esercitato un'influenza su di me che non mi aspettavo e ha molto represso la mia parapatia e mi ha elevato, ma il conflitto di vita non è ancora finito per questo. Un enorme desiderio di esperienza interiore mi prende e il mio ribrezzo per i miei istinti diventa ancora maggiore.

Ora si potrebbe dire: sono lontano da mio padre, potrei essere libero dal conflitto. Ma è un fatto disastroso che gli strati della vita psichica accumulati condizionino i transfert, se l'impulso non è stato liberato dalla persona originale. Assumo precisamente lo stesso atteggiamento verso i miei superiori qui come verso mio padre; naturalmente, lo nascondo esteriormente con un'amicizia eccessiva.

Sono giunto all'opinione che gli impulsi sadici verso i pazienti e i cadaveri negli ospedali subiscano soltanto uno spostamento dal professore (come immagine paterna) ai pazienti, perché è solo superando la massima riluttanza che riesco ad andare dal professore; e a causa di questa paura ho perso due semestri, perché non riuscivo a costringermi ad andare dal professore e chiedergli la firma all'inizio. Questa questione ha un peso morale interiore, dato che mio padre mi diceva sempre come ultima parola quando lasciavo casa: "Segui solo i tuoi professori e istruttori, e non sbaglierai!" Temo che la mia vita sarà sprecata se non scoprirò come superare questo.

Invece di andare dal medico, rivolgo sempre i miei pensieri all'indietro.

Masochismo: Al tempo dell'inversione nell'istituto (dall'undicesimo al sedicesimo anno) facevo autoaccuse, scrivevo apposta esercizi piuttosto scarsi a scuola; mi piaceva essere sottomesso, fino a quando questo si fissò nel mio subconscio e mi rendevo ridicolo in tutto ciò che facevo. Avrei obbedito eccessivamente a questo impulso di rendermi ridicolo se non fosse scoppiata la guerra. E molte fantasie riguardano cosa accadrebbe se ora dovessi ridurmi alla posizione di semplice aiutante; la fantasia è persino accompagnata da piacere sensuale. Questa è forse una delle fasi più pericolose della parapatia, originata dalla tendenza a essere un lavoratore per mio padre, che con grande stupore mi hai rimproverato apertamente prima ancora che ne fossi pienamente consapevole. Così esistono in me due poli: contadino e medico! Sono strappato tra i due poli. Pongo due altri poli contrapposti:

1. Sadismo, punto massimo: la fantasia della vivisezione di mio padre.
2. Limite estremo del masochismo: mi vedo disteso sulla mia bara, dopo aver commesso suicidio. Padre, madre, fratelli e sorelle vengono a piangere; ora gli eventi della scuola sadica si svolgono come un rimprovero che "lui" è il colpevole. Poi posso piangere per me stesso, e quando questo sentimento finisce mi arrabbio con me stesso per aver fantastato cose così idiote e per torturarmi così!

Alla scuola sadica: Sono davvero molto litigioso, eppure scarico questo nella fantasia, prima o dopo – se incontro gli altri. In realtà litigo molto raramente con qualcuno, ma mi sottometto sempre ai desideri degli altri. In questo modo il mio potere di lavoro viene costantemente abusato da tutti i lati; e se continua così, presto avrò quattordici ore di lavoro.

Vedo molti bambini qui in questo ritiro in cui cresce lo stesso male; quanto bene potrei fare con una parola o due, se non fossi così cieco io stesso!

Fantasie e sogni:

1. Entro in una stanza con un cane, dove c'è mia sorella. Le strappo tutti i vestiti dal corpo. Poi deve piegarsi sul bordo del letto;

prima il cane le pratica l'anilingus mentre io la picchio. Poi ha un rapporto con lei. Nel frattempo io urlo parole oscene e volgari. Oppure ho rapporti con lei per ano; io sdraiato sulla schiena; il cane ha rapporti con lei sopra, per vagina. Dopo questo, deve prendere il mio pene in bocca e bere il mio seme e urina. Durante ciò, io sono seduto su una sedia.

2. Z. F. e una ebrea galiziana giocano con me e un gentiluomo (che non vedo). Li spogliamo lentamente. Prendo Z. F. in grembo e la faccio scivolare su tutto il mio corpo. Guardo la sua vagina, che rappresenta una combinazione di ano e vagina. Odora come il letto di una vecchia donna o come la vagina con feci insieme.

Poi sono in campagna. Una volpe cattura attraverso una buca di topo un animale che spruzza in aria.

1. Una forte pressione della vescica mi sveglia. Ho sognato: Marie si è lussata la clavicola (presente suo padre). Marie lascia cadere i capelli sui glutei. Sono sorpreso che abbia così tanti capelli. È seduta su una panca con le spalle rivolte verso di me; ammiro la sua schiena larga, i lombi e i grandi glutei. Poi viene esaminata. Ha una grande vagina come una mucca. L'imene è già rotto; è prossima al parto. Le dico: "Quanto assomigli a mia sorella, solo che sei più grassa e grande." Poi sono su un carico di grano. Lì è stato posto un pestello spesso, su cui mio fratello H. ha scritto ogni sorta di parole oscene. Poi arriva mia sorella Marie e mangia la zuppa. Dico: "Marie ha denti più belli." Un cagnolino corre intorno, che appartiene a Marie. Penso: Non è cresciuto più; ha ricevuto qualcosa da bere. Il nostro cane è diventato più grande.
2. Sono a N. e sto annotando quanto devono le persone per il pane. Sono felice di aver terminato gli studi. C'è una bambina con grandi glutei; credo sia mia sorella Marie. Ma so che non posso calcolare la somma, perché non ho i libri di mio padre con me. Esco; sul terreno ci sono feci, gialle e dal profumo piacevole.

Davanti alla A -----house; sono infastidito dalla cattiva gestione e penso che le buche (nella strada) potrebbero essere riempite con le feci, il terreno livellato, scavati fossi e fatta defluire l'acqua. Il calcolo mi sembra come un esame finale.

Sessualità urinaria.

La poliuria prese il posto dell'enuresi. Il passaggio dall'enuresi alla poliuria avvenne tra il dodicesimo e il tredicesimo anno. Ogni mattina ero oggetto di scherno per la mia enuresi da parte dei miei fratelli e sorelle, dei servi e di altri che ne erano a conoscenza; soprattutto perché il materasso di paglia, bagnato e odorante di ammoniaca, doveva essere messo ogni giorno al sole o vicino alla stufa per asciugarsi. L'enuresi avveniva di solito poco prima del risveglio. Inoltre, spesso mi alzavo di notte dopo aver bagnato il letto per urinare. O ero spaventato oppure avevo sogni piacevoli. La paura abituale, al momento di addormentarmi, era che mio padre facesse qualcosa a mia madre. Era per me sgradevole e doloroso dover dormire con i miei fratelli e sorelle.

La guarigione dell'abitudine all'istituto fu il risultato dell'avere un giaciglio separato, che dovevo condividere con altri bambini che bagnavano il letto. La sera dovevamo fare pediluvi freddi. Il mio orgoglio ne fu profondamente ferito, perché per questo ero considerato inferiore dagli altri. Col tempo fummo anche sottoposti a certe pratiche penose da parte delle autorità. Decisi di vincere l'enuresi.

Al suo posto comparvero la poliuria e quasi contemporaneamente l'onanismo. A volte quest'ultimo mi era gravoso, ma nel complesso era molto piacevole, perché rappresentava per me un parafulmine per i pensieri spiacevoli ed era anche utile alla necessità nevrastenica di dover fare qualcosa. Inoltre, la minzione è fortemente colorata di piacere. Essa prende per me il posto dell'eiaculazione dopo un coito frustrato, dopo il quale l'erezione scompare. Durante il coito e persino all'inizio dell'erezione vi è un aumento della pressione urinaria, cosicché spesso devo pensare alla minzione.

La sensazione di piacere è quindi la stessa che nell'urinare, e ultimamente (da circa quattro anni) il coito non dura più a lungo di un atto di minzione.

Trovo molto piacevoli i profumi che contengono un odore ammoniacale, così come mi piaceva l'esalazione sotto le coperte dopo aver bagnato il letto. Per molto tempo non riuscivo a urinare nell'orinatoio pubblico se qualcuno era vicino o mi guardava (durante la cura per la gonorrea).

Non mi sarei accorto della poliuria, cioè del fatto che fosse patologica, se il dottor Dishoeck non me ne avesse chiesto conto.

A quel tempo urinavo ogni mezz'ora. Dovevo alzarmi di notte due o tre volte. Ora urino ogni ora e mezza, raramente mi alzo di notte, a meno che non vada a dormire con un'erezione o in uno stato di grande eccitazione. Bevo grandi quantità di liquidi, il che deve almeno provocare disturbi del cuore e del sistema vasomotore. L'urina è stata esaminata: reperti negativi. Vescica libera da gonococchi; secrezione epiteliale. Al tempo delle forti iniezioni potevo trattenere l'urina per tutta la mattinata senza difficoltà.

La poliuria esisteva prima della gonorrea. Dopo l'infezione qualcuno mi disse: "Se avessi urinato subito dopo il coito, avresti lavato via i gonococchi."

Quando sto in piedi, cosa che mi è sgradevole, assumo una posizione come per urinare. Se la poliuria cessa, ho la sensazione di essere "asciutto". Da seduto, dirigo l'attenzione alla vescica, all'uretra e al pene; la pressione costante dell'urina è allora accompagnata da ansia ai piedi. So ora che la minzione mi procura piacere ed è semplicemente una forma di infantilismo psicosessuale. Mi piaceva anche osservare la minzione degli animali, soprattutto dei cani per strada.

Ma è per me molto doloroso vedere un cane defecare.

Se vedo animali muoversi, devo guardare involontariamente l'ano. Se vedo passare persone, i miei pensieri ruotano attorno alla loro defecazione.

Quando penso allo stare seduti, l'espressione "restare seduto sul proprio buco" (ano) è sempre presente nel mio pensiero.

Ogni essere vivente ha un odore cattivo... Tutti mi sembrano troppo imperfetti; vedo in ciascuno ciò che è vile e volgare; spesso ho paura di tutte le persone e non riesco ad avvicinarmi a loro; tutto allora mi incute timore. Soprattutto i professori all'università. Se qualcuno mi guarda, è come se fossi ipnotizzato; dimentico persino ciò che stavo per dire. Questo mi accadeva un tempo anche nei negozi quando dovevo comprare qualcosa.

Mi sembra di non aver mai riso in vita mia di cuore, di non essere mai stato allegro. Se gli altri erano gioiosi, io ero triste; il loro comportamento mi disgustava e tutto mi sembrava stupido e insensato. Dalla prima analisi, una notevole indifferenza verso tutto ciò che mi accade; le cose mi irritano soltanto.

Pessimismo, avversione verso la sessualità, astinenza.

La mia mancanza di energia in tutte le cose mi irrita particolarmente; mi sembra di essere freddo come una vongola. Spesso mi dico: idiota, porco, cane! Sono molto insoddisfatto di me stesso; sarei felice di lavorare a qualcosa con tutte le mie energie, perché sono tremendamente ambizioso.

Ma non riesco né a lavorare né a risparmiare. Per molto tempo ho avuto l'idea che sarei diventato spaventosamente ricco, avrei reso tutta la mia famiglia multimilionaria.

L'ano è il mio punto focale erotico. Tutte le mie forze di piacere si uniscono in questo unico punto.

Ricordi.

Ricordo del decimo anno: sto fuggendo durante la mietitura del grano, perché vedo dei bambini con un drago di carta (sogni di volo?). Padre, madre, fratelli e sorelle urlano dietro di me che sarò picchiato quando tornerò a casa. (Il lavoro era molto urgente, perché stava arrivando un temporale; il grano doveva essere messo rapidamente al riparo. Avrei dovuto aiutare mio padre a legare i covoni e a reggere le biche.) Avevo paura di tornare a casa e mi sedetti al buio all'ingresso del cimitero. Passarono alcuni ragazzi contadini e mi chiesero che cosa stessi facendo. Mi riconobbero. I miei fratelli mi cercarono e mi trascinarono da mio padre. Avevo paura della punizione, ma allo stesso tempo la desideravo. Dovetti inginocchiarmi davanti a mio padre e implorare il suo perdono (umiliazione). Mi sarebbe piaciuto di più se mi avesse colpito, e andai a letto insoddisfatto.

Una volta, da ragazzi, io e i miei fratelli impiccammo davvero una bambina, che per la paura urinò addosso a sé. Arrivarono delle persone e liberarono la bambina, che altrimenti sarebbe stata uccisa.

Per me l'arte del fantasticare consiste nel fatto che assumo sempre il posto di un altro o mi immagino nella sua situazione e gli trasferisco la mia volontà. Anche nella masturbazione penso a tutto il possibile, persino a cose non sessuali. La mia ultima fantasia masturbatoria: la donna mi stringe con mani e piedi. Ho ogni sorta di espedienti per rendere più facile il fantasticare ad occhi aperti. Mi piace sognare soprattutto al caffè. Ogni sera, fumando molto e bevendo caffè forte, mi porto in uno stato di meraviglioso delirio, senza il quale non riesco a tornare a casa. In questo modo ostacolo i miei studi. Non riesco a concentrarmi. Com'è stato possibile che abbia oziosamente sprecato così a lungo il mio tempo? Anche per questo ho usato mezzi artificiali.

Ho dovuto afferrare tutto intellettualmente per poter credere a qualcosa (per questo non credo in alcun Dio, se non talvolta per paura), e per potermi legare a una qualsiasi comunità. La questione dello scopo e del fine viene sempre per prima.

Se mi unisco a qualcosa e vedo che lo scopo o il fine è cattivo, oppure che i membri non osservano esattamente le regole, me ne vado (solitudine, isolamento). Miglioramento dopo la lettura di *Psicologia delle masse e analisi dell'Io* di Freud. (Non posso quindi essere cattolico né antisemita.) Scetticismo.

Nello studio: devo comprendere tutto nei minimi dettagli; ogni sfumatura di espressione deve essermi chiara. Scompongo ogni parola (se la comprendo correttamente, se non mi inganno, se non vi sia qualche altra interpretazione), ogni frase. E tuttavia, dopo molto tempo, arrivo alla fine. Solo che non sono più sufficientemente tranquillo per farlo; non riesco a dominare i pensieri che si insinuano in mezzo (le fantasie ribollenti).

Se riesco a comprendere qualcosa, essa rimane con me per sempre. Questo è stato il pilastro fondamentale da cui sono partito (ostinazione). Non potevo cercare altro, poiché mi manca una visione proiettata in avanti.

SADISMO E MASOCHISMO

Non posso abbandonarmi all'emozione, perché io – apparentemente del tutto privo di sentimento per i più vicini – sono troppo pieno di sentimento, ed esso mi permea a tal punto che supero sempre il mio obiettivo; da qui la consapevolezza di non riuscire a fare nulla nel modo giusto, così che non aspiro più a ciò che potrebbe essermi possibile (senso di inferiorità).

Una sciocchezza può rendermi molto triste o molto felice – ma presto svanisce. L'indifferenza non la conosco: tutto fa impressione (forse persino il nulla, o tutto allo stesso modo).

Enorme senso di responsabilità nelle cose più banali.

Poiché però il sentimento costituisce la base della vita, fallirò sempre, perché ben poco viene afferrato completamente, dimostrato logicamente e portato a compimento. Il mio sentimento è legato a cose che io stesso non conosco, perciò non mi resta altro che l'intelletto.

Sono schiavo delle mie emozioni; non mi lasciano mai.

Vedo, per esempio, un libro; penso che potrebbe essere delizioso (non mi convinco prima); continuo a pensare a questo libro e piego tutto allo scopo di procurarmelo. Oppure: ricevo la notizia che di buon mattino verrà un conoscente. Coltivo sempre lo stesso pensiero (fantasia), sia che nel pomeriggio stia seduto con un libro e poi mangi; sia che la sera veda lo spettacolo più bello; sia che qualcuno sia con me e parli; sia che balli e abbia accanto a me una bella ragazza: l'ebbrezza isterica non allenta mai la sua presa, la tensione diventa sempre più fastidiosa, la calma esteriore sempre maggiore; fantastico fin dal mattino presto; nulla riesce a distogliermi; non riesco a liberarmi da solo.

Non ho senso dell'umorismo; non so fare battute, non ne capisco; non riesco a ridere spontaneamente né a condividere esperienze con nessuno. Eppure sono estremamente ambizioso, tanto che la mia mancanza di successo mi addolora sempre di più.

Sogno di avere rapporti sessuali con ogni ragazza per strada; nella realtà non sono nemmeno in grado di attirarne una (perché sono un individuo ottuso, noioso, impassibile, miserevole). Se fossi sano e la mia ambizione restasse la stessa, dedicherei salute e posizione a una sola cosa in cui la mia ambizione potesse essere soddisfatta. Voglio sempre brillare.

Se più persone mi guardano contemporaneamente, non so dove andare né cosa fare; non riesco a recitare la mia parte e arrossisco (atteggiamento egocentrico – forte autocritica).

Devo aprire una lettera più volte per timore di avervi scritto qualche mio segreto. Devo controllare continuamente se tutto è stato chiuso a chiave o se non ho appiccato un incendio con la mia sigaretta.

Persecuzione.

Prima della prima analisi avevo spesso la sensazione che qualcuno mi stesse sempre seguendo e perseguitando. Per questo mi voltavo frequentemente indietro e affrettavo il passo. Quando le mie condizioni erano particolarmente gravi, avevo inoltre la sensazione che un koboldo (un folletto maligno) mi stesse seduto sulla nuca o sulla spalla e mi suggerisse cose spaventose (da qui la paura alle ginocchia, la pressione alla vescica). Questi stati sono ora scomparsi durante il giorno, ma ricompaiono la sera, quando fa buio. Mi sento come un criminale braccato. Mi prende un'impellenza inspiegabile a rubare (persino cose senza valore) e a mentire. Mi piace esagerare, inventare esperienze e cose del genere.

Questa idea delirante di essere perseguitato ha una radice religiosa.

Dio mi perseguita e mi punirà. Riaffiorano impressioni infantili. Ho sentito dire tante volte che ognuno ha un angelo custode. Io ho perso la grazia divina e il mio angelo protettore! La mia coscienza mi opprime terribilmente perché non ho salutato mia nonna quando sono andato in istituto. È morta dopo quattordici giorni. Povera nonna, si rivolterebbe nella tomba se sapesse che non diventerò mai prete. Credo che sia Satana a perseguitarmi. Sta seduto sulla mia nuca e mi trascina in ogni cosa malvagia e vergognosa. Poi però rido della mia superstizione. Non esiste il diavolo e non esiste Dio! Puoi fare quello che vuoi. Tuo padre non crede e si è arricchito. Dov'è la punizione di Dio? Esiste l'inferno?

Cammino per una strada buia. Un piccolo bambino cammina vicino a me, un ragazzo di luce, e mi indica la strada.

Il ragazzo è Gesù.

SOGNI.

Io e mio fratello siamo sdraiati su un alto luogo rettangolare. Mi tengo aggrappato con mani e piedi alle crepe. Davanti a me vedo un'enorme profondità. Una pietra cade in basso. Mi viene il capogiro. Il dottor Stekel dice: «Guarda, un tempo l'orologio là sull'Untersberg era a sinistra (o a destra; no, a sinistra)!». C'è anche a destra un orologio o qualche altra opera d'arte incastonata nella parete di roccia. (Ne vedo due.) Scendiamo. (Non chiaro!) Poi mi trovo nello studio del dottor Stekel, dove al centro è stato collocato un grande e pesante baule, che minaccia di cadere a sinistra. Lo sostengo con la schiena. Fugggo verso il retro pensando che gli altri dovrebbero farlo. Arrivano due vecchi (pazienti); uno tiene in bocca una lunga pipa, che usa contemporaneamente come bastone da passeggio mentre fuma. Il dottor Stekel ha preparato una pomata verde che sembra salsa di mele, e uno dei suoi figli ne spalma un po' sul becco di un uccello. Ci sono due figli; uno di loro ha un'eruzione sul viso e sul petto. Il dottor Stekel sta facendo un esame; io non lo supero. Mi sveglio con palpitazioni cardiache, che continuano forti per tutta la mattinata. Sono con l'esercito tedesco. Poi vado alla ferrovia.

Mi vedo sulla strada maestra. Sono sporco e coperto di piaghe da capo a piedi. Una donna gentile mi dice con rimprovero: «Perché non hai mantenuto la promessa? Ora sei lebbroso».

Sono lassù nel fienile. È molto alto. Sento vertigini. Voglio scendere perché c'è un incendio o sta succedendo qualcosa di spaventoso. Mia sorella è con me. Mio padre e i miei fratelli stanno sul pavimento del fienile e mi chiamano giù.

Tengo un'ascia nella mano destra, mia sorella con la sinistra. Voglio farla salire sulla scala e reggermi con una mano ai sostegni sopra di me. Poi perdo l'equilibrio e cado. Mi sveglio con il cuore che batte violentemente e mi riaddormento.

Vedo la mia amata. È svestita, in mutandoni e camicia. I suoi seni sporgono netti e tesi. Improvvisamente noto che ha un solo capezzolo, che si prolunga in un lungo bastoncino. Lei prende il bastoncino e sposta il seno, che ora è soltanto una vescica di maiale gonfia a forma di cuore. Vedo un pene uscire dalla sua vagina; provo disgusto. Poi indossa un mantello e danza. (Sembra che in questa parte del sogno ci sia stata un'eiaculazione.)

Arrivo in un bordello; una donna mi chiede di fare il coito. Io dico: «Hai la sifilide». La giro e osservo sull'ano solo pus e ulcere. Vedo pus colare dall'angolo della sua bocca. Poi una seconda donna presente dice che è stato davvero molto soddisfacente; anche il mio sperma le usciva dalla vagina. Guardo il mio pene; ora ci sono crescite fungine sopra, e sul glande masse di bismuto.

Un bufalo è alla porta e bussa. Sparo con un revolver. Sono abile al servizio in campo. Sono al fronte. Frammenti di granata mi hanno squarciato l'avambraccio sinistro; nelle aperture c'è gomma o cera, che mi provoca un dolore terribile. Voglio estrarre il revolver dalla tasca sinistra dei pantaloni, ma esce con grande difficoltà. Poi arrivo in un bosco. Lì un serpente si drizza improvvisamente dritto come una freccia, rivestito di pelle di gatto: si contorce fuori dalla pelle. Ci sono anche gatti e leoni.

Sono un masochista puro e semplice. Mi sento sempre ridicolo; dove non lo sono, mi rendo ridicolo consciamente o inconsciamente. Mi sento infelice nel mio ruolo di stupido o di burattino, eppure mi sento bene (in realtà un atteggiamento di sfida). Mi manca la sicurezza in me stesso; ho un permanente senso di inferiorità.

Ho anche idee di castrazione. (Se un membro ti scandalizza, taglialo... In effetti ho avuto il desiderio di non possedere più un pene o di strapparlo via (nel periodo della pubertà).

Allora sono santo (nevrosi di Cristo). Potrei andare ovunque come salvatore, liberatore, benefattore. Mi impongo ovunque con i miei favori. Mi offro a tutti.

Può darsi che abbia costruito la mia filosofia anale del mondo proprio per umiliarmi. Il mio viso mi sembra un ano. Ho la sensazione che i miei vestiti non mi stiano bene. Sono indifferente al mio abbigliamento e quasi non lo cambio mai. Gli abiti eleganti mi danno fastidio. Lo scopo di vestirmi male è rendermi ridicolo ed espormi a nessuna tentazione. La sensazione di essere un bohemien, di non superare esami, di disonorarmi, mi è piacevole. È senza dubbio una coscienza di colpa per i miei peccati.

Le mie fantasie sadiche spesso riguardano lo sfondamento di un cranio. Vorrei macellare le donne come maiali.

ANCORA SOGNI

Una donna giace sul pavimento. Un pezzo oblungo è stato tagliato dal suo cranio (con un'ascia, da un uomo grande). Sento il rumore del cranio che si spacca.

L'uomo grande è mio padre. Ricordo che assistetti all'uccisione dei maiali e poi pensai: «Potresti approfittare della scrofa morta». Per questo desidero che la donna non si muova durante il coito. Ogni donna per me è un maiale. Ho anche paura che la partner possa defecare e urinare durante il coito. Questo deriva dal fatto che il maiale defeca e urina quando viene macellato, quando viene pugnalato. Non riesco mai a baciare una donna durante il coito. Né dopo... Non ho mai immaginato i genitali di mia madre come umani; sempre come quelli di una mucca o di un maiale.

Naturalmente, dietro questa paura che lei defichi si nasconde anche un desiderio. Quando sento il rumore di assi che qualcuno colpisce, penso sempre alla rottura di un cranio. Questa idea non mi è spiacevole. In guerra ho guardato molti crani spaccati con una certa sensazione di piacere.

Le mie fantasie sadiche mi assalgono persino per strada, se una donna mi cammina davanti e muove i glutei. Se vedo una ragazza inginocchiata, potrei gettarle addosso, colpirla e violentarla. Vedo anche nelle mie fantasie leoni che si avventano su una donna e le strappano la carne a brandelli.

Spesso il desiderio di colpire una ragazza in faccia è così forte che riesco a malapena a resistergli. Vorrei afferrarla per un piede e scaraventarla a terra. Potrei sfondarle la faccia con il pugno fino a renderla irriconoscibile.

L'unico uomo che odio è Carus, il mio amico che è diventato prete. Probabilmente perché ha realizzato il mio ideale. È casto e vive secondo i comandamenti di Dio. È quello che si chiama il mio oggetto d'odio. Per il resto non odio gli uomini, tranne a volte mio padre e i miei fratelli. Mi innamoro improvvisamente degli uomini.

Mi si è avuta un'erezione dolorosa quando un medico mi ha introdotto un catetere per curarmi la gonorrea, e l'ho guardato completamente infatuato. Spesso, quando mangio carne, ho la sensazione di mangiare un cadavere. Allora non riesco più a mangiare.

Nella stalla di casa una mucca sta per partorire. Mia madre e io vogliamo aiutarla. Mio padre e mio fratello sono vicini; anche mia sorella Marie. Vedo che la mucca sta per morire; le interiora escono fuori; la parete addominale è squarciata. Cerco di rimettere le interiora nella pancia. Poi la mucca balza in piedi. Come un essere umano. Vedo un piccolo vitello morto sul pavimento. Mia madre e io ci nascondiamo in un passaggio stretto. Ho paura che la mucca possa calpestarci o morderci.

Le donne incinte mi eccitano. La loro vista provoca immediatamente un'erezione. Ho visto spesso mia madre in quello stato. Anche da bambino assistetti a un parto con una sorella di mia madre. Pensavo che il bambino uscisse dall'ombelico, rompendo l'addome, oppure dall'ano. Sarebbe per me una soddisfazione pugnalare una donna incinta. Ora mi viene in mente che spesso considero il mio pene come un coltello. Lo infilo nella donna. Non avrei rivali. Volevo tagliare il bambino dal corpo della madre.

La vista di donne incinte provoca un flusso di saliva. Allo stesso modo guardare cadaveri, letamai, feci, un animale macellato.

Seguono fantasie necrofile, e la storia di un aiutante nella sala di anatomia che rubò grasso umano per farsi il sapone.

Taglio a pezzi un embrione (o un pollo arrosto) e assaggio un pezzetto dalla zona intestinale; sento che è putrefatto. Lo porgo con la mano sinistra a mia sorella. Lascio in vita solo mia sorella. I miei altri fratelli e sorelle sono uccisi e divorati (istinti cannibalici e necrofilici). Temo la vendetta dei morti.

È terribilmente buio e ho paura degli assassini. Un tipo grande mi spara davvero un proiettile nell'addome (zona dell'ombelico). Anche lui crolla a terra colpito a morte, un grave colpo ai polmoni. Mi esamino, tengo insieme la pancia, da cui esce un liquido viscido incolore. Mi fascio, ma la fasciatura cade presto. Il mio padrino giace morto nel letto. Sua moglie dice: «Non guardarlo!». Lo spingo un po', allora i suoi occhi si muovono e all'improvviso tutto il suo corpo. Mi mostra una fotografia su cui c'è una ragazza dall'aria ottusa che muove i muscoli del viso. Dice che vorrebbe assicurarsi una discendenza. Cade con tutte le coperte sul pavimento; prima giace verso l'esterno sul bordo del letto. Poi muore di nuovo. Torno sul luogo del delitto. Vogliono vendicarsi su di me. Ho una paura terribile.

Io e la cugina Annie siamo nella soffitta di nostro zio. Si sdraia con me nel letto e io mi infilo subito sotto la sua gonna. Pratico cunnilingus, prima sull'addome, da cui esce un tappo; poi sulla vagina, che somiglia alla vagina di un maiale. Infilo il dito, ma non arrivo in fondo. Inoltre ha un'apertura che sembra dovuta a una lesione.

Sento arrivare i bolscevichi. È meglio fuggire. Corro a sinistra giù per le scale, dove c'è un buco che passa attraverso il muro. Mi accorgo di scale che sarebbero state più vicine a quell'apertura. Passo con difficoltà. Una scala a chiocciola scende e penso di non poter più uscire; mi prenderanno e mi distruggeranno. Sento un fracasso e della musica. Mi sveglio con paura. Fortissimo bisogno di urinare.

V: COMPASSIONE

Caso numero 18

La signora Helene X., una donna di quarant'anni, pallida, di costituzione debole ma proveniente da una famiglia sana, si lamenta di sogni ossessivi e idee ossessive, che sono associati a un evento ben preciso.

Fu nella primavera di quell'anno che, davanti alla stazione ferroviaria di M., mentre aspettava suo marito, vide un trasporto di bestiame. Dei buoi venivano portati in città su un carro dalla stazione. Gli animali apparivano stanchi e malconci.

Un bue in particolare, con un corno spezzato, la colpì fortemente. Il sangue colava dalla ferita sul muso dell'animale. Era una visione spaventosa. Da allora è costretta a ripensare continuamente a quell'episodio, che la perseguita persino nei sogni.

Nei suoi sogni vede grandi trasporti di animali, portati con i carri al macello, oppure animali condotti in mandrie verso il mattatoio. Sogna spesso di entrare in una strada e di trovarsi improvvisamente davanti a un cortile di macellazione. Fugge, tremando. Arriva in un'altra strada. Anche lì c'è un luogo di macellazione. Di nuovo si affretta ad allontanarsi. Ci sono macelli ovunque. La fuga è impossibile; è circondata da luoghi di macellazione. Ha anche sogni in cui cavalli vengono spinti e condotti a morte.

Soffre molto per le torture inflitte agli animali. Un animale è muto e non può difendersi. Se vede un carro carico trainato da cavalli, deve distogliere lo sguardo. Per strada ha paura di imbattersi in un altro trasporto di buoi. Viaggia sui tram con gli occhi chiusi per non vedere nulla.

Si lamenta anche di una famiglia di vicini che abita sopra di lei. Sono persone prive di riguardo e sbattono le porte con violenza. I due figli grandi sono particolarmente goffi. La sera è stanca e felice di potersi riposare, sebbene al buio debba sempre pensare alla morte. Allora arrivano i pensieri compulsivi: Quanto tempo devi ancora vivere? Quanto durerà?

Questi pensieri si impongono solo al buio e scompaiono di giorno.

Riesce a raccontare ben poco della sua infanzia. Era la maggiore di sette fratelli e sorelle. Dai undici ai quattordici anni soffrì di paura della polvere e dell'aria cattiva. Quando tornava da scuola, chiedeva subito se le stanze fossero state arieggiate. Le sembrava di percepire sempre un'atmosfera chiusa. Fin da bambina non sopportava la vista del sangue. Non ha mai tormentato animali; è sempre stata di cuore tenero e lo è ancora oggi. Non riesce a sentire parlare di una disgrazia senza piangere immediatamente.

Si è sposata a ventidue anni, per amore, così crede. Prima del matrimonio aveva avuto varie cotte insignificanti. Raggiunge l'orgasmo durante il coito e si ritiene apparentemente del tutto soddisfatta sessualmente. Nei primi anni di matrimonio ha sofferto molto per la gelosia infondata del marito. È sempre stata incline alla ruminazione. Si preoccupava per ogni cosa e poi doveva rimanere sveglia a rimuginare su tutto. Ha avuto quattro figli nei primi cinque anni di matrimonio. I figli sono sani, senza traccia di nervosismo. Più importante è che ha avuto quattro aborti. Ha sofferto di catarro cronico all'apice del polmone ed è stata ripetutamente in istituti polmonari, tanto che in quattro occasioni l'interruzione di gravidanza è stata assolutamente indicata ed è stata eseguita.

Non prova particolari sensi di colpa per gli aborti. Non è mai stata particolarmente religiosa, ma va talvolta in chiesa e si considera una buona cristiana.

Le è penoso arrossire (o meglio impallidire) in occasioni appropriate e inappropriate. La prima volta (a quattordici anni) quando incontrò la sua madrina per strada. Ora diventa pallida davanti a ogni medico. Ogni visita la agita. Deve attraversare stati di nervosismo indicibile prima di andare dal medico.

Questi stati di nervosismo si presentano anche in altre occasioni: quando legge il giornale e quando le porte sbattono. Lo scoppio della guerra l'ha sconvolta terribilmente, e la nostra sconfitta e la catastrofe sono state causa di depressione, ruminazioni compulsive (come è potuto succedere?) e insonnia.

Spesso tutto ciò che vede per strada le appare strano e alterato. Le sue emozioni sembrano essersi spente; non ha più gli interessi caldi di prima della malattia.

Un giorno irrompe singhiozzando e piangendo nella mia stanza. Riesce a malapena a calmarsi e a parlare. Ha rivisto davanti alla stazione di M. un trasporto di bestiame. È stato così spaventoso! Così crudele!

Mi racconta i sogni delle ultime due notti. Erano di nuovo sogni orribili!

Cammino con mio marito. Ci vengono incontro dei macellai che portano corde insanguinate, probabilmente usate per uccidere. Ci giriamo. Ma arriviamo di nuovo a un macello. Piango amaramente e prego mio marito di condurmi con gli occhi chiusi lontano da quella regione crudele. Arriviamo a una casa con un passaggio attraverso di essa. Mio marito dice: «Ora puoi aprire gli occhi!». Vedo un edificio antico. Un quadro è appeso alla parete. Guardo verso di esso. Oh, orrore! È un animale che viene macellato! Guardo più attentamente. Il quadro si dissolve come una massa grigia. Ora vedo solo un uomo disteso lì con una spada conficcata nel corpo.

Un secondo sogno:

Un cagnolino mi salta addosso e si infila sotto i miei vestiti. Io cerco di scacciarlo; lui si infila sotto i vestiti fino ai genitali. Mi sdraio. Chiamo una donna che passa per aiutarmi a togliere il cane. Mi sveglio terrorizzata.

Un terzo sogno:

È una grande sala. Una chiesa. Un uomo deve essere giustiziato. Ma forse può ancora essere graziato. Sono gli ultimi momenti. La gente grida con grande agitazione: Non uccidetelo! Non uccidetelo! Alla fine arriva la notizia che sarà graziato.

Associa improvvisamente al sogno del cane il fatto di aver praticato la masturbazione e di aver lottato a lungo invano contro questo peccato, finché alla fine l'ha superato. Ma emerge che si masturba ancora di notte, e poi al mattino si sente infelice e stanca della vita. Si sente sporca e meschina. Crede che il suo attuale problema sia la conseguenza dell'autoerotismo.

Le torna in mente un'esperienza d'infanzia (a cinque anni) riguardo all'uomo con la spada. Sua madre le regalò un grande libro con figure. Improvvisamente trovò una che rappresentava un cinese che si apriva il ventre con una spada ricurva. Fu presa dal terrore e gettò via il libro.

Era una bambina particolare. Andava all'asilo (a quattro anni), gestito da suore religiose. C'era una suora i cui occhi le sembravano spaventosi. Non riusciva a guardarla negli occhi né a rivolgerle la parola. Semplicemente non riusciva a vincere quella paura, sebbene la suora si desse molto da fare con lei e fosse molto gentile.

Da quando è avvenuto l'episodio a M. è sessualmente intorpidita. Non prova più l'orgasmo e non riesce a spiegarselo.

Durante la guerra ha sofferto terribilmente per la sua partecipazione emotiva. Suo marito sarebbe stato chiamato al fronte, ma è stato esentato perché necessario in fabbrica, che forniva materiali bellici. L'esenzione però era solo per tre settimane. Era un'angoscia costante e lo vedeva nella sua mente ferito sul campo di battaglia.

Di fronte a casa sua c'era un ospedale d'emergenza. Vedeva i trasporti di feriti e poteva anche guardare nella sala operatoria. Furono tempi spaventosi, e lei soffrì in modo indicibile. Simpatizzava profondamente con i poveri soldati feriti.

Le torna in mente un altro sogno caratteristico: Dovevo essere raschiata per un aborto. Poi non ero io, ma mia figlia Helene (quattordici anni e mezzo!). Ero disperata e continuavo a pensare: «Come è arrivata la bambina a questo, e come lo sopporterà?». I suoi quattro aborti si rivelano come gravi traumi. Se vede un bambino piccolo pensa: «Il tuo bambino avrebbe ora quell'età!». Oppure: «Potresti ora avere un bambino così!».

Ogni parto è stato un periodo di terrore. Parla diffusamente della sua paura dei medici.

Ora arrivano rivelazioni importanti, che ci danno uno sguardo sulla psicogenesi della sua parapatia. Suo padre era molto irascibile e la frustava con una verga di nocciolo fino a quindici anni. Era spaventoso per lei quando suo fratello minore veniva picchiato. In casa c'erano sempre litigi. Il padre era brutale e rimproverava la madre se era incinta.

«Non sai fare altro che fare figli!». Veniva frustata per sciocchezze. Una volta perché un cucchiaio cadde a terra e lei dimenticò di raccoglierlo.

La tortura del mondo onirico continua con forza inalterata.

Ha sognato:

Ho visto un grande carro da macellaio. Sopra c'era un intero animale. La pelle era stata tolta. Ho visto un carro pieno di maiali e ho pensato: «Poveri animali, ora li porteranno al macello». Poi ho visto molte persone. Stavano in cerchio intorno a qualcosa. Mi sono avvicinata curiosa e ho visto una grande pelle. Ho pensato: «Deve essere successa una terribile disgrazia». Mi trovavo davanti al nostro vecchio (prezioso) mobile libreria. Improvvisamente il mobile si è trasformato in un carro di vetro. Era un carro funebre. Il mio pensiero è stato: «Allora verrò sepolta». Ma l'armadio o il carro si è rimpicciolito. È diventato sempre più piccolo. Ho pensato: «Come farò a trovar posto in questo piccolo carro?»

Mentre i primi sogni contengono motivi a noi ben noti, quest'ultimo sogno sembra incarnare una fantasia di gravidanza. Sappiamo che si rimprovera per gli aborti.

Il sogno successivo conferma questo punto di vista: Sono in chiesa e voglio andare all'altare. Mia cognata mi dice: «Hai appena partorito. Devi prima pregare, poi potrai andare all'altare». Ogni gravidanza era accompagnata da presentimenti di morte. L'ultimo parto è avvenuto in un sanatorio. Avrebbe dovuto andare in sala operatoria. Ha rifiutato e hanno dovuto portarla di peso. Si è aggrappata alla maniglia della porta ed era fuori di sé dalla paura. Le sembrava di essere portata al macello.

Oggi è molto felice perché la società viennese per la protezione degli animali è riuscita a far vietare alle autorità l'uso dei collari a punta per cani. I poveri cani ne soffrivano così tanto. Tuttavia si rende conto che le notizie di giornale sulle sofferenze e i dolori degli esseri umani la lasciano indifferente. Rimugina tutto il giorno sul crudele macello degli animali. Immagina l'orribile paura della morte delle bestie che attendono la fine. Perché nessuno inventa un modo per uccidere gli animali senza dolore?

Dovrebbero essere narcotizzati o uccisi con l'elettricità.

Ieri camminava con la sua bambina piccola. Al mercato dove abita ci sono le bilance per gli animali. È arrivata proprio mentre pesavano un cavallo. Ha urlato e si è allontanata di corsa. Il cavallo probabilmente sarebbe stato macellato. Ha respinto la mia obiezione che anche i cavalli da corsa vengono pesati. No, era un animale esausto. Un momento dopo, però, parlava del bellissimo animale con gli occhi meravigliosi; come può un uomo uccidere un cavallo? I cavalli ti guardano così innocentemente. Non dimenticherà mai la vista di quel cavallo. Un cavallo con la pelle abrasa o distrutto dal lavoro le suscita pietà. E poi nei suoi sogni vede cavalli a cui vengono tagliati pezzi di pelle o intere porzioni di ventre, e tuttavia continuano a correre.

Fa risalire tutto all'impressione ricevuta alla stazione di M. Le chiedo i suoi primi ricordi, e vengo a sapere che accanto alla casa dove ha trascorso la primissima infanzia c'era una macelleria. Andava sempre lì (dai quattro ai cinque anni) quando macellavano i buoi nel cortile. Ma solo una volta ha visto direttamente il macellaio abbattere la bestia con un maglio e poi aprire la grande arteria al collo. Tutti i bambini del villaggio guardavano con interesse. Più tardi si tappava le orecchie, chiudeva forte gli occhi e gridava: «È morto? È morto?». Solo allora guardava con interesse lo squartamento dell'animale e la rimozione della pelle.

Qui otteniamo il primo indizio della sua disposizione sadica e la prima impressione determinante dell'infanzia. Le associazioni successive passano al padre, così che diventa probabile che le prime fantasie sadiche fossero dirette verso il padre.

Un sogno:

Cammino lungo un'acqua profonda e buia. Ci sono vortici in vari punti. Ho paura di guardare nelle spaventose profondità dell'acqua.

Afferma di aver già avuto paura dell'acqua profonda da bambina.

Ricorda che anche da bambina, prima di addormentarsi, aveva visioni di acqua profonda, fangosa, viscida. L'immagine le veniva prima di addormentarsi ed era dolorosa per lei. È la sua anima melmosa che vede. La paura del riconoscimento si esprime nel sogno.

Un altro sogno può essere ricondotto al bisogno di purificarsi:

Ho lavato la biancheria sporca e vado ad appenderla, ma arrivo troppo tardi. Tutti i fili sono pieni di bucato altrui.

Si vede che ha molta biancheria sporca e sarà un compito difficile pulirla.

Le torna in mente un'esperienza importante dell'infanzia (a sei anni). Sua madre lesse sul giornale che un padre arrabbiato aveva scaraventato suo figlio contro il muro e gli aveva spaccato il cranio. Questa storia la sconvolse profondamente (Un bambino viene ucciso!). Quando era in chiesa, era costretta a pensare a quella scena.

Ancora oggi l'incenso risveglia l'associazione con il bambino dal cranio spaccato.

Le leggende dei santi e dei martiri sanguinanti erano anch'esse fonte di eccitazione per lei. Per molto tempo non riuscì a guardare l'immagine sanguinante del Salvatore.

La sua vita fantastica era estremamente attiva. Inventava sempre meravigliose storie romantiche. Era una principessa; era immensamente ricca e possedeva un castello con vasti giardini.

La realtà della sua vita le portò disillusione. Il marito la tormentò già durante il fidanzamento con la sua gelosia. Più tardi, nel matrimonio, rimase spesso sola per settimane.

Il suo lavoro come viaggiatore lo richiedeva. Superava questi periodi di solitudine con sogni ad occhi aperti.

Anche le numerose malattie.

Il trattamento in posizione sdraiata nei sanatori aumentò la tendenza al sogno ad occhi aperti, tanto che la realtà perse ogni valore per lei.

Praticò la masturbazione molto presto, ma non ricorda quali fantasie avesse in quel periodo. Ora è completamente anestetica e spesso rifiuta il rapporto al marito. Lui è tornato a casa pochi giorni fa dopo una lunga assenza. Lo ha incontrato alla stazione. Passava un cavallo stanco e malconcio condotto a mano. A quel punto il suo buonumore è svanito. Non ha potuto fare a meno di piangere. (Piange anche se vede un carro coperto o un carro con paglia. Potrebbe esserci un animale dentro.) Come poteva pensare al coito in simili circostanze? Ha pianto, si è lamentata e ha respinto il marito.

La sua compassione va solo agli animali. Non pensa mai ai malati o ai bambini.

Le viene spiegato chiaramente, ed ella lo riconosce, che questi animali simboleggiano la sua stessa vita. Dice spesso di sé: «Sono come un cavallo stanco e logorato». I suoi numerosi figli sono stati un peso per lei. Si è logorata durante la guerra. Avrebbe volentieri lasciato prendere l'ultimo figlio (il quarto). Il medico ha rimandato l'aborto fino a quando è stato troppo tardi. Ora ha una bambina deliziosa di tredici anni, che è la sua gioia. Dice spesso: «Gli altri quattro – quelli abortiti – forse sarebbero stati altrettanto cari e belli!». A ogni parto aveva la sensazione: «Sono un animale che viene condotto al macello».

È davvero l'animale e si identifica con gli animali. Ha compassione di sé stessa. Torna di nuovo nella mia stanza piangendo e riesce a malapena a calmarsi. «Ha visto un altro trasporto di animali?» «No – sono le ombre del passato».

Di nuovo i suoi sogni stereotipati:

Ero a fare la spesa. Portavo molti pacchi pesanti. Arrivo di nuovo davanti alla vecchia casa buia. Muri grigi. Tutto tetro. Un grande portone. Entro attraverso il portone nel cortile. A sinistra stanno di nuovo macellando animali. Mi metto il grembiule sul viso. Non voglio sentire né vedere nulla. I pacchi mi intralciano. Poi arrivo a un alto muro. C'è un balcone di legno. Devo arrampicarmi. Non ci sono scale. Salgo con difficoltà, e i pacchi sono di nuovo d'ostacolo. Poi vedo dei bambini uscire da un buco, è una scala. Arrivo alla scala e penso di non aver notato che c'era una scala lì.

Un altro sogno:

Sto dando da mangiare agli uccelli in giardino. Vengono tutti senza paura. Poi arriva un gatto o un gufo, grande, maculato giallo e bianco, e mangia il cibo. Voglio scacciare l'animale e mi sveglio con il cuore che batte forte.

Con il secondo sogno le viene in mente che ogni mattina dà davvero da mangiare agli uccelli in giardino. Nella casa vicina c'è un gatto che sta in agguato per gli uccelli. Una volta ha ferito i piccoli merli caduti dal nido. Aveva squarciato il corpo di un merlo. Ha dovuto uccidere l'uccello per pietà. (Rabbrividisce d'orrore e piange.) È l'unica volta che ha ucciso un animale.

Riguardo al primo sogno non le viene in mente nulla. Le faccio notare che i pacchi suggeriscono che ha qualche peso sulla coscienza. Ora confessa piangendo che a diciassette anni andò in una casa come bambinaia. Voleva fare l'insegnante, ma il padre non le permise di studiare. In quella casa fu sedotta dal «padrone». La relazione durò tre anni. Soffrì enormemente per la gelosia. Non riusciva a guardare quando il marito baciava la moglie. Più tardi lui si ritirò da lei. Credeva fosse perché la moglie aveva notato qualcosa. (La moglie probabilmente soffriva di una malattia femminile. Una scusa frequente per l'infedeltà coniugale.) Ora odiava la donna e aveva idee di eliminarla. Lasciò la casa offesa (probabilmente solo perché l'uomo non la visitava più di notte). Non aveva mai provato nulla con quell'uomo. Si era data a lui solo per pietà, perché lui la pregava tanto. Più tardi la incontrava spesso per strada e cercava di convincerla a riprendere la relazione, ma lei rifiutava orgogliosamente.

Aveva sepolto profondamente questa storia «sporca», sebbene l'avesse confessata al marito. Ora si capisce la gelosia del marito. L'ha spesso rimproverata di amare ancora quell'uomo. Forse sospetta di non poterla soddisfare come il primo amante, con il quale, a dire il vero, non provava nulla.

Prima di questa relazione aveva avuto solo rapporti ideali.

A tredici anni era innamorata di un chierichetto di quindici anni.

Immaginava che lui fosse morto e lei lo baciasse e lui aprisse grato gli occhi e sussurrasse:

«Ti amo!». Quando lo conobbe davvero, l'incanto era completamente svanito.

Era felice nelle sue fantasie e non invidiava nessun bambino ricco. Aveva il suo paradiso personale. Si sdraiava sull'erba e tutta la natura cominciava a parlarle. I suoi pesci rossi erano il suo secondo mondo. Metteva fiori nei vasi e si sentiva una principessa. Sognava per sé una vita pura piena d'amore. È vero, la masturbazione le mostrava che c'era anche in lei una bestia selvaggia, e questa bestia selvaggia voleva ucciderla a tutti i costi.

Si considera legata nel matrimonio. Il marito è un viaggiatore. Anche lei vorrebbe vedere il mondo e sente i figli come catene. Molte volte sorge in lei un sordo odio verso i figli. Aveva sognato un grande romanzo d'amore. Sta invecchiando ed è nel periodo critico.

Non vivrà più il romanzo. Dovrebbe separarsi dalla sua giovinezza e rinunciare ai suoi sogni. Questo non riesce a farlo, e si ribella contro la prosaica realtà della vita.

Si lamenta di mal di testa, che compaiono anche di notte, quando si sveglia dal sogno. C'è davvero una forte pressione nella testa, che corrisponde alla rimozione della sua originaria attitudine all'odio.

I suoi sogni mostrano alcune variazioni:

Ero a casa del custode, che abita vicino. C'erano animali in una cassa, tra cui un'enorme lepre. Rabbrividivo al pensiero che un giorno l'avrebbero uccisa e a quanto avrebbe sofferto l'animale.

In un giardino. Incontro un garzone macellaio. Penso che stia per macellare e grido: «Aspetta che me ne vada». C'è un ripido pendio; ci sono sedili. Mi siedo su un sedile e voglio guardare nel precipizio. Ho paura e mi aggrappo alla ringhiera. Ho timore che il sedile possa scivolare nell'abisso.

È campagna. Un gendarme porta un criminale legato. Deve scendere una ripida montagna ed è un lavoro duro. Il criminale mi guarda così intensamente e stranamente, ho paura che possa buttarsi su di me. All'improvviso era come in una casa, una stanza. Il giovane criminale di prima è ora un uomo più anziano con la barba. Le sue mani sono completamente insanguinate. È un malato. Credo di capire perché lo hanno portato.

In questi sogni l'animale (lepre) viene rivelato per la prima volta come simbolo fallico con un chiaro riferimento a un complesso di castrazione.

Ha paura, tuttavia, di guardare nelle profondità della propria anima (sedile sul pendio). Porta con sé un criminale. È un lavoro molto duro, ma nel sogno arriva alla consapevolezza di non essere criminale, bensì malata. La scelta della parola «pelle» è significativa. La scuoiatura degli animali, gli animali scuoiati, hanno un ruolo importante nelle sue fantasie.

Oggi le è difficile parlare. Aveva tante cose da raccontare, e ora giace lì in silenzio. Improvvisamente si solleva e piange amaramente. Non sa dare la ragione. Le si chiede del rapporto con il marito e grida: «Non mi capisce! Non gli avrei raccontato quello che ho confessato a lei. Sì, se fosse come lei!» (inizio del transfert). Seguono poi osservazioni sul figlio maggiore (diciotto anni), che è francamente parapatico, e sulla figlia, che soffre di terrori notturni.

Il giorno dopo era alquanto più calma. Piange per la vita sprecata. Cerca un'anima che comprenda la sua anima.

I sogni animali continuano:

Ho visto un gatto in casa nostra. Era molto bello e aveva una pelle meravigliosa, come quella di una volpe. Avevo paura e cercavo una via d'uscita. Ho detto a mio marito: «Guarda il gatto. L'animale ha tanta paura». Apro la porta verso l'anticamera. Il gatto balza verso lo spioncino e cerca di infilarsi a forza nell'apertura stretta. Apro la porta di questa stanza. È come se un secondo gatto giacesse sanguinante sul pavimento del corridoio... Un animale ferito. Lascio entrare il primo gatto in giardino.

Non ha associazioni per questo sogno. Vediamo il motivo del grande fallo (coda di volpe), che cerca di entrare in un foro stretto, e di nuovo il riferimento a una ferita del pene.

Secondo gatto sanguinante (castrazione). Ci guardiamo bene dal dare un'interpretazione. Il secondo gatto ci richiama ancora una volta i buoi feriti (muso insanguinato, corno spezzato).

Piange raccontandomi che ha letto sui giornali delle torture agli animali. I vagoni merci sono troppo carichi e i poveri cavalli non riescono a reggere il peso.

Più persone dovrebbero protestare contro il maltrattamento degli animali. La gente è così crudele. Tutto solo per lusso e piacere. E queste donne moderne! Sono tutte vuote, vogliono solo lusso. Si incipriano e si imbellettano per sedurre gli uomini. Rabbrividisce al pensiero che i suoi figli possano cadere nella rete di donne così frivole.

Qui emerge la sua gelosia finora nascosta e un motivo da Fedra, che forse ha un ruolo importante.

Con un'impulsività sorprendente, mi bacia la mano mentre esce, prima che io possa ritrarla.

Oggi è terribilmente angosciata. Sarà la fine della cura. Scoppia in lacrime e rifiuta qualsiasi spiegazione.

Ho già riconosciuto nel bacio della mano l'inizio del transfert e le spiego questo fenomeno. No, non è transfert! È amore appassionato. Non avrebbe mai dovuto venire da me. Si è accorta fin dal primo giorno che io ero il suo ideale. Le spiego che è venuta da me in una condizione già completamente pronta all'amore.

L'ora passa tra spiegazioni.

I sogni animali sono ora interrotti. Al loro posto ha un sogno che non riesce a interpretare:

Vedo mio marito portato ferito su una barella fuori da un vagone ferroviario. Sono terribilmente agitata e dico: «Finalmente!». Intendo dire: finalmente posso occuparmi di lui. Lui dice: «Cosa intendi? Finalmente...?»

Ora irrompe la verità. Anche il marito è nascosto dietro l'animale. Gioca con l'idea di toglierlo di mezzo. È insoddisfatta. Il coito è per lei un peso. Lui non la capisce. Porta una serie di lamentele per dimostrare il profondo abisso tra marito e moglie. Lui tiranneggia tutta la casa. Tutto deve andare come vuole lui. Picchia i figli. È un brav'uomo, ma è irascibile. I giorni in cui è via per viaggio sono un momento di sollievo per tutta la famiglia. Lei teme le domeniche. Gioca con il pensiero che il marito possa morire in un incidente ferroviario.

Ora per la prima volta diventa cosciente di non averlo amato da molto tempo, e confessa che a volte l'odio verso di lui irrompe. Ha spostato tutto il suo bisogno d'amore sugli animali. Ama l'animale dentro di sé, la sessualità grezza. Ammette piangendo di bruciare di passione. Non è più desiderio: è follia.

Viene calmata e le viene ricordato che il transfert è un fenomeno temporaneo.

Comincia a ringiovanire sotto l'influenza del transfert. Torna a leggere libri, ricomincia a interessarsi alla natura. I sogni animali sono per il momento scomparsi, ma non può viaggiare in treno per paura di vedere trasporti di animali a M.

I suoi sogni:

Ho fatto il bagno a un bambino nella grande vasca. Avevo paura che annegasse per mano mia. Pensavo: non volevo avere un figlio e ora ne ho uno: ora ce n'è un altro.

Qui vediamo la vecchia posizione di odio verso i figli, ma dall'altra parte la fantasia di avere un figlio da me.

Secondo sogno:

C'era una specie di festa popolare davanti a casa nostra. La gente ha piantato un palo.

Sul palo c'era un crocifisso decorato con fiori e nastri. Pensavo che il padrone di casa venisse onorato, perché aveva installato in casa un'antenna per ricevere i concerti radio.

Nessuna associazione al sogno, solo l'antenna radio. I suoi figli stanno costruendo un apparecchio radio e progettano l'installazione di un'antenna. I suoi pensieri vanno al figlio maggiore. È notevolmente bello e alto. Di nuovo ansia per quello che sarà il suo futuro. Il palo simbolo fallico. Il crocifisso simbolo fallico nel dolore.

I sogni animali sono scomparsi; pensa ai cavalli solo molto raramente. Ieri ha avuto un mancamento per strada. Vive in un nuovo mondo di fantasie. Nei suoi pensieri parla sempre con me e mi racconta la sua vita. Io sono Cristo per lei – il suo salvatore.

I suoi sogni cambiano:

Ho visto in sogno un cavallo nero, focoso, vivace, che saltava tutti gli ostacoli. Era uno spettacolo magnifico.

Ero davanti a un'acqua che aveva il fondo sporco, giallastro-marrone. Mia figlia è entrata nell'acqua, ma è uscita completamente pulita. Era un fondo solido.

Da un lato pensieri sulla possibile caduta della figlia nel peccato; dall'altro pensieri sul pericolo del transfert, che lei vuole attraversare indenne. La sua passione, rappresentata come un cavallo splendido che supera ogni ostacolo.

Ha sognato:

Ho visto un cavallo attaccato a un carro. Il carico era troppo pesante e il cavallo non riusciva a trascinarlo. Improvvisamente il cavallo si è impennato. Ma era legato al carro con delle catene. Dopo diversi tentativi vani di liberarsi, è caduto a terra. Giaceva in una posizione innaturale.

Ho pensato: «Come può un cavallo giacere così?». Il conducente è stato molto gentile con il cavallo, lo ha accarezzato e ha sciolto le catene. Qui il sogno si interrompe.

L'interpretazione è evidente. Lei è il cavallo incatenato al matrimonio e ai suoi doveri. Cerca invano di liberarsi. Io sono ora il conducente del suo carro di vita. Devo essere dolce con lei e liberarla dai legami del matrimonio e della morale.

Si rimprovera per la forza del suo transfert. Si era sempre considerata una donna fredda. Ora sente una corrente calda che le attraversa il corpo. Si tormenta, si travolge con le accuse più violente contro se stessa. È una persona miserabile, spregevole e io devo disprezzarla profondamente.

Ora riconosce di aver torturato e represso la sua passione, l'animale dentro di sé. La sua lotta era rivolta soprattutto contro la masturbazione. Era così eccitata che ha dovuto masturbarsi di nuovo, confessione che mi fa con resistenza (la disprezzerei e non le tenderei mai più la mano).

Un secondo sogno mostra la sua resistenza all'analisi:

Vedo un porcellino d'India a cui è stata tolta la pelle per vedere dentro, e dico: «Perché hanno dovuto aprire tutto il porcellino d'India?»

È il primo sogno animale da un po' di tempo. Ma non ha provato terrore. Non ha più paura per strada del carro del macellaio; i sogni di macellazione sono scomparsi.

Il sogno del porcellino d'India esprime la sua resistenza all'analisi e ripete il motivo dell'animale scuoiato.

Arriva a parlare della sua prima esperienza, dopo aver girato intorno all'argomento in tutti i modi possibili. Non potrà mai dimenticarlo. Le faccio notare che deve aver amato quell'uomo e deve aver provato più sentimento tra le sue braccia che con il marito. «Mi capiva meglio. Era una persona migliore.

Anche lui leggeva bei libri e poesie e ne parlava con me. Ma non mi sono mai perdonata quel peccato!» Ora sappiamo che lei pensa ancora sempre a quell'amato. Le comunico questa opinione. Ammette di avere un sogno stereotipato in cui ha rapporti con quell'uomo (che spesso nel corso del sogno si trasforma nel marito). La moglie dell'uomo appare sempre e le punta contro il dito in modo minaccioso.

Confessa piangendo che l'uomo in questione è morto due anni prima. Suo marito le ha portato la notizia. Si sarebbe pensato che l'avrebbe vissuta come una liberazione (il testimone della sua colpa era scomparso). No, era molto triste.

Razionalizzazione: è morto così giovane e avrebbe potuto vivere ancora tanti anni (causa di morte: polmonite e non incidente ferroviario, come avevo supposto).

Il sogno ricorrente mostra che il desiderio di rapporto con l'altro uomo esiste ed è la causa della sua anestesia nel matrimonio. Piange la morte del suo amante.

La sua compassione per gli animali è un pretesto per poter piangere a cuore aperto.

Oggi come sempre è nella disperazione. Il marito ha tentato il coito e lei è rimasta anestetica per tutto il tempo. Il fatto che raggiunge l'orgasmo con la masturbazione dimostra che domina una fantasia specifica.

Il sogno indica una direzione precisa.

Ero alla finestra e guardavo un pettirosso che ho nutrito tutto l'inverno. Con orrore ho visto che c'era un gatto vicino. Ho spaventato il gatto, ma il pettirosso continuava a seguirlo come affascinato.

Il pettirosso è suo figlio. È tormentata dal pensiero ossessivo che cadrà nelle mani di donne false e le sarà perduto.

Un altro sogno riguarda l'analisi:

Vedo un maiale che deve essere squartato. È già morto, eppure è difficile pensare che un coltello verrà infilato nel corpo dell'animale.

Con questo sogno le tornano in mente scene del suo ultimo aborto. Sembra che allora la situazione le sia stata sentita come piacevole, e la macellazione degli animali rappresenta l'aborto e la rimozione del feto. L'idea dell'uccisione di animali gravidi le è estremamente dolorosa. I sogni animali di macellazione sono ora scomparsi. Molti sogni riguardano la mia persona. Ad esempio:

Sto andando con il mio piccolo da casa del Dott. Stekel. Voglio mostrarglielo. Lui non si vede. Piove e sollevo il vestito sopra la testa.

È evidente quale "piccolo" vuole mostrarmi. Il sollevamento del vestito prima dell'eiaculazione è rappresentato chiaramente.

Ha di nuovo avuto sogni animali, che questa volta ci portano un po' più avanti nella soluzione del problema. Il primo sogno dice:

Vedo un treno ferroviario. Davanti e dietro ci sono vagoni merci destinati al bestiame. Come in tutti i miei sogni i vagoni sono coperti da teli. Ma si vedono le teste dei buoi che sporgono. Ho una terribile compassione per le bestie, perché penso a quanto devono soffrire se il sole batte su di loro e hanno sete.

È chiaro che lei è l'animale che soffre quando il sole (luce e passione) splende su di lei. Il sogno successivo ci avvicina molto di più:

Vedo un cavallo sdraiato sulla strada. È tutto insanguinato al ventre. I suoi genitali sono stati strappati o tagliati via. C'è una grande ferita sanguinante al posto dei genitali. Il cavallo ha lottato selvaggiamente per il dolore.

Ho sospettato fin dall'inizio che il corno spezzato si riferisse a un'idea di castrazione. Mi sono guardato dal menzionarlo prima che il materiale portasse la prova. Lei si difende dal parlare di castrazione. Non ci ha mai pensato. Non ha mai invidiato gli uomini e non è mai stata vicina al pensiero che il suo genitale sia stato tagliato via facendola diventare un uomo castrato. Porta come unico ricordo un episodio dell'infanzia. Una volta ha visto un cane enorme, che proveniva proprio da un uomo noto nel quartiere come castratore. Il cane era in calore e scappava sempre dal padrone. Era stato castrato, e lei lo vide correre per strada ululando e sanguinando.

Un altro sogno sembra anch'esso puntare alla castrazione!

Vedo un grosso animale, un pesce o un serpente arrotolato. Un uccello lo aveva beccato, perché l'animale era gravemente ferito e non poteva difendersi.

Nei pensieri sembra occupata del fallo di un altro uomo. È caratteristico che nel sogno sia riapparsa la moglie del suo amato. Vorrei sapere se il fallo del primo amante fosse più grande di quello del marito, ma non oso fare la domanda. Anche stavolta è rimasta completamente anestetica durante il coito. Non potrebbero esserci stati pensieri di vendetta per castrare l'amante infedele, per spezzargli il membro?

Ha anche un sogno consolatorio che le consiglia di accontentarsi del suo "bambino" (leggi: fallo).

Ho visto un bambino che aveva una testa molto grande. Mi sono detta: «Il tuo bambino è molto più bello».

È infelice perché per strada si vedono trasporti di animali. Ma deve ammettere che involontariamente sta in agguato per tali spettacoli. Legge un libro per non vederli. Improvvisamente è costretta a guardare fuori. Corre dietro alle impressioni tristi e le trova, perché le sta cercando.

Ha visto anche qualcosa di bello, su cui fa grandi feste – un elegante cavallo bianco della polizia, che procedeva impettito, orgoglioso e allegro. Questa volta ha dovuto piangere di gioia. Piange, cioè, in ogni occasione.

Sente anche il vecchio merlo che strilla e corre subito fuori per vedere se il gatto malvagio non stia dando la caccia ai piccoli. I giovani merli sono così goffi e lasciano il nido caldo troppo presto. (Riconosciamo il rapporto con i suoi figli.) Arriva anche al paradiso perduto, al tema della caduta dell'uomo, e viene colta dalla paura che i suoi figli possano essere contaminati da una donna corrotta.

Ieri, durante un'escursione, si è sentita debole, ha avuto un leggero capogiro e ha dovuto appoggiarsi a un bastone. Ora vive in un mondo di fantasie di transfert. Ne abbiamo la prova nel sogno successivo:

Sono nel laboratorio del Dott. Stekel. Lui ha un bellissimo fucile sportivo, slanciato. Lo aiuto a caricare le cartucce.

Un altro sogno:

Ho chiesto a mio marito se potevo andare a ballare. Ha acconsentito. Ho indossato il mio vestito bianco e sono uscita da sola. Poi camminavo verso il ballo al chiaro di luna insieme a lei e ero molto felice.

Il marito è molto geloso e non le permette di ballare (è una cosa adatta solo a donne frivole). Lei ama appassionatamente il ballo. Il ballo ha qui un doppio significato. Il vestito bianco simboleggia l'annullamento di tutte le esperienze erotiche precedenti.

Un altro sogno l'ha turbata molto:

Ho visto un grande e bel corteo funebre. I partecipanti al lutto sedevano in una sorta di autoblindo. Aveva solo piccole feritoie. Non riuscivo a scoprire chi ci fosse dentro. Mi ha sorpreso di essere lì senza mio marito.

Sta seppellendo il marito, di cui ora mi racconta che al mattino è spesso di cattivo umore e brontola. Ha spesso pensato che non si sarebbe più sottomessa a lui. Di notte era gentile e affettuoso, e al mattino trovava da ridire come se non fosse successo nulla di piacevole.

Un'associazione tardiva al tema della castrazione emerge: aveva paura della gravidanza. È andata da un medico e gli ha chiesto un mezzo sicuro, dato che tutto ciò che aveva provato fino ad allora era fallito e i preparativi per il coito le toglievano ogni illusione. Lui le ha consigliato la castrazione; cioè l'asportazione delle ovaie o la legatura. Non ha saputo decidersi. Ha sempre avuto paura del parto. Da ragazza aveva immaginato di adottare un bambino altrui per sfuggire al pericolo del parto. In generale è molto sensibile alla sofferenza. Il minimo dolore le è insopportabile. Una volta ebbe un ascesso di una ghiandola sudoripara. Si comportò così male durante la medicazione che il medico minacciò di interrompere la cura. La depressione dura già da più tempo dell'episodio alla stazione. Ricorda che tre anni fa, quando accompagnò il marito alle saline, sedeva davanti all'albergo dove alloggiavano e piangeva amaramente, tanto che la gente chiedeva cosa avesse. Deve versare lacrime dove la natura è bella. Si sente sola e incompresa e non ha nessuno con cui condividere la sua gioia. Era incline a depressione e ansia. Una volta le compagne di scuola le fecero uno scherzo crudele: «Vai a casa: tua madre è morta!». Corse a casa; la madre era al lavoro. Dopo questo visse nel terrore che la madre potesse morire e lasciarla sola con il padre crudele.

Benché non voglia guardare nel complesso di castrazione, questo appare chiaramente nei suoi sogni:

Tiro fuori il mio porcellino d'India dalla scatola dove vive. La zampa posteriore destra è come di legno e si stacca.

Qualche giorno prima aveva sentito che il mio cane si era rotto la zampa posteriore destra. Questo episodio l'aveva molto interessata. Tuttavia vediamo in ciò solo l'elemento scatenante del sogno. La distruzione di un simbolo fallico gioca un ruolo anche nel sogno successivo:

Sono in acque profonde. È come un oceano. Devo lottare con le onde. In lontananza ci sono grandi navi. Nell'acqua ci sono spaventosi mostri marini. È buio e nuvoloso e faccio fatica ad avanzare. Improvvisamente l'acqua diventa perfettamente chiara. Migliaia di meravigliosi pesci d'argento nuotano intorno a me. Tutti si sollevano e si ergono in piedi intorno a me. Alcuni mi sfiorano le gambe e provo una sensazione di piacere. Ci sono così tanti pesci che devo schiacciarne molti, e questa volta non mi dà fastidio.

Lotta con le sue passioni; è minacciata da impulsi selvaggi. Vede qualcosa di volgare e degradante nella sessualità. Ma la sua idea cambia. Avverte il piacere dell'amore proibito.

Il suo transfert è senza limiti. Non va più in chiesa. Ha sempre cercato Dio, ma non l'ha mai trovato. Ora il medico è il suo dio. Ascolta incredula la spiegazione che si tratta di un transfert.

Mi ama e sa che tutto andrà per il meglio.

Mi servo del transfert per richiamare la sua attenzione sulle qualità positive del marito e per penetrare più a fondo nella psicogenesi. Le vengono indicate le sue responsabilità di madre. Viene condotta a rinunciare al grande romanzo della sua vita e ad adattarsi alla realtà.

Si rallegra di avere ora sogni così belli. Tutta la sua vita onirica è cambiata. Come prova, il sogno seguente:

Sto passeggiando con i miei figli. Arriviamo in un incantevole prato ricco di fiori dai colori meravigliosi. I fiori sono insolitamente grandi e con splendide corolle. I bambini li colgono. Io dico loro: «Non dovreste sradicarli. Lasciatene uno di ogni tipo in piedi, così le belle piante non verranno sterminate».

È possibile che anche questo sogno abbia relazione con il complesso di castrazione. Non riesce a portare associazioni. Ma ormai vive già in un altro mondo. Rimpiange di aver fatto tanto lavoro in casa. Un segreto sentimento di colpa sembra averla spinta nel ruolo di domestica. Non ha voluto una cameriera, benché il marito glielo avesse chiesto ripetutamente (forse gelosia per i due figli; motivo frequente). Sa che la sua vita è stata sciupata. Vive senza amore e senza comprensione. Deve rinunciare ai suoi sogni di felicità amorosa, al suo grande romanzo. Ogni tanto le tornano in mente le sue vecchie storie di animali. Oggi, nella zona della stazione di M., ha visto un carro su cui venivano trasportati animali. Non voleva guardarlo. Ma una forza magica, irresistibile, l'ha attirata a fissarlo. Poi si è convinta che era un carico di legna; aveva allucinato gli animali.

Anche da bambina gli stati d'animo tristi erano una necessità per lei. Improvvisamente scoppiava in lacrime perché pensava che la madre amasse di più gli altri figli.

Dovrei spiegarle perché è così ansiosa prima di venire da me. Mi riferisco al transfert. Arriva sempre con la fantasia di dover vivere qualche esperienza. Risponde che è così ansiosa prima di ogni visita da un medico; cioè ha la stessa fantasia con ogni dottore. Da bambina le piaceva giocare al dottore, e il gioco finiva con un accurato esame dei suoi compagni di giochi.

Ora si spiega la sua paura del medico. Il medico è la sua specifica condizione d'amore. Questo chiarisce gli stati d'ansia nell'ospedale maternità "Lucina", che lei descrive con le sue stesse parole come segue:

I miei stati d'ansia alla Lucina.

Dopo aver partorito tre volte in casa, decisi di andare per il quarto figlio alla Lucina. Mi presentai lì per l'iscrizione. Erano passati tredici anni. Non dormii fino dopo mezzanotte, dopo una grave depressione d'animo serale che durò fino a notte fonda. Verso le sette del mattino la mia piccola figlia mi svegliò. La presi dalla culla e, facendolo, mi accorsi che era iniziato il liquido amniotico.

La levatrice chiamata in fretta mi consigliò di andare immediatamente a Vienna, all'istituto. Era una giornata nuvolosa e gelida. Mio marito mi accompagnò alla Lucina. Fui consegnata a una levatrice dopo essere stata annunciata in ufficio. Era una giovane molto bella, ma non mi era simpatica; mi sembrava fredda e senza cuore.

Mi fu molto difficile salutare mio marito e mi agitò moltissimo. La levatrice, siccome la sala parto era occupata, mi condusse nella sala operatoria. L'enorme sala mi parve molto tetra e cominciai a soffrire di una grave nostalgia di casa, una paura sciocca; mi sentivo come intrappolata. Purtroppo c'era lì una donna in travaglio, e poiché nessuno era con lei, ne provai grande pena.

La levatrice indicò un letto e disse bruscamente:

«Spogliati e sdraiati!» Poi se ne andò. Cominciai a spogliarmi e mi ero già tolta le scarpe. Improvvisamente decisi di scappare e di tornare a casa. Mi rivestii in fretta e corsi piangendo nel corridoio. Lì un'infermiera mi incontrò e chiamò i medici. Ora implorai e supplicai che mi lasciassero andare, dal momento che non avevo ancora dolori e potevo sicuramente tornare a casa sana e salva. Naturalmente non accolsero la mia richiesta e mi diedero del bromuro per calmarmi. Poi fui portata al secondo piano, nella mia stanza. Lì non riuscii a farmi convincere a sdraiarmi, ma corsi agitata su e giù per la stanza, decisa a non rimanere lì. Poiché il liquido amniotico continuava a fuoriuscire e non c'erano dolori, ero molto ansiosa, perché nel mio ultimo parto la levatrice aveva dovuto aprire il sacco amniotico dopo che avevo avuto dolori per molto tempo. Temevo un parto anormale.

Finalmente, alle tre del pomeriggio, arrivò mio marito, sperando che tutto fosse finito, ma invece mi trovò completamente disperata e in lacrime, e lo supplicai torcendomi le mani di riportarmi a casa. Mio marito andò allora a chiamare il medico che avevo scelto privatamente per le cure. Mi visitò e mi assicurò che tutto era normale e ordinò un bagno per me.

Quando mio marito promise di non andarsene, mi calmai un po', e verso sera cominciarono i primi lievi dolori e intorno alle otto i dolori di pressione.

Ora iniziò la parte più terribile. Dovetti scendere per il parto nella stanza dove nel frattempo si era liberato un letto. Avevo scoperto che nella sala operatoria accanto la povera donna giaceva ancora e che sarebbe stata operata. Allora fui presa da un'orrore paura. Gridai e mi aggrappai convulsamente al letto quando l'infermiera volle portarmi giù, mi aggrappai a tutto quello che potevo raggiungere, alla maniglia della porta, alla ringhiera, e dovetti essere trascinata a forza. Giù nel corridoio afferrai anche un rubinetto dell'acqua.

Non riesco nemmeno a descrivere questo terribile stato di paura.

Così deve lottare e difendersi l'animale infelice nel suo angoscia mortale, che sente sicuramente nella sua anima quando viene condotto al macello.

Perché mi sono tormentata e agitata così con la paura?

Quando mi chiedo esattamente, sento che non era il terrore del dolore, ma la paura di dover vedere vicino a me cose spaventose con altre donne e che, quando fossi stata in preda ai dolori, non avrei avuto nessuno che mi amasse e che mi parlasse con parole tenere e consolanti, che ci sarebbero state solo persone estranee e indifferenti; questo mi rese così frenetica. A casa avevo sopportato dolori ben maggiori con pazienza sufficiente.

Stranamente, dal momento in cui giacqui nella sala parto tutto mi divenne indifferente.

Due ore ancora e tutto era felicemente finito.

Il mio povero marito aveva passato con me una giornata terribile quel giorno.

E la mia piccolina, che portai al mondo quel giorno, quanto la amo! Forse perché la sua esistenza era stata messa in discussione, forse perché la portai in grembo in mezzo a un terrore così grande, devo amarla più teneramente degli altri figli.

Che tu, mio caro piccolo raggio di sole, trovi nella vita tutto ciò che è bello, tutto ciò che è meraviglioso! Dai e ricevi felicità!

In questo quadro notevole vediamo l'identificazione manifesta con l'animale. D'altro canto riconosciamo l'effetto del senso di colpa. All'epoca voleva abortire.

Il medico rimandò l'intervento e in seguito nessuno volle assumersi la responsabilità. Aveva quindi voluto uccidere il bambino! La vista della bambina fiorente e bellissima le ricorda gli altri aborti che ha dovuto subire.

Il sentimento di solitudine e di abbandono emerge chiaramente nel suo racconto. Non amava più suo marito e lottava interiormente contro il desiderio di avere figli. La sua pietà era in guerra con il desiderio di partorire un bambino morto. Doveva quindi credere che Dio volesse punirla.

La possibilità che parto e aborto significhino per lei eventi sessuali non può essere dimostrata immediatamente. I medici erano la condizione particolare per il suo amore. Ogni ostetrico sa che le donne che partoriscono sono innamorate di lui, o almeno entusiaste di lui.

I sogni vanno sempre più chiaramente in un'altra direzione:

Ho portato in braccio un bambino piccolo. Non mi piaceva e pensavo: «I miei figli sono molto più belli». Poi ero su una strada fangosa e scivolosa.

Un sogno consolatorio e ammonitore. Attenta alle vie pericolose! Il bambino è la prole dell'analista.

Questo sogno segna la fine di un romanzo in cui il medico ha la parte principale.

Molto significativo il sogno successivo:

Avevo spolverato la stanza e stavo in piedi su una panca alta con le gambe nude. Entrarono mio marito e il medico di famiglia, che però non somigliava al nostro medico di famiglia. Il medico esclamò: «Allora stai di nuovo lavorando in giro!» Saltai giù dalla panca e mi gettai sul petto del medico gridando: «Devo farlo!»

È orgogliosa dei suoi bei polpacci. Qui il medico ha l'occasione di ammirarli. Inoltre non ha segreti per il marito; bacia il medico in sua presenza e lui non obietta.

Tutta la sua vita è stata rovinata dalla gelosia del marito. Se erano in treno, non osava guardare né a destra né a sinistra. Quando era in sanatorio per curarsi, lui si oppose a una cartolina su cui altri pazienti avevano firmato i loro nomi. Sospettava inganno e slealtà ovunque. Non aveva occasione di conversare con altre persone. Questo ci spiega i suoi desideri di morte. Se faceva un viaggio con lui, poteva essere certa che l'avrebbe rimproverata ingiustamente. Piangendo in luoghi belli, così a Venezia in Piazza San Marco, tanto che il marito le disse: «Perché mi hai sposato, se sei così infelice?» Il marito sottolinea spesso la sua assoluta fedeltà e sembra aver punito la moglie per non aver potuto vivere le sue tendenze poligame.

Raccontò un ultimo sogno animale:

Avevo appena strofinato la cucina. Entrò un animale senza pelle. La pelle era stata tirata giù molto maldestramente, si vedevano tagli goffi. Improvvisamente l'animale si trasformò in mia figlia Berta. «Povera bambina! Quanto dolore devi soffrire», gridai. Si vedevano i grani di piombo nella sua carne.

Qui vediamo per la prima volta che l'animale è identificato con quella figlia che nacque perché fu rifiutato l'aborto. La figlia rappresenta anche l'organo sessuale, che è stato trattato maldestramente. I grani di piombo significano l'eiaculazione. La pelle tirata giù, la perdita della verginità prima del matrimonio; cioè con il primo amante, che non può dimenticare.

Ieri ha visto un cavallo con delle vesciche. Sospettava che il conducente l'avesse picchiato e lo rimproverò. Nel corso delle associazioni torna a parlare del marito, che non l'ha mai capita.

Il suo masochismo appare ora chiaramente come estrema volontà di sottomissione. È profondamente offesa perché non le permetto di baciarmi la mano e perché protesto vigorosamente quando mi chiama dio. Ha bisogno di un ideale che possa adorare e a cui possa sottomettersi.

Ha un sogno caratteristico:

Ho visto qualcuno che scacciava un cane. Dissi a mio marito: «Come si può cacciare da casa un animale così fedele e devoto!» C'era un secondo animale – una cagna. Vidi i due compiere l'atto sessuale e non riuscire a separarsi. Dissi: «Oh – non riescono a staccarsi.»

Il sogno ha una storia precedente. Il marito era tornato da un viaggio. Lei provava per lui un sentimento caldo.

Poiché sua madre era morta presto, aveva avuto un'adolescenza dura. Ora comincia a capirlo. Si interessa alla sua vita psichica. Lo baciò e gli disse: «Sei felice?» Lui rispose: «Sì, se tu stai bene e so che mi ami!»

Questo la fece riflettere e dopo un po' disse di nuovo: «Vorrei che mi raccontassi della tua vita, come se fossi un'analista.»

«Non ho segreti.»

«Tutti hanno segreti. Tu non mi conosci e io non conosco te. Abbiamo vissuto l'uno accanto all'altra, ma non l'uno con l'altra.»

Questo non lo poté capire. Ma vediamo come lei stia correggendo il suo atteggiamento affettivo verso il marito. Il medico diventa una via indiretta verso il marito.

Questo ci spiega il primo sogno. Non può cacciare il marito dal suo cuore. È troppo fedele e troppo devoto. È il vecchio cane. Non lo abbandonerà mai più.

Il linguaggio del sogno successivo è ancora più chiaro: Su un prato c'erano fiori meravigliosi – un letto splendido dei colori più gloriosi. Mio marito mi permette di cogliere i fiori.

Si sente in colpa. Avrebbe dovuto capire meglio suo marito. Comprendiamo perché si sia caricata di tanto lavoro. Era un'espiazione per i suoi pensieri di morte. Ieri gli disse: «Non ti ho mai dato ciò che ti aspettavi da me!» Il marito protestò e indicò le sue virtù, la sua laboriosità e l'educazione esemplare dei figli.

L'origine delle sue fantasie sadiche era in gran parte dovuta a un museo in cui andava spesso da bambina per vedere i vari strumenti di tortura. [A proposito! Quando sarà vietato l'ingresso a tali musei a bambini e adolescenti?] È sempre costretta a pensare a un'immagine. Le viscere venivano srotolate da una vittima e avvolte in un rotolo.

In chiesa aveva sempre la fantasia sadica del bambino torturato che abbiamo già menzionato. Non riusciva a pregare come avrebbe dovuto. Era sempre perseguitata da pensieri di tortura. Voleva essere lei stessa una martire. Pensava che i santi martiri non sentissero dolore perché Dio li aiutava.

Tutta la sua vita è stata una lotta contro la polvere. Non sopporta che il sole entri nella stanza per paura che si noti la polvere. È l'immagine della sua anima polverosa che non tollera. Se la stanza era ben spazzata e pulita, si sentiva felice. Anche i suoi figli erano tenuti innaturalmente puliti.

La novità è che non può più arrabbiarsi con il suo severo padre. Era un animale da lavoro irrequieto (sua espressione), non restava mai a lungo nello stesso posto, sperava sempre in qualcosa di meglio dal cambio di luogo, si lamentava che il suo lavoro non fosse apprezzato, era molto ambizioso, voleva fare molto, eppure non concludeva nulla. Grida piangendo:

«Io sono stata la sua disgrazia!»

La motivazione di questa strana affermazione è che la madre era incinta di lei e il padre dovette sposarla per questo motivo. Non era felice nel suo matrimonio!

Ha visto di nuovo animali su un carro. Ha sempre il pensiero quando succede: «Gli animali sanno che vengono portati al macello e vorrebbero volentieri saltare giù dal carro. Ma non possono; sono legati.» Così lei è legata a suo marito. Non ne sarà mai libera. Non salterà mai giù dal carro.

Un interessante sogno animale mostra che il suo inconscio si serve del proprio linguaggio simbolico, il linguaggio degli animali:

Vedo una grossa mucca in una stalla. La sua testa è fasciata con un panno bianco. Le dico: «Non vuoi bere il latte?» (Parlo così in realtà ai miei porcellini d'India.) La mucca era enormemente grande. Lascio la stalla; la mucca mi segue. Improvvisamente si accascia sul pavimento. Penso che si sia sicuramente fatta male. Era incinta. Sveglio mio marito. Entriamo in cucina. La testa della mucca giace in acqua bollente, tagliata, la ferita rivolta verso l'alto. Giro la testa e voglio dare alla mucca qualche pezzo di panino. Lei li addenta. Li ho infilati dentro. La testa era orribilmente tagliata.

Riguardo alla mucca osserva che le mucche le ricordano sempre le madri. Lei è la mucca e darà cibo al suo animale affamato. Brucia; la sua testa è incandescente; è innamorata.

Vuole che le venga infilato del nutrimento. Suo marito deve essere attento. Deve svegliarlo.

Di nuovo allusioni al complesso di castrazione, su cui non riesce a portare conferme (fantasie di fellatio?).

È stato l'unico sogno animale spaventoso.

Un ultimo sogno, inoltre, di un bel cavallo: Ho visto di nuovo quel bellissimo, orgoglioso cavallo bianco. Saltò con il cavaliere sopra un profondo fosso. Una volta. Poi un'altra volta! Poi ancora una volta. Rimasi stupita nel vedere quante volte il cavallo potesse saltare. Alla fine il cavallo era scomparso e vidi solo il cavaliere, che saltava sopra il fosso.

Simbolismo coitale evidente. «Ancora una volta!» significa la ripetizione desiderata del coito. Alla fine il cavallo scompare e resta solo l'uomo, che è altrettanto bravo a saltare.

In un altro sogno sta lavando la sua biancheria. La sua bambina si lava i denti e sputa l'acqua di risciacquo nell'acqua del bucato, cosa che la irrita moltissimo. Non potrà terminare l'analisi se continua a trattenere i pensieri che riguardano i figli.

Per la prima volta dopo molto tempo prova di nuovo un piccolo orgasmo durante il coito. Comincia a parlare dell'infelicità nel suo matrimonio. Il vecchio lamento: suo marito non la capirà mai... Questo significa senza dubbio: non mi soddisferà mai completamente!

Arriva in lacrime nello studio. Quadri deprimenti della sua vita coniugale. Il marito non ha alcuna comprensione per i figli. Li porta solo alle lezioni, non concede loro nessun piacere e parla sempre di dovere. I bambini sono come sottomessi quando lui è in casa e respirano liberamente quando è di nuovo partito per un viaggio.

Nel sogno si trovava in una cantina con suo figlio. Vide una mamma topo e cinque topolini. Uno dei topolini era completamente sventrato. Poi vide per strada una donna incinta, che dietro era completamente nuda e coperta di peli.

Sebbene fosse brutta, aveva l'espressione sublime di una madre.

In questo sogno la donna si identifica per la prima volta con un animale. Durante la gravidanza era molto sensibile e si aspettava che il marito fosse doppiamente affettuoso. Il giorno prima di andare dalla levatrice (Lucina), stava camminando con il marito e la cognata. Il marito ora parlava solo con la sorella. Lei si sentì ferita, pianse metà della notte, cercò le sue lettere d'amore e le strappò tutte. Questo spiega il suo stato d'ansia quando andò dalla levatrice.

Le vacanze di Pentecoste sono trascorse con relativa tranquillità. I suoi sogni di animali assumono però un carattere molto diverso:

Molti animali selvatici corrono nel giardino. Dalla finestra della cantina ne ho visti tre. Uno era un gatto selvatico, il secondo molto più grande di una lince, il terzo una tigre. La lince si è avvicinata alla finestra della cantina e mi ha guardato con occhi ardenti. Avevo paura e ho controllato se la finestra fosse ben chiusa. Ho spinto avanti un altro chiavistello. Gli animali scorrazzavano nel giardino. Poi mi è venuto in mente che la mia bambina era in giardino. Ho gridato: «Berta! Berta! Ci sono animali selvatici in giardino! Dove sei? Nasconditi!» Mi sono svegliata piena di terrore.

Vediamo come lei tema la propria passione. La figlia è simbolo della sua vagina. Vorrebbe mettere un chiavistello e assicurarsi contro ogni possibilità di essere travolta dal suo impulso ribelle. Ma pensieri selvaggi, passionali e desideri di morte verso la figlia infuriano nel suo cervello di notte, tanto da sentirsi come una pazza.

I desideri di morte irrompono di nuovo nel sogno successivo:

Ho visto due carri funebri. C'era moltissimo traffico in strada, ma i cavalli sono riusciti abilmente a passare. Un cavallo si è guardato intorno. Era così brutto e aveva un muso largo e deforme. Ho pensato: «Gli sta proprio bene per un carro funebre».

Il cavallo è suo marito, al quale augura segretamente un incidente ferroviario. Lo disonora e gli mette addosso una brutta bocca. Subito dopo sentiamo perché lo fa.

Di fronte a casa loro vive un lattaio, sposato con una donna anziana e poco attraente, che ama flirtare con le ragazze. Una volta ha anche baciato la mano della paziente, forse più a lungo del necessario. Lei ha notato i suoi approcci e li ha respinti con rabbia. Ma il marito l'ha perseguitata con la gelosia e credeva che andasse alla finestra per flirtare con il lattaio. Incontrò per strada un giovane che rise per caso. Il marito ha subito sostenuto che aveva riso di lei. Non l'avrebbe fatto con una donna perbene!

Con tali rimproveri e sospetti ha avvelenato la sua vita e le ha reso impossibile essere franca e aperta. Forse ha percepito che lei anelava all'amore. L'ultimo sogno realizza un suo desiderio:

Sono nella stanza del Dott. Stekel. È molto buio perché le tende sono abbassate. Mi getto sul suo petto e affondo la testa nel suo forte torace, dove mi sento protetta. Mio figlio è nella stanza.

Le mie tende non vengono mai abbassate e chiunque può guardare nella mia stanza. Questo non si addice alla sua fantasia, e nel sogno per una volta rende la stanza buia. Il figlio sembra qui fondersi con me in una sola persona. Siamo i due oggetti d'amore con cui attualmente si occupa la sua fantasia.

Sente una stanchezza di vivere. Tutto dovrebbe essere buio. Vuole riposo e notte profonda. È infelice. In questo momento prova pietà per sé stessa. Subito porta associazioni di cavalli. Quando nevicava, pensava ai poveri cavalli che scivolavano tanto. Era felice la domenica, perché i cavalli potevano riposare. (Anche lei stessa riposa bene la domenica!) Dare da mangiare agli uccelli era pure un'azione coatta. Al mattino correva in giardino temendo di arrivare troppo tardi; gli uccelli avrebbero sofferto la fame. Si arrabbiava con i passeri che mangiavano il cibo dei pettirossi. (Altre donne le porteranno via i figli.) Crede che i pensieri ossessivi sui trasporti di animali siano iniziati con i trasporti dei feriti che arrivavano di notte. Tutto era così strano, così spaventoso, quando le vetture con i tanti feriti passavano rombando per le strade nel buio. (Presumibilmente desiderava che il marito andasse in guerra e morisse. Questa possibilità non viene espressa apertamente.)

Inizia la seduta con violente lamentele contro il marito. Racconta la tragedia della moglie con un marito geloso. Di fronte a lei viveva un capitano che spesso riceveva ragazze leggere ed era noto come donnaiolo. Guardava sempre verso la sua finestra.

Il marito se n'era accorto e la rimproverava violentemente. Non osava più andare alla finestra. Una volta l'ufficiale le parlò per strada. Lei tremava tutta e gridò: «Mi lasci in pace!»... e si allontanò di corsa.

Episodi simili vengono descritti nei dettagli. Se non avesse avuto quell'esperienza prima del matrimonio, tutto questo non le sarebbe successo. Ma il marito era già morbosamente geloso prima ancora di conoscere quell'episodio.

Il suo sogno è significativo:

Vedo un largo corso d'acqua completamente ghiacciato. Anche una cascata enormemente larga è trasformata in ghiaccio. Tutte le strade e le dighe sono strappate via e coperte di ghiaccio. Tutto è rigido e congelato.

Porta l'immagine della sua passione e del suo amore congelati.

Quando è sveglia di notte, immagina mucche al pascolo. Le mucche sono pezzate e allegre. Poi è costretta a pensare che verranno vendute e macellate e comincia a piangere.

Questo è l'ultimo residuo delle sue fantasie animali.

Per il resto pensa ormai apertamente alla sua situazione infelice e allo scopo mancato della sua vita.

Da alcuni giorni i sogni di animali sono scomparsi. Al loro posto compaiono evidenti sogni di transfert.

Le ho portato dei fiori. Lei li ha tenuti vicino alla stufa e sono bruciati come paglia.

Guardo fuori dalla finestra insieme a lei. Ci sono rondini che volano in cielo. Io grido: «Non vedi le rondini?» Lei chiede: «Dove?» Io urlo: «Tante, tante!»

È depressa. La vita non ha più senso per lei. Che cosa può ancora sperare dalla vita? Nomino i figli. Dopo aver pianto a lungo confessa di accarezzare il pensiero di uccidere sé stessa e i figli. Questo piano sembra essere nella sua mente da molto tempo. È abbastanza egoista da voler portare con sé i figli. Razionalizzazione: i figli hanno bisogno della madre. Sembra che la pietà per gli animali rappresentasse la pietà per i figli, che devono essere sacrificati. È una terribile punizione che vuole infliggere al marito. Le viene fatto notare che alla fine dovrà riconoscere che il marito è un uomo perbene e che ha sofferto quanto lei per la sua gelosia morbosa.

Ammette che anni fa aveva concepito l'idea di togliersi la vita e «portare con sé i figli».

Razionalizzazione: «Che ne sarebbe dei figli se io morissi!» Le varie fantasie animali servivano a nascondere questa idea fissa. La compassione per i figli le ha impedito di realizzare il suo proposito. Continua a cercare di convincersi di amare il marito. Questa autoinganno è ora crollato, e dovrà assumere un atteggiamento completamente diverso verso la vita. Deve imparare a rinunciare al romanzo di una grande esperienza e dedicarsi ai figli. Ma deve anche abbandonare i lavori pesanti che aveva intrapreso come penitenza e accettare l'offerta del marito di avere aiuto in casa.

Vive completamente nel transfert. La sessualità a lungo trattenuta ora irrompe con tutta la sua forza. A volte atti masturbatori che le procurano un po' di sollievo.

Sogna:

Ho sentito un maiale che veniva sgozzato. Era spaventoso il modo in cui il maiale urlava. Era un maialino particolare, cresciuto nel vicinato. Il piccolo porcellino era decorato con nastri; i figli dei vicini giocavano con lui; era l'animale di casa. Non sopporta il pensiero che il maiale verrà sgozzato. Verrà torturato da un macellaio incapace.

Sogni di questo tipo arrivano sempre quando odia i figli. Il giorno prima le bambine avevano voluto che andasse con loro a comprare le scarpe. Lei aveva detto: «La prossima settimana ci sarà tempo». Le bambine avevano cominciato a piangere. Era diventata furiosa. Aveva visto rosso davanti agli occhi ed era partita inferocita verso una delle figlie, che era scappata terrorizzata.

Aveva paura di aver voluto strangolarla.

Si vede in sogno davanti a un bicchiere d'acqua sporca. Le dico di svuotare il bicchiere e di prendere acqua pulita. È triste di avere così tanta sporcizia nella mente.

Oggi ha di nuovo visto animali condotti al macello ed era dispiaciuta; ha dovuto piangere. Ma le reazioni sono deboli, solo un'eco lontana della sua angoscia.

Odia i figli quando li sente come catene.

Le viene chiarita questa posizione. Odia tutto ciò che le ricorda il marito. Tutti i suoi parenti sono oggetto del suo odio. Sono individui realistici senza cuore.

Affiora una passione sfrenata. Ha pensieri paurosi. Vorrebbe truccarsi, colorarsi le labbra di rosso e andare per strada. Non vuole morire senza aver conosciuto la passione. Piange per la sua vita passata.

Rifiuta con disprezzo i miei richiami ai suoi doveri di moglie e madre. «È crudele! Si prende gioco di me. Ho sete d'amore e lei mi dà buoni consigli...»

Ricorda una scena del secondo anno di matrimonio. Il marito la rimproverava ingiustamente; era di nuovo geloso senza motivo; lei voleva rispondergli con rabbia, quando il bambino piccolo ha urlato. È diventata furiosa e in quel momento avrebbe potuto strozzarlo.

La famosa frase di Freud secondo cui noi analisti possiamo solo trasformare la sofferenza isterica in sofferenza comune trova nuova conferma. «Perché ha distrutto la mia compassione per gli animali? Prima potevo piangerla via. Ora piango per me stessa e per la mia vita sprecata.»

Io sono il suo dio. Vorrebbe sedersi ai miei piedi e leccare la polvere dalle mie scarpe. Deve ammirare un uomo se vuole amarlo, deve guardarlo dal basso in alto. Non riesce a rispettare suo marito. Vuole espiare i suoi «istinti animali» con un amore divino e trasfigurarli.

Ieri ha rifiutato il coito al marito, sebbene tremasse di eccitazione e desiderasse il sollievo. Non può amarlo. Perché lui ha distrutto il suo amore. Le viene spiegato quanto sia ingiusta e quanto trascuri il lato buono del marito.

Il bisogno di vendetta è più forte della ragione. Quando si arrabbia molto, diventa ostinata anche con me e tenta di nuovo di formare immagini di animali torturati.

Due cavalli correvano dietro un carro e erano legati con una corda. I cavalli cadranno certamente e il crudele conducente li trascinerà. Così dipinge le scene che riflettono simbolicamente la sua dolorosa situazione.

Tralascio numerosi colloqui che appartengono al transfert. Devo lottare duramente contro la sua passione divorante. Cerca soddisfazioni autoerotiche e poi le abbandona perché le sembrano disgustose. Ma una crudeltà selvaggia e impulsiva entra sempre più in scena. Vorrebbe uccidere tutte le donne che ho amato o che amo ora. Invidia loro la felicità. Lotta con impulsi omicidi e vede nel mio rifiuto una grave sconfitta personale.

Un sogno ci porta oltre:

Vedo un carro di animali coperto con un telo. Sono terribilmente agitata. Non voglio guardarlo eppure devo, come se una forza magica mi costringesse. Poi il carro si trasforma in un carro funebre. Vedo le mie cognate che seguono piangendo la bara.

In questo sogno fa morire il marito. Nella fantasia lo vedeva morire in un incidente ferroviario. Questa era la sua strada verso la libertà. La scena alla stazione M. diventa comprensibile. Il marito deve morire! La compassione per il marito e per sé stessa è spostata sugli animali. Il senso di colpa l'ha trascinata nel vortice della parapatia.

È stanca di vivere. Quale scopo ha la sua vita? L'esperienza tanto desiderata non arriva. Non ha più sogni di animali, ma si abbandona ancora talvolta a fantasie di pietà. Oggi ha visto un vagone di bestiame alla ferrovia. I buoi muggivano. Pensava che gli animali avessero sete con quel caldo.

Perché le persone cattive non danno acqua agli animali? Semplicemente presume, dà per scontato che gli animali non ricevano acqua, perché ha bisogno dell'idea crudele. Naturalmente è lei la mucca che ha sete d'amore e non riceve acqua.

I sogni di animali sono finiti. Ma ci sono altri sogni altrettanto spaventosi. Il sogno successivo come esempio:

C'era una cavità sotto terra. Le pareti erano di terra, ma anche di assi. Lì giaceva uno scheletro, come di un essere umano. La carne era stata raschiata via. Sembrava le ossa tolte durante la macellazione. Erano ancora fresche, insanguinate, con della carne attaccata. C'era un secondo corpo, spaccato. Si vedeva chiaramente il cervello. Una voce dietro di me diceva: «Guarda, sul muro c'è ancora fresca una mano insanguinata». Avevo paura, come se fossi un criminale che doveva essere torturato a morte. Volevo uscire, ma tutto era chiuso ermeticamente. Poi ero fuori all'aperto; volevo andare in un prato, c'era una scala ripida, quasi verticale. C'era qualcuno con me che voleva aiutarmi. Ho detto: «Dovrò arrampicarmi; ho la zuppa in mano e di sicuro la verserò». Portavo qualcosa in una scodella; non potevo posarla e continuavo a preoccuparmi di versarla.

Questo sogno riguarda una camera delle torture. Le persone venivano torturate e anche lei sarà torturata. (Connessione con l'analisi, concepita come tortura psichica e dissezione. Il cervello è esposto.) Ha una camera delle torture nel suo inconscio. Le sue idee originarie erano puramente sadiche.

Comincia lentamente a rendersene conto. Le dimostro anche l'irrealtà del suo amore per gli animali. Non è iscritta alla società protettrice degli animali. Ci ha pensato, ma non si è mai iscritta. Come socia avrebbe il diritto di intervenire in caso di maltrattamento di un animale. Ma questo non ha nulla a che fare con gli animali. Mangia tranquillamente la carne dei buoi che sono stati condotti al macello e che in spirito tanto compativa.

I pensieri suicidari riappaiono. Solo i figli la tengono in vita.

I sogni successivi gettano luce sulla trasformazione avvenuta in lei:

Ho visto un orso rinchiuso in una gabbia stretta con pareti grigie. L'orso cercava invano di uscire dalla gabbia. Sul tetto sopra c'era un cesto da viaggio. L'orso ha cercato di raggiungere il cesto e ci è riuscito. Poi ha fatto a pezzi il cesto. Improvvisamente è stato come se fossi io l'orso nella gabbia. Ho cercato di liberarmi. Poi all'improvviso mi sono vista fuori dalla gabbia. Una donna che mi somigliava colpiva l'orso con una frusta. «Che stai facendo?» ho gridato. «L'orso deve essere punito. Deve essere punito!» «Povero animale», ho detto io. «Non vede altro che pareti grigie. Desidera libertà e aria.» La donna continuava a colpire l'orso. Mi sono svegliata arrabbiata.

Vediamo come si rappresenta come orso. Il matrimonio è la sua gabbia. Il marito viaggia. Questo spiega il cesto da viaggio, che diventa ancora più comprensibile sapendo che presto dovrà interrompere l'analisi e invece preferirebbe continuare. Si amministra da sola la punizione per i suoi desideri bestiali e per il suo atteggiamento sadico verso il marito.

Nel sogno successivo appare però come torturatrice di animali. Ha buttato un gatto fuori dalla finestra.

L'analisi è terminata. Le rimangono ancora alcune azioni coatte che le ricordano il periodo della malattia. Se passa davanti a un cortile, deve guardare dentro per vedere se stanno macellando animali.

Ma è più tranquilla; ha imparato a conoscere sé stessa.

Gli animali non hanno più quel valore eccessivo che avevano assunto nel suo mondo di pensiero prima dell'analisi.

Caso numero 19

Estratto dalla lettera di un sadico.

«Quanto basta di me stesso per orientarmi: ho poco più di quarant'anni, sono sposato e vado d'accordo con mia moglie. Non ho avuto malattie degne di nota. Occupo una buona posizione dirigenziale in una grande azienda. Credo che questo sia degno di nota, e finora me la sono cavata bene con le persone, sebbene io sia piuttosto di cuore tenero.

Ero figlio unico, ma ho sempre avuto come compagna di giochi una cugina di tre anni più grande di me, che in un certo senso mi ha fatto da padrone. Verso gli altri bambini ero spietato, come mi hanno raccontato in seguito i miei genitori, e anch'io riesco a ricordare alcuni comportamenti di questo tipo. La mia vita sessuale non è stata particolarmente anomala. Da ragazzo mi masturbavo con diligenza senza che ciò avesse particolari conseguenze su di me; poi, verso i vent'anni, una donna più grande mi ha "preso in mano", con la quale ho avuto una relazione senza intoppi, anche se non ha soddisfatto tutte le aspettative fantastiche che vi avevo riposto. Questo si è ripetuto finché non ho conosciuto mia moglie. Dopo il matrimonio non ho avuto avventure extraconiugali. Non posso lamentarmi di particolari disturbi nel matrimonio, se non per il fatto che ancora oggi devo masturbarmi forse ogni mese o due, e a questa masturbazione – a differenza di quella infantile – si accompagna qualcosa di simile a un rimprovero interiore. È come se fossi infedele a mia moglie.

Ma ora veniamo alla cosa essenziale. Sono pienamente consapevole dei miei impulsi sadici; so che molte volte ferisco intenzionalmente le persone. Esternamente, però, appaio come un masochista, e anche la mia vita sessuale sembra rivelare prevalentemente il lato masochistico. Lo vedrete con maggiore chiarezza dalle fantasie che ho spesso, specialmente quando non mi sono masturbato per molto tempo: cominciano chiaramente come masochistiche e poi diventano sempre più apertamente sadiche. Ve le espongo proprio per questa transizione. A volte ho le stesse fantasie anche nei sogni.

Sono dunque lo schiavo di una bella donna giovane e potente. Di solito è proprio mia moglie. Devo fare ciò che mi ordina, slacciarle le scarpe, inginocchiarmi davanti a lei e baciarle i piedi. Devo solleticarle le piante dei piedi con la lingua. Ogni tanto mi dà un calcio. E poi – sempre però su suo comando – devo salire più in alto lungo le gambe. Quando ne ha avuto abbastanza, devo fermarmi. Naturalmente tutto finisce in un cunnilingus. In modo del tutto impercettibile, ora la fantasia cambia. Sono ancora lo schiavo e devo soddisfarla come lei ordina e fermarmi quando lei vuole, ma ora devo smettere soprattutto quando il suo orgasmo è vicino, e lei diventa sempre più quella in difficoltà. Infatti, non appena geme per essere soddisfatta, io mi fermo e la lascio implorare. E inoltre invento sempre nuove torture. Se mi supplica di fare l'amore, deve masturbarmi lei e io rido beffardo invece di darle la soddisfazione che desidera. E poi deve ricominciare da capo, usando ogni sottile sforzo per provocarmi un'erezione, e io la tormento di nuovo e la lascio insoddisfatta. Solo quando è quasi svenuta per l'esperienza io introduco il pene con forza, così che lei giace lì come morta.

Potrei descrivere questa fantasia ancora più diffusamente in tutti i suoi dettagli, ma anche così vi ho già dato l'essenza.

Aggiungo soltanto che nella realtà amo praticare il cunnilingus con mia moglie e che, per quanto ne so, questa fantasia è comparsa per la prima volta quando, il giorno delle sue nozze, ho baciato la mano della cugina con cui in precedenza ero stato in buoni rapporti.»

VI: UN BAMBINO VIENE PICCHIATO

C'è un gran numero di parafiliaci che hanno un forte interesse erotico per l'idea che un bambino venga picchiato, un tema già dettagliato da Freud. I seguenti sono casi dalla mia osservazione.

Caso numero 20

Dr. Z. T., un medico di cinquantun anni, mi visitò in preda alla più grande disperazione. Era sul punto di suicidarsi, perché non vedeva altra via d'uscita. Il ritornello abituale: ero la sua ultima speranza. Ci volle poco perché si calmasse; pianse a lungo, ma poi si riprese e raccontò le seguenti esperienze. Era padre di diversi bei figli, aveva una moglie splendida con cui viveva nella più perfetta armonia coniugale. Da giovane non era mai stato del tutto normale. Era sempre stato profondamente eccitato dall'idea che un bambino venisse picchiato. Non faceva differenza se si trattasse di un maschio o di una femmina. Non dimenticherà mai di aver assistito una volta, quando l'insegnante diede a un alunno indisciplinato tanti colpi sul sedere con il palmo della mano da farli riecheggiare lontano. Per anni ha dovuto ripensare a quell'episodio.

«Quale ruolo hai avuto nelle tue fantasie? Quello dell'insegnante o dell'alunno?»

«Fammi pensare. Non lo ricordo esattamente. Credo di entrambi. Come ho detto, queste fantasie in seguito svanirono, perché non volevo saperne nulla.»

«Quanto tempo durarono?»

«In realtà per tutto il periodo dei miei studi. Perché facevo il precettore familiare e dovevo mantenermi.»

«Hai picchiato i bambini affidati alle tue cure?»

«Confesso che ho spesso lottato contro la tentazione, perché erano per lo più monelli e io andavo facilmente in collera. Ma presi la ferma decisione di non farlo, e non l'ho mai fatto. Stringevo i denti e reprimevo la potente eccitazione sessuale.»

«Che cosa ti eccitava di più, un maschio o una femmina?»

«Anche qui non posso rispondere con precisione. Ma credo un maschio. Immaginavo come supremo piacere se fosse stato spogliato per essere picchiato e grandemente umiliato... Ho sempre lottato contro queste fantasie e me ne vergognavo. Pensavo spesso: se la gente sapesse cosa mi passa per la testa, mi disprezzerebbe e nessuno avrebbe più a che fare con me. Mi guardavo bene dai libri che trattavano di queste situazioni e solo una volta lessi una di quelle porcherie così diffuse. L'impressione fu terribile e per settimane non riuscii a liberarmi da quelle fantasie ignobili. Poi, però, ebbi la fortuna di trovare una ragazza che amai immensamente. Era la mia attuale moglie, una natura ideale sotto ogni aspetto. Prima di lei avevo già avuto alcune avventure ed ero sempre stato molto potente. Lo stesso accadde nel matrimonio. Ho una moglie eccezionale, che venero e rispetto. Sono devoto ai miei figli. La maggiore, una ragazza di diciannove anni, studia medicina... Insomma, fino a poche settimane fa ero l'essere più felice del mondo.»

«Queste scene di frustate non sono mai state oggetto di fantasia durante tutta la tua vita coniugale?»

«Non potrei dirlo. Ci ho pensato spesso, forse persino ogni giorno, ma riuscivo a respingerle. Se sentivo che un ragazzo era stato picchiato da una severa insegnante, ero subito eccitato. Avrei voluto non pensare ad altro. Ma non mi concedevo tempo per indugiare in quelle fantasie pericolose. Il lavoro era la mia medicina migliore. Ho un grande studio e molti altri incarichi come medico ufficiale sanitario, che mi tengono pienamente occupato. Ho anche un hobby: i viaggi e le lingue straniere. Risparmio sempre per un viaggio, che mi assorbe tanto da tenermi impegnato tutto l'anno con preparativi e pianificazioni. Inoltre, imparo la lingua che mi servirà per i miei viaggi.

«Così intendevo andare in Inghilterra l'anno prossimo per ampliare e approfondire la mia conoscenza dell'inglese. Mi interessa particolarmente parlare nei paesi stranieri in modo che la gente non scopra subito che sono straniero. Mi fu raccomandata da una signora, presso la quale ero medico di famiglia, un'inglese che avrebbe avuto un'ottima pronuncia ed era molto intelligente. Cominciai a prendere lezioni da lei qualche volta alla settimana. Ogni lezione mi piaceva. All'inizio studiava con me anche mia figlia, ma presto divenne troppo difficile per lei, perché facevo progressi colossali. Poi restavamo soli durante l'ora. Ora accadde l'inconcepibile, l'incomprensibile. Questa inglese ha già più di cinquant'anni, è avvizzita, magra, non bella. Mia moglie è molto ben conservata e ancora oggi passa per una bellezza. Eppure presi una grande simpatia per l'inglese, tanto che per un momento pensai di abbandonare le lezioni. I miei pensieri erano sempre occupati da lei, e notai che prima dell'ora ero così eccitato che il cuore mi batteva violentemente. Pensavo solo che tutto ciò derivasse dal mio zelo nell'apprendere e dalla mia sete di conoscenza, e attribuivo l'interesse alle descrizioni che mi dava del paese e della gente inglese. Presto però capii che era qualcos'altro, ma ormai era troppo tardi. Un giorno cominciò a parlarmi di un ragazzo che era stato sotto la sua istruzione in Inghilterra. Disse che in Inghilterra i bambini venivano educati molto più severamente e ricevevano molte più frustate. Vide chiaramente che questo tema mi interessava moltissimo. Cominciai a tremare in tutto il corpo e il sangue mi salì alla testa. Ma lei continuò a raccontare come i ragazzi venivano spogliati e frustati dalle insegnanti. Devo essere cambiato molto, perché non smise di parlare e io ascoltavo affascinato. Anche i suoi occhi si illuminavano quando parlava delle punizioni.

«Da quel giorno non ci fu altro tema tra noi. Mi innamorai appassionatamente dell'inglese, cosa che mi sconvolse e che certo non avevo previsto. Non vedevo l'ora che arrivasse l'ora della lezione. Ora lei cominciò a descrivere come avrebbe maltrattato e punito un ragazzo affidato alle sue cure. Era un bel ragazzo di nostra conoscenza. Questo mi rese folle. Dal mattino alla sera non potevo pensare ad altro. Ora soffrivo di un'ossessione che semplicemente scacciava tutti gli altri pensieri dal mio cervello: immaginavo la signorina P. che puniva questo bel ragazzo per qualche disubbidienza.

«Con questo pensiero mi addormentavo e con questo pensiero mi svegliavo: sempre che riuscissi a dormire! Di solito per ore non ero in grado di prendere sonno. Cercavo di leggere, di andare a teatro, di uscire in società. Niente funzionava. Pensavo continuamente all'inglese e sempre a una sola cosa: come avrebbe frustato quel ragazzo. Feci uno sforzo per parlarle più spesso. Avevamo davvero una storia d'amore, senza diventare sessualmente intimi. Le sue storie mi portavano al culmine dell'eccitazione; anche i suoi occhi cominciavano a scintillare... Ci baciavamo alla fine della conversazione; in quel momento raggiungevo l'apice dell'orgasmo e l'eiaculazione, e anche lei sembrava completamente soddisfatta di questo tipo di attività sessuale e non desiderava mai di più. Mi addolorava essere quasi totalmente impotente con mia moglie. Dovevo sempre immaginare il ragazzo picchiato per riuscire a ottenere un'erezione. Alla fine, in questo modo, riuscivo a soddisfare mia moglie, ma in quegli atti non avevo né orgasmo né eiaculazione. Dopo ero spaventosamente esausto e non riuscivo a dormire, tanto che mia moglie attribuiva questa eccitazione al mio nervosismo e voleva che mi astenessi, poiché il rapporto coniugale sembrava, a quanto pareva, danneggiarmi.

«Provavo terribili rimorsi di fronte a un affetto così gentile. Mi vergognavo e spesso piangevo per ore perché una forza travolgente mi aveva reso così infelice. Mille volte nella notte decisi di non rivedere mai più l'inglese. Lo giurai con ogni giuramento sacro che mi veniva in mente, persino sulla vita dei miei amati figli. Ma quando arrivava il mattino, il desiderio era più forte di tutte le risoluzioni e io tornavo dalla mia insegnante, che sapeva assumere un atteggiamento maestoso e respingente, tanto che nessuno avrebbe sospettato che avessimo una sorta di relazione amorosa. Inoltre, non parlavamo mai della direzione perversa dei nostri gusti, mai del nostro amore. Lei mi permetteva condiscendentemente di baciarla, come una madre è baciata dal suo bambino. Spesso la immaginavo come mia insegnante e presto ebbi fantasie che mi avrebbe castigato come il piccolo ragazzo, se non avessi saputo recitare la lezione. Ma studiavo molto diligentemente per paura di soccombere a questo desiderio. Recentemente, però, la risposta giusta non mi veniva più alle labbra.

Lei allora mi disse: "Davvero dovrò punire un po' questo monello!" Cominciai a tremare in tutto il corpo e i denti a battermi... Mi tirò leggermente per l'orecchio e fece come se volesse colpirmi. Ero così eccitato che diventai tutto bianco e quasi svenni. Allora, spaventata, interruppe il gioco. Questo è successo l'altro ieri. Ieri le scrissi scusandomi, adducendo come motivo un sovraccarico di lavoro professionale, cosa che non avevo mai fatto prima... E oggi sono qui da lei. Mi aiuti! Mi stia vicino! Ho pensato che forse potrebbe ipnotizzarmi e così liberarmi dalla terribile suggestione di questa donna.»

Caso numero 21

Darò questa osservazione solo brevemente. Essa ci aiuterà a comprendere meglio la psicogenesi dell'impotenza e ci offrirà un interessante contributo alla storia dei matrimoni d'amore. Riguarda un giudice di alto rango, quarantaduenne, che venne da me dalla Germania. Un uomo possente, di costituzione muscolosa, si presentò con il lamento di essere impotente e di desiderare ardentemente di essere guarito da questa terribile difficoltà.

Ama sua moglie ed è infelice perché non riesce a essere un marito per lei. È padre di quattro splendidi figli. Alla domanda se fosse stato potente all'inizio del matrimonio rispose: «Non sono mai stato potente durante il mio matrimonio. In realtà non so nemmeno come abbia generato i miei figli. Ho fatto deboli tentativi di coito, ma non ho mai avuto un rapporto completo e soddisfacente». Ora, non si devono credere incondizionatamente queste affermazioni. La maggior parte delle persone non ha una chiara conoscenza di sé nella vita sessuale e si inganna, si sottopone ad autosuggestioni ipocondriache. Non dimenticherò mai il caso di un parapatico che venne da me convinto di avere il pene troppo piccolo. Dall'indagine emerse che aveva un membro anormalmente grande. Allo stesso modo mi consultarono uomini per disturbi di potenza le cui mogli (in parte donne molto esperte) erano assai soddisfatte delle prestazioni del marito.

Ma il nostro paziente aveva ragione nelle sue lamentele. Sua moglie, che lo accompagnava, confermò che soffriva di una tale eiaculazione precoce da concludere in un secondo e che lei non aveva mai raggiunto l'orgasmo. Negli ultimi anni anche questi modesti tentativi erano completamente cessati. La moglie era diventata molto parapatica a causa di queste condizioni. Non potendo permettersi l'infedeltà, aveva vissuto, come molte sue simili, la vita di una martire coniugata. Il marito aveva conosciuto la moglie dieci anni prima ed era perdutamente innamorato di lei. Anche lei amava il marito e lo ama ancora. Ha la massima comprensione per la sua condizione e l'atteggiamento comprensivo di una sorella dal cuore tenero.

L'uomo mi raccontò la sua storia di vita e ammise «errori» che, a suo parere, non avevano nulla a che fare con l'impotenza. Nei primi anni era interessato solo a ragazzi che venivano frustati. Non sapeva se anche lui fosse stato picchiato. Almeno non lo ricordava. Ma sapeva con certezza di aver assistito una volta al momento in cui un compagno di scuola veniva picchiato dal padre. Fu colto allora da una violenta eccitazione e rimase sorpreso che il suo membro si erigesse. Questa immagine – il ragazzo frustato – lo ha perseguitato e non è mai riuscito a liberarsene. Poi arrivò alla masturbazione attraverso un cugino e presto si masturbò con la fantasia costante di essere presente a una tale scena. Aveva allora dieci anni. Non ricorda eventi sessuali più lontani. In generale non ha ricordi dell'infanzia precoce. Questo è segno che ha avuto molte esperienze e fantasie che non vuole richiamare alla mente.

Torneremo più avanti sul suo ricordo più antico. Si masturbò dunque senza scrupoli fino ai sedici anni. Intorno a quell'epoca un collega più grande gli insegnò che l'onanismo era molto dannoso e pericoloso; doveva abbandonare quel vizio. Iniziò allora una terribile lotta, che di solito finiva con la sconfitta. Tuttavia vi furono intervalli fino a tre mesi durante i quali non si masturbò. Ma le fantasie e il grande interesse per le scene di flagellazione rimasero. Presto si interessò anche alle torture. Tutte le scene in cui un individuo doveva soffrire per il potere di un altro risvegliavano in lui un vivo interesse.

Crebbe e intraprese la carriera giudiziaria senza riuscire a liberarsi dal suo «vizio», come chiamava la masturbazione. Cominciò a procurarsi libri che descrivevano scene masochistiche. Ordinò da un libraio, il cui indirizzo aveva trovato in un annuncio pubblicitario su un giornale, alcuni scritti masochistici che ebbero su di lui un effetto molto demoralizzante e accesero ancor di più la sua fantasia. Dopo questo primo ordine divenne cliente abituale di quel libraio, il quale gli inviava senza richiesta tutte le novità della sua casa editrice. Altre ditte lo sommersero di opere sadomasochistiche. Evidentemente questo libraio vendeva il suo indirizzo ad altri colleghi che trattavano libri simili; di conseguenza fu inondato di offerte, pubblicità e libri a contenuto sadico-masochistico.

Ogni nuovo libro portava a una nuova sconfitta; perché doveva masturbarsi nonostante le sue migliori risoluzioni. Dopo ogni atto masturbatorio era torturato da terribili rimorsi. Bruciava il libro incriminato e voleva distruggere ogni traccia dei suoi «pensieri perversi». Poi comparve una schiera di ossessioni che lo tormentavano più della parafilia stessa. Immaginava di non aver distrutto abbastanza accuratamente il catalogo degli scritti masochistici. Altri potevano poi essere resi infelici per colpa sua. Qualcun altro avrebbe potuto trovare la traccia di un libro e ordinarne uno; questo avrebbe poi contaminato altri. Così sarebbe diventato la fonte di innumerevoli miserie e di molte malattie. Anzi, poteva accadere che dovesse giudicare persone diventate sadiche per causa sua. Non trovò pace finché non passò a un altro dipartimento, in cui non aveva nulla a che fare con trasgressioni sessuali. Pensò seriamente al suicidio o a espiare in qualche altro modo fino in fondo il suo crimine. Cominciò a occuparsi di provvedimenti sociali e a iscriversi a società per il miglioramento morale. Lavorò su se stesso finché riuscì a dominare la masturbazione.

Sperava però di essere radicalmente guarito attraverso un grande, puro e forte amore. Fino ad allora aveva conosciuto la sessualità solo nei bordelli e lì era sempre stato impotente. Provava disgusto per quelle donne venali. Cercava la salvezza nella ricerca di una donna pura il cui amore e la cui fedeltà lo avrebbero purificato dal peccato e liberato.

Poi conobbe una ragazza che venerava come l'incarnazione di ogni purezza. Sperava dalla sua castità, come il povero lebbroso Heinrich, una completa guarigione e la purificazione della sua anima peccaminosa. Nei primi giorni del fidanzamento fu l'uomo più felice del mondo. I pensieri masochistici erano tutti scomparsi, come sperava, per non tornare mai più!

Fu inorridito dalla propria volgarità quando, baciando la fidanzata, fu sorpreso da un'erezione. Maledisse se stesso e la sua sensualità perché si avvicinava con desideri impuri a una ragazza così pura. Dovette abituarsi a queste erezioni; anzi, presto se ne rallegrò, perché per lui erano il segno sicuro di una potenza adeguata. Se prima aveva dubbi, ora era certo di sé. Sentiva che non sarebbe stato impotente con la sua sposa.

Se avesse potuto sposarsi presto, tutto sarebbe andato bene. Purtroppo il fidanzamento si prolungò. Fu lui stesso a trovare motivi per rimandare il matrimonio; ma anche la famiglia della sposa insisteva che era ancora troppo giovane; bisognava aspettare ancora; il tempo del fidanzamento era il periodo più bello della vita, poi venivano le preoccupazioni – e altre frasi consuete che i genitori amano pronunciare quando fanno fatica a separarsi da un figlio amato.

Poi un pensiero gli attraversò la mente come un lampo e minacciò di distruggere tutta la sua felicità. Era seduto accanto alla sua amata e improvvisamente si vide in fantasia inginocchiato davanti alla futura moglie, che prendeva un bastone e gli dava una frustata sul sedere. Inorridito, prese congedo senza una parola. Aveva profanato il suo santuario. Non c'era espiazione per questo. Come avrebbe potuto guardare ancora negli occhi innocenti di lei, modello tra tutte le ragazze, la più pura delle pure? Corse tutta la notte come un pazzo per campi e prati e solo con difficoltà tornò in sé. Giurò che la sua sposa non avrebbe mai saputo nulla del suo vizio e non ne sarebbe mai stata sfiorata. Questo giuramento lo calmò un po'; poté di nuovo visitare la fidanzata, ma dopo quell'idea soffrì della paura della fantasia. Tremava al pensiero che una fantasia masochistica potesse nuovamente assalirlo. La fidanzata fu esaltata sempre più in alto; divenne la sua dea, tanto che non poteva pensare di attaccare la sua divinità e «sporcarla con la sua impurità».

Si sposò e fu impotente la notte di nozze. Dopo qualche tempo riuscì a effettuare una parodia di coito. Ciononostante la moglie rimase incinta. Solo negli ultimi anni divenne totalmente impotente. La moglie divenne seriamente parapatica. Notò che qualcosa non andava nel marito. Lo scongiurò di confidarsi con lei. Lo sentiva sospirare e gemere di notte. Doveva avere qualcosa sul cuore che non voleva o non poteva dirle. Lui giurò di non avere segreti per lei.

Attribuì la sua depressione al superlavoro in ufficio. Era anche, come la maggior parte di queste persone che cercano di dimenticare, terribilmente industrioso, e anche a casa sedeva chino sui libri e sulle carte a studiare. Si interessava inoltre di numismatica e collezionava monete antiche, così che alla moglie restava poco tempo.

La parapatia della moglie divenne sempre più grave e dovette andare in una casa di cura. Non riusciva ad andare d'accordo con la famiglia di lui. Sua madre e sua sorella le rimproveravano di non sapere trattare il marito, finché alla fine lei confessò la miseria del suo matrimonio. A che le servì! Le fu fatto notare che la sessualità era solo una questione secondaria per una pura donna tedesca; doveva fare del suo meglio con un difetto così «banale» in una persona di qualità così eccellenti e in una posizione così brillante.

Il marito, tuttavia, soffriva dalla sua parte più di quanto la moglie e la famiglia potessero sospettare. Si rimproverava amaramente di aver reso infelice sua moglie. Non le aveva detto nulla del suo problema; era stata una volgare menzogna. Lei, pura come il cielo, non avrebbe mai dovuto dare la mano in vincolo duraturo a un individuo così malato e peccaminoso. Era un mascalzone, un criminale, e se non fosse stato per i figli, fiorenti, adorabili figli, si sarebbe tolto la vita.

Vi furono anche, di tanto in tanto con intervalli di anni, fantasie masochistiche e atti di masturbazione, seguiti da gravi depressioni che duravano settimane. Prendeva nota con tanta cura di questi giorni infausti da conoscere esattamente tutte le date dei suoi auto-abusi.

Lesse poi per caso sul giornale di un processo in cui un insegnante era stato condannato a una pena grave per aver frustato un ragazzo, poiché era stato riconosciuto il sadismo come causa della sua severità. Questo pensiero lo perseguitò per mesi; si immaginava tutto il processo; divenne insonne tanto da andare in una casa di cura. Prima consultò un professore molto famoso, il quale gli dichiarò che la sua malattia non era affatto masochismo; in ogni caso solo una forma innocua, il che lo tranquillizzò molto. Ma il trattamento non aiutò granché, e in seguito fu malato e impotente come prima.

L'impotenza avveniva nel modo seguente.

Poteva sempre contare su una buona erezione, che però cessava immediatamente quando voleva realmente servirsene. Qualche sorta di associazione si inseriva tra erezione e coito. Ma di che associazione si trattava?

Abbiamo un punto di partenza nel fatto che già nel periodo del fidanzamento aveva avuto una fantasia in cui veniva frustato dalla moglie. Era evidentemente questa fantasia che interveniva, e con questa fantasia e l'attesa della scena di frustate si produceva l'erezione. Ma tutta la libido svaniva immediatamente davanti alla realtà del normale rapporto. Un piccolo episodio conferma questa ipotesi. Una volta la moglie stava giocando con lui in modo innocente. Prese un bastone e gli diede un leggero colpo sul sedere dicendo:

«Questo ti farebbe bene! Una bella sonora frustata!» L'effetto di queste parole fu terribile. Lo colse una paura spaventosa che la moglie potesse realizzare questa proposta e che lui diventasse schiavo della sua parafilia. Inorridì alla realizzazione dei suoi desideri segreti e si difese attraverso la paura e la moralità. Fece alla moglie una lunga predica morale. Quanto fosse pericoloso giocare con certi pensieri! Non si doveva nemmeno scherzarci sopra.

Era dunque impotente perché non aveva trovato la gratificazione sessuale adeguata a lui.

Entra in considerazione ancora un altro fattore, al quale dobbiamo prestare maggiore attenzione. La moglie gli aveva detto con ingenua innocenza:

«Tu devi essere innamorato di un'altra donna, altrimenti non saresti impotente.» Lui si indignò molto per questo, perché non era consapevole di nessuna infedeltà. Pregò insistentemente la moglie di dirgli chi intendesse. Ma lei non rispose mai. Eppure una volta gridò: «Se proprio vuoi saperlo! Ami tua madre e tua sorella più di tua moglie. L'amore che hai è perso lì per me. Queste due donne sono le mie rivali!»

Tentò invano di dissuaderla da questo «delirio». Lei persistette... e aveva ragione. Lui era sempre rimasto attaccato alla madre e visitava la sorella ogni mese. Anche lei veniva da lui e lo baciava sempre affettuosamente, cosa che faceva arrabbiare e ingelosire la moglie. Dal suo punto di vista erano solo baci fraterni. Ma la moglie soffriva per queste manifestazioni di affetto, e non riusciva più ad andare d'accordo in alcun modo con la suocera e la cognata.

Il paziente inizialmente non aveva nulla da dire sul suo rapporto con la madre. Più tardi poté darmi dettagli molto notevoli, che tralascio. Ricorderò solo un ricordo, perché come un lampo illumina l'intera costellazione psichica.

Dormì – era già sposato da due anni – una volta nella stessa stanza con la madre. In quel momento dovette masturbarsi – e non con fantasie masochistiche. Pensò alla madre come a sua moglie e rimase sorpreso dalla forza dell'erezione. Il giorno dopo non riuscì a guardare la madre negli occhi e ebbe pensieri di suicidio.

Ora il suo comportamento nel matrimonio diventa comprensibile.

Poiché è in conflitto con idee sessuali, anzi con pensieri incestuosi, la fine della lotta deve essere la sconfitta delle idee di desiderio sessuale che tendono verso la madre e la sorella. Asessualizza la madre e con ciò la moglie. Questa asessualizzazione avviene in due modi. L'oggetto sessuale viene svalutato. Oppure l'oggetto sessuale viene sopravvalutato. Nel primo caso l'uomo diventa omosessuale, prova disgusto per tutte le donne, per cui tutte le donne sono «spazzatura», non capisce come si possa amare una donna, come si possa trovare piacere in una donna. Nel secondo caso la donna diventa una dea e quindi inavvicinabile.

Il proprio valore viene ridotto al minimo; la donna viene esaltata al cielo. Non si merita una donna simile; si deve inginocchiarsi davanti a lei e baciarle i piedi e l'orlo della veste. L'impotenza nasce allora come conseguenza di questo sentimento di differenziazione tra la propria inferiorità e l'inaccessibile altezza dell'ideale. Il coito è una profanazione dell'ideale, un sacrilegio; persino il linguaggio erotico sembra bestemmia. Molte volte si seguono entrambe le vie. Il paziente passa attraverso una fase omosessuale, che nasconde dietro una parafilia, e arriva poi alla sopravvalutazione del suo ideale femminile.

Vari ricordi del paziente mostrarono che aveva associato fantasie omosessuali all'idea dei ragazzi frustati. Non lo stimolava mai immaginare una ragazza frustata sul sedere. Si era masturbato insieme a ragazzi, e il cugino menzionato, che lo aveva condotto all'autoerotismo, ebbe una grande parte nella sua vita sessuale.

Questa idea del ragazzo frustato conteneva d'altra parte la rappresentazione funzionale dei suoi conflitti psichici.

Era malato del bambino, del ragazzo. Lottava contro il suo atteggiamento infantile. Questo è il contenuto delle sue fantasie. Doveva essere un uomo e superare il bambino dentro di sé! Nel masochismo come nel feticismo la fantasia prediletta contiene in sé l'immagine-ombra del campo di battaglia psichico.

L'analisi dovette essere interrotta in circostanze tragiche. Venne la guerra; il nostro paziente si arruolò subito e figurò tra le prime vittime. Non fummo in grado di penetrare il segreto della sua parafilia. Non avevamo potuto accertare se la deificazione della donna non fosse nata da una sfiducia e da un disprezzo verso tutte le donne e in particolare verso la madre. Siamo tuttavia costretti a pensare che questa potente idealizzazione della donna possa avere anche altre radici, oltre alla tendenza ipercompensatoria del cosiddetto «complesso della prostituta».

Caso numero 22

Si tratta di un giudice quarantenne, rimasto celibe e fino ai quarant'anni potente solo in un bordello. Fino ad allora era riuscito a dominare trionfalmente e facilmente le sue idee masochistiche. Aveva anche resistito alla tentazione di farsi frustare da una prostituta. Il suo pensiero era: «Posso permettermi di essere frustato e umiliato da una sola persona, che riconoscerei come mia padrona e dea. Ho davvero un disgusto per le prostitute. Le considero una necessità. Sono sempre stato impotente con le altre donne e tutti i tentativi con loro sono falliti».

A quarant'anni conobbe un'artista del violino, di cui si innamorò. Ora temeva di essere impotente e venne da me diverse volte per acquisire fiducia. Non poteva sottoporsi all'analisi perché non viveva a Vienna, ma mi visitava solo nelle occasioni in cui veniva a trovare la sua fidanzata, la cui famiglia risiedeva qui. Un giorno fui raggiunto dalla donna. Si rivolse a me perché il suo promesso sposo non le sembrava normale. L'adorazione nelle sue lettere aveva raggiunto un grado che la terrorizzava. Sentiva che lui la sopravvalutava terribilmente, e lei era ben consapevole di essere solo un essere umano ordinario. Ma lui vedeva in lei una creatura eterea e insisteva sempre che non poteva avere difetti. Tutto in lei era divino e di un'altra sfera. Lei voleva essere amata come persona, con tutti i suoi difetti. Mi fece avere una lettera del promesso sposo come prova della sua morbosa esagerazione, una che aveva ricevuto il giorno prima. Era una delle tante lettere con cui la sommergava diverse volte al giorno:

«Mia adorata Dea! Suprema tra tutti gli esseri terreni e messaggera del cielo! Mi inchino davanti a te in umiltà e permetto alle mie parole di ascendere verso di te come il fumo del sacrificio sale agli altari degli dèi eterni. Sì... anche tu sei eterna! La tua bellezza, la tua purezza, il tuo essere, non sono di questo mondo. Mi inginocchierò davanti a te e ti pregherò, bacerò l'orlo della tua veste, e tu passerai sopra di me, con lo sguardo rivolto verso le distanze infinite. Tu non cammini; tu fluttui! Si è mai visto sulla terra un movimento come il tuo? Ci sono mai stati esseri che si muovono così instancabilmente come te sulla terra?

Come potrò sopportare il pensiero che questo angelo sia mio? Che la divinità in te si sia rivelata a me? Che abbia scelto me, la povera, insignificante persona, per concedergli il tuo favore?

Come potrò avvicinarmi a te con desideri terreni, tu che siedi su troni di nubi radiose inaccessibili alle cure della terra? Come toccare questa purezza immacolata con i miei bassi desideri?

Sei stata mandata a me per elevarmi e rendermi puro? Sei l'angelo che mi apre la porta dell'eternità e con le braccia alzate mi indica la via verso la vita eterna?

La tua immagine sta davanti a me e io le prego... Non ho mai pregato con più fervore! Devi sentirle, queste parole con cui ti cerco e ti sacrifico e mi inchino a te! Tienti cara e non lasciarmi!

Bacio i tuoi piccoli piedi e le tracce che il tappeto conserva di essi. In eterna adorazione, il tuo umile servo...»

Si può capire che la sposa sobria e dal pensiero molto logico fosse sconvolta da questo eccesso di devozione. Su mio consiglio, ora cercò di informarlo di vari fatti della sua vita, che avrebbero dovuto riportarlo alla ragione. Aveva già avuto una relazione con il suo insegnante di pianoforte, in cui è vero era rimasta fisicamente vergine ma aveva imparato a conoscere bene le diverse variazioni dell'arte dell'amore senza coito completo. Cominciò a insinuargli che la sua purezza non era quella che lui pensava; anche lei era solo umana; e così via.

Lui ascoltava, ma tutto gli scivolava addosso. Non voleva sentirlo. Credeva che non significasse nulla; non restava su di lei nemmeno un granello di polvere; c'erano persone che non potevano essere contaminate; e simili cose.

Era disperata per essere venerata in modo così sovrumano. Ma poiché la relazione prometteva ottimi vantaggi, e inoltre era effettivamente molto attratta da lui, lo sposò.

Nei primi mesi fu completamente impotente. Le propose di vivere in un casto matrimonio come fratello e sorella. La cosa più importante nel matrimonio è l'influenza spirituale reciproca. L'uomo si eleva attraverso il sacrificio della sua sessualità e forze insospettate affluiscono verso di lui.

Ma lei non osservò nessuna di queste forze insospettate e insistette per il divorzio. Allora accadde la cosa notevole: lui non voleva lasciarla andare e le concesse piena libertà sessuale.

Discusse addirittura con lei in dettaglio la questione di quale dei suoi amici dovesse scegliere come amico di casa. Nacque così un matrimonio unico nel suo genere. Il marito continuò ad adorare la moglie come divina e l'amò oltre misura, mentre uno dei suoi amici godeva di ogni piacere mondano che lei poteva offrire. Poi lei cambiò amici.

Questo non fece alcuna differenza per il marito quando lo seppe, e anche quest'uomo gli piaceva.

Era evidente che in questo modo veniva soddisfatta la sua omosessualità, mentre l'asessualizzazione della donna procedeva sempre di più.

Questo caso ricevette luce solo quando fummo condotti attraverso un sogno al complesso materno.

Vedo mia madre seduta in grembo a un signore sconosciuto. Lo bacia e afferra il suo organo. Improvvisamente l'uomo sconosciuto scompare, e la madre sembra fluttuare tra le nuvole come una dea e sorride benignamente verso di me.

Affronta l'argomento solo con riluttanza. Sua madre era stata in effetti una donna energica, ma anche una santa.

Lo aveva spesso punito con una verga. Idee di essere flagellato erano apparse di tanto in tanto.

Alla fine ammette anche che in precedenza si era spesso occupato della fantasia che un bambino venga picchiato. Era figlio unico e non era mai stato presente alla punizione di un altro bambino. Non sapeva come questa fantasia fosse entrata nel suo cervello. Alla fine confessa che la fantasia nasceva dal desiderio di essere frustato da sua madre.

La prima volta ricevette una frustata perché era stato sgarbato con uno "zio". Il padre era spesso in viaggio e vari "zii" venivano a trovare la madre.

Mi confessa con la massima resistenza che ha un ricordo che la madre baciò uno degli zii e che quest'ultimo la colpì sul letto.

Doveva avere allora tre anni.

Per farla breve: sua madre ebbe numerosi amanti e il nostro paziente assistette a diverse scene erotiche. Il suo primo atteggiamento fu sadico a causa della gelosia. Più tardi represse tutti i ricordi e fece della madre una santa. Nel suo matrimonio ricrea nuovamente la costellazione infantile. La moglie viene resa una prostituta, mentre mantiene ancora la finzione che sia una dea. L'atteggiamento bipolare verso la madre fu trasferito interamente alla moglie. L'impotenza derivò dal tenace mantenimento della fantasia incestuosa.

VII: UNA MANO VIENE PERCOSSA

Caso numero 23

Il dott. Heinrich J., ventiquattro anni, una persona di indole letteraria, viene da me per sottoporsi a trattamento a causa di impotenza e di una disposizione masochistica. I tentativi di compiere un coito normale con donne falliscono. Egli trova soddisfazione solo quando la sua mano viene percossa, per quanto possibile, con un righello. Masturbazione accompagnata dalla stessa fantasia. Non qualunque mano lo stimola. La mano deve essere liscia e ben formata, non deve mostrare vene sporgenti e deve pendere inerte.

Egli fa risalire questa parafilia a un'impressione infantile.

Aveva sei anni quando doveva disegnare qualcosa.

Una governante che era molto tenera con lui e che egli amava molto stava osservando il disegno. Egli disegnò apposta male. Allora lei gli strappò la matita di mano e lo colpì sulla mano, precisamente appena sotto il polso; egli provò in quel momento una sensazione di piacere molto intensa.

Egli confessa tuttavia che un'esperienza ancora precedente potrebbe aver preceduto questa, quando aveva anche intenzionalmente provocato lo schiaffo. Questa governante gli aveva detto che era sonnambulo e che, andando nel suo letto, aveva urinato su di lei.

Mentre faceva ciò, aveva pronunciato le parole: «Va bene così!». Studiava sempre a casa con un precettore. Voleva essere colpito sulla mano e sempre – anche oggi – sulla mano pendente, la mano inerte. Quando aveva dieci anni, il suo desiderio fu soddisfatto. Irritò il suo insegnante finché questi non cadde in collera e così raggiunse il suo scopo. Con ciò giunsero un'erezione e una sensazione di piacere. A tredici anni iniziò a masturbarsi da solo. Immaginava sempre la stessa scena o, molto più raramente, colpi sulle natiche. Pensava solo alle mani delle bambine. Ancora oggi le mani di uomini e donne non hanno alcun fascino per lui. È un feticista della mano, ma solo per le mani di bambini e ragazze. Anche un bambino di cinque anni è in grado di stimolarlo. L'età preferita è attualmente dai dodici ai quindici anni. Il massimo ventiquattro anni. Oltre questa età, il fascino cessa.

Quando aveva tredici anni avevano un servo maschio che egli indusse a colpirlo sulla mano. Poco dopo entrò al ginnasio e si invaghì di un compagno di scuola, dal quale veniva spesso castigato. Anche altri amici partecipavano alle sue punizioni. Veniva legato con cinghie alla finestra, incatenato, posto su uno sgabello basso, poi picchiato, e così via. A quindici anni lesse in un libro dei danni della masturbazione e del pericolo del masochismo. Raccontò tutto al padre, che andò con lui da un professore. Il professore ritenne che fosse soltanto «fantasia infantile» e parlò a lungo con il padre. Alcuni giorni dopo i genitori fecero con lui una gita in un bordello.

Lo portarono fino all'angolo di una strada; poi il padre entrò con lui nella casa, dove diverse ragazze sedevano in camicia in una sala di ricevimento. Ne scelse una che gli parve la migliore, andò con lei in una stanza. Lei si spogliò completamente, cosa che lo intimidì. Egli provò (e prova tuttora) disgusto di fronte alle donne nude. Fu completamente impotente.

Se ne andò; all'angolo il padre lo attendeva in carrozza... Heinrich gli riferì il suo fallimento.

Ancora oggi parla del tutto liberamente con i genitori delle sue tribolazioni sessuali. (È figlio unico di due genitori sani.)

Si innamorò di una ragazza quando aveva solo dodici anni. Ma il suo grande, vero amore lo sperimentò dopo il diploma, a diciassette anni. Era in una località di villeggiatura estiva. Vi abitava una donna anziana, la cui compagna era un'ex governante che lo aveva schiaffeggiato (non quella menzionata della sua infanzia). Ella si prendeva cura di una ragazza di tredici anni, della quale egli si innamorò «follemente». La convinse a colpirlo, ma la colpiva lui stesso, con vari pretesti, sempre sulle mani; solo una volta le diede un leggero colpo sulla guancia.

Le dettò anche altre punizioni, alle quali la ragazza acconsentì volentieri. Quando si separarono, le baciò il dorso della mano.

Questo gli parve un grande peccato. Non bacia mai le ragazze con cui frequenta la società. Esse sono sacre per lui, perché gli sono affidate alle sue cure. Ma le istruisce nel masochismo. Questo non è un peccato. Un bacio sulla bocca gli sembrerebbe un tradimento vergognoso.

Si innamorò una seconda volta a diciotto anni con lo stesso risultato; poi a diciannove anni di una ragazza di tredici anni, che chiamava la sua fidanzata e che voleva sposare. Faceva sempre in modo che si arrivasse allo schiaffo sulla mano e a ogni sorta di piccole punizioni. A volte passavano mesi prima che raggiungesse il suo scopo, ma alla fine lo otteneva con ogni ragazza. Negli ultimi anni ha avuto paura di rendersi ridicolo facendosi colpire sulla mano e ha forzato la componente sadica, che lo mostra non come un ragazzo, ma come un uomo.

Il suo sadismo ancora manifesto è diretto contro gli animali ed è per lui molto spiacevole. Preferirebbe non parlarne. Ha tormentato animali in modo raffinato.

Ha lasciato perire insetti nella pece. Ha narcotizzato un topo e lo ha dissezionato. Ha messo pesci vivi allo spiedo. Il suo ultimo atto sadico ebbe luogo tre anni fa. Tagliò le zampe e poi la testa a una lucertola viva.

Si rimprovera severamente per queste cose. Tutto ciò che si fa agli esseri umani può essere riparato. Ma come potrà fare riparazione per questi peccati? È per scelta un poeta lirico e ha un cuore molto dolce e tenero. Come conciliare questi contrasti?

Oggi viene nel massimo stato di agitazione. Ora ha trovato un grande amore. È di nuovo l'amore vero, genuino, unico: una cugina, sulla quale è riuscito a ottenere il consenso a lasciarsi colpire sulla mano e a colpirlo. Oggi lei è a letto e alle tre deve ricevere un precettore. È molto pigra e il padre la costringerà ad alzarsi. Egli vorrebbe soprattutto essere presente. Vuole essere l'unico ad avere a che fare con lei. Il padre spesso le dà schiaffi, se la sorprende a leggere un libro inadatto (Casanova, Zola e altri – la «bambina» ha sedici anni!). Vorrebbe essere presente quando lei viene punita.

Non crede che ci sia aiuto per lui. Non rinuncerà in alcun modo alla sua particolarità. Vivrà il piacere di essere picchiato. Non vuole cambiare. Vuole solo essere in pace.

È terribilmente turbato quando pensa che stia accadendo qualcosa con la ragazza e lui non sia presente. Ha già passato notti a vegliare davanti a casa sua. La ama e sa di non essere amato. Lei non lo sposerà mai.

Vuole essere ricca e vivere nel lusso. Questo egli non può offrirglielo. Lei gli promette tuttavia che rimarrà sempre sua amica.

È inoltre così morale che si è sentito in dovere di raccontare al padre di lei la sua parafilia. Il padre dice: «Questo non fa alcuna differenza» – e fa affidamento sulla sua influenza per far sì che la figlia suoni un po' il pianoforte e impari le lingue, cosa che due governanti presenti in casa non sono riuscite a ottenere. Ma lei lo capisce e capisce la sua arte. Degli altri non gli importa; vuole piacere solo a lei.

Gli altri possono chiamarlo pazzo. Per lui è indifferente.

Usava l'etere già da bambino. I suoi precettori e i servi tolleravano queste cattive condotte. Ma egli crede di essersi rovinato con la masturbazione. È troppo debole. La cugina gli ha detto che non può sposarlo; i figli nascerebbero ritardati.

Non crede nel proprio talento. La sua ultima poesia gli piace sempre, ma dopo due giorni la trova orribile.

La sera andrà da un insegnante di pianoforte che colpisce i bambini sulle mani. Questo lo calmerà e gli farà dimenticare per un po' la cugina. Ma non permetterà mai che questo piacere innocente e innocuo venga rovinato dall'analisi. Conserverà a ogni costo il gioco infantile.

Si sente straordinariamente rasserenato dall'analisi. Oggi ha la certezza e la sicura fiducia che io lo guarirò. Vuole che io gli dia un imperativo per l'intera giornata. Ieri era con l'insegnante menzionato che colpisce i bambini. Ci sono sempre diversi uomini presenti, tutti sadomasochisti come lui. Si vergogna al pensiero che possano sapere perché è venuto.

Oggi è ricorso alla masturbazione. Uno è il suo numero sfortunato. Devo assicurargli che non è necessario che si masturbi due volte. Spesso si masturba dieci-dodici, persino sedici volte al giorno. In passato sempre con emissione seminale.

Oggi lo fa in modo tale da trattenere l'eiaculazione (masturbatio interrupta).

Tiene la mano in tasca e in realtà si masturba continuamente, solo che si ferma prima dell'eiaculazione.

Ha sognato:

Sono presente mentre la mia cuginetta picchia la più piccola. Io guardo e provo una sensazione di piacere. Poi mio zio entra nella stanza. Mi vergogno.

Ero insieme a N. Egli parlava molto con me.

Mia madre stava nella stanza, con il volto rivolto altrove. Era pazza.

Non gli viene in mente nulla a proposito del sogno. Rifiuta ogni associazione.

Vuole sempre sapere se ciò che fa è immorale. Ha una regola di condotta: non commettere alcun atto immorale a nessun prezzo.

Oggi dubita del successo dell'analisi. Suo zio lo ha messo in guardia contro di essa. Inoltre, non vuole cambiare.

Non rinuncerà al piacere di picchiare.

Ieri era molto agitato e si è masturbato due volte, non per piacere, ma solo per calmarsi. È terribilmente superstizioso. Deve bussare due volte pronunciando certe parole per proteggersi dalla sfortuna. Ieri sera ha tenuto la mano della cugina. I dubbi lo tormentano sul fatto che ciò non fosse immorale. È anche andato in chiesa per calmarsi.

Spesso, quando la chiesa è chiusa, deve compiere qualche buona azione per poter così ottenere pace. Ma egli ritiene di non essere religioso.

Non crede nei sogni. Che senso può esserci in ciò che ha sognato la notte scorsa?

Stavo viaggiando con il tram elettrico a N., scendendo da una montagna ripida. C'erano diversi vagoni. Due di essi caddero in un abisso perché il freno aveva ceduto. Il controllore si ferì leggermente a un dito.

L'unica associazione che riesce a fare con il sogno è che una volta, da ragazzo, si era ferito a un dito con la portiera della carrozza perché non era stato prudente. Anche nel sogno lo colpì il fatto che il treno avesse diversi vagoni, mentre in realtà ne ha uno solo. Ha sempre avuto il pensiero spiacevole, quando prende il tram elettrico: «Che cosa accadrebbe se proprio ora il freno non funzionasse?»

Riconosciamo il significato funzionale del sogno. Egli ha passioni sgradevoli e deve sempre tenere il freno tirato. Che cosa accadrebbe se uscisse dai binari?

Si eccita mentre parla di un incidente, corre verso il tavolo e vi batte sopra due volte per proteggersi dalla catastrofe. Aveva visto fare questo da sua madre. Non crede davvero a simili sciocchezze. Ma una volta ebbe sfortuna dopo aver omesso l'esorcismo. Da allora non vuole più avere nulla da rimproverarsi. Forse c'è qualcosa di vero.

Ha sognato:

Porto Maria [la cugina] dalla governante [la donna che colpisce i bambini in presenza di uomini]. Sono terribilmente eccitato e ho un polso di 120; sono stordito; mi sento come se dovessi svenire e mi sveglio con un violento battito del cuore.

Egli lotta chiaramente contro la tentazione di portare la cugina dalla «governante». Ammette di avere tali pensieri, ma li respinge. Aveva davvero paura di poterle fare del male.

Maria deve partire e rimanda la partenza. Egli ne è sinceramente infelice. Non gli piace questo cambiamento di programma. Vorrebbe che la nonna, che ha trattenuto Maria a causa di un raffreddore, fosse morta.

In generale reagisce molto prontamente con desideri di morte quando trova una situazione sgradevole.

È innamorato della propria mano. Gli dà soddisfazione contemplarla. Se la mano viene colpita, egli fissa intensamente il punto che è stato colpito. Quando si masturba, i suoi occhi sono sulla mano libera.

Ha sognato:

Avevo i polsini fissati ed ero contento di ciò...

Attualmente porta quelli arrotolati. Durante le percosse i polsini devono essere tolti o ripiegati. Questa è l'unica associazione che riesce a fare. I polsini fissati alla camicia sono l'immagine di una fissazione rigida. Anche il secondo sogno della notte concorda con ciò:

Sono a Sylt. Devo prendere un treno e devo affrettarmi molto. Ho dei biglietti in mano... Poi vedo il battello. C'è ancora tempo. Sono con molte persone in uno stabilimento balneare. Nuotiamo. Nuoto contro onde alte. Vedo poi a destra un'isola, contro la quale si infrangono le onde; a sinistra un profondo canalone. Cammino con la nostra cameriera – è la domestica di mia madre – su per un sentiero ripido. Ho una magnifica vista sul mare in tempesta. Vedo tre frangenti.

La cameriera si prende ancora cura di lui. Ha trentasette anni. Quando era più giovane, egli la faceva colpirlo. Da tempo hanno rinunciato a quel gioco. Ora se ne vergognerebbe. È un appassionato amante della natura. Gli addolora che la cugina non ami la natura.

Ama le tempeste, i paesaggi innevati, le passeggiate notturne, soprattutto al chiaro di luna. Ama tutto ciò che è fuori dall'ordinario, l'insolito, l'originale. Non vuole essere un filisteo. Non vuole vivere come l'uomo medio.

Possiamo comprendere il sogno solo sapendo che nei sogni la cameriera diventa il simbolo della madre.

La madre è l'irraggiungibile. È il treno che lo porta via, il battello che egli può ancora raggiungere; è l'isola contro cui si infrangono le onde. È anche il suo ideale e confluisce nella Vergine (la pura fanciulla celeste) che lo guida sul sentiero ripido verso l'altezza della conoscenza, dalla quale egli può guardare dall'alto le sue passioni, una volta che le abbia superate. I tre frangenti simboleggiano le tre correnti: uomo, donna e bambino. Egli è rimasto il bambino. La cameriera si chiama – significativamente – Marie.

Ha sognato:

Picchiavo la cameriera e non provavo alcun piacere particolare nel farlo.

Egli nega di avere qualsiasi interesse erotico per Marie. Al contrario, ella gli è ripugnante.

Se mettiamo la madre al posto della cameriera, comprendiamo che si tratta di colpire la madre. La sua prima concezione dell'atto sessuale fu di tipo sadico: il padre colpisce la madre.

Picchiare significa avere rapporti sessuali.

Ma egli ha anche rinnegato la sua religione e peccato contro i comandamenti di Dio. I suoi sentimenti di colpa hanno la loro origine nel complesso di Edipo.

Ieri è entrato in un bar e ha bevuto otto bicchieri. Ha contato prima due, poi due per due, poi due per quattro (spesso arriva fino a trentadue!). Poi ha scritto una lettera confusa alla cugina.

È nato il giorno ventidue. Afferma che questa data è il punto di partenza della sua parapatia del contare, ma non fornisce ulteriori spiegazioni sul suo sistema complicato.

Ha una straordinaria predilezione per i serpenti velenosi; una volta, da ragazzo, teneva segretamente una vipera della sabbia in un terrario e le metteva davanti dei topi. Gli piaceva osservare i grandi serpenti divorare animali vivi. Prova un piacere appassionato nell'osservare il nutrimento delle bestie feroci. Fino a poco tempo fa era un cacciatore entusiasta. Ora prova compassione per gli animali.

Vorrebbe educare per sé una ragazza di dodici anni. Potrebbe colpirla e punirla con il pretesto dell'insegnamento del pianoforte. Non colpisce mai senza una «motivazione secondaria». Poi fantastica di addestrare questa ragazza come sua amante, cosa che naturalmente non realizzerebbe mai, poiché le sue inibizioni morali sono troppo forti.

Le mani dei suoi genitori non sono per lui oggetti sessuali. Gli sono «ripugnanti». L'omosessualità gli è ugualmente repugnante. È istruito riguardo alla bipolarità dei sentimenti e degli atteggiamenti. Descrive i suoi stati di eccitazione eccessiva.

Ritiene di aver abbandonato tutte le azioni compulsive e ogni superstizione (per paura dell'analisi).

L'analisi procede con grande resistenza. Rimane passivamente resistente. Non presta attenzione ai sogni; gli sono sgradevoli e strani. Abbandona la superstizione per timore che possa essere analizzata. Riporta circostanziatamente gli avvenimenti del giorno precedente e vuole comandi definiti e consigli istruttivi.

Racconta delle influenze del padre, che gli aveva sempre sostenuto che era immorale ottenere gratificazione in qualsiasi modo da una ragazza rispettabile. Una volta suo padre conobbe una donna inglese che aveva una bambina di otto anni. Questa bambina veniva cresciuta come sua innamorata.

Venne presentato a lei in seguito; doveva educarlo sessualmente. Non si arrivò a tanto. La bambina cadde sempre più in basso dopo che sua madre fu coinvolta in un processo scandalistico. Fu infettata, condusse una vita disordinata, e dopo lo scandalo fu portata in una casa di correzione, sebbene troppo tardi – era già malata di sifilide. Egli la rivide in seguito.

Fu convertita e divenne molto religiosa. Tentò di convertirlo anch'egli alla fede, riuscendovi temporaneamente.

È straordinariamente interessato alle prostitute, cerca di conoscerle nei caffè, paga i loro innumerevoli drink, le porta a teatro; gli piace essere visto con una donna «sciolta».

Parla molto a malincuore di un «sistema». Ieri era con Mary e aveva precedentemente organizzato tutto. Si è masturbato quattro volte, bevuto quattro drammi, fumato sedici sigarette (quattro volte quattro). Tutto è andato molto bene. I numeri pari derivati da due sono numeri fortunati. Per un po' anche i numeri dispari erano fortunati. Vede due linee parallele: numeri pari e dispari, e deve talvolta saltare da un lato all'altro. È molto complicato, e non riesce a descriverlo precisamente. Dipende dal suo umore e dall'ispirazione.

I numeri pari simboleggiano l'eterosessualità; quelli dispari, l'omosessualità. La sua oscillazione tra atteggiamento maschile e femminile si spiega con l'amore per il padre e per la madre. Alla fine sfugge alla decisione, rifugiandosi nell'essere bambino.

Ha sognato:

Ero con il dott. Stekel e mio padre. Il dott. Stekel disse a mio padre che gli dispiaceva molto dovergli dire che non poteva guarirmi. Mio padre ne fu molto addolorato.

Il sogno mostra una resistenza enorme verso la guarigione. Non vuole essere curato e spreca l'ora raccontando le sue varie stravaganze. Ieri ha vissuto una grande eccitazione con Mary. Le raccontava del maestro sadico – lo chiameremo Madame Bertinger – e descriveva in dettaglio tutti i particolari intimi di questo salone.

Mary si indignò e disse: «Non si parla di queste cose. Si fanno e basta». Questo lo scosse profondamente. Sentì di aver fatto qualcosa di immorale. Doveva rimediare. Ricordò che suo padre aveva sostenuto Katherina Steiner (una ex prostituta, innocentemente incarcerata per quattro anni). Il padre aveva prestato 20.000 corone a Mrs. Steiner, che era malata, e gliele aveva consegnate. Ora è senza soldi.

Ha un insegnante di cui è molto orgoglioso. Si permette di ricevere lezioni gratuite perché non può pagare l'insegnante, e invia il denaro a un'ex prostituta. Vuole essere istruito per amore e organizza sempre in modo da dover chiedere denaro al padre.

Ha lottato con la tentazione di andare da Madame Bertinger, anche se lei l'ultima volta gli aveva mostrato la porta. La disconosce davanti agli altri. Lei ne è offesa. Non vuole che le vengano recapitati i suoi avvisi. Ha paura dello scandalo e della polizia. L'ha conosciuta tramite un annuncio: «Lezioni disciplinari severe», ecc. Uno di quegli annunci ben noti che i sadici capiscono subito.

Madame Bertinger ha un buco nella parete attraverso cui i clienti possono osservare la punizione dei bambini.

Li frusta sul sedere nudo. Possiede libri e riviste sadiche, immagini e fotografie, per stimolare la fantasia. Il nostro paziente le aveva anche dato un lieve compenso, apparentemente di propria volontà.

Il comportamento di suo padre è notevole. Anche lui si recò da Madame Bertinger per verificare se poteva trovare qualcosa per suo figlio e se poteva affidargli suo figlio. Considerava l'intera questione come un gioco innocuo. Questo padre è un fenomeno unico. Cerca ragazze per suo figlio, che tuttavia non piacciono al figlio. Papà si vendica di ciò e critica quelle che il figlio ha scelto per sé. Sembra essere il suo intento provvedere sessualmente al figlio. Una volta furono insieme con una procuratrice. Lei non volle assolutamente credere che fossero padre e figlio e disse che in tutta la sua vita non aveva mai visto una cosa del genere.

Si può comprendere il padre solo sapendo che il figlio è il suo idolo. I desideri di Heinrich sono legge per i genitori. Preferisce permettere al figlio giochi infantili per proteggerlo da follie maggiori. Ha quindi sempre cercato di curare il figlio tentando di assicurargli una relazione sessuale normale. Ma temeva che il figlio potesse essere infettato o – cosa che considerava il più grande crimine – che potesse sedurre una ragazza rispettabile. Le prostitute sono lì solo per soddisfare il bisogno sessuale e proteggere le ragazze per bene. Le donne «sciolte» e il rapporto a pagamento agiscono come compromesso.

Ma più il padre voleva costringere il figlio a seguire un percorso normale, più Heinrich si aggrappava ostinatamente alla sua parafilia. Si aspettava precisamente nella sua attitudine infantile gratificazione dai genitori.

Da bambino era innamorato delle proprie mani. Le mani erano per lui qualcosa di vivo. Come se fossero persone. Spesso pensava che gli sarebbe piaciuto andare nella foresta. Allora sarebbe stato un orso e avrebbe mangiato le proprie mani. Spesso mordeva e succhiava le sue mani.

Da bambino piccolo succhiava anche le dita.

Tuttavia ebbe governanti di prima classe, rigorosissime, che lo curarono da questa cattiva abitudine. Una di queste governanti rimase a lungo in casa. Una volta lo minacciò di inchiodargli le mani al tavolo se non si fosse comportato bene.

Le sue letture sono decisamente sadomasochistiche. Possiede un gran numero di tali libri, soprattutto di origine francese.

Ieri era a un parco giochi per bambini. Crede che tutte le persone interessate a osservare i giochi dei bambini siano in qualche modo parafiliche. Era molto felice perché poteva osservare una bellissima ragazza di quindici anni che puniva la sorellina più piccola.

In tali momenti si identifica con il bambino e con la persona più grande. Si sente dentro entrambi.

A N. una volta vide un giovane colpire una ragazza sulla mano. La scena è indelebilmente impressa nel suo cervello. Il giovane era evidentemente un sadico, poiché poi castigò la sorella più piccola. La portò dietro l'angolo, in modo che si sentissero solo le urla della piccola. Ma questo bastò a eccitarlo selvaggiamente e a farlo infatuare del giovane. Costruì una fantasia in cui erano coinvolti uno sposo e la sua sposa.

Si interessa anche all'omicidio passionale, ma crede che non potrebbe mai compiere un simile atto. È troppo compassionevole e non sopporta il dolore, né il proprio né quello altrui.

Ha reso il suo sadismo socialmente possibile, nella misura in cui usa i colpi solo come mezzo di disciplina. La percosse vengono usate solo quando è necessario. Ora ha una piccola allieva e si dispiace che sia così brava. Non ha occasione di frustarla e non lo farebbe senza motivo.

Un sogno indica la sua pietà latente. Ha sognato: S. avrebbe dovuto suonare per me la sua nuova opera. Mary era altrove e volevo chiamarla. Era occupata a consegnare un pacchetto legato a una domestica. Lo faceva come se in questo modo diventasse religiosa, cosa che non era ancora avvenuta. Mary lo sapeva. Mi svegliai e chiamai un nome.

S. è un compositore noto, un buon amico a cui è legato. Unisce in questo sogno entrambe le componenti della sua sessualità. Il pacchetto legato contiene apparentemente un libro di preghiere. Egli dovrebbe diventare pio come questa ragazza e sa di non poterlo fare. Sia lui che Mary sapevano nel sogno che la ragazza non sarebbe diventata religiosa.

La nuova opera dell'amico è molto macabra nei contenuti.

Vuole coinvolgere Mary nella sua parafilia, cosa evidente anche dal fatto che le piace tanto raccontarle del salone Bertinger. Ma lei si salva grazie alla sua fede. Il pacchetto legato simboleggia inoltre il segreto della sua parafilia. Egli si aggrappa alla madre, e Mary è, come la cameriera, solo un sostituto della madre. Restituisce alla madre ciò che le appartiene.

Il sogno è quindi ipocrita. L'opera contiene tutto il conflitto dell'incesto. Finché sua madre è religiosa, il suo desiderio segreto non può essere soddisfatto.

A volte è torturato dal rimorso.

Percepisce che il suo metodo ipocrita di educazione attraverso le percosse è qualcosa di patologico e proibito dalla religione. Ma non riesce a desistere.

Vorrebbe volentieri trasferire la sua parafilia su persone adulte per liberarsi dei bambini. Ma gli adulti non lo interessano. Si diletta solo nella gioventù.

È terribilmente eccitato. Oggi Mary ha ginnastica.

Potrebbe essere che l'istruttrice la colpisca. Vorrebbe ascoltare dietro la porta. In tal caso è molto eccitato. Ascolta ogni suono e si rappresenta mentalmente scene che in realtà non avvengono. In uno di questi stati rimase per ore sul pavimento d'estate per poter ascoltare. Vorrebbe essere presente quando Mary castiga i suoi fratelli e sorelle più piccoli. Potrebbe sentire dalle scale, ma sente che questo sarebbe disonorevole per la situazione.

I ragazzi con la divisa da marinaio lo eccitavano da piccolo (cinque-sei anni). Immaginava che fossero frustati. Tuttavia insiste che non sapeva cosa fosse un sentimento sessuale. Era «terribilmente ignorante». A dodici anni chiese a sua madre (!) perché il suo membro fosse rigido. Credeva persino fino ai sedici anni che i bambini fossero prodotti tramite infezione: ci si tocca e ci si infetta con un bambino. Spesso osservava e lo fa ancora oggi quando suo padre fa il bagno.

Pensava allora che il proprio organo fosse troppo piccolo e che non avrebbe mai potuto soddisfare le donne. Iniziò a masturbarsi da solo senza sapere realmente cosa stesse facendo. Tuttavia sospettava che fosse qualcosa di proibito, perché non ne parlava mai. Anche da bambino gli era stato detto di non toccarsi «lì sotto».

Lo riteneva impuro. Sua madre lo baciava sul sedere quando defecava. Ciò è avvenuto fino a tempi recenti. Sua madre controllava la sua defecazione, in particolare se avesse avuto un movimento intestinale sufficiente e quale fosse l'aspetto delle feci. Lo puliva fino ai quindici anni, apparentemente perché era troppo goffo per pulirsi da solo.

La nonna, a cui si aggrappava con amore idolatrico, sembra aver avuto un ruolo importante nell'origine della sua parapatia. Era da lui tiranneggiata. A casa aveva i diritti di un despota. Nessuno poteva toccarlo. Ma una volta la nonna comprò due bastoni, uno piccolo per la mano e uno grande per il sedere. Non sa se lo abbia colpito. Ricorda però che gli raccontò come venivano frustati i soldati e gli mostrò mentalmente il passaggio tra le file di soldati, che lo eccitò molto.

Ha una gerontofilia marcata. Ora si è un po' attenuata, ma in passato era molto pronunciata.

Anche suo padre lo ha colpito. Una volta sulla mano con un arco del violino, spesso sul piede, mai sul sedere. Fu anche frustato con una frusta da cavallo. In breve, ha subito un deciso addestramento al masochismo e all'infantilismo.

Dopo molte discussioni ha rinunciato completamente a Mary.

Professa ora di avere un solo obiettivo: vuole guarire ed essere libero dalla sua parafilia. Obbedirà a me e si lascerà guidare.

Racconta gli errori commessi nella sua educazione. Fu picchiato dai genitori, che non si erano mai molto preoccupati di lui. Sua madre lo colpiva solo in testa; il padre lo colpiva in ogni occasione. (Nelle prime sedute aveva affermato che i genitori non lo avevano mai picchiato.) Non sopportava ciò e persino attaccava suo padre, così che ogni percosse degenerava in una zuffa selvaggia, in cui provava la soddisfazione di «eccitare» il padre; cioè, di portarlo all'eccitazione più grande, tanto che doveva interrompere la frustata. Valutava suo padre come individuo, ma, dice, non prova alcun sentimento per lui. Il suo eterno lamentarsi lo rende spesso spregevole anche come persona.

Ripete di essere innamorato delle proprie mani. Lo era già da ragazzo, e aveva terribile paura di invecchiare e che le sue mani cominciassero a somigliare a quelle degli anziani. Temeva che le vene si vedessero. Voleva conservare le sue mani infantili. È sfortunato che debba invecchiare.

Odia le mani brutte; verruche e geloni sono intollerabili. Il peggio per lui sono le mani sanguinanti. Non può guardare il sangue. Le mani che lo affascinano devono essere giovani e pendenti dal polso. Un tempo aveva un'altra posizione preferita, variabile in base ai suoi ideali.

La mano è per lui il genitale. Guarda una mano guantata come farebbe una persona normale con l'intera forma vestita di un individuo. Togliere il guanto è per lui esattamente come spogliare. Una donna nuda lo lascia freddo, mentre una ragazza che si toglie il guanto esercita su di lui un grande stimolo.

Torna a parlare del sangue. In generale non può guardare alcun sangue se non il proprio. Gli disgusta vedere le persone mangiare. Non può nemmeno guardare suo padre mangiare. Una tavola con persone che mangiano – se la immagina dall'alto – è insopportabile. Pensa al cibo e a come poi viene digerito nello stomaco in una poltiglia orribile.

Combatte tutto il giorno; vuole andare di nuovo da Madame Bertinger. Si figura i piaceri che vi ha provato. Ha vissuto lì le sue ore più belle. Una volta diede una sculacciata a sua figlia davanti a lui durante una lezione di pianoforte; poi si sedettero sul divano, fumando sigarette e parlarono a lungo della scena. Insiste perché io gli permetta o gli proibisca di andarci, cosa che ho rifiutato. Teme di poter finire in tribunale. Ha già chiesto a un giurista a riguardo, il quale gli ha assicurato l'innocuità della sua parafilia dal punto di vista legale. Anche suo padre pensava che potesse andarci, perché sarebbe stato meglio per lui lì che con Mary, dove è così eccessivamente eccitato.

Ha deciso fermamente in questi giorni di diventare una persona diversa. Questa risoluzione è sostenuta dal fatto che Mary lo ha avvertito che ritirerà la sua amicizia.

Non vuole più condividere le sue esibizioni infantili.

Sebbene in precedenza abbia parlato per ore del suo grande amore, sopporta questa privazione con relativa facilità. Ha bisogno di un altro oggetto e vuole guarire evitando l'analisi. Così, come rinunciò alla superstizione quando notò che l'analisi stava arrivando alle radici del suo sistema, ora recupererà la salute tramite un'avventura, senza sacrificare le sue fantasie e punti di vista. Conosce una ragazza, Elsa, in un caffè, la trova meravigliosamente interessante, le dedica subito tutta la serata, la invita a cena e così via.

Dopo vari malintesi, incontra di nuovo Elsa, va a cena con lei e poi beve con lei una certa quantità di alcol al caffè! Parla di un'escursione, quando avverrà il grande evento. Resta sveglio fino a tardi, parlando tutto il tempo ma evitando qualsiasi azione, anche se la ragazza gli fa capire che non incontrerà resistenza.

La notte seguente sognò:

Ho comprato un'arancia per strada e l'ho mangiata subito. Era molto cattiva e non mi è piaciuta. Ho morso pezzi duri e insapori, come ferro o vetro. Li ho tolti tutti dalla bocca.

Il sogno è chiaro. Comincia a denigrare la ragazza.

È una donna di strada; lo sa; non proverà piacere con lei. Le schegge di vetro erano sempre un'ansia di sua madre. Ci si potrebbe uccidere con pezzi di vetro o ferro arrugginito.

Ha paura delle donne. Dietro la sua parafilia si nascondono paura della donna e timore della propria impotenza. Dubita di poter soddisfare la donna. Ha paura di essere disonorato. Per questo vuole sempre pagare. Non si sente un uomo in grado di corteggiare una ragazza e soddisfare i suoi desideri sessuali. Preferisce rimanere bambino. Se colpisce con la matita, è sicuro che la matita resterà rigida. Evita la sconfitta.

Dopo molte resistenze giungiamo al nucleo della sua parapatia. Crede di essersi rovinato con la masturbazione. Non ha più seme vero, denso, e ne produce solo pochissimo. È completamente esaurito. Non ha più una forte erezione. È impotente psicologicamente. Anche a quattordici anni aveva letto libri che gli suggerivano queste sciocchezze. Sa "con assoluta certezza" di essere impotente. Per questo si aggrappa alla sua parafilia. Si protegge dal disonore previsto.

Ieri ha nuovamente visitato la famosa istruttrice, ascoltando da una stanza adiacente ogni tipo di scena di punizione, e ha dovuto accompagnarle con la masturbazione.

Ha paura che, attraverso l'analisi, possa essere consegnato a una donna, e cerca il suo vecchio piacere infantile.

Volontà evidente di ammalarsi.

Confessa con qualche resistenza di aver immaginato, durante la masturbazione, altre scene oltre a quella dello schiaffo alla mano. Fantasia che una mano venga staccata.

Riproduce una descrizione macabra letta in un libro.

Ora si spiega il senso di colpa associato alla fantasia innocua e al fatto di colpire la mano. La sua parafilia è solo il rudimento di un sadismo distinto. Colpire la mano significa staccare la mano. Ecco perché preferisce sempre la posizione in cui la mano è penzoloni.

Ammette che scene sadiche di questo tipo hanno un ruolo maggiore di quanto fosse disposto a riconoscere all'inizio del trattamento. Ma considera queste scene sadiche come eccezioni e forme di gioco, echi di ciò che ha letto, mentre in realtà sono gli elementi principali. Ha represso le sue inclinazioni sadiche profonde e si è concesso la parafilia innocua dello schiaffo come rudimento e simbolo mnemonico (come frammenti di realtà).

Il legame con la castrazione fu inizialmente negato, ma fu ammesso che all'età di quindici anni aveva pensato di lasciarsi castrare per vincere l'impulso morboso.

Se ama davvero, non può essere crudele. Non staccherebbe mai le mani a Mary.

Non riesce mai a guardare suo padre quando fa gargarismi e poi con fatica espelle un po' di muco. Crede che il suo disgusto per il bacio (di cui parla per la prima volta) sia collegato a questo. Sente anche una repulsione fisica verso suo padre. Non potrebbe mai stare a letto con lui, mentre con la madre era molto piacevole. Spesso si infilava a letto con le sue tutrici, mai, secondo lui, per motivi sessuali, ma perché era così piacevolmente caldo e accogliente dove erano. Gli piaceva anche portare un cane a letto con sé.

Era un bambino terribilmente discolo. Esagerava attacchi isterici e malattie per spaventare i genitori, mangiava pezzi di tappeto, forava la carta da parati nuova, calunniava, mentiva, litigava, e così via.

Rubava le medicine del padre (morfina) per poterle avere. Approfitta dell'occasione per esprimersi apertamente su di me e trova molto (controtransfert negativo) da criticare.

Ha ancora un atteggiamento peculiare verso i sogni.

Gli sono antipatici e non crede che abbiano alcun significato. Dubita oggi che qualcuno possa aiutarlo. È nuovamente convinto di essere incurabile.

La notte scorsa sognò:

Avevo uno storno addomesticato. Forse era una madre con i piccoli. Li nutrivo ed ero molto gentile con loro. Come se lo storno fosse malato. Mi sembrava un amico personale.

Sto passeggiando con Madame B. e sono pazzo. Entro in una farmacia per comprare dell'urotropina.

Devo andare a Tannhauser e ho dimenticato la partitura. In qualche modo mi viene impedito di andarci.

Prima di svegliarsi, sogno ipnopompico: sto tagliando la parte anteriore (la piattaforma) di un tram elettrico e la mangio come una bignè.

Da bambino era cacciatore e sparava agli uccelli. I primi uccelli che uccise furono gli storni. In questo sogno espia il suo torto. È amichevole con gli storni. D'altra parte, lo storno è il suo caro amico, quella parte del suo ego che vuole restare cieca. Non lascerà che lo storno si uccida.

Nel secondo frammento del sogno è pazzo. Prende urotropina. Spesso la usa per disinfettarsi se pensa di avere l'influenza. È chiaramente una disinfezione mentale. Qui troviamo il primo riferimento alle sue idee di avvelenamento (urotropina = atropina).

Tannhauser rappresenta il principio della penitenza. Tannhauser era nel Venusberg e doveva fare un pellegrinaggio a Roma per espiare i suoi peccati.

Eppure quali sono i suoi peccati? L'ultimo frammento ce lo dice. È un gigante (Gulliver!), taglia un pezzo del tram elettrico e lo divora. Ha impulsi cannibalistici. Da bambino, come sappiamo, aveva mangiato pezzi di pelle della propria mano e tappeti. Ora vorrebbe volentieri diventare vegetariano per non mangiare carcasse di animali (reazione morale contro il cannibalismo). Oggi non può né pescare né cacciare.

Vorrebbe però sparare alle persone, se avesse qualche scusa (per esempio, per difendere Mary). Si dispiace che i criminali non vengano torturati prima di essere giustiziati. Vorrebbe prima tagliare loro le mani.

Ha fantasie di assistere al taglio delle mani e poi della testa di un parricida.

In queste fantasie colpiamo il punto centrale della sua parapatia. Vediamo come il sintomo parapatico unisca piacere e punizione, come agisca da avvertimento e da stimolo.

Il suo comportamento verso il padre è piuttosto sleale. Si sente meglio quando il padre non è presente. È straordinariamente timido alla sua presenza. Cerca sempre di sminuirlo. Suo padre non occupa più l'eccellente posizione che aveva prima della guerra e non ha più i mezzi di allora. Si lamenta dei tempi duri, che al figlio sembrano femminili e infantili.

Le percosse del padre, uomo di buon cuore ma passionale, hanno risvegliato i suoi sentimenti di vendetta.

Ha voluto uccidere suo padre o tagliare le mani con cui è stato colpito. Vediamo come il sintomo parapatico abbia ostinatamente mantenuto il vecchio atteggiamento come parafilia. È una richiesta continua di non dimenticare.

Sognò:

Nel quartiere della Secessione. Ho sentito dire che è un orfanotrofio per ragazzi. Mi sono chiesto se lì non ci fossero frustate... Si doveva fondare un club per buona compagnia. Ero con Madame B. e le sue allieve. Avrei dovuto entrare nel club, ma ho esitato. Mi accorgo che si arrabbierà se non lo faccio. Volevo solo guardare. Ero l'unico uomo. Misi allora il mio nome sul foglio e sentii che si dovevano pagare 150.000 corone all'anno. In qualche modo in relazione a ciò trovai il Dott. B., il pianista. Gli suonai le mie canzoni. Gli piacquero. Avevo due ferite sul palmo della mano; tutta la pelle era via; vedevo la superficie cruda; c'era sopra qualcosa come una pelle, una struttura carnosa, così che non riuscivo a chiudere la mano.

Vicino alla Secessione c'è un caffè in cui per la prima volta aveva potuto osservare le prostitute e divertirsi con una donna disinibita. Invece della Secessione vede un grande edificio grigio, simile alla corte suprema. È come un avvertimento dei suoi impulsi malvagi. I ragazzi orfani gli ricordano pensieri cattivi (se i tuoi genitori fossero morti, erediteresti tutta la proprietà!). La signora P., un'altra insegnante di canto, con cui ha suonato, ha un istituto simile a quello dell'istruttrice di pianoforte Madame Bertinger.

Ma non entra. Esita; prima vuole osservare. L'insegnante di pianoforte ieri gli ha chiesto una somma piuttosto alta, molto spiacevole. Ha sempre paura dell'estorsione. In questo sogno è l'unico uomo tra molte ragazze. Non ha nulla da temere a confronto. Può eludere il suo complesso d'impotenza. Ma gli appare il signor B., un famoso pianista, uomo molto bello e vigoroso.

Anche verso di lui si mostra il più forte. Perché è un compositore. Gli suona le sue canzoni. Infine il sogno sfocia in un'identificazione con Cristo. Ha ancora pensieri di essere un salvatore. Soffrirebbe e sopporterebbe affinché possa compiere una grande opera per l'umanità. Ha anche le stigmate su entrambe le mani, che però sono molto più grandi di quelle di Cristo. Non può giungere le mani; non può pregare. È lui stesso un dio e sarà adorato. La sua impotenza si manifesta come ascetismo volontario e la sua parafilia come protezione dai pericoli della sessualità. Anche in questo sogno deve pagare un prezzo esorbitante. Aveva a disposizione 300.000; ora il suo denaro si è ridotto a 150.000. Deve quindi pagare tutti i suoi soldi (tutto il suo amore) per la sua parafilia.

La Secessione si riferisce al suo desiderio di emanciparsi dai genitori. Si tratta di una secessione mentale.

Spesso si è immaginato come un bambino orfano. Nascono le idee familiari di eliminare qualcuno – il tema latente dell'omicidio paterno. Le mani di un parricida vengono tagliate come talione.

La prima secessione fu la rivolta degli oppressi contro coloro che li opprimevano. Così questo bambino viziato si sentiva oppresso quando il padre lo colpiva. Allora si precipitava furioso sul padre, lo mordicchiava e graffiava e lo colpiva all'addome, finché il padre, essendo il più forte, usciva vincitore. Ha ripetuto queste scene nella fantasia (è il pianista che suona le vecchie canzoni a se stesso). Voleva espiare per questo e per lungo tempo pensò di diventare monaco (l'ordine rappresentato come un club). Considera i due grandi traumi della sua giovinezza come ferite sulla mano. L'idea di diventare monaco portò alla parafilia cristoide.

Riporta numerose fantasie sadiche. Se cammina dietro un uomo, potrebbe spararagli alla testa o abbatterlo.

Ha a lungo negato ogni impulso omosessuale. Ora ammette che i giovani lo stimolano e vorrebbe compiere su di loro ogni sorta di cose. Naturalmente, solo scene di frustate. Ma colpirebbe non solo la mano, ma anche i glutei. Sa ora che sua madre lo aveva frustato sui glutei, ma crede di non averne tratto piacere.

I genitori lo picchiavano in ogni occasione.

L'ultima volta ricevette un ceffone dal padre. Aveva allora un flirt infantile con una ragazza. Il padre pensava che avrebbe dovuto sposarla. Una persona per bene non faceva tali cose.

Fu cresciuto in modo incredibilmente assurdo. Un bacio era un obbligo a sposarsi. Non ci si doveva invischiare con una ragazza per cui non si pagava. Le prostitute erano lì per amore; le ragazze rispettabili volevano e dovevano sposarsi.

L'intera libertà giovanile gli era preclusa. Aveva paura con ogni ragazza che potesse volerlo sposare e perciò le evitava tutte. Si attaccava alla sua parafilia per dispetto verso i genitori, che gli avevano imposto questo imperativo.

In questi giorni ha un evidente riflesso di fuga, vuole andare a casa dai genitori, ostensibilmente perché lì c'è una ragazza molto affascinante che vorrebbe vedere prima che se ne vada. Si manifesta un atteggiamento positivo verso i genitori. Vorrebbe oggi dormire volentieri in un letto con sua madre. Ma non ci sarebbe nulla di sessuale, solo puro affetto.

Tre settimane di analisi passano senza che si possa fare alcun progresso. Insiste che è guarito. Non ha alcuna compulsione a fare cose in serie, e la mano sembra non dominare più. Cerca la conoscenza di ragazze e ottiene con una prostituta un coito completo.

Non mi fido di questa pace generale. Nota che finge per mantenere la sua parafilia e trionfare su di me. Non porta sogni o solo frammenti insignificanti, ai quali non giungeranno associazioni. Crede di aver finito con il suo amore per Mary, mette annunci sul giornale e cerca una ragazza adatta, ma tutto ciò è fatto con tante precauzioni e misure protettive da non poter portare a nulla. Maschera anche il transfert e finge indifferenza. Gioca lo stesso gioco con me come con i genitori.

Si annuncia comunque. Ha interesse solo per la sua arte; è molto industrioso; non fa nulla di sciocco.

Poi un giorno suo padre appare a Vienna. L'intero quadro cambia. Ha una grave ricaduta. Non può fare nulla, non può suonare la sua musica e ricomincia a frequentare bambine che può picchiare.

Il suo sentimento verso Mary si infiamma di nuovo (spostamento ancora una volta dal padre; atteggiamento bipolare: amore e odio).

Un sogno ci mette sulla pista. Sogna di essere stato colpito da una ragazza che lo aveva già picchiato molti anni prima. Questa ragazza indossava una cravatta dai colori vivaci come quella che ora porta suo padre.

La ragazza è un travestimento per il padre.

Ora ricorda che da bambino desiderava essere picchiato dal padre. Faceva vari scherzi per far arrabbiare il padre. Si comporta negli ultimi giorni allo stesso modo verso di me. Dice cose spiacevoli nella speranza che io sia severo con lui. Non si masturba da sei settimane.

Ieri ha ceduto alla pressione. Si è masturbato una volta, poi ha avuto paura che fosse troppo poco, è caduto nella sua serie e ha completato l'atto cinque volte.

Oggi ricorda di essere stato punito al quinto anno dal padre nel modo seguente: giaceva a letto, il padre gli sollevava le gambe e lo girava, poi dava qualche leggero colpo ai glutei.

Desidera la ripetizione di questa scena. La sua serie ossessiva è il desiderio di rivivere questo episodio a tono di piacere. Questa scena è misteriosamente intrecciata con quella delle mani. È il padre e il bambino o la ragazza diventa la sua imago infantile.

Conferma questa opinione fornendo una serie di dettagli.

Se legge di un crimine, ha paura di essere scambiato per l'assassino. Ha fantasie anche di impiccagione reciproca.

Tempo fa rubò i libri di pianoforte di Mary, dove era segnato in alcuni punti che non aveva studiato. Pensò che la maestra la avrebbe punita per questo e si masturbò con questa idea.

Ha vergogna delle fantasie diurne e chiede ripetutamente se deve raccontarmele. Le raccoglie ora e si stupisce di quanto frequentemente appaiano fantasie sadiche, che lo interessano, egli afferma, come qualcosa di estraneo a sé. Le considera giochi oziosi che non hanno significato per la sua vita mentale.

Un esempio tra molti. Ha uno zio parapatico. Ha sentito che lo zio è molto malato. Improvvisamente gli viene in mente la fantasia di poter picchiare crudelmente lo zio finché crolli. Mi coinvolge nelle fantasie con Mary e altre persone. Spesso i sogni diurni sono molto infantili, per lo più snob; si muove nella buona società, è distinto, ecc. Da bambino aveva la fantasia che suo padre avesse un armadio con vari strumenti per frustare e torturare. Desiderava essere picchiato dal padre sui glutei nudi e torturato.

Sua madre a volte lo puniva colpendo le mani con i suoi occhiali. Lotta contro il riconoscere l'origine della sua parafilia in queste punizioni e come motivazione del suo punto di vista indica che le mani della madre gli erano molto antipatiche. La "mano penzoloni" originariamente non era necessaria. Ora crede che la "mano penzoloni" debba ricordargli anche il pene pendente.

La "mano penzoloni" simboleggia quindi anche il complesso di impotenza. Colpisce un pene. Taglia un pene (seconda comparsa del complesso di castrazione).

Il trattamento diventa sempre più doloroso per lui.

Cancella i suoi appuntamenti, arriva in ritardo e improvvisamente trova urgente dover partire. Non sopporta il caldo di Vienna; il trattamento lo rende nervoso. Ha comunque raggiunto il suo scopo, perché la compulsione alla ripetizione è scomparsa del tutto. Non c'è più alcuna serie.

Gli richiamo l'attenzione sul fatto che interrompe l'analisi nel momento più importante. Si considera guarito.

Dopo un intervallo estivo di tre mesi riprende il trattamento. Durante l'estate tutto è andato così splendidamente che i suoi genitori lo hanno considerato guarito. Ma egli non si sente ancora libero dalle sue azioni ossessive.

Sarebbe disposto a rinunciare alla sua parafilia solo se potessi promettergli una completa sostituzione attraverso il normale. Ma non fa alcuna preparazione per procurarsi la soddisfazione normale desiderata o indesiderata.

Fa uso dei mezzi ordinari per distruggere l'effetto dell'analisi e renderla impossibile. Tuttavia, si compie un grande progresso. Diventa evidente che conta le scene in cui è stato picchiato dal padre. Ripete di essersi comportato male per essere frustato e ammette di essere felice di non poter più ottenere tale fine.

Eppure tenta, attraverso ogni sorta di trucchi infantili, di far avvenire una scena di frustata con me, di cui non è cosciente e che energicamente nega.

È importante che tutta questa parafilia si sia davvero sviluppata all'età di diciassette anni (dopo che il padre lo aveva schiaffeggiato). Probabilmente sarebbe scomparsa del tutto se non avesse incontrato Stella, una contessa affascinante, il suo primo grande amore dall'uscita dalla scuola. Lui aveva diciassette anni e lei tredici. Ne era rapito ed era orgoglioso di poter avere un rapporto con una contessa. Lei gli disse che le piaceva frustare i suoi fratelli e sorelle. Una volta si comportò un po' male e lei disse: "Dovrei proprio trattarti come tratto mia sorella." La prima scena di frustata avvenne in quel periodo. Lei lo colpì. Più tardi lui le rese questo favore amichevole. Così tornò a una forma infantile di gratificazione, che in altre circostanze avrebbe potuto dimenticare.

Questo amore, il più grande e forse unico della sua esperienza, subì una fine violenta. I genitori della contessa vietarono la loro frequentazione e giudicarono che lui non fosse degno per nascita di una contessa. Per la prima volta il sentimento di inferiorità lo colpì, il giovane viziato e orgoglioso, onnipotente nella propria famiglia. Sentì di non essere un aristocratico di sangue puro e si arrabbiò con i genitori per non essere un conte.

Ora cerca Stella in ogni ragazza. Porta ancora con sé le sue fotografie.

Due grandi eventi determinarono la regressione.

Primo, il fatto di essere considerato di nascita inferiore; secondo, di essere stato preso a schiaffi alle orecchie dal padre. Entrambe le circostanze risvegliarono il senso di inferiorità e provocarono la formazione di reazione.

A ciò si deve aggiungere il fatto che Stella era un po' sadica e in questo modo rispondeva alla sua costellazione infantile.

In lei vedeva la realizzazione: l'aristocratica di alto rango, la bellezza abbagliante, la sadica e allo stesso tempo l'ideale.

La realtà lo strappò da questi sogni. Di nuovo trovò rifugio nelle sue fantasie infantili. Si masturbava, sempre con la fantasia che Stella lo colpisse sulla mano o che lui colpisse Stella.

Me lo racconta all'ultima ora. Vediamo ancora una volta la prova dell'importanza della recente esperienza. Senza quell'esperienza con Stella, certamente avrebbe superato la sua parafilia. La masturbazione consolida la fissazione sull'ideale irraggiungibile, che può radicarsi nuovamente come imago materna a causa della sua inaccessibilità.

Ogni masturbazione si chiude con una preghiera a Stella e con il fervente desiderio che possa salvarlo.

Mary non era che una nuova edizione (spostamento dell'affetto) di Stella.

Se non può avere Stella, le altre donne non hanno significato per lui. Ora cerca solo ragazze povere sulle quali possa impressionare come aristocratico. Non può dimenticare l'umiliazione precedente.

Dopo questa importante rivelazione si rinchiude di nuovo. Recita la parte della persona che segue l'analisi, in modo che l'analisi non possa fare alcun progresso. Gli viene mostrato che l'analisi deve giungere a termine se non riesce a riconoscere e vincere la sua resistenza. Beve ogni sera, vino e liquori più forti, così da narcotizzarsi presto. Gli è vietato.

Teme la fine del trattamento e fa alcune comunicazioni. Riporta numerose azioni ossessive, un cerimoniale prima di andare a dormire. Il cuscino e la coperta devono giacere "in diagonale". Si inginocchia davanti al letto e ripete il "Padre Nostro". Poi si masturba e ripete la preghiera nella stessa posizione.

Sappiamo che da bambino era innamorato delle proprie mani.

Temeva che crescendo le vene blu potessero risaltare come quelle del padre. La madre spesso baciava le sue mani e ne lodava la bellezza. Lo vizziava oltre ogni limite. Non doveva mai chiudere il bagno a chiave. La madre veniva da lui fino ai dieci anni quando defecava e spesso baciava i suoi glutei.

Di notte veniva svegliato dalla tata inglese per non bagnare il letto e spesso veniva colpito sulle mani.

Le mani non dovevano mai stare sotto le coperte. Gli era stato vietato di masturbarsi, e se trasgrediva, veniva punito.

La sua masturbazione attuale è un atteggiamento di sfida.

Ha sempre avuto un impulso violento verso la libertà. Invidiava gli animali selvatici e avrebbe volentieri voluto essere un lupo. Si identificava con Mowgli nel Libro della giungla di Kipling. Masticava come una bestia e mordicchiava come un lupo. Mordeva la nonna al seno, pizzicava la tata al braccio quando era sul vaso e lei lo teneva. Torturava animali e colpiva i fiori di cardo con la fantasia di decapitare le persone. Voleva essere un assassino, un famoso criminale, un fuorilegge.

Emerse sempre più chiaramente che il suo impulso sessuale si era manifestato fortemente nella prima infanzia e che genitori e insegnanti avevano lottato vigorosamente contro di esso.

Se ora si masturba furiosamente in serie, si vendica così di tutti i divieti, e conta gli anni dell'infanzia in cui fu inibito per l'imperativo di chi lo allevava. Conta anche i giorni tra i singoli atti di masturbazione, quando cercava durante il periodo religioso (sette-quattordici anni) di liberarsi dall'abitudine.

Non può riferire nulla sulle prime fantasie di masturbazione. Successivamente, tuttavia, apparvero fantasie sadiche pronunciate, che precedettero il periodo masochista.

Quest'ultimo venne evidentemente dopo la repressione degli impulsi religiosi.

È di nuovo agitato e insiste sul fatto che dovrà interrompere il trattamento. Non riesce a continuare; deve tornare a casa ancora una volta.

Un'altra pausa di quattro mesi. È andato splendidamente. Ha molto ridotto la masturbazione, temporaneamente l'ha sospesa del tutto. Non beve più alcolici.

Mary è stata ospite a casa loro quell'inverno e parlarono molto d'amore. Le confessò il suo amore.

Nonostante ciò, sa che non lo sposerà. Crede di non essere abbastanza sano e ricco (entrambi falsi).

Proseguirà con l'analisi fino alla fine.

Finora avevo condotto il trattamento in condizioni impossibili. Non voleva perdere la sua parafilia (un bambino viene picchiato) e voleva solo liberarsi dal suo amore morboso per Mary. Voleva poter scrivere poesie e lavorare. Abbiamo raggiunto entrambi gli scopi. Ora gli pongo l'alternativa: "Devi avere la volontà di liberarti dalla tua parafilia, altrimenti non posso curarti." Chiede tempo per riflettere e arriva con ogni sorta di condizioni.

L'analisi procede per interesse scientifico, contro la mia convinzione interiore.

Confessa di avere ancora la "compulsione due". Deve fare tutto due volte. Urina in due divisioni, e così via.

Ammette con riluttanza di amare l'odore della mano e spesso la annusa. È innamorato dell'odore delle sue mani. Teme di invecchiare. Vorrebbe iniziare una nuova vita. Alcuni sogni interessanti, che passerò oltre.

Vengono alla luce le prime intuizioni della fantasia del corpo materno.

Sognò:

Sono davanti all'oceano. Ci sono bambine. Le onde crescono sempre più e mi rallegro che parti dell'argine vengano distrutte, e penso che non potrei perdermi questo spettacolo meraviglioso.

Un sogno di resistenza. Non vuole rinunciare alla sua parapatia e al dramma affettivo della sua psiche. Continua a credere fermamente nella sua impotenza. Si masturba ogni sera e si stupisce di avere così poco seme.

Prima della masturbazione annusa la mano, la lecca (la bacia), la succhia, e poi la considera trasfigurata. Un atto di masturbazione è impossibile per lui senza una mano umida.

Non bacia mai in bocca. Prova disgusto per una bocca umida. Bacia solo sulla guancia, mai sulle labbra. La compulsione a fare tutto due volte risale al desiderio di rinascere (due volte nato). Teme l'età e la morte. Il primo conteggio riguardava la lunghezza della sua vita. Ora conta per poter raddoppiare la sua età. Poi si rimprovera: "Come hai sperperato la tua vita? Che cosa hai ottenuto dalla tua vita?" Non pensa mai, a quanto crede, all'età dei genitori.

Riporta per la prima volta i suoi complessi olfattivi, che di solito giocano un ruolo maggiore nel feticismo del piede che in quello della mano.

Passarono mesi prima che me li confessasse.

Nota il contrasto: mentre non può dare un bacio umido, la sua mano lo eccita solo quando è bagnata dal bacio.

Sognò:

C'è una specie di sinfonia. Come una delle più sacre, una sfilata popolare. N----, mercato delle delizie? Io sono con Mary e guardo. L'effetto della folla all'aperto mi ha molto piacere.

N----. Molte persone erano invitate. Anche la piccola F. Mi mandarono a comprare una gallina.

Ero con le tre sorelle e il loro padre. Era stato ordinato che dovessi dare loro lezioni di piano. Il padre mi aveva portato con sé e disse che, poiché era presente, lì non sarebbe successo nulla. Una di loro racconta di aver ricevuto lezioni di piano e di averle interrotte perché il padre la picchiava.

Arrivai a una bella casa antica, poetica. Giunsi solo fino al cancello.

In qualche modo, ancora qualcosa riguardante i colpi e poi la chiusura.

La tendenza religiosa appare chiaramente dal primo sogno. Gli viene in mente il vitriolo di rame riguardo al pollame che deve comprare. Parla a lungo anche del complesso della sorella. Temeva di poter avere una sorella e decise di ucciderla come si uccidono i pulcini o i scarafaggi.

Ora desidera avere una sorellina in modo da poterla picchiare. Un odio nato nell'infanzia si trascina dal complesso della sorella fino al presente. Tratta le ragazze come sorelle, le odia e coltiva desideri di morte inconsci.

Un pensiero successivo gli viene in mente mentre analizziamo il sogno. Voleva entrare nella vecchia casa e temeva che non lo lasciassero uscire perché aveva colpito le ragazze.

La vecchia casa è sua madre. Aveva la fantasia di uccidere la sorella nel grembo materno. Aveva un'unica ansia in infanzia: che la madre potesse rimanere incinta.

Più tardi mascherò questa paura e prese l'atteggiamento che sarebbe stato felice di avere una sorellina. È vero che aveva sentito ripetutamente che sua madre non voleva altri figli.

Si nota il contrasto nel sogno. Inizia con una sinfonia all'aperto e finisce con il tentativo di entrare nella vecchia casa, dove potrebbe essere rinchiuso.

Così come il mare in tempesta nel sogno precedente rappresenta la sua psiche agitata, egli simboleggia la sinfonia del suo amore, che sente con Mary (Vergine Maria – Madre di Dio). La madre è per lui la più sacra e allo stesso tempo oggetto del suo desiderio (mercato delle delizie). È nato a N---. Quindi anche il luogo di nascita.

È sempre stato molto geloso e voleva avere la madre tutta per sé. Un'associazione con il vitriolo di rame porta attraverso il vitriolo al veleno e al complesso del veleno. Se le galline dovessero deporre e apparissero nuovi pulcini (sorelle), li avvelenerebbe. Poi segue la scena con le tre sorelle, che contiene la sua paura segreta.

Altri ricordi emergono dopo una lunga analisi del sogno. Il padre lo frustò più volte sui glutei. Ricorda un grande baule che giocò un ruolo importante nella sua infanzia. Gli piaceva nascondersi in questo baule (fantasia del grembo materno). C'erano diversi bastoni lì dentro.

C'era anche un tavolo in quella stanza. Una volta il padre lo svestì, lo mise sul tavolo e lo frustò sul fondoschiena nudo.

Poi in casa c'erano due servitori, entrambi masochisti. Il primo lo faceva picchiare e lo colpiva sulla mano (undici anni). Il secondo era decisamente parafilico ed era innamorato di lui. Era un servo assistente di oltre sessant'anni. Heinrich colpì il vecchio, lo gettò a terra, gli tirò i capelli e gli diede come premio un vecchio paio di mutande da annusare.

Questo servitore era infatuato dall'odore del ragazzo (dodici anni). Iniziò allora a praticare la masturbazione. Non ricorda se il vecchio servitore fosse il suo istruttore nell'autoerotismo.

Una volta sua madre lo sorprese a Sylt (tredici anni) dopo la masturbazione. Trovò una macchia umida sulla camicia. Lui le mostrò il pene, che non era eretto, e voleva dimostrare così di non essersi masturbato. La madre rimase confusa e lasciò la stanza. Aveva minacciato di raccontare tutto al padre, ma non lo fece.

La mamma è sempre stata peculiare. Lo pizzicava e graffiava quando era arrabbiata.

Il padre contribuì molto a rafforzare la sua impotenza. Gli disse ripetutamente: "È un crimine sposarsi se prima non si è provata la propria potenza e non l'hai esercitata con prostitute."

Heinrich fa i due sogni seguenti:

1. Faccio un viaggio con Mary su un campo innevato. Mi taglio il piede con un grande pezzo di vetro e vedo la pozza di sangue come un nastro.
2. Devo andare a Trento. Poi era come se fossi con Mary a Gomagoi.

Una volta fece un'escursione a Trento. Voleva andare a Vienna con la sua bicicletta. Era stanco a Trento e tornò indietro.

Trento in questo caso significa il ritorno a metà strada.

Successivamente gli viene in mente che nel sogno Trento era sotto l'acqua, e solo un piccolo sentiero pericoloso costeggiava l'acqua.

Compare così il ricordo di qualcosa di vecchio, sommerso. Solo un sentiero stretto. Poi pensa al pericolo del cammino stretto e al fatto che aveva fatto un viaggio con Mary a Gomagoi. Lei gli aveva detto mentre andavano: "Non mi fiderei a stare a letto con te di notte..." Le associazioni ora si fermano. Ma la grande pozza di sangue nel primo sogno indica il complesso criminale. (Il campo di ghiaccio simboleggia ricordi e atteggiamenti congelati, allo stesso tempo il letto bianco.)

Gli chiedo ora:

"Sai che è stato commesso un crimine al Passo dello Stelvio?"

"No... non lo ricordo."

"Pensa un momento!"

"Non so nulla."

"Un luogo famoso."

"Sì – ora ricordo. Un uomo ha ucciso sua moglie, l'ha spinta nell'abisso terribile. C'è una pietra sulla strada. Ero lì con Mary e leggiamo l'iscrizione."

Ora la repressione si solleva e segue un flusso di associazioni.

È un omicida per lussuria e ha la fantasia di uccidere la donna che abbraccia. In origine era la sorella non ancora nata.

Ora è sua cugina Mary, anch'essa imago della sorella.

Ricordi di aver giaciuto nel letto della madre e aver infilato le gambe tra le sue. Poi un chiaro ricordo che fu prima schiaffeggiato dalla madre sulla mano perché aveva giocato con il suo organo (evidentemente un ricordo di copertura. Potrebbe aver fatto un'aggressione verso la madre). La frusta da equitazione del padre, con cui fu frustato, si trovava nel baule menzionato. Seguono ulteriori ricordi, tutti riguardanti colpi ricevuti dalle persone che lo crescevano.

Ancora una volta i ricordi suggeriscono la connessione tra il divieto di masturbazione e la parafilia. Ricevette i primi colpi sulla mano con lo stelo degli occhiali.

La sua compulsione alla ripetizione si spiega con il desiderio di rivivere la scena. Gli piace usare oggetti simili allo stelo – una matita lunga, un pezzo stretto di tavola – e ha persino rotto i suoi occhiali usandoli per colpire.

Le scene d'amore nel letto della madre appaiono insieme a questo ricordo, per cui possiamo supporre un legame stretto tra questi due ricordi. Manifesta ripetutamente il desiderio di poter dormire di nuovo con la madre e crede che solo il calore e il contatto della pelle fossero per lui associati al piacere, ma che non avesse mai avuto un'erezione allora. L'erezione era il segnale d'allarme nei primi anni, e la madre lo esaminava spesso per vedere se l'aveva. Questo spiega la scena successiva in cui l'assenza dell'erezione (tredici anni) doveva dimostrare alla madre che non si era masturbato.

Ancora una volta ci imbattiamo nella connessione tra il divieto di masturbazione e l'odio. Doveva odiare la madre perché gli aveva tolto il piacere senza dargli un sostituto. La masturbazione era così associata alla fantasia di giacere nel letto della madre e stringere le sue gambe. Infatti assume questa posizione durante la masturbazione. Afferra un cuscino, incrocia le gambe e le preme convulsamente l'una contro l'altra.

Sognò:

Ero prima in Russia e poi in America. Ero, insieme a una ragazza, condannato a morte per complotti rivoluzionari contro lo zar. Volevo ucciderlo. Un grande processo. Tutti erano commossi. Il pubblico ministero e i giudici piansero dopo avermi condannato. Loro si rammaricavano che dovessi morire così giovane, ma non potevano fare nulla. Fui condotto via dai soldati. Riuscii a fuggire. Dovevo separarmi dalla ragazza, altrimenti ci avrebbero riconosciuti. Lei scappò verso est, io verso ovest, per andare in America. Ora mi trovavo in fuga. Sapevo che se avessi raggiunto il mare, sarei salvo. Nel frattempo vivo ogni sorta di avventure eccitanti. I soldati ispezionano il mio falso passaporto. Riesco a passare. Raggiungo una ferrovia sospesa che mi porta sopra le montagne, altrimenti impraticabili. Salgo sempre più in alto. Una catena di montagne si solleva dietro l'altra. Salgo a oltre 2.000 metri. Finalmente vedo l'oceano. Devo ancora sottopormi all'ispezione del passaporto prima di poter imbarcarmi.

Mi fingo inglese, visto che i tedeschi sono odiati. Ho grandi difficoltà e subisco persino una perquisizione personale. Ci sono due ufficiali. Uno vuole lasciarmi passare; l'altro deride e pensa che sia un criminale. Un inglese strano prende le mie parti e mi parla in inglese. Ero un suo vecchio conoscente, un vecchio amico.

Finalmente passo e raggiungo la nave, respirando liberamente. La nave deve superare infinite difficoltà. Prima passa attraverso una zona paludosa, asciutta in alcuni punti, rischiando di rimanere bloccata. Poi la nave sale su un'altezza di 800 metri. Sale sulla terraferma asciutta e scende con velocità vertiginosa. Sono terribilmente spaventato. Altri venti minuti e sono salvo. Finalmente il mare aperto chiama. Ufficiali criminali salgono su un motoscafo per ispezionare la nave. Un ufficiale mi guarda negli occhi e dice con disprezzo: "Non sei tu l'assassino che stiamo cercando?" Mi sveglio in questo momento sudato.

Sogni così lunghi corrispondono a una fantasia diurna. Il rapporto con l'analisi è trasparente. È un parricida e io scopro i suoi pensieri segreti. Deve sfuggirmi a tutti i costi e alla fine parla persino in una lingua straniera per confondermi nelle indagini. Ma vediamo anche che teme il giudizio nell'Ultimo Giorno e spera di suscitare pietà nei giudici. Ha sofferto tanto nella vita. La ragazza condannata con lui è Mary, l'imago materna. (L'associazione passa per l'Inghilterra, re Edoardo, fino alla famosa ballata Edward. La ballata racconta la storia di un parricida, istigato dalla madre, che deve fuggire oltre il mare.) Le molte ispezioni (paura della verità) e ostacoli sono rappresentati in modo straordinario. La nave è il corso della sua vita, che procede tra paludi e pericoli, ma anche sua madre, che in questo modo ritrova prima di rinascere (America).

Questo sogno contiene allo stesso tempo un avvertimento, perché mette davanti ai suoi occhi i grandi pericoli del parricidio e della fuga.

Il riconoscimento dei suoi pensieri di odio si rivela sempre più chiaramente.

Prima di dormire ebbe una spaventosa immagine ipnagogica. Vide due statue. I loro occhi sembravano vivi.

Sguardi ardenti come lampi di fulmine venivano dai loro occhi. Si svegliò con il cuore che batteva rapidamente.

È la donna di cui ha paura.

Poi dormì di nuovo e sognò:

Sono in un castello antico. Sono in alto. Ci sono diverse persone lì, anche mia madre. Dobbiamo osservare un qualche dramma della natura, che avevo già visto una volta, il tramonto. Colui che guarda il sole vede la meraviglia blu e diventa cieco. Infine il sole è in una posizione tale che posso vedere la cosa meravigliosa. Non era così bello come la prima volta, che non ricordo. Devo tornare a casa e devo passare attraverso un lungo corridoio. Vedo lì un avvoltoio addomesticato. (O stava volando?) Mi sembrava come se fosse un avvoltoio morto. Poi devo passare davanti a tre leoni. Due di loro sono addomesticati; il terzo è molto selvaggio e ruggisce. Ho paura. Mi colpisce con la zampa sulla mano. Mi volto e lo guardo fisso negli occhi. Si calma, ma mi affretto ad andarmene. Fugo attraverso una serie di stanze. Le porte non hanno serrature. Sento i leoni ruggire dietro di me. Il dottor Stekel mi dice che non devo avere paura. Tuttavia, fuggo.

Quando sono giù, riesco a salire sulla mia bicicletta e a allontanarmi. Incontro delle persone, una donna e dei bambini. Li avverto di non salire e dico: "Attenzione. C'è un leone feroce lassù." Lei voleva convincersene. Ora aspetto fino al suo ritorno.

Torna indietro. È terrorizzata. Mi rimprovero di aver danneggiato la gestione del castello dicendo che c'era un leone feroce sopra. La signora mi conferma: "Sì, c'è un leone feroce lassù." Scese completamente terrorizzata. Mi sveglio.

Il leone selvaggio è la sua passione. All'inizio del sogno è con la madre e sta per passare di nuovo attraverso la nascita. Deve anche osservare mentre sua madre si spoglia per andare a letto (tramonto). Scappa attraverso un lungo corridoio. Lì incontra l'avvoltoio, il fallo del padre. L'associazione con l'avvoltoio è la ballata di Edward, che conosce nello schizzo di Lowe. Edward ha ucciso suo padre. Ammette desideri di morte verso i genitori e racconta ogni sorta di scene non edificanti della casa dei genitori (nonna).

Sperimenta la sua rinascita in modo altamente drammatico.

Può tornare nel vecchio castello da cui è venuto; dovrà sperimentare ancora una volta la nascita, il grande miracolo. Ma chi vede la madre nuda, diventa cieco. (Le associazioni conducono a Edipo cieco.) Per arrivare alla madre, deve prima uccidere l'avvoltoio addomesticato. ("Ho ucciso il mio avvoltoio.") Tre passioni lo minacciano, rappresentate come leoni. Due di esse sono state eliminate nell'analisi: la sua omosessualità e le fantasie di omicidio per lussuria. Rimangono l'omicidio del padre e l'amore incestuoso per la madre. Prometto ancora di liberarlo da queste. ("Il dottor Stekel mi dice che non devo avere paura.") Nonostante la mia assicurazione, vuole fuggire. La donna e i bambini rappresentano ancora un duplicato della madre, che avverte delle sue passioni. Ora si rimprovera di avermi dato troppe informazioni sui suoi genitori. Quando fugge, è salvo, ma avverte le donne delle sue passioni. La signora con i bambini è la sua futura moglie. Nella traslazione, la signora con i bambini è anche mia moglie, che lui odia e, per gelosia, vorrebbe distruggere.

Gli impulsi criminali ora emergono chiaramente nella coscienza.

Confessa che spesso sente l'impulso di pugnalare una persona alle spalle.

Non riesce a vedere sangue su una mano. Questo gli è ripugnante. La mano perde ogni fascino. Al contrario, immagina nella masturbazione che la sua mano sia un pezzo di carne. È un animale selvaggio. Muovere la mano significa che una bestia trascina la sua preda di carne da un luogo all'altro.

Sottolinea i suoi sentimenti di inferiorità. È brutto.

È debole. Non potrà mai piacere a una ragazza.

Non dovrebbe interrompere il trattamento? Potrebbe spendere i soldi che mi dà per una cortigiana elegante.

(Atteggiamento di sfida per il rifiuto della traslazione. Non sono abbastanza affettuoso con lui!)

Aveva allucinazioni uditive prima di dormire.

Sentiva le parole: "Aspetta un attimo! Non ancora!" Non sa dare spiegazione. Le parole esprimono speranza. Raggiungerà ancora il suo obiettivo (la madre?).

Racconta che negli anni precedenti, durante la masturbazione, pensava a piume piegate di cicogna, che in realtà erano mani. Poi una voce gridava: "Ucciso!" La storia indica fantasie di nascita.

Sognò:

Ero spesso con Mary al caffè e si comportava in modo molto sconveniente. Si sedeva sulle ginocchia degli uomini e graffiava le loro barbe, così che mi arrabbiai e la colpii. Dissi a un giovane: "Prendila tu!" per insultarla. Il giovane mi guardò derisoriamente e rise.

Ero con Mary e i bambini. Dovevamo tornare a casa insieme; ci siamo allontanati e siamo girati per la città a destra e a sinistra. Abbiamo preso i bambini in casa e istruito su cosa dire affinché nessuno lo sapesse.

Poi ero in un caffè; tutti i miei soldi erano finiti; ero indebitato di 500.000 fiorini, mi chiesero il pagamento e presi in prestito da Mary 200.000 corone. Poi ero in carrozza. Mary era sulle mie ginocchia; era piccola e non molto bella e diceva di appartenere a me. Provavo pietà per lei.

Fu una notte irrequieta.

È divorato dalla gelosia. Se Mary parla con un altro giovane, potrebbe uccidere il suo rivale. Poiché Mary è molto civettuola, soffre le torture dell'inferno. Il caffè rappresenta per lui la scuola delle prostitute. Mary rappresenta la madre. La vecchia gelosia riempie il suo cuore. Era geloso di chiunque avesse a che fare con loro. Mary spesso passeggia con fratelli e sorelle più piccoli. Qui sono istruiti a mentire. Anche lui imparò molto presto a mentire, che ora si è trasformato in un fanatico amore per la verità, talvolta fino a diventare dannoso.

Gli è spiacevole riconoscere che identifica le prostitute con la madre. Vuole dare loro denaro senza pretendere un ritorno. Se si pensa al denaro come simbolo dell'amore, si capisce l'ultimo sogno. Prende amore dalla madre (denaro da Mary) e lo dà alle prostitute. Sposta una parte dell'amore sulle prostitute. Ma poi inizia la degradazione della madre. Non è più la donna dagli occhi splendenti (vedi il sogno delle statue), ma si riduce a una bambina piccola e poco attraente. Non prova amore per lei, ma solo pietà. Il sogno racconta anche ciò che fa nella scena dei colpi. È la madre, e il bambino che colpisce è lui stesso. La madre però dovrebbe dispiacersi per lui e non trattarlo così crudelmente.

Dovrà seguirlo fino in fondo (fuggire) e non tornare mai più dal padre.

Sognò:

Un medico fa un'iniezione nella mano per renderla insensibile. La fa ogni volta nel posto sbagliato. Io so dov'è il punto giusto. Non glielo dico.

Vediamo che le sue resistenze sono molto grandi. Confessa di non poter pensare alla vita e all'amore senza la sua parafilia.

Fa ogni sorta di tentativi ridicoli per convincersi della sua potenza. Sceglie una prostituta brutta e poi si meraviglia di non avere grande soddisfazione. La penetrazione riesce, poi l'erezione scompare; si concede un po' di masturbazione, l'erezione ritorna, e così arriva all'eiaculazione con un orgasmo debole.

Racconta per la prima volta che l'odore della vagina gli è intollerabile. Teme infezioni. Ha paura della disgrazia; in breve, ha costruito un muro di ostacoli attorno al suo infantilismo.

La descrizione dei suoi primi tentativi è istruttiva. Sappiamo già che i genitori lo avevano portato da una prostituta in carrozza. Ora aggiunge che sua madre lo aveva minacciato di non poterlo più baciare se avesse avuto rapporti con una prostituta.

Nuove rivelazioni portano anche alla scoperta del complesso di castrazione. Per molto tempo desiderò castrarsi perché voleva liberarsi dalla sua sessualità morbosa (particolarmente sadica). Tali pensieri sorgono quando si vuole castrare un altro (talione). Non ricorda fantasie di castrazione riguardanti il padre.

Ma ammette che il taglio della mano corrisponde a una castrazione. La mano simboleggia per lui il pene. Lo sa bene.

Il sogno ci mostra allo stesso tempo il significato del suo atteggiamento omosessuale. Amava il padre e la sua formula era: o il padre o la madre. Dovrei dargli l'iniezione nel punto giusto; allora potrebbe guarire. Si aspetta un atto sessuale (pederastia), che lo aiuterebbe più delle mie spiegazioni. Perché brucia dal desiderio di realizzare i suoi segreti desideri.

Nel discutere del suo non sopportare l'odore della vulva, emerge il fatto notevole che l'odore della sua mano gli ricorda quello della vulva della madre.

Questa memoria olfattiva è così distinta che gli viene durante il giorno come un'allucinazione olfattiva. La scena in questione ora si rappresenta: ha toccato la vulva della madre perché la sua mano allora aveva un "odore delizioso" ed è stato schiaffeggiato sulla mano per questo motivo.

Questa memoria è il determinante più importante della sua parafilia. La mano è un essere vivente; simboleggia la sua infanzia, il piccolo animale selvaggio che prende piacere senza ostacoli dove può trovarlo e poi viene punito per questo.

Ma questi colpi non sono dolorosi e servono solo a mantenere vivi i ricordi.

Va menzionata anche la posizione assunta dalla madre. Guida il figlio verso la prostituta che lo deve salvare; aspetta con il padre all'angolo della strada fino al suo ritorno. Ma come avrebbe potuto riuscire lo sforzo se durante il cammino gli dava il suggerimento contrario: "Se fai l'amore con la prostituta, non ti bacerò mai più!"? Così aveva dato la stessa provocazione per far fallire il tentativo. Impariamo ancora una volta che fissazioni e parafilie nascono attraverso la partecipazione attiva dei genitori. Non è impossibile che questa madre avesse tollerato il primo gioco del figlio e gli avesse dato i colpi solo più tardi, da adulto.

La lotta amara contro la masturbazione ha la sua origine anche, in parte, da motivi egoistici.

Ieri ha dovuto bere quattro bicchieri di vermouth.

Ne aveva già bevuti tre e si trovava sulla via di casa. Improvvisamente gli venne il pensiero ossessivo: Devi bere un quarto. Entrò in un caffè e obbedì all'impulso. L'analisi fornisce i seguenti fatti: quella sera aveva visto tre ragazze, parlato con due di loro, seguito la terza in un caffè e chiesto il suo indirizzo. Ora tornò a casa e cedette all'impulso. L'impulso nasce dal non essere soddisfatto. Non hai raggiunto la cosa reale. Devi ancora conquistare l'ideale (Mary-madre). Ammette il pensiero di Mary; quello della madre cerca di indebolirlo.

Subito, tuttavia, segue un ricordo che conferma la nostra ipotesi. Iniziò la masturbazione su una sedia. Sua madre spesso sedeva sulla sedia. Fu impregnato dalla madre (spostamento).

Aveva l'idea da bambino di poter imbottire la madre per averla sempre con sé e fare un tappeto con i suoi capelli (cioè, avrebbe sempre potuto calpestarla e sdraiarsi su di lei). Ama i capelli sciolti. Ha spesso sciolto i capelli della madre e intrecciato le sue trecce. Gli piace giocare con i capelli dei suoi ideali. A volte ha fantasie di tagliare i capelli e cavare gli occhi a tutte le ragazze.

Teme la sua potenza. Potrebbe diventare un omicida per lussuria. Ha anche paura, quindi, di fare coito ubriaco. Non è mai realmente ubriaco. La sua coscienza è sempre all'erta.

Si strofina continuamente le labbra; poi annusa i pezzi strappati e li mangia. Ricorda che in gioventù soffriva di continue erezioni. Il vecchio servitore citato gli disse che un'erezione doveva essere così forte da poter appendere una palla al pene. Come sappiamo già, vedeva frequentemente il pene del padre quando questi faceva il bagno.

Gli viene in mente il primo ricordo: il servitore gli chiese cosa voleva mangiare. C'erano due piatti, uno con roast beef, l'altro con bistecca tagliata. Lui disse: bistecca tagliata.

Era viziato senza limiti. Pranzava a tavola davanti al padre. Il suo atteggiamento verso il padre era di sfida. Non avrebbe mai permesso al padre di sapere che la punizione gli faceva male. Il padre usava una frusta da equitazione, che chiamava "filo di seta". Amava quella frusta e spesso ci giocava quando il padre non era presente.

Questo primo ricordo è notevole, e facilmente riconoscibile come ricordo di copertura nel senso di Freud. I due piatti rappresentano padre e madre. Il suo amore nell'infanzia era legato a istinti cannibalistici. Proprio come voleva uccidere e imbalsamare la madre, così voleva anche mangiarla per poterla completamente incorporare in sé.

I genitori dovevano essere smembrati e poi divorati.

Fu rafforzato in questa fantasia dalla storia di Pollicino. Il piccolo è più astuto del gigante, che mangia i propri figli. Mordeva anche prima i pollici quando staccava pezzi dalle proprie mani.

Avrebbe iniziato con le mani, se avesse voluto mangiare qualcuno. Il colpire con la matita simboleggia il taglio della carne per renderla tenera prima di mangiarla. Vuole mangiare le bambine. È un leone e un avvoltoio; questa identificazione ci aiuta a comprendere i sogni precedenti.

Per questo avverte la madre con i bambini. Il leone divorerà i tuoi figli. Questo significa: potrei divorare i tuoi figli per amore. Qui gli vengono in mente varie fiabe, specialmente Cappuccetto Rosso e Il lupo e i sette capretti.

Sognò:

Papà voleva comprarmi una motocicletta. Era in due parti. Era davvero anche un aeroplano. Le gomme erano sgonfie e senza aria. Mio padre mi mostrò un'altra motocicletta, più economica. Non volevo accettarla perché era tutta di carta e non mi piaceva.

Porta come prima associazione il fatto che suo padre si era lamentato alla sua presenza della propria impotenza.

Ora comprendiamo la gomma a terra e sappiamo che l'aeroplano, che sale in alto, rappresenta un simbolo fallico. Suo padre gli dà solo amore di carta. Scrive solo lettere affettuose. Brama di più.

Il secondo sogno è ancora più importante:

Mostro a Mary i libri del dottor Stekel. Copro i punti sgraditi, per esempio la masturbazione. Un caso speciale la interessa molto: un vecchio innamorato della propria serva. La storia era stampata in una scrittura geroglifica notevole. Poi ci abbracciammo e ci baciammo. C'erano diverse persone lì. Lei parlava e flirtava con altri uomini, e io mi arrabbiai moltissimo. Era a un concerto. Si stava suonando una sinfonia di Haydn. Poi ci riconciliai. Entrò uno steward, che era anche un famoso neurologo. Giacevo nel letto di mia madre. Disse: "Perché allora giaci nel letto di tua madre?" Risposi che dormivo altrove, ma usavo quella stanza per lavarmi e fare la mia toilette.

Egli intrattiene un gioco strano con Mary. Lei si comporta civettuola con lui, si siede sulle sue ginocchia, si piega in avanti in modo che lui debba vedere il suo seno. Lui si sdraia sul suo seno. Fa attenzione a non provocare un'erezione, che tuttavia appare spesso. Di solito è geloso quando lei ha lezioni di pianoforte. È un'ossessione che lei suoni male e che l'insegnante la colpisca sulla mano. Questo pensiero lo rende selvaggio e irrequieto. Si spiega quando si sa che suonare il pianoforte significa per lui masturbazione. Mary viene colpita sulla mano per masturbazione, attraverso la quale egli ripete la sua scena originaria (identificazione con Mary). Vorrebbe inoltre convertire lei, nel sogno, a una filosofia più libera (Haydn). Dovrebbe leggere i miei libri. Suo padre gli aveva ripetutamente fatto capire che era un crimine terribile avere un'erezione con una ragazza rispettabile, per non parlare di andare oltre. Questo corrisponde al punto di vista cristiano. Ma lui ha bisogno di uno nuovo, pagano (sinfonia di Haydn). Nella storia clinica menzionata (amore tra un vecchio maestro e una serva) assume che lui sia il mio servo, che si sottomette a me, e che io sia innamorato di lui. Ma Mary è anche la madre. Egli giace nel letto della madre; si identifica con lei e io vengo a trovarlo. È pronto per l'amore. Poiché suo padre lo disprezza, il medico dovrà salvarlo.

Confessa che preferisce masturbarsi su una sedia a dondolo. Fuma una sigaretta, si dondola e gioca con il pene con la mano sinistra, mentre contempla quella destra. È il bambino sul seno della balia e viene cullato.

La mano simboleggia la sua infanzia, sé stesso da bambino.

Stringe le gambe mentre si masturba sulla sedia a dondolo o mette un piccolo cuscino tra le gambe. Conosciamo il significato di questo espediente, di cui ci aveva già informati.

Dal sogno emerge una finzione, per far amare il padre. La fantasia originaria si rivela alla conclusione del sogno. Egli giace nel letto della madre. Prende questo luogo come scena della sua fantasia più importante: stare a letto con la madre dove può osservarla mentre si lava e si trucca.

Il suo cerimoniale ossessivo nel coricarsi ci mostra che è semi-cosciente del torto di questa fantasia. Deve mettere il cuscino storto; questo lo sappiamo già. Ma con l'alluce spinge la sedia nella stessa posizione. Conosciamo anche il significato della sedia. Prepara tutto per l'incesto. Poi, coprendosi le orecchie, assume la posizione embrionale (fantasia del grembo materno). Non dimentica nella preghiera, che dice per prima, di pregare per la vita del padre, che rappresenta una compensazione per la fantasia parricida.

Un sogno ci porta alla spiegazione finale della sua parafilia.

Mi trovo in una caverna buia, con una sola piccola finestra stretta. Un uomo grande infila un palo perché crede che ci sia una bestia feroce. Mi colpisce prima nella regione genitale. Tengo la mano davanti al pene per proteggerlo e lui spinge il palo contro di me. Non era realmente doloroso. Ho solo pensato: "Quando smetterà di spingere?"

Si trova in questo sogno nel grembo materno e viene colpito dal padre (il bruto) ai genitali. Rappresenta questa scena con la sua parafilia infantile, che così, insieme a tutti gli altri significati, rappresenta una fantasia regressiva fino allo stato embrionale.

L'analisi giunge al termine. Il sistema sembra essersi sgretolato. Le assurde fantasie diurne sono distrutte. È in grado di lavorare e fa progressi straordinari. Ha ottenuto una posizione di rilievo e la ricopre a soddisfazione dei superiori. Si farà strada e certamente realizzerà cose importanti.

Masturba di rado e ora cerca la strada verso una donna. Gli è stato consigliato di sposarsi. Il suo amore per Mary è agli ultimi spasmi, che sopporta senza dolore. Gli viene ricordato ancora in modo angosciante il suo passato parafilico. Madame Bertinger è al centro di un processo scandaloso a Vienna. Persone importanti, persino un rinomato medico, sono coinvolte. Madame Bertinger ha picchiato bambini e ha permesso agli uomini di osservare per denaro.

Heinrich ha scoperto solo più tardi fino a che punto Madame Bertinger fosse arrivata e non è mai stato presente a queste scene. Ma la polizia troverà il suo nome nelle sue liste. La sua gentilezza nel darle soldi sarà severamente punita. Perché Madame Bertinger ha annotato fedelmente tutte le somme ricevute da Heinrich e vi ha aggiunto il suo nome.

Cosciente della sua innocenza, ammette i colpi sulla mano. Non ha commesso altri crimini. Tuttavia, è in pericolo di esserne coinvolto, perché uno dei bambini pensa di ricordarlo. Ma non c'è nulla di cui possa essere accusato e si salva solo con lo spavento.

Torna da me per il trattamento e fa la seguente confessione:

"Sa che non volevo guarire. Ho intrapreso il trattamento su suo suggerimento di venire e intendevo non lasciarle portarmi via la punizione sulla mano. Inoltre, quando ha posto la condizione 'o-o', ho lasciato aperta la porta di fuga. Ma ora voglio guarire. Ho deciso di essere implacabilmente onesto e le chiedo aiuto."

Inizia la terza fase del trattamento.

Fa l'eccezionale ammissione che la mano era originariamente repellente per lui e provava vergogna nel parlare della mano. Provava disgusto per ogni mano. Tuttavia, era affascinato dalla storia di una governante che aveva la mano inchiodata sopra il tavolo da un ragazzo birichino. Voleva sentire quella storia più e più volte.

Contempla la sua mano molto a lungo prima di dormire, se ha peli, come appaiono i pori. C'è sempre un piccolo punto preciso sul dorso della mano che attira la sua attenzione e su cui fissa lo sguardo. Qui si colpisce anche, mai altrove.

All'improvviso gli vengono in mente due cose ridicole: una zampa di cane e grandi foglie verdi. Le foglie si rivelano come foglie di fico; la zampa del cane simboleggia la sessualità animale.

Queste associazioni rivelano la genitalizzazione della mano.

Ha paura di diventare calvo. Mani pelose e testa calva rappresentano l'età e vorrebbe restare eternamente giovane.

Mostra una paura patologica di perdere i capelli.

Racconta scene particolari riguardo alla sua prima visita a una prostituta. Suo padre gli mostrò un preservativo e gli dimostrò prima sul suo dito come usarlo.

Poi Heinrich dovette metterlo davanti al padre. Dopo il tentativo fallito doveva dare un resoconto preciso di quanto il pene fosse penetrato, e così via.

Credeva che in questo modo gli fosse stato tolto tutto ciò che era prezioso nel proibito e segreto.

A volte ora sente che tutta la faccenda della mano è assurda e sarebbe pronto a lasciarla se trovasse una ragazza da amare.

Soffre ancora della sua compulsione di ripetizione.

Ieri ha bevuto quattro drammi di alcolici. Se non lo fa, ha sfortuna. Andrà male per lui; tutto sarà contro di lui.

Si masturba ora su una linea retta.

Fa attenzione a mantenere sempre un numero pari di atti masturbatori. Si concede la sera e poi al mattino, così avrà buona sorte. Nella masturbazione, tiene la mano inferiore abbassata con il braccio superiore piegato il più possibile per poter annusare la mano e, eventualmente, morderla. Ammette francamente fantasie sadiche nella masturbazione: inquisizione, tortura, punizione crudele, ma sempre con la precisazione che la punizione è giusta. Vorrebbe viaggiare in un paese dove la frusta è obbligatoria per i criminali.

Non può vivere senza i genitori, specialmente senza la mamma, eppure prova confusione quando torna a casa. Preferirebbe quasi restare da solo. Sa che le sue fantasie sono in qualche modo legate ai genitori, anche quando immagina altre persone.

Parla molto riluttante delle sue ossessioni e della sua parafilia. La mano è infatti per lui un pene: l'ha genitalizzata. Prova anche riluttanza a parlarne, come se fosse una profanazione di qualcosa di sacro. E non può immaginare di rinunciare alla sua parafilia. Una donna gli è davvero disgustosa. Il bacio è un oggetto di orrore. Gli si fa notare che questo atteggiamento ha origine nel complesso di Edipo.

Oggi abbiamo prima un sogno omosessuale, che lo sorprende molto perché è del tutto indifferente all'oggetto del sogno.

Poi entra ampiamente nelle sue fantasie sadiche.

Vorrebbe molto essere Nerone. O un imperatore in Cina, che aveva il diritto di torturare e punire numerosi criminali.

Odia la vagina. Se potesse fare ciò che vuole, vi infonderebbe ferro rovente, verserebbe piombo fuso o acido solforico e la distruggerebbe. È Jack lo Squartatore. Vorrebbe squartare le donne per vedere com'erano dentro.

Racconta un sogno in cui vede suo padre maneggiare male il rasoio.

In riferimento a questo, ricordi di aver visto il padre radersi e avere desideri criminali all'epoca.

La seduta di oggi mette in luce alcune cose importanti riguardo alla psicogenesi della sua parafilia. Doveva esserci un desiderio originario di andare in qualche istituto dove la frusta sarebbe stata la norma. Poi i genitori minacciarono che sarebbe stato mandato in un riformatorio se non avesse rinunciato alle cattive abitudini. Questo riformatorio stava come un incubo davanti alla sua mente. La frustata era quindi una preparazione per il tempo al riformatorio. I suoi terrori non sono nulla di fronte al piacere della frustata.

Le osservazioni di Freud su "Un bambino viene picchiato" sono ulteriormente integrate dal fatto che qui non c'era una sorella, ma che il ragazzo, come abbiamo già scoperto, immaginava di avere una sorella. Prima c'era paura della sorella e poi apparve il desiderio di averne una. Secondo Freud, avrebbe dovuto prima avere l'idea che il padre avrebbe picchiato questa sorella immaginaria. Non lo ricorda. Possibilmente nella seconda fase, in cui aveva il desiderio intenso di essere frustato dal padre.

Il nuovo fatto è che tutte le ragazze erano per lui sostituti della sorella. Stella, così come Mary, era sua sorella. La sua riluttanza a usare sessualmente queste ragazze deriva dalla barriera dell'incesto. Le sorelle sono anche le versioni più giovani della madre.

Più tardi il desiderio di essere picchiato dal padre scomparve, e l'idea che un altro bambino venisse frustato da un insegnante mentre lui osservava emerse in primo piano.

Ricorda la sua prima azione sadomasochistica. Sul pianoforte c'era un fermacarte, un blocco, e dietro un busto di sua zia. Guardava il busto e si colpiva sulla mano con il blocco. Questa performance è facile da capire se si sa che la zia è la sorella della madre e ne rappresenta l'immagine.

Offendeva sempre le varie persone con cui entrava in contatto, sia da bambino che più tardi, e quando si allontanava da loro chiedeva perdono. Queste scene di riconciliazione avevano un tono piacevole. Il compiere l'offesa sembrava tutto predisposto per ottenere il perdono (bacio sulla mano).

Sognò:

C'erano due ragazze, una piuttosto carina, l'altra brutta, entrambe ordinarie; non mi attiravano particolarmente. Credo di averle incontrate per strada da qualche parte. Poi, in qualche modo, in una piccola casa. Una di loro disse che l'altra poteva essere uccisa con la cocaina. Avevo molta paura di entrambe. Volevo far morire entrambe. Colpii una sulla testa e sparsi della polvere nella ferita, che era come un'incavatura... La vedo di nuovo. Il veleno non ha ancora fatto effetto.

Ho terribilmente paura. Improvvisamente M–. Scappo e corro. Una donna mi prende su una carriola azionata da un motore, che lei stessa spinge. Costava 80.000 lire... Di nuovo nella piccola casa. Lì vivono un pubblico ministero e un avvocato.

Sono accusato di tentato omicidio. Il pubblico ministero sostiene che i miei colpi sulle mani siano una simulazione. Sono un assassino e ho già numerosi omicidi sulla coscienza. L'avvocato cerca di difendermi, ma ho la sensazione che sarò condannato e penso: "Almeno la questione finirà e sarò più sicuro in prigione che fuori."

Con questo sogno emergono associazioni e ricordi che completano il quadro del flusso della parapathia. Si smaschera un complesso criminale straordinariamente forte. Heinrich è interessato ai veleni, ha allestito un laboratorio e produce cianuro di potassio. Si interessa ai veleni che possono essere strofinati sulle ferite affinché la persona colpita muoia e l'assassino non venga scoperto. Mostra particolare interesse per i veleni freccia. Sperimenta con ogni tipo di sostanza tossica. Ha comprato animali e poi li ha avvelenati. Si è procurato una siringa propria e ha iniettato i veleni.

Tra i tredici e i sedici anni fece gli esperimenti più orribili. Comprava animali, ad esempio topi, li anestetizzava e poi li dissezionava. Esponeva il cuore e lo strappava. Tagliava i piccoli dall'addome e cuciva di nuovo la pancia. Tutte queste operazioni furono, dice, eseguite sotto narcosi. Venivano amputati arti; venivano praticate varie incisioni; preparazioni delle ossa; e tutto ciò non su animali morti, ma su quelli anestetizzati.

Alla fine di queste informazioni parla del padre. Il padre non sta molto bene; ha il presentimento che morirà presto, che avrà un ictus. Pur amando i genitori, i pensieri di morte gli sorgono continuamente.

Vuole essere libero e si sente oppresso dai genitori. Ieri voleva andare a casa del signor L., di cui aveva sentito dire che picchiava i figli e si sentivano le urla dei bambini dalle scale. Era stato più volte nella tromba delle scale e ascoltava eccitato se non riusciva a sentire un bambino essere frustato. Ieri ebbe lo stesso impulso. Ma pensò ai genitori e andò in un caffè a bere alcolici. Dovette prendere quattro drink.

Questo atto ossessivo può essere spiegato dai desideri di morte verso i genitori. I quattro drammi sono l'esorcismo che previene la sfortuna. Il numero quattro è determinato dal quarto comandamento: "Onora tuo padre e tua madre, affinché i tuoi giorni siano lunghi sulla terra che il Signore tuo Dio ti dà." I drink gli ricordano anche il veleno. Egli stesso ha preso diversi veleni, in piccole dosi, naturalmente, per studiarne l'effetto. Non c'è veleno o narcotico la cui azione non abbia testato. Si anestetizzava per un certo tempo con etere, cosa che anche i suoi tutori sapevano.

Dichiara che non ebbe erezione durante la vivisezione. Era solo interesse scientifico. Originariamente voleva diventare medico; in effetti chirurgo. Suo nonno paterno era stato un famoso chirurgo. La sua impotenza si spiega con il suo atteggiamento sadico. Vorrebbe avvelenare o strangolare le donne per osservare la loro agonia mortale. Le ragazze del sogno gli ricordano ragazze che conosceva per strada. Le portava al caffè e pagava probabilmente le loro bevande con la fantasia di avvelenarle. Avrebbe poi tagliato loro le mani dal corpo. La scena farsesca si rivela come il rudimento di una fantasia infantile: infliggere una piccola ferita sulla mano con una freccia o un coltello avvelenato. I genitori lo avevano avvertito contro la setticemia quando si era tagliato la mano.

Il colpo sulla testa contiene una determinazione più profonda. Aveva l'abitudine di sparare agli uccelli. Suo padre uccideva gli uccelli trafiggendo il cranio con una piuma e diceva che era il modo più gentile di uccidere.

Una volta sparò a un uccello piuttosto grande, poteva essere un corvo (confrontare con il sogno del avvoltoio). L'animale giaceva a terra ferito. Allora colpì l'uccello sulla testa con un bastone per ucciderlo più rapidamente. In quel momento ebbe una visione spiacevole.

La testa si trasformò in una mano.

Il colpo sulla mano rappresenta quindi lo schiacciare il cranio con un bastone o un'ascia.

Voleva sfuggire alle sue passioni. Ma il mezzo (una carriola) spinta da una vecchia, che simboleggia il suo passato, è scarso. La carriola procede lentamente. Egli ritorna anche al suo passato, e alla fine il sogno funge da avvertimento contro i suoi impulsi malvagi. Diventerai un criminale se non conquisterai il tuo sadismo!

Le due ragazze sono anche le sorelle non nate. Spesso gli era stato chiesto se voleva avere una sorellina e aveva energicamente rifiutato l'idea. Ha già ammesso che questo pensiero lo occupava molto e che aveva il progetto di eliminare questa sorellina con il veleno.

Passarono oltre sette mesi prima che si portasse al punto di raccontare le sue azioni e fantasie sadiche.

La parafilia come parapathia ossessiva si manifesta in questo caso con particolare chiarezza attraverso la combinazione di varie idee e azioni ossessive.

Prima della masturbazione la mano veniva strofinata sulle labbra aperte fino a diventare umida; poi la annusava. Se vede un'altra persona fare un movimento simile, anche Mary che ama tanto, quella persona gli sembra disgustosa e ogni desiderio scompare immediatamente.

Ora affronta un evento importante della sua vita. Ha paura di rovinarlo. Perciò rimane "sulla linea retta". Questa linea ruota intorno al numero quattro, mentre il tre è "terribile", significa sfortuna e corrisponde a una linea storta. Torna alla nonna interpretando il numero quattro come numero fortunato. Aveva tra gli undici e i dodici anni quando morì.

Perse in lei l'amica più cara che avesse sulla terra. Prima della sua morte erano quattro in famiglia, dopo solo tre.

La nonna viveva in casa loro, ma era trattata molto male dalla madre. I domestici erano istruiti a non obbedirle. La nonna nutriva rancore verso la nuora, spesso la malediceva e sapeva che Dio l'avrebbe punita. Impressionò il ragazzo sul fatto che ogni torto nel mondo sarebbe stato vendicato. Era molto paziente e sopportava i suoi umori e le sue colpe. Lui la amava per questo, mentre odiava i genitori fino ai dodici anni.

La nonna subì poi un ictus. Era paralizzata, tirata, e riusciva a malapena a parlare. L'ictus occupava molto i suoi pensieri. È intrecciato con il suo battere la mano (vedi l'uccello il cui cervello schiacciato si trasforma in mano). Heinrich dovette giurare sul letto di morte della nonna di camminare sempre sulla retta via e non commettere peccato. Suo padre prese nota del giuramento alla presenza della donna morente. (La mano picchiata, la mano colpita, fanno riferimento al giuramento.) Le ultime mesi della nonna furono terribili. Aveva una suora sadica che la torturava e la trattava severamente. Sua madre pensava che fosse tutto a posto; suo padre si rimproverò amaramente dopo la sua morte.

Entrambe le donne (madre e nonna) si insultavano davanti al ragazzo, così che fu presto trascinato nei terribili conflitti familiari. La morte della nonna fu un duro colpo per il bambino viziato. Si perdeva in fantasie di vendetta.

Poi nacque il desiderio che la madre potesse morire. A quel tempo arrivava a due; cioè, sulla linea retta. Se il padre muore, sarà di nuovo una linea storta. Questi desideri di morte ora si esprimono nella formazione della serie ossessiva come rimorso.

Il suo odio verso i genitori non aveva limiti. Il trattamento scortese della nonna lo portò all'atteggiamento di sfida. Gli era vietato andare dalla nonna. Si allontanava di nascosto per andare da lei. Sapeva come eludere la sorveglianza del tutore. Lo eccitava essere punito ingiustamente. Veniva frustato per sciocchezze, mentre le sue vere colpe restavano impunite. Veniva frustato per essere inciampato, per aver ammiccato, per balbettare. Questo lo gettava in una furia violenta. Avrebbe potuto uccidere i genitori.

Non sopporta che suo padre picchi il cane. Il cane viene trattato come lui una volta. (Era viziato eppure continuamente punito per disobbedienza.) Crede che il cane sia masochista. Il cane ha erezioni se gli si mostra la frusta. Si identifica con il cane. Anche lui stesso colpisce il cane. Il cane è il capro espiatorio della famiglia, l'oggetto di scarico del sadismo familiare. Lo sente, si identifica con il cane e odia il padre quando maltratta l'animale.

Chiunque abbia a che fare con parapathici ossessivi sa quanto sia difficile portarli a confessare il loro "sistema". Tengono fermamente al loro sistema e passano mesi prima che finalmente lo ritengano necessario tradire la struttura più o meno complicata. Anche il nostro paziente utilizzava ogni possibile espediente per mantenere il suo sistema. Il sistema scompare durante il trattamento o resta nascosto nel silenzio.

Questa volta è serio e me ne parla. Ma sorgono nuove difficoltà. Ha dimenticato il sistema; non riesce a ricostruirlo. Il sistema non è rigido; cambia di volta in volta.

Deve comunque informarmi che è di nuovo sotto il potere dell'ossessione del conteggio. Questa ossessione procede in due serie. Una riguarda il bere alcolici. Il giorno inizia al mattino, e la serie si chiude quando va a dormire la notte. La serie masturbatoria si chiude al mattino del giorno. Sappiamo che si muove su linee rette e storte. Le linee storte denotano sfortuna, ma il contrario può essere vero. Per il momento le storte sono sfortunate. Ieri ha preso otto drink. Finire con otto significa fortuna. Sempre due e due. Ora viene la cosa strana. Deve ammettere un nono drink. In questo modo rompe il sistema e vince la superstizione. Il bipolare è evidente nella formazione delle sue serie. Vuole e nondimeno non vuole. Infine si adegua a entrambe le correnti. Sorgono grandi dubbi quando ordina un doppio dram (cioè, una doppia porzione in un bicchiere). Deve contare questo doppio Stanislauer come un solo drink o come due? Vediamo qui come organizza il dubbio, che esprime le sue correnti bipolari, così come fa il nono dram, attraverso il quale rimane ora sulla linea storta.

È incredibile quanti numeri appaiano nella masturbazione. Poiché pratica spesso masturbatio interrupta può raggiungere un numero molto alto; ad esempio sessantaquattro.

Dichiara che è arrivato a ventotto volte al giorno con eiaculazione. Ora non raggiunge più un numero così elevato, ma otto-dieci emissioni seminali non sono insolite. Naturalmente non sorprende che citi che il seme non ha più la consistenza spessa di una volta.

Promette ora di osservare il suo sistema molto attentamente e di raccontarmelo tutto. Ieri il numero nove sembrava riferirsi al suo antico timore che la madre potesse rimanere incinta.

Riceviamo nuova luce dai suoi primi anni. Il suo amore d'infanzia più forte fu una governante, Else H., che rimase con la famiglia per diversi anni. Lo amava "follemente" e gli cedette in tutto. Non lo frustò mai seriamente. Fu la prima a sculacciarlo sulla mano cadente. Questi colpi non furono mai dolorosi, ma sempre piacevoli. A lui piacevano.

Questa Else era in combutta con la nonna e oggetto dell'odio della madre, che era molto gelosa a causa dell'affetto del paziente per lei. Else si alzava ogni notte e metteva il ragazzo addormentato sul gabinetto, prestando poca più attenzione al suo pene di quanto fosse necessario. Lui andava da lei a letto e "montava". Lieve ricordo come se avesse afferrato la sua zona genitale e fosse rimasto molto stupito dai peli. (La prima ossessione del conteggio apparve quando imparò a cavalcare e aveva la clausola parapatica: se rimani sulla linea storta cadrai dal cavallo. Primo riferimento al complesso di impotenza, che più tardi si manifestò come paura di essersi fatto male con la masturbazione.) Il primo grande trauma della sua infanzia fu il fatto che Else fu licenziata a causa della gelosia della madre.

Ho menzionato già dieci anni fa, ne *Il linguaggio del sogno*, che il licenziamento di servitori amati può essere causa dell'atteggiamento di odio e sfida del bambino. Qui abbiamo un esempio notevole. (Else se ne andò e per molti anni gli scrisse affettuosamente, fino al giorno in cui lui smise di rispondere alle lettere.) In quel periodo odiava sua madre, in quanto lo separava dalle due persone che amava. Crede che l'ossessione del conteggio sia collegata a Else e al suo allontanamento. Else gli insegnava l'aritmetica e spesso ripeteva: "Tutte le cose buone sono tre." Giocavano anche a un gioco di conteggio: uno per me, uno per te, e così via. I numeri pari non è mai in grado di darli; deve chiedere alla madre. Pensava che fosse arrivata da lui a sei anni e se ne andata a nove.

Indagini successive con la madre hanno fornito l'informazione che Else si prese cura di lui dal quarto al settimo anno. L'ossessione del conteggio potrebbe essere stata ulteriormente determinata da una specie di gioco selvaggio di conteggio prima di andare a dormire. Si auguravano "buonanotte" e contavano chi si sarebbe stancato per primo.

Importante illuminazione sul numero sessantaquattro. Sua nonna aveva sessantaquattro anni quando morì.

Poi emergono nuovi materiali. Raggiunge i numeri attraverso la moltiplicazione. Questo deriva dal suo pensiero: "Io provengo da mio padre, mio padre da mia nonna; uno era contenuto nell'altro." Calcolava sempre le età; confrontava la propria età con quella del padre. Crede fermamente che vivrà fino a sessantaquattro anni.

Ieri fu un giorno sfortunato. Le cose andarono male presto e lo collegò al fatto di essere rimasto al numero sette il giorno prima. (Si ricordò del licenziamento di Else, odiò i genitori e decise di continuare nella sua parafilia.) Più tardi incontrò un uomo che aveva conosciuto nel salotto Bertinger. Chiese l'indirizzo di una bella ragazza a cui poteva dare lezioni e che poteva colpire un po' sulla mano. Decise quindi di proseguire nella sua parafilia e assunse un atteggiamento di sfida verso di me e verso suo padre. Poi, la sera, bevve un doppio dram al caffè e più tardi prese un drink in ciascuno di due caffè.

Non poteva andare a casa. Cercava qualcosa. Ogni drink significava una ragazza. Lo farò o non lo farò? Visitò vari caffè, osservando tutte le prostitute e ragazze per trovare quella "giusta".

Un terribile senso di inferiorità per tutto il giorno, probabilmente derivante dalle fantasie che lo accompagnavano.

Determinazione del numero otto: da bambino dovevo andare a letto a quest'ora. I genitori, è vero, non erano in casa, ma era una regola fissa che doveva essere rispettata...

Finalmente un risultato! L'ossessione del conteggio gli sembra inutile. Non conta né nel bere né nella masturbazione, che ora ha molto meno attrazione per lui. Non può più cedere alle sue fantasie parapatiche. La questione del battere la mano gli sembra assurda, infantile e disgustosa. Vuole essere normale e pensa alle ragazze e alle donne che ha recentemente conosciuto.

Un sogno esprime questo pensiero e indica le radici infantili della sua parafilia.

Strauss dirige "Ariadne". Sto cercando sua moglie nell'auditorium. Lei vuole andare e si offende perché non vado con lei. Non so cosa fare. Improvvisamente Strauss ed io siamo davanti a un liquido che ha la particolarità di trasformare le cose in pietra. Ciò che altrimenti avrebbe richiesto migliaia di anni avviene in poco tempo.

La sua associazione con "Ariadne" è che nell'opera di Strauss Ariadne considera Bacco il dio della morte, mentre lui è il dio dell'amore.

Vediamo il legame con il suo sadismo. Il dio della morte è allo stesso tempo il dio dell'amore.

Sappiamo che aveva desideri di morte verso i genitori. Qui è nascosto un conflitto infantile. Successivamente gli viene in mente che è come se Strauss e sua moglie fossero in conflitto. I suoi genitori litigavano spesso e lui era spettatore. Con chi doveva schierarsi? Nel sogno sceglie il padre. Sua madre aveva manifestato tendenze suicide per la questione Bertinger. Dovrebbero morire tutti. Lui non la seguirà. Il suo cuore è di pietra.

Le pietrificazioni rappresentano meravigliosamente la fissazione negli eventi infantili, il suo infantilismo psicosessuale. Riconosce che si tratta di tali pietrificazioni. Strauss rappresenta anche me, il direttore della sua vita, che dovrebbe condurlo fuori dal labirinto con l'aiuto del filo di Arianna. Egli stesso desiderava da tempo diventare direttore d'orchestra, in cui il brandire un bastone era una forza determinante. Il sogno ha una chiara tendenza anagogica: il suo ideale materno scompare e con l'aiuto della conoscenza diventa sano.

Si può credere che il paziente abbia ancora tenuto nascosto un importante cerimoniale compulsivo? Oggi ammette che l'ossessione del conteggio esisteva anche in bagno. Riguardava il numero di pezzi di carta necessari per pulirsi. Suo padre gli aveva dato istruzioni accurate su come pulirsi. Non si doveva mai usare giornali. Bisognava procedere con attenzione, ecc. Sappiamo che la madre personalmente "puliva" il suo ano fino ai quindici anni.

La sua ossessione ora è rimanere sulla linea retta con la carta. Altrimenti accadrebbe qualche sfortuna. Anche lo sciacquone del gabinetto deve seguire un cerimoniale preciso.

Comincia a parlarmi della sua sessualità anale. Spesso ha prurito all'ano e deve grattarsi attraverso i pantaloni. Non gli piace usare un gabinetto estraneo.

Razionale: l'avvertimento del padre che si potrebbe prendere la sifilide. Non può urinare in un orinatoio pubblico se è presente qualcun altro.

È stato educato alla sessualità anale. Sua madre stessa gli faceva irrigazioni e supposte, si preoccupava molto delle sue feci. Da bambino gli dava piacere usare il gabinetto davanti a persone più grandi e farsi osservare.

L'ossessione del conteggio in bagno sembra essere scomparsa.

Il paziente fa una straordinaria ammissione, che tradisce il masochista psichico: "Ho bisogno di una sfortuna per essere felice." Ieri ha conosciuto una ragazza che gli è piaciuta molto e che gli piaceva, cosa che gli sembra incredibile e come un miracolo. Subito gli viene in mente che potrebbe colpirla sulla mano. Il coito gli sembra banale e comune, mentre la sua parafilia gli appare come qualcosa di stravagante e eccezionale. Sta davvero lottando contro l'addio alla sua infanzia.

Questo è collegato alla sua ambizione patologica. Vuole realizzare qualcosa di grande ma non si sente in grado di portarlo a termine. Fin dai primi anni è stato abituato a far spianare la strada davanti a sé. Si aspetta – per quanto possa sembrare sciocco – che io promuova il suo talento. Che riconosca le sue capacità artistiche e lo aiuti. Non ha mai imparato a badare a se stesso, a lottare per sé. Tutto il mondo dovrebbe amarlo. Misura l'amore dalla disponibilità a sostenerlo.

Si sente inferiore e usa occasioni banali per immergersi in questo senso (beato) di inferiorità. Un peso di colpa si attacca alle piccole cose.

Il suo senso di inferiorità è il risultato del suo sadismo. Le sue idee di eliminare gli altri e altri complessi criminali alimentano il senso di colpa, che poi si collega a ogni piccola cosa. Con questo senso di inferiorità compensa il suo delirio di grandezza. La sua parafilia serve a rimandare la decisione di vita e a spostare la lotta, secondo l'espressione di A. Adler, su una "secondaria scena di battaglia".

Fornisce informazioni supplementari sul suo cerimoniale, i rudimenti del quale si rivelano qua e là: una sigaretta è inclusa nel bere, che conta anche. Procede lungo una doppia linea: primo drink, poi sigaretta, e così via.

Il significato di questa azione ossessiva non è del tutto chiaro, ma sembra collegato a una fantasia di fellatio.

Come tutti questi parapatici, è un cattivo ipocondriaco.

Ogni dolore gli fa pensare a una malattia pericolosa. Attribuisce i suoi mali al bere e alla masturbazione, ma in realtà risalgono al suo senso latente di colpa.

Ieri era al caffè con una nuova conoscenza.

Con stupore, provò presto un'erezione. Cercò involontariamente di riportare la conversazione sul battere. Così oscillava tra il vecchio e il nuovo punto di vista. Infine si sottomise ancora una volta alla sua "superstizione". Perché tutto andasse bene, bevve due bicchieri e fumò due sigarette, una dopo ciascun drink. Per andare più rapidamente, gettò la sigaretta parzialmente fumata a terra e fece finta che fosse caduta lì. Considerò un grande passo avanti avere il desiderio di stare con la ragazza, baciarla e colpirla. Le sue fantasie negli ultimi tre anni erano state dirette solo a osservare. Non voleva fare il colpo lui stesso, forse lo avrebbe organizzato, ma non eseguito. Si trasformò in un sadico nel salotto Bertinger. Madame Bertinger, pensa, gli profetizzò: "Cambierai completamente." Il suo amore per Mary era comunque il principale responsabile. Cominciò, oltre alle conversazioni con Madame Bertinger e alla lettura, a interessarsi appassionatamente al fatto che i bambini venivano picchiati per lezioni scarse o cattivo comportamento. Spesso si sdraiava sul pavimento per ore davanti alla porta dove Mary riceveva le lezioni, per sentire qualcosa. Pomeriggi e sere li passava sulle scale, per percepire finalmente suoni che potesse interpretare come colpi. Diventava geloso del passato di Mary. Suo padre l'aveva frustata e lui non era presente.

Gli insegnanti l'avevano picchiata (tutti gli insegnanti frustano). Voleva rivivere la sua infanzia e essere un bambino con lei. Nella fantasia, lei era sua sorella, picchiata.

L'eccitazione tormentosa in cui la nuova conoscenza della ragazza lo getta permette di concludere che importanti tendenze sono ancora nascoste e emergeranno come inibizioni. Cominciò a colpire la ragazza sulla mano – come gioco – e la provocò così tanto che alla fine lei reagì colpendo a sua volta.

Ha un inspiegabile timore del rapporto sessuale normale, un orrore che non riesce a comprendere. La presenza della ragazza scatena automaticamente i vari atti ossessivi, che altrimenti non desidera.

L'analisi del sogno ci conduce all'indagine delle tendenze nascoste. Sognò:

Sto dissezionando un cadavere e provo un forte piacere nel farlo. Taglio persino le mani. Qualcuno mi dice che anche la testa è stata dissezionata e che in questo modo la storia della vita dell'uomo è stata svelata. Deve aver sofferto molto. L'idea che sia morto e non sappia nulla di queste rivelazioni mi spaventa. Il morto mi ricorda me stesso.

Il legame con l'analisi è chiaro. Sta dissezionando se stesso e anche la sua parafilia della mano. Il vecchio individuo (parapatico) è morto e non ha più esperienza della sua conoscenza.

Sappiamo d'altra parte, attraverso la sua vivisezione, che la dissezione è la sua passione. Il piacere che prova corrisponde alle sue tendenze sadiche. Solo che, come crede, non ha mai provato soddisfazione sessuale nella vivisezione.

Riuscì a ingannare se stesso in questo e a fingere che il suo interesse fosse solo scientifico.

I sogni successivi riguardano i scarabei: Ho catturato uno scarabeo stercorario. È un animale molto saggio. Gli leggo qualcosa da un libro. Vola via. Sono infelice. Poi catturo un cervo-volante. Lo prendo con cura per il collo da dietro. Potrebbe mordermi. Lo lascio andare senza fargli del male.

Con il sogno dello scarabeo stercorario gli viene in mente che ha torturato crudelmente scarabei. Avrebbe strappato loro ali e zampe, li avrebbe immersi in catrame ardente e li avrebbe lasciati bruciare. Lo scarabeo stercorario è la ragazza, di cui ha parlato come di un bel scarabeo. Il libro è il "libro della sua vita".

Ha un certo rispetto per i cervo-volanti. Lo impressionano e a volte ne ha avuto paura. Potrebbero mordere.

Mi colpisce che afferri il cervo-volante per il collo, e lo interrogo sulle fantasie di strozzare e strangolare qualcuno. Esita, poi ammette di aver strangolato tutte le persone coinvolte nella sua educazione.

Spesso immagina di strangolare qualcuno, prima per scherzo e poi sempre più violentemente. Poi lascia andare la mano dello strangolamento. È troppo tardi. La vittima non è più viva.

Afferra la mano pendente al polso quando dà i colpi sulla mano, come se stesse stringendo un collo. Questo stringere e premere è importante per il raggiungimento dell'orgasmo.

Anche nella masturbazione, la mano deve essere afferrata al polso nella manipolazione e premuta. La mano pendente simboleggia la testa pendente e cadente, il polso il collo; il colpire la mano, il crollo del cranio.

Queste sono le tendenze nascoste. Egli vuole strangolare una ragazza ed è spaventato dall'idea che questi desideri sadici possano sopraffarlo se dovesse avere un rapporto sessuale normale. La parafilia lo protegge dai suoi impulsi criminali.

Sotto interrogatorio ammette che afferra per gioco Mary per il collo e lo stringe. In realtà non è interessato alle mani delle ragazze, ma prima di tutto ai loro colli.

Avviene un grande cambiamento: non riesce più a immaginare con Mary la percossa della mano. La ama come donna.

Gli piace il suo odore, mentre quello delle altre donne gli è ripugnante.

Parla della sua serie ossessiva. Il "rompere la serie" svolge il ruolo principale. Egli rompe la serie diritta e quella storta. Ieri ha bevuto due bicchieri di liquore. Ora nasce l'impulso a uscire dalla serie. Lo fa bevendo un terzo bicchiere. Subito si fanno sentire i rimproveri, e beve una quarta volta per tornare alla linea diritta.

Le serie diritte significano, in una determinazione, la buona sorte; quelle storte, la cattiva sorte. Le diritte sono il bene (Ormazd), le storte il male (Ahriman). Nella sua psiche infuria una guerra continua tra

Ormazd e Ahriman. È significativo che il suo compleanno cada su un numero pari, mentre quelli dei genitori sono numeri dispari.

La madre svolge il ruolo principale. In particolare il suo trentasettesimo anno, quando fu dipinto il suo ritratto. Il quadro gli sembrava bellissimo e pensò tra sé:

«La mamma è la donna più bella del mondo».

Confessa con riluttanza che sua madre voleva che restasse per sempre un bambino. Lo ha sempre considerato un ragazzino e ancora poco tempo fa lo prendeva sulle ginocchia. Mi assicura che non ne traeva sensazioni sessuali, ma che era molto piacevole. La abbraccia e la bacia molto spesso. Ora ella mostra gelosia verso Mary, si arrabbia quando lui va da lei troppo spesso. Era molto gelosa anche della governante menzionata. Questa governante, come sappiamo, contribuì molto all'origine del conteggio ossessivo. La sua parola preferita (nel baciare) era: «Tutte le cose buone sono tre». Da qui una formula: conclusione – bisogna baciare. Questa formula gli ritorna spesso alla mente insieme all'ossessione del conteggio.

Ciò che gli è difficile comprendere è la bipolarità del suo atteggiamento.

Ama i suoi genitori, soprattutto la madre, e tuttavia resta sotto il dominio di continui desideri di morte (quando moriranno, tutto apparterrà a me). Avverte anche che non guarirà mai se rimarrà un bambino piccolo con i genitori.

Ieri sera e stamattina si è masturbato.

All'improvviso è sorto il desiderio di rompere la serie e masturbarsi una terza volta. Con ciò è entrata per la prima volta la fantasia originaria: Mary dovrebbe giocare con il mio pene! Un impulso simultaneo ad afferrarla sotto. Sappiamo che un simile attacco alla madre fu il punto di partenza della cristallizzazione parafiliaca.

Il sogno della scorsa notte rivela chiaramente la regressione:

Sono con R. nella terza galleria del teatro. C'è musica sul palcoscenico. Passa. Ritorna ancora una volta. È tutto come in un ciclo, nel quale l'antico ritorna.

Le idee del teatro rappresentano o ricordi o il mondo della fantasia. R. è un sadico che picchia i bambini durante le lezioni di musica e rappresenta il suo Io parafiliaco. Il sogno mostra chiaramente che le vecchie scene ritornano. È soprattutto la scena del suo terzo anno di vita, quando allungò la mano verso la vagina della madre e fu percosso per questo.

Ora riferisce per la prima volta che la madre lo metteva spesso sulle ginocchia e lo picchiava. Ne provava sensazioni piacevoli e ricorda bene il forte odore urinario del suo grembo.

Anche il padre lo puniva in questo modo, cosicché la sua testa finiva spesso tra le gambe, vicino ai genitali.

Questo spiega il suo desiderio di essere picchiato. Accetterei volentieri di essere frustato come ricompensa per poter afferrare i tuoi genitali. La sua eccitazione sessuale era così intensa che non sentiva il dolore. Si difendeva durante la fustigazione e aveva quindi l'occasione di afferrare il corpo di chi lo puniva.

Ricorda bene le scene in cui il padre trovava un nuovo precettore. Egli ascoltava dietro la porta. Il padre diceva di solito: «Non devi picchiare il bambino! Di questo mi occupo io».

Ma egli desiderava moltissimo essere frustato da tutti i suoi precettori.

L'analisi procede verso i complessi decisivi. I sogni della scorsa notte portano nuove rivelazioni:

Mi frugo nel naso e ne tiro fuori un pezzo sanguinolento e disgustoso di smegma.

Ho visto un animale ferito. Stava sanguinando fino a morire. Il sangue non smetteva di uscire. Sanguinava dal collo, dalle ali o dalla testa.

Giungiamo così a discutere il complesso del sangue. Egli non può guardare il sangue. Potrebbe sopportarlo solo se fosse un chirurgo e il paziente fosse sotto anestesia. Non sopporta di vedere soffrire esseri umani o animali. Il dolore gli è insopportabile. Da bambino si faceva piccoli tagli sulla mano e osservava le ferite. L'idea di succhiare il sangue gli è ripugnante. Ma ammette che il sapore del sangue gli è molto gradevole e che il pensiero del vampiro lo ha sempre fortemente eccitato. Da ragazzo comprò delle sanguisughe e cercò di applicarle sugli animali. Gli sarebbe piaciuto molto metterle anche sul proprio corpo. Ne aveva orrore. Avrebbe però provato piacere a metterle su qualcuno che dormiva.

Se sanguina lui stesso, se ne vergogna. Nessuno deve vederlo sanguinare; nessuno deve vederlo soffrire. Vuole strisciare via da qualche parte come un animale ferito.

Confessa lentamente di aver anche tagliato animali non narcotizzati. All'inizio il ricordo appare come un dubbio. Forse l'ha fatto. Era sulla Riviera (dodici anni).

Lui e un compagno di giochi dissezionarono lucertole vive.

Il sangue lo ha sempre interessato. Gli piaceva mettere il sangue sotto il microscopio. Persino la parola «sangue» contiene per lui qualcosa di misterioso.

Ora lascia correre le sue fantasie. All'inizio vede ferite che non sanguinano. Poi però si vede mentre conficca un coltello nel collo di una ragazza e lo gira più volte nella ferita.

Il sangue dalla bocca lo ha sempre molto interessato. Il bacio dovrebbe essere un morso, così da poter succhiare il sangue. Ora comprendiamo perché lo scarabeo stercorario fugge da lui dopo che gli ha letto il libro della sua vita. Egli è un assassino per piacere!

Anche l'idea delle viscere insanguinate che fuoriescono dal corpo lo affascina. Ha visto molte corride a Bayonne (quindici-sedici anni). Ora sa di aver lottato con impulsi a distruggere i suoi genitori. Una volta lanciò un coltello contro la nonna. Finse di essere pazzo. Spesso recita la parte del folle, con l'idea che dopo un omicidio non verrebbe processato. Ha voluto avvelenare l'intera famiglia e nel suo laboratorio chimico si è preparato del cianuro di potassio mortale.

Pensa di aver ereditato il suo sadismo dal padre. Quest'ultimo gli aveva spesso detto che quando si arrabbiava "vede rosso". Per questo picchia il cane in modo così crudele e lo ha colpito in ogni occasione.

Sente dentro di sé una tale rabbia. Ogni opposizione lo rende furioso. Se schiaffeggia un bambino o una ragazza sulla mano, nessuno dei due deve provarne piacere. La sua soddisfazione svanisce immediatamente. Né devono accorgersi del suo piacere. Perciò ha bisogno della finzione della giusta punizione per le cattive lezioni.

Arriva a parlare del problema importante del

«contatto».

La percossa è il toccare il corpo di un altro.

Essere picchiati significa essere toccati. È questo contatto che lo eccita sessualmente. Quanto maggiore è la resistenza del partner (il bambino si difende, urla, scalcia), tanto maggiore è il suo piacere.

La percossa soddisfa il suo bisogno di contatto. Il contatto è ridotto al grado "minimo" (contatto minimo).

Vediamo dall'analisi quanto poco esaurienti siano le osservazioni fatte da Freud nel suo articolo *Un bambino viene picchiato*. Esse toccano solo un lato del problema, la questione dell'incesto. Ma non riconoscono che la scena specifica rappresenta una condensazione di un sadismo complesso, che emerge solo attraverso l'analisi.

Sognò:

Era da qualche parte a Vienna. I miei genitori dovevano partire la sera per la Russia. Io ero già andato via al mattino senza salutarli. Loro erano partiti per la Russia senza congedarsi. Io torno con certi rimorsi di coscienza e trovo del denaro su un tavolo. Banconote da 500.000 e monete di piombo per un valore di 500.000. In totale cinque milioni. C'era anche un biglietto: se non mi rivedranno mai più, allora... Mi inginocchiai davanti a una stufa e vi misi una specie di arrosto. Bruciava. All'improvviso, per errore, il denaro finì sull'arrosto. Mi spaventai e lo tolsi con grande difficoltà servendomi di un bastone. Paura di bruciarmi le dita. Il denaro fu salvato, tranne una moneta che aveva un buco al centro e una escrescenza di lato. Poi volevo portarla alla zecca per cambiarla con una nuova. Una persona dell'opera mi consigliò di cambiarla. Qualcuno mi mise in guardia contro la zecca, dicendo che alla gente piace quando il denaro viene distrutto. Ma qualcun altro mi consigliò di farlo.

Egli fornisce alcune informazioni supplementari sui cinque milioni del sogno. Un milione era per il mantenimento, due per la vita e due per la cura. La tendenza del sogno è chiara. Vuole liberarsi dai genitori. L'amore dei genitori è diviso in uno cartaceo e uno metallico. Quello cartaceo brucia facilmente. Ma questo egli lo salva (bipolarità della tendenza). La questione del metallo gli ricorda un proiettile dum-dum (complesso sadico). I proiettili distruggono il corpo. Sono anche figurati in modo bisessuale e mostrano chiaramente il principio del lingam. All'inizio è pronto a bruciare tutto l'amore. Così cade nel pericolo di bruciarsi le dita. All'ultimo momento salva questo amore e ora cambierà soltanto l'amore sessuale verso i genitori. (Io sono la zecca, poiché ora lo rifonderò.) Il numero cinque è collegato alla sua masturbazione. Continua ancora a masturbarsi e riesce solo con difficoltà a superare la sua ossessione di serie. Oggi si è detto: «Ti masturbi ancora una volta e raggiungi la linea storta. Accada quel che accada». Non è consapevole della clausola segreta di morte (morte dei genitori).

Ma la Russia è il paese dove la gente viene picchiata e uccisa.

Ora è felice. Ieri ha attraversato la piazza del mercato sentendosi del tutto libero e con la convinzione che avrebbe realizzato qualcosa di buono e valido. Ha ogni sorta di progetti artistici e crede di aver vinto il suo senso di inferiorità. Le percosse sulle mani gli sembrano assurde nella realtà, ma continua a servirsi di queste fantasie nella masturbazione.

Sognò:

Il mio collega, il dottor J., era condannato a morte insieme a sua moglie. Ero molto infelice. Era il giorno dell'esecuzione e gli chiesi come potesse sopportarlo. Egli disse: «Anch'io non riesco a pensare a nulla». Poi sono con il funzionario capo; sono stato annunciato e devo attendere, e in effetti entrai in una stanza. Quello era un presagio. Un servo aveva dovuto fare qualcosa con delle matite di piombo. Poi fui chiamato. Parlai contro la condanna a morte. Dissi: «Lo considero innocente e la pena è illegale!». Egli: «Non immischiarti; sii contento di non avere nulla a che fare con questo. Vuoi forse compromettere te stesso?». Due ragazze erano coinvolte in tutta la faccenda. Altri ambienti. Caffè. Ero seduto con loro. Poi improvvisamente ero in un angolo della stanza e pensavo a Madame Bertinger. Musica d'opera nella stanza. All'improvviso sentii che qualcuno era a letto nella sala della musica; era Madame Bertinger. Mi chiese di baciarla. Io dissi: «Non voglio avere nulla a che fare con te. Voglio essere libero».

È interessante notare che non sogna mai le sue scene specifiche. Afferma di non aver mai sognato di picchiare un bambino sulla mano. Questo ci dimostra quanto poca importanza reale abbiano queste scene di percosse sulla mano. I sogni portano alla luce ciò che si cela dietro la scena.

Il significato funzionale di questo sogno è chiaro. Il suo Io parafiliaco è condannato a morte. Ma egli vuole restare malato. (Ieri ha fatto un timido tentativo di trovare una scolara da picchiare sulla mano.) Protesta contro questo con il padre e con il dottor Stekel (il funzionario capo). Le due ragazze gli ricordano una ragazza vista da Madame Bertinger e una ragazza conosciuta negli ultimi giorni. Sono Mary e la nuova conoscenza, che dovrebbero salvarlo. Ma nel letto giace la madre. Sentiamo gradualmente di ogni sorta di tenerezze che la madre continua a permettersi. È riluttante a informarmi su quando siano cessati i baci sui glutei. Dalla sua confusa balbuzie concludiamo che continuano ancora.

È significativa la confessione che la madre ancora oggi gli bacia spesso la mano. I baci sulla bocca sono proibiti in casa, poiché così si potrebbero trasmettere malattie.

Questo bacio della mano da parte della madre si riflette nella scena della percossa.

Il sogno è prognosticamente favorevole. Mostra la liberazione dalla madre. Una circostanza è importante.

Il paziente afferma di essersi svegliato con una forte erezione. L'esecuzione del collega doveva avvenire per impiccagione. Egli stesso spesso gioca con una corda e se la lega al collo, poiché ha sentito dire che l'impiccagione e lo strangolamento sono piacevoli. L'erezione sembra essere collegata sia all'impiccagione sia alla madre nel letto.

Un sogno lo mostra in conflitto con la sua parafilia.

Sognò di aver avuto una dura lotta di lotta libera con il signor R. – R. è anch'egli un sadico, con il quale ha avuto lunghe conversazioni sulla frustata delle bambine. Ora lo vincerà.

Gli viene in mente un importante determinante del suo conteggio ossessivo. La clausola di morte, che è sempre presente, non era ancora emersa per la spiegazione completa dell'atto ossessivo. Ora racconta che nella sua famiglia è consuetudine giurare sulla propria vita. Il padre dice: «Come vanno le cose? Dimmi la verità o cado morto». Questo "cadere morto" viene usato in ogni occasione. I primi atti ossessivi erano ancora legati alla clausola di morte. Poi questa fu rimossa e sorse la condizione:

oppure accadrà una disgrazia. Anche questa si indebolì e degenerò nella clausola: altrimenti la faccenda andrà male. Ora domina l'azione ossessiva la paura che qualcosa non ritorni.

E quelli che non ritornano sono i morti...

Sua madre lo aveva cresciuto sistematicamente per farne un eterno bambino. Spesso esprimeva il desiderio: «Oh, che tu possa essere sempre il mio bambino!» Oppure diceva: «No, resterai sempre un bambino! Non crescerai mai!»

Il suo delirio di grandezza gli era stato instillato altrettanto sistematicamente. La sua meravigliosa educazione veniva lodata davanti agli estranei. Il bambino poteva fare ciò che voleva. La parola d'ordine era sempre: Tutto gli era davanti. Egli era il centro dell'universo, attorno al quale tutto ruotava.

Naturalmente la sua intelligenza era molto esaltata e ogni sua frase veniva discussa per tutta la giornata. Ora è spesso soggetto a momenti di abbattimento, perché crede di non poter mai raggiungere il massimo e non può mai accontentarsi di un successo moderato. Perciò vuole rimanere giovane e, ove possibile, tornare indietro e ricominciare una nuova vita, per sfruttare meglio i suoi primi anni come preparazione per il grande fine.

L'apparizione della reazione primitiva è interessante. All'improvviso resta in silenzio e rifiuta di dirmi a cosa sta pensando.

«Ti arrabbierai se lo dico!»

Gli assicuro che non mi irriterei.

«Credo che tu pratichi la masturbazione mentre sei seduto dietro di me. Ho l'impulso di girarmi e osservarti.»

Gli viene spiegato che questo è un atteggiamento infantile, un desiderio che tutti giochino con lui. Conferma questa opinione con una ricchezza di associazioni.

Due sogni rivelano chiaramente una tendenza anagogica:

1. Sono seduto su un divano con una ragazza e le tengo le mani. Lei dice: «Perché sei così infantile e ti occupi solo delle mie mani?»

1. Voglio entrare in una villa. Un enorme cane mi si avventa contro. Prima mi salta alla gola, poi mi afferra le mani. Prima le morsica, poi comincia a mordere seriamente. Non so cosa fare. Chiamo aiuto o mi difendo da solo? Quando lascia libere le mani per un momento, afferro le sue potenti mascelle e le tengo divaricate. Schiuma dalla bocca. Mi chiedo: Lo devo uccidere? Mi dispiace per questo splendido animale. Chiamo aiuto. Compare un servo e grida alcune parole al cane. Il cane diventa amichevole e scodinzola. Chiedo al servo: «Non mi attaccherà più se rientro in casa?»

Il primo sogno è trasparente. La ragazza aveva i tratti di Mary. Il cane nel secondo sogno rappresenta il suo sadismo.

È molto caratteristico che attacchi per prima la gola. In seguito gli viene in mente che voleva strangolare il cane.

Si vede come la fantasia dello strangolamento venga spostata dalla gola alle mani. Il servo assomiglia a me. All'inizio voleva superare la sua parafilia da solo, ora accetta il mio aiuto.

Ieri provava un senso di libertà e una gioia di vivere a lui a lungo sconosciuta. Poteva trarre piacere dalle piccole cose, per esempio dal volo degli uccelli. Vorrebbe essere libero e andare per un po' in mare, lasciare i genitori e cominciare una nuova vita.

Si separa dalla ragazza. È di famiglia rispettabile e non vuole gravare sulla propria coscienza. Ieri si è unito a un'altra ragazza, che gli ha dato l'impressione di una semi-prostituta.

È pieno di idee, potrebbe scrivere un libro. Ora ha chiara consapevolezza degli errori terribili di sua madre nell'educazione ricevuta.

Un'espressione di lei gli torna sempre alla mente: «Dopo la mia morte dovrai farmi spellare la pelle e conservarla. Potrà stare sotto la tua scrivania in modo che, mentre lavori, dovrai sempre calpestarla.» Commenti superflui.

Ora riconosce l'opposizione tra i genitori, dei quali aveva creduto che fossero «follemente» innamorati l'uno dell'altro. Ci furono ogni sorta di dispute in cui si verificavano spostamenti affettivi, che ora inizia a comprendere chiaramente. Se i genitori prendono i tram elettrici, la madre si lamenta così di Vienna, dei socialdemocratici, e così ad alta voce che la gente non può fare a meno di sentire, il che fa infuriare molto il padre. Egli ama Vienna; lei ama la casa di campagna, che lui invece odia. Queste differenze sono sempre esistite e forse furono la ragione per cui la moglie dovette trasferire sul figlio il suo bisogno di affetto, che si rivelò fatale per il figlio.

Vuole andarsene – a qualunque costo. Ma teme la solitudine. La paura della solitudine, secondo Otto Gross la fonte di tutte le paure, lo lega ai genitori e alla casa paterna.

Dal sogno della scorsa notte appare chiaro che gli è molto difficile separarsi dalla madre. Sta lavorando contro questa separazione informando la madre dei suoi propositi. Andrò in Inghilterra per sei mesi. Lo esaspera vedere il dolore e la disperazione della madre e lasciarla costringerlo a restare qui.

Considerava il matrimonio dei genitori felice.

Ora realizza che è infelice. Il padre, spesso durante le loro dispute, gridava alla madre: «Mi porterai ancora alla tomba! Sarai la causa della mia morte prematura!»

La morte è il tema preferito in famiglia. La madre gli disse riguardo al viaggio in Inghilterra: «Aspetta qualche anno. Moriremo presto e allora potrai fare quello che vuoi. Avrai anche abbastanza soldi per realizzare tutti i tuoi desideri.»

È evidente che tali parole aumentano la sua ossessione seriale. La sua parafilia è il risultato della sua cattiva educazione.

Cominciano ad emergere fatti notevoli riguardo al suo rapporto con la madre. La sua parafilia sta lentamente collassando.

Ieri, in un bar, conobbe una ballerina che si rivelò sadomasochista. La sera cercò di masturbarsi e immaginare di colpirle la mano. Gli sembrava infantile e assurdo. Per la prima volta vennero alla luce le fantasie sadiche nascoste dietro il suo infantilismo, su cui si basava la sua idea del coito. Provò il più grande orgasmo della sua vita.

Sognò:

Ero in un paese montuoso. Mia madre mi seguiva con intenti omicidi. Discendevo con grande difficoltà un sentiero di montagna, ripido e roccioso. Incontrai due uomini. Sapevo che erano nemici. Mentre passavo notai che entrambi andavano in direzioni diverse per sbarrarmi la strada. Continuai a scendere. Giunsi in una nicchia tra le rocce. Ero dentro, nascosto. Molte persone mi inseguivano. La mamma arrivò e un uomo mi guardò negli occhi. In quel momento tutto mi parve ridicolo e pensai: è tutta una commedia. Non mi tradì, né gli altri.

Procedimento legale. Devo pronunciare sentenza e dire che tutti possono andare liberi tranne due. La mamma ha qualche difficoltà. Credo di averla liberata... Sono in una soffitta con la mamma. Intorno all'angolo una stanza; il signor H. ci aveva vissuto. La mamma voleva ancora uccidermi. Ero molto allarmato. Voleva farlo con l'anello avvelenato. Dissi: «Se non ti fermi, suonerò due volte affinché la gente arrivi». Mano sul campanello. Non premetti per risparmiarla. Si rivolse ancora contro di me. Fuggii da R., lo chiamai, svegliai la casa. Mi rimprovera: «Come puoi andare da R.?» Premetti il campanello elettrico per allarmare la casa e mi svegliai.

Vediamo in questo sogno come l'immagine della madre lo perseguiti. Distruggerà la sua individualità. Ha ucciso qualcosa in lui. Che cosa può essere?

Qualcosa che gli viene in mente ci mette sulla pista importante. Un capitano G. gli viene in mente come uno degli uomini che volevano sbarrargli la strada e come l'uomo che lo fissava negli occhi; era stato spesso a casa loro e aveva flirtato con la madre. Non crede che la madre fosse infedele. Ma odiava quell'uomo e osservava le sue visite con gelosia sospettosa. Il capitano suonava molto il pianoforte, il che può aver determinato la sua passione per la musica. Il suo dubbio nasce dalla sorgente: Sono davvero figlio di mio padre?

Questa domanda è la radice di ogni dubbio. Il capitano morì di sifilide. Ciò spiega perché a volte pensa di avere una sifilide nascosta.

Importanti ricordi emergono con questo tema. Ha uno zio ebreo ricco di nome Karpeles. Suo padre spesso scherzava e faceva finta che fosse figlio di Karpeles.

«Questo è il mio giovane Karpeles» era uno scherzo di famiglia comune.

Nel sogno ci sono due uomini che gli sbarrano la strada. La domanda significativa nascosta sotto questa è: Quale dei due è mio padre? Karpeles è il padre di Mary.

Mary potrebbe quindi essere sua sorella.

Nuovi determinanti del suo conteggio ossessivo vengono rivelati. Uno dei suoi quattro nonni era ebreo, così che il padre osservava: «Sei per un quarto ebreo.» Ora vediamo come gioca con i numeri due e quattro. Se Karpeles è suo padre, ci sono due ebrei tra quelli che lo precedono; quindi, genitori compresi, due ebrei (padre e nonno) contro quattro cristiani (tre nonni e la madre).

Le linee diritte e storte acquistano un nuovo significato. Se è figlio del padre, è sulla linea diritta. Se è figlio di Karpeles, la sua origine non è dalla linea diretta. C'è una serie storta.

La sua paura del matrimonio appare anche sotto nuova luce. In primo luogo, i suoi genitori sono infelici. La domanda: Perché ci si sposa se poi si è infelici? (domanda che mi ha posto ieri) sembra giustificata.

Un fattore che pesa molto è che la nonna e la governante disprezzavano la madre. La nonna la chiamava falsa, svampita, amante del piacere, che avrebbe portato suo figlio alla tomba. La governante la definiva prostituta e pazza per gli uomini. Queste parole si fissarono nel cervello del ragazzo. Perché sposarsi se le donne ingannano i mariti e li conducono alla tomba?

Vediamo che la madre ha effettivamente ucciso qualcosa in lui: la fede nella purezza delle donne. L'attrazione per le prostitute (la sua passione per le donne leggere) nasce dal fatto che considerava la madre una prostituta. Si salva nel sogno andando da R. Quest'uomo è un artista ebreo. Trova liberazione nell'arte; si rivolge agli ebrei, che sua madre odia ferventemente. È antisemita, sebbene il padre sia nato da un matrimonio misto.

R. rappresenta anche Karpeles. L'azione legale è l'indagine successiva e la condanna di tutti gli uomini che avevano a che fare con la madre. Perdonerà gli uomini, ma la madre non potrà mai perdonarla.

Ora arriviamo all'importante determinante del suo sadismo. Odia le donne perché odia la madre come prostituta.

Non è superfluo sottolineare che si tratta di fantasia. Ho spesso potuto confrontare queste fantasie di prostitute legate alla madre con la realtà. Erano per lo più combinazioni inventate.

L'anello nuziale avvelenato del sogno si riferisce alla sifilide del capitano e all'infedeltà. Ma ricorda che quando veniva picchiato dalla madre, spesso si feriva con il suo anello.

Anche l'infedeltà della madre è quindi fissata nella scena della frustata.

Ha un sogno notevole:

Mia madre mi diede una chiave. Disse: «La chiave aprirà tutte le porte. Ora sei perduto per me.» Si voltò e pianse, e mi svegliai con un sentimento di infinita tristezza.

Ora comprende che la chiave della sua parafilia è nella madre. Ha l'abitudine di baciarlo con passione, e lui ricambia con uguale ardore.

Continua naturalmente a credere, e lo sottolinea ancora una volta, che i baci non sono sessuali, in quanto non ha erezione con essi.

L'opera *Walküre* gli fa la maggiore impressione. La scena in cui la porta si apre. Deve piangere. La scena è la glorificazione dell'incesto... È felice solo quando non è innamorato. Allora può godere di tutto.

Si rallegra che i treni elettrici siano così puliti e scorrano così bene, che gli uccelli cantino e i fiori sboccino. Se ama, la gioia di vivere si spegne. L'impossibilità di raggiungere il suo ideale è la causa di una depressione che poi lo invade completamente. Il suo amore deve essere condizionato dall'impossibilità di realizzazione.

Se una ragazza ha subito un'operazione, ogni fascino sensuale è sparito. Sua madre è stata operata tre volte.

Tutte le ragazze che ha amato erano sorelle fittizie e in questo modo immagini ringiovanite della madre. E la separazione dalla madre pesa su di lui. Domani partirà. Dovrebbe andare a Parigi. Ora la bipolarità dei suoi desideri nella struttura seriale si rivela. Parigi era la cosa buona, la linea diritta. Ma ieri si è masturbato solo una volta e ha rotto questa linea. Ciò significa che Parigi andrà male; dovrò rimanere a Vienna; non posso e non voglio lasciare i miei genitori. Entrambi gli assicurano che vivono solo per lui. Egli è il loro scopo di vita. Ora si è masturbato solo una volta. La prima masturbazione è sempre un peccato, per il quale il buon Dio lo punirà. Togli questo peccato con la seconda masturbazione. Questa volta è rimasto alla prima volta. Perciò questa volta Dio lo punirà: non potrà andare a Parigi. Una punizione che accorda con il desiderio dell'Es (istintivo inconscio).

Ora è dieci mesi con i genitori. Sua madre ne parla come del periodo più meraviglioso. Ma sa che potrà guarire solo se si libera una volta per tutte.

Ha sogni stereotipati. È dietro il palco e all'improvviso è sul palco. Viene visto. Questo probabilmente significa che rinuncia alla sua vita fantastica dietro le quinte e prenderà finalmente parte, testimoniando la sua paura della pubblicità.

Il distacco dall'analisi è un processo doloroso. Organizza nell'ultimo giorno la ricaduta, ben nota a noi analisti, il cui scopo è costringere l'analisi a continuare. Io resto fermo e voglio osservare ora come l'analisi si dimostrerà. Nulla di definitivo può essere dichiarato riguardo al risultato, per il momento, per quanto riguarda la sua parafilia. Secondo la mia opinione, Heinrich dovrà sposarsi per arrivare al rapporto sessuale normale.

Proviamo ora a riportare il sintomo parafilico ai determinanti individuali. Siamo stati in grado di dimostrare:

1. Un evidente complesso di impotenza. Paura della donna.

1. Paura della morte e impotenza psicosexuale.
2. Il sentimento di inferiorità.
3. Il colpire la mano si rivela come il rudimento di un sadismo omicida represso.
4. La mano rappresenta se stessa come bambino.
5. La mano è la madre e soprattutto la vagina (odore della mano!).
6. La mano è un animale vivo, simbolo dei suoi istinti animali (animismo).
7. La mano è un avvertimento (omicidio del padre).
8. La mano rappresenta la masturbazione, per la quale si punisce.
9. La mano è usata come mezzo per gratificare gli istinti cannibalistici.

10. La mano non deve lasciare perdere i suoi sentimenti di vendetta. Punizione per i genitori, che lo hanno picchiato con le mani.
11. La mano è bisessuale e nasconde la sua omosessualità.
12. La mano tagliata rappresenta la castrazione.
13. Il colpire la mano simboleggia una fantasia del grembo materno.
14. La mano è qualcosa di sacro (la sua religione).
15. La mano rappresenta la sua sfida (riformatorio).
16. La mano è avvelenata (complesso del veleno).
17. La mano è la testa (schiacciamento del cranio).
18. La mano è strangolata (fantasie di strangolamento).
19. La mano è succhiata (vampirismo).
20. Infila un coltello nel collo di una ragazza. La mano è il collo, il bastone il coltello.
21. La mano gratifica il suo desiderio di contatto.
22. La mano gli ricorda il bacio sulla mano della madre.
23. La mano gli richiama l'infedeltà della madre (l'anello avvelenato).

Vediamo l'incredibile condensazione dei simboli.

Così piacere e dolore, desiderio e espiazione, dubbio e fede, gioia e punizione, brama e senso di colpa, sfida e obbedienza, istigazione e avvertimento, innocenza e colpa, giovinezza e vecchiaia, passato e futuro, sono legati insieme in una piccola scena.

Il risultato terapeutico dipende dal fatto che Heinrich vinca o meno la sua battaglia contro la famiglia e l'infanzia. La psicogenesi del sadismo come esito di un'educazione poco saggia emerge chiaramente attraverso l'analisi. Chi ha letto questo attentamente, troverà confermate tutte le mie tesi.

VIII: UNA DONNA VIENE TRASPORTATA

Questa fantasia appare in molte varianti. L'uomo masochista si compiace dell'idea di essere costretto a portare una donna pesante fino a crollare quasi sotto il peso. La donna sadica può manifestare lo stesso desiderio come segno della sua dominazione e della completa sottomissione dell'uomo. Più raramente ci si immagina di portare un bambino, oppure, in associazione con idee zoantropiche, c'è l'identificazione di sé con un animale da cavalcare. La donna in abiti da equitazione con la frusta appartiene a quest'ultima fantasia. Ciò è collegato alla non rara identificazione di un uomo con un cane trattato duramente da una donna. Anche questa idea può trovare sfogo nel desiderio di portare una donna. Si può far risalire questa fantasia all'inversione di situazioni infantili reali. I bambini vengono portati in giro dagli adulti, e lo scambio di ruoli è un evento quotidiano nella parafilia.

Caso numero 24

Il signor A. V. ha la fantasia di essere imboccato come un cavallo e forse di essere utilizzato per essere cavalcato. Può essere condotto da un uomo, che può colpirlo con una frusta senza però provocargli dolore. Ha anche il desiderio di correre per la stanza e abbaiare come un cane. Una volta mise in scena una simile situazione in un bordello e voleva continuare il gioco fino a poter mordere, per divertimento, il piede della sua partner. Gridava: "Morderò; morderò." Deve aver recitato la sua parte molto naturalmente, perché la partner, una prostituta giovane e ancora inesperta, cominciò a urlare e scappò dalla stanza. Il suo padrone arrivò allora e creò un grande scandalo per l'uomo timido. Da quel tentativo, ha rinunciato alla realizzazione delle sue fantasie. Attraverso la lettura di uno dei miei articoli, arrivò a pensare che questa inclinazione morbosa dovesse essere collegata a eventi della sua infanzia.

Ricorda di aver usato suo padre come un cavallo, di averlo imbrigliato e anche di averlo spronato dolcemente con la frusta a correre più veloce. Sa anche con certezza che suo padre spesso interpretava per lui la parte del cane e minacciava di morderlo. Di tanto in tanto prendeva il piede del bambino in bocca e fingeva di voler mordere.

Un'ulteriore analisi è per vari motivi impossibile.

Ma vediamo chiaramente come il ricordo sia fissato sul gioco con il padre e trasferito alla donna. Si tratta di una regressione ostinata all'infanzia, che in tali casi si manifesta come atto ossessivo.

A questa categoria appartengono il ridicolo caso dell'uomo che va in un bordello per farsi infilare una piuma nell'ano dalla prostituta e poi grida "chicchirichì"; l'uomo che emette ogni sorta di rumori infantili e poi inizia a miagolare; il caso di un uomo che si muove a quattro zampe per la stanza, ringhia come un orso e deve essere picchiato sui glutei con un bastone fino a raggiungere l'eiaculazione con un grande orgasmo bestiale.

Caso numero 25

Il Sig. M. I., un produttore di trentiquattro anni, si lamenta di terribili attacchi di ansia, che rendono la vita un peso e gli impediscono di rimanere in una grande città. Soffre di una parapatia cardiaca, che si manifesta in modo del tutto inaspettato. Una sensazione di ansia lo coglie improvvisamente per strada, il cuore comincia a battere selvaggiamente e sente la morte avvicinarsi. "Ora stai per morire!", gli dice una voce interiore. I suoi sensi sembrano sul punto di abbandonarlo, il polso diventa rapido, compare sudore freddo, gli occhi sporgono rigidamente dalle orbite. Appena arriva il medico e gli prende la mano, tutti i sintomi inquietanti scompaiono. Il medico deve sedere accanto a lui per mezz'ora fino a un'ora intera, finché non è completamente calmo. Questi attacchi si verificano anche di notte e più probabilmente in quella fascia oraria. Il medico non può allontanarsi molto da casa senza lasciare indicazioni su dove possa essere trovato. Quando il medico andò in vacanza sulle Alpi, il paziente viaggiò con lui e non gli permise di uscire da solo nemmeno per un secondo. Se il paziente andava in bagno, il medico doveva aspettare fuori.

Questa spiacevole malattia impedì a questo produttore dotato di recarsi nella metropoli e lo costrinse a rimanere in un piccolo luogo dove le sue capacità non potevano svilupparsi. Ma era così abituato al medico che non riusciva più a vivere senza di lui. Soffriva molto più ansia a Vienna e non si fidava di uscire senza essere accompagnato dal medico, mentre nella sua piccola città natale aveva un certo raggio d'azione che poteva percorrere senza paura. Se superava questa zona, ciò significava lo sviluppo dell'ansia. L'intera malattia consisteva, come in tutti questi casi, nella paura di essere dominato dalla paura. Tutto il suo giorno era trascorso nel timore di poter subire un altro attacco.

Il paziente osservava riguardo alla sua vita sessuale che aveva vissuto per cinque anni in totale astinenza, perché temeva che i rapporti potessero fargli del male e perché avrebbe potuto essere colto da un attacco mentre si trovava in un bordello. Il medico avrebbe allora dovuto essere chiamato al bordello, l'intera città lo avrebbe saputo e lui sarebbe diventato oggetto di scherno. Non ha alcun rapporto con le donne; il suo disturbo riempie l'intera giornata, lasciando quindi poco tempo per le donne.

Ora darò la descrizione esatta del problema con le sue stesse parole:

Sono un produttore di trentiquattro anni; celibe; soffro da forse gli ultimi dieci-dodici anni di stati ansiosi e palpitazioni cardiache, che naturalmente mi ostacolano molto nello svolgimento della mia attività. Mia madre è morta negli ottanta di polmonite; negli ultimi quindici anni era malata di diabete. Mio padre è vivo, quasi novantenne, relativamente vigoroso, mentalmente molto lucido; per quanto ne so, non è mai stato malato. Provengo quindi da una famiglia sana e longeva. Mio padre gestiva un'attività bancaria abbastanza grande nel paese, per la quale, però, non possedeva il capitale necessario; era sempre coinvolto oltre le sue possibilità e si rallegrava di affidare le sue preoccupazioni a vari membri della famiglia. Aveva inoltre l'abitudine di rappresentare le sue preoccupazioni, siano esse di natura commerciale o privata, in toni molto più cupi di quanto non fosse effettivamente il caso. Così, per esempio, ricordo bene che dovevo condividere queste ansie quando ero bambino di tre o quattro anni, poiché ero presente in molte occasioni in cui dipingeva la sua situazione alla mia madre o ai fratelli maggiori nel modo più drammatico, solo per far sì che tutti i membri della famiglia condividessero le richieste che la situazione comportava. L'asilo nella nostra casa confinava con la camera da letto dei miei genitori, e frequentemente di notte dovevo ascoltare mio padre descrivere alla madre la sua precaria situazione finanziaria. In quei giorni andavo sempre a scuola molto turbato, e persino durante la lezione pensavo: "Caro Signore, perché non aiuti i miei poveri genitori?" O se sentivo parlare di qualcuno che aveva un'attività prospera, il mio primo pensiero era invariabilmente: "Perché i miei genitori non hanno la fortuna di avere un'attività così buona, così da essere liberi da queste preoccupazioni eterne e notti insonni?" Vale la pena menzionare che fuori di casa mio padre era una persona molto piacevole; soprattutto alla taverna era un ospite gradito per la sua socievolezza e perché lì non mostrava segni delle sue preoccupazioni, nemmeno nei momenti di maggiore difficoltà finanziaria. A casa, invece, era del tutto diverso! Né io né i miei fratelli e sorelle abbiamo avuto veramente molta giovinezza. Nostro padre non ci permetteva né di giocare né di correre per strada come facevano i nostri compagni, né di andare sul ghiaccio o a sciare come gli altri bambini. Una volta siamo stati frustati perché avevamo strappato i pantaloni, un'altra volta per le scarpe, e così via. C'era sempre confusione e frustate!

Ora arrivo al ricordo più importante della mia vita! Non devo lasciare nulla di non menzionato, perché non posso misurare l'importanza di questo evento. Se ciò accadde in sogno o nella realtà non posso dirlo con certezza; in ogni caso, vedo ancora oggi questo avvenimento davanti a me. Era molto prima del mio ingresso nella scuola elementare, e presumo quindi che avessi circa tre anni. Mio padre mi portò con sé nel bagno, dove mi bagnai con lui nella stessa vasca. Dopo il bagno si fece leccare l'ano, da chi non so, ma in ogni caso da un uomo; tanto è rimasto nella mia memoria. Non riesco più a ricordare quale fosse il mio sentimento al momento in cui vidi ciò. Ma l'esperienza in sé è sempre davanti ai miei occhi. All'epoca in casa nostra c'erano dieci fratelli e sorelle. Io ero il settimo figlio.

Ora, dopo aver compiuto sei anni, fui mandato a scuola. Ero uno studente abbastanza bravo. Durante la ricreazione dalle dieci alle dieci e mezza venivamo condotti nel giardino della scuola dove potevamo saltare e giocare. Un giorno mi arrampicai sull'asta ginnica, e mentre mi tenevo convulsamente alla cima dell'asta provai nel mio pene una tale "sensazione di piacere", così piacevole e dolce, che da allora quasi ogni giorno, quando ci portavano nel giardino, saltavo subito su qualche asta e mi arrampicavo finché la "sensazione di piacere" non si ripresentava. Non posso dire oggi per quanto tempo lo feci, ma comunque durò a lungo. Spesso trascorrevo il tempo a scuola e anche nelle prime classi con la seguente fantasia: "Immaginavo le persone, e in particolare il mio circolo di conoscenze, come se uno di loro fosse seduto sulla spalla di un altro (a volte nella mia fantasia vedevo uno di loro seduto sulla testa o sul volto di un altro); in basso quello con meno mezzi, sopra quello più benestante; mentalmente mi immaginavo nella posizione di questa scala infinita sempre più in alto e, se ricordo bene, questo mi dava una sensazione deliziosa. All'epoca non avevo alcuna idea del "coito" vero e proprio; intendo dire che non sapevo come avvenisse questo atto, perché spesso, quando sentivo parlare gli alunni delle classi superiori in termini volgari, ci riflettevo, ma non riuscivo ancora a formarmi un'idea corretta. Nella terza classe – quindi a circa nove anni – c'era un'intera compagnia di noi che provocava "la sensazione di piacere" sputando nelle mani e sfregando il proprio organo, in parte per sé stessi, in parte per gli altri, fino a ottenere il risultato desiderato.

Montare sui miei compagni di scuola mi procurava anche allora una gratificazione sensuale. Così, nella terza o quarta classe della scuola elementare, forse avevo già dieci o undici anni, avevo un compagno di classe che era trattato in modo piuttosto ingiusto in tutto. Era, in effetti, un idiota e aveva anche tratti sgradevoli, e per questo motivo veniva evitato dagli altri compagni della stessa età. Un giorno andai a passeggiare in campagna con questo amico. Parlai della nostra forza relativa con lo scopo di convincerlo a farmi sedere sulla schiena. Mentre ero seduto lì, mi dissi nella mia fantasia: "Ora devi portarmi anche se non vuoi," o, meglio espresso, "Non vuoi portarmi, ma devi farlo." Non passarono nemmeno due minuti che sentii la sensazione di piacere. Credo addirittura di aver avuto un'eiaculazione in quel momento. Questo compagno di classe, che, come ho detto, era in qualche modo guardato con disprezzo dagli altri coetanei, era felice di avere almeno la mia amicizia; e questo io ne approfittavo quando andavamo a passeggio, ripetendo sempre l'episodio sopra menzionato.

Sono entrato al ginnasio dopo il dodicesimo anno; quando avevo fallito il primo anno, mio zio mi prese nella sua attività commerciale. Qui praticavo la masturbazione in questo modo: posizionavo un sacco di farina o simili nella rimessa, immaginavo che fosse un uomo sul cui dorso mi sedevo, e facevo questo sotto la più grande varietà di fantasie (per esempio, come sopra con il mio compagno di scuola) fino a quando si verificava nuovamente l'orgasmo. Questa procedura fu ripetuta quotidianamente per molto tempo, poi una volta a settimana; se mi rimproveravo, solo una volta ogni quattordici giorni; poi di nuovo più frequentemente.

Non avevo ancora quattordici anni quando fui mandato a Vienna da un commerciante come apprendista. Mi fornì solo il necessario; mio padre mi diede dieci corone di tasca, mi augurò buona fortuna, mi diede alcuni buoni consigli; poi iniziò la vita nella grande città. A quel tempo non esisteva ancora una regolamentazione legale del riposo domenicale, e così il mio datore di lavoro mi tenne duro al lavoro per tutta la settimana, dalle cinque del mattino alle undici di sera. Solo una volta ogni diverse settimane mi fu permesso di uscire la domenica sera dopo le cinque. Rimasi in questa posizione circa un anno e mezzo, durante il quale mi masturbavo principalmente con un sacco di farina, accompagnato dalle fantasie che ho menzionato. Non ero molto soddisfatto di questa posizione. Avevo sempre davanti a me il pensiero che avrei potuto fare qualcosa di meglio. Provavo compassione non solo per me stesso ma per ogni commerciante; vedevo in ciascuno un servo tormentato che doveva lavorare dal mattino alla sera e guadagnava a malapena abbastanza per mantenere corpo e anima insieme.

Ero proprio sul punto di ottenere una posizione migliore quando mio padre mi informò che gli affari in famiglia erano peggiorati a tal punto da rendergli impossibile rimanere più a lungo in un piccolo luogo e che per questo aveva deciso di trasferirsi a Vienna e aprirsi un negozio lì. Questo progetto fu realizzato un mese dopo. Mio padre comprò un piccolo negozio, nel quale dovetti nuovamente lavorare attivamente.

Mio padre, cresciuto fin dall'inizio in modo rigorosamente religioso, aveva l'abitudine di chiudere il negozio la domenica e di andare regolarmente in chiesa, ma a Vienna dovette rinunciare a tutto ciò, e se ne rammaricava molto, e come era sua consuetudine, faceva pesare anche alla famiglia questa sua tristezza, sempre lamentandosi davanti a noi che non era meraviglia se le cose andavano male quando aveva peccato in questo modo. Egli stesso soffriva molto per queste continue lamentazioni, era mentalmente turbato, e circa sei settimane prima di Pasqua decise fermamente di vivere di nuovo nella sua città natale almeno fino alle vacanze. L'attività commerciale fu venduta in brevissimo tempo per una miseria, e ci trasferimmo a casa nostra, il padre finanziariamente molto più povero di prima del suo primo cambio di residenza. Ora gestiva un piccolo scambio nello stesso luogo in cui un anno prima era stato il banchiere principale.

Poco dopo il nostro ultimo trasloco mi ammalai, credo di polmonite. Quando mi ripresi, avevo ancora un tremore ai piedi. Se in posizione seduta mettevo il piede sulla punta, iniziava un tremore dell'intero arto. Credo di aver già notato questo tremore dei piedi durante il mio soggiorno a Vienna, ma non ne parlai per non preoccupare i miei genitori, specialmente mia madre, che amavo sopra ogni cosa. Eppure mi preoccupava molto. Su suggerimento del nostro medico di famiglia, dovevo recarmi in un ospedale a Vienna; secondo lui il trattamento ospedaliero era necessario per questo disturbo. Il giorno seguente fui preparato per il viaggio. Sul treno incontrai un signor X. Questo gentiluomo, venuto a sapere dalla nostra conversazione che mi stavo recando in ospedale, mi chiese quale fosse il mio problema, che descrissi nei minimi dettagli, dopo di che mi disse tranquillamente: "Caro amico, ti sei concesso troppo alla masturbazione, e questo è il risultato; e non è da prendere alla leggera, perché è l'inizio di una consumazione del midollo spinale!" Poi mi spiegò questa malattia in dettaglio.

Così arrivai dai miei parenti a Vienna completamente abbattuto e consultai allora i professori Krafft-Ebing, Neusser e altri uomini esperti, i quali mi dissero che ero completamente sano. Tuttavia, per alcuni anni soffrii per questa concezione errata, ero convinto di avere una malattia del midollo spinale e andai da tutti i medici della mia città natale con questa idea. Se qualcuno mi dichiarava perfettamente sano, forse ero sollevato; ma in pochi giorni soffrivo di nuovo per questa falsa idea; pensavo sempre che il medico in questione non avesse esaminato a fondo il caso o non lo capisse, e andavo semplicemente dal prossimo. Ricordo a questo proposito un episodio nella clinica Neusser. Un assistente mi chiese durante la visita se a volte avessi palpitazioni al cuore. Nella mia inesperienza, chiesi al signore di spiegarmi com'erano le palpitazioni; forse, pensavo, le avevo già avute senza saperlo. Egli mi disse: "Allora decisamente non le hai avute, o sapresti cosa sono." Tornai a casa in pace, ma da allora pensai alle palpitazioni insieme alla malattia del midollo spinale. Probabilmente soffrii di queste malattie immaginarie per tre anni.

Ero perfettamente sano dai diciassette ai vent'anni. Anche in quegli anni mi masturbavo – non riuscivo a farne a meno nonostante tutte le buone risoluzioni.

Poi entrai nell'esercito, dove cercai anch'io gratificazione sessuale tramite la masturbazione, ma nonostante ciò ero perfettamente sano per due anni e mezzo, e mai stanco; gli esercizi più duri non mi causarono alcuna difficoltà. Devo confessare, però, che spesso pensavo: "Se solo non morissi qui nell'esercito," o "Se almeno sapessi con certezza che in caso di malattia mi manderebbero a casa dai miei." Dopo circa due anni e mezzo conobbi un compagno di nome Y. Cercavo, come tutti, di evitare il servizio militare in qualche modo, perché, per quanto avessi goduto all'inizio della vita militare, più tardi mi era diventata estremamente sgradevole. Solo per citare un piccolo esempio, nell'ultimo anno di servizio sognai una o due volte di essere stato recentemente arruolato, e soffrii così tanto durante questo sogno, gemendo e piangendo così intensamente, che i miei compagni furono seriamente preoccupati per me.

Ebbi questo sogno anche diversi anni dopo il congedo, e di nuovo ero molto angosciato.

La mia angoscia era così grande solo sapendo: "Devi restare ancora un altro anno a tutti i costi," che spesso invidiavo i disabili per strada. Eppure avevo avuto il periodo di servizio più soddisfacente che si potesse concepire.

Godevo del massimo favore dei superiori, non avevo subito alcuna punizione, avevo risparmiato diverse centinaia di corone grazie a un reddito aggiuntivo; ma nonostante tutto, nell'ultimo periodo ero continuamente occupato dal pensiero: "Come posso andarmene da qui?" Un giorno G. mi raccontò che nella sua compagnia un uomo aveva voluto uscire dall'esercito a qualunque costo e aveva bevuto molto caffè nero; si presentò quindi dal medico del reggimento e fu raccomandato per congedo onorevole per palpitazioni al cuore.

Capii subito che potevo usare questo stratagemma, bevvi a colazione e dopo il pranzo forse mezzo litro di caffè, e senza sentire alcun effetto negativo andai dopo un po' dal medico del reggimento e mi lamentai di dolori nella regione del cuore. Ripeto ancora che in realtà non avevo alcun dolore, stavo solo tentando di mentire per evitare il servizio militare. Il medico del reggimento, dott. D., mi visitò a fondo e infine disse al capo medico, K., presente,

"Sì, c'è qualcosa! La questione non è così semplice!" e il capo medico mi visitò e disse di non aver trovato nulla.

Il medico del reggimento mi visitò di nuovo, confermò la prima diagnosi e mi diede alcune medicine, iniziando con tre gocce al giorno, aumentando fino a venti e poi diminuendo a tre gocce.

Sentii dal medico del reggimento la parola "neurosi cardiaca", che mi turbò, perché avevo visto una volta in un modello di cera un cuore malato per "sclerosi", e da allora immaginavo sempre il mio cuore malato in tale condizione.

Mia sorella maggiore era morta forse sei mesi prima, così improvvisamente che potevo spiegarmelo solo come paralisi del cuore. Da allora pensavo sempre che avrei finito così e per questo volevo più che mai essere mandato a casa dal servizio militare, affinché in tal caso potessi almeno morire a casa.

Un giorno, circa quattordici giorni dopo la visita che ho descritto, ero seduto al pomeriggio in un caffè; al tavolo vicino sedeva una cantante che avevo spesso visto sul palco e che mi aveva sempre molto piaciuto, anche se era sposata e non più giovane. In quel giorno e in quella situazione fui improvvisamente preso da una spiacevole sensazione nella regione del cuore, che mi spaventò molto, perché in quel momento vedevo davanti a me la temuta morte improvvisa in un luogo straniero – subito dopo ebbi per la prima volta palpitazioni, che rafforzarono la mia convinzione che fosse la mia fine.

È interessante che una canzone che la cantante eseguiva sul palco provochi ancora oggi queste sensazioni spiacevoli, e che in passato, quando questa canzone o solo la melodia mi tornava in mente, ero soggetto a un attacco cardiaco. Vedevo davanti a me con questa canzone tutta la situazione della mia prima palpitazione.

Andai subito alla caserma vicina e chiesi all'ufficiale di ispezione di mandare a chiamare un medico. Ci volle circa un'ora prima che arrivasse; mi fecero mettere nella stanza delle fatiche, dove applicarono impacchi freddi sul cuore. Infine, dopo tre o quattro giorni, fui trasferito all'ospedale di guarnigione, dal quale, dopo alcuni giorni, ricevetti un congedo di otto settimane, che sfruttai immediatamente.

Non ero ancora arrivato a casa che mia madre si ammalò di una grave malattia acuta, durante la quale mi presi cura di lei da solo fino a completa guarigione.

Nel frattempo, il mio congedo era terminato e, dopo essere tornato alle armi, chiesi al medico del reggimento il congedo completo, perché la mia condizione non era migliorata. La richiesta fu accolta e fui congedato permanentemente con menzione onorevole.

Avevo ormai ventiquattro anni e fino a quel momento non avevo mai avuto rapporti sessuali con una donna, ma avevo sempre cercato gratificazione nella masturbazione.

Dopo quattordici giorni di riposo a casa, presi una posizione in una nuova fabbrica, dove inizialmente lavorai in ufficio per un anno e poi fui inviato sul territorio. L'azienda trasferì la sede a Praga, da dove lavorai esclusivamente, viaggiando per essa. Coprivo solo la regione circostante in modo da poter passare la notte a casa a Praga, poiché pernottare in una città sconosciuta, anche se vi ero stato venti o trenta volte, mi era sempre difficile; e quando era inevitabile, ero sempre felice se trovavo un conoscente nello stesso albergo. Quasi sempre, quando dovevo pernottare in un'altra città, ero colto dai più acuti attacchi cardiaci. Partivo relativamente sereno nei giorni in cui, secondo il programma, sarei dovuto essere di nuovo a Praga la sera; il viaggio presentava grandi difficoltà nei giorni in cui dovevo rimanere fuori per la notte.

Per anni dovetti inoltre nascondere questo stato di cose il più possibile ai miei superiori, per paura di essere considerato inferiore. Feci i più grandi sacrifici solo per poter passare la notte nella mia casa, nei miei ambienti abituali. Non era raro dover partire alle quattro del mattino e non tornare fino a mezzanotte, per ricominciare il giorno successivo alle quattro.

Un'altra cosa interessante è che durante il viaggio verso qualsiasi luogo avevo spesso questi attacchi d'ansia, seguiti subito dalle palpitazioni, mentre nel viaggio di ritorno da quel luogo a Praga, cioè verso casa, non avevo alcuna difficoltà. E ancora, se viaggiavo in direzione della mia città natale, non soffrivo mai; al contrario, in tali casi mi sentivo molto bene.

SADISMO E MASOCHISMO

Ho dimenticato di menzionare una cosa, che forse non è del tutto irrilevante riguardo alla malattia stessa. Come ho già detto, mi sentivo sempre molto bene quando, durante il mio soggiorno a Praga, viaggiavo in direzione della mia casa. Questo mi permise di decidere di lasciare il mio lavoro e stabilirmi nella mia città natale, da cui avrei avuto solo un raggio di spostamento tale da poter essere a casa ogni sera, presumendo che in questo modo i miei nervi distrutti si sarebbero ristabiliti.

Ahimè! Mi sbagliavo in questa supposizione, perché dopo poco tempo, ogni volta che dovevo viaggiare dalla mia città a qualsiasi altro luogo, provavo la stessa sensazione che avevo quando andavo da Praga verso qualsiasi posto in direzione opposta alla mia casa. Solo con la differenza che, quando avevo ancora la mia posizione a Praga, dovevo affrontare questi viaggi, perché altrimenti temevo di perdere il lavoro, ma temeva ancora di più che i miei datori di lavoro venissero a conoscenza della mia condizione; mentre a casa in questi casi spesso non partivo affatto.

Le condizioni si manifestavano nel modo seguente: avevo spesso qualcosa da fare in un luogo vicino alla mia città, andavo in stazione con l'intenzione di partire, procuravo persino il biglietto; ma non appena il treno arrivava in stazione, ero preso dall'ansia, mi vedevo già sdraiato impotente nel vagone o immaginavo me stesso nella stessa situazione nel luogo dove stavo per andare. La conseguenza era una violenta palpitazione del cuore. Prendevo frettolosamente la mia valigia e cercavo di tornare a casa, attirando il minor numero possibile di attenzioni, lasciando spesso cadere il biglietto, perché succedeva così frequentemente che non potevo più disturbare l'addetto ai biglietti per il rimborso. Ma non appena voltavo le spalle alla stazione, in pochi minuti mi sentivo di nuovo bene. Spesso mi dispiaceva di essere stato così poco energico. Talvolta dovevo partire nonostante questo stato d'animo, e vale la pena sottolineare che in tali casi non avevo alcuna difficoltà al ritorno.

Negli ultimi due anni la mia condizione è peggiorata al punto che, generalmente parlando, non sono più stato in grado di viaggiare; o, se occasionalmente intraprendevo viaggi che non potevano essere rimandati, dovevo sempre essere accompagnato dal mio medico di famiglia.

Quando prima ero al servizio di altri, i parenti mi diedero presto i mezzi per fondare una piccola fabbrica nella mia città natale, per la quale poi viaggiavo personalmente. Riuscii a introdurre i miei prodotti in tutta la regione circostante, così che materialmente sono molto ben sistemato.

Potrei essere un uomo ricco se avessi completa libertà di movimento. Ma tremo al pensiero di lasciare la mia piccola città natale, perché l'orrore degli orrori per me sarebbe morire o ammalarmi in un luogo sconosciuto, senza che nessuno della mia famiglia fosse presente. Devo avere qualcuno vicino a me che si prenda cura di me; devo avere con me il mio vecchio medico di famiglia. Non posso vivere tra estranei! Sono sotto il fascino del familiare, e non conosco nessun altro che si aggrappi tanto al proprio ambiente domestico quanto me. Ma solo a causa delle persone che mi conoscono e che io conosco. L'idea di trovarmi malato in una stanza sconosciuta dove nessuno mi conosce è dolorosa; preferirei il suicidio a questo. Qualsiasi cosa abbia origine nel mio luogo natale e dalla mia infanzia ha per me un valore decuplicato. Tutto ciò che sta fuori è praticamente senza valore per me... Sono schiavo del vecchio e della famiglia.

Non è stato facile ottenere dal paziente la storia completamente veritiera della sua vita sessuale. All'inizio del trattamento il paziente credeva che la sua vita sessuale fosse normale e non collegata alla sua malattia, che era una pura "neurosi cardiaca". Ma gradualmente emerse l'intero quadro clinico, e con esso venne alla luce una forma di masochismo che appartiene alle più interessanti che mi sia capitato di studiare.

Alla fine ammette che si masturba ancora a volte e ritiene che il suo disturbo sia collegato alla masturbazione. Quante volte ha giurato di smettere e di essere veramente astinente. Molti medici gli hanno richiamato l'attenzione sui pericoli di questa pratica, eppure non è mai riuscito a fermarsi. Si è concesso fin da bambino; poi vi fu un periodo, dai circa ventiquattro ai ventinove anni, in cui aveva rapporti sessuali regolari con le donne. Diventò impotente, rinunciò alle donne e si soddisfa di tanto in tanto con la masturbazione. È dominato durante questo da una fantasia di cui non ha mai parlato a nessuno.

Si immagina di dover trasportare una donna, oppure che qualcun altro stia trasportando una donna e lui possa osservare. La fantasia che preferisce è che un'altra persona trasporti la donna mentre lui le pratica il cunnilingus. È sempre l'idea della donna trasportata a stimolare la fantasia al massimo grado. Spesso emergono idee masochistiche: la donna desidera un amore umiliante, vuole essere baciata sull'ano, o lui deve leccarle i glutei. Talvolta vi è una serie di donne trasportate da uomini, che egli vede davanti a sé, mentre il portatore della donna di fronte a lui le pratica il cunnilingus, in modo che si crei una sorta di danza seriale.

Ha già tentato più volte di instaurare una relazione stabile con una ragazza ed è stato fidanzato tre volte. Ogni volta si è ritirato, e la sua "neurosi cardiaca" gli offriva un comodo pretesto. Non poteva trascinare una ragazza nel suo dolore. Immaginava sempre di portare la ragazza e lasciarla trasportare da qualcun altro, il che poi portava a gesti masturbatori. La sua paura e la sua parapatia lo proteggevano dal bordello. Temeva di avere un attacco lì, e che l'intera città ne venisse a conoscenza. Così è riuscito a rimanere puro e a dedicare tutto il suo amore alla madre.

Non ha altra preoccupazione, al di fuori della sua "neurosi cardiaca", se non la salute della madre. La sorvegliava come se fosse il bambino e lui la madre. Invertì completamente i ruoli. La madre doveva restare a letto al mattino finché lui non le portava il caffè. Aveva problemi gastrici, soffriva di ulcera e doveva seguire una dieta rigida. Egli vi prestava attenzione scrupolosamente e non permetteva a nessun altro di darle da mangiare. Aveva ancora cinque fratelli, che sapeva come tenere lontani dall'incantesimo della madre. Dopo colazione massaggiava la madre; se ne occupava personalmente.

Gli piaceva fare il medico, soprattutto con la madre. Somministrava irrigazioni, clisteri, assisteva alle evacuazioni durante la grave malattia, bagnava la madre e non la lasciava mai sola.

Tutta la città conosceva il suo amore toccante per la madre, e perciò era molto stimato da tutte le madri, che lo lodavano come figlio modello. Sei mesi fa sua madre fu malata di pleurite. Non lasciò il suo letto; per quattordici giorni non tolse gli abiti; la curò secondo i propri principi con impacchi freddi, ignorando persino le indicazioni del medico esperto, per lui indispensabile, se non gli piacevano. Convincendo i fratelli, fece venire da Vienna uno specialista costoso e interruppe i rapporti con un fratello perché considerava la misura inutile e non voleva condividere i costi. Proibì alla madre di avere contatti con questo figlio e produsse le scene più violente quando lei lo implorava e chiedeva di rivederlo. Letteralmente portava la madre tra le braccia! La sollevava dal letto, la metteva a letto o sul divano; avrebbe voluto trasportarla su ogni strada irregolare o sporca.

Quando gli feci notare la corrispondenza tra le sue azioni e le fantasie, si difese dicendo di non aver mai provato sentimenti sessuali e di evitare con fermezza di coinvolgere la madre nelle sue fantasie. Osserviamo spesso nei parapatici che oggettivano completamente il desiderio, applicando il tabù del disgusto o dell'indifferenza sessuale, per ingannare sé stessi e gli altri sui propri veri sentimenti.

Vediamo che nella fantasia si tratta di un'inversione di un rapporto infantile. Era molto trasportato tra le braccia della madre, perché era rachitico e spesso malato. Ora inverte la situazione. Porta la madre tra le braccia e le restituisce tutto l'amore ricevuto da lei.

Comprendiamo così la sua parapatia: come se dicesse "Sarò di nuovo un bambino!" Coccola il bambino in sé e si assicura che non diventi uomo. È impotente da cinque anni, cioè non è un uomo, e evita tutte le donne. La sua malattia mostra già il tratto infantile... il bisogno di simpatia e l'esigenza della partecipazione altrui attraverso gli attacchi.

La madre è ormai anziana, e il paziente lo ammette; ma deve riconoscere che già molti anni fa manifestava una forte gerontofilia. In passato cercava al bordello la prostituta più anziana e oggi preferisce parlare con donne anziane piuttosto che con ragazze. È significativo che nelle sue fantasie spesso compaiano donne anziane. Ciò non esclude l'interesse verso bambine e ragazze non ancora mature, che vorrebbe trasportare. Questo fenomeno è l'opposto bipolare della sua gerontofilia. È sempre l'infanzia a essere rappresentata. È il bambino con l'anziano, l'anziano con il bambino. È sempre una questione di persona anziana e bambino. Questo è il principio fondamentale delle sue fantasie.

Il rapporto con la madre trova un interessante completamento in quello con il padre. Si potrebbe obiettare che il rapporto abbia una connotazione erotica; in realtà si tratta di un amore infantile fortemente accentuato. Se fosse così, anche il padre riceverebbe lo stesso trattamento.

Ma qui ci imbattiamo in qualcosa di nuovo nelle nostre discussioni.

È un masochista. Certamente. Ma solo verso le donne e il sesso femminile. Con gli uomini è un sadico.

Abbiamo quindi davanti a noi un paziente che mostra un atteggiamento doppio: masochistico verso le donne e sadico verso gli uomini. Analizziamo più da vicino il suo rapporto con il padre. Suo padre è mantenuto da lui e ora, dalla bancarotta dell'ultima casa di cambio, gestisce un piccolo negozio di antiquariato. Il figlio glielo ha rigorosamente vietato. Potrebbe danneggiare la sua reputazione. Il vecchio, tuttavia, vuole avere i propri soldi e prova piacere nel commercio. Questo provoca numerosi conflitti in casa; il figlio urla al padre e la madre deve intervenire.

Inoltre, il vecchio specula segretamente in borsa e in questo modo ottiene di tanto in tanto un reddito più consistente, diventando indipendente. Poi si atteggia, va in giro per la città in carrozza, il che porta il figlio alla disperazione. Aspetta quindi il giorno nefasto in cui il padre dovrà nuovamente ricorrere a lui perché ha bisogno di denaro. Sono giorni terribili per il povero padre. Deve ascoltare lunghe prediche; la sua imprudenza gli viene rimproverata. Viveva così comodamente; poteva vivere tranquillamente con il sostegno che il figlio ricco gli garantiva. Ma il padre non tiene conto della malattia della madre, che ancora dovrà portare alla tomba.

Così manifesta anche nel rapporto con il padre l'inversione della situazione infantile. Il padre raccoglie ciò che ha seminato.

Il suo sadismo si esprime dunque verso il padre, che per lungo tempo lo aveva tenuto sotto un rigido controllo. Ma sono terribili le scene quando il figlio pensa che il padre non tenga conto della salute della madre. Il padre è torturato soprattutto attraverso la madre. Infatti, il paziente ha ideato un sistema ingegnoso che gli permette di tormentare il padre con i nobili motivi dell'amore filiale.

Prima di tutto il fumo. Al padre piace fumare la pipa inglese, non riesce a dormire se non ha fumato, deve fumare dopo ogni pasto. Questo è stato severamente vietato dal figlio dalla polmonite della madre.

Il padre deve uscire di casa anche d'inverno per fumare la pipa all'aperto. Una volta la fumò nell'androne. Il figlio avrebbe dovuto essere fuori per affari fino a tardi. Ma tornò prima e trovò il padre con la pipa nell'atrio. Era durante la convalescenza della madre dopo la grave pleurite. Si scagliò sul padre, gli strappò la pipa dalle mani, la gettò contro il muro e urlò così forte che i vicini accorsero e la povera madre malata corse dal letto. Allora attribuì il peggioramento della madre non al suo comportamento, ma al fumo.

In quel momento voleva aggredire il padre e picchiarlo. Ma il padre pronunciò una terribile maledizione: Dio lo avrebbe punito per aver trattato così male il padre e sarebbe stato maltrattato dal proprio figlio.

È terribilmente superstizioso, come tutti i parapatici. Crede di essere responsabile della morte di diverse persone.

Se desidera la morte di qualcuno, questa avverrà prima o poi. Ha maledetto altri e augurato loro gravi malattie. Anche questo si è realizzato. Questa credenza nell'onnipotenza del proprio pensiero è una forma, simile al delirio infantile di grandezza, che si attribuisce poteri sovrannaturali, e si è protratta fino a età avanzata. È signore della vita e della morte. Ma tradisce il suo atteggiamento crudele, che si può dedurre dal suo interesse nel curare i malati e i feriti. La pietà e le buone azioni sono spesso solo crudeltà trasformata culturalmente.

Può osservare ogni tipo di ferita, può medicarle, bendare, trattare; si preoccupa dei morti e dei gravemente malati della piccola città; visita le persone prima della morte e le lascia morire dopo un certo tempo.

Il suo sadismo mostra anche molti segni evidenti. Da bambino amava andare al macello, dove osservava uno zio trafiggere i maiali, cosa che gli provocava sensazioni piacevoli. Giocava sempre con il pensiero a come sarebbe stato se gli altri fratelli e sorelle fossero morti, e meditava su ogni tipo di piano per sbarazzarsene.

Il suo masochismo si è sviluppato anche su una disposizione sadica primaria.

L'indagine sulla sua omosessualità repressa porta a materiale sorprendente. All'inizio non vuole saperne nulla. Prova un disgusto terribile quando sente parlare di simili atti. Bisognerebbe rinchiudere tutti questi maiali e punirli severamente. Ma gradualmente ammette di avere un certo interesse estetico per uomini attraenti. Dietro questo interesse estetico si cela di solito uno sessuale. Alla fine ricorda una serie di esperienze omosessuali, in parte con i fratelli, in parte con i compagni di giochi.

Anche il padre giocò un ruolo importante nella sua infanzia, e inizialmente lo amava molto più della madre. Suo padre spesso lo portava a letto con sé, lo accompagnava al bagno, lo istruisceva, si occupava molto di lui. Il ragazzo non si preoccupava molto della madre. Poi improvvisamente arrivò un periodo in cui perse tutto l'amore per il padre. Il suo atteggiamento verso la madre è in parte dovuto a sfida e serve in parte a provocare il padre, offenderlo, mostrargli che non si ha bisogno di lui.

Arriviamo ora alla discussione delle importanti scene infantili. È estremamente difficile credere che abbia effettivamente vissuto l'evento menzionato. Suo padre ha davvero subito un anilingus? Eppure, secondo quanto ho osservato e dalle confessioni ricevute da altri uomini, non posso escluderlo a priori. Conosco molti uomini così dominati da questa parafilia da aver rinunciato a ogni altra attività sessuale. Perché il padre non dovrebbe avere le sue idiosincrasie sessuali? Questa parafilia, in sé, non è molto più insolita di altre. Se ne sente poco parlare perché gli uomini provano vergogna a confessare tali attività sessuali (attive o passive).

Ma anche se consideriamo questo ricordo come una fantasia, esprime un forte desiderio: "Vorrei rendere questo servizio amichevole a mio padre".

Il gergo segreto della perversione chiama in modo molto evidente questa forma di parafilia "piacere a qualcuno". "Puoi piacermi" è la richiesta "slang" per questo atto.

Una fantasia molto più importante, tuttavia, è nascosta dietro quella cosciente eterosessuale; non se lo ammette: Vorrebbe rendere questo gentile servizio al padre; vorrebbe fare tutto per lui. Ama il padre e si rifugia nell'amore per la madre per sfida e per amore rifiutato. Il padre ha un altro figlio prediletto. Questo evidentemente non glielo può perdonare. Ma vediamo ancora una volta quanto sia importante non considerare l'atteggiamento incestuoso manifesto come un fatto concluso, ma cercare l'atteggiamento parapatico. Ha certamente una forte inclinazione verso la madre. Ma ne approfitta; lo esalta a spese del padre, come per dire:

"Vedi quanto idolatro mia madre! Quanto posso essere tenero quando amo! Tutto ciò che hai perso!"

Il padre lo portava sul collo. Deve aver provato lì le prime sensazioni di piacere tramite il contatto dei genitali. Il contatto con l'asta per arrampicarsi risvegliò il piacere primario. Questa scena gli rimane davanti agli occhi!

Si lasciò portare da un compagno di scuola perché poteva giocare con la fantasia di essere portato dal padre.

La sua fantasia specifica ha quindi un carattere bisessuale. In realtà triplice, poiché vi compaiono bambino, donna e uomo.

La sua fantasia originaria era: "Sarò un bambino e sarò portato da un uomo". Poi trasferì l'amore dalla madre al padre. Modificò la fantasia primaria e fece portare a un uomo una donna. Infatti, voleva essere la donna!

Tale inversione nel rapporto con i genitori avviene molto spesso e indica l'inizio della difesa contro l'omosessualità. Solo più tardi il bambino viene sostituito dalla donna. Ma la fantasia recita effettivamente: "Porterò un uomo; sarò una donna e mi sottometterò a un uomo". Da questo atteggiamento, tramite l'inversione, nasce un atteggiamento masochistico verso la donna. Si sottometterà a una donna. Ma questa fantasia contiene anche il desiderio di cedere alla donna dentro di sé ed essere omosessuale. Porta con sé la donna e vorrebbe rendere ogni tipo di servizio amichevole alla donna dentro di sé.

Così cresce in noi la comprensione della sua ansia riguardo al luogo. Ha paura di sé stesso e del suo atteggiamento omosessuale. Potrebbe soccombere ai pericoli della strada. Potrebbe essere avvicinato e sedotto a un atto omosessuale. La paura è il custode della sua virtù e del suo onore.

E cosa fa allora quando il desiderio diventa così forte da essere in pericolo di cedere? Va a letto e fa chiamare il suo amato, il medico. La presenza del medico lo calma perché il medico deve esaminarlo ogni volta "dalla testa ai piedi"; perché il medico lo accarezza e massaggia il cuore. Gli attacchi servono a estorcere da lui queste piccole prove omosessuali d'amore e a soddisfare in minima misura il suo desiderio inconscio.

Il suo medico è ora il suo amore. La sua presenza placa la tempesta nel suo petto; l'ansia con cui il desiderio è mescolato scompare, e lui resta calmo finché il desiderio non precipita un nuovo attacco.

Finora è riuscita l'illuminazione psicologica del caso. Ora si manifesta nel paziente un senso di colpa che lo costringe nella malattia. È prigioniero del suo disturbo, ha rinunciato alla donna. Ma era diventato anche asceta nel fumare e bere. Aveva cominciato ad andare in chiesa di tanto in tanto e aveva momenti di religiosità, che finora gli erano stati totalmente estranei.

Gradualmente, in conversazioni piuttosto lunghe, emerse un'offesa che lo aveva gravemente oppresso negli ultimi anni. Ho già parlato del torto verso il padre. Era stato anche colpevole verso il fratello; il fratello era un fannullone; dovette andare in America e da lì chiese denaro. Il paziente non lo inviò, e già da tre anni non avevano notizie. Questo pesava molto su di lui e vi erano momenti in cui si rimproverava questa insensibilità, tanto più perché il fratello era il prediletto della madre e la madre, nel suo buon senso, evitava di parlarne. Ma aveva anche una sorella che soffriva di attacchi epilettici, che lui non voleva riconoscere. Considerava la sua malattia una simulazione, perché gli attacchi avvenivano sempre quando doveva svolgere un compito che non le piaceva. Aveva un rapporto notevole con questa sorella, in cui si mescolavano avversione, gelosia del favore della madre e desiderio sessuale.

Accadde che una sera questa sorella ebbe un attacco vicino a un piccolo stagno e fu così sfortunata da cadere a faccia in giù nell'acqua, annegando. Fu chiamato dalla gente del paese al luogo dell'incidente e arrivò con un fratello. Trovarono la sorella morta. Era già tardi, e mandò il fratello in città a prendere una carrozza, mentre lui restava con la sorella.

Ora gli vennero in mente pensieri orribili, contro cui dovette difendersi con tutte le sue forze. Sollevò la sorella e la portò da solo dall'acqua fino alla strada. La portò proprio come porta le donne nelle sue fantasie. Era arrabbiato con se stesso per le violente erezioni e il pensiero tentava di impadronirsi di lui che avrebbe dovuto violentare la morta.

Ciò era accaduto dieci anni prima del trattamento. Crede di aver già avuto in precedenza le fantasie masochistiche, ma non ricorda con certezza. Nel fornire tali testimonianze si è soggetti a grandi inganni della memoria, poiché i pazienti nascondono volentieri l'origine delle loro fantasie e vogliono reprimere l'episodio che le ha messe in moto.

Vediamo che la sua parafilia rappresenta un'ossessione, in cui la libido si manifesta come punizione per un evento preciso. La sua fantasia significa: "Non dimenticare ciò che volevi fare e quanto eri vicino a diventare un grande criminale! Non meriti il piacere di possedere una donna ardente e non dovresti raggiungere tale obiettivo finché il ricordo della sorella morta, che forse hai spinto alla morte, non sarà cancellato dalla tua mente. La donna era tabù per lui per associazione con la madre e la sorella morta.

L'uomo lo era anch'esso, perché si era difeso con tutte le fibre del suo io contro le correnti omosessuali.

La parafilia fu la via d'uscita dalla confusione. Gli garantì la castità e lo ricordò continuamente dell'ora più malvagia della sua vita. Divenne bambino e si comportò da bambino.

Un ultimo sorprendente determinante della sua "fantasia del trasporto" emerse nell'analisi sotto forma di fantasia di gravidanza. Si identificò con la madre e portò la sorella nel suo corpo. Un'abile aerofagia sostenne questa fantasia e fornì una base organica per gli attacchi cardiaci.

Seguì presto un notevole miglioramento dopo l'analisi completa. Il paziente fu completamente libero dall'ansia, e il medico perse il suo miglior paziente. Si fidanzò presto con una ragazza affascinante ed è oggi il felice padre di diversi figli. La fantasia sadica scomparve totalmente e lasciò il posto a sentimenti normali.

IX: UN CASO DI PARAPATIA COMPLICATA CON OSSESSIONI SADICHE E PARANOICHE

Caso numero 26

Segnalato dal Dott. Emil Gutheil.

Il signor Alpha, un ingegnere di trentadue anni, la cui interessante analisi sto per descrivere, si rivolse al Dott. Stekel implorando aiuto. Si trova in una situazione disperata.

Pur occupando un posto in un grande laboratorio chimico, non riesce a svolgere i compiti della sua posizione perché fantasie e ogni sorta di condizioni ossessive gli impediscono di concentrare la mente sul lavoro. Inoltre, è talvolta tormentato da disturbi nervosi gastrici, da una compulsione al sonno e da depressione, che gli rendono impossibile completare il lavoro sulla sua dissertazione, così come studiare in generale. È sul punto di suicidarsi se nessuno lo aiuta a uscire dal caos. Ha già consultato diversi medici, tra cui il medico di una società di mutuo soccorso, uno specialista e infine un noto psichiatra, il Professor P. È stato trattato con farmaci, dieta e idroterapia. Tutto senza alcun risultato.

La sua situazione gli sembra particolarmente pericolosa per il fatto che, nella manipolazione dei reagenti in laboratorio, spesso sorge in lui l'impulso di sfuggire alla vita attraverso il veleno.

Il Dott. Stekel, a cui si rivolse per aiuto, affidò il caso al Dott. van Dishoeck, un allievo olandese allora con lui, ma costui, lasciando l'Austria in quel periodo, poté fare poco più che iniziare l'analisi. Il caso mi fu quindi affidato dopo van Dishoeck. L'analisi, che ho condotto sotto la direzione del mio maestro, il Dott. Stekel, dopo 102 sedute, con molte interruzioni, di cui parleremo più avanti, raggiunse una conclusione positiva.

Le prime comunicazioni

Un fattore importante emerse già nelle primissime sedute.

Il paziente mi raccontò che tutti i sintomi da lui finora riferiti erano di importanza secondaria rispetto a uno solo che, ultimamente, lo stava portando alla disperazione più assoluta: l'impulso assolutamente irresistibile di uccidere sua moglie. Mi supplicava di salvarlo, poiché doveva spesso usare tutte le sue energie per reprimere il desiderio di soffocarla – specialmente durante l'atto sessuale. Ad ogni disaccordo con lei, sente l'impulso di scagliarsi contro di lei. Al massimo riesce a ridurre la compulsione a pochi schiaffi, che dà alla moglie quando l'agitazione passa. Dopo tali stati di eccitazione si sente contrito e pieno di rimorso, e si occupa di pensieri suicidi, ma di solito cade in un sonno particolarmente profondo, che spesso dura gran parte della giornata.

Ho appreso che poco tempo fa aveva sposato una ragazza con cui aveva avuto rapporti sessuali da tempo e che era rimasta incinta di lui. Gli scoppi di rabbia di questo tipo non si erano manifestati prima del matrimonio. Sua moglie aveva partorito una bambina pochi giorni prima. Non provava alcun sentimento paterno; anzi, gli impulsi omicidi si estendono ora anche al neonato.

La moglie è attraente? – No, in realtà è brutta. La sua bocca va da un orecchio all'altro, il naso è largo, il collo è deturpato da un gozzo. È una donna del popolo, mentre lui è una persona accademica, figlio di un ex ufficiale e, da parte di madre, persino nobile. Non portò denaro nel matrimonio e vive dello stipendio che riceve da una posizione subordinata, sufficiente solo ai suoi bisogni personali.

Perché si è sposato? Per avere un oggetto sessuale regolare. È stanco della continua ricerca di un partner sessuale. Le donne rendono difficile interrompere la conoscenza; si vendono come se fossero gioielli.

L'uomo deve sempre essere quello sfruttato. Gradualmente emerge la prima idea paranoica: le donne dovrebbero essere messe a morte. Hanno potere illimitato sugli uomini. Si dilunga su questo tema: le donne hanno potere sulla sua tranquillità mentale, poiché è a causa loro che deve costantemente essere sessualmente eccitato. Deve pensare sempre a loro e inseguirle. Sanno che nulla può sostituirle e presentano un fronte compatto contro il povero sesso maschile. Il fatto che si lascino semplicemente mantenere dall'uomo le porta sempre a fare il minimo sforzo possibile nella lotta per l'esistenza. L'uomo deve logorarsi, e spetta alla donna negargli l'unica gioia della vita: il piacere sessuale.

Alla fine produce fantasie (specialmente negli ultimi periodi) in cui egli stesso è una donna e segue così la via di minor resistenza. Si lascia gestire dagli uomini, vende l'atto sessuale al peso dell'oro (fantasie da prostituta), "sfrutta" gli uomini e così via. Sa che tali pensieri sono assurdi e che dovrà rimanere un "uomo" per sempre. Eppure ciò lo fa infuriare.

Vorrebbe radunare le donne in grandi cumuli e, con un solo colpo di mano, ridurle con mitragliatrici in una massa sanguinante di cadaveri.

Quando esprimo sorpresa che la questione del rapporto tra i due sessi sia di tanto vitale interesse per lui, pur avendo già trovato il suo oggetto sessuale, apprendo il seguente fatto straordinario:

Il suo matrimonio non è ordinario. Ha stipulato un contratto scritto con la moglie secondo cui: 1. non avrebbe contribuito alle spese domestiche, ma sarebbe stato responsabile solo dell'alloggio e del mantenimento del figlio; 2. è libero in qualsiasi momento di infrangere la fedeltà; 3. di divorziare quando gli convenisse. Sia lui sia sua moglie avevano lasciato la Chiesa cattolica prima di questo "matrimonio", affinché fosse più facile ottenere un eventuale divorzio.

Alpha ha fatto largo uso del permesso di esercitare la libertà sessuale, ma non è riuscito a instaurare una relazione stabile, perché anche qui i suoi sintomi parapatici (sonno ossessivo, esplosioni di rabbia, ecc.) hanno ostacolato. D'altra parte, è dominato dall'idea che, nonostante il suo scarso contributo nella gestione della casa, la moglie chieda troppo denaro; lei ha cercato di compensare la sua posizione sfavorevole nel contratto attraverso piccoli furti di denaro; e altre situazioni simili gli hanno fornito occasione per le azioni ossessive menzionate.

Il conflitto attuale

È evidente che Alpha entrò nel matrimonio con la ragazza, che non era né bella né ricca né di buona famiglia, in un modo tipicamente parapatico. Il matrimonio rappresentava per lui un tentativo di liberarsi dai legami della parapatia (tendenza verso la salute!) attraverso mezzi inappropriati, poiché allo stesso tempo parapatici. Alpha stesso riconosce che per tutto il periodo non è stato realmente chiaro se fosse sposato o meno. Il rapporto con la moglie lo suggerisce in due modi. La sua gravidanza, come presto emerse, fu determinante per la sua decisione di sposare la ragazza.

Perché l'aveva resa incinta? Per disattenzione. Egli "semplicemente" non aveva con sé alcun mezzo preventivo, così ebbe rapporti "senza" protezione. Le conseguenze seguirono presto. Non ne fu sorpreso e accettò tutto come più o meno normale. Solo che modificò il suo scopo originale, considerando il rapporto con la ragazza come temporaneo, e stipulò l'accordo matrimoniale di cui siamo a conoscenza.

La specifica situazione patologica da cui si stava salvando con questo matrimonio non mi era inizialmente nota, sebbene nelle prime ore del trattamento mi fosse sorta la consapevolezza che un matrimonio in questa forma fosse insostenibile. Tuttavia, non dissi ancora nulla al paziente in proposito.

Volgiamo ora il nostro interesse all'ambiente del paziente.

Il padre

Era un ufficiale attivo, ma dovette abbandonare la professione perché aveva sposato una ragazza che, sebbene di nobile nascita, era comunque povera e non poteva portare la dote prevista dal tesoro pubblico. Divenne prima un precettore privato, poi, dopo la morte della moglie, un uomo con mezzi indipendenti, e infine, dopo speculazioni riuscite, un agente di borsa. Il matrimonio fu infelice e burrascoso. Divenne nervoso, dava sfogo a scoppi di rabbia, spesso distruggeva mobili e simili. Il ragazzo fu influenzato psichicamente nel modo più sfavorevole dalle condizioni familiari. Alpha conserva un ricordo sgradevole di una scena della sua prima infanzia: vede il padre litigare con la madre nel massimo dell'agitazione e poi andare verso il muro e sbattere la testa contro di esso. Alpha già allora considerava ciò una manifestazione indegna della debolezza del padre nei confronti della madre.

La madre.

Era di due anni più anziana del padre. Era la padrona assoluta della casa, poiché possedeva più esperienza di vita e più senso pratico del marito. Diede alla luce suo figlio (il nostro paziente) al secondo mese di matrimonio, segno che era rimasta incinta prima del matrimonio. Riporto questo dettaglio perché sembra che il paziente, che lo scoprì (all'età di sedici-diciassette anni) nel certificato di matrimonio, considerasse questo la causa immediata per cui suo padre aveva sposato sua madre. In ogni caso, questa circostanza gli diede motivo di riflessione, eppure esitava a porre una domanda diretta al padre a riguardo (fonte di dubbio). La madre morì all'età di cinquantatré anni, nel venticinquesimo anno del paziente, in uno stato paralogico.

Fratelli e sorelle.

Il paziente aveva due sorelle, Erna e Helene. La prima nacque quando il paziente aveva tra i quattro e i cinque anni e morì a quindici anni di tubercolosi. La seconda nacque quando il nostro paziente aveva tra i quindici e i sedici anni e ora vive con il padre vedovo in una bella casa in una zona scelta della città.

Anamnesi: Le prime esperienze.

I suoi ricordi risalgono al secondo e terzo anno di vita. Era interessato al cielo e agli angeli, che sua madre gli diceva fossero bambini morti. Alpha espresse il desiderio di diventare anch'egli un angelo e pregò la madre di tagliargli la mano affinché potesse andare in cielo.

Questa strana informazione trovò una spiegazione nel corso dell'analisi; tuttavia, ha solo il valore di un'ipotesi, poiché le circostanze più dettagliate di questo primissimo periodo dell'infanzia non sono più ricordate dal paziente. Egli può forse ricordare che nei primi anni il padre gli ricordava frequentemente di non tenere la mano sui genitali; inoltre, talvolta gli veniva suggerita la possibilità di tagliarsi la mano. Accadde, inoltre, che in quel periodo un bambino del vicinato fu travolto da un carro merci e dovette subire l'amputazione di entrambe le gambe. Il bambino morì dopo l'operazione. È quindi possibile che queste esperienze, prese insieme, siano state determinanti per la strana idea del bambino e che il gioco con il pene si sia associato all'idea di perdere la mano e morire.

L'ipotesi secondo cui il bambino fosse già disposto a rinunciare al piacere per la felicità del cielo ha molto a suo favore ed è importante per questo motivo, poiché significherebbe che, per la mente infantile, l'idea del piacere sessuale (giocare con il pene) e della morte aveva già formato un legame stabile. Come ulteriore conseguenza, troviamo qui il fatto a noi già noto che il paziente, con un tipo di reazione parapatica compulsiva, considera l'impulso sessuale in sé come un vincolo gravoso. Se infatti tale connessione tra piacere sessuale e morte era presente negli anni più remoti del paziente, comprendiamo allora il suo profondo atteggiamento antisessuale, che l'analisi successiva avrebbe rivelato come polo opposto dietro il suo desiderio esterno di amore.

Un'altra esperienza (tra i quattro e i cinque anni) merita di essere menzionata.

Un'infermiera giocava con il bambino vicino a una finestra e lo teneva fuori, provocandogli grande paura. Egli non poté mai dimenticare la strana sensazione di fluttuare sul vuoto sottostante. È interessante che poco dopo, come per liberarsi da questa paura primaria, spesso teneva il suo cavallo a dondolo fuori dalla finestra e una volta lo gettò giù con evidente soddisfazione. Qui troviamo le prime tracce del sadismo parapatico. Parapatico, perché qui si nota già una chiara trasformazione psichica del materiale traumatico primario. Per un attimo, il bambino in pericolo di vita dipendeva dalla gentilezza o dalla crudeltà della persona che lo accudiva. Eppure questo momento fu sufficiente a rendergli cosciente per la prima volta della propria inadeguatezza e della sua dipendenza dagli adulti. Nei confronti del cavallo a dondolo era invece il più forte, padrone della sua "vita e morte".

Vediamo nel bizzarro gioco del bambino con il cavallo una inversione parapatica dell'emozione passiva del dolore in un piacere attivo (Freud), una potente correzione del rapporto tra sé e l'ambiente in termini di senso di potere.

Nello stesso periodo il bambino tentava di mordere le ragazze con cui giocava, venendo spesso punito da chi si prendeva cura di lui.

Le condizioni dell'ambiente familiare contribuirono innanzitutto a trasformare il sadismo normale (primario) del bambino in un sadismo parapatico.

Le prime azioni impulsive e i tentativi di repressione.

Il padre irritabile e nervoso era soggetto a ogni sorta di ingiustizia verso la madre e i figli e divenne presto un oggetto di profondo odio per il nostro paziente. Quando nacque la sorella Erna, il suo odio si rivolse contro di lei. Non voleva avere rivali in casa. Per questo motivo non poteva guardarla per settimane dopo la sua nascita e solo dopo lunghe insistenze dei genitori decise di fare conoscenza con la neonata. Tutto l'amore del bambino, che fino ad allora era concentrato sulla madre, fu scosso dalla nascita della sorella. Cominciò a dubitare dell'affetto materno, sebbene dopo questo evento, come prima, fosse il figlio prediletto riconosciuto dalla madre. Tuttavia il bambino corteggiò incessantemente il favore dei genitori negli anni successivi, cercando di conquistarne l'interesse in modo già parapatico. Spesso dichiarava di essere stanco durante escursioni o altre occasioni e si faceva portare in braccio dal padre. Desiderava per sé una "grave malattia" per sapere con certezza se fosse ancora oggetto delle cure dei genitori.

Tra il sesto e il nono anno si osservano l'erotismo anale e l'esibizionismo e, tra l'ottavo e il nono anno, un peculiare desiderio di essere castigato dal padre (masochismo), iniziato con la richiesta paterna che il bambino si presentasse volontariamente per punizione per un misfatto, richiesta rivolta allora anche dai maestri ai ragazzi.

Si nota nello stesso periodo un forte incremento del sentimento religioso. Il bambino va in chiesa ogni domenica, prega costantemente, ecc. L'influenza di un sacerdote fu decisiva: un certo Padre K., che esercitava un marcato effetto suggestivo sui bambini. Il paziente ricorda, durante l'insegnamento, discussioni sul peccato originale e sul Quarto Comandamento, che lo colpirono profondamente. Sembrava che il bambino cercasse in quel periodo di raggiungere un processo di guarigione psichica fondamentale, come se la disobbedienza e la mancanza di controllo dei primissimi anni cercassero di trovare una pace perfetta. Tuttavia era evidente che le manifestazioni di quegli anni rappresentavano tentativi parapatici, sostenuti dalle influenze religiose, di opporre barriere forti agli impulsi antimorali.

Tra i nove e i dieci anni emergono vaste fantasie di potere (che si esprimevano tanto più chiaramente quanto più il bambino percepiva la propria debolezza fisica tra i coetanei), ma allo stesso tempo anche molte fantasie di flagellazione. Emergono tutte le possibili tendenze infantili, rivelando la sua potente vita istintiva: sadomasochismo, guardare di nascosto, esibizionismo (il pene fuoriesce dai pantaloni e lui "non ha il coraggio" di occuparsene, perché sua sorella lo osserva...), cleptomania (rubare candele dal cimitero), piromania. Si nota che l'ampiezza oscillatoria tra le manifestazioni del suo ego istintivo e morale è significativa, fornendo un indizio sulla natura della sua parapatia.

Traumi omosessuali e tentativi di repressione – Masturbazione

Tra l'undicesimo e il dodicesimo anno, il paziente fu sedotto al gioco omosessuale dai ragazzi del collegio condotto dal padre, e fu abusato in forma passiva (sodomia). Prese particolare attenzione a questo tipo di attività sessuale e, da quel momento (dodici-tredici anni), produsse fantasie di negarsi "le ragazze" che gli resistevano quando cercava di avvicinarle sessualmente, e di cedere all'omosessualità passiva. Tuttavia il suo atteggiamento verso le ragazze rimaneva "normale" fino a quel momento, potendo avere rapporti con loro senza gli stati ossessivi che poi vi si associarono. L'omosessualità rimase in condizioni latenti fino ai tempi più recenti.

Le rivelazioni del paziente sul suo atteggiamento verso le donne in quegli anni sono interessanti: "Non avevo paura della donna in alcun senso fino al momento in cui appresi del suo ruolo sessuale. Pensavo: Non è un ragazzo, è una ragazza, della quale non bisogna aver paura. Ma dal momento in cui scoprii le relazioni sessuali tra uomo e donna, la donna divenne per me un nemico, qualcosa di misterioso, significativo, di fronte a cui bisogna stare in guardia..."

All'età di dodici o tredici anni, sua sorella era malata di polmonite. In quel periodo riaffiorò la sua religiosità: desiderava, ad esempio, diventare monaco.

Inizia la masturbazione all'età di tredici o quattordici anni sotto l'istigazione dei compagni del collegio. Le fantasie, inizialmente legate all'atto sessuale normale, assumono gradualmente un carattere patologico. Così, in questo periodo sessuale, emergono la fantasia di urinare in bocca come preliminare alla masturbazione, la fantasia di guardare da sotto una donna defecare (la madre), come se dalla tazza del gabinetto (identificazione con il WC), e altre simili. Il paziente già a questo tempo percepisce il suo impulso sessuale come un vincolo gravoso, così come il bisogno di urinare e defecare, e cerca sempre in qualche modo di escludere o reprimere questi bisogni necessari. Essere infine costretto a cedere all'impulso verso queste funzioni fisiologiche gli provoca un indescrivibile senso di piacere.

Una fantasia onanistica dell'infanzia del paziente illustra questo:

«Poiché di solito praticavo la masturbazione nel gabinetto (secondo la fantasia dell'epoca), un'autorità civile o religiosa superiore aveva posto il controllo sul tempo trascorso nel gabinetto, e bisognava ottenere un biglietto che stabiliva il tempo (cinque minuti) da un uomo in uniforme, dicendo: "Un biglietto per il gabinetto." Se non finivi in cinque minuti, venivi cacciato e dovevi fermarti prima dell'orgasmo. Si poteva ottenere un secondo biglietto "per feci dure", che concedeva dieci minuti, permettendo di aggirare la limitazione. Se ancora non finivi, venivi trattato come sopra. Sia l'idea di dover rinunciare al piacere finale sia il tentativo di aggirare la limitazione erano carichi di piacere.»

All'età di quattordici anni il paziente spiava il coito dei genitori. Allo stesso tempo praticava la masturbazione, "competendo con il padre", come dice. Poi seguiva lo sviluppo della gravidanza della madre. Ebbe qualche percezione che il tentativo dei genitori di provocare un aborto artificiale fosse fallito. Il paziente si trovava in uno stato permanente di eccitazione. La masturbazione aveva un marcato carattere masochistico ed era accompagnata da fantasie urolagnistiche e flagellatorie – una condizione rara da osservare con tale intensità in un parapatico. (Nulla di paralogico può ancora essere determinato; solo sintomi di un periodo successivo fanno sospettare schizofrenia.) Il rendimento scolastico in questo periodo non rivela nulla di rilevante. La coscienza di sé del paziente era gravemente compromessa da un disturbo cutaneo deturpante (acne); i compagni lo deridevano chiamandolo "re dei brufoli"; le ragazze evitavano la sua compagnia.

Sviluppo della parapatia – Nascita della seconda sorella – Morte della sorella Erna

Consciamente, tra i quindici e sedici anni, il paziente trasformò le fantasie incestuali riguardanti madre e sorella in masturbazione. Nello stesso periodo si verifica un conflitto di seria importanza per un ragazzo: il dubbio se fosse veramente figlio del padre (romanzo familiare), dubbio su cui Stekel attribuisce grande importanza nell'indagine delle parapatìe dominate da stati ossessivi. In questo periodo si verificano due traumi sessuali: il padre lo sorprende a masturbarsi e lo avverte del pericolo di deformazioni spinali premature, e poco dopo c'è un episodio con la sorella Erna, che lo afferra per il pene. Egli si difende dal desiderio della sorella, per poi rimproverarsi a lungo di aver trascurato un'occasione favorevole di contatto sessuale con lei.

La nascita della sorella Helene, avvenuta circa in questo periodo, rappresentò un ulteriore grande evento per il ragazzo. L'odio che aveva già manifestato verso la rivale precedente si rivolse ora alla seconda. Idee sadiche legate al bambino si alternavano a atti masochistici, che egli compiva sul proprio corpo. Tra le azioni urolagnistiche, il ragazzo eseguì quanto segue: si bilanciava con la mano sulla tazza del WC, vescica piena, lasciava scorrere l'urina mentre il piacere aumentava gradualmente, cercando di catturarla con la bocca aperta. Si svolgeva una lotta disperata contro la masturbazione; il tentativo di coito (diciassettesimo anno) fallì a causa di totale impotenza (paura di malattia sessuale). La curva morale si innalza da questo periodo, al punto che si potrebbe parlare di una notevole pietà da parte del paziente.

Quando il paziente ha diciannove anni, Erna muore a quindici anni. Il ragazzo, che crede nell'onnipotenza del pensiero, si considera l'assassino della sorella. Ricorda di aver pensato di liberarsene anche poche ore prima della sua morte. Fantasizza allora sulla scoperta chimica per distruggere il bacillo della tubercolosi, che, a quanto aveva sentito, causa questa malattia, e così liberare il mondo da essa. Mostra in generale un grande interesse per la chimica e allestisce a casa un piccolo laboratorio, dove trascorre il tempo libero. Alcuni successivi tentativi di coito con prostitute e domestiche hanno successo.

Raggiunge il ventesimo anno durante i processi mentali descritti. Va segnalata in questo periodo una gonorrea, contratta con una prostituta, risoltasi dopo sei settimane di trattamento. Poi affronta la guerra nel servizio militare, sentendosi abbastanza bene.

Gli ultimi anni – Morte della madre.

Al ventiduesimo anno ritorna dalla guerra. Il servizio di campo era doloroso; cercava sempre di "schiacciarsi" per comprimersi. A casa respirava liberamente. Tuttavia era nervoso e inquieto e consultò diversi medici, che lo tranquillizzarono. In questo periodo il sadismo domina le sue fantasie, diretto contro l'intero sesso femminile.

Perde la madre a ventisette anni. Rimane calmo e composto; un giorno dopo la sua morte si dedica alla masturbazione con la fantasia di strangolare una donna durante il coito. La parapatia si intensifica, mentre compaiono numerosi stati ossessivi. Alpha si offre volontariamente a una formazione di difesa socialista, apparentemente per trovare uno scopo nel suo caos psichico; inizia, come dice lui, a "recitare il fascista e il demagogo" e si sente estremamente a suo agio in questo ruolo. Fantasia rivolte e repressioni sanguinose; poi segue un periodo di riflessione, durante il quale inizia a studiare. Immagina tuttavia di poter studiare solo quando è "a suo agio con la sessualità", cosa impossibile di fronte alla sua condizione parapatica.

In questo periodo conosce l'attuale moglie, con cui trova una certa stabilità; decide presto di sposarla (a ventinove anni) e prende residenza con lei. Rompe contemporaneamente i rapporti con il padre, perché, come dice, non riesce a intendersi con lui. La causa della loro discordia, come ho appreso in seguito, era che il padre non poteva o non voleva cedere alle continue richieste di denaro del figlio.

L'analisi.

Portò alla luce senza grandi difficoltà il complesso di Edipo.

Il paziente confessò fantasie incestuose esplicite, con e senza masturbazione, riguardanti la madre e la sorella. (Le donne che erano madri non venivano invece coinvolte nelle fantasie sadiche, in cui permetteva che le donne fossero distrutte in massa.) Le parole della madre, ad esempio (il paziente aveva quindici o sedici anni), riguardo all'allattamento della sorella Helene, ebbero su di lui un marcato effetto piacevole: "Da questo seno avete entrambe bevuto" (il paziente e Erna). Alpha utilizzava l'idea di succhiare il seno della madre come fantasia onanistica (relazione con la fantasia di fellatio).

L'analisi rivelò anche un meccanismo basato sull'identificazione del paziente con il padre nella scelta del partner, che aiuta a capire perché Alpha temeva sempre di essere sfruttato, sottomesso e privato della propria volontà dalla donna. Quando Alpha seppe della sua nascita prematura, elaborò una teoria (probabilmente corretta!) secondo cui la madre aveva costretto il padre a sposarla contro la sua volontà perché si era già lasciata impregnare da lui. Almeno così cercava di spiegare la vita infelice dei genitori.

La donna costringe l'uomo a sposarla; questo era lo spettro terrificante che paralizzava Alpha in tutte le sue esperienze sessuali, dopo aver avuto uno sguardo sul certificato di matrimonio dei genitori. Cercava di rendere il suo ideale sessuale diverso da quello della madre. Se la madre era desiderosa di dominare, lui cercava per sé una "piccola schiava", come diceva, una creatura modesta che fosse contenta di tutto ciò che faceva; se la madre era orgogliosa della sua origine e profondamente antidemocratica nei sentimenti, allora lui veniva attratto "al livello della gente comune", dove si sentiva a casa. Cercava il negativo della madre e in tal modo rivelava mancanza di libertà nella scelta amorosa, una dipendenza erotica dal suo oggetto sessuale primario.

Si trovava nella stessa situazione tragica di chi è costretto a trasformare il proprio atteggiamento d'amore originale, nel confine del complesso di Edipo, in un atteggiamento di odio, a causa di una delusione da parte dell'oggetto primario (la madre). Probabilmente questo è dovuto a fattori accessori attraverso i quali la costellazione della libido si manifesta in ciascun caso; ma se vi è – come qui – un amalgama tra amore primario e odio secondario, allora si forma la predisposizione a una parapatia sadica.

Alpha parla amaramente, ad esempio, del dolore, della vergogna e dell'odio provati quando la madre (ottavo o nono anno) gli impose, per un piccolo misfatto, di farsi punire volontariamente da lei davanti a una donna estranea. Il carattere patogeno di questa punizione non è difficile da capire: era la madre amata da cui doveva ricevere volentieri il castigo!

L'atteggiamento disturbato verso la madre provocò anche un cambiamento nella sua posizione nei confronti delle donne in generale. Aveva paura delle donne; questa paura diminuiva quanto più brutte erano. Poiché le giudicava secondo le qualità della madre, credeva, tra l'altro, che la donna conceda un favore all'uomo nell'atto sessuale ed è partner esclusivamente passiva. Probabilmente soffriva del complesso di bruttezza (acne), eppure l'analisi mostrò che con le donne provava solo infelicità. La maggior parte di esse la lasciava in pace, oppure si comportava in modo da togliere loro qualsiasi piacere nei rapporti con lui. Così, spesso, quando doveva aspettare più di dieci minuti per l'amica a un appuntamento, cadeva in una tale rabbia da essere costretto a schiaffeggiare la ragazza anche nelle strade più affollate. Più volte si salvava da questa compulsione, subita, affrettandosi a tornare a casa e cadendo in un sonno profondo. Questo comportamento rientra nel capitolo delle azioni impulsive, da considerare più approfonditamente in seguito. Posso qui semplicemente osservare che non influiva affatto sul suo rapporto con oggetti femminili in molti casi, che le donne maltrattate continuavano ripetutamente a mantenere il rapporto con lui e che, nonostante tutte queste prove di devozione, Alpha aveva sempre un nuovo argomento sulla falsità delle donne e sul loro tentativo di ottenere potere sull'uomo. L'identificazione con il padre operava qui – come detto – per formare complessi.

In assoluta identificazione con il padre, anche lui prese una ragazza incinta e le permise di "costringerlo a sposarla". Almeno, nella sua condizione parapatica, rimproverava sempre la moglie di averlo costretto a sposarla, sebbene nell'analisi razionalizzasse il matrimonio come dovuto alla "difficoltà nella scelta amorosa".

Chi conosce il significato di questa costrizione esterna per un parapatico può comprendere anche questo fattore nel comportamento del paziente. L'atteggiamento di Alpha verso il problema dell'essere costretto era bipolare. Da un lato si creava una situazione forzata, poiché, attraverso la concezione parziale del figlio, si rendeva necessario entrare in un matrimonio destinato fin dall'inizio a fallire; dall'altro lato protestava contro questa costrizione esterna tramite l'ossessione interna del suo impulso omicida. La compulsione interna doveva liberarlo da quella esterna: una tipica reazione parapatica.

Chiamò significativamente la figlia Helene, come il padre aveva chiamato la sua.

Non dobbiamo dimenticare che dal momento della procreazione della sorella, che spiava, egli visse la sua nascita.

Si masturbava mentre il padre era impegnato nel coito, come dice, "competendo con il padre". Partecipava quindi, con l'immaginazione, al concepimento di questa sorella.

Il parallelismo che ho tracciato non è insignificante. Spiega in parte il sistema "come se" del paziente, che applicava a ogni problema della sua vita.

Riguardo a questo sistema, verso la fine dell'analisi, in un momento di maggiore autocoscienza, egli stesso dice:

"Mi sembra che in tutta la mia azione segua un principio segreto di sì e no. Qualunque cosa intraprenda è allo stesso tempo buona e cattiva, morale e immorale, vincolante e liberatoria, positiva e negativa... Alla fine dubito del valore di ciò che è stato fatto e mi ritrovo praticamente al punto di partenza, cercando di nuovo di trovare una via che sia buona, morale, liberatoria, positiva..."

Il suo matrimonio, concluso non per un desiderio profondo, fu un prodotto "come se". Alpha era sposato – il famoso contratto gli garantiva, inoltre, completa libertà sessuale. Aveva un oggetto sessuale – il quale era anche tale da non concentrare completamente la libido del paziente su di sé. In ogni caso, il legame bastava a dare alla finzione di essere stato costretto un "briciolo di realtà" (Stekel).

Quando divenimmo chiari sulle connessioni più profonde del conflitto attuale, portammo all'attenzione di Alpha l'aspetto patologico del suo matrimonio, ma soprattutto l'assetto della situazione compulsiva che lo spingeva all'azione impulsiva. Alpha comprese che il divorzio formale, come fine del matrimonio, era assolutamente necessario per mettere da parte il grave conflitto attuale. Poiché le formalità del divorzio erano già state da lui preparate in dettaglio, non ci volle molto per separare i due infelici, dopo di che la condizione psichica del paziente migliorò visibilmente. Allestì un appartamento da single e sembrava che il peggio fosse passato.

Ciò che era notevole, tuttavia, fu che Alpha, dopo alcuni tentativi infruttuosi di fare nuove conoscenze, tornò dalla moglie divorziata, instaurando con lei una relazione sessuale dalla quale rimase libero dalla maggior parte dei suoi precedenti atti ossessivi. Ora vivevano insieme in armonia; Alpha lavorava al tema della sua tesi e si dedicava all'educazione del figlio. Mi era chiaro che la rimozione della compulsione verso il matrimonio aveva in questo caso comportato il necessario scarico psichico, ma allo stesso tempo sapevo che il cambiamento era solo superficiale e che le vere cause patologiche rimanevano intatte.

Che tipo di forze istintive erano queste? L'analisi rivelò una costruzione parapatica complessa. La fissazione materna è stata già discussa.

La situazione edipica venne abbandonata in epoca precoce, quando l'oggetto d'amore primario (la madre) divenne oggetto di odio e paura. Questo atteggiamento è splendidamente rappresentato nel seguente sogno:

«Mi vedo in una zona collinare. Tutto è bagnato di sole. Devo salire su un'altura, come se volessi costruirvi una casa. Una donna sta sull'elevazione. Splendida, come una regina, una dea greca o un'amazzone. Non mi fido di salire lassù. Lo scudo della donna riflette il sole, così devo distogliere gli occhi.»

Credo che la relazione del paziente con la donna non possa essere più chiaramente rappresentata. La sua ascesa verso le alture luminose dell'amore, dove avrebbe potuto stabilirsi ("costruire una casa"), è impedita dall'idea di una donna ben difesa e minacciosa ("regina, dea, amazzone"). Non si fida di sé in cima. Allo stesso tempo troviamo qui nell'immagine l'idea della donna (madre) associata all'idea di "essere sopra", una relazione che, come abbiamo visto, rappresentava una situazione fatale per il nostro paziente.

Teme la dominazione della donna.

L'oggetto di odio primario (padre) diventa secondariamente degno di pietà, come una creatura repressa, l'oggetto d'amore (fissazione paterna). Compensare il padre, ottenere il suo favore, diventa il suo più sincero desiderio, come mostra anche uno dei suoi sogni:

«Mi trovo a mangiare con mio padre. Arriva un postino e porta il mio (buon) registro scolastico. Vengo lodato e mi sento molto orgoglioso. Il padre si vanta di me davanti agli studenti.»

La costellazione che abbiamo menzionato come parte del complesso di Edipo forma la base dell'omosessualità latente del paziente.

Le esperienze omosessuali della sua infanzia impedirono una repressione totale della componente omosessuale, cosicché gran parte del flusso di libido rimaneva ritirata dall'oggetto femminile.

Un sogno.

«Mi trovo in una stanza con un collega T. e un uomo più anziano con basette laterali, tuttavia del tutto ignorante (un uomo comune). Sia T. che io siamo nudi. T. si siede sulle mie gambe di fronte a me, tenendo il mio fallo tra le sue gambe. Non ha fallo, così il mio può sostituire il suo. All'inizio non è in erezione, poi gradualmente sì. T. resiste al fellatio. Poi cede. Lo guardo mordere il mio organo con grande piacere...»

Associazione con un "uomo più anziano", Dio Padre, che osserva l'atto.

Non è necessario interpretare il sogno. Le parole «non ha fallo, così il mio può sostituire il suo», così come il "mordere", mostrano la relazione con il complesso di castrazione attiva e passiva, di cui parleremo più avanti.

Anche la fantasia masturbatoria del quindicesimo anno del paziente è omosessuale.

Una fantasia masturbatoria del ventiquattresimo anno: «Sono miliardario, ho una casa mia con la cantina predisposta per orgie sadiche. Rapisco una donna in automobile, la porto da me e la costringo ad entrare nelle stanze della cantina. La donna è presa, legata a una sedia e frustata. È arrabbiata per essere stata sorpresa così, ma i suoi lamenti di dolore sono inutili. Orgasm. Questa fantasia è elaborata in senso sadico-masochistico.»

Dobbiamo tener presente che il nostro paziente, come tutti gli individui sottoposti a un'ampia scissione della coscienza, possedeva negli stati parapatichi una spiccata capacità di identificazione e proiezione; da un lato sperimentava molto nel proprio ego che apparteneva agli oggetti esterni, dall'altro poteva spostare una parte del suo affetto personale sugli oggetti esterni o sulla totalità delle cose, esprimendo un conflitto tra il "sé morale" e il "sé istintivo" nella relazione "egouniversalità". Le fantasie masturbatorie di lussuria-omicidio (ad esempio strangolamento dell'oggetto femminile con orgasmo) e le fantasie di lussuria-suicidio (ad esempio fantasia di eviscerazione con masturbazione) sono equivalenti secondo questa spiegazione. Si trovano anche frequenti fantasie che contengono insieme lussuria e omicidio.

Il nostro paziente lotta disperatamente contro lo scoppio delle tendenze criminali. La sua profonda scissione della coscienza (parla ad alta voce con se stesso!) rende questa lotta estremamente difficile. Se l'impulso a lussuria-omicidio lo sopraffaceva, cercava di rifugiarsi nel sonno, che egli considerava equivalente al suicidio.

Il paziente dice a proposito del suo dormire:

«Se una donna mi lascia a un appuntamento o in altre occasioni, quando voglio sopprimere l'impulso a fare qualcosa in furia contro di lei, corro a casa e mi sdraio a dormire. Preferirei di gran lunga suicidarmi. Mi sembra quasi di attuare il suicidio attraverso il sonno. Una volta ebbi l'impulso di togliermi la vita (questa idea mi dava gran piacere), volevo prendere cianuro di potassio. Invece presi paraldeide e mi salvai dormendo. Nel sonno mi sento nascosto: il sonno mi appare come un rifugio benvenuto, aperto per me in ogni situazione infelice e in pensieri tormentosi.»

Due volte l'impulso criminale fu così forte da non poter essere più contenuto. La prima volta accadde così:

Una ragazza di sua conoscenza gli chiese di preparare del cianuro di potassio per il fratello, fotografo. Poiché la ragazza soffriva di depressione, Alpha sospettò che volesse suicidarsi. Apparvero subito due sintomi: diarrea nervosa e ossessione di masturbarsi con la fantasia della ragazza che si suicidava. Aveva promesso di prepararle il veleno e dovette affrontare gravi conflitti mentali in laboratorio per non soddisfare il suo desiderio. Alla fine le fornì nitrito di sodio.

Grande fu il suo sconforto nello scoprire poco dopo che la ragazza si era suicidata con cianuro di potassio! Si creò per Alpha una nuova situazione doppia: ogni porta e ogni via restavano aperte al dubbio se avesse effettivamente dato il nitrito di sodio o forse – per errore – il cianuro. Era lui l'omicida o la ragazza aveva reperito il veleno altrove? La questione non è mai stata risolta e continua a nutrire la sua colpa e la sua parapatia.

Il secondo episodio fu altrettanto sgradevole.

Una giovane ragazza si recò da Dr. Stekel dicendo di essersi salvata usando tutte le sue forze dall'essere strangolata da Alpha. Aveva saputo che il paziente era in cura da Stekel e chiese consiglio. Stekel le spiegò quanto necessario, e Alpha riferì che quando voleva avere coito con lei, la ragazza aveva opposto resistenza e lui, in preda alla rabbia, aveva perso il controllo e tentato di soffocarla. Mentre era con Stekel, Alpha dormiva profondamente.

Alpha ha un desiderio smodato di affermarsi. La volontà di potenza, presente in ogni persona, raggiunse in lui un grado patologico eccessivo, per la sua inferiorità fisica rispetto ai coetanei e per il complesso di bruttezza. Sviluppò fantasie di potere illimitato sull'ambiente. È totalmente infantile in questo, collocandosi nella fantasia al tempo in cui era "unico sovrano". Sentiva amaramente che "a casa era il Signore in persona e a scuola un nessuno". La più forte forza motrice nelle fantasie derivava dal pensiero della perdita di potere del padre.

Voleva essere a tutti i costi un uomo di potere.

Il naso giocava un ruolo importante nel suo complesso di bruttezza. Immaginava che fosse troppo lungo. Non si liberò di questa idea fino a un intervento cosmetico.

Si potrebbe parlare di complesso di castrazione (spostamento dal basso verso l'alto), ma un'altra interpretazione, basata sulla reazione esagerata al piccolo difetto estetico, sembra più plausibile.

Il paziente racconta che una volta (quindicesimo-sedicesimo anno) trovò nel cassetto della madre la foto di un ufficiale con un naso straordinariamente lungo. Subito concepì la fantasia che fosse un arciduca, ex amante della madre, e che forse lui fosse il figlio illegittimo di quell'uomo.

L'analisi mostrò che l'operazione al naso fu eseguita soprattutto per eliminare definitivamente lo stigma della sua origine "illegittima". Questo spiega anche l'eccessivo affetto verso il piccolo difetto estetico.

È significativo che non parlò mai alla madre della foto, preservando per sé una costante fonte di dubbio.

La sua volontà di sottomissione è forte quanto quella di potenza. Il paziente descrive così la trasformazione della volontà di potenza nel suo opposto:

«Venivo frustato così spesso che non sapevo come aiutarmi se non cercando di concepire la punizione come qualcosa di piacevole, soprattutto quando dovevo sottopormi volontariamente al castigo. Il carattere spiacevole veniva così eliminato e la punizione resa moralmente assurda. Col tempo, trasformai il dolore coscientemente in piacere e alla fine provai il piacere al solo pensiero delle botte.»

Un sogno illustra questo:

«Sono nella sala d'attesa di un medico che ha scoperto un nuovo metodo per trattare la parapatia. Va sotto l'unghia con un ago e ottiene un contatto elettrico con i nervi. La dottoressa inizia l'operazione e dice: "Farà male!" Io: "Non senza cloruro di etile!" e penso: "Noi chimici dovremmo meritare qualcosa." Va al mobile e torna con una grossa siringa. Dico: "Aspetta; vedo che non possiamo farlo così!" e voglio prendere io il cloruro di etile. La saluto con un bacio affettuoso e penso: "Ecco come sono le donne, prima vogliono torturarti, poi sono gentili."»

«Farà male» è detto dall'oggetto femminile, identificato con l'analista (transfert). Si tratta di liberarsi dal dolore. Poiché la donna non può farlo, il paziente lo fa da sé, osservando come le donne che "vogliono torturare" diventino poi oggetti d'amore.

La volontà di sottomissione è anche una reazione di coscienza. Non dobbiamo dimenticare che Alpha, nonostante il suo infantilismo esteso, era religioso. Durante lo studio dei suoi sogni diurno, si notò che ripeteva più volte al giorno meccanicamente parole come: «E perdonaci i nostri debiti» o «Non indurci in tentazione». Il frequente digiuno era anch'esso determinato dalla religione, imposto a sé stesso per "far morire di fame l'istinto".

I sintomi gastrici da cui soffriva erano spesso semplici sensazioni di fame. Dobbiamo quindi cercare una radice del disturbo gastrico nella tendenza religioso-ascetica, che portava al digiuno. La religiosità aveva una funzione importante nella sua economia psichica: serviva come freno agli impulsi antisociali travolgenti.

Un sogno ne è un'illustrazione:

«Sono nella foresta primordiale. Un alto sentiero conduce nel bosco. È una strada di yoga. Un uomo con una folta barba nera e numerosi discepoli (compagni di scuola?) percorrono questa via di penitenza. Io mi affretto avanti per curiosità e desiderio di conoscenza. Improvvisamente il sentiero finisce, sospeso in aria a circa venti metri; torno quindi indietro e lascio i pellegrini. Raggiungo un punto più basso, salto nella boscaglia e scendo a terra. Non ci arrivo, perché improvvisamente la scena è interrotta e tigrI, leoni, tutte le creature della giungla, paludi, malaria e così via emergono come pericoli della superficie terrestre.»

Il sogno si interpreta da sé: volontà di potenza ("mi affretto avanti") e espiazione; altezza e profondità; la lotta contro il bestiale e il morboso nella propria natura, tutto trova rappresentazione plastica.

Il complesso cannibalistico appartiene anche alle manifestazioni sadiche. Ricordiamo il comportamento del paziente nei primissimi anni (mordere). La parapatia ha causato una regressione fino a quegli anni.

Tra i sedici e diciotto anni emergono fantasie masturbatorie con scene cannibalistiche.

Una di queste fantasie: «Sono ricchissimo, ho un sottomarino. Porto donne su un'isola deserta nei Mari del Sud. La fantasia sembra troppo immorale; trasformo la donna rapita in una prostituta anziana e grassa. Ho scavato nella roccia un luogo dove vivere; lì frusto la prostituta e poi compio atti cannibalistici. Prima taglio i seni, dopo giorni pezzi della regione anale. Infine la prostituta è uccisa. Qui eiaculazione.»

Varianti:

(a) Situazione simile. Trovo una naufraga sulla spiaggia. È colta, intelligente, raffinata (come mia madre). La lego, frusto e infine la stupro. Vorrei lasciarla viva, ma temo che mi tradisca. Le taglio la lingua e la mangio. Poi la trafiggo al cuore. Eiaculazione.

(b) Suicidio di una donna davanti ai miei occhi per la disperazione. Eiaculazione.

In questo contesto va considerata anche un'azione impulsiva: ogni volta che la moglie parlava di fame o sete, sentiva il bisogno di ucciderla. Ho tracciato questo, supportato dai materiali, come riflesso cannibalistico, concezione che a mio avviso rientra nel quadro.

L'analisi mostrò che il complesso cannibalistico, l'idea di indulgere nella carne umana, costituiva ulteriore radice del disturbo gastrico nervoso. Questo complesso dimostra anche la misura della regressione psicosessuale, con radice profonda nell'atteggiamento verso madre e sorella.

Cosa apprendiamo dall'analisi dei sintomi di regressione?

La regressione psichica avvenne sia in senso filogenetico sia ontogenetico. Una regressione filogenetica (atavismo) è rappresentata dal sadismo associato al cannibalismo; atavistica è anche l'abitudine di dare nomi umani agli oggetti inanimati (animismo). Ad esempio, aveva un harem di strumenti musicali: corno chiamato Poldi, violini Erika e Mizzi, mandolini e chitarre con nomi umani. Alpha suonava poco, ma comprava sempre nuovi strumenti sperando di dominarli un giorno.

La regressione ontogenetica si osserva nella fantasia del grembo materno. Molti elementi lo testimoniano: anche il modo di dormire, conservato fino ad oggi, era significativo. Dormiva acciambellato, ginocchia al mento, coprendosi la testa; sedie attorno al letto o spostava il tavolo al bordo del letto. Fantasie piacevoli di sepoltura viva, pensieri di rinascita, ossessione del sonno come felicità di essere nascosto e dimenticato dal mondo.

Un fenomeno di regressione è l'infantilismo diffuso e intenso già descritto.

Risultati dell'analisi.

Abbiamo conosciuto molte manifestazioni del paziente che vanno oltre la parapatia ordinaria, e quindi ci si può chiedere se sia presente una paralogia.

Sul materiale propendo per l'idea di un caso di confine tra parapatia e forma paranoide di schizofrenia.

Indicatori di paralogia:

(a) l'emergere alla coscienza della maggior parte dei complessi patologici (Edipo, cannibalismo, ecc.);

(b) atteggiamento emotivo assolutamente egocentrico verso il mondo;

(c) carattere delle idee per lungo tempo immutabile: "Le donne hanno potere sul mio benessere", "Le donne non mi daranno piacere di loro volontà, quindi devo distruggerle";

(d) accessi di rabbia;

(e) scissione della coscienza di ampia portata.

Indicatori contro una paralogia marcata:

(a) assenza di lacune intellettuali;

(b) correzione delle idee ossessive paranoidi per effetto dell'analisi.

Dobbiamo distinguere due gruppi di fenomeni parapatichi, opposti secondo la legge della bipolarità. La componente attiva alterna periodicamente quella passiva; la prima, essendo antisociale, rimane repressa fino a emergere nuovamente in situazioni patologiche. Nell'intero sviluppo del caso non si trova quasi mai un corso intermedio. Gli affetti oscillano da un polo all'altro e l'ampiezza determina lo sviluppo più o meno crasso dei sintomi.

Il paziente venne da noi in situazione insostenibile: dovevamo salvarlo dall'impulso omicida.

Tutto indica che il compito è stato portato a termine. Si era visto che stava per cedere alla pressione e, di conseguenza, essere espulso dalla società. L'analisi confermò il ruolo patogeno del contratto matrimoniale. Dopo aver rimosso la costrizione artificiale del matrimonio, l'ostilità verso la moglie diminuì al minimo. Rinunciò per la seconda volta a vivere con lei e continuò infine una relazione soddisfacente con una ragazza. Ora pensa a sposarsi a suo livello, con un oggetto d'amore scelto.

X: CRONOLOGIA DEI CASI

Caso numero 27

Una donna sadica

La signora N. L., una donna bella e snella, di ventotto anni, con lineamenti fortemente cesellati, si rivolse a me per una difficoltà che l'aveva condotta ai conflitti più gravi. È la moglie di un alto aristocratico e vive gran parte dell'anno in una tenuta nei pressi di una piccola città. Lì conduce una vita irreprensibile accanto al marito, e nessuno, tra chi la visita o la conosce a casa, sospetterebbe le passioni terribili a cui ha ceduto.

Può sopportare la vita a casa e con il marito, che la idolatra e le concede ogni desiderio, per un massimo di sei mesi; poi deve recarsi in un sanatorio, in un grande albergo sulla Riviera o in Svizzera, in qualche casa dove una numerosa compagnia si raduna in libertà e disinvoltura. Già il primo giorno del suo arrivo osserva a tavola tutti i presenti e... A questo punto, però, preferisco lasciarle la parola per parlare di sé stessa:

«...E osservo subito quale dei signori presenti sarà la mia vittima.»

«Vuoi dire, chi si innamorerà di te?»

«No, non intendo questo. Innamorarsi... è una sciocchezza. No... io sono una sadica. Cerco la vittima che voglio frustare...»

«E la trovi sempre al primo sguardo? E non sei mai stata in un sanatorio dove non hai trovato una vittima?»

«La trovo sempre. Di solito ne trovo diverse. Non sono mai stata in un sanatorio senza aver trovato un compagno. Ma ascolta ancora: scambio con i signori un solo sguardo. Li osservo tutti. Il mio primo sguardo è serio, crudele e severo. Poi noto in molti uomini un improvviso atteggiamento di sottomissione e lo capisco subito! L'uomo sarà il mio schiavo...»

«E come avviene poi la conoscenza?»

«Oh, succede presto. Sadici e masochisti hanno un linguaggio segreto. Potrei dire un'alleanza segreta con usanze e accordi segreti. Parliamo dopo il pasto, e di solito il primo appuntamento viene fissato allora. Non diciamo una parola su ciò che faremo. Io gli dico con durezza: "Vieni questa sera alle nove o dieci nella mia stanza!" Gli lancio uno sguardo autoritario e vado per la mia strada, senza aggiungere altro. Se vuole parlare, lo scaccio come un cane che diventa fastidioso.»

«E lui viene?»

«Viene certamente all'ora stabilita. Poi lo faccio spogliare completamente, mentre io resto vestita. Non gli permetto né di avvicinarsi né di accarezzarmi. Deve obbedire; si spoglia e si getta ai miei piedi. Ora lo colpisco con la frusta da equitazione, con tutta la forza possibile e finché è possibile senza farsi sentire. Gemendo per il dolore o per il piacere, si contorce ai miei piedi. Oh, ho visto ai miei piedi uomini orgogliosi, rinomati, luminari della loro professione, grati e che baciavano le mie scarpe ringraziandomi per i colpi. Colpisco finché la loro carne sanguina.»

«Provi grande piacere in questo?»

«Certo. Ma non tanto quanto quando l'uomo si getta su di me e vuole possedermi. Allora lo guardo con disprezzo, lo derido. Osservo come si contorce per la passione, come il desiderio gli toglie ogni briciolo di dignità maschile. Comincia a supplicare, a lamentarsi, a torcersi davanti a me, implorando la massima gratificazione. Io resto fredda, e questo trionfo mi procura un piacere voluttuoso che mai potrei provare nel rapporto normale con mio marito.»

«E se ne va senza possederti?»

«Sempre!»

«Non hai mai trovato qualcuno che non volesse farlo?»

«Oh, sì, molti hanno prima sofferto e poi hanno cercato di usare la forza. Alcuni ci sono riusciti splendidamente. Io ero più forte di lui e minacciavo, se necessario, di urlare e creare scandalo. Molti li ho cacciati via con la frusta e proibito di tornare. Credetemi, quegli uomini poi correvano dietro di me come cani. Avrei potuto chiedere qualsiasi cosa; erano totalmente nelle mie mani.»

«E tu non hai mai ceduto al tuo desiderio?»

«No; questo desiderio – intendi quello per l'unione sessuale – allora per me non esiste più. Lo soddisfo con mio marito e di tanto in tanto anche con altri uomini. Ma quale piacere è questo, rispetto alla beatitudine indescrivibile di un atto sadico? L'orgasmo raggiunge un tale culmine che non potrei sentirne uno più intenso. La mia intera personalità sembra esaltata; mi sento fiera e forte, in armonia con tutte le mie forze. E ho scoperto che si ha potere solo sugli uomini a cui non ci si sottomette completamente. Tutti questi uomini sono miei schiavi ancora oggi e corrono dietro di me. Perché non mi hanno mai posseduta, perché sono sempre consumati da ardente desiderio per me, perché hanno conosciuto la mia severità e poi hanno bramato godere anche della mia tenerezza.»

«E cosa ti aspetti da me e dalla mia arte medica?»

«Voglio liberarmi dalla mia malattia. Ho sentito dire che le persone possono cambiare con l'ipnosi. Lei mi farà 'parlare' di questo sadismo folle. Ora sto cadendo in imbarazzo miserabile. Nel sanatorio dove ero l'ultima volta, una donna accanto sentì lo scoppiettio della frusta e pare abbia osservato qualcosa attraverso il buco della serratura. Il direttore mi ordinò di lasciare immediatamente la casa. Pensi se questo arrivasse alle orecchie di mio marito! La mia reputazione e la mia posizione sociale sono in pericolo! Voglio liberarmi dalla mia perversione – a qualsiasi costo. Voglio essere una donna normale, sana...»

Ho riportato la conversazione perché ci offre uno sguardo sorprendente sulle reali condizioni di vita e rivela anche cosa succede frequentemente dietro le quinte di un sanatorio e come avvengono molte delle "meravigliose guarigioni".

Naturalmente, l'ipnosi non è da considerarsi in un caso del genere. Solo una lunga rieducazione attraverso il lavoro analitico può avere successo. Ma spesso, conoscendo esattamente la situazione, si può dare buon consiglio e indicare un'altra via di vita.

Così fu in questo caso. Un'anamnesi completa portò alla luce materiali molto interessanti. La paziente era sempre stata insensibile al coito e vi aveva partecipato con libido debole, solo aiutata da fantasie. Si scoprì inoltre che già negli anni precoci aveva avuto relazioni lesbiche con amiche per un periodo piuttosto lungo. Era sempre attratta da ragazze belle e il bacio di un'amica affascinante le risultava più dolce di quello dell'uomo più attraente.

In effetti, il suo orgasmo più intenso era legato al bacio di un'amica orgogliosa, la cui amicizia doveva a lungo conquistare.

Questa amica rimase fredda e irraggiungibile per lungo tempo, finché un giorno si incontrarono e si baciarono. Quel bacio è ancora oggi indimenticabile per lei.

Sogna spesso di essere un uomo, di camminare con abiti maschili, di partecipare a una campagna come soldato.

È bisessuale con omosessualità marcata, ora fortemente repressa. Decise fermamente di diventare una donna normale e sposò il marito per questo motivo. Questo conflitto con la propria mascolinità, a cui nega la libido, si esprime nelle scene specifiche che mette continuamente in atto. Punisce un uomo e gli permette di languire e svenire di desiderio. È l'uomo in sé su cui infligge la punizione, che schiaccia e lascia morire di brama.

Caso numero 28

Un sadico

Ferdinand K., un giovane di ventuno anni, era fonte costante di ansia per i suoi genitori, di cui era figlio unico.

Viziato e coccolato dal padre e dalla madre, divenne un vero e proprio tiranno in casa, la cui volontà doveva sempre essere esaudita, altrimenti si scatenavano scene terribili. Nella loro perplessità, i genitori mandarono il ragazzo lontano da casa quando aveva sedici anni.

Sentivano solo cose buone del loro figlio intelligente da insegnanti e dalla direttrice del collegio. Apprendeva facilmente, poi entrò in un'attività commerciale, nella quale dava soddisfazione sotto ogni aspetto. Ma suo zio possedeva nella città natale un grande negozio molto redditizio, era già stanco di lavorare e cercava un successore. Ferdinand doveva essere lui.

Pensavano che ormai avesse superato gli anni di indiscrezione e che tutto sarebbe andato bene. Tornò a casa e iniziò a lavorare nell'attività dello zio. La pace durò solo poche settimane; poi le vecchie scene si ripresentarono, ma con forme molto peggiori rispetto a prima. Prima voleva solo che i suoi desideri fossero gratificati. Ora si aspettava che sua madre indovinasse i suoi desideri. Se le dava il consiglio giusto, si calmava; se sbagliava, scatenava scene terribili.

Cominciava a colpire in modo sconsiderato, a cadere in furie indicibili e a minacciare azioni orribili.

Una domenica mattina Ferdinand era ancora a letto, e sua madre entrò nella stanza con il caffè. Aveva desiderato che sua madre gli portasse il caffè a letto. Ma, come al solito, lo mise sul tavolo. Saltò giù dal letto in camicia e gettò prima la tazza e poi l'intera colazione sul pavimento, frantumando tutto in mille pezzi. Poi demolì la sedia. Cominciò quindi a distruggere sistematicamente l'intera stanza, finché non rimase più un oggetto intatto. L'attacco era simile a quello di un maniaco furioso. Lo incontrai in questo stato: era tornato a letto brontolando e vi rimase completamente negativista, non rispondeva alle mie domande. Si girò verso il muro e rimase in silenzio. Tutto ciò che sua madre poteva dire era che la sera precedente era stato molto gentile con lei. Si sdraiò sul letto di lei e le diede un bacio.

Mi divenne chiaro cosa volesse il giovane. L'intera "commedia" con la tazza del caffè che avrebbe dovuto portargli a letto era uno spostamento simbolico di grandi desideri su piccole cose con valore affettivo simbolico. Il pensiero reale era: «Oh, se mia madre venisse a letto con me e fosse affettuosa senza freni! Perché non percepisce i miei desideri segreti? Non posso mai dirglieli. Deve venire da me e scoprirli.» Il suo pensiero interiore, mentre la madre posava il caffè sul tavolo e non a letto, era: «Non verrà mai a letto con me. Le ho fatto capire ieri sera cosa volevo. Ma non vuole capirmi, perché... non mi ama.» E ora tutti i demoni dell'odio si scatenano. Solo l'amore rifiutato può essere così feroce.

Non abbiamo davvero il diritto di parlare di sadismo se le azioni spietate sono compiute verso persone per le quali il sentimento è neutrale. Il sadismo significa crudeltà verso individui che si amano!

Odio e amore sono forme polari di espressione dello stesso sentimento, con la differenza che l'amore cerca di soggiogare il partner tramite il piacere, l'odio tramite il dolore. «Se non mi amerai, allora dovrai sentire la potenza del mio odio.» La cosa principale, tuttavia: «Devi sentirmi, sentire attraverso di me e occuparti di me...»

Le azioni crudeli verso persone verso cui si è indifferenti rivelano un grave disturbo mentale. Ci portano a concludere che esista inferiorità sociale e psichica. La distruzione di oggetti è un'azione sostitutiva e prende effettivamente il posto dell'uccisione della madre. Quante azioni violente sono state evitate grazie a tale scarico simbolico di energia!

Torniamo al nostro paziente. Consigliai alla madre di mandare il figlio lontano da casa. L'esperienza aveva dimostrato che la separazione dai genitori agiva molto favorevolmente su di lui. Ma ora pensavano che non funzionasse. Avevano provato, ma il giovane non voleva lasciare casa. Allora consigliavo una misura eroica: la madre e forse anche il padre dovevano andarsene, senza che il paziente sapesse dove fossero. La povera madre ebbe la forza di seguire il mio consiglio. Prese in fretta un piccolo bagaglio e uscì di nascosto dalla porta sul retro, per non farsi notare dal figlio. Non ho mai visto nulla che mi abbia scosso tanto! Una madre che deve fuggire dal proprio figlio unico! Si precipitò alla stazione ferroviaria e visitò parenti in un'altra città, dove si nascose per alcune settimane.

Il comportamento del figlio fu molto interessante. Si alzò, si vestì e si rinchiuse in bagno, che non volle lasciare. Il padre, tremante, mi chiese cosa dovesse fare.

Doveva supplicarlo? Doveva usare la forza e chiamare il fabbro? Il ragazzo minacciò di gettarsi dalla finestra se avessero fatto ciò. Potei consigliare al padre con calma di lasciarlo stare. Stava davvero giocando con il cuore dei genitori e si calmava se notava che nessuno si preoccupava di lui. Uscì dalla sua "fortezza" dopo sei ore, entrò nella stanza e a tavola.

Chiese della madre. Apprese allora che era partita e non sarebbe tornata per un anno. Dove? Nessuno lo sapeva; non aveva voluto dirlo.

Ora assistetti all'esempio più forte di ostinazione che abbia mai visto. Il giovane rimase trentasei ore – trentasei – davanti al tavolo, senza muoversi, senza mangiare, senza rispondere alle parole o alle suppliche del padre, né quando gli altri membri della famiglia gli si rivolgevano.

Come una statua, Ferdinand stava lì e non si muoveva.

Poteva sentire fame e stanchezza, ma il piacere del pensiero che il padre soffrisse ancora di più lo aiutava a superare il periodo difficile. Ancora una volta il debole padre voleva telegrafare alla madre per farla tornare e perfino implorare il perdono del figlio. Ma lo zio, istruito da me, rimase inflessibile e trascinò via il padre, lasciando Ferdinand da solo tutta la notte. Non so se si sdraiò e tornò al tavolo solo quando sentì passi. Ogni volta che entrava un domestico, lo trovavo nella stessa posizione.

Finalmente, dopo trentasei ore, la sua sfida fu spezzata. Mangió avidamente e fu convinto a lasciare la città.

Andò all'estero e fu del tutto obbediente ai desideri del padre. Assunse un impiego; non vi fu più alcuna lamentela sulla sua industria e disponibilità. Ma non scrisse mai una parola alla madre. Una lunga lettera affettuosa arrivava ogni settimana al padre. Non accettava soldi da casa, né voleva che si parlasse della madre nelle lettere.

Il suo odio verso di lei, la povera donna innocente che gli aveva dato tutta la vita con il suo amore altruista, era incancellabile. Lontano da casa stava bene. Stava male solo quando si trattava del rapporto con i genitori. Era "malato dei genitori", come lo definirei io.

Caso numero 29

Lussuria omicida simbolica

F. M., un ufficiale di trentiquattro anni, ha rapporti sessuali con prostitute in modo singolare. È impotente con le donne, e una timidezza che non riesce a superare gli impedisce di instaurare una relazione. Di tanto in tanto prova un impulso irresistibile a recarsi da una prostituta. Entra in uno stato di eccitazione indescrivibile; trema e sobbalza tutto. Arriva sempre al bordello deciso a questa volta avere un rapporto sessuale in modo normale e a comportarsi normalmente. Ma nel momento in cui si trova da solo con la prostituta, lo assale una paura inspiegabile, più forte di lui. Ha paura di restare solo con lei e spiega che preferirebbe avere rapporti sessuali con lei se chiamasse una delle sue colleghe. La donna lo fa. Spesso si calma, soprattutto se l'osservatrice è molto decisa. Ma se la persona chiamata è una ragazza delicata e debole, ha bisogno di un'altra donna ancora. Solo allora compie il coito senza un particolare orgasmo, paga e lascia la casa depresso, insoddisfatto, imbarazzato.

Questo strano modo di comportarsi non è un suo desiderio, ma appartiene alle forme della sessualità, e la sua esistenza anche tra i popoli primitivi ne dimostra il significato. Va spiegato come il trasferimento di uno su due per dar luogo a un'orgia (pluralismo). Certamente anche nel desiderio libidinale sono presenti tali sfumature, perché il pluralismo dell'atto in famiglia, limitato alle persone in cui può avere espressione e represso negli altri membri, diventa con tutta la sua forza un atto comune di più individui. L'orgia è la partecipazione dei figli alla sessualità dei genitori, l'espressione dello sforzo di trasformare la sessualità in un gioco sociale.

È molto di più, come dimostrano i sogni di questo paziente: si tratta di un lussurioso-omicida che teme se stesso e ha paura che, durante l'orgasmo, possa strangolare o pugnalare la partner. Ha bisogno della presenza delle donne per la propria protezione e quella della ragazza. Per questo motivo solo una donna forte è un protettore sufficiente. Generalmente non rimane mai da solo in una stanza con una donna. Viene immediatamente preso da un tremore nervoso, che non riesce a spiegare perché non ha alcuna percezione della sua parafilia. Appartiene anche a quelle persone che non notano i propri sogni. Sa solo che ogni mattina si sveglia con la testa pesante e confusa.

All'inizio non riesce a orientarsi. Barcolla fino al lavabo e si versa acqua fredda sulla testa. Sembra che la testa gli giri, come se stesse per cadere a terra. Forti mal di testa lo tormentano fino a tarda mattina. Tutte le persone che non controllano la loro vita onirica e non vogliono sapere cosa succede dentro di loro manifestano sintomi simili.

Si sente spesso dire di persone così che "non hanno mai sognato". È ovviamente una sciocchezza.

Tutti sognano senza interruzione per tutta la notte, iniziando a sognare dal momento in cui chiudono gli occhi, spesso anche qualche minuto prima (immagini ipnagogiche); si sogna anche dopo il risveglio, per alcuni secondi o per minuti più lunghi (immagini ipnopompiche). Ma le persone che durante la notte vivono i propri istinti selvaggi repressi, soprattutto la natura criminale, fanno un grande sforzo al mattino per dimenticare ciò che hanno sognato (repressione freudiana). Devono prima ritrovare se stessi, reprimere le immagini della notte e permettere ai pensieri del giorno di prevalere su quelli notturni. Il momento della repressione lo percepiscono come vertigini o pressione all'indietro. Questa repressione provoca sintomi di pressione nella testa: si ha la sensazione che una fascia circondi la testa, che qualcosa voglia uscire e forzare il cranio, come se il cranio stesse per esplodere, e così via.

Il nostro paziente presentava queste manifestazioni, ma non riusciva a riferire nulla dei sogni notturni. L'osservazione dei sogni richiede un certo addestramento. La maggior parte delle persone sogna, presta pochissima attenzione ai sogni e li dimentica al mattino. Anche quando il medico chiede di osservare i sogni, possono svegliarsi di notte, ripetere il sogno a se stessi: "Non c'è bisogno di scriverlo, me lo ricordo bene"... e il giorno successivo il sogno è completamente dimenticato.

Occorre un grande sforzo di volontà per prestare attenzione ai sogni, quando tutto l'apparato psichico è predisposto a dimenticarli e reprimerli immediatamente.

Il nostro paziente, tuttavia, era un uomo di volontà di ferro. Decise di catturare i suoi sogni e iniziò a inseguirli. Fu più difficile di quanto immaginasse. Ma alla fine ci riuscì, e l'intera serie di sogni si srotolò davanti ai miei occhi. Non avevo detto a F. M. nulla della sua malattia, né gli avevo comunicato cosa sospettassi dietro le sue prestazioni patologiche nel bordello. Il primo sogno che mi riferì recitava:

«Sono completamente solo con una ragazza nella sua stanza. È sdraiata, pugnalata, in una pozza di sangue. Ho paura che si pensi che io sia l'assassino e fuggo dalla stanza. Un sorvegliante mi nota e dice: "Hai le mani insanguinate." ... Mi difendo e dico di aver ucciso un pollo. Mi guarda sospettoso e mi lascia proseguire.»

L'osservazione successiva mostrò che quasi tutti i suoi sogni erano di questo tipo. Riguardavano sempre un omicidio commesso su una prostituta; vi era sempre una procedura giudiziaria in cui doveva dimostrare la sua innocenza.

Infine emersero ricordi d'infanzia che rafforzavano l'ipotesi di fantasie omicide infantili.

Da bambino tagliava bambole con un coltello e immaginava che il sangue scorrere sui suoi vestiti. Aveva fantasie diurne in cui asportava i genitali femminili. Apparteneva a quei bambini che vogliono sempre vedere come appaiono le persone "all'interno". Questo era ciò a cui pensava sempre e che cercava. Divenne studente di medicina e avrebbe voluto fare operazioni, ma sveniva in sala di dissezione. Non poteva guardare cadaveri né sangue.

Fin dalla giovinezza vi fu una forte repressione degli impulsi sadici, trasformati in orrore per il sangue e disgusto per tutto ciò che vi era connesso. Non poteva mangiare roast beef al sangue né assistere alla macellazione di un pollo. Tuttavia, dopo un anno di servizio militare volontario, svolse il servizio come ufficiale. Lo vidi anche prima della guerra, alla quale partecipò con enorme entusiasmo. Ora poteva mettere la sua disposizione sadica al servizio della patria.

Solo tre settimane dopo il suo primo incarico ritornò, presentando il quadro tipico della parapathia da guerra: stanchezza, depressione, debolezza corporea, apatia, insonnia, ipersensibilità alla luce e a ogni rumore, tendenza al pianto.

Non riusciva più a dormire dopo la prima battaglia, nella quale si era distinto. La sua coscienza non poteva più sopportare la carica libidinale delle attività militari. Nei brevi sogni vedeva sempre se stesso infilzare la pancia del nemico con la sciabola, e anche di giorno era costantemente perseguitato da tali visioni. La condizione passò dopo tre settimane; si composero e, come istruttore di reclute, svolse certamente un servizio prezioso per il Paese.

Aveva perso la paura delle prostitute e aveva da tempo rinunciato alla presenza di testimoni. Fu uno di quei rari casi in cui un breve trattamento e una spiegazione furono sufficienti per la cura. Capì subito che avevo ragione, e al termine della terapia mi consegnò un meraviglioso coltello norvegese molto affilato:

«Permettetemi di darvi questo coltello con una confessione e come ricordo dell'assassino di donne domato. Ho sempre portato con me questo coltello quando andavo da una prostituta. Avevo certo un motivo: avrei potuto dovermi difendere se un altro uomo mi avesse attaccato. Ora so che questa sarebbe stata l'arma con cui avrei commesso l'omicidio. Ora mi conosco e non ho più bisogno né di armi né della presenza di altri.»

Caso numero 30

Sadismo verso gli animali

Il signor K. H. porta sempre con sé un pollo quando si reca in un bordello. Questo pollo deve strangolarlo davanti agli occhi della prostituta; poi si getta su di lei e compie il coito con grande orgasmo. Senza l'animale, è completamente impotente. In questo caso il pollo assume il ruolo della prostituta.

Deve strangolare un essere vivente, torcergli il collo. Nella sua fantasia lo fa alla prostituta, e solo allora avviene il coito, con tono di piacere. Domande insistenti non portano a comprendere il collegamento qui esistente. Pensa solo al pollo e mai alla donna. Ma alla fine cede e confessa che aveva già tali fantasie subito dopo la pubertà, anche senza il pollo. Osservava tutti i colli delle donne e lo incuriosiva chiedersi se fosse possibile torcerli.

Attribuisce l'origine di questa passione alla lettura de *L'Argent* di Zola, dove è descritta una scena di questo tipo. Aveva sedici anni quando lesse questo racconto.

Si sente spesso dichiarazioni simili da parte di sadici o masochisti. Essi avrebbero acquisito la loro parafilia leggendo qualche opera. Naturalmente ciò non è corretto. La scena ebbe effetto su di loro perché era già latente in loro. Erano predisposti alla fantasia. L'esame anamnestico dei primi anni del nostro paziente mostra infatti che, durante l'infanzia, aveva un grande interesse per lo strizzare i colli, e ricorda che una fiaba in cui un collo torto aveva un ruolo lo impressionò molto. Aveva completamente dimenticato queste scene infantili. Solo attraverso l'analisi vennero alla luce.

Ricorda inoltre di aver strappato tutti i giocattoli della sorella al collo. La madre gli confermò, quando le scrisse chiedendo, che a quattro anni aveva minacciato di torcere il collo alla sorellina, come aveva visto fare ai polli. Così una forte impressione infantile si mescolava a una "commedia di spostamento", che doveva ripetere più e più volte.

Le impressioni infantili furono dimenticate, la donna divenne la persona secondaria e il pollo apparve come oggetto principale. Cioè, non era più consapevole che le sue tendenze originali fossero rivolte all'omicidio di una donna. Questa idea era completamente repressa e apparteneva a quelle cose proibite che non voleva vedere. Il quadro caratteriale si completava con il fatto che era vegetariano rigoroso e che la vista della carne cruda, come quella nei negozi di macelleria, gli provocava disgusto e nausea. (Ci sono molte persone simili; sono tutte sadiche con una sete di sangue repressa.)

Ho sottolineato nel mio lavoro sul feticismo il fatto che la preferenza per chi ha subito l'amputazione di arti si fonda su un meccanismo simile. È il principio della "cosa finita". Conosco diversi casi simili. Anche in questo caso, l'idea originale era: "Vorrei amputare entrambe le gambe di una donna". Successivamente, però, quest'idea fu messa da parte e il desiderio per qualcuno che aveva subito un'amputazione fu razionalizzato attraverso la sua gratitudine e un piacere maggiore.

Le azioni sadiche simboliche appartengono ai fenomeni più notevoli della psicopatologia sessuale. Un caso straordinario, del quale devo la conoscenza a una prostituta, trova qui il suo posto:

Caso numero 31

Un uomo di cinquantatré anni, molto elegante, è conosciuto tra i suoi conoscenti come "il pugnala-divani". Va solo da quelle prostitute che conoscono la sua mania e non hanno paura di lui. Si spoglia, mormora ogni sorta di parole selvagge ma completamente incomprensibili, si getta sul divano e lo pugnala attraverso innumerevoli volte con un coltello. Poi un breve coito, dopo il quale giace per un po' come se fosse incosciente...

Innumerevoli sono i casi in cui un'azione lieve e insignificante tradisce la fantasia sadica. C'è l'uomo che deve sempre tenere in mano una palla di giornale mentre compie il coito. Schiaccia questa palla con forza prima che arrivi l'orgasmo. Poi c'è l'uomo che vorrebbe soffocare la sua vittima. Un altro parapatico preme il braccio della partner finché ella non deve gridare. Per lui il braccio simboleggia il collo.

Altri afferrano la gola e fingono, per gioco, che potrebbero o vorrebbero strangolarla. Ho già parlato del "morso d'amore". Appartiene quasi all'inventario dell'amore normale. Ma conosco casi in cui il morso deve essere sanguinoso perché l'orgasmo si verifichi. Digrignare i denti durante il coito tradisce la fantasia cannibalistica, che si esprime anche nelle parole: "Ti amo così tanto che potrei mangiarti". Il necrofilo desidera l'assoluta immobilità della partner.

La donna deve assomigliare a una persona morta, perché solo così l'orgasmo può avvenire.

Caso numero 32

La confessione di un sadico represso e masturbatore cronico

Ero il secondo figlio dei miei genitori. Mio padre aveva ventisette anni quando sposò mia madre, di quattro o cinque anni più giovane. Le sue caratteristiche principali: energia, attività incessante, oltre a un temperamento leggermente collerico; come mercante era così onesto e con così poca considerazione per il proprio profitto che, dopo una prima indifferenza verso le cose materiali, osservava con grande preoccupazione il cattivo andamento degli affari. Tali impressioni sulla serietà della vita ebbero effetto molto presto su di me, rafforzate dalla fronte sempre corrugata di mio padre, che mai una volta nel cerchio familiare (oltre a me, una sorella di circa due anni più grande e una di due anni più piccola) era libero dalle pressanti preoccupazioni degli affari. Non ebbi un'infanzia serena. Trascorrevo ore deliziose per lo più lontano da casa, circondato dai miei compagni di gioco. Mia madre, una persona gentile, dal cuore profondo ma riservata, non mostrava mai il suo grande amore verso di noi figli, trattenendo i sentimenti così come le carezze. Anche lei era circondata dalla serietà della vita. Eppure era sempre pronta a cedere ai nostri desideri infantili, spesso a nostro detrimento.

Troppo serio per la mia età, ero presentato ai figli dei nostri conoscenti come modello per le mie "buone maniere", quasi quanto quelle di una ragazza. Mostravo più caratteristiche femminili che maschili anche nel gioco. Preferivo giochi che richiedevano grande pazienza piuttosto che coraggio e baccano. Ma vi erano eccezioni. Ero un ragazzo vivace, che amava appassionatamente leggere o ascoltare fiabe, e provavo desiderio intenso quando sentivo la musica. Ma presto comparvero anche impulsi cattivi, come una forte tendenza a rubare, abitudine che fu corretta solo grazie a severe lezioni da parte di mio padre. Dovevo promettere di non rubare mai, e fu mia orgogliosa ambizione non violare mai, nonostante tutte le tentazioni, la "parola d'onore" che avevo dato, della quale ero vanamente fiero.

Ricordo chiaramente di aver notato anche impulsi sadici fugaci all'età di sei o sette anni. Aggressivo verso un bambino più piccolo, provavo grande piacere nel maltrattarlo. Un secondo episodio avvenne nel mio tredicesimo anno, quando tentai con passione di picchiare una bambina di otto-dieci anni del quartiere (o di tirarle i capelli). Questi desideri scomparvero, ma iniziò il periodo più travagliato della mia vita finora.

Nel mio tredicesimo anno cominciai a masturbarmi stimolando meccanicamente l'ano. Ben presto (anche nel quattordicesimo anno) iniziai a sentire gli effetti fisici della masturbazione ripetuta e anche psichicamente soffrivo indescrivibilmente. Avevo paura che il mio segreto potesse essere scoperto e cominciai a reprimere il desiderio ogni volta che si manifestava, poiché dovevo considerarlo qualcosa di molto cattivo, riprovevole.

Nessuno sapeva nulla del mio stato d'animo tormentato; nessuno, neppure i miei genitori, aveva idea di quanto soffrissi. Quando iniziarono le frequenti eiaculazioni notturne, mi considerai gravemente, forse incurabilmente, malato; ero troppo modesto e timido per confidarmi con qualcuno, custodendo "paurosamente" il mio segreto. Quando ero solo, pregavo Dio con fede infantile per la guarigione, per la liberazione dalle eiaculazioni, che consideravo una "scarica" che avrebbe messo in pericolo e accorciato la vita. Piangevo in segreto, imploravo, mi struggevo davanti a Dio, promettendo di non abusare più di me stesso consapevolmente, e attendevo invano che le mie preghiere venissero esaudite. Poi cominciai a dubitare della bontà di Dio. Divenni riflessivo e presto convinto ateo. Cercavo attraverso distrazioni di superare il discordo interiore; avevo imparato a suonare il violino dall'età di undici anni, e ora praticavo con vero fervore.

A scuola ero passato da studente mediocre a bravo studente, e nel ginnasio superiore molto bravo; i professori mi mostravano davanti a tutti come modello di "deportamento" e rendimento. Mi sentivo terribilmente infelice; invidiavo ogni altra persona "sana"; temevo che la mia vita potesse durare solo pochi anni, e che allora i miei genitori dovessero soffrire per la perdita del loro unico figlio, di cui erano tanto fieri. Naturalmente sentivo un grande bisogno di rapporti con compagni di scuola al mio stesso livello mentale. Questo ebbe un buon effetto su di me; attraverso passeggiate insieme, letture e conversazioni, ero distratto dal pensare a me stesso, e i maggiori doveri dovuti a uno studente con i miei vantaggi mi lasciavano meno tempo per pensare a me.

Così feci molto per la mia cultura intellettuale, ma nulla per il mio corpo, che – non c'è da meravigliarsi – non si sviluppò come avrebbe dovuto. Mi astenni deliberatamente da tutto ciò che non aveva valore intellettuale; e se ero turbato da qualche fastidio, ad esempio agli organi urinari, pensavo sempre che la mia "malattia" si sarebbe manifestata col tempo; e se così non fosse stato, avrei poi, dopo aver lasciato questa piccola città di provincia, cercato una cura a Vienna presso un famoso "professore". Mi sostenevo con questa speranza. Avevo perso ogni piacere nella vita e mi tenevo in vita soltanto per il bene dei miei genitori e sorelle ignari (come forse solo riuscivo a convincermi!). Musica e letteratura costituivano gli unici interessi della mia vita, e vi dedicavo molto tempo libero. Portavo a termine ogni cosa con dolorosa accuratezza; e tuttavia pensavo di non aver mai lavorato abbastanza attentamente o a fondo. Soffrivo di una totale mancanza di fiducia in me stesso in ogni ambito. Avevo un'opinione molto bassa di me; solo nelle questioni sentimentali mi consideravo superiore ai miei compagni, e interiormente ero molto orgoglioso della mia grande sentimentalità. Ero, è vero, rispettato dai miei coetanei come grande studente (senza dubbio disprezzato da molti), ma al contempo criticato per la mia riservatezza, perché non riuscivo a sopportare le oscenità e le allusioni sessuali nel discorso, o le vanterie degli altri. Non potevo sopportare la grande folla con le sue battute volgari o discorsi spesso legati al sesso, così mi ritirai sempre più verso amici "decente" e "incorruttibili", ai quali spesso riversavo in modo appassionato, da un cuore troppo pieno, i miei pensieri e le mie emozioni. Avevo un bisogno così grande di amore e comprensione. Le divergenze nascevano facilmente tra me e il mio amico più intimo, che rimproveravo di indifferenza e slealtà nell'amicizia. Eppure non restavo mai privo di rapporti sufficienti con persone affini di mente o di sentimento. Tuttavia mi consideravo sempre fisicamente anormale rispetto ai miei compagni e cercavo di adattarmi al mio destino il meglio possibile. Non osavo pensare a rapporti sessuali con le donne, perché, come molti miei coetanei, lo consideravo qualcosa a me negato e possibile solo per chi era "normale", così poco sapevo delle questioni sessuali!

Importante per me fu allora il trasferimento dei miei genitori nella grande città di N. Qui entrai in un nuovo ambiente, vidi cose nuove, fui stupito dal luccichio e dalla magnificenza della grande città. Il rumore e le passeggiate mi stancarono in modo salutare, tanto che per molto tempo la mia malattia immaginaria fu dimenticata; all'inizio, anzi, credevo persino di essermi guarito. Tanto più violento e doloroso fu l'effetto della ricaduta appena mi abituai alla vita a N. Iniziò allora la stessa serie di piccole e tormentose ansie per la mia salute fisica che avevo avuto due o tre anni prima: movimenti intestinali irregolari, digestione imperfetta, afflusso di sangue alla testa e altri sintomi nervosi accompagnati da anemia.

Tutto ciò mi portò quasi alla disperazione; credevo di nuovo che la mia vita fosse in pericolo o stesse per finire. Poiché attribuivo le mie sofferenze allo stomaco, o alla digestione, e mi preoccupavo ansiosamente di non farle scoprire al mondo esterno, diventai presto ipocondriaco, stanco della vita, la maledicevo e soffrivo ulteriori orribili tormenti di rimorso per la mia precedente vita "immorale", responsabile della mia sventura. I mali fisici lasciarono il posto alla condizione mentale. Vivevo costantemente nell'ansia e nella paura che i miei peccati fossero scoperti, e quei momenti furono forse i più angosciosi della mia vita, quando (nell'ottava classe) fu annunciata l'imminente visita medica di tutti gli studenti da parte del medico scolastico. Tuttavia si trattava di un controllo piuttosto superficiale e non riguardava, come temevo, il "cuore e i reni". La mia condizione corporea, che si manifestava in cattiva postura, perdita di peso e così via, corrispondeva al mio stato mentale instabile e disperato. Non era così grave in inverno, e anche in autunno stavo abbastanza bene.

Riuscivo con energia a dominare anche la depressione psichica che a volte minacciava di sopraffarmi; ma l'estate mi riportava completamente fuori controllo. Questo era il periodo peggiore per me, mentre la primavera, nonostante le passeggiate solitarie, mi faceva davvero bene.

Così soffrii per due anni anche a N., senza sapere cosa realmente mi affliggesse. Conoscenti e parenti mi consideravano anemico e credevano che questo spiegasse tutto, quando persone curiose volevano sapere perché apparivo così male (da anni il mio aspetto era continuativamente brutto). Nel luglio 1914 superai l'esame finale con distinzione. Ma ogni successo "esteriore" mi feriva; non aveva quindi alcuna influenza sulla mia salute. E poi accadde la cosa più terribile di tutte: scoppiò la guerra mondiale, ad agosto.

C'era poco spazio nei miei pensieri per il mio benessere personale, quando arrivai a Vienna nell'autunno 1914, perché era necessario trovare i mezzi di sussistenza per la mia famiglia, che era fuggita con me davanti ai russi. Diedi lezioni e forse mi sovraccaricai di lavoro, eppure mi sentivo incredibilmente fresco e sano; l'attività incessante non lasciava spazio agli umori cupi. La mia famiglia dovette presto recarsi in Boemia, in una piccola città concessa loro dallo Stato come luogo di soggiorno, e io rimasi solo a Vienna per proseguire i miei studi (filosofia). Le cose andarono molto bene; ero orgoglioso di riuscire a mantenermi a galla a Vienna con le mie sole forze; i miei rapporti ai genitori sul mio stato erano sempre molto incoraggianti. Avevo infatti molto da fare per mantenermi e poter, oltre a ciò, portare avanti gli studi in misura modesta.

Nel secondo anno di guerra, tuttavia, l'assenza della mia famiglia, il bisogno di affetto, comprensione e compagnia, vennero pienamente alla coscienza; iniziai a sentirmi solo, così terribilmente solo tra milioni di persone a Vienna, e infelice! Nessun vero contatto! All'università a malapena un paio di conoscenze. Non potevo sfogare il mio cuore traboccante con nessuno e tuttavia desideravo immensamente amore e qualcuno che comprendesse e condividesse; purtroppo, a causa della mia auto-svalutazione, era molto difficile per me fare nuove conoscenze. Rimasi quindi solo. E di nuovo mi sentivo continuamente male; al mattino mi svegliavo non riposato (nonostante il sonno), ma terribilmente stanco, misero e abbattuto; non avevo energia e poca o nessuna capacità di lavoro. Dedicavo tutta la mia attenzione a me stesso e credevo di aver scoperto varie malattie. Avevo escluso il sessuale dal mio pensiero per tre anni; non avevo pensieri di quel tipo; al massimo soffrivo di qualche tortura di rimorso per il passato e mi rimproveravo amaramente di essere responsabile della mia condizione infelice. Le autoaccuse aumentavano e anche il mio disprezzo per me stesso, al punto da evitare di guardarmi allo specchio. Mi lavavo e pettinavo senza specchio, trascurandomi, e fui per molto tempo l'essere più infelice sulla terra. La depressione frequente di corpo e mente minava la mia pace e energia. Non ero più in grado di lavorare ininterrottamente, così profondamente era stato schiacciato il mio spirito vitale dalla costante prostrazione. Consideravo la mia vita del tutto priva di scopo, inutile e odiosa; ma non avevo il diritto, finché i miei genitori erano vivi, di gettarla via arbitrariamente. Dovevo quindi sopportare ancora, "condannato a tormenti sempre nuovi".

Lavoravo per stordirmi, per uscire da me stesso, perché vedevo che l'attività era la cosa migliore per me. Ma ahimè, se mi fermavo, o se cadevo ancora una volta nelle mie mani! Allora mi accanivo crudelmente contro me stesso e dovevo fuggire nuovamente da me. Ancora, anche una lieve occasione, ad esempio il racconto di un'esperienza sessuale da parte di un conoscente o amico, bastava a scuotermi nel profondo e a farmi sentire per giorni dieci volte più severamente la mia condizione inadeguata, "anormale". Avevo un orrore e disgusto inconquistabili verso la sessualità in ogni forma; ne ero spaventosamente disgustato. E inoltre non avevo la più primitiva istruzione in materia sessuale, avevo sempre evitato qualsiasi insegnamento al riguardo, sia orale (tramite colleghi) che scritto (tramite libri), e mi ero attentamente difeso da esso. La mia vita era disturbata e inquieta essenzialmente dal fatto che non avevo chiara la mia malattia, la sua causa e forma – avevo realizzato solo pochi mesi prima la verità che soffrivo di "nevrastenia sessuale", e che avevo desideri sessuali nascosti dentro di me. Serate deliziose a concerti e teatri portavano temporaneo entusiasmo e distrazione nella mia vita tormentata. Le serate con un quartetto casalingo, dove suonavo il primo violino, riuscivano a distrarmi molto e a rialzare la mia fiducia in me stesso, ma non durava a lungo.E se significava dover suonare davanti a qualcuno o se (nei miei studi) dovevo parlare in pubblico davanti a più persone, attraversavo ore di paura intensa (temendo di fallire o di crollare fisicamente), e sensazioni tormentose di tensione e ansia da palcoscenico mi sopraffacevano rendendomi loro preda irresistibile. Non potevo farci nulla; tutta la mia coraggiosa lotta non migliorava affatto la situazione.

Invece di prestare poca attenzione a queste cose, le consideravo eccessivamente; mi tuffavo nel rimuginarci, profondamente e inconsciamente, in modo morboso, dannoso come poteva essere. Talvolta, però – accadeva, seppur raramente – qualcosa come un oscuro impulso vitale protestava in me, specialmente dopo un piccolo successo, ad esempio negli studi, contro la depressione morbosa. Decisi eroicamente di "stare bene" tramite la forza di volontà, che riusciva per un certo tempo in condizioni favorevoli. Ma poi seguivano di nuovo periodi in cui ero schiacciato e debole, quando la mia debolezza fisica imprigionava persino la volontà.Una volta, in un momento particolarmente "leggero", quando temevo una ricaduta violenta, decisi con tremore ed esitazione di affidarmi a un medico. Mai nulla mi era stato così difficile come andare dal medico. Non potevo né mangiare né dormire, non trovavo riposo; tutti i miei pensieri ruotavano intorno alle confessioni che avevo davanti, cento volte difficili da fare. Temevo anche di essere respinto dal medico a causa della mia depravazione. Tuttavia, fortunatamente, le mie paure non si realizzarono; la gentilezza umana del medico mi diede coraggio, e liberai la mia anima così gravata in una confessione tormentosa, ma che portò sollievo.Appresi allora per la prima volta che soffrivo di grave nevrastenia, ma per il resto ero "del tutto sano", e la cosa completamente sorprendente era che tutti i miei sintomi nervosi sarebbero scomparsi con un matrimonio futuro. Fino a quel momento avevo sempre assunto verso il sesso femminile una posizione di timore e ammirazione, ma mai di desiderio. Non potevo sopportare che una ragazza mi guardasse, seduta di fronte a me (per esempio, in biblioteca); mi provocava sempre la confusione più dolorosa. Arrossivo, diventavo irrequieto, temevo che il mio disagio fosse notato; credevo di essere deriso, preso in giro; pensavo che altri mi osservassero e sorridessero; e diventavo ancora più a disagio, così cercavo di uscire dalla situazione il più rapidamente possibile. Questo si ripeteva quasi ogni giorno; soffrivo davvero di una sorta di delirio di persecuzione. Infine, non potevo visitare la biblioteca senza violenti battiti del cuore e ansia; infatti, dopo pochi minuti di vano tentativo di lavorare, dovevo lasciarla di nuovo (col viso arrossato).

Anche questo mi deprimette molto. Ero altrettanto costretto e incerto in presenza di ragazze vicino a cui mi capitava di sedere durante le lezioni. Consideravo sempre che dovevo sembrare antipatico, persino repellente, motivo per cui non tentai mai di avvicinare le giovani donne mie compagne di studi. Tuttavia, se per caso ci incontravamo, andava tutto bene; ero un po' meno imbarazzato nel frequentare i miei conoscenti, spesso facevo un'impressione migliore di quanto pensassi. Così la mia fiducia in me stesso si rafforzò in certa misura. E dopo la consultazione con il medico, che mi ridiede vita (scoprii di essere un essere umano come molti altri), cercai diligentemente la compagnia femminile per intrattenimento innocuo. Ero spesso molto goffo e confuso, perché il carattere forzato della mia azione era un grande ostacolo. Ero quasi consapevole del disegno in ciò, ero turbato. Mi era molto difficile lottare con la mia timidezza, la mia irresolutezza. E vivo ancora in conflitto con questi fattori inibitori nella mia vita. Sapevo bene che avrei dovuto diventare diverso; invece di un giovane pauroso e timido, sempre riflessivo e deliberativo, dovevo diventare libero, allegro, spensierato, attivo e un po' disinvolto. Avrei dovuto liberarmi lentamente dall'abitudine alla "melanconia".

Questo non accadde. Tutto era ed è ancora duro, anche le cose che agli altri sembrano più facili. Il corpo non obbedisce alla mente, sempre pronta a superare la sua riluttanza e svilupparsi, ma è trattenuta dalla resistenza fisica verso voli più alti. Spesso mi getto in situazioni per le quali il coraggio mi sarebbe mancato se avessi deliberato chiaramente, eppure la troppa coscienza della mia azione ha un effetto paralizzante sullo sviluppo ulteriore del progetto e distrugge per me i frutti di ciò che era stato inizialmente un "successo". Così spesso soffro di un eccesso di riflessione e coscienza su cose che sono veramente istintive e dovrebbero essere affrontate più impulsivamente.

Attualmente soffro principalmente di mali fisici con una condizione mentale relativamente tranquilla, come nell'inverno 1916-1917, quando per tutto il periodo (ottobre-maggio) non c'era quasi giorno in cui non mi sentissi estremamente stanco, senza energia e per lo più incapace di lavorare. Questo "meno" eccessivo e predominante di energia poco prima di un esame orale, cioè sotto pressione, lascia il posto a uno "più" sorprendente, di breve durata, di energia e voglia di lavorare, che mi è sembrato piuttosto patologico. Era un contrasto simile a quello spesso prodotto nella testa (cervello) da anemia e congestione.

Il "meno" si rivelò poi permanente; ero di solito facilmente eccitabile, sempre di cattivo umore, non potevo sopportare di essere osservato, arrossivo ad ogni piccola occasione o senza motivo, in primavera e estate non potevo passare tranquillamente e senza paura sulle panchine nei parchi pieni di persone estranee. Violenti battiti cardiaci inspiegabili mi inquietavano e spesso per tutta la notte non permettevano al sonno di visitare i miei occhi stanchi. Non dormivo affatto, oppure dormivo così profondamente che al mattino mi alzavo altrettanto esausto come se non avessi dormito. E poi ero terribilmente timido, non sopportavo uno sconosciuto vicino a me, solo chi conoscevo, con cui potevo parlare. Preferivo stare da solo, ma nello stato assonnato non riuscivo a studiare o leggere. Dovevo limitarmi al giornale o a qualcosa di umoristico e leggero. Tanto maggiore era la mia frustrazione, che perdevo così tanto tempo prezioso senza progredire negli studi o, se non questo, senza fare qualcosa di utile. Ciò mi affliggeva molto! La sensazione mortificante, anche, di essere rimasto indietro rispetto agli altri nello sviluppo verso un uomo indipendente ed energico, a vent'anni ancora così infantile e timido, spaventato dal mondo e goffo nelle situazioni della vita (come uscire con persone e soprattutto con l'altro sesso), inesperto e senza energia; questo mi pesava enormemente.

Se pensavo al futuro ero in disperazione, perché sebbene secondo il verdetto del medico fossi "del tutto sano" e non dovessi temere per la mia vita, vedevo comunque che con tali difficoltà e perplessità fisiche non avrei mai combinato nulla. La lettura della *Dietetica dell'anima* di Feuchtersleben ebbe un buon effetto su di me. La mia concentrazione sul lavoro intellettuale non diminuì per sei settimane e la fiamma della vita, rinvigorita, ardeva chiara.

Ma gradualmente, forse mi ero spinto troppo in una direzione e mi ero sovraccaricato, i sintomi di nervosismo riapparvero, disturbandomi molto. Così soffro ancora del fatto che non posso mai contare su me stesso; cioè, inizio qualcosa un giorno con piacere e entusiasmo, ma il giorno dopo o poco dopo l'umore è sparito. Di conseguenza il mio lavoro risulta frammentato. Inoltre, sono afflitto da eccessiva timidezza e imbarazzo; gli stati fisici di debolezza mi causano a loro volta disagio, distrazione, mancanza di risolutezza.

Potrei costringermi a lavorare ininterrottamente (specialmente durante le vacanze) e perdermi in esso, soddisfatto dal lavoro instancabile, se non fossi tormentato di tanto in tanto da dubbi sulla salutare natura di vivere così, cioè solo tra "libri polverosi"; se non dovessi ascoltare anche io il "richiamo della vita", sebbene confessi ancora una volta che il desiderio di vita è maggiore in me della mia capacità di trovarmi un posto nella vita.

Non sopporto i periodi di riposo, cioè le vacanze, sebbene abbia spesso gran bisogno di un rilassamento completo, e niente se non il lavoro mi consuma. Amo molto studiare, ma è possibile che questo lavoro intensivo e concentrato, dove la volontà è spesso costretta e mantenuta su un unico obiettivo, sia uno sforzo eccessivo per me. Mi sento stanco tutto il giorno, ma non riesco, nonostante la stanchezza, a dormire nel pomeriggio. Sento il sangue pulsare tumultuosamente e sono costretto ad aspettare il ristoro fino al riposo notturno. Proprio quando il sonno sarebbe più desiderabile, perché lo desidero nella mia esaustione, è proprio il momento in cui non arriva.

Così passo molte notti insonni e naturalmente non sono pronto a lavorare durante il giorno. Spesso ciò che mi impedisce di dormire è una palpitazione cardiaca non molto forte ma attiva, che non mi è sgradevole, sebbene appaia inopportunamente come ostacolo al sonno. La condizione fisica e psichica del giorno dopo è variabile quanto il sonno. A volte sono molto anemico, mi sento molto male, apatico e indolente; di notte di nuovo eccitato, il sangue corre selvaggiamente nella testa, eppure molto desideroso di lavorare. Ma faccio a malapena un po' di lavoro prima che lo stato di congestione dei vasi cerebrali provochi dolori alla testa, che durano tutto il giorno.

Così desidero sempre un equilibrio medio tra mente e corpo che mi permetta di portare a termine gli studi rapidamente e sentire la mia vita come qualcosa di più di un peso e un fastidio, piuttosto come un'opportunità per compiere la mia parte nella grande sfera del lavoro per il mondo e l'umanità, per il bene di me stesso e dei miei simili.

SADISMO E MASOCHISMO

L'analisi di questo paziente mostrò un attaccamento alle sorelle, forte omosessualità e sadismo represso, derivante dalla gelosia originale verso le sorelle. Il sentimento di inferiorità era solo il risultato delle fantasie sadiche, inizialmente dirette contro la famiglia e poi trasferite ad altri oggetti.

Caso numero 33

Il Sig. A. B., ventiseienne, di stirpe sana e fisicamente sano, soffre di fantasie masochistiche che lo rendono incapace di un vero amore. Vorrebbe sottomettersi alla donna che ama, compiere per lei servizi umili, venerarla come una dea, baciarle le mani, leccarle i piedi.

Si era innamorato di sua cugina quando aveva quattordici anni, e le baciava la mano. Gli sembrava un essere soprannaturale. Ritiene di avere avuto fantasie masochistiche già prima di allora. Il rapporto con la cugina esiste ancora. Va da lei, si getta ai suoi piedi, le bacia i piedi.

Ieri l'ha trovata a letto. Si è gettato sui suoi piedi, che ha baciato per mezz'ora.

Ha cominciato a masturbarsi a diciotto anni.

Sempre le stesse fantasie associate. Quest'anno ha tentato un coito con una prostituta. Provava lo stesso sentimento di reverenza anche verso questa persona venale. Potenza ed eiaculazione erano normali, sebbene abbia sempre un ruolo passivo nel coito.

Ha avuto rapporti sessuali venti-trenta volte da allora. È infelice perché sua madre vuole che si sposi e lui si sente incapace di farlo. Non è mai stato innamorato. Non può definire amore il sentimento per la cugina. La cugina è per lui una sirena. Sta solo "giocando" con lui.

Crede di stancarmi. Ha rappresentato a sé stesso con grande precisione il trattamento: io dovrei, per così dire, "tirare fuori tutto" da lui. Non è mai stato compreso. Suo padre non lo ha mai capito. "Non è mio pari intellettualmente. Mia madre è tutto per me. Dieci anni fa le parlai persino della mia masturbazione, le raccontai tutto. Naturalmente non le raccontai le fantasie masochistiche. Ho un bisogno straordinario di amore. Sono il più sentimentale possibile. Penso sempre di annoiare la gente.

Tranne con mia madre; con lei non ho questo sentimento."

Sua cugina è un'attrice. Conosce la sua debolezza e recita la parte della dea. Se le bacia i piedi, eiacula.

La disillusione arriva immediatamente dopo l'eiaculazione.

Diventa di cattivo umore, prepotente, indifferente, e disprezza la donna che aveva adorato con tanta passione!

È sempre solo e vive nel passato, con lo sguardo rivolto all'indietro.

La scorsa notte ha avuto un sogno bagnato. Stava avendo un rapporto sessuale con una donna. Questo significa che giaceva vicino a una donna; lei lo toccava e subito avveniva l'eiaculazione. Non sogna mai un coito reale, ma sempre sogni di contatto.

Non ricorda il volto della donna nel sogno. Non l'ha visto affatto. "Dopo un'emissione simile sono stanco, suggestionabile, con la testa confusa, dolore al collo; anche al risveglio dall'emissione, il giorno seguente sono esausto, distratto, incapace di lavorare. È una giornata persa." Perché non sogna mai il coito, ma sempre il gioco, il bacio alla mano? Odia la società, dalla quale si sente totalmente escluso. Se è stato una volta con una ragazza, la seconda volta non sa cosa dire. È timido, non fa mai battute discutibili, tratta ogni donna, anche le prostitute, come se fossero donne di alto rango.

Credeva ancora nella cicogna a dodici anni e mezzo! All'epoca, quando nacque sua sorella, pensava che la cicogna fosse entrata dalla finestra; lo raccontò ai compagni di scuola, che lo derisero. Si arrabbiò moltissimo quando non credettero alla sua storia. Quando a sedici anni i compagni lo illuminarono sulla realtà, esclamò: "Non ci credo dei miei genitori!"

Perché si osserva così dolorosamente? Si chiede sempre quale impressione stia facendo sugli altri, cosa pensino di lui. Vorrebbe essere il centro di ogni società; tutto dovrebbe ruotare attorno a lui; vorrebbe brillare, distinguersi, emergere. Vorrebbe essere un "salon lion".

È orgoglioso di essere stato a Parigi, dove riuscì a vivere castamente per un anno. Ma ama raccontare ai suoi attuali conoscenti la vita dissoluta che avrebbe condotto lì, vantandosi di conquiste fittizie che non ha mai fatto.

Gli piace andare al cinema. Vuole imparare lì come comportarsi e impressionare le donne, come conquistarle. Ferisce la sua vanità commettendo frequentemente qualche stupidità infantile e facendo la figura del buffone in ufficio. Nell'esercito si sentiva molto diverso. Era ufficiale, comandante di compagnia; l'uniforme aumentava la sua coscienza di sé. Ora è tornato a sentirsi un nulla. Si sentiva meglio a Parigi.

Il culmine fu le quattro settimane che sua madre trascorse con lui a Parigi!

Tutto il suo soggiorno lì era stato solo una preparazione alla visita della madre. Pensava sempre: "Glielo mostrerò a Madre! Porterò mia madre lì!" Passarono sette mesi in attesa della madre.

Ahimè! A casa non tratta bene sua madre. È sempre irritato, le urla contro, è il tiranno della casa (misure di protezione contro la tenerezza eccessiva).

Ha avuto di nuovo un'eiaculazione notturna! E quale sogno "ripugnante" l'accompagnava:

"Incontro una donna brutta e grassa per strada. Passeggiamo in campagna. La afferro per il seno; apre le gambe; infilo la mano e sento già l'eiaculazione."

La donna lo impressiona, come la ricorda, informe e corpulenta. Gli viene in mente una ragazza parigina, innamorata di lui, che lo spingeva a fare passeggiate. Si trattava solo di baci. Non andò mai oltre. Ha troppo rispetto per le donne. Ha trattato solo le domestiche come la donna nel sogno. A quel tempo aveva alcune ragazze in casa con cui giocava. Ma non c'era altro perché un'eiaculazione precoce gli aveva tolto la virilità.

Mi dice: "Se ho detto 'ragazzo', intendevo dire 'ragazza', arrivo facilmente a una fantasia con eiaculazione." Lo richiamo sull'errore di linguaggio.

"Vuoi dire che sono omosessuale! Spesso sono stato preso per un 'fratello freddo'. Mi capita spesso di essere avvicinato da uomini..."

Ha tratti femminili, bacino ampio, natura alquanto femminile. Afferma di non ricordare impulsi omosessuali.

Possiamo supporre un atteggiamento fortemente femminile. Il suo grande amore per la madre ha portato a un'identificazione con la donna, manifesta in tutto il suo comportamento. Possiamo aspettarci ulteriori rivelazioni che ci mostreranno come la vecchia donna odiosa e informe del sogno serva a celare altre forme per contrasto. Ci guardiamo dal rivelare le nostre sospette al paziente in analisi, per non influenzarne il corso.

Le resistenze maggiori si sviluppano nell'analisi. Egli vede già che non riuscirò ad aiutarlo. È un'anima perduta. La scorsa notte ha avuto il sogno più disgustoso della sua vita. L'analisi è in fallo.

"Dimmi il sogno!"

"No! Non parlerò. Crederai che sono innamorato di mia madre."

"Non ti ho mai parlato del tuo atteggiamento verso tua madre."

"Non fa differenza. Sento che parlerai."

Finalmente, dopo insistenze, racconta il sogno:

"Sto sdraiato a letto con mia madre. Le bacio i piedi e lei gioca con il mio pene. Sono sdraiato con la testa verso i piedi. Vado dai piedi sempre più in alto e bacio le ginocchia. Volevo baciare ancora più in alto e mi sono svegliato con un'eiaculazione."

Infine riconosce di aver avuto sogni simili di tanto in tanto. Faccio notare che continua a dire che la cugina "gioca" con lui. Lo considera solo una forma di linguaggio e non ha significato.

Si allontana senza motivo. Sono stato cauto e non ho detto nulla del legame con la madre. Ma si è imposto a lui, e ha preso la fuga quando ha compreso che la donna i cui piedi voleva baciare era la madre.

Chi non è analista farà fatica a capire quanto questi pazienti siano legati alla loro parafilia. Hanno buone ragioni per evitare l'analisi.

Caso numero 34

Confessione di un sadico latente

Sono nato il 28 febbraio 1894, figlio di un alto funzionario.

In tre anni ho avuto due fratelli. All'età di cinque anni sono andato all'asilo e, dopo un anno, alla scuola elementare. La mia alimentazione sin dall'infanzia è stata semplice, ma buona e sufficiente. Ero di temperamento violento ed egoista, tanto che a volte venivo punito con delle percosse. Anche i miei fratelli venivano spesso castigati in questo modo, e se guardavo mentre venivano frustati, provavo una sensazione pungente, un sorta di piacere voluttuoso, che cresceva se i colpi cadevano su parti scoperte del corpo. Provavo le stesse o simili sensazioni anche se venivano maltrattati animali in mia presenza, o se leggevo o sentivo racconti di crudeltà, ad esempio torture sulla ruota.

Ricordo ancora, dai tempi della scuola elementare, che provai grande soddisfazione nell'inserire un pezzo di legno nell'ano, e lo feci a mio fratello mentre eravamo a letto. Un'altra volta mi spogliai in un luogo nascosto, non tanto per guardare i miei organi sessuali quanto per toccare con piacere la zona rettale. Nessuno dei due eventi si ripeté.

Dopo aver terminato la scuola elementare con ottimi risultati, entrai al ginnasio. Nei primi anni di scuola superiore si sviluppò in me una forte religiosità, senza che nessuno me la imponesse. Osservavo scrupolosamente i requisiti della confessione, mi dedicavo a esercizi devozionali e trascorrevo molto tempo in chiesa. In quel periodo evitavo di occuparmi di questioni sessuali, sia parlando sia leggendo, e rimasi profondamente ignorante al riguardo fino a tarda età scolastica. L'unica informazione che avevo mi fu data da un amico, che spiegò l'atto del coito in modo molto primitivo.

Mi lasciai persuadere, nella quarta classe (1908), a entrare in una società che esisteva tra alcuni studenti, ma vietata dai regolamenti disciplinari del ginnasio. Questa imitazione della vita studentesca all'inizio mi piacque, ma presto mi disgustò, e vissi nella costante paura di essere scoperto e doverne rendere conto. Diverse circostanze mi costrinsero a rimanere nonostante la mia avversione. Così vissi quattro anni in continua agitazione, amareggiato e solo.

L'associazione con gli altri membri non mi influenzò ulteriormente, e non ero molto apprezzato. Durante tutto il periodo del ginnasio non ebbi alcun rapporto con ragazze. Ero molto timido e trattenuto verso il sesso femminile. Inoltre, non avevo occasione di parlare con le ragazze e rimanevo legato alla scuola, che non gradiva vedere gli studenti in compagnia del sesso opposto. Solo una volta mi innamorai, se così si può chiamare, timidamente e da lontano, nel 1910, per un periodo brevissimo.

Studiavo diligentemente ma avevo poca attività fisica. Leggevo molto. Nella quinta classe (1909-1910) presi in prestito dalla biblioteca scolastica il libro *Der Leutnant von Hasle* di Heinrich Hansjakob. Il protagonista alla fine va in un monastero, dove compie esercizi devozionali e penitenze, ad esempio colpendosi con una piccola catena. Questo mi stimolò e feci lo stesso con una cinghia di cuoio. Ripetei l'atto e mi piacque sempre di più. Queste autotormenti divennero presto fonte di gratificazione e divenni sempre più abile nell'inventare nuovi modi di tortura.

Poiché mi persuasi che le mie pratiche perverse fossero solo un "esercizio di penitenza" e di "indurimento", mi ingannai sul loro carattere ambiguo e continuai. Non sapevo come spiegarlo, ma nell'automutilazione mi eccitavo sessualmente (erezione ogni volta).

Mi abusai in tutti i modi possibili: mi picchiavo con cinghie, corde, frustini, in cui legavo nodi o inserivo spine o aghi. Trattavo così le gambe, il corpo, ma soprattutto i glutei e la schiena. Poiché il rumore dei colpi poteva essere udito, di solito mi recavo a tarda notte in bagno, chiudendomi dentro e spogliandomi per dedicarmi alla mia passione. Guardavo lo specchio dopo l'atto e gioivo se la mia schiena era piena di macchie sanguinanti.

Continuavo le autotormenti anche a letto: ponevo sotto i glutei pezzi di legno taglienti, legavo gli arti con spago, posizionavo una corda con piccoli bastoncini attorno ai lombi e la tiravo. Mi piaceva particolarmente far passare una corda annodata o una cinghia tra le gambe e l'ano, fissandola tesa davanti e dietro a una corda attorno alla vita. A volte lo facevo anche di giorno. Quando camminavo nei boschi da solo e inosservato, provavo piacere a infilare spine o pezzi di legno obliqui nell'ano. Divenni sempre più astuto nell'inventare tormenti.

Ricordo una volta di aver trascinato ortiche pungenti tra le gambe. L'impulso a fare queste cose mi colpiva mentre studiavo la sera e non mi dava tregua. Alla fine divenni un masturbatore involontario. Una notte, a letto, mi venne in mente di far passare una cinghia con nodi tra le gambe; ripetendo l'atto sentii un piacevole solletico nell'uretra. La stessa sensazione compariva quando mi stimolavo con un pezzo di legno ruvido con le gambe larghe.

Mi piaceva anche, bagnandomi nel ruscello, muovere rapidamente l'acqua tra le gambe distese. La mia passione oscura raggiunse l'apice nella masturbazione, che praticai solo poche volte, dopo essermi dedicato circa un anno e mezzo ad essa (1910-1912). Gradualmente riconobbi i miei errori, e questa consapevolezza è cresciuta fino a oggi.

Un evento accelerò questa consapevolezza: una volta, portati a confessione, il sacerdote mi chiese se avessi praticato l'auto-gratificazione. Non sapevo cosa rispondere, poiché non capivo la domanda.

Cominciai a riflettere e consultai un'enciclopedia. Lo feci spesso, ottenendo un'ampia informazione sessuale, e mi convinsi, sebbene non subito, di aver praticato la masturbazione. Cessai il peccato e cercai di vivere una vita pura. Consultai sempre più l'enciclopedia su questioni sessuali. Mi ritirai più o meno dagli altri, diventai riservato e mi dedicai intensamente agli studi.

Ma i sintomi presto si manifestarono: dolore alla testa, erezioni frequenti anche al minimo stimolo, come sdraiato sul divano nel pomeriggio dopo pranzo.

Dopo aver superato con successo gli esami finali, nell'autunno del 1912 entrai all'università di Vienna. I sintomi peggiorarono.

Erezioni continue, anche camminando per strada, soprattutto a letto la notte. Comparvero pustole sulla schiena e sul viso. Temetti malattie sessuali, attribuendo le impurità cutanee alla sifilide; ero molto inquieto quando avvertivo bruciore urinario o difficoltà a urinare. Consultai medici, che mi rassicurarono. Spesso percepivo umidità nell'apertura uretrale. A volte avvertivo sfregamento alle articolazioni, dolore lombare, pressione su spalle e schiena, vertigini brevi al cambio di posizione. Sudavo facilmente e mi confondevo rapidamente. Subivo crisi depressive e disperazione totale. Dormivo abbastanza bene nonostante i sintomi.

Vissi molto solo, evitando gli altri e dedicandomi agli studi.

Il primo anno universitario passò così, e nell'autunno 1913 ripresi gli studi. Temevo ancora di essere sifilitico, soprattutto quando scoprii follicoli infiammati sul pene. All'inizio del 1914 consultai un dermatologo, che non diede grande importanza alle impurità cutanee (non gli parlai della causa).

Comparve forte stitichezza, che persiste più o meno ancora oggi. Notai emissioni notturne ogni tre settimane e, altrimenti, minori disturbi nervosi, forse grazie alla vita con altri studenti, sport e buon sonno. Rimanevo molto timido verso le donne. All'inizio del 1914 mi innamorai a distanza di una ragazza, ma non osai avvicinarla. Durante le vacanze di Pasqua, mi innamorai di una giovane che conoscevo; sperai in un ritorno d'affetto, ma non successe nulla, perché ero troppo timido e i miei genitori non approvavano. Limitai le interazioni e mi allontanai, cosa che poi rimpiansi.

Il secondo anno di ginnasio fu dedicato allo studio, e durante le vacanze nuotavo e prendevo il sole. Allo scoppio della guerra, cercai di diventare soldato, ma a ottobre fui dichiarato inidoneo. Questo mi ferì molto e ancora oggi non mi sono completamente rassegnato.

Ritornai a Vienna per proseguire gli studi, ma cadde nuovamente depressione. Durante Natale comparve un'eruzione sulla schiena, probabilmente per il freddo preso durante un'escursione in montagna, che alimentò la paura di sifilide.

Dall'inizio del 1915 il mio stato d'animo peggiorò sempre più. Le eiaculazioni notturne si intensificarono a una o due a settimana. Vivevo in continua depressione, temendo la follia e altre cose simili. Dormivo male o profondamente senza riposare. Fatica generale e stanchezza mi sopraffacevano, e lo studio divenne quasi odioso. Il futuro non offriva prospettive, e spesso desideravo la fine della mia vita. Febbre immaginaria e brividi alternati, formicolii sulla schiena, sensazione di smarrimento, ginocchia che cedono. Le emissioni notturne cessarono a marzo, ma eccitazione sessuale frequente persisteva.

Verso metà marzo le condizioni raggiunsero il picco per circa cinque settimane. Pensavo fosse effetto di qualche vaccinazione o del freddo notturno. Alla fine di aprile i sintomi diminuirono. Trovo ancora oggi una certa soddisfazione nel pensare che prima o poi potrò terminare la mia vita in maniera utile sul campo di battaglia.

Ero ancora innamorato della giovane con cui avevo litigato durante le vacanze. Ci riconciliammo a Pasqua 1915, ma purtroppo non ho più rapporti intimi con lei.

Riflettendo sulla mia vita, vedo che ho peccato gravemente, e sebbene consideri il matrimonio, non posso fare a meno di chiedermi se, data la mia condizione, non sia meglio non sposarmi, per non trasmettere la malattia ai discendenti e arrecare danno alla società.

Ora spero che al prossimo raduno militare sarò dichiarato idoneo, e che il servizio militare possa in qualche modo riportarmi salute.

Caso numero 35

Un caso di sadismo mentale

Arthur T., trentadue anni, si lamenta della sua incapacità di lavorare in modo concentrato e mirato, del suo modo impulsivo di agire, e mi supplica di liberarlo da questa condizione. Non riesce a deliberare su nulla e non può attendere il risultato.

Tutto ciò che fa è compiuto d'impulso. Di tanto in tanto si spinge a compiere azioni impulsive che possono essere eseguite senza riflessione. Altrimenti è incapace di prendere decisioni. Spreca gran parte del suo tempo, gioca con le chiavi o con il cane, va a passeggio, aspetta i pasti o sogna grandi successi futuri che lo renderanno immensamente ricco.

È di statura media, robusto, non mostra segni di degenerazione di alcun tipo e proviene da una famiglia sana.

È sposato per la seconda volta e ama moltissimo la moglie. La vita sessuale è normale, la potenza sessuale incerta: a volte eiaculazione precoce, spesso assenza di desiderio per settimane, ogni tanto grande desiderio con poca potenza.

La sua storia di vita è molto interessante. Arrivò in America da bambino insieme ai genitori. Il padre era un sarto, che presto trovò lavoro e guadagnò denaro. Aveva sette anni quando perse il padre, che amava profondamente, in un incidente: fu investito da un'automobile. La madre si trovò in gravi difficoltà economiche; ricorda che non c'era nemmeno un pezzo di pane in casa.

Così il bambino andò da un poliziotto e si lamentò dei suoi problemi:

«Mia madre ha fame! Dateci del pane!»

Il cibo fu inviato a casa dalla polizia. Così rivelò precocemente la sua insolita energia. Fece tutto il possibile per guadagnare soldi.

Era un ragazzo selvaggio, correva per le strade con tutti gli altri ragazzi, che lo deridevano per il suo yiddish russo. Questa vivacità divenne per lui seconda natura. Dopo aver guadagnato il pane per un po' come fattorino, divenne pugile. Per molto tempo fu invincibile e temuto. Sebbene fosse di forza moderata, riusciva con il suo slancio a sconfiggere tutti gli avversari. Portava a casa soldi e ne avanzava abbastanza per condurre una vita spericolata.

Frequentava case di malaffare e ritrovi, esperienza che si sarebbe rivelata fatale in seguito. Conobbe vari delinquenti nascosti alla luce: scassinatori, ladri, assassini, con cui strinse amicizia. Lui stesso, apparentemente, non commise mai un crimine.

Abbandonò infine il pugilato per diventare commerciante di gioielli. Si dimostrò così abile da diventare un noto esperto di diamanti e una figura apprezzata nel settore.

Riuscì a diventare indipendente e guadagnò molto denaro, fino a quando un matrimonio infelice lo fece deragliare. Sposò una cristiana, cosa che non piacque alla madre religiosa e bigotta. Presto scoprì che la moglie lo aveva ingannato: un figlio nato durante il matrimonio si rivelò figlio di un amante. Alla fine ottenne il divorzio e si innamorò della sua impiegata, una graziosa donna bionda. Era sposata infelicemente, divorziata, e lui poté presto sposarla. Ma da allora la sua fortuna lo abbandonò.

L'attività diamantifera peggiorò, fino a costringerlo a lasciare l'America e tentare fortuna in Europa. Ma non ha pazienza per gli affari e pensa sempre alla sua terra natale.

Nei giorni successivi corregge le prime dichiarazioni, spiegando perché dovette lasciare l'America. La sua sfortuna era legata all'associazione con malviventi conosciuti nei saloon. Sapeva che alcuni amici avevano compiuto un grande furto di diamanti. Lui non vi aveva partecipato, ma la polizia lo arrestò. Rimase tre mesi in custodia senza tradire gli amici. Avrebbe potuto ottenere la libertà il primo giorno, ma considerò suo dovere mantenere il silenzio. Alla fine fu liberato. Nel frattempo, la moglie gestì con successo gli affari, ma una nuova sventura lo costrinse a lasciare l'attività diamantifera: il suo nome era compromesso.

Tentò vari affari: affittò un ristorante ma non riuscì a mantenerlo, divenne infine proprietario di un cabaret frequentato dai suoi amici del passato. Un giorno uno di questi amici gli affidò documenti preziosi (obbligazioni nazionali). Li passò a un altro, che fu arrestato perché si trattava di documenti rubati (valore 1.500.000 dollari!). La stampa lo indicò come ladro. Sottoposto a interrogatorio, non tradì l'amico.

Gli fu concessa libertà provvisoria, ma ciò fu pericoloso: l'amico voleva eliminarlo. Tre uomini mascherati lo affrontarono di notte. Stava accompagnando una coppia in auto. Mentre uno minacciava la coppia con una pistola, fu trascinato in un'altra auto dai due complici. Notò che l'automobile era imbottita e sparò un colpo, iniziando una sparatoria. Alcuni poliziotti arrivarono, ma i tre malviventi fuggirono. Anche lui se ne andò prima che arrivassero.

Capì che la sua vita era in pericolo se fosse rimasto in città. Voleva vendicarsi: bloccò il famoso amico, lo costrinse a salire in auto e lo portò lontano dalla città, ma non ebbe il coraggio di ucciderlo. Permise la fuga e il giorno dopo partì per l'Europa. Vendette i suoi affari; il suo nome è ormai disonorato. Non potrà più operare nel vecchio settore. Piange la madre, che ama sopra ogni cosa e a cui ha portato tanto dolore.

Confessa una caratteristica strana: se conosce o parla con qualcuno, immagina quella persona in sofferenza: morente, ferita, mutilata, gemente. Si compiace nel pensare alle torture altrui, sia che si tratti di amici, nemici o sconosciuti. L'ossessione è costante. Non sa quando iniziò, ma pensa che negli ultimi anni sia aumentata a causa delle esperienze infelici.

Un'altra peculiarità: odia le donne dopo il coito. Vorrebbe soffocarle e fugge. Non percepisce questo odio verso la moglie, ma anche lei gli ispira repulsione il mattino dopo. Non può avere rapporti sessuali al mattino: prova solo disgusto, che razionalizza dicendo che le donne hanno cattivo alito. Non ha mai avuto rapporti con una donna più di una volta per notte. Odio, ripugnanza e impulso a fuggire emergono subito dopo il coito.

La madre è l'unica donna che ama profondamente. Tuttavia, non riesce a trattarla con gentilezza. Da lontano le scrive lettere affettuose, ma di persona è brusco e trova sempre qualcosa di cui lamentarsi, pur sapendo che lei lo adora. Un tempo era geloso del fratello, pigro e fannullone, credendo che la madre lo favorisse. Negli anni successivi scoprì che era lui il solo governatore del cuore materno.

Il patrigno – la madre ha sposato una seconda volta – non conta: per la madre è solo l'uomo che guadagna. Arthur fu gelosissimo del secondo matrimonio materno. Ascoltava insonne la notte di nozze e si eccitava ai rumori sospetti. Alcuni mesi dopo, spiando una scena sessuale, irruppe nella stanza dicendo alla madre: «È vergognoso che alla tua età debba ancora fare questo». La madre gli rispose probabilmente: «E tu cosa dici, brutto fannullone? Mostrati uomo». Pensò spesso a queste parole, ma non ritiene che lo eccitassero sessualmente.

Rinunciò al pugilato per amore della madre. Senza la sua benedizione, subì la prima sconfitta dopo essere stato invincibile.

Ripete sogni in cui spara a un avversario. Ricorda atti omosessuali: masturbazione reciproca con il fratello minore e coito tra le cosce, ma nessun'altra paraphilia.

Interpreto i topi nei sogni come pensieri maligni che lo perseguitano.

Confessa episodi con la sorellastra: coito regolare, due figli, affidati a estranei. Sogna di diventare ricco e adottare i figli.

Ha un forte bisogno di affetto. Si innamorò di una bambina a dodici anni. Ama sempre ragazze cristiane; odia le cattoliche, preferendo le protestanti.

Ammette fantasie omosessuali, ma ha sempre rifiutato approcci reali.

Ha fantasie di strangolamento legate a difficoltà respiratorie: gola chiusa, tosse, lotta per respirare. Sogna di combattere uomini, svegliandosi sudato.

Conflitti costanti con impulsi criminali: fantasia di madre morente, desiderio di rimediare ai torti, gelosia, rabbia. La madre è al centro di tutte le fantasie sessuali e dei sogni.

Il sadismo mentale e la necrofilia sono collegati: cerca soddisfazione con corpi senza resistenza. Evita rapporti con la moglie per paura di diventare violento.

Corregge un falso ricordo: il padre non morì in un incidente, ma abbandonò la madre. Trasferisce l'odio verso tutti gli uomini anziani.

Fantasie ricorrenti: sorellastra, madre, prostitute come immagine materna, sogni incestuosi, masturbazione con fantasia di giacere con la madre, eiaculazioni regolari ogni due mesi.

SADISMO E MASOCHISMO

Diventa consapevole dell'odio verso la madre: perché sposò di nuovo? Perché ingannò il padre? Donne sempre false e cattive.

Il sadismo mentale ha origine in vari complessi: odio per il patrigno, il padre, l'uomo che ingannò la prima moglie. Con le donne, l'odio è rivolto principalmente alla madre. La sorellastra, la ragazza irlandese e la prima moglie entrano come oggetti d'odio.

Caso numero 36

Zoantropia e sadismo.

Il caso di un ufficiale di marina, ventiquattro anni, essenzialmente sano, che intraprese una relazione con la moglie di un commilitone, nella quale tuttavia non riuscì mai ad avere successo. Soffriva di eiaculazione precoce. Spinto dal desiderio di aiutarsi da solo, procurò il mio libro sull'impotenza e lo studiò. La solitudine della sua vita in porto durante la guerra risvegliò in lui l'interesse per l'analisi. Studiò tutti i miei libri, si analizzò spesso per ore durante il giorno e portò alla luce molto materiale. Tuttavia il disturbo non migliorò. Dopo la guerra decise di studiare medicina e diventare analista. Mi inviò dapprima un resoconto della sua vita affinché potessi iniziare la sua analisi.

Caro Dottore,

quello che so della mia vita sessuale fin dalla prima infanzia è quanto segue:

Le cose sessuali mi interessarono molto presto. Già a otto anni meditavo sull'origine dell'essere umano e avevo l'idea che ogni ragazza formasse lentamente un bambino nel proprio corpo. Pensavo che ognuna delle mie compagne di scuola portasse già in grembo un minuscolo piede e che il bambino continuasse a crescere dentro di lei.

(Sono figlio di un alto funzionario il cui incarico era in campagna; perciò fin dall'infanzia c'era in me una distinzione tra noi bambini e quelli della povera gente. Se questi ultimi parlavano di cose sessuali a scuola, non mi lasciavano ascoltare, dicendo: «Tu non devi saperlo». Solo uno o l'altro ogni tanto mi raccontava qualcosa.)

Prima di arrivare a Vienna, a dieci anni, non sapevo nulla del rapporto sessuale e delle sue conseguenze, ma che i bambini piccoli provengono dal sesso femminile lo sapevo in qualche modo; da quale fonte derivasse questa conoscenza non lo so. La vista di un idiota che era caduto da una sedia mi insegnò che le donne "lì sotto" sono diverse dagli uomini. Ricordo ancora oggi che ciò avvenne subito dopo la mia prima confessione scolastica. Fui molto religioso fino all'undicesimo anno. Forse dopo aver visto quella ripugnante macchia pelosa, subito dopo la confessione, mi rimproverai per questo, poiché il ricordo è ancora oggi così vivido.

Dopo quella visione mi infilai sotto la sedia della nostra domestica per vedere l'"oggetto peloso". Una volta immaginai che anche lei avesse un "osso" come gli uomini. Non avevo quindi le idee molto chiare. Cercai con ogni tipo di domanda di farmi spiegare dalle cameriere in cosa fossimo diversi; esse dicevano che la differenza stava solo nel vestito.

Mi piaceva parlare con i miei compagni di scuola del membro, dell'urina e delle feci; raccontavo storie meravigliose tratte da libri che avevo a casa sull'origine dell'urina e degli escrementi nello scroto, mi vantavo in modo esagerato e mi compiacevo del gioco della mia fantasia. Mi piaceva giocare a "fare l'animale" con mio fratello e un amico, gioco nel quale noi – o almeno io – lasciavamo sporgere il pene (avevo allora sette-otto anni). Quando urinavo, l'amico si comportava in modo selvaggio, correva in giro ed emetteva versi animaleschi. Una volta, io e mio fratello, nella vasca da bagno, ci "mungemmo" a vicenda lo scroto.

A proposito, mi piaceva moltissimo giocare a "fare l'animale" fino ai tredici o quattordici anni. Soprattutto "uccelli". Ma anche altri animali selvaggi per tutta la prima giovinezza, con grande disappunto di mia nonna, che mi diceva sempre che la gente mi avrebbe preso per pazzo a causa del mio comportamento sciocco e rumoroso. Più tardi giocavo spesso a fare l'animale anche da solo, specialmente quando mi masturbavo. A letto (tredici-quattordici anni) immaginavo di essere un animale; mi muovevo per un po' a quattro zampe sul letto, il pene si irrigidiva e la mano faceva il resto.

Una volta, quando avevo sei o sette anni, volevamo infilzare uno scarabeo stercorario con un ago e il mio membro divenne rigido. Mi piaceva in generale il gioco dell'accoltellamento – avevamo galline, ma non ci era permesso assistere quando venivano uccise – ritagliavo una gallina di carta e poi giocavo ad accoltellarla. Questi sono ricordi del periodo prima dei dieci anni, quando ero in campagna.

Ancora una cosa: provavo una sensazione segreta di piacere nel toccare le parti sessuali di una mucca. Sì, e una volta feci venire con me dietro dei cespugli una ragazza della scuola e la convinsi a mostrarmi i suoi genitali; ebbi l'idea di infilare una foglia nell'apertura.

Poi arrivammo a Vienna. Il *Meyer's Lexikon* e le mie nuove frequentazioni mi iniziarono presto a tutto. Il mio desiderio più grande era compiere il coito. Mi innamorai presto di una ragazza che abitava vicino, ma lei si allontanò da me quando seppe da altri che parlavo di "cose sporche". Cercai di convincere un'altra ragazza, ma parlavo troppo e esitavo a esporre con decisione ciò che volevo fare. Mi sentii meno impacciato una volta davanti a una donna più anziana; tuttavia ella mi derise e mi prese in giro.

Avevo più fiducia verso la nostra domestica. Era molto devota. Nonostante ciò, era disposta a lasciarmi – avevo undici anni – scoprire il suo bel seno; lo ricordo ancora oggi con piacere. Le sollevai la gonna e riuscii, nonostante la sua resistenza e la sua relativa forza, a scorgere il monte di Venere. Estrassi il mio pene eretto, ma non riuscii a introdurlo perché la ragazza era seduta e rimase in quella posizione. Non permise il coito, sebbene io la supplicassi. Spesso la gettai a terra, ma non ebbi mai successo.

All'epoca – non conoscevo ancora la masturbazione – cercai di fare movimenti copulatori tra il coperchio e il sedile del gabinetto; scavai una mela e provai con quella. Entrambe le cose senza risultato.

Un compagno di banco infilò la mano nella mia tasca, che naturalmente aveva un buco. Mi manipolò il pene e, se il professore – ero già al ginnasio a dieci anni – non si fosse alzato proprio in quel momento, il piacere sarebbe avvenuto per la prima volta; ne avevo già una sensazione anticipata. Purtroppo la mano dovette uscire dalla tasca.

A Vienna una volta giocai a "fare le uova" con mio fratello. Entrambi avevamo l'organo eretto. Uno copulava con l'altro per via anale, saltava giù dal letto e deponeva uova in ogni possibile angolo della stanza. Poi tornavamo a letto per copulare di nuovo. Quindi la "femmina" si alzava di nuovo e deponeva uova. Dopo la deposizione tornava a letto e il "maschio" la montava di nuovo (solo per allusione). Ci scambiavamo continuamente i ruoli di maschio e femmina.

Tornai in campagna da Vienna quando avevo dodici anni. Le nuove domestiche erano molto imbarazzate dalla mia disinvoltura e io divenni sempre più timido e "ben educato". Tuttavia il coito restava il mio ideale ardentemente desiderato. Entrai poi nel ginnasio di H., dove eravamo sotto la tirannia dei preti. Non si poteva parlare con le ragazze; non conoscevo nessuno.

A H., a tredici anni, imparai l'arte della masturbazione, che praticai con grande ardore. Spesso con una seconda persona. A scuola, a teatro, a casa, sì, persino una volta in chiesa. Quando avevo circa quattordici anni, i compagni mi istruirono sulla nocività di questa pratica e cominciai a lottare contro di essa. Ogni giorno mi dicevo:

«Oggi sarà l'ultima volta.»

Avevo anche la paura infantile che il "succo" dovesse essere tutto presente in una volta sola e che più tardi, nel matrimonio, ne avrei avuto solo la metà o addirittura nulla nelle "uova". E quando una volta mi masturbai per la seconda volta nello stesso giorno e uscì solo un po' di liquido, pensai: «Ora davvero non ne ho più». Ma un amico – anch'egli un masturbatore incallito – mi consolò: la cosa veniva sempre rifornita dal sangue.

Da allora mi masturbai a intervalli di alcuni giorni, ma ogni volta mi proponevo di essere casto. Invidiavo più di uno studente della prima classe per la sua innocenza! Uno di loro, in effetti, mi fece un'impressione tale di purezza angelica che io – della quinta classe – andavo spesso a passeggio con lui, benché naturalmente il mio orizzonte mentale fosse del tutto diverso dal suo.

Durante la masturbazione immaginavo ragazze desiderabili, una volta persino la sorella di mia madre e una volta mia madre stessa. Diventavo sempre meno audace nel cercare un rapporto sessuale reale, sebbene le mie fantasie elaborassero i piani più arditi in tal senso. Nel ginnasio superiore frequentai ragazze e ebbi tre relazioni amorose più o meno sfortunate, ma non pensai mai al rapporto sessuale, benché camminando a braccetto e baciando avessi erezioni. Credevo che le ragazze fossero così rispettabili da non poterle indurre a farlo.

Poi un giorno scoprii una tecnica migliore per la masturbazione, vale a dire l'imitazione del coito naturale. Ogni studente di ginnasio possiede un grande dizionario di latino e uno di greco. Mettendo tra i due un pezzo di tela grezza, si ottiene una vagina di fortissima potenza muscolare. Credereste che in nessun atto naturale da me compiuto ho mai provato sensazioni di piacere così intense come in questa "masturbazione con i libri"? Potete spiegarmelo? Forse perché le donne che immagino mentre mi masturbo sono infinitamente più belle di qualsiasi donna reale e perché la realtà mi disillude, come è accaduto al bordello.

Non sono andato al bordello da molto tempo e ho deciso – mi è molto facile farlo – di non visitarne mai più uno. Quanto alla frequenza, posso dire che spesso per un periodo di diversi giorni mi masturbavo una volta al giorno. Molto raramente due volte al giorno. Spesso, invece, riuscivo a resistere per quattordici giorni. Non di più, sebbene credessi sempre di aver ormai vinto il mio "vizio" per sempre.

Nell'ottava classe un compagno richiamò la mia attenzione su un nuovo procedimento; cioè, in linea di principio, concedersi l'auto-gratificazione solo ogni otto giorni. Inoltre si dava la parola d'onore a un amico di attenervisi, ma di confessare l'eventuale trasgressione con cuore contrito. Vissi per un mese secondo questo metodo, ma poiché infransi di nuovo la promessa, fui troppo irritato per vincolarmi ancora.

Per masturbarmi mi piaceva soprattutto spogliarmi completamente, essere del tutto nudo; del resto mi piace anche in generale spogliarmi, cosa che ancora oggi faccio spesso. Durante le vacanze dovetti masturbarmi perché i miei genitori mi impedirono ogni rapporto con le ragazze. Negli ultimi anni del ginnasio fui istruito sulle conseguenze delle malattie sessuali e perciò evitai a lungo di andare in un bordello. Alla fine dell'ottava classe fummo "scientificamente" istruiti su tutto in una lezione del medico scolastico. Il suo discorso culminò nell'affermazione: «L'astinenza non ha mai nuociuto a nessuno». Inoltre rimasi quasi malato per la sua vivida descrizione della sifilide; dopo la lezione ero pallido e giallastro. Questo però mi tenne lontano dal bordello per molto tempo, quando finalmente fui libero dalla casa paterna.

Smettei improvvisamente di masturbarmi come prima quando entrai nel corso per candidati alla marina e mi trovai in mezzo a molti compagni. Credevo di aver superato l'abitudine. Ma ora che ho una cabina tutta per me, ne vedo la vera ragione.

Ero infatti poco solo e poco inosservato. Quando entrai in possesso della cabina, la masturbazione ricominciò. Non mi difendo da essa, poiché sono giunto a conoscere la vostra concezione in proposito. Talvolta, però, vengo preso dal rimorso, quando penso che così potrei diminuire la capacità di provare piacere nell'atto sessuale reale.

Vengo ora finalmente alla cosa naturale. Una volta, a Pola, quando avevo diciannove anni, mi feci coraggio e compii l'atto sessuale con un preservativo. Alla prima volta ebbi bisogno di molto tempo e provai una soddisfazione assai minore che con i libri (me ne accorsi durante l'atto!). La volta successiva avvenne molto rapidamente, ma il piacere non fu grande quanto quello con i libri. I corpi delle prostitute mi delusero profondamente.

Ricordo solo due donne che mi piacquero e con le quali, dopo breve tempo, compii di nuovo rapidamente l'atto. Dopo un po' non usai più un mezzo preventivo, ma solo la profilassi. Lentamente mi accorsi della debolezza della soddisfazione e anche del fatto che non desideravo ripetere il rapporto con la stessa donna. Una volta una di loro mi rimproverò: «Sei impotente!». Ne ebbi paura. Ma quando tornai a Vienna la volta successiva, riuscii con una prostituta un po' più raffinata a compiere il coito cinque volte in un'ora. Questo mi rassicurò di nuovo.

Ho già descritto dettagliatamente nella mia ultima lettera le mie esperienze più recenti: con la donna che amo sono quasi impotente! Allego un sogno che mi ha molto eccitato:

Mi sembra di essere sul punto di incagliarmi con la mia nave, o con una nave sulla quale mi ero imbarcato in precedenza, nel porto di Pola. Mezzo addormentato guardo fuori dall'oblò della cabina e noto gradualmente che non ci stiamo ancora muovendo. Ero già completamente sveglio e, sotto l'influsso del sogno, il cuore mi batteva violentemente.

Ho imparato da voi a vedere molto dietro sogni apparentemente semplici, ma che cosa potrebbe significare un sogno così elementare da marinaio?

Prima seduta

Le cose sessuali suscitarono in me un interesse vivo e duraturo già nella prima infanzia. Me ne accorsi chiaramente una volta, per esempio durante un soggiorno a Vienna che mi mise in contatto con i miei cugini, una ragazza e un ragazzo, e mi distraeva con ogni genere di intrattenimenti e divertimenti: proprio mentre svolgevo le funzioni naturali, mi resi conto che da alcuni giorni non avevo pensato a nulla di cattivo.

Devo descrivere più esattamente un particolare che vi ho già accennato.

La mia prima vita sessuale fu in parte attiva (nella pratica), in parte esplorativa, rivolta alla natura. Spesso stavo in compagnia di un ragazzo più grande. Giocavamo a fare gli animali; mi muovevo carponi – cosa che spesso facevo anche più tardi, di notte, a letto – e nel farlo avevo il pene in erezione. Naturalmente lo esponevo, cosa che mi piaceva fare talvolta anche più tardi davanti ai miei compagni. In effetti, persino a bordo della nave, all'età di ventidue anni, mi piaceva lasciare la cabina aperta d'estate; non portavo la camicia e, se nel sonno rimanevo completamente scoperto, nessuno poteva fare obiezioni. (Non sa che in quei casi giace completamente nudo.) Naturalmente provavo un piacere segreto se qualcuno al mattino mi diceva di aver visto tutti i miei "attributi". Non mi preoccupavo nemmeno troppo, neppure davanti alla domestica, di coprire adeguatamente la mia nudità. Preferivo masturbarmi completamente nudo.

Vedete, sono un esibizionista.

Così giocavamo a fare gli animali. Un'altra volta urinavo – o forse era il mio amico? – e uno di noi emetteva nitriti. Ricordo di aver visto una volta, in marina, un uomo in costume da bagno che urinava. Provai un piacere ben definito nell'osservarlo. Ora segue un ricordo al quale non attribuisco una credenza assoluta. Mi è tornato alla mente in modo davvero singolare. In marina avevamo del pane piuttosto lungo. Sebbene una volta fossi già sazio e avrei potuto benissimo conservare il resto del pane per un'altra occasione, fui come costretto da una forza magica a mangiare fino all'ultimissima "punta". Poi mi sdraiai sul letto e pensai che dietro questa compulsione dovesse nascondersi un motivo psicologico. E all'improvviso emerse un ricordo con una certa chiarezza plastica: un ragazzo più grande, una volta, in un punto preciso del giardino, aveva infilato il suo pene nella mia bocca.

Prima che questo ricordo emergesse alla coscienza, avevo spesso ceduto a una forma particolare di masturbazione che sembra essere in relazione con questa possibile esperienza. Consisteva nel distendermi nudo sul pavimento e sollevare i piedi e la parte inferiore del corpo. Il pene si trovava allora sopra il mio volto e mi masturbavo così. Un altro ricordo riguarda la mia disposizione sadica. Torturai uno scarabeo stercorario e in questo modo ebbi un'erezione. In seguito, negli anni successivi, accadde sempre lo stesso quando, per esempio, tormentavo una mosca. Ricordo una volta di aver giocato con mio fratello nella vasca da bagno, mungendoci a vicenda, e di essere stati sorpresi dalla domestica. Vi ho già raccontato, nella mia storia di vita, le idee che avevo sull'origine dell'uomo.

Una volta portai una compagna di scuola dietro una staccionata di legno e osservai i suoi genitali. Le chiesi di urinare. Ma aveva appena soddisfatto il suo bisogno e non poté quindi esaudire il mio desiderio. Presi un filo d'erba, lo posai nell'apertura e le dissi che doveva sempre rimetterlo a posto se fosse caduto.

Poi arrivai a Vienna. Dovrei menzionare anzitutto che mi piaceva aggirarmi nei pressi del gabinetto, evidentemente con l'intenzione di osservare le persone durante la defecazione. Una volta ebbi la sfortuna che mio papà fosse al gabinetto e in qualche modo mi vedesse. Mi inseguì in giardino e si armò di una frusta, certo piuttosto debole; se mi picchiò allora, non lo ricordo più. A Vienna mi fu presto insegnato da dove vengono i bambini. Ne lessi anche avidamente nell'enciclopedia. Una volta mi parve, a causa di un segnalibro spostato, che mio papà dovesse essersi imbattuto in questi studi. Fui preso dal desiderio di compiere il coito. Giocai al padre e alla madre con una bambina. Doveva sdraiarsi e io la premevo sull'addome, a simboleggiare l'atto sessuale. Evidentemente comprendeva bene il mio gioco, perché si sdraiò di nuovo e volle che lo ripetessi. Il gioco della deposizione delle uova, che ho già descritto, appartiene a questo periodo.

Il caso mi mise in contatto con un operaio grande e forte. Avrei voluto vedere il suo pene. Ma lui mi parlò delle sue prostitute e disse che dovevo interessarmi a quello, non al suo pene. Una volta incontrai una vecchia nel bosco. La pregai di lasciarmi compiere il coito. Naturalmente non acconsentì. Feci maggiori progressi con la nostra domestica. Conoscete già queste esperienze.

All'epoca avevo una fidanzatina, una ragazza più o meno della mia età, ma l'amore era puramente platonico. La domestica con cui avevo tentato il coito, come ho raccontato, rimase a Vienna quando partimmo nel mio dodicesimo anno e morì pochi mesi dopo, nel fiore della giovinezza. Spesso, nel coito con prostitute di corporatura snella, ho dovuto pensare alle ossa del bacino e ho una sensazione indistinta che dietro ciò vi sia forse il pensiero dello scheletro di quella ragazza. La mia vita sessuale, dal tredicesimo anno in poi, è sotto il segno della masturbazione. Forse desideravo ancora il coito, ma ero diventato troppo timido. Preferivo soprattutto essere masturbato dalla mano di un'altra persona.

Accadde per caso che mia mamma e, credo, anche mio papà scoprissero la mia abitudine. Un giorno ero seduto davanti a un opuscolo e mi masturbavo sulle donne più belle che vi erano raffigurate. Mamma entrò nella stanza; non la vidi, ma credo davvero che abbia visto il mio pene scoperto. Lo stesso accadde anche con papà. Una sera camminava avanti e indietro davanti alla mia stanza da letto e avrebbe potuto vedermi masturbarmi, cosa che praticavo in modo molto sconsiderato. Il giorno dopo lo trovai in biblioteca davanti a un volume del Meyer e pensai che stesse cercando che cosa si fa con i bambini diventati dediti all'autoerotismo. Ma a parte un'osservazione di passaggio su un fazzoletto macchiato di sperma («bella cosa»), né lui né mamma dissero mai nulla sulla masturbazione. È vero che la sorella di mamma mi chiese in modo piuttosto allusivo perché avessi un aspetto così malaticcio, mentre mio fratello (che allora non aveva ancora iniziato a masturbarsi) stava così bene. Credetti di notare che ciò fosse collegato alla scoperta della mia masturbazione.

Provai poca soddisfazione nel mio primo coito con una prostituta. La donna mi sembrò spregevole in confronto alla domestica morta, il cui sesso, ricoperto di peli, mi tornava alla memoria.

Tutti gli atti sessuali successivi, a intervalli piuttosto lunghi, per lo più con prostitute, furono caratterizzati da eiaculazione precoce e scarso piacere. Vi fu un periodo di lunga interruzione, causato dalla paura del fallimento. Avevo proposto a una prostituta di permettermi il coito mentre sedeva sulle mie ginocchia. (Il dottor Stekel mi ha fatto notare la somiglianza di questa situazione con il primo tentativo di coito, fallito.) Notai subito che non funzionava. Da allora ho avuto paura di una umiliazione.

Qualche tempo dopo ebbi un sogno:

Ero seduto su una panchina tra una grande folla di persone che non mi notavano. Una ragazza dalle guance rosse sedeva sulle mie ginocchia e io cercavo di portare la sua vagina sul mio pene.

Secondo un'associazione, la ragazza dalle guance rosse era mamma. Interpretai il sogno come l'appagamento del desiderio di sedere in grembo a mamma. Direttamente attraverso l'analisi di questo sogno ebbi la sensazione certa, quasi orgogliosa, di poter ora andare tranquillamente dalla prostituta con cui mi ero quasi coperto di vergogna. Detto fatto! Non la trovai più, ma andai da un'altra, naturalmente con il solito risultato rapido e debole. Il coito con una cameriera d'albergo e più tardi con una donna sposata fu accompagnato da inibizioni.

Seconda seduta

Il dottor Stekel ritiene che l'atto masturbatorio in cui eiaculavo dall'alto sul mio volto sia collegato a una fantasia del grembo materno. A ciò si associa un'altra fantasia che ora mi viene in mente. Avevo l'idea di infilarmi in un grande cesto e lì masturbarmi nudo. Raccontai inoltre il mio desiderio per gli animali. Già nella prima infanzia toccai la vagina di una mucca. A vent'anni una volta desiderai che una mucca mi leccasse con la sua lingua ruvida. Tentai una volta di avere rapporti con un asino e un'altra volta con una capra. Una volta feci sì che un cane mi leccasse. In seguito fui terribilmente crudele con lui. Mi vergognai quasi davanti a lui per avergli permesso di leccarmi.

Il dottor Stekel mi chiese che cosa mi avesse realmente condotto all'analisi ed è dell'opinione che io sia fuggito dalla donna sposata con la quale, a causa della mia impotenza e del desiderio, avevo praticato il cunnilingus. Questo non mi sembra vero. La ragione effettiva fu la seguente: il marito della donna lodò una volta il mio carattere allegro. Io gli risposi che si trattava solo di un umorismo cupo e puramente esteriore. Poiché sapeva che di recente mi ero di nuovo dedicato a studi religiosi, attribuì il mio atteggiamento malinconico a una preoccupazione metafisica. Ma io pensai tra me: un giovane realmente sano non si interessa alle cose religiose. Il dottor Stekel ricondusse il mio senso di colpa àlla base della compulsione a occuparmi di religione...

Non amavo la donna. Era una farsa enorme quella che stavo portando avanti. Alla fine non riuscii più a mascherarlo come all'inizio. Lei mi rimproverò di non amarla più. Io pensai: non ti ho mai amata. Il dottor Stekel mi chiese se avessi mai amato davvero. Credo di aver amato veramente solo la domestica. Tutti gli altri miei amori si distinguevano per eccessi smisurati, che sono di per sé il segno che non si trattava di vero amore. L'unico scopo delle mie relazioni era che io fossi amato; tutto il resto mi era indifferente. Questa fame d'amore affonda le sue radici nella gelosia verso mio fratello. È più bello di me ed è preferito a me. Una volta la sorella di mia zia mi disse: «No, caro ragazzo, com'eri bello da bambino, e guarda ora cosa sei diventato». Attribuisco a questa osservazione, che mi ferì molto, l'inizio della mia timidezza e la perdita della mia disinvoltura e sicurezza. La gelosia verso mio fratello suscitò in me lo sforzo di eguagliarlo sempre. Anche la scelta della professione, per esempio, ebbe origine nel desiderio di godere della stessa ammirazione di mio fratello, che era entrato prima di me nella marina.

Il dottor Stekel aggiunge che anche la tendenza a cercare il fratello stesso fu un fattore determinante. In effetti fu un compagno di mio fratello, in cui compagnia divenni per la prima volta chiaramente consapevole degli impulsi omosessuali. I miei sforzi di imitare mio fratello rasentavano talvolta il ridicolo. Nel tagliare la legna occorre prima dividerla in parti uguali. Notai che egli aveva un sicuro senso della misura. Così mi esercitai con porzioni di dimensione prefissata. Una volta dissi che il mio più grande piacere sarebbe stato volare. Ma che cosa mi è più lontano di questo? Solo perché mio fratello era sempre stato entusiasta del volo, mi presentai tra gli aviatori.

Terza seduta

Quando avevo dieci anni mi masturbai con una mela, per mancanza di una vagina naturale. Papà sembra essersi accorto che andavo troppo spesso al gabinetto.

Una volta mi colpì il fatto che il lungo spazio tra i due dizionari simboleggiasse molto più la fessura tra le natiche che la vagina. Perciò una volta mi masturbai intenzionalmente con fantasie omosessuali. Ne seguì, al momento dell'eiaculazione, una sensazione intensa di dolore insieme al piacere; era come se avessi dei pezzi di vetro nell'uretra. Da allora la masturbazione con il libro fu ogni volta associata a questa sensazione dolorosa.

È accaduto frequentemente, durante l'analisi dei sogni, che avessi un'erezione con certi pensieri. L'ho avuta durante l'analisi del sogno della ragazza che sedeva sulle mie ginocchia; mi masturbai, stando seduto, con grande piacere.

Due anni fa, dopo un coito con una cameriera d'albergo, ebbi erezioni dolorose per molte ore, nonostante l'eiaculazione fosse avvenuta con successo. Lo stesso fenomeno si verificò nella notte successiva al primo cunnilingus. Dovetti masturbarmi due volte durante la notte con grande sensazione di piacere, pensando ai peli pubici della cameriera, sebbene nel periodo precedente mi fossi dedicato ben poco all'autoerotismo.

Ieri ho scritto alla donna, con difficoltà – non sapevo cosa scrivere, perché non veniva dal cuore. Ho detto alla fine: «Spero che presto ci incontreremo in un rapporto orale».

È stato spesso notato dai miei conoscenti che mi lecco frequentemente le labbra.

Il mio amore per Else è un amore chiaramente vendicativo. Ho messo la sua fotografia nella stanza di casa. Non per desiderio, ma solo per infastidire i miei genitori, sono andato a trovarla a L., sono rimasto lontano da casa per una settimana e poi sono andato per una visita di un giorno al mio paese natale, L., senza dire ai miei genitori dove stessi realmente andando. Ho fatto loro credere che si trattasse della mia entrata nella difesa nazionale. Non li informai di dove fossi davvero finché non fui a L. In seguito fui preso dal rimorso e scrissi una lettera chiedendo perdono.

Anche il rimprovero di Else, secondo cui non avevo «senso dell'umorismo», fu una delle ragioni della mia decisione di intraprendere l'analisi. Questa è una delle principali differenze tra me e mio fratello. Nei primi anni ero vivace; la parapathia mi ha reso serio. Volevo riavere il mio umorismo.

Cercai di dimostrare il mio amore per Else facendo regali molto generosi. Avevo comprato della stoffa per il suo compleanno. Prima di avergliela regalata, ricevetti una richiesta da casa se non avessi voluto procurare della stoffa. In quel momento fui certo che né Else né i familiari di casa avrebbero ricevuto la merce. Ma alla fine la diedi a Else, esclusivamente per dimostrare a me stesso di non dipendere interiormente dalla mia famiglia. Dopo l'acquisto di un regalo di Natale provavo un intenso sentimento di indifferenza. I miei genitori sono severi in fatto di economia. Avrei potuto utilizzare molto bene il denaro che spesi per il regalo. Feci ciò che feci solo per sfida.

Una volta dovetti passare la notte in una stanza con un compagno che aveva labbra fortemente sensuali, e non riuscii affatto a dormire.

Una volta immaginai di avere un'infiammazione dei testicoli e applicai impacchi freddi di tela grezza. Credo che stessi imitando l'uso dell'assorbente mensile. Un'altra volta considerai dei residui di secrezione sebacea sul pene come segni di sifilide primaria e credetti di doverlo confessare a papà. Un'associazione successiva dimostrò che avevo il desiderio inconscio di mostrare il mio pene a mio padre.

Di tanto in tanto ho immaginato di amare Else. Il motivo del mio primo amore studentesco era il desiderio della felicità di essere amato. Vidi un compagno accolto da una ragazza alla stazione ferroviaria e invidiai il suo grande amore.

Quarta seduta

Riferirò anzitutto alcuni pensieri e fantasie che riguardano la persona del dottor Stekel. Il dottor Stekel accompagnò le mie prime confessioni sugli avvenimenti della mia vita sessuale infantile con l'espressione «quanto è interessante». Pensai tra me: «Lo dice per attirare fuori di me ancora di più». Il dottor Stekel mi incaricò di scrivere questi appunti sul trattamento su un solo lato del foglio, affinché potessero essere stampati. Pensai qualcosa come: «Puoi raccontarlo a qualcun altro, che mai questo verrà stampato».

Portavo sempre il berretto da marinaio inclinato sulla testa. Quando la mia attenzione veniva richiamata su ciò, controllavo sempre se l'emblema del berretto fosse esattamente sopra il mio naso. Si rivelava che il berretto era sempre un po' spostato da un lato. Il pene eretto, in me, è sempre un po' verso sinistra. Spostavo il berretto, simbolo del pene, sempre verso destra, come per correggere il difetto fisico. Intendevo raccontare questo al dottor Stekel. La fantasia si collegava all'idea che il dottor Stekel mi avrebbe fatto mostrargli l'organo e, attraverso una qualche manipolazione, avrebbe provocato un'erezione.

Ho molto spesso coltivato la fantasia che il dottor Stekel mi avrebbe curato gratuitamente. Fu piuttosto difficile dirglielo.

Studiai Haeckel e Darwin durante le vacanze dopo la sesta classe. Mi occupai anche della teoria di Kant secondo cui non abbiamo alcuna prova della realtà del mondo esterno. Un giorno questa teoria prese vita in me. Dubitai di tutto. È questa una salsiccia? È questa una foglia? Il giorno dopo fui preso dall'idea ossessiva di dover schiaffeggiare mio padre. Il motivo superficiale per cui sorse quest'idea è il seguente: il nostro professore di religione aveva liquidato la teoria di Kant con l'osservazione che bastava dare al suo sostenitore uno schiaffo. Se questi avesse fatto obiezioni, gli si sarebbe potuto ricordare l'irrealtà della sua sensazione. Io arrivai allora all'idea di diffondere il mio dubbio sulla realtà del mondo esterno attraverso papà nel modo detto. La motivazione più profonda di quest'idea, che alla fine si estese a tutti e mi tormentò per più di un anno, è questa: le guance simboleggiano le natiche, e il colpo è in realtà una carezza.

Sono un dubbioso in tutto. Sono soggetto a cambiamenti di opinione. Ora monarchico, ora socialista, ora comunista. Non sono capace di sostenere fermamente alcuna causa.

Mi piaceva inventare esperienze sessuali davanti agli altri; raccontavo di avere una ragazza e di succhiarle i seni.

Riuscivo a ottenere un buon risultato nella «masturbazione con il libro» quando immaginavo i dizionari ingranditi come un enorme monte pubico. Oppure anche se pensavo che i due dizionari fossero un bambino che succhiava il mio pene.

Mi piaceva masturbarmi in una piccola barca a vela.

La prima volta che Else praticò la fellatio su di me rimasi insensibile. Avrei preferito essere leccato nel perineo.

Conoscendo i principi dell'analisi, mi offrii di analizzare un amico per la sua omosessualità. Una volta ero con lui da solo di notte e provai una sorta di paura di fronte alle sue confessioni.

Il fatto che io voglia andare nella marina rumena si spiega con il ritorno di Else in Romania dopo la pace. Per un certo periodo parlai persino del desiderio di sposarla.

Ciononostante, credo che il mio amore per lei non sia un amore autentico.

Quinta seduta

Per la prima volta non ho portato con me il resoconto delle ore precedenti. Il motivo, come il dottor Stekel scopre da uno dei sogni seguenti, è che non intendo aiutare il dottor Stekel a ottenere maggiore fama e denaro attraverso i miei appunti, che dovrebbero essere stampati. Il dottor Stekel mi dice che nessun paziente è mai riuscito a scrivere la propria analisi. Proprio per questo, pensai, lo farò io.

Consegno ora al dottor Stekel le seguenti quattro immagini oniriche:

1. Una torpediniera si trova in un bacino come una scuola di nuoto, ormeggiata tra palizzate. Sembra che io governi la nave. Come se attraversassimo una serie di stanze, mi faccio strada; vedo ancora chiaramente le svolte davanti all'occhio della mente. Sono insoddisfatto del mio pilota. Gira troppo largo per i miei gusti. Poi è di nuovo come se fossimo nel bacino. Vedo allora, al bordo del bacino, il pilota giusto. Lo guardo dall'alto e lo chiamo, con l'intenzione di ordinargli di prendere il timone. Il povero timoniere di cui ero insoddisfatto è un ex compagno di scuola. È una persona piuttosto malinconica perché, come ho appreso, perse il padre in giovane età. Sua

madre ebbe una relazione con una certa persona, fu uccisa e il suo corpo smembrato fu nascosto in una botte in una cantina.

2. Nel secondo sogno entro in una stanza. Dietro una specie di paravento c'è una scrivania illuminata, alla quale siede qualcuno, presumibilmente mio padre. Esco di nuovo dalla stanza.
3. Mi trovo in una soffitta. Dico a mio padre che l'israelita N., un ex compagno di scuola, ha comprato un'automobile per 3000–4000 corone. Lui non ci crede.
4. Sto litigando con mio padre e mia madre attraverso un tavolo. Grido loro una parola offensiva che termina in «-aka».

Il dottor Stekel mi istruisce che una resistenza ha provocato questa ricchezza di sogni. Il primo sogno rappresenta l'analisi; le stanze sono le singole camere del mio cervello. Io sono il cattivo pilota, e i pensieri sul destino della madre del mio compagno simboleggiano gli istinti criminali in me.

Il secondo sogno mi conduce a una vicenda in cui mio padre svolge un ruolo, ma io mi ritraggo di nuovo.

Nel terzo sogno vorrei fare l'analisi da solo, per non dover sacrificare i miei risparmi al dottor Stekel (3000–4000 corone).

Sesta seduta

Riprendiamo il sogno in cui litigavo con i miei genitori attraverso un tavolo e gridavo loro la parola offensiva che terminava in *-aka*. Associo *uraka* a urina. Questo mi ricorda un'inibizione nell'urinare che ebbi una volta quando andai a un orinatoio con papà.

A diciotto anni osservavo morbosamente la mia urina. Volevo farla analizzare. Mi era impossibile urinare nel recipiente a tale scopo. Ora, all'inizio dell'analisi, devo spesso urinare durante la notte.

Mi è stato detto che avevo l'abitudine di andare regolarmente al gabinetto dopo forti terrori notturni. Una volta, a casa, camminai nel sonno; con la coperta sul dorso scesi dal primo piano al piano terra e andai al gabinetto. Una volta, a sedici o diciassette anni, riuscii a vedere il pene di mio padre. Nell'infanzia osservavo sempre il gabinetto e una volta ebbi la sfortuna di essere scoperto da mio padre. Nel mio diciassettesimo anno fui preso una volta dal timore di essere strabico. Ora attribuisco questa paura al fatto di aver lanciato, nell'infanzia, sguardi furtivi su cose che non avrei dovuto vedere.

Il resoconto si interrompe qui, poiché gli appunti del paziente giungono al termine. Essi divennero sempre più scarsi e sorvolarono sugli aspetti più importanti che avevamo discusso approfonditamente.

Caso numero 37

Riguarda l'analista quarantenne M. K., che presenta un notevole atteggiamento anti-masochistico. Combatte oralmente, per iscritto, nelle associazioni e anche attraverso una propaganda personale per i diritti della donna. Ciò che non può sopportare è un atteggiamento masochistico da parte di una donna.

Potrebbe uccidere un uomo che trattasse sadicamente sua moglie. Comprende invece molto bene come si possa essere masochisticamente inclini verso una donna; considera tale atteggiamento come quello desiderabile. Questa idea fondamentale domina tutto il suo pensiero. È un campione del "diritto materno", crede che tutti i problemi sociali si risolverebbero senza difficoltà con l'instaurazione della supremazia femminile. I suoi libri, per lo più progetti voluminosi che restano soltanto teorici, trattano spesso del trionfo e della definitiva liberazione della donna. Sarebbe pronto a battersi in duello per una donna offesa, sebbene sia un avversario dei duelli e per il resto dedito a idee anarchiche. Desidera la libertà in ogni forma, ma non per tutti e solo come libertà individuale. Così nutre un odio inestinguibile verso tutti gli omosessuali, nella misura in cui sono pederasti. Se fosse re, li imprigionerebbe tutti, li brucerebbe, li annienterebbe.

Si tratta dunque di una forma particolare di libertà che varrebbe soltanto per coloro che rientrano nel suo sistema. Gli omosessuali gli sono abominevoli perché disprezzano la donna e la rendono superflua.

Questo atteggiamento affettivo, stranamente intenso, verso l'uomo omosessuale tradisce di per sé una forte omosessualità repressa e ci impone di indagare il rapporto tra il suo culto della donna e l'omosessualità. Non è raro che un Don Giovanni o un entusiasta ammiratore delle donne sia in realtà latentemente omosessuale e cerchi in questo modo, mediante un falso entusiasmo, di distogliersi dal suo vero oggetto sessuale e di piegare forzatamente la sua tendenza sessuale dominante in un'altra direzione.

Cercheremo dunque di scoprire quale sia il carattere della vita sessuale di quest'uomo e come sia giunto a trasporre le forze impulsive omosessuali in un'estrema eterosessualità.

È nato da genitori completamente sani e non presenta alcun tipo di handicap ereditario. Suo padre, famoso scultore, si occupò con la massima cura della sua educazione e cercò di piantare nel suo spirito i germi di tutto ciò che è nobile e bello; così fece anche la madre. Entrambi i genitori sono di alto livello intellettuale ed etico e dedicarono tutte le loro energie all'educazione dell'unico figlio. Quest'ultimo mostrò molto presto una volontà propria pronunciata, che rese la sua educazione estremamente difficile. Il suo crasso egoismo si manifestava nell'incapacità, già da bambino, di condividere qualsiasi cosa, nemmeno l'amore.

Voleva tutti solo per sé: padre, madre e anche la nonna. Era molto felice e buono, affettuoso e obbediente, con ciascuna di queste persone quando era solo con una di esse. Ma non tollerava di non essere l'oggetto dell'attenzione nel suo ambiente. Purtroppo venne a conoscere la gelosia anche tra coloro che lo allevavano, e nella sua forma più spiacevole. Madre e nonna erano gelose l'una dell'altra e più di una volta gli veniva posta la domanda: «Chi ami di più?».

Una disposizione alla gelosia si sviluppò inevitabilmente nella mente del bambino per due ragioni: da un lato perché i conflitti sgradevoli intorno al suo amore lo coinvolgevano continuamente in liti; dall'altro perché egli stesso era estremamente geloso e il desiderio di possesso esclusivo dava impulso a tutti i suoi impulsi criminali (sadici). Superare la criminalità infantile significò per lui, dunque, superare la gelosia. La gelosia fu il problema centrale della sua infanzia.

Una forte inclinazione omosessuale verso il padre lo portò presto a un atteggiamento di sfida, che lo condusse a differenziarsi completamente dal padre e a costruire una filosofia del mondo antagonista alla sua.

Aveva quindi due ideali contraddittori: uno era l'identificazione con il padre, che scaturiva dal suo amore per lui (obiettivo di vita inconscio), l'altro la differenziazione da lui (obiettivo di vita cosciente). La linea guida di quest'ultimo era chiara anche senza conoscerne l'origine, mentre l'altro restava segretamente nascosto. Poiché una parte dell'energia si raccoglieva intorno al motivo cosciente e un'altra intorno a quello inconscio, ne doveva risultare una scissione dell'Io, che può costituire la base di qualsiasi parapathia e, come ulteriore esito, condurre anche alla schizofrenia. La grandezza del suo "conflitto interiore" si esprimeva nella tensione polare tra identificazione e differenziazione.

Per lungo tempo il percorso dell'attività eterosessuale non fu seguito con particolare energia. Fino ai trent'anni l'autoerotismo rimase l'unica modalità.

La prostituta era per quest'uomo di alto livello intellettuale una fonte di disgusto, mentre la sua sopravvalutazione della donna lo proteggeva dal cercare gratificazione in relazioni facilmente instaurabili e facilmente dissolvibili. La prima donna, una ragazza che aveva già alle spalle alcune esperienze, lo conquistò senza difficoltà comportandosi in modo aggressivo verso di lui. Egli rappresenta il tipo ben noto di uomini che sono potenti solo quando le donne li afferrano per i genitali (ciò deriva dalla tendenza al «piacere senza colpa» e dallo specifico atteggiamento femminile nella lotta tra i sessi). Fu dunque lui a essere conquistato, e si lasciò conquistare volentieri. Ma la sua morale segreta, che contraddiceva direttamente la sua filosofia anarchica cosciente — le idee differenziate da quelle del padre — gli permise di accettarne tutte le conseguenze. Offrì la mano alla ragazza e la sposò. Tuttavia stipulò prima con lei un accordo per lui sacro, che corrispondeva all'intera sua visione della vita.

Avrebbero condotto un matrimonio libero dalla gelosia. Se un'altra persona avesse attratto uno di loro, questi avrebbe potuto possederla. Ciò non avrebbe dovuto costituire motivo di reciproci rimproveri.

Questo patto doveva essere il segno di una filosofia del mondo progressista e liberale. In realtà serviva a escludere la gelosia dal matrimonio. Era il riconoscimento segreto che, attraverso la gelosia, egli poteva diventare «terribile». Da questo voleva innanzitutto proteggersi. Il patto era un'assicurazione contro la sua criminalità. Un'altra motivazione gli era tanto inconscia quanto la prima: in questo modo poteva soddisfare i suoi impulsi omosessuali. L'amante della moglie era allora, in certa misura, il suo amante. Di conseguenza egli tollerava come amanti della moglie solo uomini che gli piacevano, e li tollerava solo quando ne era a conoscenza. Doveva partecipare mentalmente al godimento per poter perdonare.

Le avventure della moglie di cui venne a sapere solo in seguito le sopportò con grande malanimo, considerandole come vera infedeltà e violazione della fiducia reciproca.

Non sorprende che questo paziente, dovendo reprimere due cose — la sua criminalità e la sua omosessualità — fosse un tossicodipendente da morfina. Morfina o alcol sono narcotici per questi sventurati individui e rendono loro possibile la vita. Non risparmiava la morfina e poteva vivere solo assumendone grandi dosi. Altrimenti era tormentato da stati d'ansia della specie più dolorosa. Abbiamo spesso affermato con forza: la paura è paura di se stessi. Aveva paura di soccombere al suo atteggiamento sadico originario se non fosse stato inibito nella sua aggressività dalla morfina e reso incapace di abbandonarsi alle sue fantasie. Queste, come le fantasie del fumatore d'oppio e del mangiatore di hashish, sostituivano alla povertà della vita la favolosa esuberanza del mondo onirico.

Ora sua moglie era entrata nel patto forse più per sua insistenza che per propria convinzione — un patto che sarebbe stato molto soddisfacente per molte altre donne. Probabilmente nella tacita speranza che l'amore l'avrebbe aiutata a superare tutte le tentazioni; lieta inoltre che, nonostante la sua vita precedente, fosse diventata la moglie di un medico di grande reputazione e talento. Si era "salvata" nel matrimonio, al quale aveva già rinunciato mentalmente. Ma non doveva godere a lungo del piacere di essere una «donna sposata onorabile». Il malato infatti la spinse presto a un'esperienza. Voleva metterla alla prova secondo le sue idee. Chi desideri conoscere una descrizione classica di questo tipo di uomo, consulti le celebri memorie della signora Wanda von Sacher-Masoch, moglie del famoso scrittore Sacher-Masoch. Anche quest'uomo, masochisticamente incline verso le donne e dal quale Krafft-Ebing ha preso il nome per la parafilia della sottomissione, per molti anni sollecitò incessantemente la moglie a commettere adulterio. Ne aveva sete. Sperava di ricavare dall'infedeltà di lei nuovi stimoli per il suo lavoro produttivo. Era la sua omosessualità a spingerlo a questo passo... Così avvenne anche nel nostro paziente.Durante i primi anni di matrimonio egli ebbe un solo tema: l'infedeltà della moglie e, ugualmente, la propria. Ma lei doveva fare il primo passo. Presto un ufficiale insignificante cadde sotto il suo influsso. Su sollecitazione del marito, ella compì con lui il grande passo che doveva unire tutti e tre in una compagnia superiore. M. K. giaceva da solo nel letto, febbrilmente eccitato, e si masturbava. Poi attendeva la moglie e voleva sapere se, dopo l'altro uomo, lo desiderasse ancora. Questa era la grande prova per il suo narcisismo e per l'amore di lei. Sarebbe tornata a lui dopo l'altro e avrebbe trovato soddisfazione tra le sue braccia? Lei tornò ed era di nuovo sua, e ciò gli procurò un grande aumento dell'orgasmo. Questo aumento derivava dall'afflusso di impulsi omosessuali, che M. K. naturalmente non percepiva, ma attribuiva a un amore e a una gratitudine maggiori per il fatto che ella era tornata da lui.

Ma la bella relazione a tre non doveva durare a lungo. L'ufficiale si dimostrò indegno della sua alta missione. Voleva la donna solo per sé e non riusciva ad adattarsi a questa strana condivisione con il marito. La prima esperienza passò senza offuscare la felicità del matrimonio. Ben presto, però, si verificarono relazioni che mostrarono chiaramente come M. K. si servisse della moglie soltanto per possedere i suoi amici. Per così dire, portava tutti i suoi amici a lei. Nessun amico aveva valore per lui finché non avesse posseduto sua moglie. Allo stesso modo si sforzava di possedere le mogli e le amanti dei suoi amici.

È chiaro a chiunque abbia un minimo di comprensione che questa forma di poligamia dovesse condurre a un crollo psichico di tutti i partecipanti. M. K. doveva reprimere ogni impulso di gelosia, e riusciva sempre a reprimerlo se l'amante della moglie era ogni volta un suo amico. Riusciva sempre a fare in modo che le persone a lui antipatiche fossero escluse da questa comunità. Scopriva in loro tratti sgradevoli; confermava meschinità di carattere; la convinceva delle loro qualità ignobili; in breve, faceva sì che la moglie si separasse da loro e rifiutasse il coito.

La vicenda si complicò per la prima volta quando egli trovò finalmente una donna che per lui significava molto più della moglie, e quando la moglie preferì a lui un certo amico — lo chiameremo Arthur. Arthur era un parassita di M. K. Viveva delle idee e del denaro del nostro paziente; viveva con sua moglie; cercò persino di avvicinarsi alla sua amante, e ciò secondo il desiderio del paziente, che si attendeva da questa unione uno stimolo particolare per la sua amata.

Si verificò un crollo completo. Sua moglie si allontanò del tutto da lui. E ciò avvenne nel modo seguente. Quando rimase incinta per la prima volta di lui, egli notò in lei una rassegnazione femminile che interpretò come «terribilmente masochistica».

Lei gli era grata. L'aveva resa una donna onorabile; ora gli avrebbe dato un figlio. Pensava: «Ora le tentazioni sono finite. Ora ci ritroveremo; lui sarà solo mio e io apparterrò solo a lui». Si abbandonò completamente a lui come donna. «Ora sarò la madre dei suoi figli e una donna rispettabile. Come lo amo! Come lo amo! Come posso amarlo per la prima volta!». Egli non poté sopportarlo e respinse il suo amore. Voleva vederla solo come sua amante; voleva sottomettersi a lei e vivere accanto a lei almeno con uguali diritti. Una moglie così sottomessa lo riempiva di paura e di disgusto. Così perse completamente questa donna. In realtà ella non tornò mai più da lui.

Più della fedeltà fisica nel matrimonio, per lui contava la comunanza mentale. La moglie avrebbe dovuto comprenderlo, discutere con lui i suoi pensieri e progetti, i suoi piani giganteschi. Lei non era affatto interessata ai suoi libri, e le sue conversazioni filosofiche e psicologico-analitiche la lasciavano fredda. Egli voleva farne un'anarchica. Lei non volle convertirsi. Un amico anarchico, che divenne suo amante, si occupò di questa conversione, che avvenne prontamente, poiché le donne fanno tutto per gli uomini che amano. M. K. dovette ricorrere sempre più alla morfina.

Era interiormente infelice per l'infedeltà della moglie e delle sue amanti. In realtà voleva essere l'unico!

Il suo narcisismo senza limiti anelava a qualcuno che ammirasse costantemente il suo genio, un'ammirazione che la moglie non gli aveva dato. Questo separò completamente le due persone.

Aveva trovato un'altra donna nella quale poteva dispiegarsi completamente. Si comprendevano senza riserve, e a lei doveva le ore e i giorni più deliziosi.

Ma presto ella divenne molto malinconica. Egli ebbe anche con questa donna il desiderio di metterla in relazione con l'anarchico — con Arthur, che nel frattempo era diventato il marito illegittimo della moglie.

Non ebbe pace finché anche la sua cara amica non divenne l'amante di Arthur. Si prometteva da ciò un enorme miglioramento delle sue condizioni. Evidentemente l'amica, una donna di buona posizione, non poté perdonargli questo.

È nella natura della donna poter ingannare un uomo se i suoi sentimenti lo richiedono, ma non poter mai perdonare la sua volontaria abdicazione a favore di un altro uomo. È la più grave offesa che si possa arrecare al suo sentimento di sé.

La condizione parapathica dell'amica non migliorò dopo il rapporto con Arthur. Al contrario, la sua depressione assunse forme sempre più gravi. Il suo sforzo di entrare nella vita intellettuale di M. K. fu vano. Come avrebbe potuto orientarsi tra queste contraddizioni?

Si tolse la vita.

Non fu l'unica donna che M. K. precipitò nella miseria. Non solo rovinò psicologicamente le sue donne costringendole all'infedeltà e alla poligamia, ma le rese anche tossicodipendenti. Non ebbe pace finché anche le sue amanti non ricorsero alla morfina o all'oppio, che in seguito preferì.

Quanto più si invischiava in queste pericolose vicende, che richiedevano tanta auto-illusione e repressione, tanto maggiore diventava il suo bisogno dei dolci veleni che lo ponevano in uno stato di estasi in cui poteva dimenticare.

Che cosa doveva dimenticare? È evidente che egli stesso non poteva sopportare il peso severo della sua coscienza e del suo narcisismo.

Dietro la sua apparente assenza di gelosia si celava infatti una gelosia patologica con la formula infantile: avere tutte le persone amate solo per sé. Aveva imparato a trasformare il suo dolore in piacere, che è appunto il segno di un vero masochismo. D'altra parte, tutto il suo sistema era concepito per torturare i genitori con una crudeltà raffinata. Qui il suo sadismo senza limiti poteva sfogarsi, trovando in loro oggetti indifesi da sacrificare. Cercò dapprima di convertire i genitori al suo punto di vista filosofico. Quando vide presto l'impossibilità di riuscirvi, fece loro sopportare il costo della sua filosofia.

Essi dovevano sempre pagare per lui, appianare le sue difficoltà, e qualche nuovo scandalo li minacciava continuamente, anche quando avevano avuto alcuni mesi di tregua. A ciò si aggiungevano le spese esorbitanti per i suoi amici, che doveva sostenere totalmente o "salvare", e così via.

XI: AUTOMUTILAZIONE E AUTOACCUSA

Caso numero 38

Un professore russo di filologia, un uomo eminente nella sua professione, venne da me un giorno per essere curato dei suoi molteplici disturbi. Faceva un'impressione miserevole. Si descriveva come l'uomo più infelice del mondo. Per tutta la vita era stato perseguitato dalla sfortuna. Era già stato analizzato due volte (da laici) senza risultato. Durante la prima analisi era scoppiata una malattia mentale, classificata dagli psichiatri come paranoia. A causa di ciò aveva perso il suo posto ed era ora senza occupazione. Le lacrime gli scorrevano a torrenti sulle pallide guance mentre raccontava tutto questo.

Sua moglie era la sua unica gioia; gli era rimasta accanto nelle ore più difficili e lo aveva salvato dai più gravi atti di follia. L'aveva conosciuta in modo singolare. Era stato inviato dal governo russo a studiare la lingua cinese sul posto, per poi insegnarla all'università. Non voleva essere solo in Cina e sposò una ragazza che era stata in precedenza sua allieva ed era interessata alle lingue. Partì in nave da Vladivostok, passando dapprima per il Giappone. Sua moglie lo tradì già sulla nave con un ufficiale. Poi morì in Cina di febbre gialla. Egli si rimproverò di aver causato la sua morte perché le aveva fatto bere troppo champagne.

La sua prima moglie era in corrispondenza con una donna tedesca. Si scambiavano lettere per perfezionarsi reciprocamente nelle rispettive lingue straniere (era ancora prima della guerra). Dopo la morte della moglie, egli terminò i suoi studi in Cina e si recò in Germania per continuarli a Berlino e per sposare la sconosciuta corrispondente della moglie, con la quale nel frattempo egli stesso aveva iniziato uno scambio epistolare. Questo matrimonio ebbe effettivamente luogo, dopo aver superato forti resistenze. Entrambi tornarono poi in Russia. Lì avvennero i fatti che riporterò con le parole stesse del paziente. Al termine dell'analisi, George – così lo chiameremo – mi consegnò i suoi appunti, che riproduco qui letteralmente affinché il suo caso possa essere compreso.

Caro dottor Stekel,

la mia analisi volge al termine. Dopo i nostri sette mesi di lavoro, Le consegno volentieri i seguenti appunti. È libero di servirsi di questo manoscritto in tutto o in parte.

So che il Suo lavoro è volto al bene dell'umanità e contribuisco volentieri, per quanto mi è possibile, alla Sua opera.

Sono russo di nascita e professore universitario di lingue moderne e di sanscrito. Ho ora cinquantadue anni, sono sposato e senza figli. Ho perso mio padre quando avevo otto anni. Era musicista e possedeva inoltre un piccolo negozio, che mia madre gestiva. Morì in un manicomio per sclerosi multipla. Mia madre si impiccò mentre io ero impegnato nei miei studi in Cina. Avevo allora trentadue anni. Ero il maggiore di cinque fratelli e sorelle: quattro maschi e una femmina. Sembro aver avuto una pessima eredità. Mio fratello maggiore, poeta e cameriere (una combinazione curiosa!), mostrò ripetuti segni di paranoia e fu internato tre volte in un manicomio. Il fratello successivo, avvocato, morì in seguito a un'infezione da streptococco dopo un'iniezione con una siringa (l'ago doveva essere sporco: il suo assassino fu il nostro medico di famiglia!). Questo fratello non era affatto nervoso; anzi, era il membro più sano della nostra famiglia. Il terzo fratello, un operaio metallurgico altamente qualificato, era stato condannato due volte per atti esibizionistici ed era stato anche sotto osservazione per un certo tempo in una clinica psichiatrica. Mia sorella è sposata con un direttore d'orchestra e ha due figli sani, che non ha mai picchiato né intimidito con minacce. Tre suoi figli morirono per malattie intercorrenti.

Prima di venire da Lei ero stato curato da due analisti con scarsa esperienza. Le loro conoscenze derivavano dalla lettura di opere analitiche. Così, due anni fa, mi sottoposi a trattamento analitico con il signor N. Il mio sintomo principale era una paura invincibile che i miei studenti potessero fischiarmi, fare ogni sorta di scherzi da scimmia (miagolare, gracchiare e simili).

Il mio stato peggiorò durante il trattamento. Un giorno ricevetti una lettera anonima piena di parole volgari e offensive, appartenenti soprattutto alla sfera della sessualità urinaria e anale ("Leccami il buco del culo... ti piscerò addosso... figlio di puttana... bestia immonda... presto si farà luce sulla tua posizione... vuoi fare il professore? Sei una merda che se la fa addosso..."). La lettera non aveva francobollo; era stata infilata nella piccola cassetta delle lettere affissa al mio istituto.

Si può immaginare la mia agitazione. Anna, mia moglie, era dell'opinione che potesse trattarsi soltanto di uno scherzo degli studenti. La scrittura era camuffata, tutta in grandi caratteri stampati.

Io ero convinto che potesse essere solo uno dei miei allievi.

I miei sospetti si concentrarono su un giovanotto robusto che già odiavo perché era il più grande e il più forte dei miei studenti, mentre io purtroppo sono debole, malaticcio e di piccola statura, cosa che ha sempre accresciuto il mio senso di inferiorità.

Dopo pochi giorni arrivò una seconda lettera, poi una terza e una quarta. Mi rivolsi al rettore e chiesi un'indagine approfondita. Mi rivolsi alla polizia, assunsi perfino un detective privato. Mentre la mia cassetta delle lettere veniva sorvegliata giorno e notte, i giornali quotidiani ricevettero una valanga di lettere ingiuriose che facevano di me il bersaglio della derisione e della calunnia. Erano tutte scritte in grandi caratteri latini, ma in lingua russa. Si protestava contro il fatto che un uomo come me fosse professore universitario. Si diceva che fossi un imbecille a causa di segreti eccessi sessuali, che non avevo né la capacità né la dignità per educare i giovani.

Passai allora al contrattacco. Accusai lo studente, lo feci convocare dal rettore e gli dissi in faccia che era lui l'autore delle lettere anonime. Egli negò ostinatamente. Un esperto di grafologia credette di aver scoperto alcune somiglianze con la sua scrittura, ma non riuscì a giungere a una conclusione certa.

L'indagine non portò a nulla, ma io ero così sconvolto che dovetti chiedere un congedo, che mi fu concesso. Iniziai io stesso a studiare la grafologia.

A poco a poco mi si rivelò la terribile verità: ero stato io stesso a scrivere quelle lettere.

Mi rimaneva un mistero il perché l'avessi fatto. Il giovane che avevo accusato mi piaceva fisicamente in modo straordinario. Ho compreso solo con Lei che dovevano aver giocato un ruolo motivi omosessuali, tanto più che nelle lettere oscene anonime vi erano numerose allusioni all'omosessualità ("amante del culo", ecc.).

Posso aggiungere che nella prima analisi recitavo ripetutamente la parte del folle e spesso ero sul limite della pazzia. Mia moglie ricevette da un'amica di campagna un cesto di uova. Non le permisi di usarle, perché credevo fossero avvelenate. Un amico al club tirò fuori dalla tasca una bottiglia di medicina e stava per berne un cucchiaio. Io gli urlai:

«Non berla! La medicina è avvelenata! Qui c'è una sola persona immune ai veleni, ed è George».

Detto ciò, bevvi l'intera bottiglia in un solo sorso.

Ero entusiasta dell'analisi. L'analista aveva scoperto il mio complesso di Edipo, di cui parlerò più avanti. Volevo spiegare tutto attraverso il complesso di Edipo. Ma già allora il complesso di castrazione sembrava giocare un ruolo importante. Anche in uno dei pamphlet era contenuta una minaccia di castrazione ("Aspetta, cane che non sei altro, ti taglieremo il cazzo e le palle! Una carogna simile dovrebbe essere castrata!"). Questa minaccia compariva nell'ultima delle lettere anonime e mi gettò in un'angoscia terribile. Lo studente in questione divenne per me un terrore giorno e notte. Nella mia fantasia agitata lo vedevo arrampicarsi dalla finestra e recidermi i genitali con un grande coltello. Non mi venne mai in mente di difendermi.

Ogni resistenza sembrava del tutto esclusa. Solo venendo da Lei ho appreso che desideravo assumere il ruolo della donna nei confronti di quel giovane.

Mi ritirai in solitudine in campagna. Anna dovette attraversare con me un periodo terribile e lottò come un'eroina contro la follia che stava sopraggiungendo. Poi andai da un altro analista, che mi dedicava molte ore al giorno e mi teneva completamente sotto il suo influsso. Ero il suo docile strumento e vedeMio padre

Mio padre era il mio ideale. Tutti i padri sono dapprima l'ideale dei loro figli. Qual era la mia più grande soddisfazione? Marciare accanto al mio alto e diritto padre, stirarmi il più possibile e sognare di essere già alto come lui; camminavamo fianco a fianco, parlando degli avvenimenti importanti del mondo e discutendo grandi problemi universali. Nei miei sogni egli appariva freddo e inavvicinabile, nonostante il mio intenso desiderio di amarlo e di confidarmi con lui in tutto. Avrei voluto dirgli che gli ero sempre stato fedele e che mia madre gli aveva fatto torto quando si lamentava della sua crudeltà. Mi dicevo sempre: «I litigi nascono da colpe di entrambe le parti. Una sola parte non può avere sempre torto». In effetti, spesso difendevo mio padre davanti a mia madre e mi sentivo un piccolo eroe quando lo proteggevo in sua assenza. L'ultimo sguardo affettuoso che egli rivolse ai figli quando fu portato via nel manicomio mi è rimasto come un ricordo indelebile: uno sguardo misto di compassione e rimprovero. Ho desiderato la sua morte. Ma quando, come un bravo soldato, pronunciava una parola gentile, con il portamento di un guerriero eroico non piegato dal destino, quando lo vedevo vinto, abbattuto e tuttavia coraggioso, il mio disprezzo svaniva.

Da allora ho pensato che ogni autorità che mi sovrastava – insegnante, comandante, rettore, prete e analista – dovesse condividere la sua sorte, affinché io potessi provare compassione per loro e mostrare la mia condiscendenza e magnanimità, ma solo dopo la loro caduta! Così mi sento anche verso l'imperatore tedesco, che ho sognato la notte scorsa.

Ora potrei essere benevolo con lui e dirgli che ho sempre riconosciuto il suo grande talento e il suo potere straordinario. Ora che è privato della sua forza (castrato?) non potrei essere così vile da gioire della sua caduta, ma vorrei mostrargli quanto so essere generoso.

So di essermi sentito in parte responsabile dell'internamento di mio padre. Io e mia madre discutevamo insieme quali misure di protezione adottare. Era meglio sapere che fosse malato in un manicomio piuttosto che sopportare la vergogna di vederlo finire in prigione per un crimine. In ogni caso era un uomo malato, e si poteva considerare la sua malattia come una scusa per la sua terribile crudeltà. Via da noi! Ovunque, purché non potesse più tormentare la madre e i figli: questo era il problema. Fu fatto sotto la pressione delle circostanze, ma in seguito provai pungenti rimorsi di coscienza, come se fossi stato io solo il colpevole. Egli voleva sempre sottomettermi e spezzare la mia volontà. Mia madre non lo permetteva. Si frapponeva tra lui e me, spesso a rischio della propria vita. Era terribile nella sua collera.

Dopo la sua partenza volli assumere una posizione e diventare il capo della famiglia. Questa era la mia fantasia. Le cose andarono diversamente. Mia madre raccolse tutte le sue cose e andò a vivere dai suoi genitori, lontano, in un altro angolo della Russia. Dal manicomio giungevano lettere di mio padre che facevano infuriare mia madre. Egli menzionava spesso il desiderio di rivederla. Ma mia madre lo odiava e non ne voleva sapere. La mia pietà, i miei rimorsi, la mia paura si mescolavano con l'odio che lei instillava in me. Tuttavia, di tanto in tanto dovevo spendere una parola in sua difesa: «Mi dispiace per il pover'uomo! Non poteva fare altrimenti! E tu non hai forse un po' di colpa?». Allora ella riversava la sua collera su di me. Sembrava che io amassi mio padre più di mia madre. Tutti gli altri figli stavano con lei. Io ero solo e mi sentivo come Daniele nella fossa dei leoni, tra belve che avrebbero volentieri fatto a pezzi mio padre. Enigmi dell'anima! Finché egli mi sovrastava in modo minaccioso, anch'io avrei potuto sbranarlo. Ora mi viene in mente che spesso provavo un ardente desiderio di giocare con i suoi genitali, di prendere in mano il grande fallo e accarezzare i grossi testicoli che, così morbidi e mobili, rotolavano qua e là. I genitali di mio padre erano per me qualcosa di potente e meraviglioso e mi colpivano più di quel poco che riuscivo a scoprire su mia madre. Sono sempre stato impressionato dal "maschile" nell'uomo e nell'animale. Se non potevo essere un uomo come "lui", almeno doveva starmi accanto e sostenermi con la sua virilità. Mi aspetto anche l'aiuto del dottor Stekel e, se posso accompagnarlo durante le sue passeggiate – cosa che purtroppo accade di rado – provo la stessa sensazione di quando, piccolissimo, camminavo orgoglioso al fianco di mio padre.Sono convinto che mio padre guardasse con sospetto le dimostrazioni di tenerezza che rubavo a mia madre. Ero sempre in paura che potesse sorprenderci nelle nostre scene di affetto. Spesso piangevo per suscitare la sua pietà. Lei mi prendeva al seno e mi cullava fino ad addormentarmi. Non ricordo che mio padre mi abbia mai preso sulle ginocchia. Probabilmente lo fece. Ho un vago ricordo di far scorrere le mie piccole dita nella sua barba rada, di tirarla, mentre la sua testa si muoveva da un lato all'altro. Poi mi mordeva le mani e le orecchie, mentre la barba mi solleticava il viso. Ricordo molto bene quando mi portava al gabinetto perché soffrivo di stitichezza e voleva farmi evacuare. Seduto sulle sue ginocchia, non volevo alzarmi e non riuscivo ad andare di corpo. Per questo motivo soffro ancora oggi di stitichezza quando sono in treno, seduto sulle morbide poltrone di peluche. Mio padre mi insegnò come spingere affinché le feci uscissero. Lo fece più volte. Mi piaceva molto, finché un giorno mi disse che ero ormai grande e potevo farlo da solo. So che negli anni successivi mi lamentavo spesso con mia madre della stitichezza. Evidentemente avrei voluto che mi aiutasse come quando ero ancora un bambino. Non ricordo se lo abbia mai fatto. Certamente mi diede molte buone istruzioni su come superare la difficoltà. I ricordi dei suoi clisteri sono molto vividi. La vedo mentre ungeva la siringa con vaselina e sento ancora il dolore quando era poco abile. Usava anche il dito per svuotarmi il retto.vo in lui un dio. Non leggevo altro che libri di analisi.

Naturalmente mi capitarono anche le Sue opere. La guerra era finita. Possedevo alcuni piccoli oggetti preziosi che, insieme ad altri miei valori, vendetti e venni da Lei in cerca di guarigione.

Qui imparai per la prima volta a conoscere me stesso completamente e Le sottopongo, per gratitudine, i seguenti appunti:

Il mio rapporto con la religione

Sono sempre stato dominato dall'idea che i preti siano ipocriti per quanto riguarda la sessualità. Mia madre mi ha instillato queste idee.

Anche mio padre era un uomo libero in fatto di religione; aveva una sorta di panteismo e non credeva nella punizione eterna. Credeva che saremmo stati senza dubbio puniti, ma certamente poi salvati. Mia madre non si preoccupava molto della sua fede. Ma una volta ascoltò un predicatore ambulante, tornò a casa, scoppiò in un pianto violento e pensò di non averci educati nel modo giusto. Pregavamo insieme durante i pasti e prima di andare a letto, e io promisi di leggere ogni giorno le Sacre Scritture fino a leggerle per intero. Lo feci fedelmente. Pregavo ogni sera. Poi pregavo per il benessere spirituale di tutta la mia famiglia. Dicevo le mie preghiere ogni sera con costanza. Ma poi le abbreviai e spesso le dimenticai, finché a trent'anni smisi del tutto.

In quel periodo cominciai a fumare.

Provai sempre un senso di colpa per questo. I vecchi inni della Chiesa mi tornano spesso alla mente prima di addormentarmi.

La mia mente sembrava essere sempre in preghiera, persino quando pensavo al mio primo amore innocente. Le mie preghiere non erano sincere. Pregavo per la vita dei miei fratelli e interiormente ne desideravo la morte. Volevo essere l'unico della famiglia a realizzare qualcosa di grande e ad essere calorosamente amato dalla madre.

Non ho ancora raccontato la storia del mio amore infelice. Fui io l'unico responsabile del fatto che le nostre speranze non si realizzarono. Ma avevo la segreta convinzione che ci saremmo incontrati in un altro mondo. Karola era il nome della ragazza, che trasformai in una santa da venerare. Divenne l'oggetto di un vero e proprio rituale religioso. Nel mio cuore le eressi un santuario sacro... Era il mio segreto eterno. Non macchiai mai la sua immagine con desideri sessuali.

Avrei potuto possederla, ma non la toccai mai. Conservai il suo corpo vergine per la nostra notte nuziale, affinché entrambi potessimo bere il vino nuovo dell'amore verginale da calici d'oro – senza vergogna, senza rimprovero. Il lungo periodo di rinuncia avrebbe dovuto accrescere la gioia del possesso. Il vincolo di Imene avrebbe dovuto unirci e darci diritto a un'estasi d'amore quale solo la fantasia più sfrenata può immaginare.

Ho sempre invidiato i preti perché le Maddalene penitenti confidano loro i propri peccati. Anche altri motivi alimentavano senza tregua la mia invidia. I preti possono mangiare e bere bene. Invidiavo i loro bei mantelli neri e lunghi. Tutto ciò che il prete fa è sacro e sancito dalla Chiesa. I bambini ai quali egli offre cure paterne sono sacri. Quanto ho desiderato essere un predicatore e flagellare la comunità per la sua sessualità attraverso la rappresentazione dei suoi peccati! Nella mia fantasia avrei trasformato le mie pie agnelline in abitanti di un harem. Il sentimento di poter sorvegliare e controllare la vita sessuale del mio gregge, e in particolare quella delle donne, era straordinariamente carico di piacere.

«Venite a me, voi tutte, piccole donne insoddisfatte, e io vi darò riposo»: il riposo della pace e dell'equilibrio che segue l'abbandono di sé e l'orgasmo, così che si potrebbe morire perché in un istante si sente tutta la beatitudine per la quale si è invano sospirato.

Ma l'amore che Gesù ci ha insegnato era qualcosa di purificato, concepibile solo dallo spirito che ha superato l'osceno amore terreno. L'amore più alto è quello verso Dio, e come potrebbe essere sessuale?

L'amore sessuale è volgare – penso a ciò che i ragazzi mi raccontavano e a quello che facevano a scuola. Era spaventoso. Ci buttavano a terra, ci aprivano i pantaloni e guardavano il nostro membro. Come si vantavano di aver buttato a terra le ragazze! Se avessi violentato l'insegnante, sarei finito in prigione. Bere, fumare, giocare a carte e frequentare prostitute: questi sono i peccati. Tutti i piaceri terreni devono essere peccati. Il violino è lo strumento del diavolo: conduce al peccato. Prima le ragazze danzano e poi, febbrili di desiderio, si sdraiano nell'erba con l'amato. Quante volte sono scappato dalla chiesa e sono andato nei boschi con gli altri ragazzi! Ma i predicatori itineranti, questi vecchi peccatori, ci minacciavano con fuoco e zolfo. Saremmo andati dritti all'inferno. Allora ero terrorizzato e mi sforzavo di andare regolarmente in chiesa. (Ricordo sogni in cui il predicatore mi puntava il dito contro e mi minacciava di una fine terribile se non avessi trovato la retta via. Cercavo di fuggire dalla chiesa e ogni volta venivo ricondotto al mio posto, e il dito del predicatore era puntato su di me, finché mi svegliavo madido di sudore. Sogni simili si sono ripresentati anche nell'ultimo anno.) Nella mia infanzia, l'andare in chiesa e le orge erano strettamente associati. Ricordo un altro predicatore itinerante che descriveva le terribili conseguenze dell'ubriachezza e dipingeva a tinte vivaci la sua stessa vita da alcolizzato. Pensavo tra me che la sua vita peccaminosa di un tempo fosse certamente più attraente che la vocazione a predicare a vecchie megere o a giovani inesperti che si masturbano, dicendo loro che dovevano rinunciare a ogni gioia della vita e prepararsi alla beatitudine celeste.

Ma questi sermoni venivano dimenticati alle meravigliose fiere, i momenti più luminosi della mia vita. Mio nonno aveva una bancarella dove vendeva panpepato, dolci e tabacco. Aveva anche un piccolo panorama in cui potevo vedere scene della guerra turca. Io facevo il banditore e mi consideravo di grande importanza. Alla fiera c'erano molte cose enigmatiche; la mia curiosità era viva e non sempre poteva essere soddisfatta.

Verso gli undici anni cominciai a riflettere sul senso della vita, sulla morte e sull'aldilà. Per molto tempo la parola "morte" mi gettò nella più terribile agitazione. Pregavo mia madre di non parlarne. Lei rispettò il mio desiderio. Sapeva che ero un bambino nervoso e faceva tutto il possibile per distrarmi e tenermi occupato.

Spesso, mentre lavoravo nei campi, ero assalito dalla paura che il mondo potesse andare in rovina. Sarebbe stato il giorno del giudizio. La distruzione del mondo! Il mio senso di colpa aveva un fondamento. Una volta avevo messo del verderame nel latte per uccidere mio fratello; un'altra volta avevo quasi cercato di cavargli un occhio. Non fu un incidente, come fingevo: lo feci intenzionalmente!

Qui emergono ricordi che non riesco a riportare alla luce. Resistenze. La paura della morte comparve in un periodo in cui odiavo mortalmente mio fratello. In quel periodo i predicatori ambulanti esercitarono su di me un'impressione spaventosa.

Un'altra esperienza mi fece tremare. Stavo lavorando nei campi.

All'improvviso mia madre lanciò un grido che gelava il sangue. Stava lavorando nella paglia e aveva infilato le dita su un serpente.

Era terribile osservare mia madre mentre radeva mio padre (otto). Dovevo aver desiderato che facesse un movimento maldestro e gli tagliasse la gola. Le chiesi se non avesse paura a radere mio padre. Papà dormiva sempre con il revolver sotto il cuscino. Minacciava di sparare a qualsiasi ladro. Ho un ricordo confuso che avesse minacciato anche mia madre con il revolver. Avevo paura del suo rasoio e del suo revolver e tremavo al pensiero che potesse sparare a mamma. So che un giorno mamma stava frugando in un cassetto. Poi arrivò un amico di papà e, dopo una discussione accesa, portò via con sé il revolver. Io stesso ho portato un revolver solo per breve tempo e avevo sempre paura che potesse partire un colpo e uccidere qualcuno. Una volta passai una notte con una ragazza giapponese. Aveva, come tutte le donne giapponesi, una vagina piccola, e io vi mi adattavo molto bene. Ma avevo paura che cinesi, e soprattutto il suo amante cinese, potessero minacciarmi. Al mattino alcuni uomini passarono davanti alla mia casa bestemmiando a gran voce. Saltai giù dal letto e sparai alcuni colpi in aria attraverso la porta aperta della stanza esterna. Il mio servo cinese, fedele come un cane, irruppe nella stanza urlando. Pensai di averlo ferito. Ma aveva gridato solo per la paura. In seguito ebbi paura che il revolver potesse sparare da solo e uccidermi. Lo provai in una barca, quando apparve un delfino.

Tre volte l'arma fece cilecca; poi partì il colpo e colpì il nobile animale, che ferito saltò attorno alla barca per un po', finché scomparve. Me ne rimproverai. Fu l'ultima volta che usai quel revolver. Dopo la morte di mia moglie ero disperato. Il mio amico P. nascose il revolver. Non l'ho mai più visto. P. temeva che potessi suicidarmi. Dubito che l'avrei fatto, perché il mio amore per la vita e il sentimento di libertà erano più forti della mia coscienza di colpa.

Tornai in Russia. Comprai un nuovo revolver e sparai ai cani che abbaiavano alla luna e disturbavano il mio sonno. Ce n'erano forse una ventina... Uno fu colpito solo al midollo spinale. Lo trovai la mattina seguente davanti a casa mia, paralizzato, e mi accusai di crudeltà.

Forse mi identificavo con l'animale (abbaiava alla luna di cattivo umore, come faccio io). Sparavo anche ai topi se entravano nella mia stanza o correvano nel cortile. Una volta uccisi un orso, gli tagliai gli artigli, lo arrostii su un fuoco improvvisato e lo mangiai. Portai a casa una parte del bottino. Vennero degli amici e fui invitato a un arrosto d'orso.

Avevo paura che fosse avvelenato; non ne mangiai nemmeno un boccone e finsi di stare male.

Ma torniamo alla religione. Mia madre oscillava tra fede e ateismo. Non mi educò alla fede, ma faceva uso della religione quando vedeva in me un vizio o l'inizio di uno, e mi predicava come un vero prete di moralità, giustizia e simili. La mia fiducia in lei fu notevolmente scossa da alcune piccole cose. Ero geloso quando si agghindava per visitare un amico di famiglia. Perché si vestiva in modo che il seno si intravedesse sotto la camicetta sottile? Ero geloso e sospettavo qualcosa di sessuale. Poi ci fu un'esperienza importante. Mi aveva promesso un rublo se avessi lavato i piatti per un mese. Lo feci molto diligentemente. Quando arrivò il primo del mese, rimandò il pagamento. Non ricevetti mai il rublo e non sono mai riuscito a perdonare né a dimenticare, fino a oggi, che mi avesse ingannato. In quel momento persi la fiducia nella sua parola. Forse per questo non le mandai denaro dalla Cina quando me lo chiese. Poi vidi come nel negozio trattava il burro rancido e avariato con sale e altri ingredienti, in modo da poter vendere il composto come burro fresco di campagna. Ho sempre davanti agli occhi questa immagine, che ha minato la mia fede nella sincerità di mia madre e nell'onestà delle persone in generale. Né potevo capire come potesse assicurarmi che ero il suo figlio prediletto, mentre spesso affermava con forza ai miei fratelli e sorelle di amare tutti i suoi figli allo stesso modo. Da allora la giustizia e l'uguaglianza dei diritti per tutti sono diventate la mia idea fissa. Né credevo alla sua purezza.

Una volta, dopo la morte di mio padre, aveva un debito da pagare. Andò in una città vicina e prese in prestito 100 rubli da un avvocato. Questo denaro non le fu mai richiesto indietro. Disse di aver firmato una cambiale. Io ne dubitai e fui dell'opinione che mia madre si fosse venduta per quel denaro.

Mi chiedevo spesso come mia madre avesse goduto la vita prima del matrimonio. Perché papà era così infelice? Già prima dell'analisi interpretavo le sue ricadute in una fede religiosa fanatica come il risultato di una cattiva coscienza. Queste devozioni domestiche erano per me una tortura, e fui contento quando vennero gradualmente abbandonate. Il mio amico più intimo a quel tempo era il figlio di un prete. Suo padre era un asceta, ma sua madre aveva una cattiva reputazione. Spesso mi prendeva in giro e diceva che sarei diventato un bravo commerciante. Il figlio si faceva beffe della religione e mi raccontava le cose più incredibili sulle sue relazioni con ragazze di campagna e simili. All'inizio mi meravigliavo che il figlio di un prete potesse essere un peccatore così grande, ma poi ascoltavo con piacere i suoi racconti osceni. In seguito le mie tendenze ascetiche tornarono più volte alla ribalta. Il bere è il vizio del nostro popolo. Cominciai a bere presto; dopo essermi ubriacato facevo solenni promesse di non bere mai più una goccia né fumare; ricadevo e poi rinnovavo i miei tentativi di vivere in totale astinenza.

Infine, all'età della pubertà, si sviluppò una psicosi religiosa. Morte, inferno, diavolo, eternità, giudizio universale erano oggetto delle mie cupe riflessioni.

Meritavo la morte. Ma desideravo la morte per tanti altri! Per esempio, avevo paura del barbiere. Poteva perdere la ragione e tagliarmi la gola. Gli spiriti di coloro che avevo ucciso nella mia fantasia apparivano nei miei sogni notturni e in allucinazioni da sveglio. Devo confessare che ho praticato giochi omosessuali con mio fratello F. Io ero il seduttore. O era lui? Ma io (a quindici anni) invidiavo il suo pene più grande e volevo evirarlo. Ho ucciso la sua anima! Ora potrei desiderare che lottasse con me e mi sconfiggesse. Allora saprei che è un uomo. Ma egli è crocifisso sulla croce della parapathia. È un pensiero terribile aver evirato il proprio fratello. La notte scorsa, nel mio sogno, ho castrato il dottor Stekel.

Vorrei evirare tutti i rivali che mi sono superiori in qualsiasi modo. Solo allora sarei misericordioso con loro quando fossero in mio potere. Non sarebbero più uomini che, con voci profonde, potenti e imponenti, ingannano le donne con parole amorose, parole con cui si dimostrano alle donne come uomini completi. Voglio essere l'unico uomo al mondo, l'unico ad avere il diritto di evirare. Priverei volentieri tutti gli uomini della loro virilità, così che le donne non avrebbero nessun altro se non me a cui rivolgersi.

Ecco come sono dentro di me! Chi potrebbe credere che io volessi davvero diventare prete? Mia madre mi diceva spesso che avevo belle mani bianche come un parroco. Il sentimento religioso autentico mi fu trasmesso dai miei nonni.

Con loro c'erano molti sermoni e lunghe preghiere, e dovevo andare con loro in chiesa. So che, anche ora, sono pio nella mia natura più intima. Portai con me la Bibbia quando venni a Vienna, ma non l'ho mai aperta nemmeno una volta.

Mia madre ha corrotto la mia fede infantile. Diceva che non avrebbe lasciato sua figlia sola nemmeno cinque minuti con un parroco. Poi, di nuovo, credeva nei preti. Questo è l'uomo lacerato che sono diventato.

La mia vita sessuale

Come posso trovare la via che conduce fuori da questo labirinto delle mie fantasie sessuali? Come frenare la mia ambizione, che è strettamente legata alla sessualità? Desidero salire al livello più alto dell'aristocrazia o della plutocrazia. Vorrei avere il mio palazzo, la mia automobile, ricevere pazienti ricchi e ascoltare la confessione delle loro orge sessuali. Voglio distruggere tutti i miei avversari. Vorrei essere Lenin e condannare tutti a morte. Tagliate loro la testa!

Sono crudele. Ero crudele già da bambino. Torturavo gli insetti prima di ucciderli. Strappavo le ali alle mosche, infilzavo le farfalle con uno spillo e le fissavo vive ai muri. Volevo catturare i serpenti e strapparne le teste come facevano gli altri ragazzi, ma temevo che mi mordessero.

SADISMO E MASOCHISMO

Tiravo la coda ai gatti finché urlavano dal dolore e si contorcevano nella mia presa. Tormentavo gli animali in gabbia. Se torturavo a morte un animale, mi affascinava osservare quanto a lungo potesse vivere. Il mio gioco con i lombrichi consisteva nel tagliarli a pezzi sempre più piccoli finché non si muovevano più. Oppure li infilzavo con aghi finché morivano. Strappavo una o due ali e zampe a un insetto e provavo piacere nel guardare la creatura mutilata mentre cercava di fuggire. Catturavo vespe, ne strappavo il pungiglione o le posavo su ferri roventi; toglievo loro il pungiglione e staccavo le teste. Il ticchettio del coleottero della morte mi terrorizzava. Qualcuno mi aveva detto che il suo ticchettio significava morte. Avevo sempre paura di addormentarmi e non svegliarmi più. Potevo morire e andare all'inferno. Non mi addormentavo se mia madre non era nella stanza.

Amo combattere. Mordere e graffiare mi dà più piacere che baciare e accarezzare. Tormentavo orribilmente i miei fratelli finché erano troppo piccoli per opporre resistenza. Li pizzicavo e mi piaceva spingerli giù dal letto con le natiche. Provavo la massima soddisfazione quando piangevano.

Poi ordinavo loro di non dirlo alla mamma, altrimenti mi sarei vendicato terribilmente. E non osavano mai dire nulla. Spesso temevo che avrebbero rivelato qualcosa a mia madre. Sapevo che mi avrebbe dato una terribile punizione. Non mi piace pensare a quanto fossi brutale con i miei fratelli. Ma la crudeltà è per me una necessità. È parte della mia natura. Questa è la bestia selvaggia, mordente e furiosa che è in me! Se degli occhi belli non mi sorridono, voglio graffiarli. Sono come un gatto; la mia crudeltà è profonda e nascosta. Nessuno sa cosa farà l'istante successivo. A seconda del mio umore, posso amare o torturare, e nessuno sa perché io sia così o cosà. Gatto, cane e uomo sono per me una sorta di trinità. Amo osservare la lotta tra cane e gatto. Il gatto sale sull'albero e sputa e ringhia al cane, che non può arrampicarsi dietro di lei.

Mi piaceva anche tagliare pesci vivi e osservare il battito del cuore. La vivisezione era un piacere grande e supremo. Da bambino razionalizzavo la mia crudeltà: i piccoli animali non sentono dolore; da adulto mi convincevo che il fine scientifico giustificasse i mezzi. Potrei considerare come un residuo della mia crudeltà l'abitudine che ho di grattarmi spesso fino a sanguinare. Feci ai miei fratelli tutto ciò che mi veniva in mente. Tiravo loro le orecchie, e credo che le orecchie deformi di uno dei miei fratelli siano dovute ai miei maltrattamenti. Ma posso anche riferire piaceri masochistici. Mi gratificava quando ragazze più grandi mi tenevano, da bambino, sollevandomi per le orecchie sopra il suolo, una da ciascun lato, cosa che i miei compagni ammiravano come una grande impresa. Posso ricordare solo vagamente queste scene (otto-nove anni). Provavo anche piacere nel tormentare le ragazze, stringendole, pizzicandole e tirando loro finché si sottomettevano. Avrei voluto domare bestie feroci di donne e renderle mie schiave. Proprio come mio padre fece con mia madre. Una volta la gettò a terra e le si inginocchiò sopra. Era alla sua mercé.

La crudeltà dà il massimo piacere nella vita sessuale.

Guardate come il gallo lavora la gallina col becco quando la monta! O come lo stallone in calore colpisce la cavalla con gli zoccoli! O il toro! Osservate come i gatti combattono per ottenere il massimo godimento dalla loro passione! La gatta vuole forse respingere il partner, ma il pene ad uncino viene spinto con forza nella sua vagina come se dovesse lacerarla.

Pensaci, vecchia donna! Se non ti concedi volontariamente, ti squarcerò con la forza. Penso allo sperone del toro.

È affilato e lungo come una matita ben appuntita. Se la vacca non è consenziente e gira la vagina di qua e di là invece di aprirla, lui lo infila dove vuole. Può squarciare il ventre e uccidere la vacca. Perciò cedete, donne ostinate! Per voi sarà meglio non lottare ma sottomettervi al vostro destino! Cedere o morire: se disprezzate l'amore, dovete sentirne il dolore.

Mia madre disse una volta di una vicina che non era soddisfatta dell'aceto che aveva comprato. Mio padre si infuriò e gridò: «La ridurrò io in aceto!» Questo grido risuona ancora nelle mie orecchie quando vedo una donna che oppone resistenza.

La ridurrò in aceto! La finirò! La prossima volta sarà mansueta come una colomba! Voglio torturare tutte le donne che desidero e che non si accorgono di me! Dio le protegga dalla mia furia se mi capitano sulla strada! Forse non le torturerei, le spaventerei soltanto e mostrerei di cosa potrei essere capace. Amatemi o soffrirete! Anche lei, dottor Stekel, si difenda dalla mia vendetta! Amatemi o soffrirete!

«E se non vorrai essere mio fratello, ti spaccherò il cranio, capisci!»

Le mie fantasie masturbatorie hanno spesso a che fare con la tortura. Il mio orgasmo aumenta se provo una sorta di dolore nel prepuzio. Questo è il contrasto eterno tra piacere e dolore. Sono orgoglioso che il piacere superi ogni dolore che accompagna l'atto. Qui sadismo e masochismo sono uniti in me. Voglio torturare ed essere torturato. La gioia di essere torturato è secondaria. Nasce dal desiderio di torturare.

Mille piccole azioni simboliche mi rivelano il mio sadismo latente. Mi sorprendo a strappare una foglia da un albero e a morderla in piccoli pezzi. Allo stesso modo strappo ogni foglio di carta nel modo più fine possibile. Faccio della carta un essere vivente e immagino che soffra dolore. Tutto vuole restare intero e non essere lacerato. Lo squartamento e la ruota, tutte le raffinate crudeltà dell'Inquisizione spagnola, come le ho viste in immagini, mi affascinano enormemente. Ho cercato invano un libro che mi offrisse una visione completa delle camere di tortura dell'Inquisizione. Se non posso torturare fisicamente le persone, cercherò di farlo psichicamente. Posso perseguitarle mentalmente e torturarle fino a farle gemere e contorcersi dall'agonia. Le macinerei e affilerei attraverso i terrori dell'anima e le farei impallidire e tremare come nell'angoscia della morte, se potessi strappare il velo dalle loro anime sporche e brutte. Quanto invidio il dottor Stekel perché è un analista. Credo che sia troppo buono per questa professione. Un vero analista deve essere un sadico. Forse la maggior parte di loro lo è ed è felice quando può tenere le vittime nella morsa del transfert. Un analista mi piace più del turco massacratore con la sciabola ricurva e insanguinata tra i denti scintillanti d'ira, che si scaglia sulla vittima con la brama del ladro e dell'assassino. Il mio piacere è la tortura delle anime. Siate buoni con me o sentirete il mio potere!

Ora sono gentile con tutti gli animali. Se dovessi uccidere una pulce, lo farei rapidamente perché la povera creatura non soffra. Non calpesto mai intenzionalmente uno scarabeo mentre cammino. Sono contento che ci siano tante automobili, perché non sopporto di vedere un cavallo trascinare un carico pesante. Mi identifico subito con la povera bestia, con ogni animale sofferente. Le storie di animali sono la mia passione. Se vedo un vetturino rude picchiare il suo povero vecchio cavallo, potrei strappargli la frusta di mano e colpirlo come lo vedo colpire la sua bestia. E io stesso sono stato crudele! Una volta accesi un fuoco sul dorso di una tartaruga e guardai la creatura correre intorno impotente. Poi le infilai un bastone nelle viscere e osservai la sua agonia.

Ho anche torturato mia madre con una crudeltà raffinata. Fu dopo l'ultimo esame all'università. Tornai a casa triste e depresso e piansi. Lei mi chiese come fosse andato l'esame. Non le risposi. Contemplavo la sua angoscia mentale, poiché immaginavo che temesse il peggio.

Poi emisi un grido di dolore e le dissi che ero stato bocciato.

Oh, come pianse e quanto fu infelice! Esultavo nella sua miseria, perché così potevo misurare il suo amore per me. La lasciai soffrire a lungo e poi le dissi la verità: avevo superato gli esami brillantemente. Prima vedere la sua angoscia, la sua disperazione, la sua oscurità, e poi il delizioso contrasto della sua gioia per il mio successo: fu una gratificazione che avrei potuto pagare con anni della mia vita!!!

Amo i contrasti. Sono un fanatico del contrasto. Mi riempiva di entusiasmo quando il nonno immergeva il ferro incandescente nell'acqua fredda, così che sibilava forte, fumava e ruggiva. Il ferro incandescente pagava la sua sfida; doveva piegarsi all'acqua. Potrei desiderare che una donna mi sputasse addosso con odio mentre la tenevo stretta, la stringevo con braccia di ferro, la sopraffacevo e facevo di lei ciò che volevo.

Vorrei sopraffare gli uomini e castrarli, schiacciare i loro testicoli affinché diventassero sterili. L'ho fatto mentalmente a un fratello. L'altro non si sottomise. Doveva morire, perché lo uccisi attraverso l'onnipotenza del pensiero.

Sono sospettoso, perché conosco troppo bene me stesso. Se qualcuno mi sorride amichevolmente, immagino che dietro la gentilezza ci sia del veleno. Se sorrido agli altri temo che scoprano l'odio interiore che si nasconde dietro il mio sorriso. Mi avvicino a loro, li guardo negli occhi, gioco con le loro mani, mentre vorrei strappar loro gli occhi. Mi immagino di essere un gallo e di poter cavare loro gli occhi con il mio becco affilato.

Oppure sono un toro e affondo le corna nei loro ventri, così che le viscere insanguinate sgorghino fuori! Sono un animale! Così giocavo con i miei fratelli ed emettevo grida animali. Li colpivo con i pugni e ruggivo. Oppure mordevo e abbaiavo. Ora vorrei essere una capra e spingermi dietro alle donne gridando «Bee, bee!». Giocavo spesso così con mia sorella.

Dio! Quanto sono ipocriti gli uomini! Sono qui in un albergo e incontro molte persone. Cerco di conquistare tutti, di adulare tutti e di dire parole gentili; faccio complimenti, ammiro, sono cortese. Li assoggetto a me attraverso la mia gentilezza. Li addomestico e diventano schiavi della mia cordialità.

Ma dietro questa maschera si nasconde la mia sconfinata volontà di potere. A volte la crudeltà irrompe. Do una pacca amichevole, ma in modo così brutale da provocare dolore. L'ho fatto ieri passeggiando con il dottor Stekel, quando ha cominciato a parlare di mia sorella. Questo mi è stato sgradevole. È arrivato a cose che avevo nascosto a lui e a me stesso. Gli ho dato una spinta per la gioia della scoperta. Egli ha subito riconosciuto il vero motivo e ha dichiarato che non avrebbe mai più passeggiato con me se lo avessi toccato. Sa troppo dei miei veri motivi.

Prima vita sessuale e fantasie

La mia primissima infanzia è nascosta nelle nebbie. Ci sono moltissime esperienze che mi fluttuano davanti come un «come se». Non riesco ad afferrarle chiaramente. Due figure attirano la mia attenzione: la nostra domestica, Marescha, e mia sorella Anita. Marescha era una sgualdrina brutta e sporca, ma intelligente. Sospettavo che mio padre avesse rapporti sessuali con lei. Anche noi avevamo una sorta di relazione; tutto è oscuro e poco chiaro. So solo che ero sempre la parte passiva. Marescha sembra aver preso l'iniziativa. Mi vedo disteso tra le sue gambe.

La sento giocare con me sotto. Avvicino la lingua alla sua vulva. L'odore forte mi stordisce. Provo un'intensa emozione mentre scrivo questo, e tremo in tutto il corpo. Voglio reprimere qualcosa.

Può una donna trascurata e sudicia attrarmi? Perché no? La sporcizia mi ha sempre affascinato. Sono un misofiliaco e un marcato sessuale anale. Ho spesso un prurito all'ano e devo grattarmi. Mi piace soprattutto infilare il dito nell'ano. Me ne vergogno soltanto. Mi scavo anche nel naso e osservo il muco con interesse. Mi delizia l'odore dei vecchi gabinetti. Da bambino ero sempre interessato a chi fosse andato in bagno prima di me. Potevo fare diagnosi dalla forma delle feci. Una volta ci fu una scarica diarroica enorme che mi inquietò. Come potevo scoprire l'autore? Da chi proveniva quel grande mucchio? Era un'impresa! Chi avrebbe creduto possibile che una piccola femmina avesse deposto un uovo così gigantesco?

Se evacuo una grande massa di feci in una giornata fredda, sento di aver perso una parte del mio calore interno e un brivido di tristezza attraversa il mio corpo. Se non posso essere nel corpo caldo della madre, voglio almeno conservare il mio calore per me stesso. Una volta guardavo una mia fotografia e mi dissi: «Sembri come se ti fossi cagato addosso!». Sì, sono un misofiliaco. Nella mia fantasia mi aggiro in luoghi dove ci sono escrementi, sporcizia e cose marce, dove c'è cattivo odore. Indosso anche la biancheria finché puzza ed è terribilmente sporca. Mi giustifico ai miei occhi dicendo che i vestiti si sporcano troppo in fretta. Razionalizzo che non esiste una buona carta igienica. Ma so che cerco l'odore delle feci e perciò non mi pulisco adeguatamente. Nei miei sogni sono persino un coprofago, un mangiatore di escrementi.

Torniamo a Marescha. Perché diavolo evito l'argomento? Ebbene – era sporca, ma le sue natiche e il suo pube erano voluttuosi. Aveva mani morbide. Cosa facevo tra le sue gambe? Giocavo con le mie piccole dita, entravo nel suo «buco del topo», e lei sembra averne tratto grande soddisfazione.

C'era tra noi un'attrazione magnetica. E non avevamo altro desiderio che continuare insieme giochi proibiti. Lei era una donna ed era ancora giovane. E in quel tempo non provavo né paura né inibizione.

Ora so perché desidero davvero una sola cosa: che le donne prendano il mio pene in mano e giochino con me. Non voglio nient'altro. Deve essere una soddisfazione dover prima faticare per trovare dov'è l'apertura e poi superare le difficoltà della penetrazione? Quanto è più dolce, al contrario, se la mano tenera e vellutata ti afferra e ti conduce all'orgasmo senza che tu debba fare alcuno sforzo! Tutto il corpo trema di estasi che nessun poeta può descrivere. Tutta la mia vita sessuale si basa su questi ricordi oscuri e nebulosi, la cui ripetizione bramo.

Non mi interessano le donne nude. È una soddisfazione molto maggiore sollevare la gonna di una donna e scoprire come la gamba diventi sempre più piena e rotonda salendo.

Poi il nido di topo scuro, caldo, accogliente e lanuginoso – con la sua melma calda e in calore all'interno. La mano sale sempre più in alto. Tocco tutto, annuso tutto, persino l'odore dolciastro e acido che mi stordisce. Mi vedo tra le gambe di Marescha; ne sento l'ano... lo lecco pulendolo.

Il diavolo! Tutti i ricordi sono confusi. Nulla appare chiaro. Tutto è un «forse». Ora mi appare una scena. Lei gioca con il mio pene e i miei testicoli e mi procura la mia prima erezione. Sento l'odore... e ora so perché ero disgustato dall'odore di mia moglie. Il disgusto è ora completamente scomparso. Era rimozione. Ora so quanto facilmente il disgusto si trasformi in desiderio. Potrei ora bere i succhi vaginali come vino pregiato.

Nella mia fantasia ingoio persino il mio seme. Perché ho sempre detestato le ostriche? Ora so cosa c'è dietro quel disgusto. Ora so perché Marie, nell'albergo in cui vivevo, mi eccitò così fortemente dal punto di vista sessuale. Era forse sporca? Tanto meglio. Non la voglio pulita. Se tutto viene lavato via, non resta alcuna fragranza né dolcezza.

Spero che non si lavi. È questo che mi attirava così fortemente verso le donne cinesi sporche.

D'altro canto protesto che uomini e donne si lavano troppo spesso! Questo toglie qualcosa alla loro personalità.

Si dice che, prima di morire, si debba comunque mangiare un sacco di terra. Naturalmente non si crede mai di aver mangiato l'intera razione fino all'ultimo momento della vita. Dovrebbe esserci sempre una certa quantità di buona terra pulita, così come dovrebbe esserci un po' d'aglio nel cibo, mentre una grande quantità sarebbe disgustosa. Comincio a capire perché provo tanto disgusto per un puntino nero o una macchia di qualsiasi tipo nel cibo. Il mio complesso del veleno è mescolato in questo modo con il cunnilingus e la fellatio: credere di potermi avvelenare con il pene o la vagina è una misura di difesa, una protezione contro il mio impulso a farlo. La paura delle malattie veneree è naturalmente una buona ragione nella realtà. Ma perché dovrei temere di più esplorare con la lingua i recessi scuri e lussureggianti della sua vulva che quelli della sua bocca? Sono impaziente che il tempo passi e allo stesso tempo impaziente di continuare queste deliziose fantasie.

Marescha fu una grande influenza erotica fin dall'inizio. Il mio atteggiamento verso Marescha è duplice. Per me è allo stesso tempo madre e Marescha. Mi accudisce come una madre, ha una storia incerta ed è senza dubbio "cunnilinguabile", se mi permettete di aggiungere una nuova parola al già vasto vocabolario pornografico che vi ho presentato. Credo che sarei stato un buon insegnante di una lingua-pornografia. Ma per oggi basta. Spero di poter essere oggi decoroso, mentre supero questa debauche infantile con Marescha.

Cinque esperienze spiacevoli

1. L'anno scorso, a K., invitai la mia classe d'inglese ad accompagnarmi a vedere una mostra di pittura moderna. Congedai il pubblico e andai alla galleria. Rimasi molto deluso quando nessuno dei miei allievi si presentò. Da quel momento ebbi paura di coloro che frequentavano le mie lezioni. So ora che alcuni di loro mi eccitavano omosessualmente. Non riuscivo a chiamare nessuno studente per nome e offesi una studentessa che mi era odiosa perché la chiamai con il nome del giovane che era noto come suo amico. Alla fine persi ogni sicurezza e credetti che gli studenti si stessero prendendo gioco di me. Fui felice quando non dovetti più andare a lezione.

2. Mia madre rise di me quando cercai di mettere in ordine i grossi ceppi di legna nel cortile. Erano troppo pesanti per me. Mi voltai una volta e colsi mia madre che sorrideva. Da allora ho avuto paura che chiunque potesse ridere di me. Quando la gente ride in un ristorante o per strada, il mio primo pensiero è che si stiano prendendo gioco di me.

3. Avevo sempre paura che i miei vestiti fossero in qualche modo in disordine o che fossi vestito in modo inappropriato. Una volta a Parigi avevo comprato un biglietto per uno spettacolo e non sapevo che a teatro

bisognava indossare lo smoking o il frac. Il controllore mi respinse e mi disse che potevo riavere i soldi alla biglietteria. Fui fortunato a riavere il denaro senza ricevere una bastonatura. Odio gli uomini eleganti perché io stesso non posso esserlo. I vestiti logori che dovetti indossare da bambino furono la causa di questo atteggiamento. Odiavo un amico perché portava un fazzoletto colorato ben visibile e lo deridevo. Interiormente lo invidiavo.

4. Le scaglie che cadono dalla testa sul colletto della giacca mi infastidiscono moltissimo. Per questo non indosso mai abiti scuri. (Poi penso anche che mi facciano sembrare più grasso.) Le scaglie sono un segno di decadimento corporeo e di vecchiaia, proprio come la mia dentiera, che improvvisamente schiocca e scricchiola se cerco di dare un morso grande. Dio mio – cerco di controllarmi. Ma odio la parola *cercare*. Ho cercato troppo. Odio ciò che è falso, e ho così tante cose false addosso e dentro di me: denti falsi, occhi falsi (gli occhiali), suole false (i supporti per i piedi piatti). Sono stanco della lotta. Mi sento inferiore, mentalmente e fisicamente. Il dottor Stekel dice che ho perso il coraggio. Ma non ne avrei forse tutte le ragioni?

5. La quinta esperienza spiacevole è difficile da ricordare. So che erano cinque. Sono in piedi e fumo. Penso alle cinque dita durante la masturbazione. All'improvviso mi viene in mente: il quinto comandamento! *Non uccidere!* Chi ho ucciso, chi ho voluto uccidere? I nomi dei miei fratelli hanno cinque lettere, anche il nome di mia sorella (Anita) ne ha cinque. Anche mia moglie... Volevo ucciderla? Wilde dice che ognuno uccide ciò che ama. So che spesso mi ostacola. Ho voluto avvelenarla. Il dottor Stekel ha interpretato alcuni miei sogni come sogni di un avvelenatore. Il sogno dei mirtilli che sembrano belladonna e che mia moglie mangia nonostante il mio avvertimento fu il primo di questi sogni, ed era abbastanza chiaro. Sento in me un odio selvaggio. Sento di avere una natura combattiva. Le mie tendenze suicide sono intenzioni omicide rivolte verso l'interno. Ieri ho temuto che F. S., a cui insegnavo inglese, potesse uccidermi perché lo avevo congedato. Perché? Perché volevo uccidere il dottor Stekel.

Perché ora ho una sensazione di vertigine tale da non poter pensare oltre? Preferirei ucciderlo piuttosto che lasciargli portare via il mio ideale della sorella. Ha scoperto il mio piano di vita. Ha scoperto che voglio vivere con mia sorella. Una volta accennai di sfuggita al fatto che avevo giocato con mia sorella.

Lei teneva il mio pene nelle sue belle mani morbide. Non dimenticherò mai questa sensazione di piacere. Mai! Mai! Mai! Il dottor Stekel pensa che Marescha abbia preso su di sé molto di ciò che riguarda la sorella. Lei fu il mio grande amore. Ma se voglio pensare oltre a ciò che feci con lei, tutto è nebuloso. L'ho posseduta?

Cunnilingus? Fellatio? Tutta fantasia; so solo come di notte andassi verso il suo corpo dolce, come lei giocasse con me e io con lei.

Voglio uccidere il dottor Stekel perché vuole separarmi da mia sorella. Voglio uccidere chiunque invidi e che mi ostacoli. Ieri ho visto a teatro un giovane timido con una ragazza incantevole. Avrei potuto gettarlo in un abisso affinché cadesse nelle profondità con un grido di terrore e si schiantasse. In ogni caso non farà strada nella vita, e se viene fatto a pezzi, tutto è finito.

Uccidere è un atto di bontà. Libera gli uomini dalla loro sofferenza. Essi vogliono morire. Io li aiuterò a farlo. I miei pensieri si perdono in un labirinto. Chi ucciderò?

La resistenza contro il sapere è troppo grande. Ma sento l'anticipazione, una gioia psichica, diciamo un orgasmo, al pensiero di uccidere una persona nel momento del piacere supremo, nel vedere come trema di delizia, come l'estasi dell'ultimo orgasmo violento scuote tutto il suo corpo – e poi non si muove più. Mi ha concesso la massima soddisfazione e non la darà a nessun altro!

La mia nomina all'Università di K.

Ero fortemente restio ad accettare l'incarico. Una volta persi il treno; salii su quello sbagliato. Consideravo il posto indegno di me. Avrei dovuto ottenere il primo posto nella prima università. In realtà era un collegio per la formazione dei sacerdoti, quindi non una vera università; d'altra parte temevo il contatto con i preti, verso i quali ero sempre attratto. Erano troppo simili a me, con la loro repressione di orrende fantasie sessuali e la loro brama di potere, che si sfogava sui peccatori tremanti. Quei preti! Li invidiavo e odiavo i loro piedi puzzolenti la domenica mattina.

Organizzai lì la mia vita in modo abbastanza confortevole e, dopo alcuni conflitti, riuscii a oziare a mio piacimento.

Ero padrone di me stesso. Potevo esibire il mio sapere senza prendermi la briga di istruire davvero gli studenti. In realtà volevo seppellirmi vivo lì. Non avevo paura dei colleghi. Ognuno aveva i propri panni sporchi da lavare. Se avessero avuto qualcosa di brutto da dire su di me, avrei potuto ripagarli con la stessa moneta. Il grande uomo che aveva fondato quel luogo di cultura con i suoi milioni aveva ottenuto il denaro con pubblicità fraudolenta. E con le altre autorità giocavo a carte e facevo amicizia.

Nr. mi disse che gli studenti mi chiamavano un "poseur". Questo mi colpì. Ammirai l'uomo che ebbe il coraggio di rinfacciarmi i miei difetti. Tuttavia non glielo perdonai mai.

Allo scoppio della guerra ebbe inizio l'inquisizione penale.

Ero pacifista e confidavo nel messaggio di pace dello zar al momento della sua ascesa al trono. Un giorno ricevetti una convocazione al consiglio della polizia segreta. Avevo sposato una tedesca. Dissi di essere un buon patriota, ma di non poter rinunciare alle mie convinzioni pacifiste. Alla fine la mia risposta fu ritenuta una giustificazione sufficiente e fui rilasciato con un ammonimento a non rendermi colpevole di alcuna agitazione contro la guerra. Ebbi la sensazione di essermi dimostrato un eroe.

(In realtà ero altrettanto antitedesco. Non potevo perdonare l'invasione tedesca del Belgio.) Ma mia moglie riuscì a modificare i miei sentimenti e cercai di difendere i tedeschi tra i miei compagni. Il risultato fu che ricevetti un documento anonimo che mi prometteva una sonora bastonatura.

Vissi per tutto il periodo della guerra nella paura di essere denunciato e imprigionato o mandato in esilio in Siberia. In quel periodo mia moglie si ammalò e fu operata di appendicite. Un mio amico mi incontrò all'ospedale e mi invitò a casa sua. Lì mi minacciò di punizione e di deportazione se non avessi divorziato da mia moglie, la sudicia "crucca". Tornai di corsa all'ospedale e raccontai tutto a mia moglie. (Volevo ucciderla?) Allora soffrii di una paura terribile che i russi potessero avvelenarla in ospedale. (Desiderio evidente!) Lei si frapponeva tra me e la mia patria. Credo che la situazione fosse simile a quella in cui avevo difeso mio padre contro i violenti attacchi di mia madre. Ero anche geloso. Sospettavo che mia moglie fosse innamorata del medico, poiché arrossiva quando ne pronunciava il nome.

Sospettai un uomo che l'aveva massaggiata e le cui visite lei aveva interrotto perché aveva voluto spingersi troppo oltre. Mi aveva detto tutta la verità? In quel periodo un professore di filosofia parlava con me di psicoanalisi. Ne fui subito entusiasta e gli chiesi di analizzarmi.

Non aveva ancora analizzato alcun paziente ed esitò a lungo. Alla fine accettò. L'effetto fu sconvolgente. Mi sentii come rinato. Dissi al rettore che grandi eventi avevano avuto luogo nella mia vita. Cominciai ad amare il mondo intero. Ero benevolo con i miei studenti e divenni presto un professore prediletto. Permettevo loro di recitare poesie, spiegavo tutto e in verità ero un compagno di giochi per loro. Arrivarono nuovi studenti e tutti apprezzavano le lezioni. Insegnare era un piacere. Ero in uno stato continuo di eccitazione maniacale.

Improvvisamente fui assalito dal pensiero ossessivo che mia moglie si fosse suicidata. Ogni volta che tornavo a casa mi aspettavo di trovarla impiccata o avvelenata. Poi venne la faccenda delle lettere anonime, che ti ho raccontato il primo giorno. All'inizio mi causarono un'angoscia indicibile, finché scoprii che ero io stesso l'autore delle lettere. Allora mi sentii colpevole di aver torturato e accusato così crudelmente uno studente.

Ho molte prove del fatto che fui io a scrivere le lettere. Più tardi mi misi in trance e scrissi automaticamente le stesse lettere, con la stessa grafia e nello stesso ordine. Tutto era stato dimenticato! Come avevo potuto farlo e poi reprimerlo?

Ricordo solo di essere entrato in un negozio e di aver comprato carta comune e buste economiche, le più a buon mercato. Molti mesi dopo trovai quella stessa carta e una busta simile, inutilizzate, in un cassetto inferiore della mia scrivania, mentre la riordinavo.

(Mentre scrivo questa confessione, ricado di nuovo in uno stato onirico simile.)

Fissai la carta a lungo! Dunque sì! Ero io l'autore delle lettere anonime!

Poi mi fu concesso un congedo dall'università per malattia. I giornali ricevettero lettere anonime (scritte da me) in cui insegnanti e studenti protestavano contro questa ingiustizia. Ricominciai a dubitare. Non era stato forse qualcun altro a scrivere le lettere? Poi arrivò la dolorosa perizia grafologica. Pensai di rivolgermi alle massime autorità. Volevo anche andare a Pietroburgo e farmi esaminare dai primi psichiatri. Il mio "Es" non mi permise questa follia, benché mia moglie lo chiedesse più volte per lettera.

Ero tornato a H., la città della mia giovinezza (una regressione alla terra dell'infanzia). Vi vissi nove settimane, sentendomi fresco come un pesce nell'acqua. Mi alzavo ogni mattina alle cinque e andavo a camminare nel freddo pungente, analizzavo tutti gli amici e conoscenti, diffondevo sole ovunque, lanciavo sguardi pieni di desiderio alle belle donne. Mia moglie voleva che tornassi a casa. Rimandavo, perché quello fu il periodo più felice della mia vita. Sentivo l'onnipotenza del pensiero e del mio sorriso, il potere magicamente curativo delle mie mani, che dovevano solo toccare per guarire. Ero Cristo. Mi sento così anche in questo momento. Posso uccidere i miei nemici e guarire i miei amici.

Feci un'indagine approfondita sulla vita di mio padre, consultai registri, interrogai tutte le persone che lo avevano conosciuto, parlai con leggerezza e temerarietà dei suoi difetti, finché un uomo anziano, un suo conoscente, pensò che stessi esagerando. Mi invitai come ospite da varie persone, che probabilmente stancai più di quanto le divertissi con il mio comportamento bizzarro; marciai per molti chilometri sotto fango e pioggia fino a una donna di settantatré anni (nonostante i piedi doloranti!) per analizzarla. Stavo per guarire il mondo intero con la psicoanalisi: una cugina anziana, da anni costretta su una sedia a rotelle, un vecchio monaco alcolizzato.

Ero felice e non vedevo alcuna nube all'orizzonte. Volevo persino tenere conferenze pubbliche e predicare in chiesa, e suscitai sensazione in una società con il mio discorso di commiato.

Andai in un'altra piccola città, dove un amico aveva già letto numerosi libri di analisi. Anche una sua studentessa si era interessata alla nuova scienza. Analizzai lui e lei per amore, per mezzo rublo all'ora. Mi innamorai dei miei pazienti e dovetti resistere a violente tentazioni sessuali. Potrei raccontare molto di più di questo periodo, ma sorvolerò.

Accettai un incarico in una famosa università. Mi piaceva il nuovo lavoro e speravo di poter utilizzare le mie conoscenze analitiche nell'insegnamento. Una sola cosa mi turbava: un ex collega aveva perso il posto perché aveva avuto ogni sorta di esperienze omosessuali con gli studenti. (Come il dottor Stekel mi ha dimostrato, la mia idea fissa era di istruire gli studenti sulla masturbazione.) Il professore in questione mi aveva spesso parlato a K. della masturbazione e affermava di aver curato molti giovani sventurati spiegando loro che masturbarsi era innocuo e necessario. (Credevo che la sua perversione fosse la fellatio, come mi aveva detto un collega, ma risultò che si trattava di "masturbazione reciproca".) Dovevo prendere il suo posto e temevo di essere considerato dello stesso stampo.

Giusto così! Alla prima riunione mi fu chiesto di B. e dovetti ammettere di aver sentito parlare delle sue "porcherie".

Mi rimproverai interiormente di non averlo difeso e decisi di non dire nulla sulla psicoanalisi.

Tuttavia mi lasciai indurre a confidare a un collega di essere stato analizzato e che l'analisi mi era stata molto utile nell'insegnamento. Mi abbatté profondamente il fatto che egli facesse poi alcune osservazioni sprezzanti sull'analisi. Commettei lo stesso errore nell'insegnamento che a K. Ero sognante e pigro, non mi preoccupavo dei progressi degli studenti e feci sì che il numero dei frequentanti si riducesse da 140 a un quarto. Non dirò nulla di altri errori e follie; porterebbe troppo lontano. L'atto più folle fu l'incontro settimanale degli studenti a casa mia (serate analitiche). Si discuteva molto di problemi sessuali, scelta della professione, grafologia. Per me quelle serate erano un'orgia fantastica omosessuale. Ero timido e confuso quando incontravo per strada coloro che vi avevano partecipato, soprattutto quando uscivo dal collegio. Avevo paura che mi deridessero.

Tra i miei studenti c'era una ragazza incantevole, figlia di un uomo influente. Non ero soddisfatto dei suoi progressi e cercai di aiutarla con la psicoanalisi. Le parlai della sua fissazione al padre e al fratello e le consigliai di abbandonare gli studi. Cercò di commuovermi perché le permettessi di superare gli esami, cosa che rifiutai indignato.

Ora so che volevo conquistarne l'amore attraverso il transfert analitico. Poi la odiai, perché non vedevo alcun successo nel mio corteggiamento. Alla fine dovetti cedere, perché l'influenza di suo padre era tale che il rettore e il decano mi fecero capire che la ragazza doveva essere promossa. Questa faccenda mi fece perdere completamente il controllo. Analizzai mentalmente il rettore e il decano e vi trovai ogni sorta di complessi odiosi. Analizzai le loro mogli e stabilì una frigidezza assoluta. Naturalmente tutto nella mia fantasia. Credevo di poter penetrare le loro anime con occhi d'aquila. Scoprii in loro impulsi criminali. Era uno spostamento e una proiezione dei miei complessi sugli altri. Poiché in quel periodo ero dominato dal mio complesso del veleno. Mi consideravo immune dall'avvelenamento e credevo che mia moglie sarebbe stata avvelenata.

Studiai tutta la letteratura analitica. Mi capitò tra le mani anche un libro del dottor Stekel. Mi fu subito chiaro che era l'unico che potesse curarmi. Abbandonai il mio posto prima di perderlo e andai in Germania. Trascorsi gli ultimi giorni prima della partenza come in un sogno. Ero indifferente a tutto, e mia moglie dovette occuparsi di ogni cosa.

L'intero viaggio mi apparve all'improvviso come una farsa. Nel vagone ferroviario giocai a carte con persone che non conoscevo e persi un mucchio di denaro. Volevo giocarmi tutto – questo mi fu chiaro solo più tardi – e spingere mia moglie alla disperazione e al suicidio. Quando mi rimproverò, le proposi di dividere il nostro denaro. Mi preparavo dunque a una separazione. Non volevo darle nulla del denaro che avevo guadagnato. Odiavo i suoi parenti e in Germania mi comportai da sciocco. Parlavo solo di analisi e improvvisamente andai a Vienna per visitare il dottor Stekel.

Caso numero 39

Un caso di automutilazione parapatica e paralogica.

Otto F. fu inviato per osservazione alla clinica psichiatrica di Vienna il 17 febbraio 1921, su ordine della corte suprema per affari penali. Il procedimento riguardante la sua partecipazione a una rapina fu concluso su consiglio dello psichiatra della corte.

Il paziente si era ferito a entrambi gli occhi durante la detenzione con schegge di vetro, dopo aver precedentemente tentato di impiccarsi nella sua cella.

F. era nato nel 1890; sposato; commerciante. La sua infanzia fu segnata da condizioni familiari molto infelici.

Sua madre, in generale, aveva prestato poca attenzione a lui; quando aveva tre anni, andò, su suo desiderio, a vivere con la padrona di un pensionato e vi rimase fino all'inizio degli anni scolastici. Secondo il padre, la madre era una "donna rabbiosa con una disposizione terribilmente sensuale"; aveva picchiato molto il paziente, spesso anche alla testa. Viveva molto male con il marito; le dispute che degeneravano in scene di percosse erano all'ordine del giorno. Lo ingannava continuamente, davanti agli occhi del figlio, davanti al quale, come dice il padre, "non provava alcuna vergogna". Attacchi di rabbia sempre più frequenti, insieme a queste scene, portarono al divorzio. La donna vive ora in un'altra città e, sebbene abbia già cinquant'anni, conduce lì una "vita molto immorale". Il padre è un uomo tranquillo, serio, modesto, non privo di intelligenza, spesso alquanto nervoso. Due membri della famiglia immediata della madre erano "forse malati di mente", comunque molto nervosi, ma non si riuscì a ottenere informazioni più precise su di loro.

Un numero sorprendentemente grande di ricordi è tuttora disponibile a F., del periodo in cui visse con la padrona del pensionato e degli anni scolastici successivi. Poche contraddizioni appaiono nei suoi racconti su questi anni, sia riguardo al contenuto delle esperienze sia alla loro sequenza cronologica. Inoltre, tutte le sue dichiarazioni furono confermate in tutto ciò che era essenziale dal padre.

La curiosità sessuale di F. si risvegliò precocemente. Si ricorda a tre anni mentre gioca con altri bambini al lavabo, quando sveste completamente una bambina e tocca i suoi genitali. La notte, quando dormiva con la padrona del pensionato, "la stuzzicava". A quattro anni ebbe la prima erezione e probabilmente aveva già iniziato a masturbarsi. Ricorda chiaramente che a sei anni era molto interessato a ciò che c'era nell'addome, ma soprattutto ai genitali femminili. Una volta voleva persino aprire la pancia "per vedere cosa c'era dentro".

Quando tornò a casa dei genitori, nel suo settimo anno, concentrò il suo interesse soprattutto sulla madre. Osservava sempre dalla stanza accanto quando il padre accarezzava la madre e poi si masturbava immaginando il coito dei genitori. In quegli anni vi erano frequenti contatti reciproci con ragazze della sua età e tentativi di coito con una serva; "era quasi quotidiano". Doveva sempre pensare alla madre mentre faceva ciò; aveva già il desiderio, che si manifestò più chiaramente in seguito, "di fare con sua madre ciò che faceva il padre". Doveva anche domandarsi continuamente perché la madre non se ne andasse dal padre; lui avrebbe potuto prendere il posto del padre con lei. A sette anni la madre spesso usava la sua brutta salute come scusa per uscire di casa con lui. Incontrava allora un uomo che baciava. Quando il paziente vide ciò per la prima volta, fu molto triste: "Per me era orribile". In seguito imparò ad apprezzare quell'uomo, perché gli faceva tanti regali. Se la madre andava a dormire in un albergo con l'amante, lo portava sempre con sé, ma lo faceva ubriacare prima. Lui allora stava in guardia, guardava dalla finestra per vedere se poteva osservare qualcosa. "Avevo allora una sensazione particolare; ero molto eccitato". Frequentava la scuola in modo molto irregolare, era un cattivo studente, correva dietro a tutte le ragazze.

"Da piccolo avrebbe voluto più di ogni altra cosa andare sopra sua madre," disse il padre a riguardo. A quattordici anni, la madre lo cacciò definitivamente di casa. Divenne aiutante in un negozio, ma non restò mai a lungo in alcuna posizione. Frequentemente restava senza lavoro e riceveva denaro dal padre a sua insaputa. Talvolta si manteneva come venditore ambulante. Fu punito per la prima volta dalla legge a sedici anni per taccheggio; alcuni anni dopo, per aver rubato vetrine, fu condannato a dieci mesi di prigione. Aveva visto la chiave del negozio nascosta e “all’improvviso ebbi un impulso a rubare, a cui dovevo cedere”.

Due anni dopo fu nuovamente condannato per lo stesso crimine. Rubare gli dava piacere; provava una sensazione decisa di soddisfazione e non riusciva a resistere alla tentazione.

Il suo primo coito normale avviene nel suo settimo anno. La prima donna con cui ebbe una relazione relativamente lunga fu una vedova con quattro figli, circa dodici anni più grande di lui. Il paziente era affezionato a lei, sebbene fosse molto gelosa e creasse spesso scene spiacevoli. La figlia di sette anni di questa donna veniva sempre a letto con lui e giocava con lui, ma non vi fu mai alcun rapporto sessuale. Dal 1912 in poi visse di nuovo con una donna più anziana, portinaia di un bordello. Questa lo costrinse ad avere rapporti con lei; ma lo fece con riluttanza, perché le era ripugnante. Poi per la prima volta desiderò rapporti sessuali con bambine. In effetti, due anni prima una bambina di dodici anni, già abusata dal padre, si era avvicinata a lui. Questo lo interessò. Lei si offrì a lui e sarebbe stato molto felice di avere rapporti, ma allora aveva troppa paura della legge.

Negli anni seguenti il paziente divenne sempre più nervoso; lui stesso e chi gli stava intorno soffrivano dei suoi frequenti stati eccitati. Si sposò due anni fa “per liberarsi dalla donna anziana” e da allora lavora come commesso nel negozio della moglie. Aveva contratto la sifilide poco prima delle nozze e da allora è stato trattato con ripetute iniezioni. È sempre stato molto brutale con la moglie; ci sono state frequenti scene e l’ha picchiata molte volte. Da circa un anno è continuamente assalito da un impulso irresistibile a rapporti sessuali con bambine, e più volte ci sono stati rapporti effettivi con piccole ragazze. Il paziente spesso si rimprovera e cerca di combattere l’impulso, ma è sempre sconfitto. Anche donne molto anziane hanno esercitato su di lui un forte stimolo sessuale. F. è spesso impotente con la moglie, ma con i bambini è sicuro della sua potenza.

Nel frattempo si è masturbato frequentemente, a volte anche eccessivamente, negli ultimi mesi sempre pensando a bambine. Nei sogni degli ultimi mesi si ripete una scena in cui ha rapporti sessuali con la madre. Da qualche tempo ha una compulsione a bruciare denaro, a cui talvolta ha ceduto. Non sa spiegare perché ("è sciocco... è una malattia"). Allo stesso modo giudica l'impulso ossessivo comparso più volte nell'ultimo anno di gettarsi o gettare la moglie dalla finestra. "Quando sto alla finestra devo trattenermi per non saltare fuori". Il paziente fa anche acquisti sciocchi, ben oltre le sue possibilità, che hanno spesso messo lui e la moglie in difficoltà. Non sa spiegare perché lo fa. "Mi è venuto così". Ripetutamente manifesta intenzioni suicide, parla anche del fatto che deve accecarsi affinché tutto gli appaia come in un sogno. Fu arrestato poco prima di Natale 1920 per un consistente acquisto e durante la detenzione si ferì gravemente a entrambi gli occhi con schegge di vetro, tanto che, quando fu ricoverato in clinica, era quasi completamente cieco.

F. è approssimativamente orientato nel tempo e nello spazio in clinica, chiaro e ordinato. Talvolta irritabile, sospettoso, talvolta anche un po' altezzoso, tende a oscillazioni d'umore. Sta per lo più da solo, parla poco con gli altri pazienti. Non si lamenta della cecità; anzi, dà l'impressione di esserne soddisfatto. È ben dotato intellettualmente. Presenta una cataratta traumatica a ciascun occhio; le masse opache dei cristallini sono protruse nella camera anteriore. Paziente quasi totalmente cieco. L'unica pupilla ancora visibile reagisce prontamente e abbondantemente alla luce e all'accomodazione. C'è anchilosi dell'articolazione del ginocchio sinistro. Riflesso achilleo destro assente. Per il resto, nulla di notevole a livello somatico.

F. indica come motivo per essersi accecato la speranza che, se cieco, avrebbe trovato sollievo dal suo desiderio sessuale verso i bambini. Voleva risparmiare ulteriori dispiaceri alla moglie. Continuamente pensava di dover strapparsi gli occhi. "Come gli venne in mente?" "Mi venne da sé." Poi F. cominciò a interessarsi alla questione "se anche i ciechi sono capaci di un'azione malvagia, se anche loro possono essere così rabbiosi." Diversi pianisti ciechi che ha conosciuto "hanno mogli vecchie e brutte e tuttavia vivono in armonia con loro." Un suo amico, che è stato omosessuale e ha avuto rapporti con bambine, è diventato cieco dopo un tentativo di suicidio fallito: "Da allora ha vissuto felicemente e in pace, trovando sollievo dall'impulso." F. ammette, se interrogato, che il pensiero di accecarsi gli venne molto prima di queste esperienze altrui.

Da quando si è accecato, il paziente si sente "così calmo, così felice, molto meglio di quanto non fosse da tempo". Durante tutto il periodo di soggiorno in clinica, paesaggi e motivi di arazzi appaiono vividamente ai suoi sensi. Si manifestano indipendentemente dalla sua volontà, ma ne riconosce il carattere soggettivo. Tutti hanno in comune la qualità della pace e della tranquillità: "Vedo bellissimi quadri, paesaggi verdi, montagne e vallate, motivi di arazzi. Ho una tale sensazione di felicità nella testa; vedo colline, alberi; è così silenzioso... Gli arazzi hanno colori diversi e belli, soprattutto rosso scuro." Crede che ora sarà una persona completamente diversa e non si lascerà più coinvolgere in affari discutibili. Nei suoi pensieri è spesso con la famiglia. All'inizio, dopo l'accecamento, F. desiderava ancora ogni tanto le bambine, ma in pochi giorni fu completamente libero da tali pensieri e la sua inclinazione e interesse cominciarono a rivolgersi più di prima verso la moglie. Quando lei viene a trovarlo in clinica, è particolarmente affettuoso e gentile con lei.

Fu iniziata la psicoanalisi del paziente, che però dovette essere interrotta dopo la terza seduta a causa del suo energico rifiuto di proseguire il trattamento. Riporterò qui un solo sogno dal materiale analitico ottenuto, che sotto molti aspetti è molto rivelatore e sufficientemente trasparente anche sulla base del nostro breve tentativo interpretativo. Il sogno recita:

Ho sognato di aver rubato dei pantaloni. Avevo paura di essere inseguito dalla polizia. Erano pantaloni corti, come i pantaloni stiriani; erano pantaloni di pelle di cervo. C'era una donna nel negozio; la donna parlava di cuoio grigio per scarpe.

A questo pensiero aggiunge: "Mia moglie aveva detto che avrebbe fatto fare qualcosa in pelle, scarpe; era questa settimana." Negli ultimi giorni aveva più volte provato desiderio sessuale per la moglie. La pelle animale gli sembrava simile alle parti sessuali della moglie. "Un tempo avrei volentieri rubato ciò che mi capitava tra le mani, anche molti anni fa. Ho preso piccole cose, forbici o ciò che giaceva sulla scrivania. Ne traevo soddisfazione, persino piacere diretto. Di solito restituivo poi gli oggetti rubati." Nel sogno si rammarica di non aver preso qualcosa di meglio. La stessa notte ebbe un secondo sogno: ero in una macelleria;

c'erano pezzi di carne di due o tre chilogrammi. Avevo paura di doverli prendere. Poi entrai nell'anticamera e presi un pezzo. Lo misi in un cestino della spazzatura dove c'era molta carta, carta sporca, e pensai di prenderlo in seguito.

Il 27 febbraio F. fu ricoverato nell'ospedale psichiatrico statale "al Steinhof" e da lì, dopo pochi giorni, rimandato a casa.

L'analisi di questo caso suggerisce situazioni simili in cui la cecità rappresenta una retribuzione quando gli occhi hanno peccato. È degno di nota il caso di Goffin, che potrebbe essere stato quello di uno schizofrenico. L'uomo dissoluto ma religioso, di cinquantadue anni, udì la voce di Dio che gli disse: "Hai peccato con i tuoi occhi, hai visto la verginità di tua figlia; strappati gli occhi che hanno visto l'offesa." Altri pazienti si riferiscono al passo biblico del Sermone sul Monte: "Se il tuo occhio destro ti scandalizza, cavalo e gettalo via da te." Hartmann riconosce la fissazione sulla madre, considera le donne più anziane con cui il paziente convive come immaginazioni materne, e allude anche alla cecità di Edipo, nonché allo spostamento dal basso verso l'alto (complesso di castrazione).

XII: ANALISI DI UN MASOCHISTA

Caso numero 40

Il signor Ladislao K., commerciante, trentotto anni, si rivolse a me a causa dell'impotenza. Nel corso del colloquio scoprii che era un masochista estremo. È entusiasta delle donne robuste, con natiche ben formate. Vorrebbe umiliarsi davanti a queste donne ed eseguire per loro i servizi più umili che esse potessero comandargli. Si lascia fustigare e in questo modo giunge all'eiaculazione, oppure riesce allora ad avere un rapporto sessuale. Senza scene masochistiche preliminari è assolutamente impotente. Con donne tenere è completamente impotente. Gli viene consigliato un trattamento analitico. Egli fa notare l'impossibilità di recarsi a Vienna (è polacco) e rimanda la cura a un momento successivo. Ricevo da lui, dopo quattro mesi, prima dell'inizio del trattamento, la seguente lettera, molto caratteristica:

La genesi della mia vita erotica successiva risiede forse negli anni precoci dell'indiscrezione infantile. Un certo senso di vergogna, se non di paura, verso le donne fortemente sviluppate. La masturbazione ebbe inizio nel sedicesimo anno. Oggetto della fantasia: una donna forte e avvenente che vedevo spesso e di cui osservavo sempre le natiche. Nella mia fantasia eseguivo per questa donna, appartenente – lo menziono di passaggio – a una famiglia di una certa importanza, servizi umili, riferiti soprattutto all'erotismo anale. Masturbazione moderata, spesso per settimane nulla; mai due volte al giorno! Da allora esistette per me un feticcio sotto forma di natiche femminili ben sviluppate. Ebbi rapporti (non sessuali!) con ragazze giovani senza pensieri erotici; piuttosto con una certa timidezza. Maschera: volto cupo oppure comportamento scortese.

A diciannove anni, il mio primo coito con una prostituta. Erezione solo con l'aiuto manuale della donna. Coito successivo quattordici giorni dopo. Erezione autonoma. Fantasia esclusa.

La masturbazione diventa meno frequente. La fantasia morbosa si risvegliava ogni volta che vedevo una donna "adattamente" corpulenta.

Motivo come sopra. Al terzo o quarto coito con una prostituta l'erezione avvenne vigorosamente senza aiuto. Coito normale – ma con conseguenze. Ero troppo poco "istruito" e forse avevo contratto una gonorrea senza saperlo. Superai alcuni bruciori all'uretra.

Non ricordo secrezioni. Mi masturbavo saltuariamente, finché improvvisamente, dopo una caduta da un carro – circa due mesi dopo quel coito – soffrii un'infiammazione del testicolo sinistro. Terapia: borsa del ghiaccio. Qui termina la prima fase della masturbazione, anche se non del tutto.

Sono diventato ancora più timido di prima. La maledizione del cattivo erotismo continua la sua opera. Le donne dalle forme ben sviluppate restano il campo delle mie ulteriori fantasie. Lessi *Selbstbewahrung* del dottor Retau e fui curato per lettera da Lipsia con pillole (canfora).

Sessualmente del tutto indifferente. Reprimo con forza i pensieri masochistici, cedo di tanto in tanto alla mano di una dominatrice che si pubblicizza. Così va avanti per quasi un anno e mezzo. Improvvisamente compare una secrezione. Consulto un medico.

Diagnosi: gonorrea – non avevo avuto rapporti sessuali da un anno e un giorno! Protargolo, pillole, ecc. Risultato: dolori alla prostata. Terapia: massaggi. Risultato complessivo: nevrastenia semplice – cura con acqua fredda. Ulteriore astinenza sessuale. Dopo quasi due anni mi costringo di nuovo al coito con una prostituta. Grandi preparativi... ho avuto il coito – ne esco vincitore – poi considero il prezzo! La seconda volta è difficile – la terza volta – fallimento! Età: ventidue anni.

Lo spettro del "vecchio Eros" si fa sentire, ma sono, almeno in apparenza, più forte. Reprimo con forza i "certi pensieri" finché tutto procede bene. Poi vengo nuovamente respinto indietro. Due donne della vita di strada viennese hanno stregato la mia fantasia e a ventitré anni sono quasi dove ero a venti. Certo, ho rapporti che si potrebbero chiamare normali con prostitute, mentre la mia fantasia rimane prima e dopo morbosa. Devo aggiungere che nel periodo di completa astinenza sessuale e dei vari trattamenti da ciarlatani ebbi stati nervosi (insonnia, esaurimento e simili). Nulla però mi irritò tanto quanto il fatto che un giorno non riuscii a urinare davanti ad alcuni conoscenti. Questa condizione purtroppo dura fino a oggi – cioè da quindici anni – ed è per me penosa.

Per evitare prolissità passo alla terza fase della mia vita sessuale, cioè quella in cui la "fantasia" divenne gradualmente realtà. Cominciai a trattare le natiche come il volto. Ho eseguito servizi umili per prostitute particolarmente robuste e avvenenti, senza tuttavia scendere così in basso da assaggiare feci o urina. Vi sono intervalli di mesi in cui apparentemente ho perso gli impulsi masochistici, ma essi riappaiono, soprattutto quando sono di cattivo umore provocato da qualche evento casuale.

Circa dieci mesi fa trascorsi la notte in un albergo e avevo come vicini una coppia di amanti o una giovane coppia sposata.

Sentii la donna gemere e ebbi erezioni, mi pensai al posto dell'uomo e avrei potuto compiere il coito sul momento. Quella notte fu il mio destino. Non ho fatto altro che masturbarmi (con fantasie masochistiche), dopo essermi astenuto per anni. Questo caso rimase unico! Un mese dopo conobbi una prostituta che mi capì e di cui divenni lo "schiavo", come lo descrive ripetutamente Sacher-Masoch. Rabbrividisco nello scriverlo! Qui la mia eccitazione raggiunse il culmine. Questa prostituta mi stregò! Non vedevo l'ora di stare con lei. Descriverò la procedura: arrivavo; lei assumeva la posa della "padrona". Le leccavo tutto il corpo, soprattutto le natiche, persino l'ano; poi compivo il coito. Da due mesi non vedo più la prostituta e da allora ho avuto coiti "normali" con un "testo fantasioso adattato".

Sono diventato più calmo; almeno ora, all'inizio della scrittura. Per quanto oggi sia ancora attratto dalle parafilie, dopo provo sempre disgusto e ripugnanza per me stesso.

Le ragazze normali e graziose mi piacciono molto; sono stato quasi felice quando ho avuto un sogno con un'esperienza erotica normale e un'eiaculazione conseguente. Ma ciò è stato molto raro! Mi sono sentito ugualmente infelice dopo un assurdo sogno perverso. Anche questi sogni sono stati rari.

Attualmente soffro di una malattia cardiaca, che certamente non ha nulla a che fare con il mio erotismo. Voglio sapere da un medico coscienzioso soltanto questo:

se posso avere un sentimento sessuale normale per potermi poi sposare. Oppure, se sono troppo vecchio per questo e devo rassegnarmi, anche questo mi andrebbe bene.

Non temo nulla più dei "castelli in aria" e delle disillusioni!

Voglio la verità; credo di essere abbastanza forte da sopportarla. Preferirei mille volte sentire che il mio stato non cambierà sensibilmente piuttosto che il contrario, se eventi futuri dovessero smentire quest'ultima prognosi.

Egli si presenta al trattamento sempre in uno stato di dubbio. Se una persona del genere possa essere guarita? Se non sia piuttosto un miserabile degenerato?

Dopo lunga esitazione confessa un sogno che mostra tutti i segni del transfert (reazione primitiva):

Sono a letto con il dottor Stekel e ho un'emissione. Penso tra me e me: ora saprò se avrò mai figli.

Si sveglia e non ha eiaculazione. Crede che non avrà figli; il suo seme non esce mai normalmente e ha una consistenza particolare. Se ha un rapporto con una prostituta, ha contemporaneamente un crampo molto violento durante l'orgasmo. Ne esce solo una piccola goccia e poi, mentre si lava, il vero seme fuoriesce. Un tempo, durante la masturbazione, stringeva l'organo nel mezzo affinché il seme non uscisse.

Lo addolora molto non riuscire a urinare davanti agli altri. Talvolta non riesce a urinare in un orinatoio pubblico nemmeno se è solo. Se sta urinando e un conoscente si avvicina, la minzione si arresta ed egli prova un forte bruciore.

Il suo masochismo ebbe inizio nel sedicesimo anno di età.

Nella sua città natale c'era una donna molto prosperosa, costruita come un'amazzone. Gli fu raccontato che il marito l'aveva sorpresa in flagrante infedeltà e, nell'ira, le aveva lanciato contro una pantofola. Questa storia lo eccitò enormemente. La sua fantasia elaborò la scena in innumerevoli variazioni.

Una volta camminava per strada dietro di lei. Gli venne il pensiero di baciarle le natiche, di pulirla dopo la defecazione, di praticarle anilingus e così via. Fu allora che divenne consapevole per la prima volta del suo masochismo.

La letteratura masochistica lo condusse sempre più in profondità nel labirinto del masochismo. Nelle sue fantasie arrivò perfino alla coprofagia. Allo stesso tempo era dominato dal desiderio di una ragazza pura che lo liberasse dalla sua parafilia attraverso un coito normale. Sfortunatamente incontrò nel bordello di A. una prostituta esperta, "Rosa", che seppe subito come trattarlo da masochista. Ella gli ordinò energicamente di praticarle l'anilingus; lo insultò in modo osceno e continuò questo comportamento durante il coito. Egli cadde completamente sotto il suo incantesimo. Una volta fece un viaggio di ventiquattro ore per raggiungerla e intendeva questa volta eseguire la procedura masochistica due volte. Ma dopo la prima volta si sentì così miseramente che dovette andare in un albergo; ebbe un grave attacco cardiaco, che il medico non riconobbe come un attacco d'ansia, altrimenti non avrebbe certo formulato la diagnosi di "dilatazione del cuore" né lo avrebbe trattato con iniezioni di caffeina.

Da allora egli soffre di una grave parapathia cardiaca. È chiaramente un caso di reazione del suo Io morale.

Fin dall'infanzia ha sofferto di una risata ossessiva, che lo ha spesso messo nelle situazioni più dolorose. Una volta fu sul punto di essere perseguito penalmente per disturbo religioso, perché scoppiò a ridere ad alta voce durante una funzione. (Ciò ci mostra l'atteggiamento del ribelle, che contrasta con l'immagine superficiale dello "schiavo".)

Da alcune settimane ha violenti dolori alla mano sinistra, che si irradiano dal cuore. Un medico confermò una pressione sanguigna molto alta, ordinò una dieta rigorosa e gli proibì di fumare. Egli si rivolse poi a un radiologo, il quale non poté riscontrare nulla di organico e gli consigliò di consultarmi.

Allora egli ricordò il nostro primo colloquio e decise di venire a Vienna.

Oggi i dolori sono di nuovo più forti e "non li sopporta quasi più". Il dolore si manifesta soprattutto con il movimento.

Ebbe due sogni:

Vedo un tappeto di seta azzurro e penso che questo sarebbe il migliore per Os. Come se il tappeto dovesse essere cambiato.

Mi trovo in un'abitazione. Ci sono due prostitute. Con la prima non posso fare nulla. La seconda si siede su di me con le natiche rivolte verso di me; si siede sul mio pene eretto. Mi trascina in questa posizione sul pavimento. Devo baciarle la gamba.

A proposito del primo sogno gli viene in mente che l'"azzurro chiaro" è il suo colore preferito. Tutto ciò che è blu lo attrae. I suoi vestiti nell'infanzia erano blu, e il blu è il colore del cielo. Associa Os a un fiume presso Baden-Baden. Sta leggendo ora un romanzo, *Die Blonde Gefahr* (*Il pericolo biondo*), che parla di tre ragazze bionde pericolose per ogni uomo, tanto da essere chiamate il "pericolo biondo". La storia è ambientata in parte a Baden-Baden. Associa inoltre Os anche a Rosa, il nome delle tre prostitute che erano pericolose per lui e occupavano in larga misura la sua fantasia. Conosce ogni casa di tolleranza nelle città in cui ha soggiornato. A Vienna ha frequentato il bordello "Madame Rosa". In ogni casa compie uno "scambio": sostituisce la prostituta con una figura di fantasia.

La sua fantasia preferita è la seguente: egli è servitore di un personaggio di alto rango, per esempio un conte. Quest'ultimo lo costringe ad avere rapporti con una donna odiata (figlia, sorella, moglie del conte).

Per lungo tempo coltivò questa fantasia in relazione all'arciduchessa J. Era una donna molto forte e ritenuta assai autoritaria. Voleva servirla come schiavo. Molte prostitute divennero nella sua fantasia l'arciduchessa J.

Porta anche molto materiale in relazione al secondo sogno. La prima prostituta era troppo tranquilla per lui. La seconda era passionale. A ventitré anni baciò per la prima volta una prostituta sulle natiche. Avvenne così: a ventuno anni aveva deciso di rinunciare alla masturbazione e visse per due anni in completa astinenza.

Poi incontrò una prostituta nel Prater di Vienna, con la quale ebbe un coito perfettamente normale. Questo fu il più grande trionfo della sua vita! Ma la seconda volta, dopo pochi giorni, la sua potenza era già diminuita, e la terza volta fallì del tutto. Seguì un altro periodo ascetico di tre mesi. Dopo di ciò conobbe una prostituta prosperosa che si sedette sul suo membro e gli procurò un grande orgasmo.

Una volta sedeva a teatro accanto a una donna dalle belle forme. Fu così eccitato che dovette lasciare il teatro e affrettarsi dalla prostituta appena menzionata. Nel suo furore, questa volta la baciò sulle natiche, immaginando la donna del teatro. I legami con la sessualità orale sono evidenti. Egli conosce il latino e riconosce Os come la bocca.

Quando ama, è follemente geloso. Inoltre si difende dal coito normale per paura della gravidanza, delle cattive dicerie, di procedimenti legali e così via.

Sogna anche una o due volte all'anno un coito normale. Dopo un sogno del genere si sente come "rinato". I giorni successivi sono per lui giorni di festa.

Negli anni precedenti non aveva mai avuto sogni parafilici. Solo più tardi la parafilia fece irruzione nella sua vita onirica.

Un medico gli consigliò, quando implorò aiuto contro i suoi sogni parafilici, di leggere il mio libro *Die Sprache des Traumes* (*Il linguaggio del sogno*) (un consiglio assurdo!). Il primo giorno dopo averlo letto sognò:

Sono in un circo. Una bellissima ragazza bionda deve eseguire un numero. È legata a un cavallo. Nel momento in cui lascia il cavallo e vola nell'aria, ho un'orribile paura che possa cadere e fuggo via...

Terminò la lettura del voluminoso libro in tre giorni.

Il simbolismo della morte in particolare (interpretazione di questo vecchio sogno in seguito!) lo eccitò enormemente.

La notte scorsa sognò:

È come un'esercitazione. I cavalli corrono in giro con la pelle scorticata. Grido: "Morituri te salutant, Caesar!" Poi un cavallo dopo l'altro viene posto su un ceppo e decapitato.

Tralascerò la determinazione più profonda dei due sogni e indicherò soltanto i loro rapporti con la sua parafilia.

Quest'ultima è simboleggiata come un cavallo. Egli è legato a questo cavallo (il suo impulso). Non riesce a immaginare la sua vita senza questa malattia. Vediamo la funzione della sua parafilia come auto-protezione. Nel secondo sogno avviene l'analisi (scorticare la pelle affinché ciò che è dentro diventi visibile) e una fantasia (cavallo) dopo l'altra viene uccisa. Osserviamo inoltre i primi indizi di un sadismo, che probabilmente emergerà presto.

In relazione al primo sogno gli viene in mente una fantasia infantile. L'imperatore guarda fuori da una finestra mentre lui oscilla su un'altalena molto alta. L'oscillare è ancora oggi per lui una grande fonte di piacere. I viaggi in treno producono sensazioni piacevoli. È contento di ogni viaggio ferroviario.

Prima di addormentarsi ha pensieri strani: come sarebbe se domani mattina, al risveglio, i tuoi genitori fossero morti?... Ammette per la prima volta tratti sadici. Raggiunge erezione e orgasmo anche quando picchia la prostituta. È spesso brusco negli affari e talvolta anche con i genitori. Decide di non irritarli ma di rappresentare un certo evento in modo diverso. Poi lo racconta in modo del tutto spoglio, così che i genitori si agitano molto, e in seguito egli se ne rimprovera. Torturò nel modo più crudele la sua innamorata, la stenografa. Quando ama, diventa crudele. Può essere gentile con le prostitute, perché per lui sono oggetti indifferenti.

Attualmente non fuma. Ma ne sente la mancanza. Il fumo gli dava la finzione di essere un uomo. Deve fumare per strada dopo una procedura masochistica con una prostituta, altrimenti si noterebbe che è un masochista. Il masochismo per lui è qualcosa di femminile. Non riesce a essere un uomo. Se sapesse di potersi mostrare uomo con le ragazze, forse potrebbe rinunciare alle prostitute.

È masochista perché crede che sarebbe impotente con ragazze "perbene".

Si sente completamente isolato. Non sopporta che in società si facciano allusioni sessuali. Diventa pallido, balbetta, tanto da credere che la gente riconosca che nella sua mente c'è qualcosa di marcio. Perciò non gli piace quando un uomo racconta una barzelletta in compagnia. (È la massima perversità se una donna si vanta del suo *popò* [sedere]. La parola *popò* lo fa impallidire e lo sconvolge. Evita tutte le parole che contengono le sillabe *popo* (*po-eta, po-polare, po-lare*, ecc.). Al tempo stesso ha la mania di scrivere molte volte la parola *popò* o di formare mentalmente lunghe frasi in cui la parola affascinante compare con innumerevoli attributi.

Ha confermato il fatto che le persone istruite dicono molte più cose oscene di quelle non istruite. Questo gli rende impossibile ogni vita sociale. Gli incolti lo annoiano, e degli istruiti ha paura per il motivo suddetto. Il risultato è che vive da eremita.

Ha paura dei topi e soprattutto dei ratti. Dopo l'esperienza con la moglie del cugino, ebbe l'allucinazione di un topo e non riuscì a dormire per tutta la notte per il terrore.

La sua balia era molto corpulenta. Egli considera la balia e la madre come i suoi modelli infantili.

Attribuisce grande importanza a un'esperienza (a quattordici anni). Stava passeggiando con un amico fuori città.

Videro una zingara estremamente grassa. L'amico disse: «Potresti sederti sul suo culo!». Questa idea cominciò a perseguitarlo. Elaborò una fantasia anale: avrebbe incontrato una donna robusta che, senza tanti preamboli, lo avrebbe messo nel suo ano. Naturalmente, da bambino credeva che i bambini venissero defecati dall'ano.

Egli soffre quindi di una modificazione della fantasia del grembo materno. Si ritrova nell'ano femminile.

Torna a casa ogni settimana per due giorni. Apparentemente per ragioni di lavoro; in realtà perché non può vivere senza la sua famiglia. Trascorre quindi due notti nella casa dei genitori.

Durante queste due notti soffrì di incubi e urlò così forte nel sonno che la madre lo sentì. Lei venne al suo letto e lo svegliò. Non riesce a ricordare il primo sogno. Il secondo sogno fu che il padre si avvicinava lentamente al suo letto. In quel momento urlò. In realtà non era proprio un grido: poteva sentirlo lui stesso. Era come se un gatto avesse miagolato. Sentì la madre dire: «Adesso urla come la notte scorsa», e tuttavia non riusciva a fermarsi.

Gli viene chiesto se il padre lo avesse mai minacciato di castrazione. Egli lo nega. Dopo averci pensato un po', afferma che il padre aveva l'abitudine di giocare con i bambini piccoli e di allungare la mano verso i loro genitali con un gesto che poteva significare: «Adesso te lo porto via!». Lo vide giocare in questo modo con il fratello minore (che è morto). Il padre potrebbe aver giocato così anche con lui.

Dopo l'incubo, ebbe un secondo sogno:

Ero a Wiesbaden con un amico di Berlino. Eravamo in un caffè-ristorante. Il mio amico ebbe una discussione (con i musicisti).

Era molto energico. Io mi sentivo come un miserabile nessuno. All'improvviso arrivò un cameriere (un inserviente?) con due biglietti d'ingresso sporchi e logori. Il collega gli parlò aspramente: «Ti darò due buoni schiaffi!» (forse lo schiaffeggiò). Poi mi guardò come per dire: «Così si comporta un uomo!». Io continuavo a sentirmi un nessuno.

Il collega è un uomo forte e molto intraprendente, che ha una relazione con la moglie del suo direttore. Nel sogno era alto una decina di teste più del paziente. Questo collega, una volta (a quattordici anni), si era masturbato davanti a lui vantandosi di farlo quattro volte al giorno. Nonostante ciò, oggi è un uomo sano e molto potente, mentre il paziente stesso si sente miseramente impotente.

Questo collega rappresenta nel sogno il suo Io ideale. Vorrebbe apparire come lui ed essere capace di comportarsi così: come un uomo completo. Egli si sente un bambino. Ancora oggi trema davanti al padre, con il quale non riesce a instaurare un buon rapporto. Il padre non ha mai mostrato alcuna premura per lui. Nei suoi pensieri egli rimprovera il padre come responsabile della sua malattia. A volte prova odio verso l'uomo che lo ha generato. Il padre è un uomo strano: spesso non dice una parola per giorni, poi improvvisamente ruggisce come una bestia feroce. Il collega si rivela quindi come un'imago paterna. La madre rimprovera dolcemente il padre: «Ti comporti come se tuo figlio fosse ancora un ragazzino di quattordici anni!». Inoltre, questo "ragazzino" ha portato l'azienda a una posizione elevata, cosa che il padre non vuole riconoscere. È geloso del successo del figlio. La madre è l'opposto del padre. È una paziente sofferente e ha spesso detto che il padre era un «uomo insensibile» («Ho avuto una vita difficile con lui»). Quattro fratelli e sorelle morirono prima che lui nascesse, uno dopo. Egli si è spesso tormentato chiedendosi chi fosse il responsabile della loro morte. I genitori sono consanguinei.

Forse questa ne fu la causa. Egli è dominato da un costante desiderio d'amore. Ha trovato amore solo presso la madre. Da bambino piangeva tutto il giorno quando doveva separarsi dai genitori e lasciarli a casa. Tutto il suo affetto appartiene alla famiglia. Tuttavia, stare in casa è spesso per lui una tortura, perché tra lui e il padre vi è una tensione che talvolta sfocia in sentimenti di odio, seguiti da appassionati pensieri di vendetta.

Ha avuto una serata terribile. Si è sentito perduto e ha lottato con idee suicidarie. La mano gli faceva orribilmente male. (Evidentemente si rimproverava per le accuse rivolte al padre.) Torna a parlare del padre. Crede che il padre non abbia mai voluto vederlo. Certamente non pianse la perdita dei figli. È un uomo di denaro.

Comincia a raccontare dei suoi studi. Era considerato un prodigio. Tutti pensavano che sarebbe diventato uno studioso. Così, a dieci anni, andò a scuola a P. La separazione dalla madre fu molto difficile. A scuola era pigro e distratto, tanto che a quattordici anni fu bocciato in quarta ginnasio. Ebbe un opprimente senso di inferiorità. Passò poi alla scuola commerciale. A questo periodo appartengono l'esperienza con la donna corpulenta e la fantasia a essa collegata della pulizia dell'ano. Qui iniziò la masturbazione e con essa un notevole miglioramento delle sue condizioni. Divenne improvvisamente il migliore della classe. Si immerse nel *Faust* e mostrò allora un'inclinazione al misticismo. Cominciò anche a fumare. Gradualmente iniziò una lotta contro le fantasie masochistiche, contro il fumo e la masturbazione. Si manifestò un chiaro cambiamento di carattere. Divenne timoroso, cominciò ad arrossire e a balbettare. Allo stesso tempo provava piacere nel mentire e nel compiere piccoli inganni. Anche la risata ossessiva diventava più forte. (Si instaurò evidentemente una lotta intorno al sentimento di superiorità.)

Ancora un sogno tipico:

Ero con un amico d'affari, che mi accolse molto freddamente. Un giovane dall'aspetto prospero (il suo socio) gli disse qualcosa riguardo a un acquisto. Io provavo invidia. Parlavano dell'azienda. Si trattava di una partita di uova o di lievito. «Allora ce ne occuperemo insieme!» disse l'amico d'affari. Io mi sentivo miserabile.

Il commerciante è un libertino ben noto. Il socio del commerciante rappresenta il suo «Io ideale». L'amico d'affari è il suo Io parafilico. Egli si confronta con il giovane (il suo ideale) e si sente molto piccolo. Il lievito è simbolo di crescita (tendenza anagogica). Ma egli vuole fare l'affare «insieme». Non vuole rinunciare alla sua parafilia.

Conosce un solo luogo in cui si sente sicuro e nascosto: il letto. Il letto è la sua fortezza. Vi si rifugia quando le cose vanno male. Ha paura delle persone. Crede di avere un volto dissoluto. Se è infelice si consola mangiando; allora diventa un ghiottone. In questo modo dimentica la sua infelicità. Crede che tutti ridano di lui. Ha un'aria così timida che i guardiani lo osservano perché si comporta in modo così vistoso (deliri paranoidi). Il suo sonno è pessimo. A casa si svegliava forse dieci volte. Ora, qui a Vienna, da quando è in analisi, dorme splendidamente (impulso incestuoso come perturbatore del sonno?).

Non riesce a baciare la mano. Considera questo un atto sessuale e ne prova imbarazzo.

La madre ha vedute morali molto rigide. Egli manifestò un istinto sessuale precocemente sviluppato. A cinque anni voleva sposare la zia. Disse allora: «Non posso sposarti. Ogni fratello deve sposare sua sorella».

Lui e la sorella spesso giocavano a fare i genitori e, nel loro gioco, avevano figli come padre e madre. Talvolta si picchiavano.

È assurdamente superstizioso; il venerdì e il tredici sono naturalmente giorni sfortunati. Se prude l'occhio sinistro, significa buona fortuna; se prude il destro, cattiva fortuna.

È molto impacciato con le ragazze, non riesce mai da solo a trovare l'ingresso della vagina. Non si fidava di sé nel compiere il coito con una ragazza «perbene»; sarebbe stato certamente impotente, così crede. Di conseguenza fu spinto verso le prostitute. Una prostituta bionda di nome Kamilla gli piacque particolarmente; ebbe con lei più volte rapporti normali. Poi lei gli chiese di baciarle le natiche. Egli si comportò come se fosse terribilmente offeso e se ne andò. Il giorno dopo la visitò di nuovo, ma non riuscì a trovarla. A quel tempo possedeva ancora la capacità di resistere; ora è completamente nelle grinfie delle prostitute. Esse conoscono la sua passione. Lui le serve, pulisce le loro stanze, permette che lo insultino. Con l'illusione di essere loro servo e schiavo, cade in un'estasi sessuale.

Egli sognò:

Ho rotto il mio bastone da passeggio, non sapevo che fare e volevo farlo tagliare. Andai da una vecchia donna il cui figlio voleva occuparsene. Lei rise di me. Pensai che era un peccato per il bel bastone; forse si sarebbe potuto rimetterlo insieme.

Aveva comprato pochi giorni prima un bel bastone, consigliatogli come mogano. Nel sogno era un semplice pezzo di legno, biancastro-verde all'interno come il nocciolo. Il collegamento con la sua potenza è evidente; egli si è chiesto se io (qui rappresentato come una vecchia donna) sarei stato in grado di curare la sua impotenza. Interrogato di nuovo sul complesso di castrazione, dapprima lo nega, poi ammette di aver avuto una fantasia notevole che ha più volte occupato la sua attenzione. Egli è un eunuco in un harem. Una fanciulla meravigliosamente bella viene condotta da un sultano vecchio e brutto. Egli deve spogliarla e accompagnarla da lui. Nel momento in cui il vecchio sultano violenta la giovane donna, egli ha un orgasmo masturbatorio.

Tutti i racconti di stupri durante la guerra lo eccitavano moltissimo. Ha ancora un ricordo collegato al complesso di castrazione (ottavo anno). Stava giocando nella vasca da bagno con il suo pene quando la madre disse: «Se fai così, il tuo membro cadrà e morirai come tuo zio Ottokar». Questo zio Ottokar era una figura leggendaria e occupava molto la sua fantasia. Egli passa dalla castrazione, attraverso la circoncisione, al complesso ebraico. Ha sofferto molto per l'antisemitismo. I cristiani gli appaiono come dèi. Ha le sue fantasie masochistiche con cristiani. Vuole anche servire soltanto cristiani. Una volta ebbe rapporti con una prostituta che gli piaceva moltissimo e per la quale compiva ogni servizio masochistico. Dopo che lei gli disse di essere ebrea, non tornò mai più da lei. Suo padre è un ebreo bigotto e devoto. Il paziente conserva ancora un residuo di religiosità. Osserva alcune feste e digiuna nel Giorno dell'Espiazione. Proprio in quel giorno gli vengono spesso in mente scene sessuali. Così, nel Giorno dell'Espiazione, nelle sue rappresentazioni penitenziali, vede una bellissima donna nuda che si spoglia in un letto a baldacchino. In tali giorni padre e sorella gli appaiono come esseri sessuali, mentre in altri momenti cerca di asessualizzarli. Deve ammettere che nella sua famiglia sono presenti forti fissazioni. La sorella dipende fortemente dal padre, lui dalla madre. È morbosa anche la sua venerazione per la casa imperiale.

Imperatore, padre e Dio formano un complesso di autorità verso il quale egli ha un atteggiamento bipolare. Così come nel Giorno dell'Espiazione insulta la divinità con immagini sessuali, allo stesso modo ha degradato il padre a oggetto sessuale. Vede chiaramente che la sorella è fissata al padre; avverte la propria fissazione alla madre, ma è psichicamente cieco rispetto alla sua fissazione sul padre e sulla sorella. Nel sogno riconosce di aver distrutto la propria virilità. Non guarirà completamente; potrà solo rimettere insieme il bastone. (Il bastone è anche un simbolo della sua parapathia.)

Oggi è profondamente depresso. Ha avuto un sogno orribile: ero con una prostituta. Lei si sedette con le natiche sul mio volto; dovevo baciarle e leccarle. Mi svegliai terrorizzato e con una violenta erezione. Rimasi sveglio per mezz'ora. Poi lo stesso sogno continuò. Provocò un'eiaculazione. Mi svegliai di nuovo. Provai vergogna e dolore fisico. Non riesco a ricordare il volto della prostituta.

È stato dal suo vecchio medico di famiglia, che gli aveva proibito di fumare, e gli ha detto che il dottor Stekel gli permetteva di fumare e che aveva «solo» una nevrosi cardiaca. Il medico constatò che la pressione arteriosa era migliorata da 175 a 135; questo miglioramento era dovuto all'astinenza dalla nicotina, e gli fece una lunga predica sui danni della nicotina ai vasi capillari. Non deve assolutamente fumare!

Naturalmente è di nuovo scosso nella sua fiducia nella mia arte e dubita che io possa guarirlo. Racconta una serie di episodi diversi che mostrano tutti come egli stesso abbia messo in scena le proprie umiliazioni e sconfitte. In questo modo ha organizzato anche il suo dubbio andando dal medico di famiglia.

Prova sempre un'infinita compassione per se stesso. Se ascolta musica, si commuove e deve trattenere le lacrime. Sua madre un tempo era una buona cantante, ma il padre non tollerava che qualcuno cantasse in casa. Cantare era un crimine.

Torniamo alla donna dell'ultimo sogno. Gli chiedo di fornire associazioni sulla donna di cui non ha visto il volto. Esita a lungo. Poi gli viene in mente la «prima» donna con cui ebbe un'eccitazione parafilica.

Da questa prima donna passa a parlare di una donna dai capelli castani e infine, in modo indiretto, della madre.

Ha il bisogno di condividere ogni piacere con la madre. Anche con le prostitute spesso deve pensare alla madre. «Che direbbe mia madre se mi vedesse?» oppure: «Avresti un rapporto sessuale se tua madre stesse morendo in questo momento?». In breve, cerca sempre qualche via indiretta per pensare alla madre.

Era fissato alla madre già da bambino. Voleva sempre dormire con lei. Nel sonno spesso scivolava in basso fino a toccarla sulla schiena. Da ragazzo decise di non sposarsi mai, perché non avrebbe mai potuto amare nessuna donna come amava sua madre. Quando si innamorò della ragazza, notò con terrore di aver dimenticato la famiglia. Altrimenti il compleanno della sorella era per lui un avvenimento importante. Passava settimane a scegliere il regalo. Questa volta le comprò in fretta un parasole senza rifletterci. In quel periodo scrisse raramente alla madre. Perciò interruppe la relazione. Sentì che il suo amore per la madre e la sorella stava svanendo. Questo era un pensiero che non poteva sopportare.

Trova sempre un ponte verso il complesso materno. Se vede un giovane elegante, pensa ossessivamente: «Sua madre deve avere natiche magnifiche!».

Dieci anni fa ebbe un sogno che ancora oggi ricorda con orrore. Si vide come un povero vecchio scapolo con gli occhiali, che beveva caffè completamente solo e viveva della misericordia altrui.

La stessa notte si vide solo su un'alta montagna e udì una voce: «Questo è il giorno!». Allora rabbrividì al pensiero di essere lasciato solo e decise che, se i genitori fossero morti, avrebbe condiviso la vita con la sorella. Anche lei sarebbe rimasta nubile e avrebbero potuto vivere insieme.

Il suo progetto sessuale di vita è strettamente legato alla sorella.

Egli sognò:

Mi era stato operato il mento. Era presente un'infermiera. Il medico prese un bicchiere di carta, come quelli che si usano con i boccali di birra, e lo mise sul mento. Disse: «Il piccolo si comporterà bene. Questo non deve essere tolto». L'infermiera disse: «Guarirà». Non doveva essere staccato. Era presente uno zio. Ero molto soddisfatto perché l'infermiera mi lodava e pensava che fossi un bambino coraggioso.

Nel sogno egli è di nuovo un bambino. L'oggetto con cui era bendato sembrava una spugna. Durante l'operazione udì anche le parole: «Il piccolo sarà coraggioso e si comporterà bene». Il rapporto con l'analisi è evidente. Io devo fasciarlo, ed egli non strapperà la fasciatura. Tendenza bipolare: conservare la parapathia (legame protettivo) e non rinunciare all'infantilismo.

In associazione con l'operazione gli viene in mente la circoncisione. Spesso tradisce il desiderio di castrazione quando dice: «Sarebbe meglio se non avessi i testicoli!». L'operazione gli ricorda anche la schiuma per la rasatura.

Le associazioni con l'operazione risalgono alla sua infanzia. Era un bambino delicato e molto viziato.

Numerose ragazze e donne facevano a gara per prendersi cura di lui, lo chiamavano, andavano a passeggio con lui, si contendevano il suo affetto e così via.

Segue ora un'informazione importante sulla psicogenesi della sua parafilia. Ricorda per prima cosa (tra i quattro e i sei anni) una ragazza prosperosa e bionda di nome Rosa. Il prototipo di tutte le bionde. Lei gli insegnò a pronunciare le parole al contrario. Così sa che diceva *opop* invece di *popo*. Giocava con lui ed egli ha un ricordo preciso del fatto che lei lo usò per la propria eccitazione sessuale.

Poi gli viene in mente una seconda Rosa (sette-otto anni), che gli dava sempre dei dolci. Era la figlia di un uomo che aveva rovinato suo padre negli affari. Più tardi finì come donna di mondo notoria. Era sessualmente parafilica già allora, e sembra che anche questa ragazza usasse il bel bambino per i propri scopi.

Il suo ideale tra gli undici e i dodici anni era una donna rozza di cinquant'anni. La immaginava nuda nel gabinetto, dove nella fantasia le baciava e le leccava le natiche durante la defecazione. Era cristiana. La sottomissione a una donna cristiana comparve per la prima volta in quel periodo.

Aveva anche un fratello (dieci anni). Era solito scuoterlo nella culla e tormentarlo. Il bambino morì per un incidente. Fa un'affermazione significativa: «Non so se io sia l'assassino di mio fratello...».

Un altro fratello, nato più tardi, morì poco dopo la nascita.

Oggi le cose vanno molto male per lui. Ha «doglie di parto», trema in tutto il corpo durante le confessioni, ha conati di vomito.

Dice poi: «L'anilingus è l'unica perversione che mi dà una soddisfazione completa». Infine ricorda Rosa III, la ragazza prosperosa che chiamava *Miss*. Sua madre disse:

«Puoi chiamarla Madame».

Questo lo eccitò enormemente.

Il sogno mostra anche chiaramente il rapporto con il complesso della sorella («Questo non deve essere tolto»).

Torna a casa come al solito il sabato.

Non riesce a spiegare il seguente fenomeno. Durante il viaggio in treno si sente molto bene. Parla con due donne. Solo quando una di loro si china ed egli vede le sue natiche imponenti, riappaiono le vecchie fantasie, delle quali tuttavia riesce presto a impadronirsi. Scende dal treno per andare a casa. In quel momento il cuore comincia a battergli violentemente; si sente stanco ed esausto; le ginocchia gli tremano; riesce a malapena a salire le scale che portano al suo appartamento. La sua piccola borsa da viaggio gli sembra terribilmente pesante, la mano gli fa male.

Ha paura che la sorella abbia qualche sospetto sul fatto che sia in cura per una parafilia. Anche la madre sembra sapere qualcosa. Il padre lo salutò con tale freddezza che presto scoppiò un conflitto.

La madre è gelosa. La sorella lo spia. Al tempo della sua unica relazione amorosa, ella trovò un biglietto nella sua tasca e lo disse alla madre, che non mancò di ammonirlo. Fu dopo questo episodio che egli cominciò a trattare male la ragazza e la cacciò dal negozio. Fu infelice per mesi e piangeva in ogni occasione. Il suo posto non poteva essere occupato né la sua macchina usata da un'altra dattilografa.

Così aveva ostacolato la propria guarigione. Aveva sacrificato il suo amore alla madre e alla sorella. Durante il periodo del suo amore (sei mesi) non ebbe un solo pensiero morboso.

Sognò:

Ero in automobile con una ragazza (o donna) scura di capelli. Ero molto impacciato. Volevo essere cortese, ma qualunque cosa dicessi risultava così inopportuna che la donna si offendeva. A un certo punto esclamò: «Protesto! Questo è un oltraggio! Dovrai espiare!». Scendemmo e ci trovammo in un giardino. C'era anche il suo avvocato (o suo padre), al quale ella raccontò tutta la storia nei minimi dettagli. Io avevo paura. Avevo davvero avuto buone intenzioni. Ma lei interpretò tutto in modo negativo. Temevo di essere imprigionato per tre mesi.

In realtà ha paura della propria goffaggine. Un incontro occasionale di viaggio ha fornito lo spunto per il sogno. Una donna lo invitò a farle visita. A che serve una conquista che gli sembrava così improbabile – come un sogno – se è impotente? Il significato del sogno tende a mostrare che le sue fantasie si impongono nel suo modo di parlare. Vorrebbe dire continuamente cose volgari, fare allusioni sessuali, che il suo Io morale gli proibisce; perciò preferisce tacere.

Ulteriori associazioni conducono alla madre, della quale dice che si offende facilmente.

Viene da me in uno stato d'animo abbattuto. Durante il tragitto ha avvertito di nuovo il dolore alla mano e palpitazioni cardiache. Inoltre è preso da un frequente bisogno di urinare. Voleva urinare in un orinatoio pubblico. Non ci riuscì. Cercò di forzarsi e poté produrre solo poche gocce. Alla fine uscì una massa viscida.

Sospetto fantasie omosessuali. All'inizio le nega, poi ammette che durante la minzione avverte un lieve bruciore e solletico. Prima stava pensando al motivo per cui doveva sdraiarsi quando era con me.

Dapprima nega atteggiamenti omosessuali, ma deve riconoscere che da studente (a diciassette anni) ebbe un'esperienza notevole. Dava lezioni a un bel ragazzo. Le cose non andavano bene. Poi una volta prese il ragazzo in grembo, pensò alla madre del ragazzo, che allora era uno dei suoi ideali, e si masturbò.

Questo episodio si ripeté più volte.

Poi comincia a parlare delle sue prestazioni infantili. Gli piace andare in un parco di divertimenti dove c'è una ferrovia nella grotta. Può restare lì per ore a guardare il treno entrare nella caverna oscura. Lo eccita anche quando il drago divora le streghe. Il giro sulla ferrovia della grotta ha una tonalità piacevole. Ciò ha a che fare con una fantasia uterina.

La psicogenesi del suo masochismo diventa chiara quando si sa che ha valutato la madre più altamente del padre. La madre era colta, suonava il pianoforte, proveniva da una buona famiglia. Il padre era una persona semplice.

Eppure la madre era la schiava sottomessa del padre.

Egli si differenziò dal padre e pensò:

«Se avessi una moglie simile, la servirei e le leccherei la polvere dai piedi!»

Il leccare svolge un grande ruolo nella sua vita.

Viene istruito sul significato della sua componente omosessuale. Arriva alla seduta completamente cambiato. Ha trascorso ventiquattro ore senza palpitazioni cardiache né dolori alle mani. La sera è stato all'opera. La sua vicina era una donna snella che gli piacque in modo eccezionale, senza che fosse tormentato da idee parafiliche. Poi pensò: «Saresti potente se la sposassi?» e si rispose: «No!». Ha un'angoscia terribile riguardo alla notte di nozze. Non sopravviverebbe mai a una tale umiliazione.

Sognò:

Ero a teatro. Era verso la fine dello spettacolo. Il sipario di ferro calò all'improvviso. Nel teatro regnava un silenzio di tomba. Qualcuno disse: «Probabilmente stiamo per essere sommersi». Pensai: «O c'è un incendio, oppure è una rivoluzione politica». Non ero eccitato. Nel sogno mi meravigliai che il mio cuore non battesse violentemente. Mi svegliai e mi meravigliai di nuovo di non avere palpitazioni.

Questo sogno mostra che egli vuole porre fine all'analisi.

Il sipario di ferro deve calare, e i ricordi devono sprofondare...

La tendenza bipolare si esprime nella seconda fantasia: si innamorerà, a cui allude persino l'ouverture dell'opera, e nel suo cuore avverrà una rivoluzione. I vecchi tiranni saranno detronizzati.

È reticente nell'analisi. Vorrebbe sposarsi se potesse trovare una donna che per lui prendesse il posto della madre, della sorella, del padre e dell'analista.

Poi racconta un episodio avvenuto a Berlino. Era a gozzovigliare con un amico. Entrambi cercarono di entrare in una stanza con una ragazza. Lui doveva iniziare per primo ed era impotente (resistenza contro gli impulsi omosessuali).

Ieri ha avuto una giornata agitata. Vide per caso per strada una donna enormemente grassa. Ebbe subito l'impulso di correrle dietro e fantasticò di essere sepolto nel suo ano. Salì su un tram in transito per salvarsi. Considerò questa fuga una grande vittoria su se stesso. Più tardi vide delle persone che conosceva e fuggì anche da loro, perché aveva una «faccia spaventosa». Chiama questo volto un volto «sporco».

Viene alla luce che egli identifica il proprio volto con le natiche.

Vive nel timore costante che a casa possa essere accaduto qualcosa. Se sta tornando a casa, è tormentato dal pensiero: qualcuno è morto! Questo qualcuno è di solito il padre, talvolta la madre o la sorella. Egli vede una sola possibilità di liberarsi dalla famiglia: la morte. Se i genitori muoiono, egli sarà libero – e resterà solo con la sorella. Così il suo atteggiamento verso i membri della famiglia è bipolare. Poi espia i suoi pensieri di odio e si nega ciò a cui aspira di più: l'amore.

Ha trascorso un periodo piacevole con i suoi familiari. Per prima cosa ha fatto visita a un amico paterno e gli ha detto che è in analisi (presumibilmente sperava che l'uomo lo consigliasse di interromperla). L'amico, marito della cugina già menzionata, lo esortò invece a continuare. Poi ebbe una discussione piuttosto importante con la sorella. Le chiese perché non volesse sposarsi. Lei rispose che erano affari suoi; lui poteva sposarsi; lei non lo avrebbe vincolato. Nella notte sognò:

Sono alla stazione ferroviaria. Un commerciante, alto, pallido, con un berretto nero come quello di Wagner, offre una custodia che è un mezzo sicuro contro sadismo e masochismo. All'inizio sono imbarazzato all'idea di comprarla. Poi la compro. Tutti gli uomini nel vagone siedono con una simile custodia, che si apre e poi si trasforma in un libro.

La sua prima associazione con la custodia è un astuccio d'argento che viene usato come regalo di nozze (le nozze della sorella?).

Con l'uomo gli viene in mente Richard Wagner e la sua opera preferita, *Tannhäuser*. Egli ora si trova, di fatto, nel Venusberg. È colpito soprattutto dalla scena in cui Tannhäuser lascia il Venusberg e il pastore suona il suo canto di primavera. Ma egli è maledetto come Tannhäuser. L'uomo è la morte. I genitori devono morire, la sorella deve sposarsi; allora egli sarà libero. La custodia è anche la bara.

Attraversa una grave crisi. Ogni passo deve essere ponderato, messo in discussione, compiuto con uno sforzo di volontà. Lo spettro dell'apatia terminale emerge sempre più chiaramente.

Vuole separarsi dai genitori e non ci riesce. In ogni decisione è occupato da questa decisione fondamentale.

Sognò due volte ed ebbe due eiaculazioni. Ricorda il secondo sogno:

Ero con una prostituta gentile ed educata. Nel sogno aveva tratti simili all'immagine che mi sono formato di come potesse apparire mia madre negli anni più giovani. Non accadeva assolutamente nulla. Poi lei si sedette a terra. Io dovetti sedermi accanto a lei. Infine si verificò l'erezione. Dopo pochi istanti sentii l'eiaculazione e mi svegliai.

Associa scene in cui da bambino giocava a terra. Ieri ha ricevuto una lettera dalla madre. Gli è sembrata fredda e indifferente. Allora scrisse, in grande agitazione, una lettera offensiva a casa. Era particolarmente irritato dal fatto che la madre avesse scritto di un destinatario che doveva del denaro dicendo che le sue lettere erano vuote. Questa espressione lo irritò, perché trovò vuota la lettera di lei.

Prima di addormentarsi alza la mano destra e la tende verso il lato del letto. Cerca la madre e la sorella. Se la mano e il braccio si stancano, riesce ad addormentarsi (decisione simbolica di fare sempre la cosa giusta e di sognare).

Ricorda (otto-nove anni) di aver dormito per parecchie notti nello stesso letto con il cugino, l'amico e consigliere più anziano. Una volta si svegliò ed era molto bagnato, ma non di urina. Crede che il cugino avesse eiaculato su di lui. All'epoca provò una vergogna terribile e non osò guardare il cugino negli occhi.

Ora il tema riguarda la madre. Ne loda le virtù e non riesce a comprendere come nel sogno la madre sia stata identificata con una prostituta. Una motivazione per questa associazione manca ancora. Tuttavia, questo collegamento spiega la sua miseria dopo il rapporto con una prostituta. Torno al sogno di Richard Wagner. Gli chiedo che cosa sappia della vita di Wagner. Subito comincia a parlare dell'ipotesi Geyer, secondo la quale Wagner non sarebbe stato figlio del padre legittimo, ma avrebbe somigliato all'amico di famiglia, il pittore Geyer.

Il sogno precedente all'ultimo può essere compreso così: tutte le donne sono false e ingannano i loro mariti. La pesante custodia, che si trasforma in un libro (libro della vita), contiene il segreto della sua origine. Non seguo ulteriormente questa pista, ma attendo nuovo materiale.

Sognò:

Ero in compagnia di amici a Vienna. Si discuteva quale fosse l'espressione tedesca per "gas". Io dissi "Blähungen" (flatulenza).

Soffre di flatulenza. Sembra provocare i suoi attacchi cardiaci ingoiando aria e poi essere tormentato dalla flatulenza. Suo padre emette frequentemente gas. Sebbene sappia che il padre è un uomo anziano, ciò lo offende. Sembra avere un atteggiamento singolare verso le flatulenze. Una volta era con una prostituta che produceva flatulenze per compiacerlo. Egli finse di esserne insultato, la sua libido scomparve e se ne andò. Un'altra prostituta fece la stessa cosa. La reazione fu molto diversa: ebbe un'erezione straordinariamente forte e compì il coito con grande soddisfazione.

Tutte le funzioni dell'ano sono oggetto delle sue fantasie.

Ha fantasticato di avere donne che defecano nella sua bocca. Si identifica con il gabinetto e invidia il gabinetto perché può vedere gli ani aperti delle donne mentre defecano.

Vorrebbe osservare donne grasse mentre defecano, ma non ha mai osato farlo.

Gli è stato spesso detto che ha natiche grandi. Questo lo rende molto orgoglioso. Ammira le proprie natiche allo specchio e spesso si dà delle pacche sul sedere; gli piace anche accarezzarlo affettuosamente (narcisismo).

Tutto il suo pensiero è coprofilo. A Vienna c'è una torta che, a causa di una depressione centrale, gli ricorda le natiche. Non riesce mai a mangiare questa torta.

Ieri era al bagno e ha irrigato il retto così a lungo da perdere quasi conoscenza. Ha provato una sensazione meravigliosamente piacevole e desiderava che il bagno durasse per sempre.

Durante l'intera giornata è spinto da una mania a comprare ogni sorta di cose. Ha comprato biancheria intima, bretelle, profumo, sapone;

in breve, si è equipaggiato per un atto d'amore. Dopo gli acquisti se ne è pentito, ma durante l'atto dell'acquisto provava un senso di orgoglio (spostamento dell'affetto: interpreta il ruolo di una prostituta maschile).

Ma non fa solo questo. Gioca anche con il suo volto.

In compagnia fa sempre la "faccia sporca". Basta un lieve accenno alla sessualità ed è finito. Poi, a casa, ha un'espressione irreprensibile. Paragona la sua espressione facciale a quella di un "toro piantato". Al cinema ha visto un torero trafiggere un toro. L'animale ferito aveva la stessa espressione. Il paziente ha, come dice lui, "occhi da vitello".

Tutti devono prenderlo per un imbecille. Solo a casa, tra i suoi, o se si trova nella sua roccaforte (la sua stanza), perde questa espressione forzata. Si osserva allo specchio per tutto il giorno. Il suo primo sguardo al mattino va allo specchio per sapere se appare bene o male, che tipo di volto ha. Si mette un'espressione che somiglia alle natiche.

Sogna:

Sono a casa. È in corso la mobilitazione e vengo chiamato alle armi. Il mio amico di Berlino dice con decisione: «Io non vado!». Un altro uomo dice: «Dio mio, bisogna arruolarsi». Io non so che cosa dovrei fare. Mia madre è profondamente infelice e disperata.

La mobilitazione significa il matrimonio. Dovrebbe sposarsi. L'amico di Berlino è un accanito scapolo, il che spiega il suo rifiuto deciso di sposarsi. La seconda persona è sposata. È un cristiano che ha sposato una ricca ebrea poco attraente. Il paziente ha dei progetti: «Se mi sposerò, mi venderò a una donna ricca. Mia madre sarà infelice in ogni caso». Si osserva continuamente. Se qualcosa non va, ha urine torbide o i testicoli rattrappiti. Tuttavia si sente molto felice nelle sue malattie ed è contento di non temere più la sua parafilia. Fugge dalle responsabilità della vita rifugiandosi a letto. La convalescenza gli è sempre molto piacevole.

Ciò è collegato alle carezze ricevute nell'infanzia. Quando era malato, sua madre lo prendeva nel suo letto.

Cionondimeno, spesso la odiava. Nella fantasia la vedeva fare colazione in una stanza lussuosa mentre lui restava in una misera. Ebbe sempre la sensazione che la madre gli tenesse nascosto il meglio.

Confessa una fantasia grottesca. Immagina una coppia che ha un rapporto sessuale in cui la donna giace sopra un bambino, soffocandolo. Il motivo dominante è la "madre cattiva".

Così, nella sua fantasia, la madre era una madre cattiva. È lui ad averla resa tale. Sembra nascondere un motivo. Perché ha trasformato la sua "buona madre" in una "madre cattiva"?

Sognò:

Camminavo nel cimitero in camicia da notte. Un prete mi disse che non dovevo andarci. Poi incontrai un corteo funebre. Mio padre veniva sepolto. Allora il prete disse: «Ora puoi andare».

Mi svegliai e ebbi una forte epistassi. Ne fui contento, perché ho la pressione alta e il mio medico mi ha consigliato più volte il salasso.

Poi mi riaddormentai e sognai di nuovo: ero a scuola e venivo accusato di aver copiato. Ero arrabbiato per l'ingiustizia subita. Volevo gridare al compagno che aveva fatto l'accusa: «Vigliacco!». Volevo dimostrargli che non avevo copiato, ma non sapevo come fare. Mi svegliai e pensai: «I sogni di stanotte sono cupi».

Mi addormentai di nuovo e mi vidi sul balcone della vecchia casa a Praga. Tutto era avvolto da una neve bianca e abbagliante. Dissi: «Credo che sia una buona cosa».

Con il primo sogno gli viene in mente che non va mai al cimitero. Ha paura che, se ci andasse, qualcuno della sua famiglia potrebbe morire e che allora dovrebbe andarci spesso.

Il prete proviene dal villaggio in cui è nato. Era un uomo cordiale che spesso mandava alla madre dei libri da leggere. Il padre non doveva saperne nulla. Non sopraggiunsero ulteriori associazioni. Ammette però che pensa ogni giorno alla morte del padre.

Qui incontriamo il primo sospetto rivolto alla madre, che spiega l'associazione madre–prostituta. Il prete era straordinariamente gentile con lui e adorava la madre. Il rapporto era senza dubbio puramente spirituale. Ma il ragazzo aveva un segreto nei confronti del padre. Questo gli permise di pensare e di supporre il peggio. Ciò spiega anche la sua paura del matrimonio e la sua preferenza per donne cristiane. Un'ebrea aveva ingannato suo padre, e con un cristiano. Egli si vendicherebbe del padre sposando una cristiana.

La venerazione della donna è la sovracompensazione del disprezzo per lei. Se fa della madre una prostituta, può anche fare di una prostituta una signora.

Furono portati alla luce vari elementi che confermarono questo complesso.

Egli ammette, a proposito del sogno della copia, di aver sempre recitato una parte nella vita per evitare l'umiliazione. Interpreta il ruolo dell'uomo di mondo blasé per nascondere la propria mancanza di capacità. Così, nella vita, recita mille parti. Copia sempre.

Associa alla neve il fatto che farebbe buoni affari se nevicasse. I sogni forniscono effettivamente la prova di una regressione. Suo padre morirà mentre il figlio è ancora giovane; quest'ultimo svolgerà allora i compiti del padre e dormirà nel suo letto (lenzuola bianche).

Il sogno porta il tema dell'accusa ingiusta. Egli ha sospettato sua madre, che è pura come la neve. Le ha fatto un torto. Dovrebbe seppellire le vecchie questioni (cimitero). La neve deve coprire ogni cosa. Perché rimugina sul passato della madre? Perché ha due versioni della madre, una nera e una bianca? Dovrebbe finalmente seppellire quella vecchia e rivolgersi ai compiti della vita. Ma prende in prestito una scena del passato; copia.

Il giorno dopo gli viene improvvisamente in mente un quarto sogno, che voleva raccontare il giorno prima e aveva completamente dimenticato: avevo il desiderio di vedere la mia donna-feticcio; cioè una donna d'affari corpulenta del centro città. Andai nel suo luogo di lavoro. Al suo posto c'era sua sorella. È scura come una zingara. Si chinò per raccogliere qualcosa. Fu solo quando vidi le sue natiche che capii che non era la mia donna-feticcio. Ma lei era indignata e disse: «Ho paura. Questo è un uomo cattivo!». Dopodiché fuggì.

Questo sogno lo depressa molto. Non vuole credere di tornare alla sorella come sostituto della madre. Racconta le sue varie sconfitte. Aveva fatto la conoscenza di una commessa attraente. Gli piaceva molto ed entrò in relazione con lei. La invitò ad andare a teatro con lui. Andò nel suo negozio per accompagnarla. All'improvviso lei perse ogni fascino ai suoi occhi. Sembrava vecchia e logora. «Probabilmente è infetta. Di certo ha un fratello.

Il fratello è un uomo di nobile famiglia. Ti riterrebbe responsabile. Sei un disgraziato! Ti infetterai con lei o la metterai incinta. Lei farà denuncia e ti ritroverai con un processo. È meglio non cominciare affatto».

Così la tendenza alla svalutazione agiva dentro di lui, finché alla fine fuggì e andò a teatro da solo.

Alcuni graffiti in un gabinetto, che dicevano qualcosa su quindici ragazze con grosse natiche, lo fecero uscire dall'edificio. Dubita di poter guarire.

Il sogno porta le due edizioni della madre, la buona (bianca) e la cattiva (scura – una zingara) e mostra chiaramente che la sua parafilia risale alla madre.

Egli ascolta incredulo e dubita. Non vuole vedere la verità.

Si è circondato di un muro di inibizioni che devono rendere il matrimonio impossibile per lui. La condizione della sua potenza è che la partner debba afferrare il suo pene.

Quale donna rispettabile farebbe una cosa simile? Egli mette alla prova ogni donna e ogni ragazza sulla base di questa reazione primaria. Spoglia mentalmente tutte le donne e con ciascuna ha il pensiero: «Potrei essere potente con lei?». Subito arriva la risposta umiliante: «Impossibile! Non farebbe mai l'attacco necessario!». Andò nella città dove aveva avuto l'esperienza eccitante con la prostituta. Cercò il luogo dove si trovava il bordello. Cercò la prostituta in città e sarebbe stato felice se l'avesse trovata. Ma il bordello era chiuso e al posto della Maison Pohl c'era un elegante Hotel Metropole. Non osò entrarvi. Nella notte sognò:

C'era un grande banchetto. Un medico (il dott. Stekel) mi mostrò di avere un nuovo bastone da passeggio, in realtà una nuova impugnatura. Ne era molto entusiasta. Io mi affrettai ad andarmene.

Poi ero con un artista; credo fosse uno scultore o il dott. Stekel. C'era anche un omino che disse: «La mia mamma ha un sedere grande. Potremmo dargli una bella sculacciata!». Corse a prendere la sua mamma. Subito nel sogno immaginai le grandi natiche e mi svegliai con un'erezione «come il mondo non ne aveva mai viste».

Poi sono di nuovo per strada e devo andare dal dott. Stekel. Arrivo con circa mezz'ora di ritardo. Ci sono moltissime persone nella sala d'attesa. Il dott. Stekel esce e mi chiama: «Guardate, quello è il mio uomo!».

Troviamo, tra due sogni di transfert in cui egli si aspetta una "manipolazione" da parte mia, un sogno in cui compare una madre che sta per frustare il figlio. (Anche lo scultore è un'allusione a questo.)

L'atteggiamento originario verso le donne e verso sua madre era sadico. Voleva colpirle. Ricorda che una volta scelse una prostituta piccola e debole e andò con lei nella sua stanza. La picchiò un po' e allora fu in grado di avere un coito con buona potenza.

L'ultimo sogno lo eccitò enormemente. Il giorno dopo, dopo sogni del genere, non è buono a nulla. Vagò per la città, alla fine cominciò a mangiare avidamente, bevve prima vino, poi una bottiglia di acqua minerale e fumò un sigaro in sfida alla morte. Poi si sentì così debole e sfinito che andò in albergo e dovette mettersi a letto. Imitò il primo attacco d'angoscia di Aussig.

Ora diventa chiaro perché sceglie per sé prostitute molto forti. Vuole sottomettersi; teme il proprio sadismo. E dietro questo sadismo verso la prostituta si nasconde l'odio verso la sua falsa madre, che gli ha sottratto ciò che aveva di meglio.

Odia le prostitute dopo gli atti masochistici e le insulta mentalmente... In realtà dirige queste parole offensive contro sua madre.

Ieri, prima di addormentarsi, si trovava in uno stato singolare. Come se un incubo fosse su di lui, come se dovesse cadere in uno svenimento. Perse in parte la coscienza e poi mi vide in piedi accanto al suo letto, chinato su di lui mentre gli prendevo il polso.

Una verità sta cercando di imporsi su di lui, ed egli la rimuove. Fugge nell'amore verso di me – nel transfert.

La componente omosessuale – a lungo trascurata – si fa sentire ancora più fortemente. Ieri inseguiva prostitute, ma nessuna di loro gli piaceva. Vuole amare una ragazza; non vuole più ripetere le vecchie esperienze.

Riferisce di riuscire a urinare davanti agli uomini se ripete più volte la parola «Semmering». Come associazione racconta di aver deciso, nel caso si sposasse, di fare il viaggio di nozze al Semmering; il che significa: se mi sposo, non ho bisogno di temere l'omosessualità. Le associazioni anello e seme conducono anch'esse al matrimonio.

Ieri cercò una prostituta, come in preda a una frenesia, per poter compiere un coito normale. Alla fine vide una candidata adatta. Seguì la prostituta per un'ora. Dentro di lui infuriava una lotta violenta. Alla fine si disse: «No! Questa vita dissoluta deve finire. Abbraccerai una sola donna, quella che ami!».

Le ultime due settimane di trattamento significano una lotta permanente contro i precedenti sistemi del paziente, che tuttavia vengono costantemente demoliti. L'interesse per le donne corpulente con natiche ben formate passa gradualmente in secondo piano. Decide di cercare un'amica. Dopo ogni sorta di avventure tragicomiche, in cui ogni piccolo passo gli appare come una vittoria, incontra una ragazza simpatica. È stato con lei al caffè appena mezz'ora quando insorgono violenti dolori al cuore e alle braccia. L'analisi mostra che in precedenza aveva avuto il pensiero: «Che cosa direbbe tua madre se ti vedesse seduto qui con una ragazza?». Ora viene alla luce il fatto notevole che sua madre soffre di arteriosclerosi. I suoi dolori cardiaci si irradiano nel braccio sinistro. La sua sofferenza significa dunque un'identificazione con la madre e appare come un avvertimento se si allontana dal sentiero della virtù ordinaria. Egli ha una nozione segreta secondo cui comincerà a vivere solo quando i genitori saranno morti. Per questo è sempre in paura che i genitori possano morire. Vuole in effetti vivere – e desidera la loro morte. D'altra parte esiste un progetto di vita segreto: vivere con la sorella dopo la morte dei genitori. Questa idea viene lentamente superata. Ora è in grado di tornare a casa senza dover pensare in treno che qualcuno a casa sia morto.

Questa idea gli ha impedito di formare un legame intimo con una ragazza. La vecchia formula diceva: «Comincerai a vivere quando i genitori saranno morti!». Questa formula si è trasformata in una seconda: «Quando comincerai a vivere, i tuoi genitori moriranno!». Questo spiega il suo terribile timore del coito.

Dietro questa formula si nascondeva una seconda supposizione, che legava la morte dei genitori al possesso della sorella.

La natura del paziente cambia dopo un'adeguata chiarificazione. Riprende speranza e decide di cercare una ragazza. Sceglie il metodo dell'annuncio. Riceve fino a cinquanta risposte. Seleziona la donna il cui stile e la cui calligrafia gli risultano più gradevoli. Le manda un biglietto per il Burgtheater. Così non può mancarla.

La sua agitazione prima dell'appuntamento non può essere descritta. Vuole scappare; attraversa gli stati d'angoscia più terribili; è impaziente e non riesce ad aspettare che arrivi la sera; e naturalmente arriva troppo tardi a teatro.

La sua delusione per la persona-oggetto che incontra è estrema. Dopo una simile disillusione non cercherebbe oltre. Ma decide di fare un secondo tentativo, sebbene un fallito completo come lui non dovrebbe intraprendere una cosa simile. Ed ecco! Questa volta ha fortuna; incontra una ragazza affascinante, simpatica, modesta, colta e sensata. Non ha nulla da obiettare su di lei, se non il fatto che non è «il suo tipo». È bionda e magra e le manca proprio quella caratteristica che per lui costituisce la massima attrazione. È la sua antagonista sessuale. Eppure! Si sente attratto da lei; ha violente erezioni in sua presenza; è sicuro della propria potenza. Diventa più libero.

Non osserva più il suo viso per vedere se appare «sporco»; ride e parla allegramente e con vivacità. Lei è disposta a concedersi a lui. Ma egli rimanda l'atto finale. Vuole prima conoscerla meglio, provare simpatia per lei. Ben presto però si dice: «È più che simpatia. Sono innamorato della ragazza». Deve di nuovo – come ogni settimana – tornare a casa; durante il viaggio è tranquillo, non ha paura della morte né dolori cardiaci. Compie persino un'azione eroica, per la quale prima non avrebbe avuto il coraggio. Parla a una donna nello scompartimento; lei entra in conversazione e prima di scendere (in una piccola stazione) gli dà il suo indirizzo. Deve andarla a trovare qualche volta; suo marito è via per alcuni mesi. Il suo cuore si gonfia d'orgoglio! Lui, l'uomo dalla faccia-anale, ha conquistato una donna «rispettabile».

Ora è sicuro di sé. È fiero e pieno di fiducia, sa come fare impressione sulla sua ragazza. Si è liberato per questa domenica, e questa dovrà essere il viaggio di nozze. Tutto è pronto; le camere sono prenotate. Deve incontrare la ragazza alla stazione ferroviaria. Perché solo alla stazione?, chiedo. Ci sono diverse ragioni per questo. Non è preoccupato e ora crede nella sua guarigione. Le erezioni quando è vicino alla ragazza sono dolorose ed è consumato dal desiderio di possederla.

Ora arriva per lui la storia enigmatica, dalla cui spiegazione e chiarificazione analitica si è sottratto. La ragazza non era alla stazione. Aspettò invano per alcune ore; cercò la ragazza a casa; non fu trovata; era andata via per il fine settimana.

Finalmente la incontra il lunedì. Lei gli mostra una lettera in cui l'appuntamento era stato annullato. Il timbro postale prova che aveva ricevuto la lettera il sabato mentre era al lavoro e che era stata spedita quel giorno. Il paziente si trova davanti a un mistero. Chi conosceva l'ora dell'appuntamento? Chi sapeva come lui si firmava? Era una mistificazione completa! La ragazza lo rimproverò; lui rimproverò lei. Lei aveva fatto una gita con un'amica invece che con il suo amante. Egli la interrogò sull'onore e sulla coscienza se avesse detto qualcosa a qualcuno, cosa che lei negò energicamente giurando. Lei gli rimproverò che per lui sarebbe stato meglio andare a prenderla. Egli credette che lei avesse fatto scrivere la lettera per liberarsi per la giornata e avere una scusa. Questo non era verosimile, poiché in seguito lei fu sempre pazientemente a sua disposizione.

Io riconobbi subito che il paziente aveva scritto la lettera lui stesso, evidentemente in una sorta di trance, per sfuggire alla guarigione, ipotesi che egli contestò energicamente, definendosi un disgraziato di prim'ordine.

Con questa esperienza l'analisi si concluse. Non aveva altro tema che la ragazza e la sua cattiva sorte. Il suo desiderio svanì insieme alla diffidenza. Perse le violente erezioni. Dopo due settimane andò con lei al Semmering, dopo averla profondamente svalutata, e non ebbe erezioni in sua presenza. Il risultato di questo viaggio di nozze, contro il quale lo avevo seriamente messo in guardia, fu deplorevole. Trascorse la notte nuziale senza riuscire a produrre un'erezione.

Ignorò i miei avvertimenti e continuò ad aggrapparsi alla ragazza, perché non rappresentava più un pericolo per lui.

Gli avevo spiegato che non poteva guarire se non si fosse separato dalla sua famiglia. Promise di compiere ogni passo per rendersi indipendente. Avevo anche raccomandato il matrimonio con una ragazza che amasse davvero. Avrebbe dovuto lasciare perdere tutti gli esperimenti. Nonostante i miei avvertimenti, continuò a tentare con l'oggetto svalutato – naturalmente sempre con lo stesso fallimento.

Per qualche tempo non lo vidi; poi arrivò una lettera disperata in cui diceva di essere di nuovo ricaduto e di essersi rimesso con una prostituta. Questo ruolo gli piaceva di più, perché poteva mantenere i suoi atteggiamenti precedenti.

XIII: CANNIBALISMO, NECROFILIA E VAMPIRISMO

Vedo mio figlio cadere da una finestra.

Vedo mio figlio investito dal tram elettrico e il sangue che schizza in alto.

Mia madre si romperà il collo!

Mio cognato si romperà il collo, e i suoi bambini piccoli, che mi hanno molto infastidita, periranno nella neve come cani.

Ho paura che mio marito diventi pazzo.

Sono in un bordello e ho rapporti sessuali con molti uomini e verrò infettata sessualmente.

Sarò violentata dai soldati.

Un giovane re mi fa spogliare completamente e, dopo avermi violentata, mi deride.

Ho avuto un rapporto sessuale con un giovane contadino e, dopo avermi violentata, mi ha picchiata perché avevo paura.

Ho avuto un rapporto sessuale con un cane; la domestica ha riso di me.

Mi rimprovero perché ho ucciso un guardiano che voleva rinchiudermi.

Ho tagliato il pene di un ex ammiratore e svengo quando vedo il sangue.

Mio figlio morirà, perché è impertinente e volgare.

Tutti i miei fratelli e sorelle vengono uccisi e bruciati, e per me è una cosa indifferente. Desidero in particolare la morte di mio fratello, perché non si è mai occupato del resto di noi.

Devo affrontare un'operazione perché ho un ascesso nell'addome.

L'amico di mio cognato mi minaccia con un coltello da cucina perché non gli permetto di violentarmi; poi sposa un'altra.

Ho spesso avuto paura di restare sola con il bambino; temo di mangiarlo vivo.

Ho avuto una relazione sessuale con un mio ex ammiratore e ho partorito un bambino, che ho ucciso. È venuto un uomo che voleva denunciarmi. L'ho ucciso con il coltello, l'ho sepolto segretamente nel campo e ho distrutto tutte le tracce che avrebbero potuto far scoprire il crimine.

Quando suona il campanello, ho paura che sia arrivata la polizia a prendermi.

Tutte le persone mi sono indifferenti; desidero che accada loro qualcosa di male.

Invidio mia cognata per suo marito; per questo ho desiderato la sua morte.

Vorrei essere Dio e giocare con il destino delle persone.

Odio ferocemente mio marito perché non capisce la mia malattia, e vorrei distruggerlo.

Vorrei strappare il pene a un uomo, infilarlo nella mia vagina e lasciarlo crescere lì ulteriormente.

Mia madre mi ha raccontato di un rabbino così forte da distruggere case e uomini in pezzi; vorrei fare lo stesso.

Mi ha raccontato inoltre una leggenda secondo cui Gesù nel tempio volò fino al tetto. C'era lì anche un rabbino che pensò: io sarò ancora più furbo, e volò ancora più in alto; poi urinò su Gesù, che cadde a terra.

Anch'io vorrei fare come quel rabbino.

Vorrei essere alta come la torre di Santo Stefano, per poter guardare in tutte le case.

Vorrei costruire una torre di Babele e vedere che cosa fanno Dio e gli angeli, e anche se sono esseri sessuali.

Sono invidiosa di tutti e ho pensieri malvagi verso chiunque. Li vedo continuamente nella mia mente mentre impazziscono o si ammalano.

Ma soffro così tanto che ho già sofferto per tutta l'umanità.

Quando ho letto dei cannibali, mi sono chiesta se potrei mangiare carne umana. Ho sempre provato allora una forte nausea. Ora spesso immagino di mangiare carne umana e provo lo stesso disgusto. Preferirei di gran lunga essere vegetariana. Devo sempre pensare ai cadaveri degli animali.

Ho spesso la sensazione di poter mordere mio figlio. Da bambina mordevo spesso, quando facevo la cattiva.

Penso spesso ai cimiteri e a come i corpi morti marciscono nella terra. Preferirei di gran lunga essere cremata.

Vorrei tagliare il pene di un uomo morto e farmelo cucire al pube. Vorrei essere un uomo.

Vorrei rubare l'anima di un uomo morto prima che andasse in cielo e trasformarmi in un uomo. Sedurrei allora tutte le donne.

Voglio assaggiare ogni uomo e ogni ragazza, per vedere che sapore hanno.

Sono un vampiro. Vengo di notte e succhio il cervello alle persone. Spesso credo che un vampiro abbia succhiato il mio sangue e la mia gioia di vivere.

Vorrei rotolarmi nei cadaveri. Voglio diventare sempre più forte. So che i corpi morti non possono difendersi.

Vorrei torturare le persone, anche dopo che sono morte.

— *Fantasie di una melanconica*

Caso numero 41

L'analisi di una melanconica

La paziente S. J. è una ragazza di ventitré anni, studentessa, straniera, proveniente da una città provinciale, slava, seconda di sei fratelli e sorelle, cresciuta in una rigorosa moralità tradizionale e quindi priva di qualsiasi educazione sessuale. Non ci sono elementi da segnalare riguardo a malattie somatiche o ereditarie.

La paziente riferisce che un anno prima, subito dopo la morte della madre, di cui si era presa cura, fu colta da una tristezza irresistibile, accompagnata da completa perdita della gioia di vivere e della capacità di lavorare. La paziente si trova in una profonda depressione, che conferisce alla sua intera condotta una monotonia evidente.

Trascorre la giornata lamentandosi amaramente della sua salute perduta.

La paziente mostra una forte inclinazione alla razionalizzazione. Ogni nuovo sintomo che appare (o che viene nuovamente riferito) è immediatamente spiegato da lei come "ovvio" e "naturale".

"Tutti i miei mali sono iniziati con la perdita della mia amata madre. Lei era l'unico essere a cui mi legavo con tutto il mio affetto. Dalla sua morte ho perso ogni piacere nella vita. È così, naturalmente! Negli ultimi mesi era molto malata e io ero la sua infermiera: lo sforzo eccessivo, il dolore, l'ansia per la vita di mia madre – hanno esaurito le mie energie e ora non ho più alcuna forza per vivere. Quindi è del tutto 'naturale', non è vero? Anche se si possiede ancora molta energia, questa può essere esaurita e così ci si ritrova inadatti alla vita."

Questo sforzo di spiegazione si mescola anche a una trasparente tendenza alla contraddizione, alla quale si unisce qualcosa di querulo. Spesso sembra che la paziente opponga alla mia interpretazione un categorico, piuttosto brusco "No", solo per elaborare poi la stessa interpretazione a modo suo, come qualcosa di "naturale" e "ovvio". La paziente stessa si accorge di ciò nelle sessioni successive, quando osserva:

"So bene che tutto ciò che dice può essere collegato ai miei processi inconsci. La convinzione cosciente dell'opposto non è abbastanza decisiva; il mio 'No' non ha quindi alcuna base. Eppure devo dire 'No'; non posso farne a meno."

Questa compulsione a spiegare e contraddire dà l'impressione di un tentativo ricorrente e gravoso di porre fine al conflitto attraverso la parapatia e rivela allo stesso tempo un "voler mantenere il medico a distanza"; è una tendenza alla svalutazione attiva fin dall'inizio e funziona come resistenza. Come se volesse dirmi: "Anche se ci occuperemo diligentemente dei miei complessi, dubito che tu possa rivelarmi qualcosa di nuovo o sconosciuto." Nel corso dell'analisi questo atteggiamento iniziale, insieme al transfert, si sviluppa in una posizione ostinatamente mantenuta dalla paziente.

Ella divide l'analisi in una parte cosciente (ufficiale), in cui nega tutto senza eccezione; e in una parte non ufficiale, più precisamente non confessata, in cui la paziente comprende tacitamente varie cose e accetta molto. Il materiale analitico successivo testimonia questo progresso non dichiarato dell'effetto terapeutico analitico. Così i sogni diventano più numerosi, penetrano in strati sempre più profondi, si dirigono verso il tema principale (conflitto originario), presentano nuovi problemi e tentano nuove soluzioni. L'immagine monotona della melanconia si anima con una serie di somatizzazioni; il transfert negato si manifesta di tanto in tanto attraverso un gesto imprevisto. Torneremo su questo.

Le prime sedute trascorrono in un'infinita ripetizione delle lamentele monotone. Alcune di esse ricevono un'enfasi speciale da parte della paziente:

"Non provo gioia nella vita. Il mondo non ha attrazione per me, sembra senza valore. Non fraintendetemi. Non voglio affatto dire che il mondo sia cattivo. Al contrario, il mondo è buono; sono io quella cattiva. Sono insoddisfatta di me stessa, quindi non posso godere del mondo. Tutto è bello, elevante, soddisfacente, ma non per me. Io, che conosco la bellezza del mondo, rimango fredda di fronte ad esso. Mi sento indegna della vita."

"Di chi è la colpa?"

"La colpa è mia per non essere stata abbastanza forte da poter sopportare la malattia e la morte di mia madre. Anche altri affrontano molte sventure, eppure le sopportano con fermezza. Perché sono stata così debole; perché non ho potuto mantenere la mia salute? La colpa è mia! Ogni persona dovrebbe poter mantenere la propria salute; io ho perso la mia; questo è il mio errore.

Come ho potuto cambiare così tanto in un solo anno? È incredibile! Non sono mai stata come sono ora. Prima ero diversa, totalmente diversa! Non mi riconosco più. Mi sembro una straniera a me stessa. Un tempo non era così; era così delizioso in me e intorno a me. Perché ho perso la mia natura precedente? Solo io sono colpevole!"

La paziente è tormentata dalla sensazione angosciante del "strano", l'opposto del déjà vu. Nel confronto tra "prima" e "ora" emerge un terzo elemento; nel suo sforzo di vedersi chiaramente dentro di sé, trova un corpo estraneo, ha un'intuizione dello sdoppiamento, nonostante l'identificazione troppo intensa con l'oggetto scelto.

Passiamo ora ai gruppi di sogni.

Abbiamo imparato a conoscere e riconoscere un tipo di sogno che potremmo chiamare "prognostico". Questi sogni permettono solo una comprensione limitata dei singoli fili della rete parapatica, non forniscono chiavi interpretative riguardo allo sviluppo e all'instaurarsi della parapatia, e sono sfavorevoli per ottenere associazioni.

Tuttavia rappresentano, sul piano funzionale, un'immagine plastica della tensione istintiva e del gioco delle forze. Giudicano ciò che viene percepito endopsichicamente. Tali sogni ci aiutano a trovare l'orientamento principale, poiché rivelano la colorazione anomala e specifica della direzione impulsiva della parafilia.

La nostra paziente ci ha fornito diversi di questi "sogni", indicando la tendenza istintiva sadica anomala alla base della sua parapatia.

Sogno I:

Mi trovo in una stanza con un gentiluomo. Egli conduce con due catene, una in ciascuna mano, un cane e un gatto. Gli animali sono molto belli, di colore giallo. Poi l'uomo poggia un piede sul cane e uno sul gatto, li colpisce crudelmente, si infuria, diventa furioso. Evidentemente voleva uccidere gli animali. Non riuscivo a guardare quella scena orribile, volevo uscire, ma l'uomo chiuse la porta e tolse la chiave. Alla fine prese il cane tra le braccia, gli tagliò le orecchie e le diede da mangiare al gatto, che lo fece. Battendo alla porta urlavo: "Apri la porta; fammi uscire da questa stanza; sto soffocando; aria, aria!"

Interpretazione:

La paziente non fornisce associazioni. Ci limitiamo alle seguenti osservazioni: i colpi, la furia dell'uomo, la sua crudeltà, gli animali, dovrebbero rappresentare, come spesso avviene nei sogni, una furia interiore, l'intera lotta interna. L'uomo va quindi inteso come impulso, cane e gatto, due tendenze impulsive che si divorano o si escludono a vicenda, la configurazione più precisa delle quali non può essere derivata per assenza di associazioni. L'intera azione e il comportamento dell'uomo, la scelta dei simboli (gli animali) indicano la vita istintiva fortemente colorata di sadismo, che può essere anche la direzione dell'impulso rappresentata attraverso cane e gatto e il risultato finale della lotta. La difesa della paziente come osservatrice (l'uomo la rappresenta come partecipante attiva), la stanza chiusa, le catene, il soffocamento, suggeriscono l'atteggiamento reazionario della paziente derivante dalla personalità censoria (cosciente) e determinano una repressione straordinaria. Essa è costretta a scendere nella camera sotterranea e segreta di tortura della propria psiche e a essere spettatrice notturna del triste dramma della sua anima. Porta dentro di sé la roccia di Prometeo senza poter sfuggire a se stessa se non aggirando la coscienza e cadendo in una melanconia monotona, profondamente segnata dalla coscienza di colpa. Questa sarebbe l'interpretazione funzionale. In uno strato più profondo e supportata da altri sogni e associazioni da menzionare più avanti, possiamo concludere dalle orecchie tagliate e dalla chiave che l'uomo porta, un motivo di castrazione. Ma riconosciamo soprattutto nel mangiare le orecchie l'impulso sadico-cannibalistico anomalo, la tendenza all'incorporazione e il marchio orale della melanconica, a cui aggiungeremo ulteriori elementi contributivi.

Sogno II:

Ho sognato di trovarmi in camicia da notte e scalza su un binario ferroviario. All'improvviso arriva il treno, che deve investirmi. Inizio a correre avanti per salvarmi. Non posso deviare su un binario laterale, perché a destra e a sinistra scorre acqua profonda, dalla quale molte teste di coccodrillo con mascelle spalancate si protendono minacciosamente.

Pensai con ansia: "Non posso correre più veloce del treno, quindi l'unico modo è sdraiarmi a terra così il treno potrà passare sopra di me senza ferirmi."

Associazioni:

"Ricordo un passo ne I fratelli Karamazov di Dostoevskij, dove un giovane, per dimostrare il suo coraggio, si sdraia sui binari allo stesso modo in cui ho fatto nel sogno. Voleva sfidare il destino.

Confessò però in seguito che, nel momento in cui il treno gli si avvicinava sibilando e ruggendo, fu preso da una paura e un rimorso indescrivibili. Chiunque abbia vissuto un'esperienza simile sarà più saggio sotto molti aspetti per il resto della vita."

La paziente non abbandona il tema dei Karamazov, e le associazioni successive si trasformano in un entusiasmo esaltato per il più giovane dei fratelli Karamazov (Alioša). Qui, come nel sogno precedente, non entriamo in una dettagliata interpretazione, ma sottolineiamo solo le caratteristiche orientative generali. L'analogia con il sogno precedente è evidente. Questo sogno è una diversa rappresentazione dello stesso tema. Il treno sibilante è come l'uomo furioso, le teste di coccodrillo come cane e gatto. Anche qui la sognatrice, disperata, cerca invano una via d'uscita. La trova "sdraiandosi a terra"; ciò significa che sfugge alla risoluzione del problema attraverso la repressione e fugge in un magma silenzioso e impenetrabile di tristezza, sotto il quale ribollono pensieri asociali e incontrollati.

La paziente, che conosce la lingua slava, sa l'espressione: "Più basso dell'erba, più profondo dell'acqua". Zingari e una chiromante le hanno detto: "Sotto il tuo esteriore gentile e passivo si cela una natura vulcanica." Il materiale associativo dei Karamazov mostra come nel sogno (al di là della censura cosciente) la paziente percepisca chiaramente il significato più importante del sogno. La camicia da notte, i piedi nudi, indicano le basi fondamentali su cui il problema si impegna. L'acqua ha un significato particolare nei sogni di questa paziente e appare sempre in stretto legame con ulteriori simbolizzazioni erotiche.

Si fa qui solo riferimento al rapporto del sogno con il trattamento: la paziente si adatta in parte all'autoconoscenza analitica; si sdraia a terra dopo un ragionamento ("l'unico mezzo", e così via). In realtà, durante questo periodo, l'umore melanconico monotono con le incessanti autoaccuse viene permeato da numerosi sintomi di somatizzazione. Questo può essere considerato un "progresso somatico" favorevole dopo la regressione avvenuta precedentemente: la paziente lamenta che i suoi occhi siano troppo infossati nella testa. (Questo fenomeno di somatizzazione si manifesta poi come condizionato dal complesso della prostituta. La paziente si interroga ripetutamente se abbia davvero gli occhi di una prostituta, con macchie blu, cerchiati, semiaperti, seducenti, ecc.) Si sveglia durante la notte e rimane "paralitica" per uno o due minuti; non può compiere alcun movimento finché non si gira sul lato destro. Da qualche tempo si sveglia di notte con attacchi di soffocamento, alleviati dall'apertura della finestra.

Sogno III:

Entro in una grande casa; è un ginnasio. Notai al secondo piano, mentre percorrevo il corridoio, un leone sulla porta che conduce a un'aula. Mi avvicinai. Molte persone di entrambi i sessi erano nell'aula, salite sui banchi e su altri mobili per la loro eccessiva paura del leone. Sembrava come se io avessi "conosciuto" questo leone, e anche lui mi aveva "riconosciuta" di nuovo. Mi inginocchiai abbastanza vicino a lui e gli abbracciai il collo. Questo era l'unico modo per condurlo fuori dalla stanza. Mi leccò il volto. In quel momento mi attraversò un pensiero: "Se non mi riconosce, schiaccerà la mia testa con i denti." Ma lui mi conosceva. Allora lo rinchiusi in un'altra stanza affinché le persone non dovessero più temere.

Per evitare ripetizioni, non approfondiremo ulteriormente il significato generale del sogno. L'unico elemento degno di nota è la rappresentazione della repressione inibitoria (rinchiude il leone affinché le persone non abbiano più paura), della parapatia forzata, ma allo stesso tempo del sentimento di superiorità e orgoglio della parapatica nella sua fonte segreta di soddisfazione, nel suo mondo nascosto e ombroso, in contrasto con quello del banale borghese. La teoria adleriana "sotto-sopra" non trova conferma in questo sogno: la paziente è sotto, ma il senso di superiorità è comunque molto chiaro.

Non va trascurato che la paziente aveva subito, negli anni scolastici, un'aggressione da parte del suo insegnante di musica. Come musicista, egli aveva una chioma folta. Pertanto, la scena del leone potrebbe essere collegata a lui.

Una evidente fissazione padre-madre emerge da altri sogni. Il leone che conosce può quindi essere correlato al suo impulso o a una figura immaginaria condensata (il leccare).

Un altro sogno finale di questo tipo:

Sogno IV:

Stavo salendo su un treno, che era così pieno che dovetti stare sul gradino. Era un'escursione. Poi mi trovai sulla locomotiva. Il treno doveva passare in un punto estremamente stretto. Mi chiesi: "Il treno riuscirà a passare senza pericolo?" Ero ansiosa. Eppure passammo molto fortunatamente. Dalla mia posizione potevo osservare il paesaggio meravigliosamente bello. Arrivammo sani e salvi alla stazione.

Di nuovo lo stesso sogno: pericolo e superamento dello stesso. La locomotiva è simbolo dell'istinto pericoloso, che qui riuscirà a dominare completamente.

La paziente ha riportato anche sogni religiosi dal contenuto cupo, che non davano l'impressione di accessioni morali individuali, ma rappresentavano una protesta e un avvertimento della personalità guida totale contro la configurazione impulsiva anomala.

Sogno V:

Arrivai un'ora troppo presto nello studio. Lei era arrabbiata. Mi scusai. Per passare il tempo, presi il tram elettrico per vedere la campagna circostante. Mentre scendevo la collina, dovevo attraversare un ponte che conduceva tra due mulini. Il ponte aveva delle terrazze. Poi una bambina si avvicinò a me. Mi avvertì di andare avanti o qualcosa mi avrebbe incontrato e mi avrebbe spaventata. Tornai indietro. Anche altri ragazzi e ragazze tornarono indietro, tutti molto spaventati. Scendemmo da una collina e notai che il cielo si abbassava, il vento cresceva, stava arrivando una violenta tempesta. Cercai di tornare da lei il più rapidamente possibile per avere un tetto sopra la testa e potermi riparare dalla tempesta. Ma per non arrivare ancora troppo presto, chiesi a un uomo che ore fossero. Non capì il tedesco. Ripeté la domanda in francese. L'uomo rispose che era felice di trovare qualcuno che comprendesse la sua "lingua paterna" (l'espressione usuale è comunque "lingua materna").

Passando vicino a una chiesa incontrammo due ragazze in lutto, piangenti per la madre morta.

In questo sogno appaiono chiaramente: la Resistenza (arriva al momento sbagliato e usa l'analista solo come protezione dai pericoli); la rappresentazione dei genitali femminili e del coito (piccolo ponte tra due mulini); la bambina appare sul ponte; le terrazze, la chiesa, la tempesta, la collina, simboli puramente sessuali. Ella tenta l'analista, mostrandogli come meglio sfruttare l'ora. Poi il desiderio incestuoso (lingua paterna, madre morta, se non sia ancora troppo tardi). Tuttavia, la voce religiosa, l'avvertimento urgente contro la passione, ci sembra la caratteristica fondamentale.

La paziente si sente intrappolata nel labirinto sessuale e vede arrivare il maltempo. Cerca con l'analista un rifugio dal tempo; cioè, l'amore transfertico dovrebbe preservarla dalla sua tendenza da prostituta.

Sogno VI:

Sembra come se avessi ucciso qualcuno. In fuga salto sul tetto di un treno. Mentre il treno accelera, salto su un ponte molto piccolo senza ringhiera. Mi sorprendo di poter camminare su un sentiero così stretto. Poi sento il fischio di un guardiano. Successivamente mi trovo con una ragazza vestita di nero. Entriamo in un sentiero cupo, che conduce verso le montagne. Non ci sono alberi intorno, né erba; il sole non brilla; solo rocce, desolate e spoglie. Arriviamo a un capanno. Lì lavorano diversi galeotti. Tra queste persone la povera bambina placa la sua sete.

Interpretazione: La piccola ragazza scura è da intendersi qui come caratteristica sessualmente simbolica del sogno. Il ponte, come nel sogno precedente (ponte e mulini), rappresenta il "essere o non essere" della propria costituzione istintiva. ("Come posso camminare su un sentiero così stretto?" – espressione del pericolo proveniente dall'interno.) La paziente stessa ci chiarisce la parte finale del sogno.

Arriva in maniera molto indiretta al tema di "Raskolnikov". Lotta con impulsi omicidi.

Passiamo ora al gruppo di sogni più interessante. Iniziamo la serie con un sogno chiave e significativo:

Sogno VII:

SADISMO E MASOCHISMO

Ero sposata con un uomo che né mi piaceva né potevo rispettare. Ma era molto ricco. Salgo sulla mia automobile; mi porta via molto rapidamente. Penso: "Molti mi hanno amata; anch'io ho apprezzato molte persone; ma ora non potrò più godere di nulla dell'amore reciproco." Provavo la sensazione di una "felicità a metà". Notai che la strada scendeva. Poi non era più un'automobile, ma una splendida carrozza. Guidavo io stessa i cavalli. La strada scendeva sempre più in profondità. Poi arrivai in un parco con viali molto scuri. Volevo svoltare in un viale che curvava a sinistra, ma il cavallo era irrequieto e tirava verso destra. Tirai allora le redini con tutte le mie forze verso sinistra, ma la carrozza prese un percorso a zigzag. Non era più un cavallo, ma un cagnolino che guidavo con le redini come un cavallo. La strada scendeva sempre più in profondità. Poi arrivammo in un tunnel, in cui scorreva acqua limpida, tanto che si vedevano chiaramente le pietre sul fondo. Con le redini in mano, saltando di pietra in pietra, raggiunsi l'altra sponda del torrente e in questo modo arrivai a un anfiteatro fatto solo di roccia. Lì incontrammo una donna. (Avevo la sensazione che questa donna fossi io stessa.) Rimasi ferma per osservarla. La donna si sedette a terra. Vicino a lei giaceva un uomo che era stato ucciso. Non sapevo se la donna fosse l'assassina. Mangia qualcosa e mi dice: "Mangerò il cuore di quest'uomo!" Mi piegai per guardare meglio. Vidi come la donna pose la testa dell'uomo morto sulle sue ginocchia; poi strappò il cuore e lo divorò fino all'ultimo pezzo. Vidi l'apertura attraverso cui la donna aveva strappato il cuore. Ora l'uomo fece qualche movimento. La donna lo lasciò andare, poiché temeva chiaramente la sua vendetta; voleva tornare a casa. Le spiegai come trovare la strada: "Vai avanti, poi a sinistra, di nuovo avanti, poi a destra e infine avanti, così arriverai a casa." Quando scomparve, provai compassione per l'uomo e lo portai, con l'aiuto di una contadina, fuori dal tunnel all'aperto. Qui trovammo alcune case con terrazze, persone al lavoro; il sole splendeva. Dissi: "Qui c'è molto sole ed è un piacere lavorare."

Sembra probabile che questo sogno straordinariamente condensato (sogno chiave e di sviluppo allo stesso tempo) debba essere trasposto per risultare comprensibile, e dunque: mentre la prima parte fino al cagnolino appartiene al corso successivo e all'elaborazione del nucleo parapatica già esistente, la porzione del tunnel si riferisce al trauma primario o al problema primario della parapatia e rappresenta anche la natura essenziale della melanconia: sadismo, cannibalismo e incorporazione. La fantasia del grembo materno è evidente alla luce dei simboli familiari (tunnel, fiume nel tunnel, uscita alla luce del sole, osservazione di una scena nascosta davanti a Dio e all'uomo, auto-osservazione con sdoppiamento della personalità, percorso tortuoso che la donna deve percorrere per raggiungere "casa").

Possiamo avere qui una condensazione di due strutture di pensiero patologiche inconsce, la fantasia uterina con il complesso di Noè. Questa associazione sembra tanto più plausibile perché le due strutture mentali menzionate possiedono ancora un motivo comune: la fuga dalla realtà dolorosa, il desiderio di una situazione ideale, dove i valori della realtà e della legge esterna godono di una tregua.

Il significato funzionale e simbolico della fantasia del grembo materno deve essere compreso non solo come una gravitazione ontogenetica nella memoria verso uno stato un tempo sperimentato di quasi completa assenza di reazione, ma molto più come un risultato psichico attivo, lo sforzo di pensarsi artificialmente in una situazione che annulla la realtà ma afferma il mondo complesso. La parapatica cerca nelle fantasie del corpo materno non il Nirvana assoluto, ma il luogo adeguato, simbolicamente dato, in cui può trasportare il proprio mondo interiore e coltivarlo in pura cultura. Il liquido amniotico e le acque del Diluvio sono simboli di solitudine isolata e introversione.

Abbiamo sottolineato l'importanza della madre. Abbiamo appreso da altri sogni e manifestazioni della paziente che anche il fratello deve avere un ruolo decisivo nella parapatia.

La paziente ricorda con riluttanza che il fratello maggiore le voleva molto bene quando aveva quasi sedici anni. Spesso la baciava e l'abbracciava con passione. Lei percepiva che non si trattava di baci fraterni, ma assolutamente sensuali. La madre se ne accorse e le rimproverò questo comportamento. Di conseguenza, cercava di evitarlo. Lui le chiedeva il più spesso possibile di andare a passeggiare con lui, scegliendo sempre luoghi appartati o sentieri solitari nel bosco. Lei spesso gli chiedeva perché scegliesse passeggiate simili. Era anche molto geloso, tanto da allontanare tutti i giovani e i corteggiatori dalla casa. Allontanò con menzogne un giovane che la corteggiava, cosa di cui lei non seppe nulla fino a molti anni dopo.

La paziente non ammette di aver provato qualcosa per questo fratello. Al contrario, proprio questo è il fratello che non le interessa in alcun modo, mentre il fratello minore è il suo favorito (spostamento?). Mi riferisco a certi sogni:

1. Raccoglie frutti acerbi con il fratello;
2. Litiga con il fratello, che diventa piccolo;
3. Sogna di soffocare in una stanza; lui deve aprire la porta;
4. Il fratello diventa piccolo e salta nel fiume, che lei giudica molto pericoloso; ha la sensazione di esserci già stata;
5. La cameriera della paziente se n'è andata; lei è disperata, ma arriva il servitore del fratello, che mette tutto in ordine.

Tutti questi sogni indicano che l'uomo morto del sogno chiave rappresenta anche il fratello.

"Perché acconsentivi ad andare a fare queste passeggiate solitarie con tuo fratello se ti erano dolorose?"

"È del tutto 'naturale' passeggiare con un fratello; sono sempre stata una persona solitaria e riservata. Rimanevo chiusa nella mia stanza per ore e cantavo; mi piacevano molto le canzoni malinconiche. Mio padre non gradiva se cantavo o suonavo uno strumento. Ma suonavo ogni strumento possibile. Uno dei miei fratelli mi chiamava zingara per questo motivo." (La paziente spesso si vede nei sogni come una zingara.)

"Capisci perché, all'inizio del trattamento [la paziente a quel tempo era già in parte istruita], tra i mille ricordi della tua vita emergeva sempre proprio questo: durante un'escursione in montagna, uno studente uccise per errore una studentessa, credendo di sparare a un cigno, e poi la grande disperazione del fratello della ragazza uccisa, che voleva persino suicidarsi?"

"Si spiega da sé; mi fece un'impressione forte; per questo lo ricordai."

"Non vedi alcuna connessione tra il fratello e il fatto che nei tuoi sogni e ricordi riappaia sempre una regione montana o boschiva remota, che ti fa paura? Una volta hai visto lì un serpente con la testa schiacciata; un'altra volta raccoglievi fiori con lunghi steli e hai gridato: 'Sono tutti per me!' Una terza volta sei arrivata a un pozzo di petrolio, dal quale temesti che tu e i boschi intorno poteste prendere fuoco."

"So cosa vuoi dire, ma ti ho ripetuto più volte che tutto ciò che congetturi circa i miei sentimenti per mio fratello mi sembra impossibile, perfino assurdo; non posso crederci; non lo sento."

"Se non neghi la connessione e sei arrivata a vederla, come altro la spiegheresti?"

"Non lo so; non posso spiegarlo; mi sembra semplice e naturale. Non posso credere a quanto mi dici qui!"

Dopo alcuni giorni, durante i quali la paziente fu colta da una vera e propria "diarrea di sogni", torniamo al sogno chiave.

"Ve l'ho già spiegato più volte; non posso analizzarlo più attentamente ora, ma vorrei conoscere la vostra opinione su un altro processo di pensiero. Fate attenzione! Le vostre lamentele principali sono: 'Perché non sono riuscita a mantenere la mia salute? – La colpa è mia!' 'Perché ho perso la mia natura di un tempo?' 'Non ho davvero mai vissuto – e sto già perdendo il mio splendore!' 'Quanto ero bella un tempo!'"

"Potrebbe essere che questi detti siano lamentele spostate e invertite, di cui avete già conosciuto molti esempi. Si riferirebbero allora a una persona decisiva per la vostra infanzia, il fratello, e direbbero semplicemente: 'Perché non è stato abbastanza audace da compiere il passo decisivo che io, come donna, non potevo fare? Perché dovrei appassire senza aver sperimentato l'amore? La colpa è sua; finché era celibe, non sarebbe stato impossibile.' Tutti i sintomi negativi della vostra malattia sono comparsi negli ultimi tre anni, cioè da quando il fratello si è sposato."

"Se solo sapeste quale impressione dolorosa questo tema esercita sempre su di me."

Così la paziente si difende ostinatamente dalla discussione del sogno chiave e del tema del fratello. Ma l'analisi ritorna sempre al fratello. È lui il cuore che lei divora nel sogno chiave.

Se vogliamo formarci un'idea di questo sogno chiave, si legge così: la paziente sogna se stessa in una situazione intrecciata della fantasia uterina e del complesso di Noè come terreno adeguato su cui realizzare desideri altrimenti impensabili.

Ama nel senso fisiologico e letterale più stretto. Ciò che vorrebbe avere, lo "possiederà" effettivamente nel vero significato della parola; divora, incorpora il suo oggetto e lo porta dentro di sé, in modo che questo oggetto assimilato non possa più essere un "oggetto". Le altre relazioni tra ego proiettato e proiettante non contano in questo contesto. Questo forse spiega perché le è così difficile seguire le indicazioni del simbolismo dei sogni e accettarne le interpretazioni; perciò accoglie tutte le spiegazioni con il "bel sorriso dell'ignorante". Sarebbe per lei come chiedere di guardarsi la fronte senza specchio.

La forma puramente simbolica dell'espressione non va trascurata: è fortemente fissata sul fratello, e lui le appartiene completamente come se un tempo avesse preso il suo cuore per sé per sempre. Ulteriore determinazione: sarebbe meglio che fosse morto piuttosto che appartenere a un'altra donna. La coloritura sadica dell'azione non richiede discussione.

Le altre parti del sogno indicano lo sviluppo della parapatia e ci interessano qui solo marginalmente. L'impulso autoerotico (onanismo); è solo a metà soddisfatta, "felicità a metà"; alla fine l'onanismo non basta più – l'automobile diventa una carrozza; vagabonda, va a zigzag, scende; per vivere pienamente la sua vita rimane solo un cagnolino. La persona risvegliata (morta) è anche l'inizio della scoperta e del riconoscimento della fissazione.

Ha paura della vendetta dell'uomo; teme di riconoscere la propria sessualità sadico-cannibalistica. La sezione del tunnel è facile da capire come prologo, storia preliminare. Prima di passare a un altro sogno, va ricordato che l'oggetto incorporato (il fratello) viene inserito in una situazione simile alla fantasia del corpo materno; fantasia uterina, complesso di Noè e territorio proiettato del suo inconscio entrano qui in confronto. La paziente scende in una camera del tesoro segreta per vivere la propria vita. (Mi riferisco al primo sogno, in cui come simbolo di incorporazione furono divorate le orecchie del cane.)

Un altro sogno della paziente, che può essere considerato nel gruppo dei sogni di incorporazione, è il seguente:

Sogno VIII:

Scendo le scale a scuola; un ragazzo mi accompagna. Ci imbattiamo in un uomo morto disteso sulle scale. Il ragazzo prende qualcosa dall'uomo morto. Gli chiedo di mostrarmelo; il ragazzo dice che era un orologio, il cui simile non si trova al mondo. Poi mi mostra l'orologio. È di forma sferica, una parte d'oro, l'altra di vetro. Nel frattempo il ragazzo lascia cadere l'orologio a terra. Il meccanismo cade dal contenitore. Un pezzo (il meccanismo o il coperchio?) non si trova per lungo tempo; finalmente viene scoperto sotto la porta.

La somiglianza del motivo principale con il sogno precedente è abbastanza chiara. Simbolicamente, il ticchettio dell'orologio costoso e unico è come il battito del cuore prezioso in questione. Funzionalmente, prende con cura qualcosa da un uomo apparentemente morto, come nel tunnel. I due coperchi significano la repressione insieme alla resistenza.

La caduta e il disassemblamento dell'orologio – la minacciata conoscenza di sé e l'abbandono della finzione. Anche qui, la paziente ritorna alla propria infanzia, discende. L'essenziale è il prendere per sé un oggetto che appartiene a un uomo indifeso. Strati più profondi tralasciamo qui: complesso di Elettra, esperienze nel sonno e altro.

Volgiamoci ora ai sogni "rossi":

Sogno IX:

Ero in vacanza con mia madre in una località estiva. Tornai da una passeggiata. Mi avvicinai allo specchio per sistemarmi i capelli. Ma mi fermai improvvisamente, rimasi a fissare lo specchio, così stupita e terrorizzata ero dall'aspetto incredibile dei miei occhi. Mi avvicinai ancora di più. Mi girai leggermente di lato per vedere meglio cosa avessi negli occhi. Ma allora notai un uomo che mi osservava dall'esterno attraverso la finestra. Coprii la finestra con un panno e tornai allo specchio per vedere cosa ci fosse nei miei occhi. Allora vidi che i miei occhi erano pieni di sangue. Pesanti gocce di sangue cadevano dai miei occhi. Provai a tamponare le gocce con il fazzoletto, ma il sangue continuava a scendere. Facendo un movimento con l'occhio sinistro, la pupilla (?) uscì dall'occhio e sembrava stesse per cadere a terra. Feci vari movimenti per rimetterla al suo posto. Ero nel terrore e nella disperazione e pensai: "Mio Dio, diventerò cieca", e ordinai alla cameriera di chiamare mia madre. Mia madre entrò, iniziò a riordinare la stanza e cantava mentre lo faceva... Io giacevo sul divano, triste, immobile. Infine dissi: "Madre, guarda i miei occhi." Mia madre si avvicinò e rimase stupita dall'aspetto dei miei occhi.

Interpretazione:

La melanconia della paziente era cominciata apparentemente con la morte della madre. La madre aveva sofferto di cuore per molti anni, morì a causa di ciò e trascorse gli ultimi anni a letto. La paziente era la sua infermiera, era legata al letto malato della madre, e così vide passare i suoi anni più belli, mentre il suo fascino femminile svaniva. La paziente aveva cercato di riscattare questa situazione penosa con un'eccessiva disponibilità al sacrificio per la madre amata. Era sempre pronta, tra le altre cose, a restare senza dormire per notti intere. Non era consapevole del conflitto che tutto ciò generava (desideri di morte!). Poco prima della morte della madre, la paziente si oppose con forza a un'iniezione di canfora prescritta dal medico perché "in tale condizione la dose non poteva essere calcolata correttamente e la madre avrebbe potuto essere avvelenata" (atteggiamento bipolare – aveva paura che la madre potesse salvarsi!). Il farmacista le aveva detto che spesso accadeva che il cuore fosse troppo debole per sopportare l'iniezione.

La paziente doveva essere allontanata affinché l'iniezione potesse essere somministrata di nascosto. La notte successiva la madre morì. La paziente la mattina seguente ebbe l'idea che la madre fosse ancora abbastanza calda. Quando la disposero per la veglia, temette che potesse essere sepolta viva. La paziente mi chiese una volta se avessi sentito parlare di questo e se credevo che talvolta per errore persone apparentemente morte venissero sepolte vive (fantasia uterina?). Un anno prima della morte della madre, si era legata a un uomo per la prima volta e temporaneamente per l'ultima volta. Lo amava così tanto da confessargli il suo amore. Non ricevette amore in cambio. Al funerale della madre, la sua unica consolazione era che avrebbe certamente ricevuto un segno da "lui" tra le lettere di condoglianze. La sua speranza era illusoria. Non scrisse nemmeno una riga. Questo fu il colpo finale.

Dopo la perdita dell'uomo amato e il matrimonio del fratello, le divenne chiaro che la madre aveva significato tutto per lei, e con la sua morte la vita aveva perso ogni valore. La melanconia si era manifestata a quel tempo.

Le associazioni dimostrano l'atteggiamento bipolare verso la madre. Era stata con la madre una volta in una località estiva.

La madre cadde da un asino su cui stava cavalcando e si ruppe una gamba. Dovette rimanere a letto a lungo.

"Come ti colpì questo sfortunato incidente?"

"Ne fui infelice. La tristezza prese possesso di me per la prima volta allora. O no, non fu allora."

"Avevi già sofferto di depressione?"

"No; allora non era davvero depressione. La vera tristezza iniziò con la morte di mia madre."

"Raccontami più precisamente di questo periodo della tua vita."

"La prima depressione apparve durante un'altra estate. Eravamo anche allora in campagna. La madre camminava da sola per strada e rischiava di essere investita da un'automobile. Ma fu salvata. Questo mi impressionò così profondamente che fui 'malinconica' per un mese. Ma non era nulla rispetto al presente. A quel tempo ero ancora felice della vita."

Vediamo chiaramente anche la prima depressione come reazione al desiderio di morte.

Possiamo portare i seguenti frammenti onirici come aiuti supplementari all'interpretazione di questi sogni:

1. La madre appare nel sogno, piange e la chiama a sé.

1. La madre defunta le disse: "Sapevo che la mia malattia non mi avrebbe uccisa, ma che avrebbe lentamente rovinato la vita di mia figlia."

La paziente viene istruita nel corso delle sedute successive riguardo ai desideri di morte inconsci verso la madre. Rigetta categoricamente ogni spiegazione del genere, ma ascolta con interesse.

L'interpretazione del sogno va estesa così. L'uomo che ascolta è allo stesso tempo la morte, che aveva ripetutamente evocato; l'analista, che vede ciò che avviene dentro di lei; e anche la sua coscienza, la sua istanza conscia. Lo specchio ha anch'esso quest'ultimo significato e rappresenta anche l'analisi. Copre la finestra con una tenda (resistenza). L'ultima parte del sogno, in cui la madre "inizia a riordinare la stanza e canta mentre lo fa", mentre lei stessa giace sul divano, triste, presenta numerosi determinanti.

Per prima cosa, dobbiamo riconoscere qui un'espressione di autocastigo. Non è degna della pietà o della simpatia di nessuno nel suo dolore, tanto cattivi sono i suoi impulsi inconsci verso la madre. Questo si vede nel dettaglio che cerca di tamponare il sangue, che continua a scendere. Si pensa a Macbeth e al motivo biblico: "Per quanto ti laverai con nitro e prenderai tanto sapone, la tua iniquità è segnata davanti a me..."

La scena sopra descritta indica in secondo luogo un ulteriore rimprovero a sé stessa. La madre credeva che tutto fosse in ordine, ben sistemato, e non aveva idea di ciò che sua figlia vicino a lei aveva negli occhi (nella mente). Questa parte più importante del sogno rappresenta quindi un'inversione.

Ciò che la paziente voleva dire qui non si fidava di esprimerlo chiaramente nemmeno nel sogno; quindi lo capovolge.

Non è lei la senza cuore, che si disinteressa del destino della madre, ma la madre non si comporta come dovrebbe. La madre è senza cuore (motivo dell'estrazione del cuore e dell'orologio rotto). La paziente diventa anch'essa senza cuore attraverso l'identificazione con la madre.

Questa scena significa anche preparazione alla morte. La madre ordina le sue cose, le sistema per il lungo cammino e canta la canzone che lo accompagna, la canzone dell'eternità. La paziente stessa è colei che sta morendo; "giace immobile" e si abbandona alla madre prima del viaggio, confessando tutto: "Guarda, Madre, cosa ho nell'occhio." L'osservatore è anche la Morte. Il sogno, in questo contesto, è il Giudizio Universale. Gli occhi che sanguinano rappresentano i suoi impulsi sadici, il suo atteggiamento sadico-istintivo verso la madre (vedi il sogno successivo). Il prezioso, l'unico, l'insostituibile – la pupilla, che perde –

sarebbe destinato a un oggetto di fissazione. È dubbio che l'uomo amato da lei sia questo oggetto per varie ragioni, che qui non possono essere discusse, ma che sono emerse nell'analisi della paziente. Questo amore era piuttosto un tentativo infruttuoso di guarigione spontanea, che fallì. La località estiva è probabilmente collegata al luogo in cui la relazione complessa con la madre minacciava di manifestarsi.

Non è possibile scoprire ulteriormente se questo sogno si riferisca a un'esperienza precisa (deflorazione, attraverso spostamento dal basso verso l'alto; inizio della mestruazione; riproduzione di un motivo infantile), perché la paziente non fornisce materiali a supporto di questa probabile congettura.

Ora passiamo al secondo sogno rosso:

Sogno X:

Mi trovo su una balaustra al secondo piano e osservo cosa accade sotto. Molti soldati si muovono nel cortile con i fucili. Due ufficiali entrano conducendo tra loro un terzo ufficiale. Quest'ultimo è condannato a morte, ma non come è consuetudine nei tribunali militari, cioè con la fucilazione; deve essere ghigliottinato. È in uniforme da parata. Il suo volto è cupo, serio, ma bello. Il boia attende in una stanza adiacente per decapitarlo. All'improvviso noto mia madre tra i soldati. Chiedo a qualcuno perché mia madre accompagni i soldati nella sala dell'esecuzione. Mi viene detto che vuole immergere la mano destra nel sangue del condannato. Come può assistere a una scena così terribile? Le si spezzerà il cuore! grido. Eppure la madre entra. Io mi ritiro e sento solo che tutti le dicono che può fare come vuole.

Porteremo due altri frammenti onirici a supporto dell'interpretazione:

1. Il sultano dice che devo essere disposta a essere madre dei suoi sei figli [la paziente ha esattamente sei fratelli e sorelle].
2. Un uomo mi chiede se sarò madre dei suoi figli. Mentre parliamo nell'atrio, appare mia madre arrabbiata e mi manda via, dicendomi che non ho nulla a che fare lì.

Le seguenti associazioni sono solo in parte collegate a questo sogno; altre sorgono da ulteriori motivi nell'analisi. Suo padre era un uomo riservato; non andava molto d'accordo con la madre. Era un po' burbero. "Non mi capiva mai e fu davvero la causa per cui non potei fare nulla della mia passione per la musica. I nostri vicini una volta dovevano separarsi e vendettero i mobili di casa. Tra i pezzi c'era un vecchio pianoforte verticale piccolo. Desideravo possederlo. Pregai mio padre con le lacrime agli occhi di comprarlo per me, ma non lo fece. Spesso mi rinchiudevo e cantavo tristemente da sola nella mia stanza."

Fu in quel periodo che la paziente subì l'aggressione del maestro di musica. Era un uomo più anziano. Si fidava di lui. Una volta la fece entrare nella sua camera da letto invece che nella sala di lezione. La abbracciò, la baciò, toccò i suoi seni. All'inizio rimase attonita, indifesa, senza volontà, poi si liberò. Poi, con dolore, rinunciò a tutta la musica. (Presumibilmente questo insegnante compare nei suoi ricordi come immagine paterna.) La paziente fu poi adescata da un amico a giochi e toccamenti dei genitali, ma dice di aver rifiutato tutto. I riferimenti alla masturbazione sono frequenti nei suoi sogni. Ma afferma di non essersi mai masturbata. La ghigliottinatura ci rimanda al complesso di castrazione spesso menzionato (vendetta sul maestro di musica e sul fratello!).

Dobbiamo aggiungere qui due sogni brevi, che si riferiscono anch'essi al complesso di castrazione:

1. Riposo dopo una lunga passeggiata su una collina. Vedo un bastone a terra. Quando vado a prenderlo, noto che è un serpente con la testa schiacciata. Poi si avvicina un uomo che dice che sono io ad avergli schiacciato la testa.

1. Ero nella camera da letto e notai che qualcosa si muoveva sotto le coperte. Mentre avanzava, era un serpente. Pensai a quale pericolo fosse esposto chiunque dormisse lì. Presi le pinze per uccidere il serpente schiacciandogli la testa. Ma mi resi conto che il serpente poteva ferirmi con la coda mentre stavo rimuovendo la testa. Cercai di chiamare un'altra persona che nel

frattempo potesse pizzicare la coda.

(Fantasia di coito con tre, due donne e un uomo? Fantasia del pene schiacciato durante il coito? Le pinze simboleggiano le gambe in connessione con la forma più frequente di masturbazione femminile, tramite la pressione delle gambe.)

Vediamo in questo sogno il complesso di castrazione. Eppure il sogno è molto distorto. In primo luogo sposta sulla madre, come spesso nei suoi sogni, ciò che lei stessa realmente desidera fare. Attraverso lo spostamento dal basso verso l'alto, tagliare la testa significa castrazione.

L'immergere la mano si riferisce alla fantasia di coito. I tre ufficiali, "due che conducono tra loro un terzo", rappresentano chiaramente i genitali maschili. L'osservazione della madre, cioè la sua stessa osservazione, può indicare un'esperienza di spionaggio (anche se è vero che la paziente non ricorda nulla del genere), sulla base della quale si è elaborata una teoria infantile del coito, naturalmente fortemente colorata sadicamente, la cui realizzazione desidera. Il sangue che scorre, il pizzicare della coda, sono parti costitutive di questa fantasia di coito. La preparazione cerimoniale dell'esecuzione può rappresentare l'emozione, l'ansia durante l'osservazione. La stanza adiacente, il trovarsi in alto sulla balaustra, significano nuovamente lo spiare. Si meraviglia che la madre possa così osservare. Poi sente come la madre viene chiamata a soddisfare il suo desiderio. Si ritira, ma con una "superiorità protestante".

Tutto questo ricorda la reazione indignata delle ragazze in crescita che sorprendono i genitori durante il coito. (Come possono gli adulti compiere tali azioni sporche?) Questa voce di deprecazione forzata è chiara. Invidia la madre, perché si tratta di un'esecuzione completamente diversa. Altri elementi attraversano il sogno. Anche il fratello è un ufficiale. Lei lo fa perdere la testa per il suo conto, ma la madre si pone come ostacolo, come sempre; e poi compare un'espressione mascherata di disprezzo, un desiderio di vendetta verso la madre, in una forma molto confusa. Ripetizione di un motivo stereotipato: preferirebbe che il fratello fosse morto piuttosto che lasciarlo a un'altra donna.

Sogno XI:

Mi trovo nella casa dei "genitori" e ho la sensazione che siano i miei genitori, ma allo stesso tempo persone del tutto estranee. Oltre la finestra cade su di me l'ombra della figlia di mio padre, che si muove lì. Il padre, cioè, le ha proibito la casa; non può entrarvi. Esco per consolarla, nonostante il comando del padre. Lui mi nota e mi dà uno schiaffo. Poi il padre divide i suoi soldi (banconote) tra me e un'altra delle sue figlie. Mentre il padre mi porge le banconote, aggiunge cosa deve essere acquistato con quei soldi; cioè, un milione per le scarpe, e così via. Ricevo dieci milioni, mentre l'altra ne riceve dodici. Sono indignata per questo. Poi noto che la sorella è rigida e il suo volto ha il sangue rosso vivo che le scorre sopra. Provo pietà.

Materiale associativo:

"Parlavi di genitori strani eppure tuoi; dov'è la madre nel sogno?"

"Non lo so; non ho visto mia madre."

"Sei mai stata picchiata dai genitori nella realtà? Ti hanno mai dato uno schiaffo?"

"No, mio padre non mi ha mai frustata, né mia madre, o solo una volta; non fu davvero uno schiaffo, ma una spinta sulla spalla. Fu per via di mia sorella. All'epoca ero molto indignata, perché ero innocente. Non ricordo più i dettagli dell'accaduto, ma so che la mia preoccupazione principale era che non mi credessero innocente."

"Quanti anni avevi allora?"

"Dieci o dodici anni [dieci o dodici milioni!]. Provavo la stessa sensazione di allora come ieri nell'elettrica, quando il controllore non mi credeva e sospettava di me."

È importante ora menzionare un evento del giorno precedente, che può avere valore di azione sintomatica precedente al sogno. Riproduciamo l'accaduto così come la paziente lo raccontò all'inizio della seduta.

Arrivò un'ora intera in ritardo (di solito è puntuale) e se ne accorse solo quando era già vicina a casa mia (aveva perso un'intera ora). Di fronte a ciò, decise di fare una passeggiata nel parco Türkenschanz vicino. Ma dimenticò che il suo abbonamento mensile era scaduto; il controllore le chiese come penale di pagare quattro volte l'importo; si arrabbiò perché non le credeva che "in realtà" non aveva intenzione di abusare dei suoi diritti. Perciò visitò i due cimiteri vicini, perché le piace leggere romanzi lì.

Poi la paziente racconta un passo di un romanzo, il cui nome le sfugge, così: a seguito di un naufragio, un principe tra i passeggeri, che si era rotto una gamba, viene salvato da una ragazza telegrafista della stazione sull'isola più vicina. Le autorità sull'isola vengono informate del principe, che presumibilmente aveva perso la vita, e non vogliono credere alla sua dichiarazione sull'origine; sono più inclini a credere che stia delirando.

Qui incontriamo il romanzo familiare. È davvero figlia di suo padre? È davvero figlia dei suoi genitori? (tendenza a distruggere la barriera dell'incesto "fratello-sorella"!).

Dice inaspettatamente, con voce tremante:

"Sai cosa è successo la scorsa notte? Mi sono svegliata e ho trovato due cimici nel mio letto. Improvvisamente provai tale piacere nella crudeltà che decisi di non limitarmi a uccidere le cimici, ma di torturarle. Così presi un ago, infilzai i due insetti e li lasciai lì, intendendo convincermi la mattina se fossero ancora vivi. Ma al mattino non trovai né ago né insetti. Questi ultimi avevano portato via l'ago, e ora temo che torneranno con l'ago. Questa volta sono stata crudele, lo ammetto. Volevo essere crudele."

Interpretazione del Sogno XI:

La stessa attitudine edipica è nel sogno dei genitori estranei ma propri. Lascia che la madre sia cacciata di casa dal padre. Apparentemente consola la "figlia maggiore" (madre?), riceve uno schiaffo dal padre (spostamento dal basso verso l'alto; fantasia di coito con il padre). La divisione dei soldi riguarda lo stesso tema. La seconda figlia può essere sua sorella, per la quale ricevette la spinta sulla spalla, e anche la madre, che come tale è assente nel sogno. Permette che la figura sorella-madre sanguini, muoia, e poi prova pietà per lei.

Le associazioni che accompagnano questo sogno sono molto più importanti, perché ci forniscono una panoramica della base infantile della parapatia. La paziente sembra aver avuto due oggetti sessuali, padre e fratello, in successione cronologica. L'episodio della spinta sulla spalla ricevuta per colpa della sorella può essere un ricordo coprente legato al suo atteggiamento verso la madre come rivale e ostacolo. Il senso di innocenza mostra anch'esso questo carattere di ricordo coprente, così come l'atteggiamento bipolare verso la madre. Il senso di innocenza in questo caso è identico al tema "non essere creduta".

Il vecchio conflitto con la madre giunse a una crisi a causa della malattia e indicava in anticipo l'intera struttura parapatica. Così la morte della madre divenne apparentemente il punto di partenza della melancolia. Il malaugurato amore sarà stato il tentativo di liberarsi dalla fissazione dopo il matrimonio del fratello (è presente anche un atteggiamento omosessuale verso la madre). Il carattere sadico conferisce alla parapatia il suo tono fondamentale e si ripete nell'intero quadro sotto forma di arabeschi individuali. Le fantasie crudeli e sadiche sono diventate la condizione specifica della sua sessualità, e su questa base avvengono le altre reazioni sociali.

Una terza caratteristica infantile precoce, peculiare della melancolia, va ancora più in profondità rispetto alle prime due, il conflitto familiare e il tratto sadico. Questa è la trasformazione letterale e strettamente fisiologica dell'idea di amare in incorporazione, divoramento, appropriazione a sé, tramite identificazione cannibalistica o assoluta. Ciò rende difficile il superamento della repressione e impoverisce la capacità di proiezione, entrambi punti di partenza per affrontare il materiale represso, il tema oggettivamente da considerare nella situazione analitica.

Vorrei qui richiamare l'attenzione su un fenomeno interessante chiamato "lutto spostato". La sua melancolia scoppiò dopo la morte della madre e potrebbe essere facilmente spiegata dalla reazione morale ai desideri di morte. Ma vediamo un altro motivo: il matrimonio del fratello amato. È molto probabile che sia stata deflorata da questo fratello. La sua resistenza nel trattamento può derivare dalla determinazione conscia a non rivelare questo evento. In ogni caso, il suo progetto di vita era condividere la vita del fratello! Questo scopo di vita non poteva essere realizzato. La depressione apparve come reazione alla perdita del fratello. Aveva sacrificato la madre senza aver raggiunto il suo obiettivo.

Ritroveremo frequentemente lo stesso meccanismo nelle analisi dei melanconici: delusione in amore e fantasie di vendetta che ne seguono.

L'atteggiamento originario di odio dell'uomo primitivo si fa sentire, viene rifiutato dall'ego morale, e uno sdoppiamento della coscienza è inevitabile. Il cuore deluso, ingannato e addolorato desidera vendetta.

Questa vendetta va oltre la morte. La radice di molti atti necrofilici è un desiderio insoddisfatto di vendetta.

Prima di passare a casi complicati fornirò un esempio semplice.

Ci sono individui che non perdono occasione di osservare cadaveri e amano vagare per i cimiteri.

Il caso seguente fornisce dettagli interessanti:

Caso numero 42

H. Z., dottore in filosofia, trentiquattro anni, soffre di impotenza temporanea, che l'analisi mostra essere l'inibizione di impulsi sadici. È vegetariano convinto da anni. La carne gli ricorda i corpi morti degli animali. Presenta alcuni infantilismi che rivelano chiaramente una radice cannibalistica. Si mangia le unghie e si morde continuamente le mani e le labbra. Entrambe le mani sono ferite nello stesso punto a causa del morso. Morde piccoli frammenti di pelle, che poi mangia. È sessualmente potente solo quando può insultare la donna, che sceglie sempre per strada. Minaccia costantemente di farle del male. È stimolato soprattutto dalle donne in lutto. Racconta la sua fantasia masturbatoria solo dopo lunga resistenza: ha un coito in una camera della morte. La donna piange per la perdita del marito. Egli la assale e la stupra. Nonostante il suo dolore, la porta all'orgasmo.

Gli piace partecipare ai funerali perché lo eccitano sessualmente.

Guarda principalmente le donne addolorate, di fronte alle quali, nonostante le resistenze interiori, è costretto a masturbarsi.

L'analisi mostra che si tratta di uno spostamento dal morto al lutto e della realizzazione di una vecchia fantasia: uccidere il padre e impossessarsi della madre. Gli piace citare Diderot, secondo cui un uomo cresciuto selvaggio, privo delle influenze della civiltà, ucciderebbe il padre e violenterebbe la madre.

Le fantasie di coito in una bara possono essere ricondotte anche alla lettura di letteratura sessuale di questo tipo. Vi sono anche casi in cui gli animali vengono impiegati per esprimere impulsi sadici. Gli uomini portano animali nei bordelli per fare agli animali ciò che non oserebbero fare alle donne. Kothe ("Sodomy And Sadism With Animals", 1914) ebbe l'opportunità di osservare un caso di sodomia e sette casi di sadismo su animali. Tutti i casi erano attribuibili al fatto che gli autori erano sotto l'influenza dell'alcol. Il caso di sodomia riguardava un maiale; la maggior parte dei casi di sadismo (cinque) riguardava cavalle, uno una giovenca e uno una cagna. Quest'ultimo caso ricordava chiaramente un **lust murder**. La cagna fu uccisa tagliandole la gola; la cavità addominale fu aperta lungo la linea mediana dalla cartilagine sacrale per circa venti centimetri, in modo che intestini e membrane addominali sporgessero dall'apertura. Vi erano numerose incisioni con il coltello su entrambi i lati della regione toracica. Le incisioni su addome e pelle non mostravano bordi insanguinati. L'autore descrisse il caso come sadismo sessuale, sebbene non fossero stati trovati spermatozoi nei genitali né vi fosse alcun danno violento ai genitali da dimostrare.

Il caso seguente fornisce un ulteriore contributo a questo tema:

Caso numero 43

F. J., uno studente di medicina di ventiquattro anni, è consapevole del suo atteggiamento sadico verso le donne. La semplice vista del sangue lo eccita. La sua massima soddisfazione sarebbe mordere una donna e berne il sangue. Ha un solo modo possibile per trasformare questo desiderio in realtà: pratica il cunnilingus su donne che sono in mestruazione. Una prostituta che frequenta abitualmente a questo scopo gli ha detto di avere alcuni clienti abituali che provano piacere nella stessa passione.

È degno di nota, dalla storia della sua infanzia, che egli fosse sessualmente eccitato dall'urina della madre. A cinque anni assaggiava la sua urina e in seguito lo faceva con particolare piacere se era contaminata dal sangue mestruale. Da bambino cercava di catturare i pulcini giovani e di torcere loro il collo. Tentava anche di smembrarli e talvolta beveva il sangue degli animali smembrati.

È interessante notare che è continuamente occupato con la morte. Ha scritto il proprio necrologio centinaia di volte e ha ideato ogni sorta di tali schede per i vari membri della famiglia.

Rimase sconvolto, quando dissezionava per la prima volta in anatomia, perché improvvisamente ebbe un'erezione dato che il cadavere era nudo. Provò l'impulso di dissezionare prima i genitali, ma non lo fece per vergogna davanti ai colleghi. Queste erezioni si manifestano quando osserva chirurghi e ginecologi operare. La vista di grandi ferite lo eccita sessualmente.

Sta pensando di abbandonare la medicina. L'analisi gli è rifiutata come inutile, perché considera la sua condizione congenita. Forse si farà castrare, ma non ha ancora avuto il coraggio di rinunciare alla sua virilità.

Le tendenze necrofile non si manifestano sempre così chiaramente.

Talvolta emergono dopo la morte di una persona amata. Vi sono esempi storici (nella famiglia degli Asburgo) di uomini incapaci di separarsi dalla bara della moglie amata, portandola con sé nei viaggi. Un uomo mi raccontò in analisi di essere stato torturato da erezioni mentre faceva il vegliante al funerale della moglie. La tentazione di impossessarsene era così grande che fuggì dalla stanza per non cedere. È caratteristico che per un anno visitasse la sua tomba quasi ogni giorno e ancora oggi mantiene un grande culto sepolcrale. Un'altra persona approfitta dei funerali per premersi contro le donne e ottenere così un orgasmo. L'orgasmo si manifesta solitamente quando la bara viene calata nella fossa. Nei suoi sogni ha spesso rapporti sessuali con persone morte. Gli sembrano vive nel sogno, ma è comunque come se sapesse che sono morte, poiché si sorprende nel sogno di avere rapporti sessuali con persone già decedute.

Caso numero 44

Ieri ero con una donna malata che mi aveva già chiesto consiglio tre volte. Vomita continuamente da un mese tutto ciò che assume, fatta eccezione per alcuni cibi piccanti; per le prime due volte le avevo prescritto cocaina e altri additivi, senza alcun risultato.

Solo ieri, quando fui chiamato per la terza volta, cercai il "motore" insieme alla paziente. Era vedova da tre anni. Era stata sposata con un avvocato della città, X. Suo marito era quasi sempre malato, impotente, e lei era davvero solo la sua infermiera. Ha cinquantatré anni. Da otto soffre di artrite invalidante. Una volta era molto bella, ammirata da tutta la città per i suoi splendidi capelli. Esteriormente religiosa e devota, va a messa tutti i giorni. Ha sempre pensato che la sua malattia potesse colpire lo stomaco e così causarle la morte. È senza figli.

Solo un mese fa sognò di vedere suo marito: lui la abbracciava, la baciava, si sdraiava con lei a letto e praticava un coito regolare, come mai nella vita, che si concludeva per entrambi in un orgasmo indescrivibile. Si svegliò di buon mattino con una grave nausea e ebbe l'impressione di essere stata fecondata dal marito morto. "Pensi, Dottore!" disse, "dormire con un morto, essere fecondata da un uomo morto e portare un bambino a cinquantatré anni; non è orribile, non è disgustoso; non si vomiterebbe?" Ottenii questa confessione dalla donna dopo varie osservazioni approfondite e molti interrogatori incrociati, una confessione come non ne avevo mai sentita da alcun paziente! La rassicurai e la lasciai in uno stato d'animo positivo.

Vediamo qui un esempio tipico di atto necrofilico in un sogno, in cui gioca un ruolo il compimento di un desiderio. Rimane fedele al marito; non fa nulla contro le leggi della Chiesa o della morale; ma finalmente sperimenta ciò che non aveva mai provato prima: un orgasmo completo; rimane incinta e non è più sola.

Passiamo ora ad alcuni casi più antichi, ben noti in letteratura, ma finora non spiegati analiticamente.

Il Dott. Epaulard fornisce nella sua opera *Le Vampyrisme* (Lione, 1901) una descrizione penetrante del caso del "Sergente Bertrand", che offre uno dei contributi più interessanti al problema delle parafilie.

Caso numero 45

La vita esteriore di B. si può riassumere brevemente come segue: nato a Voisey (Haute Marne) nel 1822, proveniva da una buona famiglia contadina.

Un fratello era vivo e in buona salute. Due figli erano morti.

L'eredità era discutibile solo rispetto a uno zio materno, che era malato di mente alla sua morte.

Lo stesso B. non fu mai gravemente malato. Da bambino era molto sensibile alle nuove impressioni e anche molto eccitabile.

Andò prima al seminario, finché entrò nell'esercito. Raggiunse il grado di sergente. Era considerato un buon soldato e godeva anche di una certa indipendenza, anche come cassiere.

Andava d'accordo con le persone con cui aveva a che fare. Era religioso; almeno non permetteva che altri prendessero in giro tali cose e non gradiva discorsi osceni. Era cavalleresco verso le donne. Ma, mentre esteriormente appariva rispettabile e virtuoso, addirittura molto lodabile, il suo impulso sessuale lo conduceva su sentieri pericolosi.

Si masturbava fin dalla più tenera età. Cominciò a sognare le donne dall'ottavo o nono anno di vita.

Da quel momento iniziò a comportarsi in modo strano. Fuggiva nei luoghi più isolati di un bosco e vi restava tutto il giorno in profonda depressione, una o due volte a settimana.

Si masturbava fino a otto volte al giorno all'età di tredici o quattordici anni.

Ma anche la vista di un capo di abbigliamento femminile lo eccitava. La sua fantasia masturbatoria era la seguente:

«Immaginavo di essere in una stanza dove avevo donne sotto il mio potere. Dopo essermi soddisfatto con loro e avermi intrattenuto torturandole in ogni modo possibile, le immaginavo morte e compivo sui loro corpi ogni sorta di profanazione. Il pensiero di vedere corpi maschili mutilati era molto raro e mi provocava repulsione.»

«Poiché non avevo cadaveri umani, cercavo corpi di animali, che mutilavo proprio come poi feci con i corpi umani. Aprivo la pancia e strappavo le viscere. Poi le osservavo e mi masturbavo. Il risultato era sempre che me ne andavo, promettendomi con spaventosa vergogna che non lo avrei mai più fatto. Ma l'impulso era sempre più forte della mia volontà. Così trattavo i corpi di animali di ogni dimensione, da cavalli a gatti e cagnolini.»

Nel 1846, all'età di ventiquattro anni, B. iniziò a usare animali vivi. Tre volte catturò un cane, lo uccise e poi, come con gli animali morti, strappò le viscere provando grandi sensazioni di piacere.

Alla fine del 1846 aveva già concepito l'idea di dissotterrare corpi umani. Ma fu solo nel 1847 che portò a termine il pensiero.

Egli stesso descrive il primo furto di una tomba. Stava passeggiando con un amico a mezzogiorno quando si imbatterono casualmente nel cimitero della guarnigione. Una tomba mezzo riempita lo spinse a inventare un pretesto per lasciare l'amico e tornare più tardi alla tomba, che i becchini non avevano ancora colmato. In un'eccitazione terribile, senza pensare di poter essere visto – poiché era in pieno giorno – aprì la tomba con la pala e iniziò in preda a una frenesia, per mancanza di altro strumento, a colpire il cadavere con la pala. Fece un tale rumore che un operaio, occupato vicino al cimitero, si avvicinò per curiosità all'entrata. Quando B. lo vide, si sdraiò vicino al cadavere e rimase fermo per un breve periodo. Mentre l'operaio avvertiva le autorità, egli coprì nuovamente il corpo e lasciò il cimitero lungo il muro. Tremante e sudato freddo, si sedette in un piccolo bosco per ore, in stato di stordimento. Poi si risvegliò dalla sua condizione paralizzata: tutti gli arti erano come neri e blu e la testa "molto debole".

Due giorni dopo scavò di nuovo la tomba con le mani, questa volta in una notte piovosa. Le mani sanguinavano, ma scavò fino a esporre la parte inferiore del corpo; lo lacerò a pezzi e poi richiuse la tomba.

Da quel momento gli atti necro-sadici si susseguirono a intervalli più o meno brevi e si masturbava in cinque casi due o tre volte ciascuno, toccando con la mano sinistra le viscere o altre parti del corpo. Questo avvenne tra giugno e luglio 1847.

Nel novembre 1847, dopo una lunga astinenza, per la prima volta dissotterrò un corpo e compì coito. Il corpo era quello di una ragazza di sedici anni. L'estasi fu terribile; per un quarto d'ora tentò su di lei tutte le arti dell'amore che usava con le sue amanti vive, come se anche lei fosse viva, incluso il cunnilingus. Poi la mutilò come gli altri.

Nel marzo 1848 ebbe coito con quattro donne morte.

Il suo istinto trovava nuove forme di espressione. Spaccava la bocca del cadavere, amputava gli arti, e non lasciava alcuna parte del corpo intatta. Voleva fare a pezzi e contorcere le parti recise ("Volevo annientarle completamente!"), e alla fine si masturbava di nuovo.

Fu colpito da un colpo il 6 novembre mentre scavalcava il muro. Eppure ciò non lo fermò dal suo scopo.

Per la prima volta tagliò i genitali e aprì la gamba sinistra. «La soddisfazione era maggiore di prima.» Dopo quest'ultimo caso, che, a dire il vero, fu presto seguito dal suo arresto, il suo impulso, come disse, cominciò a diminuire.

Aveva dissotterrato anche numerosi uomini, cosa che avvenne tuttavia, come disse, per errore, specialmente nel cimitero dei suicidi, quando era alla ricerca di corpi di donne. Una volta dovette dissotterrare dodici o quindici uomini prima di trovare una donna. Li colpì forse con la sciabola nella sua rabbia, ma non si masturbò mai; al contrario, provava disgusto.

Negò con forza di aver mai morso i cadaveri, come invece aveva affermato un esperto.

È interessante che B. avesse rapporti sessuali con le ragazze ovunque si trovasse in guarnigione, che "soddisfaceva" sempre completamente. Alcune volevano sposarlo. Quando poi l'impulso si manifestava, forse ogni quattordici giorni, accompagnato da mal di testa, seguiva le sue pulsioni necro-sadiche (necrofiliche). Nulla poteva fermarlo: colpi di guardie, fucili automatici predisposti per lui, il peggior tempo, il nuotare nei fossati a metà inverno, restare per ore a terra nel freddo e bagnato; nulla riusciva a trattenerlo. Fu infine così gravemente ferito da un fucile automatico, che si sparò mentre stava per scalare il muro del cimitero, che venne catturato; e la profanazione delle tombe, di cui da tempo si mormorava, fu così spiegata.

Ammise tutto apertamente sotto l'influenza del chirurgo che lo curava, Marchal de Calvi, anche che non era affatto sicuro di non ripetere lo stesso gesto. Continuava a sostenere che la distruzione dei corpi, non il coito, era stata la sua motivazione principale.

Richiamo principalmente l'attenzione sugli episodi severi di depressione in questo caso. Aiutano a comprendere la psicogenesi delle depressioni, che rappresentano una reazione dell'«io morale» contro l'«io istintuale». («Piango perché sono insoddisfatto di me stesso.») L'io ideale rifiuta gli impulsi che spingono all'azione. («Ma piango anche perché mi rendo conto che i miei desideri non possono essere soddisfatti.»)

È molto probabile che abbia compiuto i suoi atti necro-sadici in preda a un attacco epilettico. Alcuni dettagli del suo racconto lo indicano:

«Era mezzogiorno. Passeggiavo con un compagno in campagna. Andammo per curiosità al cimitero, che si trovava lungo la strada. Qualcuno era stato sepolto il giorno prima. Un improvviso acquazzone aveva cacciato via i becchini, che non avevano potuto completare il lavoro e avevano lasciato gli attrezzi vicino alla tomba.

«Alla vista di ciò, i pensieri più oscuri mi invasero la mente; sentii forti dolori alla testa, il cuore batteva quasi a scoppiare; non ero più padrone dei miei sensi. Cercai un pretesto per andare in città, mi liberai del compagno e tornai di corsa al cimitero. Senza badare ai lavoratori in un vigneto vicino, afferrai una pala e aprii la tomba con un'attività di cui non sarei stato capace in nessun altro momento. Avevo già trascinato fuori il corpo. In assenza di un altro strumento sufficientemente affilato per mutilare il cadavere, afferrai la pala e con una furia che non so spiegarmi colpii il corpo. Il rumore attirò l'attenzione di uno dei lavoratori. Mi nascosi nella fossa. Egli corse in città ad avvertire le autorità. Approfittai di questo momento, coprii di nuovo il cadavere con la terra e saltai oltre il muro.

«Tremavo in tutto il corpo. Sudore freddo mi usciva da ogni poro. Fuggii in un bosco vicino. Nonostante la pioggia, che cadeva da ore, mi sdraiai tra alcuni cespugli e vi rimasi da mezzogiorno fino alle tre in stato di completa insensibilità. Quando mi risvegliai da questo stordimento, gli arti mi sembravano pestati e la testa molto debole. Questa condizione tornava sempre quando subivo un attacco di follia.

«L'attacco mi coglieva come un impulso a distruggere. Arrivava ogni quattordici giorni e cominciava con un fortissimo mal di testa.

«Due giorni dopo tornai a mezzanotte al cimitero. Questa volta non trovai attrezzi e scavai con le mani. Sanguinavano, ma nulla poteva fermarmi; non sentivo dolore. Riuscii a liberare solo la parte inferiore del corpo; la lacerai a pezzi e poi richiusi la tomba con le mani.»

Vediamo chiaramente che si trova in una frenesia affettiva patologica. Avremo altro da dire su questa frenesia nel capitolo sull'epilessia. In altre occasioni si masturbava più volte vicino al cadavere, il che ci mostra che dietro la necrofilia si celava un'altra passione. Non voleva solo smembrare cadaveri; voleva avere rapporti sessuali con essi. Riguardo all'orgasmo sperimentato nel rapporto con il cadavere, dice: «Non posso descrivere ciò che provai in quel momento; nessun piacere che avessi mai conosciuto con una donna viva può confrontarsi con questo!»

Un'omossessualità latente si tradisce nel suo comportamento verso cadaveri maschili. Ferisce alcune parti del corpo con la sciabola (castrazione), ma non ricorre alla masturbazione. Al contrario, prova un grande disgusto.

Il suo comportamento verso le donne è interessante. Dice:

«Ho sempre amato le donne follemente; non ho mai permesso a nessuno di insultarle in mia presenza. Ho avuto ovunque giovani e affascinanti amanti, che ho completamente soddisfatto e che mi hanno ceduto volentieri. A prova di ciò, alcune, sebbene di famiglia ricca e distinta, volevano seguirmi. Non ho mai toccato una donna sposata. I discorsi indecenti mi hanno sempre offeso. Ho sempre cercato di deviare la conversazione quando si affrontava un tale tema in mia presenza. Sono stato cresciuto in modo rigorosamente religioso; ho sempre curato la religione e l'ho difesa, senza fanatismo.

«Ho sempre amato distruggere. I miei genitori non mi davano giocattoli da bambino, perché li rompevo. Negli anni successivi non riuscivo mai a conservare un oggetto, anche un coltellino, più di quattordici giorni. Poi lo rovinavo. Mi sembrava di comprare un fischietto al mattino e romperlo la sera o il giorno dopo. Una volta, nell'esercito, tornai in camera ubriaco e distrussi tutto ciò che potevo raggiungere.»

Questo caso non può essere spiegato psicologicamente. Il fatto che un fratello e una sorella fossero morti quando era ancora bambino potrebbe forse gettare luce sulla sua condizione. I bambini provano spesso gelosia verso il fratello o la sorella deceduti, quando vedono che i genitori li piangono. Uno dei miei pazienti, che rivelò questa gelosia per una sorella morta, fece un sogno che ricorda le azioni del paziente appena descritto:

«Mi trovo in un cimitero. L'atmosfera è cupa e misteriosa. Piove a dirotto. È come se mia madre fosse lì. La sento piangere e singhiozzare. "Perché piangi così?" "Perché sei un bambino cattivo. Tua sorella non mi avrebbe trattata così male." Sono preso da una rabbia indicibile. Mi getto sulla lapide e la strappo con forza sovrumana. Ci sono fiori sulla tomba. Li lacerò... e mi svegliai con una violenta eiaculazione.»

La paura che molti parapatici hanno dei morti e della vendetta dei morti corrisponde agli istinti necro-sadici. Il terrore dei primitivi per la vendetta dei morti ne è anche una testimonianza, così bene descritta da Lévy-Bruhl.

Si trova in tali casi una marcata paura di spiriti e fantasmi, che rappresenta un meccanismo di autodifesa contro gli atti necrofilici. La storia clinica che il mio assistente, il dott. Miroslav Schlesinger, mette a mia disposizione ci fornisce un contributo interessante a questo problema:

Caso numero 46

Sig. J. L., studente al collegio di commercio internazionale. Ventuno anni. Esami somatici completamente negativi.

Il paziente espone le difficoltà che lo hanno portato a consultare un medico: la testa lo tormenta costantemente; il suo pensiero non è chiaro. Ha la sensazione che qualcosa giri nella sua testa; incapace di qualsiasi lavoro concentrato. È sempre assorto nei suoi studi, anche se non è sempre consapevole di ciò a cui pensa. Ma ciò lo trascina compulsivamente nel mondo dei sogni. Sente in tutto il corpo una "frizione interiore e tensione" che non riesce a definire più precisamente. Dorme agitato e rimugina anche nel sonno. La condizione diventa molte volte insopportabile. Allora corre in strada e si muove senza meta come se avesse qualcosa di urgente da fare. Studia solo con lo sforzo supremo della volontà, dovendo lottare con forti sentimenti di dispiacere. È occupato da pensieri suicidi e minaccia di spararsi se l'analisi non lo libererà dai suoi stati tormentosi.

Le sue fantasie diurne sono per lo più sogni di ambizione e potere. Da anni ha un solo obiettivo in mente: raggiungere una superiore capacità intellettuale per compiere qualcosa di straordinario o fare qualche grande invenzione; vuole ottenere qualcosa di speciale nella vita. L'idea di essere un semplice professionista e sottostare alle banalità della vita quotidiana lo rende impotente dalla rabbia. Sente l'inadeguatezza della sua personalità nel realizzare i suoi ideali.

Questo lo rende infelice e incapace di vivere. Soffre terribilmente del suo senso di inferiorità. È tormentato dal dubbio di aver scelto la strada giusta. Tutto ciò che fa lo lascia insoddisfatto; ha sempre la sensazione di mancare l'essenziale nella vita, ciò che la rende veramente degna di essere vissuta. I suoi studi gli sembrano banali e privi di importanza.

Tale era la condizione del nostro paziente all'inizio dell'analisi.

Condizioni familiari

Il paziente è un ragazzo di villaggio. Suo padre, mercante del paese, professa una filosofia di vita libera e non religiosa.

Gli abitanti del villaggio sono tutti rigorosamente cattolici e disapprovano apertamente l'atteggiamento irreligioso del padre. La madre del paziente, donna molto bigotta, allevò il figlio fin dalla più tenera età secondo le leggi della Chiesa cattolica. Il paziente notò presto il contrasto tra il rapporto del padre e della madre con la Chiesa. Le dispute coniugali nate su questo terreno non gli furono nascoste e non potevano non influire sul suo sviluppo psichico.

Il paziente è il secondogenito. Ha inoltre due fratelli e due sorelle più giovani. L'esistenza dei due più piccoli mi fu tenuta nascosta fino al terzo mese di analisi. Interrogato sul motivo di tale segretezza, il paziente pensava che il padre ne fosse vergognoso. Dopo la nascita della seconda sorella più giovane, fuggì dalla casa paterna (all'età di nove anni), scoppiò in lacrime e gridò: "È una vergogna avere così tanti figli in una sola casa!" Questo periodo rappresentò un punto di svolta nella sua vita e l'inizio della sua parapatia.

Eventi significativi della vita

La memoria del paziente risale al suo quarto anno di vita. Il primo ricordo è un'esperienza sessuale con la sua balia. Una notte si svegliò disteso sulla ragazza, che giocava con il suo pene. Successivamente nutrì spesso desideri di morte verso questa donna.

In questo periodo morì la nonna materna. Il paziente ricorda bene di aver detto a quel tempo: "Mia madre è morta, perché tutto ciò che appartiene a mia madre appartiene anche a me. Io e mia madre siamo uno." Sebbene un'espressione attribuita a un bambino di quattro anni necessiti di ampie ricostruzioni psicologiche e formali, sembra comunque rivelare una forte identificazione con la madre. Dormiva nello stesso letto con lei e aveva il pensiero di morire insieme a lei, affinché nessuno dei due sopravvivesse all'altro. Si comportava spesso nel letto in modo aggressivo, tanto da dover essere rimproverato. Negli anni successivi vi fu una promiscuità casuale tra genitori e figli nel dormire. La sua infanzia trascorse tra bambini del villaggio ricca di giochi sessuali di ogni tipo. Ci fu un generale tentativo, tra le altre cose, di simulare il coito con la terra: praticavano buchi nel terreno e imitavano il coito. Ricordi di masturbazione reciproca, scene omosessuali, fellatio e simili emergono alla sua coscienza senza particolare resistenza. Credeva, secondo la sua teoria sessuale infantile, che i bambini nascessero dalla "schiuma sull'acqua". Ricevette illuminazione sessuale dai compagni di gioco intorno al settimo anno.

Pensieri di rimorso apparvero intorno all'ottavo anno in seguito a giochi di natura sessuale, e divennero sempre più gravi.

La coscienza religiosa iniziò a imporre il suo veto. Nel nono e decimo anno si allontanò completamente dal precedente stile di vita. Andò in città, frequentò il ginnasio e visse in collegio con rigide regole cattoliche. Il conflitto mentale, che si manifestò per la prima volta con la scena di gelosia alla nascita della sorella, si acuì con la coscienza religiosa e si manifestò in un numero sempre crescente di azioni e sintomi parapatici.

Si castigava nel ginnasio mettendo pietre nel letto per prepararsi una cuccetta dura, saltava per lungo tempo la cena serale e così via. A seguito della lettura di un libro di divulgazione, comparve la sifilofobia, insieme alla paura della pazzia. Apparvero pensieri di odio verso il padre, ritenuto responsabile della sua debole condizione fisica, con la convinzione infondata di aver ereditato da lui la sifilide.

Presto si manifestò la mania di rimuginare e speculare, iniziata con il dubbio dell'esistenza di Dio. Questo dubbio, che la sua coscienza religiosa percepiva come qualcosa di volgare e impuro, sembrava trovare espressione parapatica nella sua sifilofobia. Fu il padre ateo a "infettarlo" con il dubbio sull'esistenza di Dio. La tendenza alla speculazione si estese gradualmente a tutti i problemi della vita, diventando sempre più angosciosa, fino a raggiungere un livello quasi insopportabile nella settima classe del ginnasio.

L'avvertimento di uno zio contro la masturbazione giocò un ruolo importante nel punto di svolta della vita del paziente (nono-decimo anno). Lo zio ottenne da lui la promessa di astenersi dalla masturbazione. Il paziente riuscì apparentemente a farlo fino alla quinta classe del ginnasio. Poi lo stesso zio tornò un giorno e, con la scusa di voler controllare il seme per verificare la parola data, gli chiese di mostrargli il pene. Il paziente non osò resistere, credendo anche nella possibilità suggerita, e fu vittima di un grave attacco sessuale. Lo zio provocò l'eiaculazione manualmente. L'ascetismo coltivato del paziente crollò da quel giorno. Non riuscì più a resistere all'impulso di masturbarsi; al contempo si rimproverava amaramente; in breve, cadde nel tipico conflitto psichico riguardante l'autoabuso.

Riuscì a reprimere la masturbazione dopo una lotta terribile durata anni, e poi si sentì peggio che mai.

È degno di nota che, durante la masturbazione, il paziente aveva l'abitudine di contare. Il numero raggiunto al momento dell'eiaculazione rappresentava per lui la misura della sua potenza sessuale. L'associazione tra il conteggio e l'attività sessuale nacque nel periodo dei giochi sessuali infantili, quando i bambini, durante la fellatio reciproca, contavano per non ridurre il proprio turno. Spesso doveva anche pregare durante la masturbazione. Si osserva come la sua attività sessuale fosse strettamente legata alla religione. Il contrario era vero: pregava, si stancava improvvisamente e si rivolgevano invece alla lettura della Bibbia o al conteggio ossessivo, quando immagini erotiche gli si imponevano davanti.

Si comporta come uno straniero verso fratelli e sorelle; parla a malapena con loro. I seguenti sogni rivelano chiaramente il suo atteggiamento nei loro confronti: "Sono a casa e considero se sarò scoperto se eliminerò la mia sorella più piccola."

Da un sogno più lungo:

"Suo figlio era un ufficiale; ne fui infastidito e invidioso. Non eravamo in buoni rapporti."

Va ricordato che suo fratello era effettivamente un ufficiale.

È geloso del fratello che gestisce gli affari di casa. Spesso pensa: "Se tu non vali nulla, ti occuperai del cortile di mia madre. È un lavoro benedetto arare la terra con il sudore della fronte." Ha un grande desiderio per la terra: "Il lavoro dei campi è l'unico lavoro vero; tutto il resto ha minor valore e stabilità, mentre la terra è eterna."

Il paziente vive in costante ansia per la salvezza dell'anima del padre, temendo per lui le torture eterne dell'inferno, e si sente chiamato a salvarlo. Promette di pregare un quarto d'ora al giorno per la salvezza del padre e di diventare sacerdote. Il suo rapporto con il padre è sempre stato molto teso: paura dell'autorità e severità lo tenevano a distanza. Gran parte dei suoi pensieri sono stati occupati dall'atteggiamento del padre verso la religione. Nel suo cuore portava la profonda fede nei dogmi e nei precetti della Chiesa che la madre gli aveva inculcato. L'esempio del padre seminava il dubbio nella sua anima e forniva materiale per la costruzione della sua parapatia.

Tuttavia, attende ansiosamente che il padre si confessi, affinché l'atmosfera scomoda tra il padre e gli altri abitanti si dissolva. Comparvero pensieri di morte riguardanti il padre. All'inizio della guerra desiderava che il padre partisse e non tornasse più. Il padre dovette arruolarsi poco dopo e rimase lontano da casa per diversi anni. Quegli anni furono precisamente quelli in cui la sua parapatia si sviluppò completamente. Dietro la severa lotta religiosa si celava il conflitto psichico primario: il complesso di Edipo. Le fantasie diurne di essere il salvatore della patria e di sacrificarsi per il bene del paese sono tentativi, secondo la legge della punizione, di spostare l'atteggiamento verso il padre su un obiettivo sociale. Considerava la madre sempre una santa, "come la Madre di Dio". La madre desiderava che diventasse sacerdote e il sacerdozio rappresentava l'ideale per il suo futuro. La madre imponeva il suo ascetismo con il voto di non sposarsi durante la sua vita. Prometteva di diventare sacerdote, sperando così di ottenere più facilmente la salvezza dell'anima del padre.

Con il tempo conquistò lentamente la sua coscienza religiosa sotto l'influenza di una visione del mondo basata sulle scienze naturali; smise di confessarsi e di pregare. Eppure la fede giovanile è profondamente radicata nella sua vita emotiva. Spesso è improvvisamente costretto a pregare. Ha un secondo scopo segreto oltre a diventare agricoltore: diventare sacerdote. Questo spiega perché non trae piacere dai suoi studi; per questo non riesce a lavorare concentrato. Vive nella convinzione di avere una grande missione storica. Sottovaluta la propria vita dal punto di vista di questa finzione e non vi trova soddisfazione. L'idea di essere un semplice professionista è insopportabile. Il nucleo essenziale della sua grande missione storica diventa lentamente visibile durante l'analisi. Sempre più chiaramente si dipana il quadro di una vasta parapatia da Cristo e da santi. Il paziente si scopre nelle notti insonni in allucinazioni ipnagogiche in attesa di una rivelazione. Una voce gli dirà cosa fare (non sente però voci). Si crede Cristo e la sua grande missione è la liberazione dell'umanità.

La fantasia diurna seguente rivela chiaramente il suo delirio segreto:

"Vedo nel cortile di casa un candelabro; mi ci appendo. Il sangue scorre da naso e bocca. Improvvisamente vengo sollevato sempre più in alto; sono morto e trasformato in un cristallo abbagliante."

La fantasia parla da sé: è Cristo sulla croce, che rivive la scena del Golgota e l'ascensione di Cristo.

La sua anima pura di Cristo trova espressione simbolica nel cristallo abbagliante. "Vedo... a casa" indica la fonte di questa fantasia. Spesso prova una sensazione di potere straordinario e crede di poter sollevarsi in aria. Parte dei suoi sogni diventano comprensibili solo conoscendo che ripetono scene bibliche. Tra gli altri sogni:

"Un ruscello. Voglio passare dall'altra parte. Un carro con cavalli è al centro del ruscello e mi impedisce di attraversare l'acqua. Vado verso il carro e ho la sensazione che ora annegherò. Mi sostengo con un bastone e passo rapidamente sull'acqua, immergendo e sollevando il bastone..."

Ha poteri sovrumani. Come Cristo, può passare sull'acqua. Il suo istinto (carro e cavalli) è percepito come ostacolo tra lui e l'altra riva (vera religione).

Il sogno gli procura infine un appagamento del desiderio. Spesso sogna acqua e inondazioni; ciò potrebbe essere legato al desiderio infantile di rinascere. L'elaborazione di questo desiderio porta alla finzione di vivere ancora non nato nel grembo materno. Numerosi sogni e fantasie diurne supportano l'ipotesi di fantasie uterine. A letto si rannicchia completamente sotto le coperte; dorme accovacciato come un feto. Molte fantasie di questo tipo saranno menzionate più avanti. Ha sofferto a volte di stati melanconici. Allora gli viene una "sensazione di benessere malinconico come ricordo di una bellezza scomparsa". Riporta un sogno semplice sul corpo della madre con evidente simbolismo:

"Una cantina a casa dello zio. Dietro, una grotta oscura e spaventosa. Leggevo un libro che raccontava la storia di questa grotta: 'Un signore selvaggio abitava qui in tempi antichi; vi visse tutta la vita.' Volevo uscire e afferrai una maniglia di legno sulla parete per dondolarmi fuori. Era pericoloso. Tutti i miei fratelli sono usciti tranquillamente; mi chiedo solo perché sia così doloroso per me. Chiamo il fratello maggiore in aiuto, mi dondolo energicamente. La maniglia si muove. Mio fratello mi avverte di stare attento, perché la maniglia è il ricordo della prima Messa dello zio."

Il prozio era sacerdote ed era il suo ideale. La grotta è contemporaneamente simbolo della sua parapatia religiosa, che lo protegge dai pericoli peccaminosi della vita.

La vita presente gli è dolorosa. Vorrebbe rinascere, uscire dal luogo da cui i fratelli sono venuti sani. Vorrebbe conoscere la storia (romanzo familiare) della madre (grotta).

Impulsi ancora più nascosti emergono con il progredire dell'analisi. Il paziente si rivela un forte sadico e necrofilo. Ama fare passeggiate solitarie nei cimiteri; lì si sente molto bene. Ricorda un sogno in cui profanava il corpo di una zia morta. Ha fantasie diurne di andare nei cimiteri, dissotterrare tombe, violare donne al suono della musica.

Da bambino aveva la fantasia di torturarsi chiuso in una bara e lottare per respirare, di essere sepolto vivo e simili. Qui le fantasie necrofiliche si uniscono a quelle del grembo materno. Ha la sensazione, con mal di testa, come se una lastra di marmo premesse sulla sua testa. Fantastico una scena in cui è sepolto con una pistola, spara attraverso la terra sopra di sé per ottenere aria (fantasia di aprire il grembo dall'interno). Vuole essere sepolto in una foresta primordiale tra acqua e alberi e sognare lì in semi-coscienza.

I seguenti sogni rivelano inequivocabilmente complessi necrofilici:

"Passo vicino a un cimitero. È depressa verso il centro; non è recintata. Vicino un campo coltivato. Grandi patate giacciono a terra vicino al cimitero. Penso al Giudizio Universale, quando tutti i morti sorgeranno verso il centro del cimitero. Penso: 'Non è terribile che il cimitero non sia recintato?' E i cadaveri servono da fertilizzante per le patate. Poi vado nel campo e penso a quanto questo campo sia sterile; qui non cresce nulla."

L'affetto nel sogno risiede nel fatto che il cimitero non è recintato. Il sognatore si ribella alla percezione endopsichica che la salvaguardia (recinzione) contro l'impulso necrofilico manca. Dominato dai complessi necrofilici, trascura altri interessi intellettuali esterni a questo complesso (cimitero). "Quanto sterile è questo campo": il paziente è così assorbito nelle sue fantasie diurne da non avere tempo per gli studi.

Questo terreno mentale non porta frutto. Solo il frutto fertilizzato dal complesso necrofilico (corpi morti) cresce (grandi patate).

Sogno:

"Il corpo di una ragazza è posto in una bara. Intorno a lei stanno il fratello più giovane, alcuni ragazzi e io. Mentre stavamo per mettere il coperchio, il fratello più giovane tirò fuori un diario da sotto il coperchio e disse: 'Stavo per lasciare qui la mia storia di vita.'"

La radice della storia infantile nel complesso necrofilico è rivelata da questo sogno.

Non è solo Cristo; è anche Satana.

La legge della bipolarità si manifesta chiaramente nella sua parapatia da Cristo. Si identifica anche con il diavolo, come mostra la seguente fantasia:

"Alla testa di un gruppo di diavoli, assalto una città, e mi faccio unico sovrano. Mi vendico di tutti coloro che sono al potere, ex professori e sacerdoti. Il professore di matematica deve insegnare tutta la matematica a un sordo. I preti devono imparare a memoria libri pornografici. Le nudità più seducenti stimolano i loro sensi, mentre, legati saldamente, subiscono le torture dei dannati. Vengono scorticati vivi, i miei genitori ridotti a poltiglia, la gente calpestata, e così via. Tutti i peccati elencati nella Bibbia sono messi in atto sotto la mia guida. Chiese profanate, trasformate in latrine, mercati e bordelli. Improvvisamente appare mio figlio illegittimo (non ne ho) e prende il comando."

L'ultimo pezzo della fantasia rivela il romanzo familiare segreto: dubbio sulla paternità e pensiero di prendere il posto del padre. Poiché si identifica con Cristo, è naturalmente figlio di Dio.

La sua crudeltà si esprime anche nel sogno: "Mi tuffo in acque impetuose e temo di scivolare su una cascata o essere schiacciato da una ruota di mulino."

Anche essere spezzato sulla ruota occupa la sua fantasia.

Sono stati menzionati molti voti finora. Si potrebbe riassumere tutti i suoi voti e giuramenti, che hanno portato la sua vita a un sistema caotico di ossessioni:

1. Voto di diventare sacerdote se guarisce dalle speculazioni

rimuginanti.

1. Voto di diventare sacerdote se viene liberato dalla paura della sifilide.
2. Voto di diventare sacerdote per salvare il padre dall'inferno.
3. Voto di tagliare il mignolo se non smette di masturbarsi (castrazione).
4. Voto di dire una benedizione per ogni maledizione.
5. Voto di rinunciare alla donna e vivere castamente se riesce a compiere qualcosa di grande.
6. Voto di avere rapporti solo con la propria moglie.
7. Voto di vivere da solo finché la madre è in vita.
8. Voto di costruire una cappella se la vita realizza i suoi ideali.
9. Voto di dedicare la vita esclusivamente alla salvezza dell'anima del padre.
10. Voto di ripetere ogni giorno una benedizione se il padre va a confessarsi.
11. Voto di pregare un quarto d'ora al giorno nel caso guarisca.
12. Voto di rimanere astinente per tre anni per risparmiare il seme.

Il paziente soffriva per la divisione insanabile nel punto di vista dei genitori. Voleva sintetizzare questi due atteggiamenti nella sua psiche. Ciò fallì. Egli stesso mancava della forza di schierarsi da una parte o dall'altra. Il seguente sogno rende chiara questa situazione: "Una feroce battaglia infuria nel nostro villaggio. Fuggendo, mi rifugio nel cimitero e mi sdraio in una fossa profonda per attendere la fine dello scontro."

È il conflitto tra fede e libero pensiero, sempre silenziosamente presente in casa paterna. Non riesce a scegliere e attende di vedere cosa porterà il destino.

Il suo stato di tensione permanente, l'incapacità di lavorare e la mancanza di decisione si comprendono facilmente attraverso i complessi analizzati.

Il suo rimuginare è in realtà una preghiera mascherata. Iniziò con il dubbio dell'esistenza di Dio, con cui tentava di scaricare la compulsione alla preghiera. La promessa di pregare un quarto d'ora al giorno gli pesava. La sostituì con la lettura di libri sacri e poi con speculazioni religiose; cioè, trasformò la preghiera in rimuginio. Spesso sentiva che pensare equivaleva a pregare: "pensare significa conoscere la sapienza di Dio".

Il piacere ricavato dai suoi complessi, il potente effetto dei voti, costituiscono ostacoli seri nel processo di guarigione. Riesce, ma lentamente, a liberarsi dal labirinto. Il suo ascetismo segreto impedisce la felicità. Ha paura di conoscere la verità completa, come rivela la citazione che porta da Lessing: "È meglio cercare la verità per tutta la vita che trovarla." Tuttavia, l'indagine sulle sue finzioni e l'allontanamento dalle fantasie diurne hanno avuto finora successo al punto che si è avvicinato alla vita reale. Il futuro deve ancora dimostrare la sua capacità di vivere.

Caso numero 47

L'impulso necrofilo nei sogni

Un medico, che sto curando per eiaculazione precoce, fa un sogno erotico notturno. Questi sogni sono, come sappiamo, di grandissima importanza. Ci rivelano le voci sessuali più basse che si manifestano come ostacoli alla potenza. Il sogno merita di essere osservato sotto ogni aspetto e recita:

Mi trovo sull'oceano. Devo salire su una nave da guerra. La possente nave giace in mare aperto. Non ha alberi e sembra non avere macchinari. Per raggiungere la nave, bisogna passare su un lungo molo e poi salire su una piccola barca, che porta fino alla nave. Davanti al molo giacciono due imbarcazioni, che bisogna superare per raggiungerlo. Sulla prima nave, su cui salgo, c'è una ragazza a cui non presto attenzione. Attraverso il ponte e mi ritrovo improvvisamente in acqua. L'acqua mi arriva alle ginocchia. Qualcuno dice: "Una volta il padre della ragazza stirava i pantaloni di chiunque si bagnasse; oggi è troppo orgoglioso per farlo." Torno sulla riva; la ragazza mi segue. Improvvisamente le navi scompaiono e una lingua di terra si spinge nel porto. Vedo su questo lembo di terra una splendida processione. Prima ministranti con bandiere, poi un baldacchino d'altare, un sacerdote che porta un'ostensorio, poi molte persone, tutte cupe nei loro abiti cerimoniali. Poi vedo una bara. Mi spingo indietro vicino alla ragazza e mi sveglio con un'eiaculazione e un forte orgasmo.

È impossibile fornire qui l'intera analisi.

Riporterò soltanto quei dettagli che ci conducono al nostro tema. La ragazza è la figlia di un sarto che forniva al paziente le uniformi militari. Il sarto aveva una piccola figlia adorabile, che aveva dieci o dodici anni quando il paziente la vide per la prima volta. Tornò dopo cinque anni e la trovò fiorente e bella.

Il sarto gli fece capire che sarebbe stato molto lieto di dare sua figlia in moglie a un medico. Era ricco e la ragazza avrebbe avuto una buona dote. Il sarto da tempo si era ritirato dagli affari; non aveva più bisogno di stirare pantaloni. La ragazza era morta. Il paziente era sposato e aveva varie difficoltà nel matrimonio, sebbene sua moglie fosse una persona eccellente. Ma lui era attratto da figure prosperose; la moglie era ben formata da sposa, ma ora era incredibilmente magra. Nel sogno la fa morire. Qui vede il suo funerale. Questa sepoltura per lui è una festa. La celebra a modo suo. La nave senza alberi né macchinari rappresenta funzionalmente le sue speranze. Dopo l'analisi vuole iniziare una nuova vita, farsi un nome come analista; vuole dedicarsi a una carriera accademica. Ma si sente un relitto. Riuscirà a realizzare i suoi progetti?

Mi colpì il fatto che il paziente stesse compiendo un atto di blasfemia. Si gratifica osservando una processione.

Da questo punto in poi, indagai sul suo atteggiamento verso i cadaveri. Risultò che in guerra non riusciva mai a guardare i cadaveri. Aveva paura e orrore di loro. Anche la dissezione (specialmente in anatomia patologica) gli era una abominazione. Era molto gentile come medico con malati e feriti. L'ispezione dei morti gli era anatema, e si sottraeva a questo dovere ogni volta che poteva. Vedere i morti in guerra gli risultava più difficile che udire le grida dei gravemente feriti.

Ora emerge un'associazione notevole. Andò con i genitori in escursione in una città vicina. Vi videro una processione funebre e appresero che si trattava del corpo di una donna uccisa dal marito. Era una contadina, che il marito aveva ucciso mentre si trovava al gabinetto all'aperto. Le aveva conficcato un paletto appuntito dal basso, nel retto o nella vagina. Questo evento aveva molto colpito il ragazzo, che aveva dieci anni, e aveva stimolato enormemente la sua immaginazione.

Poi parla della sua paura dei cimiteri e ricorda che, da studente, aveva frequentemente visitato il cimitero con la sua prima fidanzata. La madre della ragazza giaceva nel cimitero. Si era suicidata. La causa era un atto necrofilo compiuto sulla figlia. Una sorella della futura sposa del nostro paziente era morta. Un necrofilo aveva commesso questa atrocità. Aveva dissotterrato i corpi di giovani ragazze, tagliato i loro genitali e li aveva mangiati.

Quando la madre venne a sapere della violazione della figlia, si tolse la vita.

Così il materiale del sogno ci conduce profondamente nel nostro tema. Comprendiamo perché tocca la ragazza da dietro (memoria dell'impalamento della moglie del contadino). La visione dei cadaveri simboleggia i suoi impulsi necrofili.

Successivamente, giungiamo al tema ripugnante del vampirismo. Il dottor A. Epaulard riporta il caso che lui stesso osservò: Ardisson, il vampiro di Muy.

Caso numero 48

Si tratta di Viktor Antoine Ardisson, nato a Muy nel 1872, che, dopo aver seguito i propri desideri necrofili senza essere scoperto per forse nove anni, fu condannato nel 1900 (o 1901) a causa del cadavere di un bambino trovato nella sua abitazione. Il fetore terribile di questo cadavere aveva attirato l'attenzione dei vicini sulla sua presenza.

A. era un figlio illegittimo, con padre ignoto, e madre con una disposizione congenita molto cattiva. Violenta e indisciplinata, una volta colpì pesantemente il bambino alla testa con un bastone; secondo il patrigno, la debolezza mentale del figlio era forse dovuta a questo.

Questo patrigno, un ladro e ruffiano noto, di genealogia compromessa, fu abbandonato dopo pochi anni dalla moglie, madre di A., e rimase l'unico a crescere il giovane Viktor.

A. era presumibilmente sano; non si può stabilire nulla riguardo a convulsioni o enuresi notturna. A scuola, che spesso trascurava, era considerato uno studente limitato, ma non eccessivamente birichino.

Per quanto riguarda il suo sviluppo sessuale, si legge che non provò impulsi sessuali fino alla pubertà. Si masturbava frequentemente, quando ne aveva voglia.

Durante la masturbazione, ingeriva il proprio seme, "perché sarebbe stato un peccato lasciarlo andare sprecato". Propose matrimonio alle ragazze del paese, ma fu deriso. Non è dimostrato che abbia mai cercato di violentare una ragazza in quel periodo.

Come sostituto, seguiva le ragazze quando andavano a urinare, le leccava e contemporaneamente si masturbava. Non nascondeva le sue azioni. "Perché nascondersi?", diceva. "Sto facendo qualcosa di male?" Inoltre, guadagnava denaro in città come omosessuale "fellatore".

Negava di aver commesso atti di pederastia e sodomia e affermava di non aver mai pensato a tali atti. Tuttavia aveva avuto rapporti sessuali normali. Non ricordava il primo coito e, per quanto riguardava le conseguenze dell'atto procreativo, gli era indifferente. Ma insisteva di aver avuto rapporti sessuali con sua madre quando il patrigno era assente. Dormivano sempre in tre nello stesso letto, la madre tra padre e figlio.

Sfortunatamente non sono riportate date. Durante il servizio militare ebbe una relazione con una ragazza prosperosa e ben formata. Questo è molto importante, perché troviamo che A. succhiava i seni di tutte le donne che possedeva, vive o morte, comprese le donne del patrigno.

Il primo manifestarsi del vampirismo nacque anche dal desiderio di vedere i seni di una ragazza, di cui sapeva che erano molto ben formati.

La procedura nei suoi atti necrofili era la seguente: se sapeva che nel cimitero c'era un cadavere femminile recente, riapriva la tomba, vi entrava e scopriva il corpo. L'età non aveva importanza. Tutte le età erano rappresentate, da un bambino di tre anni a una donna di sessanta.

Poi succhiava la vittima e praticava cunnilingus.

A volte, non regolarmente, aveva anche rapporti sessuali con il corpo, ma sempre solo una volta (eccetto in un caso). Avrebbe voluto portare i corpi a casa, ma lo fece finalmente solo con la testa di una ragazza adulta e con il cadavere di una bambina di tre anni e mezzo, che fu poi la causa del suo arresto.

Per il resto, era descritto come calmo e modesto.

Si adattava a tutte le circostanze per sopravvivere e sopportava anche le derisioni altrui. Non conosceva la dipendenza, neanche verso il patrigno. Per quanto riguarda la ragazza di Bonifacio, ricordava solo il nome di battesimo e i seni.

L'unica preoccupazione espressa in prigione era: "Non verranno a tagliarmi il pene?"

La terribilità dei suoi atti non gli appariva.

Non conosceva sensi di colpa.

Era presente un sentimento religioso. Possedeva un libro di preghiere e un piccolo angelo di argilla cotta, oltre a un ornamento da tomba che aveva portato dal cimitero.

Era altrimenti un lavoratore regolare. Beveva poco. Non aveva soldi per farlo. Se si presentava l'occasione, si ubriacava.

Nel 1892, il patrigno prese il posto di becchino a X., e presto Viktor A. ne prese il posto fino all'entrata nell'esercito.

La sua alimentazione era povera e strana. Viveva di aglio, cetrioli, ravanelli e, in alcune circostanze, erba; e come carne, topi e gatti. Anche in questo caso, la miseria di A. giocava un ruolo. La loro casa aveva una cattiva fama in tutta la strada a causa del cattivo odore. Dormivano su paglia in una soffitta piena di sporcizia ed escrementi.

Nel 1893 si presentò quindi per il servizio militare.

Lì avrebbe avuto una crescita migliore, uno stomaco sempre pieno e un buon letto. Subì molte prese in giro nell'esercito; il capo della compagnia presto lo considerò uno sciocco. Ma non era un cattivo soldato. Solo diverse volte si allontanò senza permesso nei dintorni della guarnigione (fughe epilettiche?) e tornava tranquillamente quando scoperto.

Una volta si avvolse la testa in sacco e continuava a ripetere, nonostante le correzioni, "Non sono un soldato!" Alla fine disertò, lavorò per una settimana in un cantiere di legname, sempre in uniforme, e fu infine arrestato nella sua città natale.

Come arrivò A. alla necrofilia?

Allora aveva vent'anni, era da tempo becchino e senza fidanzata. Seppe di una ragazza dai seni belli, la seppellì, la dissotterrò, succhiò il suo corpo e voleva portarla a casa, ma era troppo pesante.

Aveva usato in questo modo, prima del servizio militare, forse dieci corpi nel cimitero.

Se avesse avuto rapporti sessuali con cadaveri anche a Bonifacio, luogo della sua guarnigione, non si sa. Allora aveva la relazione con la ragazza dai grandi seni.

Il capitano T. afferma però che il cimitero lì era facilmente accessibile e che durante il soggiorno di A. vi fu sepolta una giovane ragazza, scoperta secondo l'usanza del paese.

Al ritorno a N., senza fidanzata, disseppellì e utilizzò un gran numero di cadaveri, ma non ne poteva determinare il numero.

Ricorda solo uno, perché aveva seni così belli e copulò con il cadavere più volte nella stessa notte, cosa che di solito non faceva.

Poi gratificò il desiderio di portare i corpi a casa, una volta in parte, con la testa di una graziosa ragazzina di tredici anni, il cui corpo intero era troppo pesante, e una volta interamente, portando a casa il cadavere di una bambina di tre anni e mezzo.

A. aveva avuto rapporti sessuali con il cadavere di questa bambina per più di una settimana. La decomposizione era così avanzata che retto e vagina formavano un unico foro ("cloaca").

L'odore era così orribile dopo otto giorni che non osava più toccare il corpo.

Probabilmente aspettava la morte di un'altra ragazza per portarne a casa il corpo.

Il padre, che fino ad allora aveva attribuito il fetore alla sporcizia o agli escrementi che il figlio depositava nella soffitta, trovò il cadavere mentre cercava una bottiglia di vimini. Seguí l'arresto di A.

L'esame fisico dà risultati normali, interessanti solo in questo: l'unghia del mignolo della mano sinistra era molto lunga (per spazzare la cenere della sigaretta, per vanità). Braccia e mani tremavano costantemente, tremore che aumentava quando era osservato o nel corso della giornata. A volte quasi impercettibile, in certe circostanze impediva di tenere un oggetto saldamente. Il tremore non aumentava durante l'eccitazione sessuale.

Il tremore alle gambe era molto marcato quando la gamba era tesa senza appoggio. Movimenti molto evidenti della rotula. Il linguaggio era leggermente tremolante, ma corretto e fluente. Organi genitali normali, piuttosto piccoli; il prepuzio abbastanza lungo copriva il glande senza sporgere. Le erezioni in prigione non erano frequenti; sembrava tranquillo a riguardo.

Inutili ricerche per segni di degenerazione fisica. Vi era invece un'anestesia generale; una puntura molto forte, soprattutto al tronco, era necessaria per provocare dolore.

I suoi impulsi e le manifestazioni di volontà non apparivano più forti che in individui normali, ma mancava il freno, la capacità di distinguere il bene dal male.

Memoria facilmente affaticabile.

L'autore non poté apprendere nulla riguardo a certe assenze di A.

Il cunnilingus era la sua passione. Lo praticava su vivi e morti allo stesso modo. Sfruttava le misere creature che condividevano il letto del patrigno. Sembrava tuttavia nutrire la superstizione che con questo tipo di carezza si potessero risvegliare i morti. Si meravigliava che i morti non rispondessero (qualcuno gli aveva detto che i morti possono parlare). Non era bestialmente crudele come Bertrand, posseduto dall'impulso demoniaco di distruggere. I morti gli ispiravano una sorta di ammirazione fisica. Li abbracciava, li chiamava "mia piccola sposa". Conservò a lungo la testa della ragazzina di tredici anni che aveva portato a casa, che si mummificò, la baciava e la chiamava "mia sposa".

Va notato ancora una volta che i suoi genitali erano piccoli. Rivelava chiaramente un complesso di castrazione. La sua unica paura in prigione era la castrazione. Forse il taglio della testa era un surrogato della castrazione. Il cattivo esempio del patrigno ebbe effetto, come sottolinea giustamente Epaulard. Era un ladro e un furfante noto. Dopo che la moglie lo aveva lasciato per la sua condotta brutale, si associò a donne mendicanti, incontrate per strada, che condividevano il suo letto.

L'ingestione del proprio seme, una specie di autocannibalismo, è un sintomo parafilico osservato abbastanza spesso in ipocondriaci che temono di dissipare la propria forza vitale. A. pensava anch'egli "è un peccato lasciare andare sprecato un materiale così prezioso".

Questo è un caso tipico di infantilismo sessuale in una persona leggermente imbecille. Non furono osservati segni di epilessia, assenze, allucinazioni o panico notturno. Parlava vividamente nei sogni. Ciò che diceva non è riportato da Epaulard. Questo avrebbe potuto darci una chiave per comprendere la sua natura.

Epaulard non giunge a conclusioni certe sull'ereditarietà, ma nella maggior parte dei casi i genitori sembravano nevrotici o alcolisti.

Le storie cliniche utilizzate da Epaulard sono molto incomplete; tuttavia, compaiono ripetutamente stigmi nervosi come epilessia, debolezza e imbecillità. Egli indica la possibilità che i necrofili nelle regioni ortodosse prendano parte, ai funerali, alla cerimonia dell'ultimo bacio. La consuetudine prescrive inoltre che in tali occasioni il corpo sia ben vestito e portato alla tomba scoperto.

Altri esempi dalla letteratura generale:

Sadismo – Violazione di cadaveri – Alcolismo

Il magistrato di città Kulmbach riporta un certo Alb. Beyerlin che usava una donna morta per rapporti sessuali, poi le apriva l'addome, tagliava i seni e i genitali del cadavere, e li portava con sé il giorno dopo.

L'uomo, quarantatreenne, aveva un passato sessuale turbolento. Fin dalla giovinezza era noto per essere audace con le donne e estremamente lussurioso. Era stato accusato più volte di immoralità.

Negli anni successivi, dopo la separazione dalla moglie, si gratificava con eccessiva masturbazione. Espresse ai conoscenti l'idea di "sventrare le donne", alzando le maniche e simulando i movimenti corrispondenti.

La moglie era sifilitica e prostituta di basso livello. Ammise anche atti di sodomia.

Era bevitore di birra e compiva i suoi atti istintivi dopo ubriacature.

Il taglio della carne gli procurava il massimo piacere, senza riuscire a spiegarsi perché nascondesse i genitali in tasca.

Il suo comportamento nel carcere correzionale era esemplare; sebbene tutti lo temessero, affermavano che non mentiva, non era vendicativo né crudele, e viveva in buoni rapporti con la moglie.

Necrofilia – Sadismo – Cannibalismo

Fritz Rheinisch riferisce che un uomo, un lavoratore, si era prima gratificato sessualmente su un cadavere, poi in preda a furia lo aveva mutilato e portava via seni e genitali, compreso l'ano. In seguito gettò via queste parti. Era in costante stato di eccitazione sessuale. In precedenza aveva sodomizzato una capra. La donna aveva stimolato il suo desiderio quando era viva, senza poter avere rapporti sessuali con lei.

L'esempio di Maupassant, su cui il dottor Pillet ha pubblicato studi penetranti, dimostra che anche persone intellettualmente di alto livello possono compiere atti necrofili.

"Maupassant dava l'impressione di un uomo bello, grande e forte, ma l'apparenza era molto ingannevole. Lo scrittore soffriva terribilmente ed era molto malato. Il grande autore apparteneva alla categoria degli epilettici. Assunse cocaina, etere e si intossicò con hashish. In questo modo appariva estremamente brillante e non mostrava nulla dei sintomi che caratterizzano una persona tormentata da forti emicranie, eppure soffriva terribilmente. Era vittima di insonnia e di dolori alla testa e agli occhi, che gli impedivano di lavorare la sera e che aumentavano gradualmente fino a una paralisi progressiva del nervo oculare. Ciò rende perfettamente comprensibili i suoi attacchi di malinconia e il suo strano cinismo. Per quanto riguarda gli errori in cui cadde alla fine, si racconta che un giorno si fece portare un pezzo di carne umana da un cadavere in dissezione e lo mangiò crudo. Egli poté così affermare per esperienza personale che la carne umana era assolutamente insipida."

Caso numero 49

Un caso di vampirismo ideale

La signora Z. mi fu inviata per un trattamento analitico a causa di una "nervosità folle". La sua eccitazione nervosa era peggiorata continuamente negli ultimi otto mesi e attualmente non ha un'ora di pace durante tutto il giorno.

Dormiva male, piangeva spesso durante il giorno, era depressa; occasionalmente manifestava scoppi di rabbia, in cui insultava violentemente il marito e il figlio. La sua mente è, secondo le sue stesse parole, "chiusa in una profonda e oscura caverna dove nulla vive se non cose viscide e striscianti, dove qua e là una luce bluastra tremola e solo i gemiti delle bestie interrompono il cupo silenzio". L'aspetto esteriore della paziente corrisponde a questa descrizione così plastica: serpentina, con occhi rettiliani e movimenti simili. In altre parole, somiglia davvero alla concezione comune di un vampiro. Nei paragrafi che seguono, ci inoltreremo nella tana di un vampiro; la esamineremo e infine libereremo l'anima prigioniera al suo interno.

La paziente è una cantante e ballerina di professione, ha trent'anni, nata in Inghilterra da madre pellerossa. Il padre era di razza mista, portoghese-francese. Nessuna malattia ereditaria, nessuna malattia significativa in precedenza. I genitori si trasferirono poco dopo la sua nascita in un porto dei Caraibi. Sua madre morì quando lei aveva tre anni. Ricorda chiaramente di essere stata trascinata via a forza dal letto di morte della madre. Questa esperienza è rimasta il suo ricordo più vivido fino a oggi. Persero in quel momento l'unico amore della sua vita. Da questa perdita infelice si accese un odio cupo. Questo odio, con il tempo, è diventato una fiamma potente diretta verso tutte le persone.

Trascorse i successivi dodici anni con un'antenata, che non riusciva a sopportare. Nutreva desideri costanti di morte verso questa zia; la zia non valeva nulla in confronto alla madre idolatrata; aveva un solo vantaggio: era viva. La paziente fu educata al sadismo nella casa della zia. Litigi violenti erano all'ordine del giorno. Un cugino maggiore soffriva di epilessia. La sua natura crudele si manifestò presto. Una cugina più giovane era frequentemente maltrattata da lei, spesso gravemente. Considerava le bambole come esseri umani e le faceva a pezzi. Il suo gioco preferito era estrarre loro gli occhi e farli rotolare in bocca. Provava particolare gioia nel poter osservare il macello del bestiame. La vista del sangue la deliziava. Per completare la sua educazione al sadismo, era spesso spettatrice interessata delle varie brutalità praticate dai lavoratori neri nel porto.

All'età di sei anni si trasferì in Olanda, dove frequentò la scuola pubblica. Ma era una studentessa pietosa, poiché si sentiva terribilmente sola senza la madre, per cui non cessava mai di desiderare. Una fantasia quotidiana ricorrente in quel periodo era vedersi dipinta come una donna alta e scura, vestita di nero, seduta su una roccia alta sulla riva del mare, con il volto sepolto nelle mani, come in profonda riflessione o dolore.

La vita era quasi insopportabile. Odia sempre di più i parenti e pensa di avvelenarli. La sua carnagione scura era un ostacolo ai rapporti amichevoli con le compagne di scuola; la chiamavano "la negra". Ciò intensificava il suo odio e la rendeva ancora più sola. Dopo otto anni di miseria, il padre la mandò in un collegio inglese. Questo cambiamento non migliorò le cose, poiché anche lì le compagne la evitavano, chiamandola "l'indiana". Questa umiliazione le era insopportabile e tentò il suicidio. Fu portata a Londra, dove trascorse i sei anni successivi – fino al ventitreesimo anno – con il padre.

Sperava di poter vivere in pace con il padre, avendo finalmente trovato una persona che avrebbe dovuto provare affetto per lei. Presto fu delusa. Il padre era medico di bordo. Gran parte dell'anno era via per viaggi, e quando era a Londra non abbandonava mai il suo atteggiamento di dignità ufficiale. Non le dava l'affetto paterno di cui tanto aveva bisogno.

Molto raramente la accompagnava a teatro o a un concerto.

Non riusciva a fare amicizie a causa del colore della pelle. La sua vita era quindi terribilmente monotona: se non doveva andare a scuola, rimaneva sola in camera, infinitamente sola nella grande città di Londra. Spesso di notte vedeva un'apparizione bianca, una donna che attraversava la stanza con un violino in mano: era la madre, unica compagna di quei anni di solitudine.

Molte fantasie di grande importanza futura nacquero in queste ore interminabili. Ammirava il padre immensamente, anche se lui non le prestava attenzione.

Visse così per tre anni, poi cercò conforto nel movimento femminile e successivamente nella Christian Science. Ma ciò non la interessò a lungo. Trovò un'altra forma di distrazione, l'amore lesbico, entrando in una relazione con una ballerina della sua età. Sotto l'influsso di questa ragazza, la paziente stessa divenne ballerina e cantante. La relazione omosessuale durò circa un anno. Poco dopo, conobbe un giovane uomo e divenne madre di un figlio illegittimo. Ciò provocò l'allontanamento dal padre. Aveva tradito la sua fiducia; aveva sempre cercato invano il suo amore, e ora egli la respinse con rabbia come disonorata.

Possiamo comprendere il lamento della paziente: non aveva mai conosciuto cosa fosse la felicità. Si sentiva sempre sola nel mondo e nessuno si prendeva cura di lei dopo la morte della madre. Il mondo era ostile e insensibile, e perciò lo odiava. Soffriva della presenza delle persone e della civiltà; desiderava sempre andare via e restare sola. L'odio era, come diceva, la sua unica arma contro un mondo disprezzato. Il vampirismo si sviluppò su questo terreno di odio come il fiore stesso del suo rancore.

Il padre non le parlò mai più dopo l'evento che causò la loro separazione. Morì due anni dopo, apparentemente di "cuore spezzato". La paziente credeva che la sua condotta avesse contribuito alla sua morte.

La forte dipendenza dal padre emerge chiaramente dai sogni che riportò:

Sogno I:

Guardavo il mare in una notte tempestosa. Apparve una nave. Appena raggiunse la costa, virò verso ovest e si allontanò. Vidi un uomo in piedi sul ponte di poppa, esitante. Pensai che fosse pericoloso lì; tuttavia corsi sul ponte per raggiungerlo. Ma c'erano così tanti ostacoli che procedetti lentamente. Molte persone ci osservavano. Improvvisamente l'uomo scomparve. Mi svegliai depressa.

Interpretazione: La paziente lotta incessantemente per un uomo, il padre; ma è vano, poiché lui è lontano; andato a ovest, espressione simbolica della morte.

Sogno II:

Cammino a New York. Ammirando gli enormi edifici, devo dare molti soldi in tutte le direzioni. Salgo in cima a un edificio molto alto – sembra avere molte scale. Alla fine arrivo a un ascensore con porta a sbarre di ferro. Poi mi vedo seduta in una stanza, mentre indosso un calzino del padre, credo al piede sinistro. Era molto grande e arrivava sopra il ginocchio. Era blu e rosso.

Interpretazione: Questo sogno permette di guardare attraverso la porta a sbarre di ferro nella camera segreta, l'angolo più profondo della psiche. Il prezioso legame con il padre è nascosto in questa camera. Il calzino è un noto simbolo sessuale. Non calza; è messo al piede sinistro – significa amore verso il padre, moralmente non permesso. Eppure, il suo amore verso di lui è immutabilmente fedele, come appare dalle associazioni al rosso (= amore) e al blu (= fedeltà). Il padre è il suo Dio segreto, come conferma anche il seguente comportamento: prima di andare a letto, dice spesso "padre antico", frammento di preghiera interiore e testimonianza del supremo posto del padre nel suo cuore.

Spesso parla della somiglianza con la madre, attraverso cui la relazione con il padre appare moralmente accettabile. Una volta durante la seduta disse "il bambino di mio padre" intendendo "il padre del mio bambino". Ammette anche di aver spesso fantasticato su un figlio dal migliore amico del padre (padre imago).

I suoi forti desideri libidinosi si rivolgono verso uomini anziani. Inserire la lingua nell'ano le procurava la massima soddisfazione.

Questo atto è della più grande degradazione concepibile e mostra quanto immenso fosse il suo amore per il padre: farebbe qualsiasi cosa, anche il più umiliante servizio, per dimostrare il suo affetto. Molti degli uomini con cui ha avuto rapporti sessuali avevano oltre ottant'anni, con una differenza di circa cinquantacinque anni. Occasionalmente, provava particolare soddisfazione negli atti omosessuali fingendosi il padre e l'altra donna se stessa, creando una relazione con il padre che aveva tanto desiderato nella giovinezza.

Dopo la nascita del figlio (nella casa della zia), la paziente entrò nel balletto, dove apparve come ballerina fino al matrimonio, tre anni dopo. Il matrimonio deve essere considerato come un'obbedienza tardiva al volere del padre. Egli aveva tentato di costringerla a sposare il suo amante quando era incinta del figlio illegittimo. Lei rifiutò e sposò un uomo la cui vita precedente le era indifferente.

Il matrimonio fu miserabile. Il marito era lui stesso un parapatico insolito e la sua parapatia accentuava quella della paziente. Anche lui odiava le persone e il suo atteggiamento influenzava lei, intensificando ulteriormente i suoi impulsi di odio terribile. Era estremamente gelosa. Mi raccontò di aver sempre temuto di incontrarlo per strada con un'altra donna, perché in quel caso non avrebbe potuto controllarsi. Una volta lo vide effettivamente con un'altra donna. Controllò se stessa fino a casa, ma poi ebbe un terribile scoppio di furia, sentendo di poter uccidere il marito, "spaccargli il cranio e strappargli occhi e cervello". Era così eccitata da avere la sensazione di "ingoiare sangue".

Arriviamo così alla sua natura vampirica, il desiderio di bere o succhiare sangue, incluso nella parola "vampiro". Le sue fantasie sono "assetate di sangue" e fanno "coagulare il sangue". Si compiacciono di crudeltà e vendetta verso un mondo odiato. Riporterò le varie fantasie emerse dagli strati più profondi della sua mente.

I suoi pensieri e sogni ad occhi aperti sono principalmente occupati dal tema del sangue; pensa e sente in immagini sanguinarie. Parla del sangue come simbolo di amore, odio, rabbia e passione. Medita sulla differenza tra sangue animale e sangue umano, e si chiede come appaia il corpo quando tutto il sangue è stato tolto: diventa pallido e freddo, si riduce? Se piove, immagina che piova sangue. La visione del sangue che scorre sotto il sole le provoca un trasporto simile a un'intossicazione. Vorrebbe succhiare e ingoiare sangue, ma non si fida di farlo perché non vuole far male a nessuno. Lo lascia ai "tester alimentari". Non può bere vino rosso per la sua stretta relazione con il sangue, ma ama appassionatamente le arance rosse.

I suoi pensieri si occupano giocosamente di embrioni in salamoia o del corpo di un bambino piccolo. Ha letto di una donna che, dopo un aborto, conservava il prodotto del concepimento in un vaso di vetro;

ebbe lo stesso pensiero durante la sua gravidanza. Ora prova senso di colpa per il desiderio di aborto, poiché per lei un aborto è un omicidio. Crede di non amare il figlio di sette anni perché non somiglia al padre. L'odio spesso arriva al pensiero dell'omicidio; vuole uccidere il proprio figlio, non con un coltello, ma con le "mani nude", per "torcergli il collo".

Ha lo stesso impulso criminale verso il marito. Vuole ucciderlo, strangolarlo e tenere il suo corpo nella stanza. Ha fantasie simili verso parenti e amanti passati. Sarebbe stato molto prezioso per lei possedere il cadavere del padre, ma il teschio della madre sarebbe stata la massima gioia. Ha pensato a vari modi di trattare i cadaveri del marito e degli amanti: masticare la carne cruda senza inghiottirla, per "assaporare il sangue". Vorrebbe succhiare i succhi dal corpo, cavare o strappare gli occhi, farli rotolare in bocca per sentirne morbidezza e rotondità, poi riempire le orbite di sangue. Si chiede che colore abbiano gli occhi dopo la morte.

Preferisce succhiare sangue, che potrebbe prendere dalla clavicola, al coito normale. Per lei coito e morte sono strettamente collegati: crede che morirebbe al raggiungimento dell'orgasmo, e perciò durante l'atto rimane immobile come un cadavere, desiderando solo che finisca presto.

Il pene le sembra un pugnale e il coito come se fosse pugnalata. Ama soprattutto l'anilingus, in particolare con uomini anziani. Ha paura di sé stessa nel fellatio, perché sente l'impulso di mordere pene e testicoli. Spesso pensa di tagliare e bruciare il pene del marito. Tante volte lo ama appassionatamente: se lui è sottomesso "come un bambino tra le sue braccia".

Ma di solito vuole essere maltrattata prima del coito, e allora cade in grande eccitazione sessuale.

Ecco una fantasia tipica: immagina un suo ex amante; lo stringe, pizzica, colpisce il volto con i pugni finché diventa una poltiglia, senza però provocargli ferite. Lo getta a terra, lo colpisce, lo spinge con i piedi. Infine pratica fellatio e anilingus. Poi desidera che l'uomo strappi i suoi vestiti e la picchi severamente, la scaraventi a terra e infine le faccia un cunnilingus violento. Dice che solo così un uomo potrebbe soddisfarla. Per questo tende all'amore lesbico, ma soffre di terribili impulsi sadici. Non si limita a manipolare gli organi femminili o inserire la mano fino al polso nella vagina: anche questi gesti "innocui" si accompagnano a fantasie spaventose. Spesso deve fermarsi per paura di essere sopraffatta dai suoi impulsi.

Si chiede ansiosamente cosa farebbe se una giovane ragazza fosse sotto il suo potere, docile e pronta a sottomettersi. Dice letteralmente: "Vorrei soprattutto baciarle il seno... e poi strapparlo o morderlo... e mangiarlo. Vorrei strappare la vagina, l'utero... e il retto. Mangerei tutto, insieme alle parti interne delle cosce vicine agli organi sessuali. Poi le aprirei il ventre e 'accarezzerei' le viscere – estrarle e rimetterle dentro. Vorrei sentire il loro calore. Infine vorrei succhiare il sangue dal lato del collo."

Ha spesso pensato di uccidere una ragazza e fare tutto ciò, ma non ha mai considerato chiaramente il modo della morte. Durante il coito con una giovane ragazza si è spesso svenuta al pensiero: "Strappare tutto – ridurlo in pezzi!" Spesso immagina: "Vorrei entrare nell'utero o nel retto – rimanerci un po' e poi penetrare nella cavità addominale, dove potrei calpestare le viscere con i piedi. Alla fine arriverei al cuore e lì berrei il sangue – estrarrei il cuore e forse lo mangerei. Vorrei penetrare in un uomo direttamente dietro i testicoli. Voglio devastare il corpo fino al petto e lì bere il sangue fresco dal cuore pulsante."

Tutte queste fantasie sanguinarie erano presenti nei suoi sogni a occhi aperti in forme apparentemente innocenti. L'analisi ha permesso di portare in superficie il flusso nascosto di sadismo.

Questi sogni a occhi aperti sono caratteristici:

1. Ho una casa piena di giovani ragazze; tutte bene educate e molto belle.
2. Cerco giovani ragazze per il commercio di schiave bianche. Le porto a casa e le tratto bene. Ho una sorta di harem.

Dietro queste fantasie si nasconde il mostro sadico: il vampirismo. Considera queste ragazze come vittime, ogni giorno una nuova. Ogni mattina ne cerca una e la fa a pezzi...

Queste fantasie hanno origine nel periodo londinese, quando ebbe la prima relazione omosessuale.

Si vede come una donna straordinariamente bella circondata da molti amanti. Cede a ciascuno per un certo periodo, poi lo uccide. Non lascia traccia di lui. Ne ha distrutti venti così. Una fantasia: arrivano come pretendenti un giovane e un uomo anziano. Attira il giovane (padre del suo bambino) a uccidere l'anziano (padre). Poi uccide il giovane e vive per sempre in solitudine in un palazzo bellissimo.

L'umore della paziente migliorò verso la fine dell'analisi; le fantasie di odio diminuirono. Sogna un giovane che porta con sé un medico anziano (padre imago), perché è molto malata. Il medico si innamora perdutamente di lei durante il trattamento. Dopo la guarigione si sposano e vivono felicemente.

Ora la paziente è convinta che solo un uomo anziano possa renderla felice. Temeva il coito per non rimanere incinta, temendo la riviviscenza dell'esperienza dolorosa che aveva ucciso il padre: la nascita del figlio illegittimo. Non ha più relazioni lesbiche: non le danno più soddisfazione.

Dopo aver scoperto tutte le macchinazioni del demone che abitava nella sua anima, comprese che un odio inestinguibile aveva divorato tutta la sua capacità di vivere, diffondendo miseria e disperazione. Rifletté. Le fantasie l'avevano condotta alla follia. Poco tempo dopo lasciò il marito parapatico e riuscì a mantenersi insieme al figlio con un'occupazione adatta. Si riconciliò con la vita e attende la felicità, se incontrerà un uomo anziano e piacevole. Il mostro, il vampiro in lei, è stato domato e reso innocuo. Qui finisce l'incontro con l'anima di un vampiro.

Si comprenderà che in una disposizione come quella della nostra vampira femminile, un'occasione favorevole può far scattare gli impulsi latenti. Ci sono molti individui tra i cannibali e i necrofili il cui lavoro è legato ai cadaveri. È naturalmente molto probabile che la loro tendenza abbia influenzato la scelta della professione.

I ventitré casi di soddisfazione sessuale su cadaveri citati da Epaulard nel 1901 appartengono alle seguenti classi professionali:

I. Lavatori di cadaveri – coito.

II. Monaco mendicante – coito.

III. Sacerdote – coito.

IV. Nobile – coito.

V. Imbecille, 27 anni – coito.

VI. Studente di medicina – coito.

VII. Nobile – coito.

VIII. Becchino – coito.

IX. Studente di medicina – coito.

X. Becchino (Ardisson, il vampiro di Muy) – coito.

XI. Operaio, 23 anni – coito, omicidio.

XII. Assistente di anatomia – coito, omicidio.

XIII. Vagabondo – coito, omicidio.

XIV. Sergente (Bertrand) – coito, sadismo.

XV. Maresciallo di Francia (Gilles de Rais) – coito, sadismo, cannibalismo.

XVI. Scriba – omicidio, sadismo.

XVII. Giardiniere – coito, omicidio, sadismo.

XVIII. Professione sconosciuta – coito, omicidio, sadismo.

XIX. Jack lo Squartatore – omicidio, sadismo.

XX. Vagabondo (Chemineau) – coito, omicidio, sadismo.

XXI. Professione sconosciuta – coito, omicidio, sadismo, cannibalismo.

XXII. Vignaiolo, 24 anni – coito, omicidio, sadismo, cannibalismo.

XXIII. Imbecille – omicidio, sadismo, cannibalismo.

[Nota: coito = l'atto sessuale è stato compiuto; m. = la vittima è stata uccisa; sad. = la vittima è stata mutilata; cann. = parti del corpo sono state mangiate o il sangue bevuto.]

Non sorprende trovare tra i ventitré casi due studenti di medicina, un assistente di anatomia e due becchini, oltre a un lavatore di cadaveri.

Si può citare anche il caso di I. P. L. Hulst riguardo alla scelta della professione e alla parafilìa:

Si tratta di un uomo, E., nominato assistente becchino, che ammette di aver dissotterrato venti cadaveri di bambini. I corpi femminili sono stati violati sessualmente, mentre quelli maschili sono stati castrati e i genitali gettati. Gli psichiatri svizzeri Caspari e Swaep hanno rilevato: lieve imbecillità, infantilismo, intelligenza di un bambino di undici anni, convulsioni epilettiche. Interessante che, nel diciannovesimo anno, E. avesse subito una grande delusione amorosa. Si sentiva respinto dalle donne, senza fortuna, e dichiarava di aver avuto rapporti sessuali normali solo una o due volte. Masturbazione sin dall'infanzia, spesso con la comparsa di uno "spirito". Questo spirito o il demonio gli avrebbe instillato l'impulso necrofilo, contro cui lottò invano. Il secondo motivo della necrofilia fu che le ragazze respingevano sempre i suoi approcci. Questo lo spinse direttamente alla necrofilia. Suo padre era violento, maltrattava e malediceva in casa; a volte c'erano botte per tutti. Poi si chiudeva in un recinto e sodomizzava una capra. Si masturbava prima o dopo aver toccato il cadavere, senza apparente erezione. La castrazione dei cadaveri maschili mostra chiaramente che il suo impulso originale era diretto contro il padre, che voleva castrare e dal quale temeva la castrazione.

Ritroviamo i residui di sadismo e necrofilia non solo negli atti brutali di distruzione dei cadaveri e nelle gravi parapatìe, ma anche nei piccoli gesti quotidiani e nelle pratiche insignificanti.

Il Dr. Missriegler sta attualmente preparando un vasto materiale di grande interesse, scritto da un noto poeta, non destinato alla pubblicazione. Questo soggetto altamente talentuoso ha subito un'analisi per interesse psicologico, pur non essendo anormale. Per gratitudine verso l'analisi, che penetrò nei suoi complessi repressi più profondi, mise il diario a disposizione del collega Missriegler, permettendogli di pubblicare le parti di valore psicologico. Posso introdurre qui una piccola parte, relativa a necrofilia e sadismo, come presentata dal collega.

Caso numero 50

Otteniamo il primo riferimento dettagliato al contenuto delle sue fantasie sadiche inconsce da un romanzo, inedito, che scrisse quando aveva diciotto anni. La protagonista della storia è sua cugina, della quale un tempo era innamorato. Anche la componente omosessuale vi trova chiara espressione.

Due amici, entrambi medici, amano una ragazza, cugina di uno di loro. Ma lui la rinuncia, poiché ostacolava i suoi piani ambiziosi, e la lascia al suo amico, pur sapendo che lei lo ama e che lui la ama. Si convince di amare una ragazza influente e benestante, la sposa e diventa un famoso chirurgo. La cugina sposa l'amico. Ma né il successo, né il lavoro possono sopprimere i suoi sentimenti; la cerca ancora, e ora ha luogo la scena seguente.

Ha tentato invano di ottenere da lei una confessione dell'amore che ancora vive in lei. Poi riceve un telegramma: sua moglie, lasciata a casa malata, è in pericolo di vita. Riporto l'estratto:

«"Entra qui, Anton," disse Anna, che aveva preso il telegramma, dolcemente ma con serietà, indicando una porta. "Posso leggerlo?"»

Egli annuì. «"Le condizioni di tua moglie sono molto peggiori, probabilmente serve un'operazione. Vieni subito. Professor Ganter."»

Erano soli, e lui la fissava mutamente negli occhi.

Lei comprese la sua domanda e non disse nulla. Ma mentre stava per affrettarsi da lei, gridò come per scacciare un terribile pensiero: «No, no! Non morirà, no! E anche così, mio marito vive. Santa Vergine, aiutami!» Coprì rapidamente il volto con le mani. Lentamente lui le tolse le mani dagli occhi e chiese dolcemente, quasi rauco: «Quella era la risposta desiderata? Mi ami ancora?»

«Vai!» disse lei, facendo un passo indietro.

La sua mano fece un movimento come per stringerla al petto, e un lampo acuto brillò nei suoi occhi. Lei restò inflessibile. L'amaro sentimento d'odio, che provava quando l'aveva attesa invano, riemerse. Gli serrò la gola e inghiottì qualcosa di ripugnante, dal sapore di sangue. Poi si voltò senza una parola per uscire. Ancora una volta si girò sulla porta. Lei stava lì, in piedi nella stanza, un morbido bagliore di gioia per la vittoria illuminava il suo volto e si mescolava stranamente al dolore nei suoi lineamenti. La luce cadeva piena sulla sua figura, i raggi del sole accarezzavano i suoi capelli lucenti e sembravano indugiare in onde lente, mentre nei suoi occhi brillavano due preziose perle dietro il velo delle ciglia. Era un quadro che ridava giovinezza a chi era invecchiato.

Si precipitò verso di lei con un grido, la abbracciò, la baciò ovunque poté, sulla fronte, sulle guance, sulle labbra, benché lei non si muovesse; più resisteva, più egli la stringeva violentemente a sé e chiudeva la bocca con baci furiosi. Sembrava che davanti ai suoi occhi scorresse sangue, mentre ansava ripetutamente, quasi soffocato: «Mi ami ancora, mi ami ancora, mi ami ancora?» Non vedeva che il suo volto era segnato dal dolore, che non poteva rispondergli; percepiva solo la disperata resistenza e soffocava ogni suono sulle sue labbra; mezzo fuori di sé le premeva il petto convulso e ansante. La sua lotta diventava sempre più debole; ancora una volta raccolse tutte le forze e poi rimase senza vita tra le sue braccia, occhi chiusi. Il parossismo di lui era ormai passato; oscillava e doveva reggersi al bordo del tavolo.

Anna cadde sul tappeto ai suoi piedi. Con il petto ansante e gli occhi spalancati fissava la bellissima donna che giaceva come un cadavere davanti a lui; il volto era pallido come quello di un morto. Solo una macchia sulla fronte era rosso sangue, dove egli l'aveva baciata: un marchio su di lei.

Ho riscontrato questa fantasia di omicidio lussurioso più volte nelle analisi, ma il nostro poeta la rifiutava completamente fino a quando non l'abbiamo ritrovata in un sogno.

La donna morta porta il segno del bacio. Troviamo lo stesso stigma in un'altra opera dell'uomo, che rivela lo strato più profondo del suo sadismo. Anch'essa si colloca nello stesso ambiente del romanzo, nella vita di un medico.

È sempre stato suo grande desiderio diventare chirurgo; circostanze esterne lo costrinsero a intraprendere un'altra professione e a ottenere successo come scrittore. La storia poetica, che è anche notevole come opera d'arte, è la seguente:

WIEDERSEHEN

SADISMO E MASOCHISMO

Due assistenti portarono un cadavere – fresco, legato in tela grigia grossolana. Appeso a un cordoncino, un biglietto recava il numero settecentoquindici.

«Dottore,» disse uno, tono professionale, «caso legale, autopsia, avvelenamento,» e fece scivolare il morto sul tavolo di quercia; la testa, ben avvolta, cadde con un tonfo.

«Ah, bene,» dissi, «alle sette il mio rapporto.» Rimasi solo, in camice bianco pulito, nell'aria un lieve e sottile odore di sangue; i coltelli e le forbici scintillanti sembravano sorridere. Slegai i veli dal volto e sobbalzai.

Un volto una volta familiare. Chi era? Mi chinai a metà, sognante, sul bordo del tavolo; guardai, perplesso, e fissai gli occhi semi-chiusi grigi. Il braccio disteso sul petto rinsecchito.

Gli studenti cantano: *vita nostra brevis*. Una bambina adorabile li accompagna al piano, biondi capelli, occhi grigi.

Ride, scherza, gioca, canta e bacia. Poi braccio a braccio cammino con lei tra gli alberi; ride, scherza, bacia, folle di gioia.

Era un sogno? L'oscurità della sera, che si accalcava sulle pareti, li avvolge: vedo a stento la morta; ma dalla finestra cade un debole raggio di luce tremolante sul volto ora bianco e sfiorito. Sfiorito? O Dio, O Dio, una volta bello come maggio, una volta caldo quando io – e all'improvviso premo la mia bocca ardente sulle sue labbra e le bacio, le bacio, le bacio in preda alla follia; e tutti i nomi più dolci che conosco li grido, implorando, singhiozzando, supplicando, nel suo orecchio.

Quella giusta? Ah, forse! E lei deve sopportarmi! Sulle sue labbra brillano due fossette, formate in passato? Formate ora? Ma sicuramente formate da me, da me! E perché allora dovevamo separarci? Mentre io seguo da solo la via delle spine: la gente la chiama vita di un medico noto alla fama? E qual è stato il percorso per lei?

Sì, è appassita; lo sento sul suo seno. Quindi dobbiamo rincontrarci e qui? Qui, dove io, come medico, taglio la sua carne, il corpo che era mio! Una frenesia di desiderio corre nelle mie vene, ancora una volta, ancora una volta. Con orrore mi ritiro: un profanatore di morti? I suoi occhi sono spalancati con il proprio sguardo fisso.

La trovarono delirante al mattino sul pavimento.

Questa fantasia necrofila svelata, nonostante l'elaborazione artistica secondaria, non nega il collegamento con la fantasia primaria originale come la riportano i diari: l'incontro con la sorella morta, sulla cui bocca sono visibili i segni dei denti del suo bacio.

XIV: IL COMPLESSO DEI SINTOMI EPILETTICI E IL SUO TRATTAMENTO ANALITICO

Ho pubblicato il mio lavoro Il Trattamento Psichico dell'Epilessia nel 1911 e sono giunto alle seguenti conclusioni:

1. L'epilessia è più frequentemente un disturbo psicogeno di quanto si sia finora creduto.

1. In tutti i casi manifesta una forte tendenza criminale, che la coscienza rifiuta come insopportabile.
2. L'attacco epilettico è un sostituto del crimine, quindi forse anche di un atto sessuale che costituisce un crimine (autoprotezione).
3. L'attacco si manifesta frequentemente a causa della paura della punizione divina e simboleggia colpa, punizione e morte.
4. La pseudoepilessia è curabile mediante psicoterapia analitica. Essa richiede lunghi periodi di trattamento, nella misura in cui la scissione della personalità si sia sviluppata in maniera molto profonda.

Il soffocamento provoca in alcuni individui sensazioni di piacere e persino orgasmo. Ci sono anche coloro per i quali il soffocamento rappresenta la soddisfazione adeguata (omicidi per lussuria). Questo è confermato anche dal fatto che in chi viene impiccato si riscontrano frequentemente erezione ed eiaculazione. Esistono quindi masturbatori che ricorrono al soffocamento e all'auto-strangolamento per il loro piacere.

Caso numero 51

Un psicopatico, ventenne, mite, sensibile, incontrollato, alquanto debole di volontà, ma ben dotato, con un temperamento psichico e fisico piuttosto femminile, costituzione fisica delicata, forte impulso sessuale, proveniente soprattutto dal lato materno da una famiglia evidentemente degenerata, si ammalò all'età di diciotto anni e mezzo, poco dopo gli esami finali, con un'influenza lunga e prolungata, con lievi sintomi catarrali e alcune manifestazioni nervose.

Successivamente, sviluppo graduale di una sindrome acinetico-ipertonica non molto grave, con limitazione dei movimenti e rallentamento motorio, lieve rigidità del braccio, anomalie della postura, disturbi respiratori sotto forma di attacchi di tachipnea, disturbi del sonno e anomalie psichiche, dopo uno stadio intermedio caratterizzato da debolezza di volontà, apatia, mancanza di iniziativa, perdita del sonno e sviluppo graduale dei disturbi respiratori, mentre nel contempo una sfortunata storia d'amore deprimette profondamente il paziente.

Di conseguenza, pensieri suicidi e, dopo un anno e mezzo di sofferenza, tentativo di strangolamento. Egli notò in tale occasione una sensazione di piacere; dopo di ciò si verificarono ripetuti tentativi impulsivi di strangolamento, in cui appariva una sorta di orgasmo, e nell'esecuzione dei quali ogni freno interno ed esterno veniva completamente abbandonato. Tutti i tentativi terapeutici risultarono inefficaci. Contemporaneamente si mostrava lamentoso e critico nel comportamento; in seguito più apatico, irresoluto, spesso infantile; depressioni reattive transitorie e brevi; totale trascuratezza di sé; a parte l'azione impulsiva patologica, assenza di qualsiasi stimolo.

I tentativi di strangolamento continuarono per oltre un anno, con intensità e frequenza variabili, alternandosi in qualche misura ai disturbi respiratori. A volte si manifestavano crisi tetaniche pronunciate. Dopo che l'impulso allo strangolamento era durato più di un anno, fu eliminato mediante ipnosi ripetuta, e i disturbi psichici migliorarono. Persistono lievi segni di amiostasi.

Il paziente notò subito, al primo tentativo di strangolamento, una sensazione di piacere. Si trattava di un senso di vertigine voluttuosa, simile alla sensazione che si prova in alta quota.

Era una sensazione proveniente istintivamente dall'inconscio.

"Ho bisogno di quella vertigine; devo averla!"

Il momento più bello è quello poco prima che interrompa lo strangolamento. In quel momento il paziente presenta eccitamento orgasmico. Questo può essere considerato un caso di masturbazione mascherata, mentre il paziente insiste che non si tratta di un sentimento sessuale. Il fatto interessante in questo caso è che la regressione cominciò quando egli subì una grave delusione amorosa.

Purtroppo questo caso molto interessante non fu studiato analiticamente. Non si indagò la presenza di tendenze attive verso lo strangolamento di altri. Tuttavia, il caso sembra rivelare chiaramente un tipo simile all'epilettico: quello di pazienti che sperimentano su se stessi ciò che vorrebbero fare agli altri.

L'apparizione di fantasie di strangolamento e di auto-strangolamento associate alla masturbazione dopo la morte di qualcuno è sorprendente, come nel nostro prossimo caso.

Caso numero 52

Una ragazza di dodici anni, illegittima. Madre nervosa e frivola, morta quando la bambina aveva undici anni e mezzo di tubercolosi polmonare, con crisi di soffocamento. Fino a quel momento la bambina non aveva presentato nulla di insolito. Poco dopo la morte della madre subì un cambiamento psichico: divenne disattenta. Le compagne di scuola notarono che la paziente si strangolava da sola, cosa che infine faceva apertamente persino durante le lezioni. Tentativi di disciplina, minacce e misure severe non ebbero alcun effetto; al contrario, il soffocamento divenne più frequente, probabilmente da quindici a trenta volte al giorno.

Si infilava sotto il letto, sotto la stufa, si nascondeva nell'armadio per non essere disturbata. La pelle del collo si lacerò; un collare di cerotto non servì a nulla: infilava le dita sotto di esso e il soffocamento continuava. I farmaci fallirono. Fu tenuta per diversi mesi in camicia di forza, ma non appena veniva rimossa, il soffocamento ricominciava.

L'esame fisico non rilevò nulla di particolare, né la bambina presentava anomalie psichiche. Durante lo strangolamento afferrava la gola con entrambe le mani, cercava di circondarla, stringeva e premeva il più possibile i tessuti molli e la laringe. Il polso saliva contemporaneamente da 76 a 100, la respirazione accelerava, il volto arrossiva. Le pupille si dilatavano e brillavano; poi compariva cianosi, la respirazione diventava rantolante; spesso le palpebre si abbassavano; le gambe si tendevano, i piedi si flettevano verso l'esterno.

L'atto durava dai venti ai quaranta secondi. Seguiva il rilassamento: la bambina inclinava la testa da un lato, rimaneva in questa posizione per alcuni minuti o si addormentava.

In ipnosi la bambina raccontò che il giorno della morte della madre aveva mangiato dei pancake, dopo i quali si era sentita male. Per vomitare aveva premuto la gola, notando l'assenza di dolore e scoprendo che una sensazione così piacevole saliva dallo stomaco verso l'alto da farle quasi perdere i sensi. Ripeté spesso questo gesto e provò sempre quella sensazione deliziosa. Più tardi si sentì ossessivamente costretta a farlo ogni volta che ci pensava.

Il trattamento ipnotico portò a un miglioramento, anche se non a una guarigione completa. In seguito furono osservate due volte crisi convulsive tetaniche alle braccia.

Haas osservò un giovane capitano che raggiungeva l'orgasmo in modo particolare. Avvolgeva un asciugamano intorno al collo, infilava i piedi nelle estremità munite di fori e, piegando anche e ginocchia e tendendo le gambe, provocava strangolamento e orgasmo. Un giorno fu trovato in questa posizione, soffocato a morte.

Conosco alcuni casi simili. Conosco anche il tipo di uomini che devono strangolare leggermente l'oggetto del loro amore per raggiungere l'orgasmo. I masturbatori di solito mettono in scena lo strangolamento sul proprio pene. Dobbiamo supporre di trovarci di fronte a un riflesso primitivo di odio. L'arma dell'uomo primitivo era la mano: poteva colpire o strangolare, e quest'ultimo mezzo assicurava molto più sicuramente la morte dell'avversario. Questo tipo diventa cianotico nella convulsione, di cui parlerò più avanti.

Caso numero 53

Un funzionario di trentatré anni, contabile in una grande banca. Ritiene che questa posizione sia troppo bassa per lui. Ha conseguito il titolo di dottore e desiderava certamente diventare direttore di banca. È uno di quattro fratelli e sorelle; invidia gli altri e in parte li domina attraverso la sua malattia. Il decorso della sua malattia è lieve. Ha una convulsione ogni due o tre mesi, sempre di sera o di mattina. Il giorno successivo si sente come "rinato". Tutto è fresco e puro dentro di sé. Chiama le sue crisi "crisi" e sente, anche alcuni giorni prima, una lieve depressione e malessere allo stomaco (entrambi segni premonitori frequenti).

A volte durante le crisi sembra assumere un volto trasfigurato.

Il primo attacco in ufficio si verificò dopo una "nuova" umiliazione sul lavoro (fu scartato per una promozione). Prima di ciò aveva nascosto il suo disturbo. Ora il capo e i colleghi sapevano che era epilettico. Aveva organizzato la crisi in modo da perdere la sua posizione. Fu inviato da me per trattamento dopo che un soggiorno in sanatorio aveva peggiorato la sua condizione. Le crisi ora si verificavano ogni settimana. Guarigione completa dopo tre mesi di trattamento; i dettagli dell'analisi saranno pubblicati altrove. Cito solo uno dei sogni del paziente:

"Sto nuotando in una piscina, che diventa sempre più stretta e passa in un canale. Arrivo in un piccolo spazio, attraverso il quale mi costringo a passare attraverso una grata. Giungo in un prato dove molte persone nude corrono al sole."

Questo paziente sperimenta in ogni crisi una rinascita.

Il passaggio attraverso il canale stretto e la grata simboleggia la nascita. Egli entra in un nuovo paese – il paradiso.

La maggior parte dei suoi sogni è di tipo simile. Presenta inoltre tutti i segni di una fantasia uterina.

Sottolineo in questa occasione l'importanza dell'analisi dei sogni. Se si induce un epilettico a ricordare e raccontare i suoi sogni, si ottiene una profonda comprensione della sua vita psichica inconscia e dei motivi della crisi.

Spesso si ricordano sogni che hanno preceduto l'attacco.

Si comprende così come il paziente cerchi di sfuggire alla "costellazione epilettica specifica", come si realizzino le soddisfazioni sostitutive, o come compia i primi passi verso il suo obiettivo segreto, per finalmente sperimentare durante la crisi l'appagamento del desiderio o l'avvertimento. In ogni buona analisi si trova un sogno chiave, con cui è possibile risolvere l'enigma del complesso sintomatico epilettico. Questo sogno chiave spesso contiene i vari motivi, così da riconoscere anche il lavoro di condensazione che avviene nella crisi.

L'epilettico compie un atto sessuale proibito

Un gran numero di crisi isteriche rientra in questa categoria. La fantasia di coito è un atto proibito per le vergini caste. Il coito normale può essere sperimentato durante la convulsione. Tuttavia, molto più frequenti sono atti parafilici: cunnilingus, scene omosessuali, soprattutto incesto, scene attive e passive di stupro, orge, scene zoofile e così via. Molte di queste fantasie sono colorate di sadismo, e attraverso di esse si arriva alla categoria successiva, che considero la più importante:

L'epilettico commette un crimine durante la crisi

In questi casi si verifica la regressione più estrema. Il paziente sprofonda al livello dell'"uomo primitivo". Si può presumere che questa regressione risalga a migliaia di anni fa e rimuova tutte le inibizioni della civiltà.

Le parafilie sadistiche più temibili appartengono a questa categoria: vampirismo, necrofilia, cannibalismo, omicidio per lussuria, la frenesia sadistica per il sangue che si manifesta nei massacri.

Queste tendenze sanguinarie spesso si esprimono chiaramente sul corpo stesso del paziente. Così, non considero il mordere la lingua come un evento accidentale, ma come desiderio di mordere e succhiare sangue. La stretta convulsiva dei pugni esprime spesso l'impulso a strangolare. Ci sono casi, come quelli appena citati, in cui il paziente diventa cianotico perché preme la lingua come uno scalpello contro le gengive.

Questo impulso sadico emerge in maniera molto chiara nel caso seguente.

Caso numero 54

Un medico, trentunenne, sposato sei mesi prima, soffre di forti attacchi di rabbia, che compaiono solo in presenza delle persone che ama. (Le uniche eccezioni erano gli attacchi durante la guerra, che due volte provocarono gli stessi sfoghi.) Dopo gli attacchi, che spesso durano due ore, c'è amnesia totale di quanto accaduto durante la crisi.

La crisi gli è stata descritta dalla moglie nel modo seguente: il motivo appariva insignificante.

Storia precedente: la madre del paziente si era opposta al suo matrimonio. La moglie dovette ottenere il divorzio prima di poter sposare il paziente.

A volte la moglie vede il suo ex marito perché il bambino le è stato affidato. Il paziente crede di non essere geloso.

Ci sono differenze tra la moglie e la madre, sebbene alla fine i genitori si siano adattati e abbiano riconosciuto il matrimonio.

La scena: la moglie fece un'osservazione sul budino preparato dalla madre, che a lei non piaceva. Il paziente cominciò a roteare gli occhi. Si precipitò su di lei con le mani chiuse a pugno e iniziò a insultarla:

"Puttana!

Sporca sgualdrina, tu! Buona a nulla, misera stronza!"

Poi la costrinse su una sedia e rimase accanto a lei minacciandola con i pugni serrati.

"Non muoverti o ti strangolo!"

Entrambi rimasero così in quella situazione orribile per un'ora senza muoversi. Poi la moglie notò che il marito era esausto. Si alzò e lo gettò sul divano vicino. Lì rimase per un'ora tranquillamente, occhi spalancati, ma senza più i pugni chiusi. Dopo un'ora tornò in sé, si strofinò gli occhi e sbadigliò, chiedendo sorpreso:

"Cosa ho detto?"

Ascoltò stupito la sua descrizione. Non osò raccontargli tutto. Per lui era come se stesse parlando di qualcun altro. È per il resto estremamente gentile e mite, molto affezionato alla moglie e altrettanto devoto alla madre. In passato ci furono differenze con il padre. Ora il padre soffre di arteriosclerosi e il paziente teme di eccitarlo: potrebbe avere un ictus. Non ha mai avuto una crisi in presenza del padre.

Il padre non sa nulla della sua malattia. Ma egli ha avuto attacchi frequenti in presenza della madre. Evidentemente si trova in un eccesso di affettività.

Questo caso mi ha permesso di comprendere che la causa era affettiva. Jelliffe e White hanno osservato che in pazienti simili l'energia si accumula per poi trovare improvvisamente uno sfogo. Non abbiamo bisogno dell'ipotesi dell'energia per spiegare questi episodi. I pazienti sembrano individui con affettività minore, miti e gentili, ma dentro di sé hanno un forte risentimento; gli affetti sono bloccati. Poi avviene uno sfogo affettivo, un'esplosione. L'apparente indifferenza e assenza di affetto nasce dal fatto che il paziente esplode solo se toccato nel suo complesso specifico. La scintilla può essere insignificante, come il budino nel caso presente. Ma la critica al cibo toccava il complesso materno importante. Era una critica alla madre. Le differenze tra madre e moglie riflettevano il suo conflitto interno. Fissato sulla madre, tentava di trasferire la sessualità alla moglie, che aveva sposato perché – nonostante – fosse una madre; la condizione specifica dell'amore era che l'aveva presa da un altro uomo (father imago). Ma internamente il conflitto non era risolto.

Un ulteriore peso era dovuto al fatto che, per mancanza di alloggi, doveva continuare a vivere in stretta vicinanza ai genitori. Reprimeva severamente molte parole della madre che contenevano critiche alla moglie, ma queste rimanevano dentro di lui e ne producevano effetto. A questo si aggiungeva la base sadica del suo carattere. Sebbene fosse studente di medicina, si arruolò nelle truppe combattenti. Non bastava. Si offrì volontario per le truppe d'assalto, quelle esposte al pericolo maggiore. Due volte ebbe la stessa crisi sul campo. Non ricorda più cosa accadde durante l'assalto.

Il furor affettivo era troppo grande. Aveva ucciso uomini, strangolato nemici, soddisfatto la sete di sangue? Non lo sa. Tornò in sé alcune ore dopo l'assalto. Non ricorda di aver ucciso un uomo sul campo, ma non chiese a chi era sotto di lui cosa avesse fatto. Evidentemente temeva di conoscere la verità.

Si affidò infine alle mie cure perché temeva che un giorno potesse commettere un crimine durante una crisi. Non sapeva che si trattava di un "equivalente epilettico", come in quelli descritti da Cestan:

"Persone che improvvisamente sono colpevoli di un misfatto e solo a volte sono eccentriche, immorali, stravaganti o criminali, e allo stesso tempo completamente distratte."

Qui il crimine epilettico si avvicina alle azioni ossessive di esibizionismo, feticismo e cleptomania, salvo che in questi casi l'amnesia è rarissima. La frenesia affettiva e l'impulso sono comuni a entrambe le forme.

Magnan riporta il caso di una giovane donna che sistemava il letto appena sopraffatta dal capogiro epilettico. Mise i cuscini da un lato, il figlio dall'altro. Senza pensare, accumulò i cuscini sul bambino, soffocandolo a morte.

Qui ci avviciniamo a stati simili al terribile amok dei malesi.

La follia tropicale e la follia carceraria sono condizioni simili.

Il paziente è nel massimo eccitamento; urla, insulta, strappa e distrugge tutto ciò che trova; si precipita sulla vittima sfortunata; preda di allucinazioni terrificanti che liberano atti orribili di distruzione e crudeltà; mentre è eccitato la temperatura aumenta, la lingua diventa secca e fessurata. Questo furor può durare ore o giorni. Poi il paziente si calma, ma la mente continua a girare per un po'. Successivamente, amnesia totale di tutto ciò che è accaduto durante l'attacco.

In questi casi l'io morale cosciente è sopraffatto dall'impulso criminale. Il complesso sintomatico epilettico deve essere considerato un meccanismo di autodifesa. Il paziente collassa per non dover commettere un crimine. La difesa dell'io non funziona in questi casi. La frenesia affettiva si manifesta prima che l'io morale possa intervenire.

Caso numero 55

La situazione riguarda una coppia di neo-sposi. La moglie riferisce di essersi svegliata una notte sentendo movimenti strani da parte del marito, come non li aveva mai uditi prima.

Egli la colpì con terribile forza. Fortunatamente riuscì a suonare il campanello, e un domestico accorso in fretta la salvò dalla situazione terrificante. La scena si ripeté una seconda volta, ma lei riuscì a mettersi in salvo in tempo dalla violenza del marito. Il paziente non ricordava nulla dei suoi attacchi, ma disse di aver sofferto per anni di attacchi di vertigini.

I crimini epilettici si caratterizzano per una brutalità particolare. Un uomo di trentotto anni, gentile, di buon cuore e dal temperamento affascinante, manifestava un profondo amore per la moglie. Un giorno – senza alcuna ragione apparente – la uccise nel modo più orribile, gettandosi sulla vittima. Le frantumò il cranio e le costole, cucinò il fegato e altri organi. Dopo aver compiuto l'atto, andò a letto e dormì profondamente e tranquillamente. Al risveglio, ogni ricordo del crimine era scomparso.

Qui vediamo la chiara manifestazione del cannibalismo, che possiamo così spesso dimostrare nelle fantasie e nei sogni degli epilettici. Fortunatamente, tali azioni sono rare e l'io morale si pone energicamente a difesa dell'"id sadico".

Riassumerò la mia esperienza: molti casi di epilessia possono essere curati tramite analisi, molti altri migliorati. Il cosiddetto carattere epilettico è il carattere del parapatico.

Non esiste epilessia senza crisi epilettiche. La crisi epilettica occupa una posizione centrale nel complesso sintomatico epilettico. Questo attacco è in molti casi psicologicamente condizionato. Solo l'analisi può mettere in luce i motivi psichici della crisi.

XV: ANALISI DI UN CASO DI EPILESSIA

Caso numero 56

Il sig. Lamda si rivolse a me per un trattamento quattro anni fa, non a causa delle sue crisi epilettiche, ma per una parafilia che lo aveva già portato più volte in situazioni spiacevoli. Era un urolagista, in cui l'impulso all'urolagnia si manifestava nel modo seguente: cercava di intrufolarsi nei bagni delle donne o di osservare le donne mentre urinavano dagli spazi dei bagni maschili. Provava anche in questo atto di osservazione una forte eccitazione sessuale, che lo costringeva a masturbarsi o si manifestava in eiaculazione. Cercava anche di introdursi con la forza nei orinatoi femminili e poi, se rimaneva un po' di urina nella tazza, la beveva, prelevandola con la mano, provando il massimo piacere. Un'altra gratificazione della sua parafilia la otteneva aspettando dietro cespugli finché qualche donna, di passaggio, non si fermava per i suoi bisogni. A quel punto si precipitava sul posto, leccava l'urina con la lingua e provava una sensazione particolarmente voluttuosa se qualche residuo di terra rimaneva tra i denti, in modo da farli grattare. (Si osserva di passaggio: il sig. Lamda dichiarò di aver notato con rammarico che aveva diversi rivali con la stessa inclinazione, che si conoscevano molto bene tra loro).

Prima del trattamento era impotente nei confronti delle donne, chiedeva sempre di urinare sulle prostitute, ma solo nelle rarissime occasioni assaggiava la loro urina. Provava disgusto per l'urina sanguinolenta. Il paziente soffriva di attacchi gravi, che si manifestavano principalmente di notte. Secondo la descrizione del padre, si verificavano nel seguente modo:

«Emetteva un grido acuto e cominciava a colpire freneticamente con mani e piedi. Un stato crepuscolare della durata di diversi giorni seguiva spesso la convulsione; l'ho osservato frequentemente nel paziente. Dava l'impressione di essere leggermente ubriaco e tradiva sempre un'inclinazione verso un certo anno della sua infanzia. Non era lo stesso ogni volta, ma il periodo tra gli undici e i quattordici anni si riproduceva sempre nello stato di torpore.»

La diagnosi di "epilessia" era stata fatta riguardo a questo paziente da diversi psichiatri accreditati. Quando si rivolse a me per il trattamento, era in uno stato così compromesso a causa di dosi elevate di bromuro da essere quasi incapace di qualsiasi lavoro.

La psicoanalisi produsse all'inizio un effetto quasi magico. Attribuii questo brillante risultato non solo allo scarico psichico, ma anche alla libertà dal bromuro.

La sua acne scomparve; migliorò l'appetito; cominciò ad apparire in buona salute; e il suo modo calmo e composto impressionava chiunque. È impossibile per me riportare qui l'intera analisi. Una cosa si rivelò con certezza: era forse il più grande sadico che avessi mai incontrato nella mia pratica analitica. Si compiaceva in fantasie sadiche intrise di sangue che, come accade sempre in tali persone, alternavano idee masochistiche di essere legato, picchiato, torturato o bruciato.

Considerai la situazione prima del trattamento nel modo seguente: poiché la parafilia si era sviluppata fino a quel punto, un crimine molto più grave, una parafilia molto più intensa, doveva manifestarsi durante l'attacco, se si trattava di impulsi repressi. In altre parole, la parafilia dell'urolagnia si era sviluppata come diramazione di un complesso patologico molto più forte; il manifestarsi dell'intero complesso provocava un attacco, poiché il complesso era rifiutato dalla coscienza.

Cercherò di riportare i risultati più importanti dell'analisi, così come emersero durante il trattamento.

Mi era chiaro che il paziente, nel bere l'urina, compiva un'azione simbolica, il cui significato doveva essere scoperto. Egli iniziava le sue comunicazioni nel modo seguente:

«Provo un orribile disgusto per le donne che sudano. Riesco a malapena a restare vicino a una donna sudata.» Qui si sbaglia e dice "donne viscide" invece di "donne sudate".

Sembra quindi che sudore e viscosità abbiano certe connessioni che non appaiono subito.

La sua associazione successiva è:

«Provo disgusto anche davanti a una vulva viscosa. Una donna che ha il ciclo è per me un orrore. Non posso mai bere l'urina di una donna se è sanguinolenta. La mia bocca si contrae per il disgusto.»

Vediamo già un legame tra sudore, muco, sangue... Ho richiamato l'attenzione, ne *Il linguaggio del sogno*, sull'importanza delle equazioni simboliche. Tutte le escrezioni stanno in relazione l'una con l'altra nel sogno. La parafilia sembra quindi particolarmente collegata al bere sangue...

I suoi ricordi più antichi sono interessanti. Il primo risale al periodo tra il secondo e il terzo anno e recita:

«Ero affidato alle cure di una persona in attesa del ritorno dei miei genitori, che erano a una fiera. In quel periodo avevo giocattoli di argilla, una bambola di argilla, una lepre di argilla, con cui giocavo. Ero arrabbiato e ho rotto tutti i miei giocattoli.»

Il primo ricordo mostra il forte istinto distruttivo del bambino. Già a due anni il bambino gioca a uccidere animali. Tutte queste tendenze distruttive rivelano la sua crudeltà latente. La causa della rabbia può essere stata l'assenza dei genitori. Il secondo ricordo risale ancora più indietro. Egli lo considera il più antico:

«Ero disteso tra i miei genitori e volevo urinare. Mio padre mi mise sul vasino, il cui bordo era un po' ruvido. Piangevo, e mio padre temette che mi fossi fatto male. Sveglio mia madre e la rimproverò così severamente che lei pianse.»

Il secondo ricordo mostra la relazione tra la minzione e i genitori. Egli crede di ricordare vagamente di essersi tagliato dietro e che questo fosse il motivo della collera del padre.

Un ulteriore ricordo del quarto anno ci mostra il primo impulso sessuale del sig. Lamda:

«La domestica mi nascose sotto la gonna in modo che la mia testa fosse tra le sue gambe.»

Anche poco dopo:

«Gioco sotto una sedia di vimini. La domestica è seduta sulla sedia. Sento un bagnato e accuso la domestica di aver urinato su di me.»

La maggior parte dei ricordi successivi riguardano l'urina.

Non sorprende quindi che abbia bagnato il letto fino al decimo anno.

Anche ora, durante gli attacchi, bagna il letto, cosa molto spiacevole per lui, perché è terribilmente imbarazzato davanti alla famiglia. Spesso è disperato a questo proposito e lotta con idee suicide. Ciò che desidererebbe di più sarebbe essere ucciso da una donna. Ha spesso giocato con una pistola e pensava sempre a un "colpo d'acqua" nella bocca. Infila tutto in bocca. Ha la cattiva abitudine di succhiare tutto: matite, penne, sigari e così via.

Il suo primo sogno durante il trattamento è importante:

Raccoglievo una ragazza che conoscevamo come se dovessi portarla. Ero molto eccitato nel farlo e provavo grande piacere. La baciai, succhiando la bocca. Mi svegliai con il cuore che batteva violentemente.

Un sogno simile si ripete spesso:

Galleggia nell'aria e succhia il seno di un essere femminile. È come se avesse le ali.

Il sogno gli fa ricordare che spesso portava in giro la sorella. Ricorda chiaramente come gli fu raccontata la nascita di questa sorella quando aveva tre anni. Il succhiare ha sempre avuto un ruolo importante per lui. Da bambino aveva paura dei vampiri, che di notte succhiano il sangue.

Il significato di entrambi i sogni: è un vampiro che succhia il sangue della sorella.

I colpi della madre gli davano sensazioni di piacere. Fantastica situazioni in cui viene colpito da donne.

All'età di quattro anni trovò un sasso nel giardino diviso a metà che somigliava a un paio di glutei.

Lo portava con sé per molti mesi e lo guardava spesso. Poco tempo dopo ebbe un'esperienza notevole.

Vide una ragazza adorabile e ne fu così affascinato che non riuscì a dire una parola e la fissò a bocca aperta. A sei anni era innamorato della sua governante.

Un po' meno innocente fu l'episodio successivo di cui ha conservato memoria. Le sue due sorelle, suo fratello e lui stavano giocando al dottore. Inserirono un apparecchio per spruzzare aria nell'ano della sorella più piccola fino a farla urlare. Poi risero smodatamente quando l'aria uscì con un rumore forte. Nella sua settima anno giocò molto – era in campagna – con due ragazze.

Si toccavano le parti sessuali e urinavano davanti l'un l'altra. L'inverno successivo il fratello, perché il "paziente" lo aveva colpito, raccontò tutto questo gioco alla madre. La madre si arrabbiò molto; lui fu picchiato, il che gli procurò di nuovo grande soddisfazione.

Era molto timido, specialmente prima di dormire. Aveva paura di alzarsi di nuovo, si preoccupava per i genitori e rifiutava di dormire per la paura. Poteva calmarsi solo con difficoltà.

Gli piaceva guardare le ragazze mentre urinavano, anche all'età di sette anni. Mostrava il sedere alle ragazze che volevano alcuni dei suoi dolci appena sfornati e diceva: "Ecco i migliori dolci." Compì il suo primo atto urolagnistico all'età di otto anni. Si innamorò di un ragazzo molto bello. Lo vide urinare in un prato e leccò la sua urina.

All'improvviso gli viene in mente un altro pensiero. Spesso si ubriacavano segretamente insieme nella palestra. Quando nei loro canti veniva la domanda: "Fratello, come si chiama la tua amata?" rispondeva sempre con il nome di battesimo della madre.

Un periodo religioso di straordinaria intensità comincia all'undicesimo anno. Ciò è comprensibile se si sa che la scuola media in cui era istruito era religiosa, sotto la supervisione di sacerdoti. Questo periodo religioso durò fino al quattordicesimo anno e cambiò apparentemente senza motivazione in uno anticlericale. Ma vedremo che anche in questo caso la corrente religiosa interna ha grande significato. I motivi religiosi erano sempre mescolati a quelli erotici. Così, al tempo della sua pietà (tredicesimo anno), la sua fantasia preferita era: immaginava una vestale casta, molto devota, che doveva essere vergine. La adorava in modo tale da permetterle di urinare nella sua bocca.

Questa identificazione con la camera ritorna in molte delle sue fantasie. Egli è o un gabinetto o un vaso da notte. È la vecchia invidia infantile degli oggetti che possono vedere tutto. Desiderava anche essere una pulce o un altro piccolo insetto; avrebbe voluto in questo modo osservare le varie fasi della defecazione, dell'urinazione e del coito. È un voyeur di primo grado, e anche guardare l'urinazione gli procura un grande piacere.

Ha un aumento particolarmente forte della libido se ha paura di essere visto o scoperto. Vedere ed essere visto hanno grande significato per lui. Può masturbarsi con la paura di essere scoperto. Ebbe un'eiaculazione già a dodici anni durante un compito scolastico per cui temeva di non essere preparato.

Cominciò a masturbarsi a diciassette anni e si difese invano dall'auto-abuso. Cedeva quasi ogni volta. Soffriva di mal di testa e vari disturbi gastrici, che sembrano risalire a un'aerofagia. Un medico che consultò gli consigliò di rinunciare alla masturbazione e rivolgersi alle donne. Provò il coito per la prima volta con una prostituta a diciotto anni. L'erezione arrivò con difficoltà; non aveva particolare desiderio sessuale, provava grande ripugnanza. Gli venne in mente un ricordo dell'epoca, che non riuscì a raccontarmi fino ad oggi. Apparentemente risale al suo secondo anno:

"Stavo in piedi accanto a un ponte a cancelli di una cinta muraria della città, e tenuto dalla cameriera guardavo giù su una grande distesa d'acqua. Sull'acqua c'era la testa di una persona che stava annegando e che chiedeva aiuto. Chiesi cosa stesse succedendo all'uomo e la ragazza disse: 'Sta annegando!'"

Possiamo considerare questo ricordo come una rappresentazione autosimbolica della sua lotta interiore. È in pericolo di annegare! La serva rappresenta nei suoi sogni sempre la pura Vergine del Cielo, Maria. È in pericolo di perire, e solo Maria può salvarlo. Manifesta una grande devozione a Maria, che sarà ancora oggetto di discussione.

Il conflitto tra sensualità e pietà continua a imperversare con forza inalterata. A diciotto anni si innamorò di un ragazzo che vide nudo nella scuola di nuoto. Desiderava ripetutamente praticargli la fellatio, ma non osava proporlo.

Il retto cattura molto la sua attenzione. C'è sempre un prurito all'ano, per cui deve inserire oggetti. A diciannove anni ebbe crampi perineali, che erano terribili. Erano legati a sentimenti di ansia, perché credeva di avere il cancro del retto. Diventò ipocondriaco, soffriva di sensazioni di paura indefinita la sera e si isolava dagli altri. Già a vent'anni era un recluso, evitando la compagnia degli amici. A diciannove anni assaggiò per la prima volta la propria urina.

Non era sgradevole, ma gli provocava forti palpitazioni. Cominciò a bere urina femminile solo più tardi.

L'urina della sua stessa famiglia, tuttavia, lo disgustava. Il suo disturbo peggiorava sempre di più. Si aggirava furtivamente in tutti i bagni pubblici, cercava di osservare le donne, poi immergeva un panno nella tazza e succhiava l'urina.

Desiderava, fin da quando aveva quattordici anni – ora se lo ricorda – che i ragazzi a cui era affezionato urinassero nella sua zuppa.

È significativo che balbettasse per un periodo a sei anni (coscienza cattiva!).

Porta vari sogni che tutti mi permettono di inferire una forte resistenza. Si addormenta durante l'analisi o è sopraffatto da un senso di vertigine. Arriva con circa mezz'ora di ritardo. Leggeva il giornale al caffè ed era così interessato da dimenticarsi di me. È molto restio a separarsi dai suoi infantilismi. Ammette con riluttanza le fantasie diurne. Ieri immaginava di essere nel corpo di un cavallo bianco che veniva cavalcato da una giovane donna che conosce. Ha spesso sognato che le donne si sedessero sul suo petto e lo usassero come animale da cavalcare.

Ha sempre la sensazione: "Devi aver già provato questo! Devi esserci già stato prima!" Oggi sta immaginando che durante l'esame finale consegna i compiti alle ragazze ed è costretto a nascondersi nel bagno per non essere scoperto. Gli dà il massimo piacere pensare a tali situazioni. Un sogno notevole la scorsa notte riguarda la sua parafilia:

Mi trovai in un bosco in cui c'era un gabinetto. Due o tre ragazze erano in piedi davanti al gabinetto. Supposi che una ragazza fosse dentro e aspettai che uscisse. Poi volevo entrare e bere la sua urina. Ma notai che il gabinetto si allargava e si allungava attraverso sbarre a griglia, così che sopra sembrava una gabbia. Una donna male vestita lavorava intorno e sopra e uomini guardavano quello che stavo facendo, così non osai entrare.

Il sogno può essere riconosciuto come la diretta continuazione delle fantasie diurne. Ha sempre paura della polizia e di essere rinchiuso, quando suo padre scoprirebbe il suo disturbo. Per questo desidera costantemente trovare un modo per rendersi invisibile. Vorrebbe anche inventare un gabinetto attrezzato con specchi riflettenti in modo da poter osservare indisturbato le donne durante l'urinazione e la defecazione.

Il sogno è una fantasia uterina. Si trova con le sue due sorelle nel corpo della madre e beve la loro urina.

La donna male vestita rappresenta la levatrice, e gli uomini sono i suoi presunti padri.

Si immagina sempre che il getto d'urina della donna sostituisca il pene. La donna che defeca è anche la donna con il pene.

Ora ricorda una serie di scene in cui una serva urinava o defecava davanti a lui senza alcuna cerimonia.

All'epoca aveva cinque anni. Una persona più grande (crede che potesse essere una delle sue numerose zie) gli praticò la fellatio a un'età ancora più precoce. Spesso, a sei anni, entrava nel salotto e immaginava che Satana fosse lì, contro il quale doveva difendere tutta la famiglia. Lo faceva con preghiere eiaculatorie ed era felice che tutte le sue preghiere fossero così efficaci.

Il sogno successivo riguarda di nuovo una situazione infantile e mostra che tutto riguarda vedere e non essere visti.

Mi trovo in una stanza in cui c'è un divano che non si può vedere a causa di una parete di legno. Una delle mie sorelle va dietro questa parete a urinare, mentre l'altra, vestita solo con la camicia da notte, urina da una culla (il letto si trasforma in una sorta di superficie sabbiosa). La vedo davanti e dietro completamente nuda e le chiedo se questo non la infastidisce, e lei risponde: "Per me non fa differenza."

Questo sogno ci aiuta a spiegare ciò che è avvenuto prima.

La gabbia è la culla, un ricordo importante dell'infanzia. Il sogno riproduce le scene dell'infanzia. La superficie sabbiosa nasce dal fatto che spesso deve "godere" dell'urina mescolata a sabbia o terra, quando il rumore dei passi sulla sabbia aggiunge molto al piacere.

Il collegamento della sua parafilia con il complesso delle sorelle diventa sempre più chiaro.

Interromperò qui il racconto delle sedute. I sogni trattano tipicamente della stessa costellazione. Le resistenze aumentano.

Nuove crisi si verificano costantemente, che lo tengono lontano dall'analisi per settimane. Alcuni sogni significativi emergono da questo periodo difficile. Uno di essi è:

SADISMO E MASOCHISMO

Stavo andando in una certa strada stretta con mio zio. Per accorciare la strada passammo davanti a numerose case con passaggi, che ancora non riconosco, e in questo modo raggiungemmo la nostra meta con sorprendente rapidità; questa, come già detto, era una strada stretta e tortuosa, che tuttavia mi sembrava molto familiare. Senza alcuna transizione ci trovammo in un quartiere affollato. In questi spazi simili a nicchie, che, come detto, comunicavano perché non c'erano muri tra di essi, giacevano su letti di assi in fila numerosi uomini addormentati, tutti vestiti in stracci. L'intero spazio era illuminato. Rimasi piuttosto turbato alla vista, perché non notavo nessuno incaricato (nessun guardiano o simile) e noi, cioè io e mio zio, eravamo meglio vestiti, quindi temevo che qualcosa potesse facilmente accaderci in una compagnia simile; e allo stesso tempo il fatto che visitassimo questo luogo solo per curiosità avrebbe potuto da solo suscitare l'ira di queste persone. Ma mio zio mi guidava avanti. Alla fine della fila di uomini addormentati, giaceva da solo su un'asse un uomo un po' meglio vestito, che fissò mio zio con uno sguardo ostile e gli disse: "Ah, sei un assassino."

Proprio alla fine del corridoio c'era il gabinetto, composto da due posti. Era costruito in un arco semicircolare; il muro divisorio tra i due posti, così come le porte, era di legno. Mio zio aprì una di queste porte e mi mostrò il gabinetto, facendo contemporaneamente un commento a riguardo, che non ricordo più (credo parlasse di due vasi o toilet). Risposi: "Sì, credo che se due volessero allo stesso tempo..." Qui interruppi la frase. Il gabinetto che vidi era di legno sorprendentemente bianco (qui l'associazione si impone, alabastro e allume) e non era sporco, una circostanza che sembrava molto notevole considerando l'ambiente circostante. Mentre io e mio zio lasciavamo il luogo descritto, ricordai che uno degli uomini meglio vestiti – come richiamai dopo, vidi più tardi uomini vestiti più rispettosamente, le cui espressioni facciali facevano pensare a persone benestanti, che quindi non si adattavano affatto a quell'ambiente – aveva detto a mio zio che era un "pungitore". Chiesi a mio zio cosa potesse significare quella parola. Rispose che era un uomo che si lasciava influenzare, in particolare dalle donne più anziane. "Quindi uno schiavo delle donne," risposi. Tale discussione mi sembra particolarmente significativa, poiché anche nel sogno l'associazione "defloratore" si imponeva in relazione alla parola "pungitore".

Passerò oltre le possibilità interpretative e mi concentrerò sulle situazioni che ci rivelano la direzione sadica dei suoi istinti.

Considereremo la figura enigmatica dello zio. In un primo momento lo considerai un simbolo fallico, perché allora non conoscevo la rappresentazione della parapathia nel sogno e la sua personificazione. Lo zio è il sognatore stesso, così come tutte le persone nel sogno sono figure separate del sognatore.

Lo zio simboleggia la parapathia, la malattia, il criminale in lui (lo zio è un macellaio).

La fila di uomini in stracci rappresenta un covo di criminali o una prigione. Per questo motivo l'assenza del guardiano lo inquieta. Il guardiano simboleggia la coscienza, che sorveglia gli istinti selvaggi e impedisce loro di entrare nella vita quotidiana. Teme l'ira di questi criminali in stracci. I criminali in stracci rappresentano i suoi pensieri criminali. Così giacciono dormienti nella sua psiche (interpretazione funzionale). Teme che la rabbia possa essere più forte della sua ragione e del suo pensiero (è, significativamente, giurista!). Potrebbe essere sopraffatto dagli impulsi criminali.

E ora arriva il tradimento. Uno di questi pensieri chiama il sognatore assassino. "Ah, sei un assassino" (un pungitore)! Il legno bianco, alabastro, si riferisce a un corpo bianco.

La sua fantasia preferita è infilare un pugnale in un corpo femminile bianco, bianco come l'alabastro. Lo zio poi gli spiega il significato di pungitore in modo che lo interpreti come soggetto alle donne.

Vediamo in Lamda come il sadismo si trasforma meravigliosamente in masochismo. Quando Lamda si avvicina a una donna, si umilia in ogni modo possibile. È stato in grado di convertire il sadismo in masochismo perché si sottomette simbolicamente alla donna dentro di sé. La sua omosessualità emerge chiaramente nel sogno e forma la base del suo disprezzo per le donne, che poi trasforma in un'apoteosi della donna. Persone simili non possono valutare normalmente. Possono oscillare solo tra due estremi, perché gli estremi sono i modi bipolari di espressione della stessa forza.

Pungitore, schiavo delle donne, defloratore: queste sono le associazioni più importanti che il sogno unisce.

Lo schiavo delle donne è solo il contrario del padrone delle donne, l'uomo che determina la vita o la morte di una donna, che ha la sua vita in mano. Questo è l'assassino, che la possiede interamente e si rivela a lei come signore del suo destino, smembrandola, come se il Diavolo volesse distruggere ciò che Dio ha costruito così splendidamente.

Lo zio è significativo, perché in lui era stato intuito un amante della madre ("Se due volessero allo stesso tempo..."). La madre, il cui corpo è bianco come alabastro, è contemporaneamente sospettata e difesa. La madre (qui rappresentata come il gabinetto) non è sporca. Il padre, che tollerava l'infedeltà della madre, diventa oggetto di disprezzo come schiavo delle donne. I numerosi uomini addormentati in questo sogno sono uomini che hanno avuto rapporti con la madre.

Il sogno successivo ci offre ulteriori informazioni sulla sua vita mentale:

Dopo vari cambi di scena, che non ricordo più, mi trovai improvvisamente in un paesaggio montuoso, un terreno roccioso e nudo, una valle, con solo pini nani sparsi; l'orizzonte lontano era di nuovo delimitato da pareti rocciose nude. Un uomo camminava alla mia destra, un fucile in mano (Papà?); davanti a noi un cervo in fuga. Il mio compagno a destra mirò e sparò, e sebbene la povera bestia cadesse vicino a un pino nano dopo il primo colpo, sparò due o tre proiettili ancora. Vidi i punti precisi nel corpo in cui i proiettili erano entrati; tutti colpirono dietro la scapola sinistra; cioè, l'animale, che inizialmente correva diritto, probabilmente costretto dal terreno, aveva preso una direzione a sinistra poco prima di essere colpito dal primo proiettile. Ci avvicinammo all'animale morente, e alla vista dell'animale dissi al mio compagno: "Immaginavo questa caccia in modo del tutto diverso." Il corpo del cervo, mentre lo osservavamo, diventava sempre più grande, più grande di un elefante, tanto che l'altezza del petto – intendo la distanza dallo sterno alla colonna vertebrale – raggiunse infine un metro e mezzo. Il lato sinistro del petto, rivolto verso di noi, era completamente spogliato di pelle e costole, tanto che polmoni, parti del fegato e dello stomaco erano visibili nella loro corretta posizione anatomica, ma non coperti di sangue, non tremolanti, senza movimento né vita, proprio come in una preparazione in cera a scopo didattico o dimostrativo; né le singole parti molli e le viscere mostravano il colore caldo e morbido di un corpo animale, ma piuttosto il colore lucido della vernice di una simile preparazione, senza riprodurre fedelmente il tono reale; come avviene di solito, affinché le preparazioni didattiche possano essere facilmente riconoscibili. Ma sotto i polmoni, gli intestini bianco-giallastri fuoriuscivano dalla figura con movimenti simili a serpenti; anch'essi però non coperti di sangue, ma puliti e lavati, come potrebbero forse essere usati come budello per salsicce da un produttore di insaccati.

In questo sogno si manifesta il desiderio di vedere l'interno di un essere vivente. Suo padre è infatti un cacciatore appassionato. Qui si rivela la disposizione ereditaria al sadismo.

È stato detto così spesso che la caccia è una maschera del sadismo che non è necessario ripeterlo. Si potrebbe anche considerare la caccia come uno sfogo per il sadismo, e le mie analisi sui cacciatori me lo hanno sempre confermato. Il cervo qui simboleggia la donna, che lui insegue costantemente nelle sue fantasie. La caccia al cervo da parte del padre potrebbe aver dato il punto di partenza originale, a cui si collegano poi le sue fantasie sadiche. Riconosciamo la madre, che appare nella parte finale del sogno come un'elefantessa. Il fenomeno della crescita nel sogno è spesso legato a una gravidanza. La madre gravida era per lui una costante eccitazione. Vive ancora nella paura che sua madre possa rimanere di nuovo incinta. Considerava i fratelli e le sorelle più giovani sempre come rivali fastidiosi e si occupava in molte fantasie della loro morte. Il suo rapporto con il fratello minore al presente è tale che non scambiano mai una parola, anche se si trovano insieme. Non che nutrano ostilità ufficiale, ma non parlano mai insieme... se non per le parole strettamente necessarie e solo in presenza dei genitori, che sono molto dispiaciuti che i fratelli non possano provare affetto reciproco.

Si impegnava in ogni tipo di zuffa con le sorelle, che rappresenta uno sfogo ludico e tentativi preliminari di omicidio. Lottano irritati tra loro, poi lui le butta a terra e dice: "Ecco – ora siete nelle mie mani, la vostra vita dipende dalla mia misericordia," e così via.

L'atteggiamento sadico fondamentale si esprime in questo gioco. Tutti i suoi sogni finiscono in una lotta in cui entra in collera.

Alcuni ricordi importanti: aveva cinque anni e giocava in giardino con un piccolo capriolo, al quale era molto affezionato. Un uomo arrivò e giocò anche lui con il cervo; improvvisamente estrasse un coltello dalla tasca e infilzò l'animale al petto. Era in effetti il macellaio, incaricato di uccidere il cervo. Poi rimosse abilmente le viscere.

Ecco un evento che probabilmente ha avuto una forte influenza su di lui. Perché pensa sempre a squarciare e pugnaleggiare, ed è effettivamente il tipico assassino di donne. Corre via continuamente quando è con le donne per paura di poter fare qualcosa. L'urina prende il posto del sangue. Brama il sangue delle sue vittime femminili. Il suo cibo preferito da bambino era il sangue: sanguinaccio o una torta fatta con sangue d'oca. Pochi giorni fa gli venne una visione di omicidio per lussuria mentre era con una prostituta. Scappò via terrorizzato.

La sua cattiva coscienza è tradita da un altro fenomeno: la paura di ogni guardiano!

Altre fantasie piuttosto evidenti riguardano il corpo della madre. È ancora nel corpo della madre, che nei sogni appare come cavallo, petto, armadio. L'assurda concezione infantile di osservare tutto dal grembo materno ricorre nelle fantasie diurne e nei sogni. Riporto qui alcune annotazioni del paziente riguardo alla sua vita onirica:

Mi trovai in una stanza arredata con eleganza trasandata, inizialmente vestito (con il debole ricordo di essere entrato da un vestibolo buio e su una scala male illuminata) e poi senza vestiti; giacevo lì in un letto. Due uomini arrivarono con una ragazza dalla strada e entrarono davanti ai miei occhi in un comò che stava nella stanza, che iniziò a oscillare ritmicamente, e io ebbi la sensazione che all'interno stesse avvenendo un coito. Improvvisamente, dopo aver provato per tutta la scena una sensazione opprimente e sgradevole, guardai il lenzuolo del letto in cui giacevo e notai che era macchiato di sangue ormai secco, e anche con alcune macchie viscide giallastre già secche; a quel punto saltai giù dal letto disgustato, di nuovo completamente vestito, e notai con sollievo che nello stesso momento apparve una donna anziana, male vestita (procuratrice? padrona di casa?) con una chiave, a quanto pare per liberare coloro che erano imprigionati nel comò, dai quali mi aspettavo di essere liberato anch'io. Qui il sogno terminò.

Mi svegliai in condizioni fisiche leggermente peggiori, dovetti sopportare tutto il giorno torpore di stomaco e intestino e dalle cinque del pomeriggio anche occasionali vertigini. Ero di cattivo umore e verso mezzogiorno e di nuovo verso sera provavo grande inquietudine interiore (desiderio di sensazioni? libido?). Verso le dieci (o le dieci e mezza), addormentandomi, mi sentii come se fossi stato picchiato in tutti gli arti, cosa che di solito succede solo quando ho irritato i nervi con eccitazione sessuale per un intero pomeriggio e metà della notte. Tuttavia, caddi presto (ammettendo, dopo essermi masturbato) in un sonno profondo e ristoratore, dal quale non mi svegliai fino alle sette. Sognai di nuovo in due parti.

Della prima parte del sogno ricordo solo che stavo ordinando e registrando la mia esperienza onirica, che era ancora piuttosto vaga e sconnessa, e che trovai che il sogno ordinato era ancora privo di connessione o di logica, al punto da pensare: "Lei, Dottore, riderà molto di questo."

La seconda parte del sogno della notte aveva il seguente contenuto:

Ero seduto in un caffè a leggere il *Frankfurter Zeitung*. Poi il cameriere si avvicina e mi chiede se il giornale è libero e lo prende senza attendere risposta, consegnandomi il *Berliner Börsenkurier*; mi infurio, lo richiamo, chiamo il cassiere, presento reclamo; il cassiere trascina il cameriere per i capelli; io stesso, poco dopo, mi scagliai sul cameriere, lo colpii più volte in faccia con il pugno chiuso, avendo la sensazione che un anello di diamanti (che in realtà non avevo mai indossato – da anni non ne porto) dovesse graffiare il povero cameriere fino a far scorrere il sangue, e mi dissi: "Sono in collera." (Non ricordo alcun volto corrispondente nel sogno, cioè il volto lacerato e sanguinante, né ho visto il pubblico, anche se avevo la sgradevole sensazione di compiere la mia eroica impresa alla vista di tutti. Il cameriere, stranamente, non oppose resistenza.)

Poi chiamo il conto e spiego al cassiere che non visiterò mai più quel posto. L'impiegato giustifica il comportamento del cameriere, dicendo: "Sappiate che il cameriere ha debiti; qualcuno gli ha appena dato dei soldi per una bevanda; e da una persona indebitata ci si può aspettare qualsiasi cosa." Anche nel sogno sentii di aver compiuto un'azione indegna, che purtroppo non poteva più essere annullata; e respirai liberamente al risveglio, riconoscendo che era stato tutto un sogno. La giornata odierna è stata molto più favorevole dal punto di vista fisico rispetto alle due precedenti.

Queste annotazioni sono interessanti perché le condizioni che precedono l'attacco sono simili a quelle descritte. Questa volta l'attacco si interruppe con la masturbazione. Un tale stato torpido e apatico di solito precede un attacco.

I sogni sono estremamente interessanti. Il comò come simbolo del corpo materno è familiare. È importante che nei sogni si parli costantemente di sangue.

Il cameriere rappresenta lui stesso. Si colpisce perché da bambino si era gravato di pesanti debiti. Il cassiere nei sogni rappresenta la morte che esige espiazione.

I soldi per le bevande tradiscono ancora la sua parafilia. È un vampiro e vorrebbe bere il sangue della vittima. Questo è il suo peccato (debito), e per questo deve pagare.

Il suo odio emerge chiaramente nel secondo sogno ("Sono in collera"). Vediamo anche il degrado della madre, rappresentata come procuratrice. Da bambino frugava nella biancheria del letto dei genitori ed era molto eccitato se vi scopriva macchie di sangue o muco.

Poi odiava i genitori – in particolare la madre.

È piccolo (il cameriere) e odia tutti coloro che sono grandi, specialmente il fratello, che è ben formato.

Il comò simboleggia anche la scatola cranica – la parapathia.

La madre dovrebbe salvarlo dalla malattia. L'idea si è fissata nella sua mente che la madre abbia due uomini. Il secondo è lo zio, che ha un ruolo così importante nel sogno dell'assassino.

Ha osservato coiti tra la madre e lo zio?

Alcuni ricordi significativi: a cinque anni gli piaceva un'immagine nel suo libro illustrato: un ragazzo si abbuffa di panini francesi fino a far scoppiare la pancia. Questa paura che il suo ventre potesse esplodere si ripresentava continuamente, l'ultima volta a vent'anni.

Sappiamo già che la paura è la punizione per il desiderio di aprire la pancia degli altri. È effettivamente Jack lo Squartatore.

Sogni di fuoco e paura di bruciare sono frequenti. A quattordici anni si infliggeva ustioni, presumibilmente per punirsi e morire da martire.

Sogna che la madre lo chiami e lo porti con sé nel suo letto.

In un altro sogno si strappa via da una donna male vestita, il cui volto è ancora giovane, ovale, pallido, ma senza espressione, che tradisce con aspetto e gesto una spudorata familiarità. Lotta con lei e riesce a sfuggire alle sue braccia e abbracci.

Ogni lotta nel sogno è anche un conflitto con se stesso. Osserviamo come le tendenze maschili e femminili siano in guerra nel sognatore. Vuole liberarsi dalla sua femminilità ("Mi sono strappato via da lei") ed è furioso di non poter essere un uomo completo. Per lui essere un uomo significa essere sadico e uccidere la donna! Per questo deve rifugiarsi nella sua femminilità per proteggersi dal crimine.

Tralascerò altri significati del sogno, che ci allontanerebbero troppo dal tema.

Ma chi è questa "donna male vestita, il cui volto è ancora giovane, ovale, pallido, ma senza espressione, che tradisce con aspetto e gesto una spudorata familiarità"?

Solo chi conosce il simbolismo religioso profondo nei sogni riconoscerà in lei la Vergine Maria, che lo avverte contro il crimine, lo protegge dall'incesto con la sorella o dall'omicidio. Ancora più in profondità, sua madre è celata dietro l'immagine, che unisce in un'unica figura la prostituta e la Beata Vergine.

Apparentemente è ateo, come tutti i sadici, ma interiormente è devoto. Va in chiesa per godere della musica o per deridere i pii. Preferirebbe molto più blasfemare o cercare avventure erotiche. Ma la rigida educazione religiosa – era allievo in un istituto gesuita – era penetrata nelle sue ossa.

Si potrebbe dire molto sul legame tra sadismo e blasfemia. La lettura delle opere del Marchese de Sade, soprattutto *Justine*, insegna chiaramente: vi è rappresentata la Messa Nera, l'assurdità di chi si lascia guidare dai preti. L'odio verso la donna è al contempo odio verso la Divinità.

Nella donna la fede è messa a tortura e sconfitta, ma solo apparentemente. I sentimenti religiosi di colpa riemergono continuamente e richiedono la trasformazione del sadismo in masochismo. Il masochismo è sottomissione alla donna e alla religione.

Se si vogliono conoscere le fantasie diurne di un paziente simile, è utile farlo costruire un "sogno artificiale". La richiesta deve essere fatta inaspettatamente, così il paziente non può prepararsi e costruire un sogno falsificato che nasconda al medico la questione più importante.

Lamda fu un giorno invitato a fornirmi un sogno simile e raccontò una fantasia diurna così rapidamente che a malapena potevo seguirlo.

Ecco il risultato, che ora sottoporremo all'analisi psicologica:

"Vedo una ciotola smaltata, che si trasforma nella parte superiore di un cranio. Nella parte del cranio resa visibile dalla rimozione della calotta, il cervello appare bianco, senza sangue, come in un cadavere. Il cervello comincia a muoversi e assume la forma di schiuma di mare, dalla quale nasce una Venere. Sale su un piedistallo e diventa la nota Venere Cnidia senza braccia, che si trova nel boudoir di una milionaria americana. Il boudoir è vuoto. Le tende di seta del letto a baldacchino sono tirate indietro. Il letto dà l'impressione di essere stato da poco lasciato dalla donna che vi dormiva. Il letto e il cuscino conservano ancora l'impronta del corpo. Entra un negro nel boudoir, prende un recipiente per bere dal lavandino e lo posiziona tra le gambe della statua di marmo. La statua di marmo urina.

Il negro beve l'urina e poi si dirige verso il letto della milionaria e infila la testa sotto le coperte. La padrona lo sorprende durante la scena, interiormente lusingata, ma esteriormente fa la severa e lo punge con un cappellino da spilla. Il negro si sottomette passivamente, si inginocchia. Lei interrompe improvvisamente gli attacchi e inizia a succhiare il sangue che sgorga dalle ferite sul corpo nudo del negro. Poi si alza di nuovo: 'Fiu, il diavolo! Puzzi!' Lo caccia fuori e si ferma davanti al suo tavolo da toilette, ancora furiosa e eccitata. Entra il marito e dice: 'Che succede al negro? Sta sanguinando! Ha persino dei denti sul corpo! L'hai mica morso? Bene, puoi farlo a quel tizio disgustoso, ma non a me. Gusto perverso!'"

Lei: «Sei un fifone! Non sei un uomo! Infatti, se avessi tale muscolatura, se potessi fare qualcosa, varrebbe la pena interessarmi a te. Non avrò nulla a che fare con una creatura miserabile come te. Stai zitto!»

Lui: «Ah! quindi è così che stanno le cose. Sì – sai che in passato mi hai chiesto troppo. Avrei lasciato passare anche tutto ciò che hai fatto con quell'altro. Ma tu non hai osato, e io non ho osato fare alcun simile avanzamento verso di te».

Basta considerare che questa fantasia è stata narrata in due minuti e che l'intera giornata del signor Lamda è piena di simili fantasie! Inoltre, questa fantasia è tra le più miti.

La maggior parte di esse è sanguinaria, con ribellioni di torture e sangue.

La fantasia inizia con un cranio aperto. Un pensiero, nel momento in cui prende forma, ci viene presentato in un'immagine funzionale. Ciò che ha origine nel cervello, il pensiero nato dal cervello, è Venere, la dea dell'amore, la moglie come padrona e divinità, davanti alla quale il mortale deve inchinarsi. Il negro è il sognatore stesso. La sua anima nera, le sue passioni, il diavolo interiore, sono rappresentati in questo simbolo. In lui uomo e donna discutono sullo spirito maligno – la parapathia. La donna reprime la malattia, la trafigge con uno spillo, ne succhia il sangue, e l'uomo osserva. Poi arriva l'ammissione dolorosa: «Non sei un uomo! Sei un fifone; non hai muscoli!»... Questa è la sua miseria. È una persona piccola e debole. La sua illusione di grandezza esige grandi imprese da lui. Il sadismo è spesso la vendetta dei deboli, solo l'apparenza di grandezza. Il potere sostituisce la grandezza; infatti, il potere è grandezza. La donna che viene uccisa da lui deve sentirlo grande.

Ancora quel vecchio motivo: la moglie che inganna il marito. La madre fu infedele al padre con un uomo scuro (lo zio era scuro – il padre biondo).

Così vediamo da questa fantasia come le varie correnti della psiche si contendano tra loro e come l'inconscio desideri fare ciò che il negro ha fatto. Ma nella sua coscienza può essere solo masochista. Per dare espressione al suo sadismo, per uccidere una donna, per essere padrone, deve rifugiarsi nel suo attacco epilettico. L'attacco è altrettanto importante per lui quanto lo sfogo delle tendenze omosessuali. Ha due tipi di attacco: uno in cui è un uomo completo e un criminale; un altro in cui la donna dentro di lui trionfa e lui si sottomette all'uomo.

La sua urolagnia cela il suo atteggiamento masochista verso l'uomo, in particolare verso il padre. Così apprendiamo da questa analisi la stessa cosa delle precedenti: come le condizioni originarie vengano invertite e come le apparenze possano ingannare anche nelle manifestazioni della parapathia.

Ricordi dell'infanzia

Evoca ogni sorta di ricordi macabri: un gatto morto trovato a pezzi dietro la casa; l'uccisione di polli a casa, a cui gli piaceva assistere; la mutilazione di un'oca da parte di un cane selvaggio; l'annegamento di un giovane, cui assistette senza parteciparvi.

Attribuisce la sua malattia alle attenzioni eccessive ricevute dalle zie. Ho più volte sottolineato l'importanza delle malattie infantili, perché creano il desiderio di essere malati. Le malattie di fratelli e sorelle sono importanti, poiché sono fonte di invidia e conflitti gravi. Lamda racconta a riguardo:

«A sei anni avevo la pertosse e, in parte per evitare che gli altri bambini venissero contagiati, in parte perché i miei genitori non ritenevano abbastanza abile il medico di campagna, fui portato a Vienna dai miei nonni e dalle zie.

Durante la malattia mi mostravo molto egoista e capriccioso. Mia nonna e le zie sopportavano tutto il mio malumore con pazienza angelica, mentre mio nonno, al contrario, protestava perché le mie parenti femminili mi lasciavano tiranneggiarle. Fu in questo periodo (il mio secondo soggiorno a Vienna avvenne un anno dopo, quando mio fratello minore era malato di scarlattina) che mia zia mi lesse, presumibilmente per occupare il mio tempo durante la malattia, il racconto di Pollicino o di elfi. La parola "Pollicino" rimane vivida nella mia memoria ancora oggi; probabilmente mi costruii una controparte femminile, una piccola Pollicina! La mia fantasia era allora molto impegnata con questa creatura e i miei pensieri correvano sfrenati con essa.

Ma mi piaceva in particolare soffermarmi nell'immaginazione sulle sostanze espulse dal corpo. Ricordo con precisione che allora non distinguevo chiaramente tra defecazione e urinazione e pensavo all'escrezione come a un atto unico, forse eseguito come negli uccelli; cioè da una cosiddetta "cloaca". La forma della sostanza espulsa nella mia concezione era simile a quella degli escrementi di uccello, solo più consistente, forse come un piccolo cumulo di lombrico, e senza l'odore specifico di escremento umano o di uccello; presumibilmente, come suggerito dalla zuccheriera che consideravo il luogo del deposito, dolce e piacevole. La zuccheriera in questione era di vetro spesso, verde-azzurro. Era allora il mio oggetto prediletto, il che è notevole, poiché un oggetto del genere difficilmente catturerebbe una fantasia infantile.

"In questo periodo non ero solo testardo, ma anche pignolo e pedante, poiché, come mamma ha spesso osservato negli anni successivi, ora sono l'esatto opposto di ciò che ero prima. Nessuno osava spostare uno dei miei oggetti dall'originale collocazione e andavo su tutte le furie se notavo il minimo disordine tra le mie cose. Ora non sono né pignolo né avaro né invidioso di chi sta meglio; nulla mi è più sgradito del dogmatismo e del fanatismo; e nessuno è più pronto di me a riconoscere volentieri la superiorità altrui, persino con una certa rispettosa sottomissione."

Qui vediamo un tratto caratteriale spesso presente nel quadro della personalità epilettica: l'eccessiva enfasi sul senso di possesso. Questi bambini hanno una forte coscienza del possesso delle cose, non vogliono condividere i loro giocattoli con fratelli o sorelle. Invidiano agli altri bambini della famiglia o altrove tutto ciò che possiedono. Vorrebbero avere tutto. Più tardi questa peculiarità si manifesta spesso in una generosità eccessiva o sfrenata.

L'oscurità sulla sua infanzia comincia a diradarsi. I dettagli emergono sempre più chiaramente, inizialmente sembrando insignificanti, ma rivelando grande importanza se esaminati attentamente.

«Secondo o terzo anno. Ero in piedi alla sera, con il crepuscolo, con mio fratello in un corridoio a lato della nostra casa, guardando verso il muro del giardino.

Improvvisamente notai una testa che spuntava dal muro. Mi spaventai molto e richiamai l'attenzione di mio fratello. Mio fratello cominciò a piangere forte, e apparve mio padre, che mi punì per aver spaventato inutilmente mio fratello e ci condusse entrambi in casa. Sentii la punizione ingiusta, perché credevo davvero di aver visto qualcosa che mi ispirava grande paura.

"Un ricordo forse ancora più antico: ero solo davanti alla porta di casa. Davanti c'era solo un piccolo cortile, recintato su due lati da tavole, che oggi considererei alte un metro e mezzo.

Improvvisamente alcuni maialini saltarono oltre la recinzione a destra, prima due o tre e poi un intero gruppo. Fuggii terrorizzato verso mia madre, che stava proprio arrivando alla porta.

"Quando i miei genitori erano in campagna, lì c'era un'insegnante molto attraente. Ricordo ancora la seguente conversazione tra mio padre e mia madre. Mamma: 'Sì, ma non resteranno lì così a lungo.' Papà: 'La porta sarà semplicemente chiusa di sera e basta.' Dalle parole precedenti o successive devo aver concluso che questo dialogo riguardava una festa serale a cui era presente anche l'insegnante, e supponevo che gli ospiti dovessero essere trattenuti soprattutto per la presenza dell'insegnante. Ero già innamorato di lei (forse tre anni) e capivo bene come ciò potesse accadere.

"Ricordo ancora un episodio del mio primo anno di scuola. Ci era stato assegnato un brano da leggere in cui un fratello e una sorella si trovano in un luogo buio, una cantina, credo. La sorella vuole approfittare del buio per rubare, ma il fratello le dice che Dio vede tutto anche nel buio e quindi sarà punita comunque. La sorella viene convinta da questo ammonimento fraterno a non rubare. L'insegnante aggiunse gratuitamente che in seguito la sorella diede al fratello una piccola immagine per gratitudine. Mi chiedevo come l'insegnante lo sapesse, dato che non c'era nulla nel libro di testo.

"Una volta dovetti trattenmi a scuola, non ricordo per quale motivo. L'insegnante era sola con me dopo che tutti gli altri alunni erano andati via; ero molto arrabbiato e piangevo; invece di scrivere ordinatamente le mie lettere, le facevo apposta male o facevo macchie di inchiostro; credo che dalla rabbia non riuscissi neppure a trattenere l'urina.

"Ora, ripensandoci, questo mi sembra un tentativo di provocare l'insegnante a una punizione effettiva. All'epoca l'uso del bastone era ancora comune, e ogni volta che uno dei miei compagni lo provava, in me agiva un certo sentimento di invidia, fortemente represso però.

"Il mio sonno la notte scorsa era ancora pieno di sogni scolastici, che non ricordo. Verso mattina sognai di essere su una nave, dove ascoltavo una conversazione tra pilota e capitano, secondo la quale la nave era in un canale molto pericoloso e a ogni momento avrebbe potuto urtare una barriera corallina. Uno degli uomini disse che non si poteva fare nulla; avrebbero dovuto mantenere quella rotta."

Il primo ricordo mostra chiaramente il carattere di un ricordo coperto. Contiene colpa e punizione. La testa che apparve sopra il muro del giardino somigliava a una testa mozzata. Sappiamo infatti che i bambini piccoli manifestano spesso l'impulso di tagliare le teste dei fratelli o sorelle. Il significato di questo ricordo è: volevo mozzare la testa del fratello minore, ma temevo la punizione del Padre Celeste.

Il suo rapporto con il fratello è ancora pessimo. Il fratello non era molto capace e andò in America. Fu il periodo migliore e più felice per Lamda. Ma due anni fa il fratello tornò e prese il suo posto a casa dei genitori. Gli attacchi di Lamda sono durati due anni. La sua malattia deve essere collegata agli scopi omicidi che nutre verso il fratello. Non potrebbe odiarlo così se non lo avesse amato. Infatti ricorda varie scene che tutte, tipicamente, si svolsero in bagno.

Un ulteriore determinante del primo ricordo coperto è la fantasia del corpo materno. Giace con il fratello nel grembo della madre e vede apparire lì la testa del padre (glande?). Tutti coloro che sono insoddisfatti della propria vita desiderano tornare nell'utero. Lamda appartiene anche a chi vorrebbe ricominciare una nuova vita.

Il secondo ricordo dei maiali può essere una simbolizzazione di un'idea precisa: i pensieri "maiali" (peccaminosi) irrompono in un bambino puro e innocente.

Il ricordo ci permette di concludere che ha sperimentato la "maialità" riguardo a sua madre (i maiali saltano oltre la recinzione di legno). Il padre sembra averla rimproverata severamente.

L'episodio con l'insegnante graziosa ci mostra quanto attentamente i bambini osservino i minimi dettagli. Per Lamda era un fatto accettato che il padre, come lui stesso, fosse innamorato dell'insegnante. Tutti devono amarla perché è così bella.

Il terzo ricordo riguarda la punizione di Dio. Dio vede tutto e punisce tutto. La paura di essere visto è per lui particolarmente marcata.

Il quarto ricordo ci rivela un atteggiamento di sfida verso l'incantevole insegnante e il tentativo di costringerla ai colpi con le sue marachelle. Tuttavia, il sogno mostra il paziente in conflitto con se stesso. Si pone la domanda se stia seguendo la strada giusta e si risponde da solo che non potrebbe fare altrimenti; dovrà mantenere questa direzione.

Riconosciamo che la sua parapathia rappresenta una sicurezza contro i suoi istinti sessuali criminali. Al posto del sangue beve urina. Eppure, se ha così espresso e trasformato i suoi impulsi sadici, perché allora ha bisogno delle crisi epilettiche?

Lo apprendiamo da un'associazione del paziente, che discutendo delle crisi fa riferimento al ritorno del fratello e al fatto che egli aveva molto a che fare con le sorelle. Il fratello era molto musicale, suonava duetti con le sorelle e suonava anche molto bene il violoncello. Il paziente si sentiva trascurato e meditava vendetta. Ma aveva una fissazione infantile sulla famiglia e amava le sorelle più di ogni altra cosa al mondo. Era geloso di tutti i pretendenti e non voleva che alcuno dei suoi amici venisse in casa. Gli piaceva zuffare con le sorelle, quando le gettava sul letto e le stringeva forte. Si arrabbiava molto quando gli vietavo questo gioco. Non lo considerava affatto sessuale. Doveva ammettere, però, che talvolta durante questi giochi aveva erezioni, che le sorelle non potevano non notare nel contatto intimo.

La prima crisi avvenne a Capodanno. Era uscito con alcuni compagni, mentre le sorelle erano andate con il fratello a teatro. Gli impulsi omicidi sembravano tormentarlo molto in quel momento, a causa della gelosia. Il suo imperativo interiore gridava: "Uccidilo." Si mise sulla difensiva a ogni svolta. Entrò mezzo ubriaco in un caffè, volendo leggere lì per la seconda volta un articolo su "Libero Arbitrio e Logica", che lo aveva molto interessato. L'autore negava il libero arbitrio e indicava le azioni istintive dell'uomo. Non riuscì a trovare l'articolo, così passò due ore a cercarlo nel caffè e a sfogliare tutti i giornali. Finalmente lo trovò in un supplemento. Si era dato il comando: "Non dormirai finché non avrai letto l'articolo." Una nozione insensata con spostamento dell'affetto. Avrebbe dovuto essere: "Non dormirò finché non avrò ucciso mio fratello." Lo trovò e tornò a casa. Temendo la libertà del suo volere, doveva comunque commettere il crimine. Lo realizzò nel sogno. Quella notte ebbe la prima crisi, seguita da una lunga amnesia, durante la quale temeva tutti gli ufficiali di giustizia.

Ora la via era aperta e nel sogno poteva essere Jack lo Squartatore. Le crisi continuarono per due anni.

Si manifestarono nel suo ventiseiesimo anno.

Lo vidi dopo una crisi. Udiva toni, voci, frasi che "non poteva", o meglio "non voleva", ripetere per non tradire il suo segreto. Sapeva solo che durante le crisi digrignava i denti terribilmente, come se stesse triturando ossa.

La lingua era ricoperta dopo la crisi, come se avesse mangiato troppo, e l'addome disteso, come se stesse per scoppiare.

I suoi ricordi mostrano che il racconto di Cappuccetto Rosso gli aveva fatto grande impressione, così come quello del Lupo e dei Sette Capretti. È sempre stato molto eccitato dalle storie della carneficina di bambini o capretti. I suoi istinti cannibalistici emergono nelle crisi. Anche nelle sue crisi urolagnistiche mangia terra e sabbia con l'urina, quando il croccare della sabbia produce sensazioni di piacere (Madre Terra!). Le parole che ricorda dopo le crisi sono enigmatiche e resistono all'interpretazione analitica, poiché non può fornire materiale per chiarirle.

Descrive una notte in cui avviene una crisi lieve:

«Prima delle cinque meno un quarto ero mezzo sveglio; notai che stavo digrignando i denti; fermai immediatamente il digrignamento; avevo inoltre la vaga sensazione di aver avuto un sogno vivido e sentivo che era lo stesso o molto simile a tutti i sogni precedenti, il cui contenuto non riuscivo a ricordare al risveglio. Avevo inoltre la sensazione di avere una chiara percezione della mia condizione fisica momentanea (addome e intestini distesi) e come se avessi a disposizione qualche mezzo (capacità psichica?) per affrontare e cambiare questa condizione, davanti a me fluttuavano le idee di 'sostituto' e di certi numeri, come 'dieci volte' e 'due volte'. Mi svegliai completamente, e erano ancora prima delle cinque meno un quarto; rimasi sveglio circa tre quarti d'ora e poi riaddormentai.

«Il sogno che seguì fu questo:

«Dovevo andare dalla figlia del portinaio del Burgtheater per una lezione di francese, dove incontrai mia sorella maggiore, che doveva comunicare qualcosa di importante alla figlia del portinaio. Le fece una lunga visita, rovinando la mia lezione di francese.

«Il contenuto ulteriore del sogno, molto vivido e in cui il fratello ebbe anche un ruolo, mi è sfuggito. Non posso nemmeno definire più precisamente il mio rapporto emotivo con la giovane signorina menzionata; credo tuttavia che fosse più sicuro di sé, basato su un certo senso di protezione, di quanto io avessi mai manifestato verso il sesso femminile. Il sogno terminava con la seguente fantasia:

«Ero dietro un'automobile scoperta; due signore erano sedute davanti e mio fratello guidava. Temevo che non riuscisse a condurre la macchina e volevo andare avanti per farlo. In quel momento un mio movimento goffo fece cadere mio fratello dalla macchina. Non sapevo cosa fare; l'automobile correva a tutta velocità. Mia sorella maggiore urlò: "Dove ci stai portando?" Mi svegliai spaventato, con il cuore che batteva forte.»

Le espressioni "sostituto" e "dieci volte" si comprendono sapendo che soffre perché il fratello ha preso il suo posto con le sorelle. Quella notte di Capodanno, in cui ebbe la prima crisi, fu la prima senza le sorelle. Ha un modesto patrimonio del padre; il fratello ha speso dieci volte tanto negli ultimi anni per il viaggio in America. La sorella minore appare nel sogno come la figlia del portinaio, la maggiore nella sua forma reale. La lezione di francese si riferisce evidentemente a fellatio e cunnilingus. Il senso di inferiorità nel sogno scompare; ha grande sicurezza. Ma solo per poco tempo. Poi il sogno dell'automobile mostra la paura dei suoi impulsi istintivi. Uccide il fratello e prosegue con le sorelle.

Le due signore sono le sorelle. Teme che il fratello possa sviarle. La madre favorisce il fratello; è una prostitutrice. Potrebbe divorare il fratello per rabbia. L'odio emerge nei sogni in cui il fratello e le sorelle trasportano un cadavere, o il fratello è gravemente malato o ferito; in altri ricordi, principalmente legati a sangue e corpi morti.

Fin da bambino non riusciva a mangiare la pelle del latte. Prova disgusto indicibile per frammenti di tale pelle nel caffè o nel latte, al punto da poter vomitare, perché pensa al mangiare della pelle umana. Fu per un periodo vegetariano.

Resoconto molto interessante della scorsa notte:

«Ho passato una notte piuttosto brutta: flatulenza, lieve mal di testa alla tempia sinistra e sonno agitato e disturbato; per un breve periodo digrignavo i denti.»

I sogni in cui spia l'urinazione della sorella sono abbastanza frequenti. Compaiono situazioni molto più improprie, ma di solito ne resta turbato. L'inibizione è sempre simbolizzata nel sogno da un disturbatore. Allo stesso modo, le fantasie uterine si manifestano in forme diverse. È in una fonderia di ferro dove un uomo mette la mano nel metallo fuso, con sibilo e spruzzi; lui sta seduto all'interno, osservando. È in un gabinetto dove può vedere tutto e urina e sporcizia gli cadono addosso. In un'altra situazione tutti i membri della famiglia sono osservati nelle funzioni più intime. In tutte le sue fantasie è nel corpo materno ed è il piccolo Pollicino di cui gli parlò la zia.

Qui può rispondere alla domanda importante: chi è suo padre.

Da bambino manifestava un interesse straordinario per la gravidanza. Ha fantasie grottesche di gravidanza, deducibili dal suo addome disteso. Un grande disgusto lo prende di fronte a donne incinte. Non può guardarle. Ieri vide una donna incinta al Prater e provò senza motivo una violenta rabbia verso di lei.

«Credo di essere stato furioso anche da bambino perché stavo per avere un rivale. Ho vissuto tale esperienza cinque volte in casa, perché una sorella morì subito dopo la nascita. Avevo fantasie in cui aprivo l'addome di una donna incinta. Il pensiero del cesareo era sempre molto eccitante per me» (ricordi di racconti in cui si apriva il ventre).

Ieri visitò una prostituta. Gli parve che fosse incinta. Lei lo ammise quando lo interrogò.

Allora vide rosso davanti agli occhi e fuggì.

Una crisi durante la notte. Dopo l'attacco, amnesia totale della notte e anche degli anni recenti. Parla molto e velocemente. Torna ad essere un bambino di circa otto anni. Rivive numerose scene infantili di quel periodo... Sente campane e prega come quando era bambino.

Dopo, l'eccitazione diminuisce lentamente. Rivela un disgusto enorme, manifestato da totale perdita di appetito. Non può mangiare carne. Gradualmente ritorna la memoria.

Sa di aver avuto l'impulso di pugnare la prostituta e bere il suo sangue. Avrebbe voluto morderla direttamente alla gola.

Grande miglioramento dopo questa crisi. Nessuna crisi per sei mesi. La persona precedentemente timorosa e intimorita comincia ad avere un atteggiamento migliore; manifesta energia e gioia di vivere.

Aumento graduale della potenza. Comparsa dell'orgasmo con il coito. Potenziamento di tutte le funzioni mentali.

Non si hanno altre notizie, poiché il paziente ha lasciato l'Austria. L'ultima lettera annuncia che i suoi atti urolagnistici infantili sono da tempo superati.

La prima cosa che colpisce, rileggendo il caso, è che, pur essendo un masochismo distinto, un desiderio di servire, un culto idolatrico della donna, si manifesta principalmente come sadismo. Lamda è pieno di istinti criminali. È realmente un cannibale; l'urina per lui sostituisce il sangue, la terra la carne. È un vampiro che vorrebbe succhiare il sangue degli altri. È religioso e cerca nella pietà una protezione contro le passioni. Ora attraversa tutte le scene sadiche durante le crisi, seguite da amnesia, semplicemente perché non osa sapere cosa gli accade. Il carattere infantile della malattia mostra che l'assunzione di criminalità nel bambino è corretta. Torna ad essere bambino, ancora sporco e crudele come un bambino.

È fissato sulla sua famiglia, in amore e odio. La condizione della sua guarigione fu la separazione dalla famiglia.

È degno di nota che le crisi realizzano una varietà di fantasie, talvolta combinate. Ha diversi tipi di attacchi, con motivi fusi. I più importanti:

1. Uccide il fratello.

1. Commette violenza sessuale alla madre.
2. Pratica cunnilingus sulle sorelle.
3. È una donna incinta e viene sopraffatto.
4. È un vampiro e succhia sangue.
5. È un cannibale.
6. Vive la propria morte.
7. Vive la propria nascita.
8. È un martire e muore tra le fiamme.
9. È Cristo e ascende in cielo.
10. Brucia all'inferno.
11. È nel grembo materno e morde il pene del padre.
12. Apre l'addome della madre mentre lei ha rapporti con un altro uomo (lo zio).
13. È lui stesso un vaso da notte o un gabinetto in cui viene espulso lo sterco.

In molte crisi realizza diverse di queste fantasie: uccide il fratello, stupra la madre, uccide il padre, muore e attraversa il Giudizio Finale.

Il passaggio dall'azione masochistica alla crisi epilettica è un aspetto interessante di questo caso. L'intelletto forte del paziente e la volontà, così rara negli epilettici, di trionfare sulla malattia, pur ostacolata dalla forte volontà di ammalarsi, sono elementi favorevoli alla prognosi. La cura fu facilitata dal fatto che il fratello lasciò la casa prima di lui e si trasferì a Monaco.

Il motivo di fondo era la gelosia verso il fratello. È curioso che in seguito affermò di aver visto chiaramente davanti a sé la scena del coito tra fratello e madre, senza credere a un'allucinazione. Tuttavia, sembra che avesse spiato una scena di coito tra zio e madre e che l'immagine fratello-madre rappresenti solo un ricordo coperto.

Lamda si ritirò dall'analisi prima che tutte le questioni complesse del suo caso potessero essere spiegate. Fece una rapida guarigione e prese una posizione all'estero per sfuggire all'ambiente pericoloso e all'indagine dell'analista.

XVI: CASI VARI

L'educazione alla crudeltà comincia, purtroppo, già a scuola; si manifesta durante la tenera età dell'infanzia. Il bambino ha un enorme desiderio di crudeltà, che viene abbondantemente soddisfatto attraverso la varietà delle fiabe. *Struwwelpeter*e altri sono fondamentalmente libri sadici. Non so se una revisione di queste fiabe sia possibile o necessaria. In ogni caso, dovrebbero essere somministrate solo in piccole dosi.

Sembra dare soddisfazione agli adulti raccontare ai bambini storie crudeli e macabre. Il loro stesso sadismo li spinge evidentemente a immaginare sempre scene sadiche. Questo è il premio secondario dei sadici quando devono occuparsi dei bambini.

Il tema degli errori nell'educazione non può essere esaurito in questo libro. Può solo essere indicato. Vorrei portare un esempio che richiami la nostra attenzione sull'influenza di una fiaba per bambini:

Caso numero 57

Rapporto di un paziente

Quando avevo sei o sette anni, giocavo con mio fratello maggiore, che era malato a letto. La governante di mia madre venne con sua figlia, una ragazza di sedici o diciassette anni. Quest'ultima venne da noi per fare un po' di compagnia a mio fratello, e quando mi vide mi disse: «La morte verrà a prenderti e ti aprirà la pancia, ti prenderà le viscere e le laverà sotto il rubinetto fuori!» Rimasi paralizzato. Quando mia madre mi chiamò e mi porse una moneta (non so per quale motivo), mi cadde dalle mani; lei parlò piuttosto bruscamente: «Fai attenzione!» e chiese un bicchiere d'acqua. Mentre stavo per darglielo, mi sfuggì di mano; allora mi diede uno schiaffo, perché pensava che fosse distrazione. Quando venne la sera, vidi nel motivo della carta da parati, in ogni arabesco, una testa di morto, centinaia di esse; e dietro ogni porta giaceva uno scheletro in agguato. Urlai per la paura, persi il senso del tatto, della parola, della coscienza e dovetti essere accudito come un bambino. Questo durò sei mesi; in quel periodo ero con mia nonna, che si prese cura di me con comprensione e pazienza. Mi sembra che ci fosse un momento di luce in mezzo a tutto ciò – vedo un tavolo, una lampada accesa sopra – io accucciato su un seggiolino, prendendo una medicina amara. E poi la prima impressione chiara: una notte illuminata dalla luna, in cui la luce filtrava attraverso un vetro bianco latte; probabilmente ne avevo paura, perché mia nonna mi prese in braccio, mi portò alla porta, la aprì e disse: «No, bambino mio, non avere paura; è la luna gentile; guarda che bella è la sua luce.» Così tornai in coscienza, anche se soffrii molti, molti anni di ansia; che mi spingeva, anche da giovane moglie, quando mio marito era fuori casa, a telegraphargli di tornare, perché non sopportavo la paura da sola. Poi lessi i vostri libri e pensai che questa paura ha, anche in me, le sue radici nell'infanzia; richiamai alla mente quel terribile periodo e fui allora liberato, eccetto che ora, dopo anni, sentimenti di ansia sono riapparsi per un breve periodo a causa di un'esperienza interiore intensa.

Quella ragazza morì poco dopo, all'età di diciassette anni.

SADISMO E MASOCHISMO

Le fiabe sono frequentemente il nucleo di una fantasia sadomasochistica. Questa fantasia può dormire nel cervello e essere riattivata attraverso letture successive.

Potrei portare semplicemente innumerevoli esempi per provare questa affermazione. Citerò solo un caso eclatante dell'effetto della lettura, perché offre interesse anche sotto un altro aspetto.

Caso numero 58

Il sig. N. M., cinquantenne, soffre sin dalla giovinezza di una grave parafilia, il germe della quale va ricercato in una fantasia sadica. Immagina donne impalate attraverso l'ano dopo raffinati tormenti. Le sue fantasie masturbatorie finiscono sempre con la scena dell'impalamento, in cui, nel momento in cui il palo viene conficcato, compare l'orgasmo, insieme all'idea che la donna torturata cada in uno svenimento. L'impalamento avviene in gruppi. Le donne, spesso madre e figlia insieme, sono prima sessualmente eccitate e poi torturate. La tortura con le piume è una forma ingegnosa. Le donne, spogliate, vengono solleticate con piume sottili fino quasi alla morte. Sono naturalmente legate e incapaci di difendersi. Un bruto negro le stupra. La figlia viene deflorata davanti agli occhi della madre. La madre viene contemporaneamente violata in presenza della figlia, sia vaginalmente che anally.

Il paziente si è masturbato fin dalla prima infanzia quasi senza freni, spesso tre o quattro volte a notte. Non ha mai avuto rapporti sessuali completi, sebbene sia sposato da più di vent'anni. I rapporti con la moglie consistono in baci e giochi, durante i quali per lungo tempo ebbe paura di toccare la vagina. Fu analizzato per tre anni da Freud e considerò un grande progresso il fatto che dopo l'analisi riuscisse a guardare e toccare la vagina. Ma sua moglie è ancora vergine! È estremamente religioso, frequenta la chiesa fedelmente e sente le sue fantasie come un grave peccato.

Nonostante questa pietà, è un donnaiolo che inganna spesso la moglie. Ha molte relazioni, senza mai avere coito. Le sue erezioni sono molto forti, il pene ben formato. È molto orgoglioso di questo organo e spesso lo osserva con soddisfazione allo specchio. Ma non osa sottoporre questo prezioso strumento a un oggetto femminile. Odia e disprezza le donne, senza esserne pienamente cosciente. L'odio appare chiaramente solo nelle fantasie masturbatorie.

Si sente bambino, nonostante i cinquant'anni. È molto dotato, rivela anche grande talento come scrittore, ha pubblicato diverse opere di rilievo, dirige una banca con grande energia e forza, e manifesta anche un marcato infantilismo, in cui la componente narcisistica emerge in particolare.

Durante l'analisi con Freud, il complesso di Edipo fu discusso come fattore responsabile, ma in realtà emerge che è patologicamente fissato sul padre. Osservò che il padre favoriva chiaramente le cinque sorelle nate dopo di lui, tra i sei figli, di cui lui era il maggiore. Odia le sorelle e la madre e sin da piccolo nutriva il desiderio di occupare il posto di una donna accanto al padre.

Si comprende allora perché l'ano costituisca il punto centrale delle sue fantasie erotiche. La vagina gli sembra brutta, umida, repellente e maleodorante, mentre attribuisce all'ano pulito le qualità di un organo bello e piacevole. Soffre anche di continui spasmi all'ano, deve grattarsi, inserire il dito e così via. L'impalamento è una rivisitazione di una scena sodomica con il padre: lui è la donna e il pene del padre lo impala.

Crede che la sua fantasia derivi da un libro che gli capitò per caso.

Si trattava di una storia del mondo di Alvensleben, in cui viene descritto l'impalamento della Duchessa Romilda. Il capo degli Avari assediò la città di Friuli, di cui Romilda era duchessa. Romilda inviò un messaggero al capo dicendo che avrebbe consegnato la città se lui l'avesse sposata. L'uomo accettò. La città fu saccheggiata; gli abitanti in parte uccisi, in parte fatti prigionieri. La duchessa fu permessa di dormire una notte con il capo degli Avari affinché mantenesse la promessa. La notte successiva fu consegnata a dodici subordinati, che la violentarono. Il terzo giorno fu pubblicamente impalata. L'immagine la rappresentava seduta sul palo.

Fu questa immagine a costituire il punto di partenza delle fantasie di impalamento e fu a lungo l'unica fantasia masturbatoria. Il paziente diventava poi il re degli Avari; le donne, sue vittime, cambiavano e spesso erano disposte in ordine, da dieci a venti. Sappiamo che una tale serie di oggetti spesso serve a rappresentare un solo oggetto.

Questo oggetto era la madre. Il paziente ricorda distintamente che una volta, durante un viaggio, gridò terrorizzato di notte, si alzò nel lettino e fu punito da uno dei genitori. Probabilmente osservò in quell'occasione i genitori impegnati in un coito in stile animale. In modo caratteristico, introduce sempre questa situazione nelle sue fantasie di coito, che compaiono di tanto in tanto.

Un secondo libro fu altrettanto fatale per lui.

Un romanzo inglese, *The Way of a Man with a Maid*, gli capitò tra le mani dopo la storia di Alvensleben.

Chiama questo libro la sua seconda grande sventura, perché aggiunse alla scena dell'impalamento la "tortura con le piume". Il contenuto del libro è già di per sé notevole. Un uomo attraente attira donne nella sua casa. Le donne si spogliano e vengono legate leggermente. Poi le solletica su tutto il corpo con una piuma di airone fino a farle svenire. Solo allora ha rapporti sessuali completi. Le donne, così eccitate da questo trattamento, tornano di nuovo e spesso convincono le amiche a sottoporsi alla tortura.

Questi due libri formarono il nucleo della fantasia, che venne sempre più elaborata attraverso la lettura di altra letteratura simile.

Nell'analisi riuscimmo a dimostrare che idee simili erano già presenti nell'infanzia. Spesso veniva solleticato fino a gridare. Inseriva anche ogni sorta di oggetti nell'ano, in cui modo si ferì una volta. Così la fantasia dell'impalamento risale a un'esperienza infantile, mentre la fantasia del solletico al gioco sciocco dei genitori.

I due libri menzionati riattivarono l'intero circolo di idee.

In particolare, le immagini hanno un effetto stimolante sulla fantasia. È molto raro che libri sadomasochistici non siano illustrati. Stranamente, la censura permette a queste opere di passare indisturbate, mentre talvolta ostacola libri scientifici o opere d'arte reali.

La flagellazione e la frustata sono anch'esse connesse alla natura sadica dell'uomo. Il desiderio sessuale oscuro viene razionalizzato. Pochi genitori ed educatori ammetteranno di provare piacere in ciò. Si sente spesso la falsa affermazione: «La frustata mi ha fatto più male che a te!» Queste parole rivelano soltanto il sentimento masochistico di mettersi nei panni della vittima e vanno considerate espressione del piacere nel dolore.

I genitori e gli educatori che picchiano i bambini a loro affidati commettono un crimine verso i bambini e verso lo Stato, perché li segnano per tutta la vita. Solo chi è liberamente educato è veramente libero. E abbiamo urgente bisogno di uomini e donne liberi.

Il caso seguente ci mostra fino a che punto può spingersi il sadismo di un patrigno. È tratto dalla vita di un artista:

Caso numero 59

V. fu sotto la cura della madre e della zia fino all'ottavo anno di età. Poi la madre si risposò, e subito nacquero gelosia e odio tra patrigno e figlio. Il bambino veniva punito per la minima colpa, tanto che aveva segni sul corpo. Quando veniva sorpreso a ridere, il patrigno, che gli aveva proibito di ridere, lo piegava sul banco, con la parte superiore del corpo in avanti e la parte posteriore sollevata, e premeva sul bambino con il tallone. Fu mandato in campagna d'estate, accompagnato dal fratello del patrigno come tutore. Se il ragazzo dimenticava di mettere le pantofole davanti al letto la sera, le coperte venivano tirate via e lui veniva frustato con una frusta da cavallo. Mezzo addormentato, si alzava terrorizzato e balbettava domandando cosa avesse fatto. Allora lo zio chiedeva: «Dove sono le tue pantofole?» Quando a tredici anni non riuscì per tre volte a svolgere un compito, lo zio gli ordinò di spogliarsi, lo legò al montante del letto, lo colpì con la frusta e fece passare davanti a lui le figlie di casa. Il ragazzo, che cercava di sgattaiolare via, aveva profonde ferite ai polsi dove le corde lo legavano. Essere rinchiuso in cantina o in soffitta senza cibo era considerata una punizione lieve. A scuola i suoi insegnanti erano incaricati di essere "rigidi" con lui; a quell'epoca frequentava la "scuola dei Piaristi" a P., famosa per i suoi metodi autoritari.

Ogni volta che riceveva una cattiva nota, il bambino spaventato vagava tutto il giorno per le strade, desiderando di togliersi la vita; ma all'ultimo momento, trattenuto dall'amore per la madre, tornava a casa. La madre poteva parlare con il bambino solo di nascosto, di notte, quando il patrigno dormiva. Una volta la sua padrona scrisse da Königsberg, dove frequentava una scuola commerciale (non si trattava di una scelta o attitudine professionale) e si lamentò con il patrigno che il giovane, allora diciassettenne, si stava impegnando in "pratiche oscene". Il patrigno arrivò inaspettatamente a Königsberg, si intrufolò nella stanza dove il giovane era immerso in un libro, gli diede un colpo tremendo all'orecchio e disse: «Questo è solo per salutare!» L'oscenità consisteva nel seguente: viveva al terzo piano di una strada stretta e di fronte, al piano terra, c'era una sorta di stanza di detenzione dove venivano alloggiate prostitute arrestate. Il ragazzo vide che laggiù era buio mentre dove si trovava lui c'era luce; catturò la luce in uno specchio e la rifletté verso di loro. Le ragazze risero e si divertirono; lui non desiderava altro.

A vent'anni, dopo aver terminato gli studi, ottenne un impiego a Trieste; era sfuggito ai suoi persecutori, ma ora si rese conto della costrizione della sua odiata professione. Voleva diventare pittore sin dai tredici anni. Litigò con il patrigno e rimase in segreto rapporto con la madre. Successivamente, la madre favorì una riconciliazione esterna e gli fornì i mezzi per studiare: poté diventare pittore.

Sono convinto che questo brutale patrigno vivesse nella convinzione di aver realmente occupato il posto del padre e di agire come un vero pedagogo. Se oggi la vittima del suo odio e del suo senso di potere è un pittore famoso, egli lo attribuisce alla sua educazione. Ma non ammetterà mai a se stesso di essere responsabile del fatto che questo artista sia un uomo assolutamente spezzato, incapace di vita. È impotente, soffre di ansia, profonda depressione e totale debolezza di volontà. L'odio verso il patrigno condiziona tutta la sua vita ed è inestinguibile.

Devo poi ribadire che la maggior parte degli analisti trascura o non valuta adeguatamente il significato della religione nel dinamismo delle parapatie. Il masochismo non sorge mai senza la partecipazione delle forze religiose. Il sadico diventa masochista a seguito di un profondo senso religioso di colpa, rivolgendosi il sadismo originario contro il proprio ego.

In tutti questi casi si trova un'evidente fusione tra la scena specifica e i motivi religiosi.

Proprio come la religione è permeata di motivi sadici (cannibalismo, necrofilia, sacrifici sanguinosi e simili), così la parafilia è altrettanto spesso combinata con tendenze religiose. Citerò solo le epidemie di flagellazione religiosa, le auto-frustazioni dei santi e le torture dei martiri, il vasto numero di idee crudeli instillate nella mente dei bambini tramite l'istruzione religiosa. Non è necessario dilungarsi oltre.

In tali casi, solo l'analisi può penetrare nella storia familiare del paziente. Sfortunatamente, molti medici immaginano di poter liberare un sadico dalla sua malattia psichica tramite un'operazione fisica. Un tale caso è riportato qui brevemente:

Caso numero 60

Un sadico di ventiquattro anni mi raccontò che fino ai diciassette anni non sapeva di essere "perverso". All'epoca gli capitò tra le mani il libro di Forel, *The Sexual Problem*.

Dopo averlo letto, comprese di essere un "perverso", e in effetti un sadico. Da allora si immerse in opere di questo tipo. La *Sexual Pathology* di Hirschfeld lo portò a considerare un viaggio a Berlino per consultare Hirschfeld. Hirschfeld lo inviò da Rohleder. Si rivolse con piena fiducia al noto sessuologo per ascoltarlo e convincersi anche dai suoi libri che il suo era un disturbo "congenito". La lettura diligente delle opere di Rohleder lo confermò in questa idea. Infine fu raccomandato il trattamento dei testicoli con raggi X come unico mezzo di liberazione. Le ghiandole puberali dovevano essere stimolate a maggiore attività. Questo trattamento non mostrò alcun risultato. Fu quindi consigliata l'impiantazione testicolare. Il paziente cercò per mesi fino a trovare un uomo che sacrificò il suo testicolo per la somma di 25.000 marchi d'oro. Il celebre chirurgo Professor P. eseguì l'operazione. Metà del testicolo fu suturata nella regione inguinale, l'altra metà nello scroto. Il paziente attese invano la scomparsa delle sue fantasie sadiche.

Il celebre Professor P. voleva eseguire una seconda operazione. Anche questa volta il paziente era pronto ad accettare. Un medico amico lo consigliò allora di recarsi a Vienna e visitarmi.

Le prime dichiarazioni si rivelarono falsificazioni della memoria.

L'analisi mostrò che il sadismo si era probabilmente elaborato intorno ai diciassette anni, mentre aveva letto Forel a quattordici. Ma fino ai diciassette anni riusciva a vivere normalmente e a fare buoni progressi a scuola. Solo più tardi perse la capacità di vivere, abbandonò gli studi e non ottenne particolari successi in nulla.

Quando aveva circa diciassette anni, suo padre sposò una seconda moglie. L'atteggiamento del paziente verso la matrigna oscillava tra amore e odio. Confessa di aver amato mostrarsi a lei, una volta le mostrò una ferita sulla coscia per farle vedere il pene, che era in erezione. Inoltre, dopo la morte della madre ebbe una relazione con la governante. A diciotto anni si lasciò frustare da un'altra governante e la frustò a sua volta.

Infine ammise rapporti incestuosi con la sorella. Emerse un atteggiamento omo-masochista verso il padre come base del suo disturbo, poiché il padre lo aveva spesso frustato da bambino. Molte scene sadiche erano sempre una ripetizione di episodi di frustate con il padre, al quale in quel periodo aveva giurato eterna vendetta. La sua intera vita fu determinata da questa tendenza alla vendetta, rafforzata dalla gelosia quando il padre si risposò.

Iniziò la relazione con la sorella dopo il secondo matrimonio del padre. Ogni notte si intrufolava nel suo letto.

Lei gli permetteva ogni forma di carezza (cunnilingus, ecc.) eccetto il coito, dal quale si difendeva per preservare la verginità. I miei predecessori non sospettavano queste condizioni. La radice più importante delle sue fantasie sadiche si rivelò essere il desiderio di violentare la sorella. Vive tutto il giorno nel suo mondo fantastico, in cui la famiglia è diventata il suo harem. Corre incessantemente per le strade alla ricerca della sorella. La sua capacità di lavorare è completamente persa a causa dei sogni a occhi aperti.

n breve, il paziente ha bisogno di una rieducazione psichica e sarà completamente guarito alla fine del trattamento.

Non entrerò ulteriormente nei dettagli della storia del paziente. Vediamo chiaramente l'influenza di un libro (quello di Forel) all'età di quattordici anni. Le fantasie sadiche fino ad allora latenti e represse vengono nuovamente riattivate. Questa esperienza è tipica e si ripete nella sua storia clinica.

Dobbiamo considerare che tutti attraversano, durante l'infanzia, un periodo più o meno marcato di sadismo. La lettura di un libro (spesso il trauma maggiore) può, come qualsiasi altro trauma, mobilitare l'atteggiamento infantile.

Potrei qui fornire un solo esempio di questo tipo, che ci mostrerà come un trauma tardivo possa avere effetti gravi, se crea una situazione parallela a quella dell'infanzia.

Caso numero 61

La signora N. V. soffriva da dieci anni di agorafobia. Due analisi senza risultato. Nella terza analisi, condotta da me, emerse che l'agorafobia era comparsa nel suo diciassettesimo anno dopo che il suocero di sua sorella, un uomo di settantadue anni, aveva tentato un approccio sessuale nei suoi confronti. L'analisi rivelò un trauma precedente con suo padre, con il quale aveva giocato a letto, durante il quale lui si eccitava e il suo organo si erigeva. Lei giocava con esso fino a quando non avveniva l'eiaculazione. Successivamente il padre soffrì di grave agorafobia e di parapathia gastrica. Il trauma era represso; era, per così dire, incapsulato come una "cellula psichica embrionaria". L'esperienza successiva portò per la prima volta al pensiero che il padre potesse ripetere il vecchio gioco. Il coefficiente di realtà della fantasia sul padre era pari a zero prima di questo trauma. Non sospettava che un uomo anziano potesse avere desideri sessuali. Dopo il trauma con il vecchio, il coefficiente salì rapidamente. Se un vecchio, perché non anche il padre? Allora la paura esplose come protezione contro il proprio desiderio.

Dobbiamo ricercare la natura delle fantasie e dei sogni a occhi aperti per comprendere questo fenomeno. Riconosciamo la gravità di una parapathia dalla tensione polare tra atteggiamenti coscienti e inconsci. L'inconscio mantiene certe finzioni, mentre la coscienza riconosce l'impossibilità di realizzare le fantasie. Questo è il caso estremo. Questa costellazione estrema porta alla paralogia, che è l'unica cosa che può rendere possibile l'impossibile. Nella parapathia le finzioni hanno un certo coefficiente di realtà, che di solito è molto basso: la linea guida sessuale nell'ultimo caso era: "Sarò l'amata di mio padre". Lei si comportava in infanzia secondo questo principio; e il padre rafforzava questa finzione, poiché le diede un anello che lei logicamente considerava un anello di fidanzamento. Crescendo dovette imparare a riconoscere che la finzione non poteva realizzarsi. Cominciò a fare tregua con la realtà. Cercò un sostituto del padre e si innamorò a quattordici anni del direttore della scuola. Apparentemente era un amore ideale, senza richiesta di soddisfacimento del desiderio. Con orrore scoprì da un'amica che il suo ideale aveva una relazione con una sua compagna di scuola. C'era una ragazza nella sua classe che aveva dovuto ripetere due volte l'anno scolastico per deficit intellettivo, così che a diciassette anni era ancora sua compagna. Questa ragazza (Anna) era carina e ben sviluppata. Da lei apprese che il direttore, abusando della sua posizione, l'aveva fatta diventare la sua amante. Anna raccontò tutto nei minimi dettagli all'amica della paziente. L'amica non poteva arrivare abbastanza presto a raccontare tutto alla nostra paziente. Lei apprese i seguenti dettagli: il direttore era vedovo da sei mesi. Aveva fatto venire Anna a casa sua sotto qualche pretesto e aveva intrattenuto con lei ogni sorta di prestazioni sessuali. (Il direttore dovette poi rinunciare al suo incarico, quando la faccenda divenne nota.) La paziente fu indignata e il suo amore si spense. Ma si trovava in uno stato d'ansia quando era sola a casa con il padre. Perché? Perché il coefficiente di realtà della sua finzione ("sarai l'amata di tuo padre") salì con forza. Se un direttore, la massima autorità scolastica, può intrattenersi con una allieva, un padre può farlo con la figlia adulta, se lo aveva già fatto in precedenza. Tuttavia riuscì a superare questi primi stati di ansia. Fu il trauma con l'uomo di settantadue anni a permettere al coefficiente di realtà di salire di nuovo con forza. Ora, per la prima volta, ogni mezzo di autodifesa dovette essere messo in atto. Ora si ammalò seriamente. Un sintomo caratteristico fu il desiderio di un'operazione.

Tre organi erano prominenti nella sua malattia: fegato, cuore e polmoni. Desiderava urgentemente un'operazione per calcoli alla cistifellea, sebbene la diagnosi fosse più che dubbia.

Inoltre soffriva di difficoltà respiratorie e paura di soffocamento.

Un trauma infantile determinante emerse nella fiaba di Biancaneve, che aveva letto più volte e aveva anche visto a teatro. Si identificava con la piccola Biancaneve. (Come è noto, il cacciatore taglia fegato, cuore e polmoni da un giovane cinghiale, che la crudele matrigna poi divora.) Il motivo di Biancaneve si ripete molte volte nei suoi sogni. La madre diventava nei suoi sogni a occhi aperti la perfida matrigna. La paura di essere sepolta viva (Biancaneve è apparentemente morta in una bara di vetro) era la causa della difficoltà respiratoria. Pubblicherò l'analisi altrove e mi riferisco ora solo a due motivi: il significato di una fiaba crudele come nucleo di una fantasia masochistica e il fenomeno del piacere-dolore. La paziente si lamentava tutto il giorno dei dolori e insisteva per un'operazione.

C'era molto da operare e lei voleva che fosse fatto tutto: cistifellea, ernia ombelicale, esistente solo nella fantasia, un prolasso, che in nessun modo richiedeva intervento. Desiderava ardentemente un chirurgo perché gli altri medici non la capivano e consideravano i suoi dolori semplicemente "nervosi". La cosa più importante per lei era la cura della sua malattia. Aveva sempre una infermiera con sé, soffriva molto, si sentiva molto interessante nel suo dolore e parlava della sua malattia tutto il giorno.

Questa malattia viene percepita come piacevole. Non posso concludere la mia discussione sul complesso sadomasochistico senza menzionare quanto sia forte la componente masochistica in molti quadri clinici. Troviamo questo piacere nel dolore molto chiaramente nell'ipocondria, a causa dell'atteggiamento narcisistico dell'ipocondriaco. Ho più volte richiamato l'attenzione sulla frequenza con cui il dolore serve a nascondere un piacere segreto e a dare occasione di indulgere in una fantasia determinata. Purtroppo i medici conoscono troppo poco questi fatti. Ogni anno vedo numerosi pazienti su cui sono state intraprese le operazioni più incredibili, mentre l'analisi è in grado di determinare la presenza di una parapathia al centro della quale si trova il piacere nel dolore. Il dolore nasconde un piacere segreto e rappresenta al contempo la voce della coscienza (auto-punizione!).

Il caso seguente può servire da illustrazione di queste osservazioni.

Caso numero 62

Il signor I. G., proveniente dalla Romania, trentadue anni, forte, di genitori sani. Un fratello undici anni più grande è sano. Ha perso una sorella dieci anni più giovane diversi anni fa a causa di una grave influenza. Soffre dal sedicesimo anno di una malattia molto strana. Dopo essersi addormentato, viene svegliato dopo tre ore al massimo da un dolore violento. Il dolore scompare non appena si siede. Deve quindi rimanere sveglio per un po'. Poi si sdraia di nuovo, e la stessa cosa si ripete. A causa di questo disturbo del sonno, non dorme mai più di cinque o sei ore a notte. Ricorda di aver sofferto allo stesso modo quando lasciò la casa a diciotto anni per studiare in Germania. Tuttavia, non sa quanto tempo prima questa condizione potesse già esistere. Tutta l'arte medica è stata inutile. Gli internisti non sono riusciti a trovare alcuna causa. Un chirurgo consigliò un'operazione. Il rene sinistro fu esposto perché si sospettava un calcolo renale. L'operazione non portò alcun risultato. Sei mesi fa fu intrapresa una seconda operazione. La Clinica Medica di Vienna fornì il seguente referto:

Arteria renale che provoca colica renale mediante compressione dell'uretere. Da dodici anni dolori al rene sinistro, ma solo in posizione supina, specialmente di notte. La restrizione dei liquidi ritardava, l'aumento della diuresi accelerava la loro comparsa; la connessione con la quantità di diuresi parlava per un'idronefrosi intermittente. Mediante sospensione dell'uretere l'ostruzione appariva piuttosto in posizione eretta; con la formazione della valvola ureterale la posizione corporea alterata non esercitava influenza. L'ostruzione doveva quindi essere di tale natura da cambiare la propria relazione locale con l'uretere con la lordosi fisiologica e con la sua scomparsa in posizione sdraiata; per questa ragione si pensò a un'arteria renale situata in posizione anomala, che attraversava l'uretere dal lato interno, cambiando posizione con la variazione della forma della colonna vertebrale. L'operazione, consistente nella sezione e legatura dell'arteria, confermò la diagnosi.

Anche questa operazione fu senza risultato. Al contrario, il dolore aumentò e come esito negativo comparve una pielite, di cui resta ancora un residuo. La lettura di uno dei miei libri portò il paziente a pensare che potesse trattarsi di un disturbo parapatico. Decise di sottoporsi all'analisi.

Riuscii a determinare già nella prima seduta il fatto notevole che egli si sveglia sempre di notte con un'erezione.

Il suo disturbo risale a un periodo in cui condivideva il letto con sua sorella. Dormivano insieme dal quindicesimo al diciottesimo anno. Egli crede che non sia accaduto nulla. Ma ricorda di essersi masturbato mentre giaceva vicino alla sorella.

Accarezzava leggermente il glande in modo che lei non sentisse. Si masturba anche oggi, sebbene con riluttanza, perché ha osservato che dopo la masturbazione il dolore peggiora.

Fu indotto alla masturbazione da un compagno di scuola all'età di quattordici anni e ha immaginato solo ragazze che conosce mentre lo faceva. I suoi primi tentativi di coito nel ventesimo anno fallirono. L'eiaculazione avveniva nel momento in cui toccava la donna. Successivamente riuscì molte volte a completare un secondo coito con buona potenza. Sebbene negli anni successivi avesse occasione di avere rapporti frequenti con una vedova, interruppe la relazione per paura di compromettere la reputazione della donna. In questo aspetto è estremamente morale, anche se ammette di non essere per nulla religioso e di essere stato un ateo completo già a diciassette anni.

In seguito, in Germania, divenne un seguace del monismo. Intendeva persino tradurre le opere di Haeckel in rumeno. Sua madre era molto devota e lo supplicava sempre di andare in chiesa. Dopo il suo secondo intervento chirurgico dovette prendere la Comunione, secondo una promessa, per ringraziare Dio della guarigione. Dice di non aver mai goduto del contatto fisico affettuoso. Ma è affettuosamente legato a sua madre. Suo padre morì tre anni fa. Spesso discuteva con lui di religione per convincerlo che Dio non esiste. Giaceva tra i genitori nel letto coniugale fino al settimo anno. È degno di nota che il dolore appare sul lato sinistro e che sua madre e sua sorella giacevano alla sua sinistra. Entrambe erano moralmente molto severe. Questa severità morale è rimasta con lui.

La moralità gli fu inculcata, e per questo motivo non riesce a legarsi a nessuna relazione. Ha anche osservato che il dolore diventa più intenso dopo il coito, che i medici cercarono di spiegargli come dovuto a iperemia renale.

Il suo primo sogno recita:

"Volevo entrare in una chiesa. Davanti a me c'erano tre cani che mi disturbavano. Volevo scacciarli per poter entrare in chiesa; non ci riuscivo, così entrai con i cani. Cercavo mia madre. Un sacerdote mi mostrò dove si trovava. Mi avvicinai a lei. Voleva abbracciarmi. La respinsi perché temevo che schiacciasse i miei vestiti nuovi. Mia madre pensò che fosse solo una scusa."

Il sogno rivela la chiara relazione del complesso religioso con la sua parapathia. Vediamo anche i cani come simboli delle sue passioni e notiamo che la madre gioca un ruolo importante nella sua malattia.

Infatti attraversò un periodo molto religioso nella sua giovinezza. Lasciò la casa paterna con grande riluttanza e nutriva ogni tipo di fantasia su come riuscire a rimanere a casa.

Prova una eccitazione tremenda durante il rapporto sessuale con una donna. Ha paura di essere scoperto.

Teme particolarmente che sua madre o suo fratello possano scoprirlo.

Questa paura lo assale anche in Germania, quando è a giorni di distanza dalla famiglia. Si reca dalla sua amante come un ladro, esce di casa con vie tortuose, col colletto alzato e il cappello calato sugli occhi. Si comporta come un criminale che si muove furtivamente lungo viuzze secondarie. La spiegazione è semplice: si comporta come se stesse andando dalla sorella, come se avesse avuto rapporti proibiti con lei.

Ammette che a volte ha sognato un tale evento, che gli lascia un'impressione spaventosa.

Sembra essere indissolubilmente legato a sua sorella. Mi dice che nella sua regione le maledizioni erano all'ordine del giorno, nelle quali veniva imputato o minacciato il commercio sessuale con la madre e la sorella. Queste maledizioni divennero quotidiane durante la guerra. Non poteva pronunciarle, e gli davano anche una sensazione molto spiacevole.

Parla di un modo strano di dormire. Ha un crampo notevole nell'addome. Contrasse l'addome quando va a dormire e porta i piedi verso l'addome. I suoi compagni gli hanno spesso detto che durante il sonno respira a malapena, ma sembra un morto.

Si tratta di un crampo violento del diaframma che si manifesta durante il sonno. Anche vescica e intestino sono contratti in modo convulsivo. Si sveglia dal dolore e deve urinare. Sebbene vi sia un forte desiderio urinario, riesce a scaricare solo poche gocce (al massimo un cucchiaino). Questo crampo del diaframma sembra essere la causa di un'iperemia renale, che spiega l'arteria renale contorta.

Qual è la causa di questo crampo del diaframma? Avevo l'idea che dovesse esserci un ricordo di quando giaceva accanto alla sorella e si masturbava.

Ammette di aver sempre soppresso i gemiti che apparivano con l'orgasmo dopo la masturbazione, mediante un forzato richiamo del diaframma, in modo che la sorella non notasse il suo respiro orgasmico.

Sdraiarsi sulla schiena è impossibile. Compaiono subito dolori intensi. Dorme sempre sul lato destro. È la stessa posizione che teneva accanto alla sorella, che si lamentava spesso perché non le lasciava spazio. Egli stendeva i glutei in avanti, apparentemente per non toccarla affatto, ma in questo modo portava i loro glutei vicini tra loro.

Mi racconta due sogni caratteristici, che aveva annotato diversi giorni prima dell'inizio del trattamento, su consiglio di una conoscente.

Primo sogno: ero in Romania in un bagno all'aperto. C'erano armadietti aperti per spogliarsi; una donna si era spogliata vicino a me, ma non mi interessava. Stavo aspettando una donna. Guardai intorno diverse volte e cominciai a spogliarmi. Dopo un po' vidi che stava arrivando. Era la mia ultima amante. Si avvicinò e se ne andò di nuovo. Non sapevo se mi avesse visto. Era vestita di nero e aveva dei fiori in mano.

Vidi un uomo condurre un cane al guinzaglio. Un secondo cane era unito sessualmente al primo. Non potevano essere separati. Mi chiesi come l'uomo potesse essere così sfacciato da trascinare due cani in quella situazione. Lo seguii. Arrivò in un cortile e, per quanto potessi vedere, cercò allora di separare i due cani.

Il primo sogno gli fa ricordare di aver visto una volta sua sorella nuda al chiaro di luna. Scese per urinare e la vide completamente scoperta in una calda notte estiva. La guardò, poi disse a sé stesso: "Questo è un peccato!" e la coprì attentamente.

Pensa ai fiori: spesso portava fiori alla sorella. Una volta glieli procurò in primavera, con cattivo tempo, cosa che la rese molto felice. La donna in nero è forse la sorella morta. Le tendenze bipolari (vederla e non vederla) sono espresse nel sogno. Nel secondo sogno egli è l'uomo che trascina un'immagine del ricordo: cani che copulano. L'immagine lo mostra legato alla sorella. La sorella non si sposò fino a tarda età; aveva trentuno anni quando, dopo molte esitazioni e ritardi nella scelta, sposò un vedovo su richiesta del padre. Il matrimonio non fu felice.

Non ha dolore da tre giorni. La scorsa notte ha avvertito di nuovo dolore, ma solo nella parte anteriore dell'addome. Sappiamo che i dolori sono sempre stati collegati all'erezione. Il processo è questo: si sveglia di notte, sente un dolore insopportabile e contemporaneamente un'erezione dolorosa. Nel momento in cui si alza dal letto, passando dalla posizione orizzontale a quella verticale, dolore ed erezione scompaiono.

Ora gli è chiaro che è ossessionato da immagini sessuali del passato e che nei suoi sogni si trova chiaramente di nuovo accanto alla sorella. Qualsiasi posizione orizzontale evoca un'associazione sessuale. Afferma che solo in due casi riesce a dormire meglio:

1. Quando è fuori in compagnia alla sera e parla di qualsiasi tema in modo interessante, entrando in uno stato emotivo.

1. Se si trova in una casa straniera senza vaso da notte, quindi non può alzarsi. (I servizi igienici nella sua zona sono tutti all'aperto.)

Nel primo caso viene chiaramente distratto dalla sua idea fissa. Nel secondo, l'idea della "casa straniera" distrugge l'associazione casa del padre-sorella.

Mentre prima non poteva sdraiarsi sulla schiena né sul lato sinistro (in questa posizione il pene avrebbe potuto toccare la sorella), ora può farlo senza problemi. Concludo da vari suoi commenti che esiste una componente omosessuale e apprendo che nel diciottesimo anno dormì con un giovane con cui si era precedentemente masturbato. Naturalmente afferma che nulla accadde a letto. Ma ammette che tra i quattordici e i diciassette anni avvennero vari atti omosessuali. I giovani si sdraiavano anche l'uno sull'altro e imitavano il coito. Un ragazzo premeva il pene contro l'addome dell'altro, probabilmente proprio nel punto in cui egli sperimenta i dolori più violenti.

Dopo una pausa piuttosto lunga nelle associazioni, egli dice:

«Il mio rapporto con mio fratello è assolutamente naturale; siamo sempre stati riservati nel parlare di questioni sessuali. Questo appare tanto più strano se si considera che di recente ho ricevuto una lettera da mia madre che mi ha fatto una grande impressione. Mia madre pensava che forse la mia vita casta fosse la causa della mia malattia e mi consigliava di sposarmi presto. Ma non posso sposarmi, perché in primo luogo sono impotente e in secondo luogo sono dell'opinione, o meglio ero dell'opinione, che il coito avrebbe peggiorato il mio disturbo».

Le spiegazioni riguardanti l'omosessualità provocarono una reazione violenta. Ebbe di nuovo una cattiva notte e dolori intensi. Le resistenze aumentano e si riflettono in due sogni.

Sogno 1

Entro in chiesa e rimango in piedi da qualche parte dietro. Qualcuno mi chiama per farmi avvicinare. Quando vado avanti, arriva il sacerdote, si avvicina a noi e porta qualcosa in mano (la comunione?). Io non ho digiunato. Ma su un vassoio c'erano carne e pane, ed egli disse: «Questa è carne e pane della regione da cui proviene il ragazzo». Io mangio e penso: «Devo pagare per questo, perché è una regione povera e questo viene dato per ricevere elemosine». Mi frugo in tasca e non trovo nulla.

Sogno 2

Mi trovo in una strada e vedo il dottor Stekel appoggiato a un muro, circondato da gente. Mi avvicino e voglio dire qualcosa (dei sogni?). La folla mormora tra sé. Una ragazza mi chiede: «È quello il famoso dottor Stekel?». Io rispondo: «Sì». Lei domanda: «Perché racconta tutto? In città dicono che è troppo unilaterale». Io: «Mia cara signorina, questo non è vero; egli è uno psicologo e, se è anche prevenuto, ciò è necessario per le nuove idee».

Dopo il primo sogno ebbe forti dolori e una violenta erezione. Nel primo sogno, oltre al sacerdote, vede un ragazzo che riconosce come un profugo della Macedonia. Era un ragazzo povero e stracciato. Con ciò gli tornano alla mente due traumi della prima infanzia. Aveva cinque anni quando fu attirato in un bosco da ragazzi più grandi e malvestiti. Uno di essi praticò su di lui un atto di pederastia e lo costrinse a prendere il pene in bocca. Questo ragazzo lo schernì spesso in seguito, tanto che egli si lamentò con il padre senza menzionare ciò che era accaduto.

Nel suo sesto anno fu attirato in un magazzino da un uomo. L'uomo lo fece sedere sulle sue ginocchia e lo tenne come in una morsa. Poi tentò un atto sodomitico e pronunciò il nome della sorella. Egli urlò, costringendo l'uomo a lasciarlo andare. In seguito lo vide spesso e lo odiò profondamente.

Quando si masturbava vicino alla sorella, premeva il pene all'indietro in modo che lo sperma rifluisse nella vescica (una pratica spesso utilizzata nella sua regione dalle mogli per prevenire la gravidanza). Provava in ciò un piacere mescolato al dolore.

Fu molto religioso fino al quindicesimo o sedicesimo anno. Anche il primo sogno rimanda a questo. Un passo della Bibbia lo colpì particolarmente e lasciò un'impressione duratura: la creazione di Eva dalla costola di Adamo. Egli immagina che la donna sia stata tratta dalla costola sinistra.

Una volta, da bambino, recitò a teatro una parte femminile. Doveva sembrare una vera ragazza.

Il secondo sogno esprime la resistenza al trattamento. La ragazza assomiglia alla sorella. Diverse persone lo hanno messo in guardia contro l'analisi: lì si parla solo di cose sporche. Vediamo chiaramente nel primo sogno che è avvenuto qualcosa con un ragazzo per cui non ha pagato. Egli avverte la sua colpa. Sembra che egli stesso sia il ragazzo. Suo fratello maggiore ha fatto qualcosa con lui? Oppure dietro il sogno si nascondono istinti cannibalici? Non fornisce associazioni, quindi non abbiamo modo di saperlo.

Ora sente la pressione da entrambe le parti e ricorda chiaramente che il dolore era iniziato originariamente come una sensazione ottusa di pressione. Inoltre ha sempre una depressione scafoide nell'addome. Da bambino disegnava spesso uomini con un addome simile e sentiva che questa cavità era indecente.

Una volta ebbe dolori violentissimi quando la donna con cui aveva una relazione si sdraiò su di lui. Ammette che quella fu la prima volta nella sua vita in cui introdusse il pene. Il fusto era troppo grande e soprattutto il glande così largo che non riuscì mai a introdurlo completamente, per quanto ci provasse, nonostante l'uso — come dice — di vaselina. Per questo prova un sentimento di inferiorità e crede di non poter sposarsi. Come potrebbe deflorare una vergine dalla corporatura esile?

Si lamenta anche di dolore quando il prepuzio viene retratto, perché allora si produce una tensione insopportabile nel pene. Ha erezioni solo la sera, quando non lavora più, ma le erezioni realmente dolorose si verificano solo di notte.

Talvolta, mentre si addormenta, è preso da un inspiegabile sentimento d'angoscia, seguito da un brivido. Non sa indicarne la causa.

Riferisce il seguente sogno:

Mi trovo in una stanza con due compagni ed è presente mia sorella. La porta è aperta e dall'esterno entra un cane lupo. Mia sorella provoca il cane a tal punto che diventa così aggressivo da volerla mordere. Uno degli uomini nella stanza è il padrone e ordina al cane di calmarsi. Il cane si ritira, ma non si calma del tutto e continua a ringhiare. Alla fine non fa nulla, ma io comincio a rimproverare mia sorella: «Che fai? Non vedi che non è un cane, ma quasi un lupo? Perché provochi l'animale? Potrebbe divorarti». Sono molto irritato, tutto il mio corpo trema di rabbia per ciò che ha fatto, e mi vedo in uno specchio o con l'occhio della mente e vedo il mio volto magro e non rasato. Penso: «Ora tutta la mia cura è andata al diavolo». Mi sveglio per la rabbia. Al risveglio né dolore né erezione.

A poco a poco gli diventa chiaro che durante il sonno è accaduto qualcosa tra lui e la sorella. Lei potrebbe aver giocato con lui e toccato il suo pene? Potrebbe aver tentato il coito ed esserne da allora tormentato da una cattiva coscienza e da una coazione a ripetere il tentativo? Speriamo che le sedute successive facciano luce.

La prima notte senza dolore! Si è svegliato verso le quattro del mattino e non è più riuscito a riaddormentarsi per l'eccitazione e la gioia. Ha fatto il seguente sogno:

Mi trovo in un edificio portuale con molti compartimenti. Sono lì con un calzolaio che ha lavorato con mio zio. Ha un bue e vuole caricarlo su una nave. Aspettiamo la nave e io esco in anticipo dal compartimento. In quel momento vedo che la nave si è avvicinata al molo. Poi comincia ad allontanarsi. Mi accorgo che l'uomo perderà la nave e non potrà imbarcare il bue. Corro di nuovo nella stanza dove si trova. Corro di stanza in stanza, in un labirinto molto complicato. Non riesco a trovarlo e mi sveglio agitato.

Ha altre cose importanti da dirmi nell'analisi. Vuole farlo prima che la nave lasci il porto. Sospetto un riflesso di fuga. E infatti mi sorprende improvvisamente con l'informazione che deve partire. Trova ogni sorta di razionalizzazioni per giustificare la fuga.

A proposito del calzolaio, gli viene in mente una scena caratteristica della sua infanzia (quattordici anni). Aveva un attrezzo ginnico e stava mostrando all'apprendista calzolaio come si usava il trapezio. L'apprendista aveva paura di cadere. Egli lo rassicurò e gli mostrò una presa falsa. L'apprendista tentò l'esercizio e cadde in modo così sfortunato da ferirsi gravemente, riportando una profonda ferita. Porta ancora oggi una grande cicatrice sul volto.

Anche questa cicatrice rappresenta un trauma di cui il paziente porta ancora il segno. Egli cerca nel labirinto della sua mente l'evento traumatico, per trovarlo prima di partire. Non riesce a comunicarlo. Tuttavia emergono altri ricordi importanti. Vede davanti a sé una cantina in cui fu rinchiuso: l'unica volta nella sua vita. Il padre lo aveva punito per qualche cattiva condotta, che non ricorda.

Poi rievoca varie scene della sua infanzia. Giocava con ragazzi e ragazze e guardava i loro genitali. Una volta il fratello maggiore lo sorprese, ma non lo rimproverò.

Poi improvvisamente gli viene in mente che in età più avanzata (dai diciannove ai ventuno anni) si trovava da solo in una città sconosciuta con la madre e condividevano la stessa stanza. Qui il ricordo si interrompe.

L'analisi si arrestò. Il paziente disse che doveva tornare immediatamente a casa. È ora fermamente convinto che la sua malattia sia di origine esclusivamente psichica. Ma non vuole ricordare certi eventi dei suoi primi anni. Promette di tornare presto. Dubito che lo farà. Credo che non tornerà. Ha buone ragioni per fuggire. Evidentemente stanno emergendo ricordi che per lui sarebbero molto dolorosi. È soddisfatto dei risultati ottenuti finora.

È più che felice. Può dormire di nuovo e non ha più dolori.

È interessante considerare le reazioni di questo paziente in rapporto all'analisi. Avevo previsto da otto a dodici settimane di trattamento. Il paziente non poteva accettarlo.

Aveva perso troppo tempo con l'operazione. Non potevo guarirlo in quattro settimane? Rifiutai. Allora mi mandò varie persone di sua conoscenza, tra cui una ragazza che si presentava come la sua «fidanzata». Fui pregato insistentemente di tentare la cura in quattro settimane. Avrei dovuto iniziare; egli sarebbe tornato presto. Alla fine cedetti per interesse verso il caso. Il risultato fu che il paziente interruppe il trattamento dopo due settimane, perché i dolori erano cessati e poteva dormire. Il mio avvertimento contro la sopravvalutazione del successo temporaneo non era necessario. Tornò a casa e all'inizio si sentì molto bene. Scrisse alla fidanzata che doveva raggiungerlo e che l'avrebbe sposata. Solo lei poteva guarirlo. Quando la ragazza rifiutò di intraprendere il viaggio a causa dell'incertezza, egli le scrisse lettere di rimprovero: sarebbe stata colpa sua se non fosse guarito completamente.

Ora soffre gravemente di un'infiammazione delle vie urinarie, mentre i disturbi del sonno sono completamente scomparsi.

Ancora alcune osservazioni sul caso. È interessante notare che il paziente aveva consultato forse tre dozzine di medici. Nessuno di loro aveva chiesto se si svegliasse dal sonno con erezioni. Nessuno aveva sospettato che potesse trattarsi di un disturbo sessuale.

Devo ancora aggiungere che il paziente non aveva mai portato a termine un coito completo. Razionalizza ciò dicendo che il suo glande è troppo grande e che le donne soffrirebbero dolore, poiché il suo pene, a suo dire, è molto grande. Questo non concorda con la descrizione della sua ultima relazione. Aveva un'amante che visitava spesso di notte.

Allora aveva erezioni dolorose, ma introduceva solo il glande nella vagina e non osava spingersi oltre. Razionalizza le visite notturne dicendo che sua madre avrebbe potuto venirlo a sapere.

Eppure deve confessare che sua madre gli ha scritto consigliandogli il coito.

Egli imita la procedura con la sorella. Possiamo trarre conclusioni su fino a che punto fosse giunto il rapporto con la sorella. Sembra che si sia trattato solo dell'introduzione del glande. La paura della madre diventa così comprensibile. Se l'amante è un'imago della sorella, la paura è la stessa che provava quando praticava le sue attività con la sorella.

Si può supporre che siano avvenuti traumi ancora più gravi. Non ha senso indulgere in supposizioni.

Il suo strano disturbo del sonno ha trovato una spiegazione completa. L'operazione era inutile. Questo è forse il giudizio più lieve che si possa esprimere in questo caso.

Vediamo da questo caso quanto sia importante per l'analista e per il medico pratico la conoscenza dei disturbi del sonno. In tutti i disturbi simili del sonno, negli uomini si deve indagare sull'erezione e sul bisogno di urinare, nelle donne sul bisogno di urinare e sull'umidità vaginale (eventualmente prurito).

In tali casi l'internista dovrebbe sempre pensare a un disturbo sessuale. Anche i chirurghi dovrebbero occuparsi più intensamente della psicologia dei loro pazienti. Vi sono infatti molti pazienti che cercano il piacere della narcosi, dell'operazione, del trattamento successivo, e così via. Un esempio drastico può essere dato:

Caso numero 63

Desiderio innaturale di intervento chirurgico come manifestazione del masochismo

Vergine, ventidue anni, che nel periodo dal 1911 al 1918 era stata sottoposta ai seguenti interventi chirurgici:

1° marzo 1911: apertura di un ascesso faringeo;

2 marzo 1913: appendicectomia;

3 ottobre 1913: colecistectomia e coledocotomia;

4 marzo 1914: laparotomia (duodenolisi);

5 giugno 1914: apertura di un ascesso al piede destro;

6 gennaio 1915: gastroenterostomia;

7 ottobre 1915: asportazione di un tumore della mano destra;

8 febbraio 1917: intervento per periostite del piede sinistro;

9 marzo 1918: asportazione di un lipoma alla gamba destra;

10 ottobre 1918: laparotomia (aderenze);

11 dicembre 1918: asportazione della tiroide a causa di un gozzo insignificante.

La paziente proviene da una famiglia con una cattiva genealogia neuropatica. Le mestruazioni iniziarono al quattordicesimo anno. Nessun rapporto sessuale; nessuna masturbazione. Amenorrea dal febbraio 1918. La paziente presenta evidenti segni di mascolinismo. Organi sessuali normali. Nessun riflesso nervoso patologico. Dal punto di vista psichico la paziente è più maschile nello sviluppo. Tendenza al pensiero astratto. Nessun difetto etico o intellettuale.

La psiche patologica della paziente si rivela attraverso alcune sue poesie, dedicate al chirurgo operatore, il cui contenuto essenziale è espresso al meglio nella strofa di Heine scelta dalla paziente come epigrafe:

«Rapimento del tormento e beatitudine del dolore,
la ferita e la gioia ugualmente smisurate».

Dalla confessione della paziente risulta che il desiderio di operarsi ha una base patologica; ella simulava dolori insopportabili affinché i chirurghi che la curavano fossero indotti a operarla. L'autore spiega il caso, attraverso l'analisi delle ammissioni della paziente, come una inclinazione del tutto cosciente verso gli interventi chirurgici, che si manifesta in aggravamenti e anche nella simulazione del dolore e di altri sintomi. Il fondamento di questa tendenza innaturale risiede nell'inclinazione alla passività e nel desiderio di dolore come espressione del sentimento sessuale – algolagnia. I sintomi psichici e l'anomalia dell'organizzazione fisica (mascolinismo, assenza di una normale inclinazione ai rapporti sessuali) permettono di considerare il caso come una manifestazione caratteristica del masochismo. È di importanza pratica il fatto che il medico possa essere facilmente tratto in inganno da pazienti che soffrono di questa forma di psicopatia sessuale.

Da questo caso apprendiamo che l'operazione prende il posto di un atto sessuale. Ho avuto frequentemente occasione di osservare che il sogno della narcosi rappresenta una scena di violenza sessuale da parte dell'operatore. La situazione è spesso quella di un sadismo rivolto verso l'interno, il cui contenuto è una scena brutale.

È interessante notare il carattere maschile della paziente.

Vediamo confermata ancora una volta la connessione del complesso sadomasochistico con l'omosessualità. Gli omosessuali desiderano essere costretti all'eterosessualità mediante un atto di violenza. Questi atteggiamenti si scoprono meglio ascoltando le fantasie onanistiche dei pazienti.

Una raccolta di tali fantasie costituirebbe un'opera di grande valore. La persona inesperta può difficilmente farsi un'idea della ricchezza e del carattere bizzarro di queste fantasie.

Un esempio grottesco, che ci mostra la fantasia operatoria in associazione con l'atteggiamento omosessuale, è la seguente fantasia masturbatoria di un sadomasochista:

C'era una volta un uomo che voleva la fama a qualunque prezzo; ma poiché era intelligente e riflessivo, mise dapprima alla prova tutte le sue possibilità. Decise allora di diventare ricco mediante un'attrazione erotica del tutto nuova. Dotato dalla natura di un grande naso camuso, prese un coltello da cucina e se lo tagliò. Successivamente fece realizzare da un medico un modello esatto di una vagina. Poi fece cauterizzare scientificamente il vecchio naso e allargare il punto in forma circolare.

Un artista vi scolpì quindi una vagina perfetta. Così equipaggiato, si recò in un bordello e vi fece praticare il coito in questa vagina. Poiché tuttavia il naso era piuttosto in alto sul capo, si fece amputare entrambe le gambe immediatamente sotto le anche, in modo che la sua statura risultasse dimezzata. Ora era molto più adatto al coito. Questo artificio fu salutato in tutta Europa e in America come una scoperta meravigliosa.

Questa fantasia ci aiuta a comprendere un'altra categoria, quella dei parafiliaci che desiderano essere castrati. In tali casi – che non sono così rari – si tratta di una femminilizzazione ottenuta mediante un'operazione. Certamente gli uomini che vendono un testicolo per un'operazione di Steinach sono in parte parapatici, che in questo modo realizzano un desiderio di castrazione.

Potrei citare un gran numero di casi gravi di parapatie che sono stati operati senza senso e senza risultato. Ne citerò solo uno come esempio della «frenesia operatoria», pubblicato nel *Journal de Psychologie* (1924, n. 7) con il titolo: «Il problema dell'intervento chirurgico in una malattia organica con tendenza ipocondriaca».

Caso numero 64

La signora M., trentotto anni, si ammalò nel gennaio 1916, cioè otto anni prima, di coliche biliari da calcoli, che si ripeterono due volte nel 1918. Poco dopo, un medico riscontrò stitichezza e distensione dell'addome. Questa condizione variava di giorno in giorno a seconda che fosse più o meno stitica. Descriveva il suo stato dicendo: «Si potrebbe credere che un bambino cammini nel mio addome». Altri sintomi: cefalea e paura di impazzire, timore di azioni impulsive immotivate. Dal 1917, per esempio, temeva di poter uccidere suo figlio. Questa paura fu scatenata dalla descrizione di un caso analogo apparsa sui giornali. Di notte aveva sogni angosciosi, incubi, accessi di riso ossessivo.

Consultò numerosi medici senza alcun risultato.

Nel 1919 un medico a Parigi diagnosticò un'appendicite cronica. Fu operata nel 1919. Nessun segno di miglioramento. Tornata a casa (giugno 1919), era quasi incapace di svolgere le faccende domestiche e usciva raramente di casa.

Nell'ottobre 1919 fu sottoposta a esame radiologico e ad altri accertamenti molto accurati. Le fu detto che soffriva di intossicazione intestinale (autointossicazione) e che la sua condizione sarebbe stata incurabile se non si fosse sottoposta a un intervento entro due mesi. In un primo tempo rifiutò l'operazione.

Il disturbo continuò immutato; nuovi esami fecero sospettare un tumore addominale. Soffriva alternativamente di stitichezza e diarrea, che compariva dopo i pasti. Nel luglio 1920 fu eseguita una colectomia totale. Nessun miglioramento. Il medico successivo diagnosticò un'enteroptosi e prescrisse una fascia addominale. Un altro volle inviarla a Vichy per un disturbo epatico.

La sua situazione materiale cambiò ed ella fu costretta a lavorare. Lavorò quindici mesi alla macchina da cucire nonostante i dolori.

Nell'agosto 1922 fu tentata una psicoterapia in ospedale, che inizialmente portò un miglioramento. Ben presto entrò in conflitto con il regolamento dell'istituto, divenne insonne e, dopo alcune settimane, lasciò l'ospedale insoddisfatta, dove era stata curata dal dottor Mignard. Nel giugno 1923 vi fu un nuovo ricovero di venticinque giorni. Trattamento con adrenalina e oppio. La terapia la eccitava. Comparvero crisi: accessi di brividi, palpitazioni cardiache, ronzii alle orecchie; la sua condizione peggiorava di giorno in giorno.

Alla fine di luglio 1923 comparvero stati d'ansia, soprattutto al mattino dopo essersi alzata dal letto. Atti ossessivi. Doveva farsi il segno della croce, benché non frequentasse più la chiesa, se non nelle grandi festività. «Quando i nervi cedono», è abbattuta, sente l'impulso di gettarsi dalla finestra, di aggredire le persone, di colpirle. Le sensazioni di angoscia partono dallo stomaco e le danno la sensazione di diventare pazza.

Nel 1923 tornò nuovamente in una clinica. Dà l'impressione di una donna anziana, ha solchi profondi sul volto, che anche a riposo esprime una sofferenza estrema. Si lamenta di ronzii alle orecchie, lampi davanti agli occhi, cefalea (solo di giorno!). Incubi dal contenuto cupo la tormentano. Di giorno è in uno stato di eccitazione costante. È priva di volontà, pensa solo alla sua malattia e si occupa esclusivamente dei suoi sintomi. Non sopporta il rumore che fa suo figlio: le "spacca" la testa. Teme di poterlo gettare dalla finestra.

All'esame radiologico compaiono macchie a destra della colonna vertebrale. Diagnosi: calcoli biliari. Viene eseguita una terza operazione. Risultato: nemmeno una traccia di calcoli.

La sua sofferenza rimane immutata. In ospedale sta peggio che a casa, dove la vita le sembrava così insopportabile da implorare il ricovero. Trascorre l'intera giornata come in sogno; la testa è vuota; è negativistica e non risponde. Sa, ne è pienamente consapevole, che non guarirà mai più.

La minima distrazione attenua il dolore, che definisce come una «ferita interna», una irritazione costante. Il dolore ora si irradia verso sinistra, in direzione del colon pelvico. Un lassativo, così come il trattamento con belladonna, provoca immediatamente brividi.

Le cefalee compaiono soprattutto al mattino, sono talvolta localizzate alla nuca, talvolta al vertice del capo, e spesso accompagnate da nausea e stati d'ansia. Persiste la paura di compiere azioni contro la propria volontà (atti ossessivi). Non ha mai una parola di rimprovero contro i medici che l'hanno operata.

Una radioscopia rivela la presenza dei calcoli già una volta individuati (macchie scure!). Dopo l'ultimo esame radiologico rifiuta qualsiasi ulteriore indagine. La sua condizione è talmente peggiorata che ciò risulta comunque impossibile.

I due medici sono dell'opinione che i dolori e le idee ipocondriache della paziente abbiano un'origine organica. Tali dolori sono molto frequenti nella dilatazione del cieco e del colon destro. La colectomia non ebbe successo perché altre parti dell'intestino si erano dilatate sotto l'influenza della stitichezza. La stitichezza era il risultato di una vagotonia, che da sola deve essere ritenuta responsabile anche dei dolori alla testa.

Entrambi i medici si chiedono se un nuovo intervento non sia indicato ed esprimono il timore che possa avere un effetto sfavorevole sulla paziente.

Lo «psicoterapeuta» Hartenberg, nella discussione che segue, si pronuncia a favore dell'asportazione chirurgica di presunti calcoli renali. Anche Briand è favorevole all'operazione. Infine gli autori ripropongono la domanda: operare o no? Hartenberg non ha dubbi sulla risposta e Delams riassume l'opinione di tutti con le parole: la malattia organica ci costringe alla decisione.

Si tratta di un caso di grave parapatie che si esprime attraverso sintomi fisici (somatizzazione). Mi sembra dubbio che siano realmente presenti calcoli renali. In nessun caso essi determinano il quadro clinico. È sorprendente che non venga detta una sola parola sulla vita privata della paziente, sul suo matrimonio, sui suoi conflitti psichici. Il quadro di una parapatie ossessiva emerge chiaramente dai sintomi (riso ossessivo, impulsi ossessivi, atti ossessivi, nonché stati d'ansia).

Si sottolinea che la donna, con notevole pazienza, non si lamenta mai dei chirurghi che l'hanno operata. Si osserva chiaramente che un senso di colpa immanente la spinge verso gli interventi chirurgici. Non ho alcun dubbio che un'ulteriore operazione peggiorerebbe notevolmente la sua condizione. La paziente, completamente introversa e immersa in ospedale nelle sue fantasie ad occhi aperti, è un caso perduto.

La psicoterapia avrebbe potuto salvarla. Ma è possibile un'analisi in un ospedale, dove i fenomeni di transfert e di gelosia creano ostacoli così insormontabili?

Non posso purtroppo evitare di parlare qui del tema importante del «sadismo dei medici». I medici sono solo esseri umani e, come tali, sono bipolari nell'amore e nell'odio verso l'umanità e verso i loro pazienti. È dunque sensato che tutti i medici si sottopongano a un'analisi: in primo luogo per apprendere l'analisi e farne uso nella loro pratica, e in secondo luogo per dominare e sublimare il proprio sadismo.

Post scriptum

La nevrosi sadomasochistica è la malattia di una cattiva coscienza. A prima vista sembra strano che queste malattie non siano presenti alla coscienza, che la religione non le abbia superate. Il loro odio spesso assurdo verso la religione, il loro ateismo esaltato, tradiscono la sovracompensazione di una corrente opposta. Posso ricordare l'odio verso i preti di un Marchese de Sade, le cui raffigurazioni di crudeltà sottili e di parafilie si alternano a lunghe e noiose tirate contro il clero.

Nessuno scrive un *Anticristo* senza essere segretamente un cristiano credente. I nostri pazienti si comportano come anticristi, ma per lo più conservano la loro castità, rifuggono dal rapporto sessuale e mascherano la loro debolezza mediante una tecnica esteriore di aggressione crudele. In tal modo offrono una caricatura dei nostri tempi disgregati.

Dietro la maschera della cultura si nasconde l'atteggiamento primitivo dell'odio. Ma, allo stesso modo, dietro la bestia sadica è celata la tendenza anagogica a superare la bestia. La lotta interiore viene proiettata verso l'esterno. L'odio verso la famiglia diventa odio verso se stessi, e l'odio verso se stessi si eleva a odio diretto contro il mondo intero. Le parafilie sono proiezioni della lacerazione interna.

Un forte sentimento di inferiorità è caratteristico di tutti questi pazienti e nasce dal riconoscimento endopsichico della propria natura asociale. Molti dei nostri pazienti sono stati educati a un senso di inferiorità, altri lo acquisiscono attraverso i pregiudizi sociali. Ho già parlato del sadismo del mutilato. A questo appartiene anche il sadismo dei figli illegittimi, il sadismo di coloro che sono ingiustamente disprezzati. (Un bell'esempio è il caso del vampiro: numero 49.) Dove la società semina odio, raccoglie parafilie.

La migliore profilassi contro queste parafilie risiede, come ho già detto, nell'educazione. Ciò di cui la società ha bisogno è una campagna contro l'invidia e la gelosia. Se riduciamo i diversi casi di sadomasochismo che ho presentato a un unico affetto, arriviamo alla gelosia e alla predisposizione alla gelosia.

È geloso colui che non ha trovato soddisfazione nell'amore.

SADISMO E MASOCHISMO

I nostri pazienti sono tutti incapaci di amare e insieme consumati dal desiderio d'amore. Trasferiscono questa condizione all'intero mondo che li circonda. Bramano riconoscimento e simpatia e agiscono come se non ne avessero alcun bisogno. Sono tutti ambiziosi, ma troppo deboli per realizzare i loro progetti ambiziosi di una grande missione storica. Così l'invidia e la gelosia li spingono nel ruolo della persona vendicativa e del penitente. Si sentono defraudati della felicità desiderata e placano il loro dolore nel piacere del male che possono infliggere a se stessi e agli altri. La costrizione del mondo esterno crea una costrizione interiore.

Ogni pressione produce una contropressione.

www.ingramcontent.com/pod-product-compliance
Lightning Source LLC
LaVergne TN
LVHW090209051026
849517LV00001B/17